普通高等教育经济学管理学重点规划教材
高等院校经济管理核心课程精品教材

大学语文讲读 第三版

何映红 编著

上海财经大学出版社

图书在版编目(CIP)数据

大学语文讲读/何映红编著. —3版. —上海:上海财经大学出版社,
2018.9
普通高等教育经济学管理学重点规划教材
高等院校经济管理核心课程精品教材
ISBN 978-7-5642-3092-0/F·3092

Ⅰ.①大… Ⅱ.①何… Ⅲ.①大学语文课-高等学校-教材
Ⅳ.①H19

中国版本图书馆CIP数据核字(2018)第185689号

□ 责任编辑　邱　仿
□ 封面设计　杨雪婷

大学语文讲读
（第三版）

何映红　编著

上海财经大学出版社出版发行
（上海市中山北一路369号　邮编200083）
网　　址:http://www.sufep.com
电子邮箱:webmaster@sufep.com
全国新华书店经销
上海华业装潢印刷厂印刷装订
2018年9月第3版　2018年9月第1次印刷

787mm×1092mm　1/16　22.25印张　570千字
印数:16 501—21 500　定价:48.00元

第三版前言

"大学语文"是高等院校非中文专业普遍开设的一门公共基础课程。二十世纪八十年代以来先后出版的相关教材品类繁多,既有各教育主管部门统编的,也有各普通高校自主编写的。继续教育的学生学习大学语文的目的在于深入了解人类语言文化、提高自身人文素质,并自觉改进价值观。在多年来不断探索继续教育教学规律、总结课程建设经验的基础上,我们选择深浅得当的好文章,设定适合自学的体例,编写了这本适合继续教育的教材——《大学语文讲读》。

在本教材的编写过程中遵循并落实了如下指导思想和编写方案:

一、统筹兼顾,重点突出

本教材全面地介绍了古今中外各个时期的文学面貌,使学生对全球文学的发展有一个全景式、概貌式的认识和把握。

同时,针对继续教育学生工学矛盾突出、自学时间少等特点,我们注重选择篇幅短小的经典文章,课文前介绍作者生平或著作内容,课文后设置"讲解",便于学生理解。同时注重讲练结合,于每篇课文的讲析之后都设计了"思考与练习",将需掌握的课文知识反映在不同的题型中,让学生及时巩固提高;在练习中设置较多主观性强的题目,如"实践题"。每讲后面都增加了"拓展阅读",包含"作品阅读"和"文化常识",引导学生开阔思路,主动补充人文知识,提升人文素养。

另外,我们还采取点面结合的策略,将正文中没有涉及的语文常识做了附录,介绍了文章写作基本常识,包括常用修辞手法、表现手法和表达方式。这些知识与前面的文学史讲述和作品选讲的内容互补,有利于完善学生的知识结构。

二、史文结合,经典实用

一般成人高校的大学语文课都安排一个学期,讲授十五至十七周(每周三节)。本教材分为十五讲,就是根据这种情况来设定的。

本教材的十五讲内容基本按照文学史线索和文体状况展开,每一讲又分为两大板块:先提纲挈领地讲述不同历史时期的文学史知识,使学生对中国各阶段文学、欧美文学、亚非文学的发展脉络有一个梗概性的认识,形成一个总体印象;再选讲部分作品,使学生既能加深对所学文学史知识的印象，又能从具体作品中获得切实的审美感受，并从名家名作中得到艺术的陶冶、方法的借鉴、情感的升华和思想的启迪。

在作品的选择中体现经典实用的原则，既选择文学史上具有重要地位的经典著作，也针对财经类专业学生实用的特点，选择与经济内容有关的古文、现代文。篇幅尽量简短，让学生在有限的时间内最大限度地接触文学作品。

整本教材的选文篇目较多，在课堂教学的有限时间内，自然不可能也不必要每篇都细讲。之所以选文较多，是因为既要介绍不同文体、不同风格的作家，也要给教师和学生提供自主选择的空间。同时在"拓展阅读"中为学生增加了自学篇目的作品阅读、文化常识、文体常识等，以开阔学生的视野。

编者何映红是上海财经大学继续教育学院讲师，长期讲授"大学语文""财经应用文写作"课程，从2012年开始担任继续教育学院"大学语文"课程的负责教师。2018年开拓新课程"中国风俗常识""上海文化及方言"。

本教材是"普通高等教育经济学管理学重点规划教材""高等院校经济管理核心课程精品教材"之一，适合作高校继续教育、高职高专院校"大学语文"课程教材，也可作为不同层次的人文培训教材或语文学习者的参考用书。

《大学语文讲读》(第二版)由何映红、马贺兰、李桂奎三位主编精心编撰，在继续教育学院的学历和培训的教学中起到了举足轻重的作用，为参加继续教育的成人学生提供了人文的诠释。

本版由何映红修订，结合当前继续教育的教学特点，吸取了我校广大师生和其他各高校同仁的智慧和经验，针对财经专业成人教育发展的特点，本次修订着重强化应用，加入"拓展阅读"，倡导主动学习，增加文体常识和文化常识，扩大学生知识面，吸引学习兴趣。

上海财经大学继续教育学院主管教学的领导非常关心教材的编写工作，上海财经大学出版社为本教材的顺利出版提供了方便，在此一并致谢！

《大学语文讲读》教材是在汲取其他同类教材精华，采纳诸位专家、学者研究成果的基础上编写而成的。由于编者水平有限，书中难免疏漏甚至错谬之处，欢迎专家和读者指教。

何映红

2018年8月

目 录

第三版前言/1

第一讲　先秦诗歌/1
一、文学史讲述/1
二、作品选讲/3
　　上古歌谣两则　卿云歌　琴歌/3
　　诗经　蒹葭/4
　　楚辞　国殇/7
三、拓展阅读/10
　　作品阅读　易经·屯·六二　　诗经·小雅·鹤鸣　　九辩(节选)/10
　　文化常识　中华古代婚姻/11

第二讲　先秦散文/13
一、文学史讲述/13
二、作品选讲/15
　　论语　季氏将伐颛臾/15
　　孟子　寡人之于国也/18
　　墨子　非攻上/21
　　庄子　秋水(节选)/23
　　左传　郑伯克段于鄢/26
　　国语　召公谏厉王弭谤/31
　　战国策　苏秦始将连横/33
　　礼记　曲礼上(节选)/39
三、拓展阅读/41
　　作品阅读　易经·乾卦　道德经(节选)　礼记·礼运(节选)　荀子·性恶(节选)
　　　　　　　孙子兵法·九变/41
　　文化常识　姓、氏、名、字、号、字辈/42

第三讲　汉魏晋南北朝诗歌/44
一、文学史讲述/44
二、作品选讲/47
　　乐府诗集　十五从军征/47
　　古诗十九首　迢迢牵牛星/49
　　曹操　短歌行(其一)/50
　　陶渊明　饮酒(其五)/53
三、拓展阅读/55
　　作品阅读　汉乐府民歌·上邪　汉乐府民歌·战城南　古诗十九首·行行重行行
　　　　　　　步出夏门行·观沧海　燕歌行(其一)　野田黄雀行　饮酒·清晨闻叩门
　　　　　　　登池上楼/55
　　文化常识　古人的帽子/57

第四讲　秦汉魏晋南北朝散文/58
一、文学史讲述/58
二、作品选讲/60
　　李斯　谏逐客书/60
　　张衡　归田赋/64
　　郦道元　龙门/67
三、拓展阅读/69
　　作品阅读　解嘲　别赋　陈情表/69
　　文体常识　赋的发展/72

第五讲　唐宋金元诗/73
一、文学史讲述/73
二、作品选讲/78
　　王维　山居秋暝/78
　　王昌龄　出塞(其一)/79
　　高适　燕歌行/80
　　岑参　走马川行奉送封大夫出师西征/83
　　李白　蜀道难　将进酒/85
　　杜甫　兵车行　登高/90
　　白居易　轻肥/93
　　李商隐　无题(相见时难别亦难)/95
三、拓展阅读/97
　　作品阅读　和晋陵陆丞早春游望　登幽州台歌　滕王阁诗　凉州词二首　送元二使安西
　　　　　　　使至塞上　古风·大车扬飞尘　哀江头　大林寺桃花　无题　题西林壁
　　　　　　　十一月四日风雨大作(其二)　出都　鸿门会/97
　　文体常识　古代诗歌基本常识/100

第六讲　唐宋散文/104
　　一、文学史讲述/104
　　二、作品选讲/106
　　　　韩愈　进学解/106
　　　　柳宗元　始得西山宴游记/111
　　　　陆羽　茶之饮/114
　　　　欧阳修　五代史伶官传序/116
　　　　苏轼　前赤壁赋/119
　　　　王安石　答司马谏议书/123
　　三、拓展阅读/126
　　　　作品阅读　陋室铭　野庙碑　后赤壁赋/126
　　　　文化常识　鞋袜古今谈/127

第七讲　唐五代宋金元词/129
　　一、文学史讲述/129
　　二、作品选讲/131
　　　　温庭筠　更漏子/131
　　　　李煜　虞美人(春花秋月何时了)/132
　　　　柳永　八声甘州(对潇潇暮雨洒江天)/134
　　　　苏轼　水调歌头(明月几时有)/136
　　　　李清照　武陵春(风住尘香花已尽)/138
　　　　辛弃疾　水龙吟·登建康赏心亭/139
　　三、拓展阅读/142
　　　　作品阅读　菩萨蛮·平林漠漠烟如织　调笑令·胡马　摊破浣溪沙·菡萏香销翠叶残　谒金门　一斛珠　鹤冲天·黄金榜上　蝶恋花·庭院深深深几许　念奴娇·赤壁怀古　孤雁儿　藤床纸帐朝眠起　满江红·写怀　西江月·夜行黄沙道中　迈坡塘·雁丘词/142
　　　　文体常识　古体诗、近体诗、词/145

第八讲　明清诗文/148
　　一、文学史讲述/148
　　二、作品选讲/150
　　　　宗臣　报刘一丈书/150
　　　　袁宏道　徐文长传/154
　　　　梁启超　论毅力/158
　　三、拓展阅读/161
　　　　作品阅读　童心说　又书货殖传后　杂诗　题梁任父同年/161
　　　　文化常识　中国衣裳的变革/163

第九讲　古代戏曲/165
　　一、文学史讲述/165
　　二、作品选讲/167
　　　　王实甫　西厢记·长亭送别/167
　　　　马致远　越调·天净沙·秋思/174
　　三、拓展阅读/175
　　　　作品阅读　窦娥冤（第三折）　南吕·一枝花·不伏老　双调·寿阳曲江·天暮雪/175
　　　　文体常识　曲/178

第十讲　古代小说/180
　　一、文学史讲述/180
　　二、作品选讲/183
　　　　刘义庆　世说新语（两则）/183
　　　　曹雪芹　红楼梦（第二十七回）/185
　　三、拓展阅读/192
　　　　作品阅读　干将莫邪　刘阮入天台/192
　　　　文化常识　主食古今谈/193

第十一讲　现当代诗歌/195
　　一、文学史讲述/195
　　二、作品选讲/200
　　　　郭沫若　天狗/200
　　　　徐志摩　再别康桥/202
　　　　艾青　雪落在中国的土地上/204
　　　　北岛　回答/208
　　　　海子　面朝大海 春暖花开/211
　　　　李叔同　送别歌/212
　　　　陈小奇　涛声依旧/213
　　三、拓展阅读/215
　　　　作品阅读　雨巷　老马　结结巴巴　燕双飞　凤凰/215
　　　　文化常识　中国传统建筑/217

第十二讲　现当代散文/219
　　一、文学史讲述/219
　　二、作品选讲/222
　　　　鲁迅　灯下漫笔/222
　　　　梁实秋　我的一位国文老师/228
　　　　巴金　爱尔克的灯光/231
　　　　史铁生　我和地坛（节选）/236
　　　　余光中　听听那冷雨（节选）/241

三、拓展阅读/246
　　　　作品阅读　吃饭　爱　寒溪的路/246
　　　　文化常识　古代交通/249

第十三讲　现当代小说及戏剧/251
　　一、文学史讲述/251
　　二、作品选讲/255
　　　　鲁迅　风波/255
　　　　沈从文　萧萧/261
　　　　王蒙　春之声/270
　　三、拓展阅读/277
　　　　作品阅读　永远的门/277
　　　　文体常识　小说与故事/279

第十四讲　欧美文学/281
　　一、文学史讲述/281
　　二、作品选讲/291
　　　　莎士比亚　哈姆莱特（节选）/291
　　　　雪莱　西风颂/293
　　　　契诃夫　苦恼/298
　　　　欧·亨利　最后一片叶子/303
　　　　卡夫卡　变形记（节选）/308
　　三、拓展阅读/313
　　　　作品阅读　床塌的那天夜里/313
　　　　文化常识　欧美节日/315

第十五讲　亚非文学/318
　　一、文学史讲述/318
　　二、作品选讲/320
　　　　泰戈尔　生辰集（第十首）/320
　　　　川端康成　雪国（节选）/324
　　三、拓展阅读/331
　　　　作品阅读　吉檀迦利（第二十首）　罗生门/331
　　　　文化常识　中国传统节日/334

附录/337
　　文章写作基本常识/337
　　一、常用的修辞手法/337
　　二、常用表现手法/340
　　三、常用表达方式/343

第一讲
先秦诗歌

一、文学史讲述

先秦是中华文明的发生和初创时期,考古学证实汉字在商朝已基本定型,每个符号都具有音、形、义三个要素。文字的使用为文学提供了基础。这个时期的文学形式有上古神话和上古歌谣,有第一部诗歌总集《诗经》,有楚地绝唱"楚辞",有叙事高超的历史散文,有富含哲理的诸子散文,有寓意深长的百家寓言等,这些是多元化中华文学的源头,它们奠定了两千余年中国文学发展的坚实基础。

在先秦文学中,成就最大、创作最丰富的两种文体当数诗歌和散文。

(一)上古歌谣

先秦诗歌起源于上古歌谣,上古歌谣又源于原始人在生存活动中所发出的互相协调的、富有节奏的声音,原始人自发地用有节奏的语言记录狩猎、农耕、养殖等日常生活,同时也记录对自然和神灵的崇拜。《吴越春秋·勾践阴谋外传》中记载的《弹歌》反映的就是原始社会狩猎生活:"断竹,续竹;飞土,逐肉。"《礼记·郊特牲》有《蜡辞》:"土反其宅,水归其壑,昆虫毋作,草木归其泽!"这是祭祀百神的蜡礼上唱的祷辞,希望神灵为人类避免自然灾害。这些歌谣在《礼记》《尚书》《国语》《吕氏春秋》《史记》中都有零星记载,《尚书·益稷》中就有先民们"击石拊石,百兽率舞"。这些史料说明,此时原始诗尚未成为可欣赏的文学作品,原始歌谣与舞蹈、音乐合而为一,不可分割。随着生产力的发展,歌谣越来越丰富发达,这就是《诗经》部分诗篇的来源。

(二)《诗经》

《诗经》是中国第一部诗歌总集,在春秋战国时称为《诗》,共收入自西周初年(公元前 11 世纪)至春秋中叶(公元前 6 世纪)五百多年间的乐歌歌词三百零五首,举其成数,又称为《诗三百》。汉武帝时,被尊奉为儒家经典之一,始称《诗经》。

如前所述,古代诗、歌、舞三位一体,《诗经》中的诗当初都是配乐的歌词。按照音乐的特点,分为"风""雅""颂"三部分(风、雅、颂都是音乐分类的名称)。"风"是"风土之音",属地方曲调,共有十五国风,即十五个地区的民歌民谣,共一百六十篇。这十五个地区大多分布在黄河流域,即今陕西、山西、河北、山东、河南、安徽、湖北等省。"雅"是正乐,即"朝廷之音",共一百零五篇,分为"大雅"(三十一篇)、"小雅"(七十四篇)。"大雅"作者多为西周王室上层贵族,内容多歌颂王室的功绩、揭露暴君的恶行;"小雅"作者多为士大夫阶层的中下层人士,内容有战争劳役、君臣宴飨、政治讽喻。"颂"是祭乐,即"宗庙之音",是王朝统治者祭祀他们的祖先时专为歌功颂德而作的舞乐歌辞,共四十篇,分为"周颂"(三十篇)、"鲁颂"(四篇)、"商颂"(五篇)三部分。这三百零五首诗是由王朝乐官从民间采集、士大夫创作进献和宗庙传留乐章等编纂而成。春秋后期,古乐失传,这部乐歌集里所收集的歌词才被当作诗来欣赏和引用。

《诗经》广泛而深刻地反映了两千五百多年前的社会面貌。"风"和"雅"中的民歌是其中最有价值的作品,这些民歌从各个方面反映了当时的社会生活,可谓饥者歌其食,劳者歌其事,爱者歌其情。《伐檀》《硕鼠》《鸨羽》是对统治者的控诉,《七月》《葛屦》是对劳动生活的反映,《汉广》《蒹葭》《将仲子》《静女》《月出》是爱情的表达。

《诗经》基本的表现手法是赋、比、兴。朱熹《诗集传》曾做过这样解释:"赋者,敷陈其事而直言之也";"比者,以彼物比此物也";"兴者,先言他物以引起所咏之辞也"。赋是直接的铺叙、刻画和抒情;比是比喻和比拟;兴是以别的事物作为发端以引出所歌咏的内容,即借助其他事物为所咏之内容做铺垫,往往用于一首诗或一章诗的开头。在语言形式上,《诗经》以四言为主,间以杂言;多采用重章叠唱形式,每章往往只更换相应的几个字,反复咏叹,以增强抒情效果;语言生动活泼,词汇丰富;各篇大多押韵,韵律和谐自然。

(三)《楚辞》

楚辞的名称始见于《史记·张汤传》,本义泛指楚地歌谣,后成为专称,指以战国时屈原的创作为代表的诗体,具有浓郁的地方文化色彩。西汉末,刘向辑录屈原、宋玉及汉人模仿的作品,书名作《楚辞》,是继《诗经》后我国又一部重要的诗歌总集。

当《诗经》在中原各国广泛流传应用时,长江流域的楚民族孕育出了中华文明的另一个源头。长江流域丰富的物产和温暖的气候使南方谋生较为容易,多变的地貌和多彩的植被培养了楚人丰富的想象力,当地始终存在人、神、鬼共存的巫文化。同时,楚国没有北方那样严密的宗法政治制度,个人受集体的压抑少,个体意识较强。在这里繁衍的楚歌楚乐,在内容、情调、语言、手法、风格上有别于《诗经》而自成体系。

战国后期出现的具有楚文化独特光彩的楚辞,与《诗经》相比具有如下一些特点:在表现上,《诗经》诞生在中原文化中,作为语言艺术,被理解为"礼"的组成部分,用于调节群体生活,是实现一定伦理目的的手段,因而中庸平和被视为极致;楚辞和其他的楚国艺术一样都有较强的个体意识、激烈动荡的感情、奇幻而华丽的表现形式。在语言形式上,《诗经》以四言为主;楚辞句式多五、六、七言,多用语气词"兮"。

屈原的创作代表着楚辞的最高成就。屈原是一位具有崇高人格的诗人,他关心国家和人民,作品中表现出坚定的爱国精神和为坚持理想与正义而百折不挠的斗争精神,这些精神教育并鼓舞着历代的中国人民,哺育着历代的文学作家和作品。在艺术上,屈原以纵恣的文笔,借助神话传说和奇丽的幻想,表达强烈而激荡的情感,这为中国古典诗歌的创作开辟出一条新的道路。在诗歌形式上,屈原打破了《诗经》那种以整齐的四言句为主、简短朴素的体制,创造出句式可长可短、篇幅宏大、内涵丰富复杂的"骚体诗"。

屈原之后,楚地又产生了宋玉、唐勒、景差等诗人。其中以宋玉的成就为高,他除了写有《九辩》,为后世留下了"悲哉!秋之为气也"等名句外,还创作了《风赋》《登徒子好色赋》等对汉赋有较大影响的作品。

在先秦诗坛上,《诗经》和《楚辞》,一北一南共同构成中国诗歌史的源头,形成以抒情为主的创作风尚。在文学史上《诗经》和《楚辞》并称"风骚",共同开创了中国古代诗歌的优良传统,对后世文学产生了难以估量的影响。

二、作品选讲

上古歌谣两则

卿云歌[1]

卿云烂兮,糺[2]缦缦[3]兮。日月光华,旦复旦[4]兮。

明明上天,烂然星陈。日月光华,弘[5]于一人!

日月有常,星辰有行。四时从经,万姓允诚[6]。于予论乐[7],配[8]天之灵。迁于圣贤,莫不咸听。鼚[9]乎鼓之,轩[10]乎舞之。菁华已竭,褰裳[11]去之。

【注释】

[1]《卿云歌》,据说是舜禅让禹时,同群臣互贺的唱和之作。始见旧题西汉伏生的《尚书·大传》:"舜将禅禹,于是俊乂百工,相和而歌卿云,帝倡之,八伯咸稽首而和,帝乃载歌。"《卿云歌》的主题反映了当时人们向往的政治理想。卿:同"庆"。卿云,即五色彩云。

[2]糺:同纠,聚合。

[3]缦缦:纠结环绕的样子。也作"漫漫"。

[4]旦复旦:永远明亮。旦,明亮。此句隐寓禅让。

[5]弘:光大。

[6]允诚:诚实。

[7]论:通"伦",有条理、有次序。论乐:器乐演奏整齐和谐。

[8]配:祭祀中的配飨礼。

[9]鼚(chāng):鼓声。

[10]轩:飞举,指起舞貌。

[11]褰(qiān)裳:撩起下衣,这里指让贤退隐。

【讲解】

这首歌谣相传是舜禅位于治水有功的禹时,群臣唱和之作,歌颂当时的政治清明及禅让制度。

第一章是舜对彩云的赞美。"日月光华,旦复旦兮"明显寓有贤君相禅让之意,表明禹的受禅即位,大地仍会像过去一样光明。第二章是群臣的和唱,"日月光华,弘于一人!"他们赞美上天的明察,把天下再次赋予一位至圣贤人。第三章舜再次唱和,表现了一个伟人功成身退的无私胸怀:"鼚乎鼓之,轩乎舞之。精华已竭,褰裳去之。"全篇以唱和形式展开,辞藻华美,意境高远,孕育骚赋句法,艺术性不亚于《诗经》《楚辞》。

舜、禹的传说,已难考证,但自古以来,禅让制和《卿云歌》深入人心,对形成以礼让为美德的民族精神产生了积极的影响。"中华民国"成立后,《卿云歌》的第一章因"气象高泽,超越万流",并且"帝舜始于侧陋,终以揖让,为平民政治之极则",曾被定为临时国歌。

琴歌[1]

百里奚,五羊皮。忆别时,烹伏雌,春黄齑[2],炊扊扅[3]。今日富贵忘我为?

百里奚,五羊皮。父梁肉[4],子啼饥。夫文绣,妻浣衣。嗟乎! 富贵忘我为?

百里奚,五羊皮。昔之日,君行而我啼。今之日,君坐而我离。嗟乎! 富贵忘我为?

【注释】

[1]本篇首章见录于清沈德潜《古诗源》。东汉应劭《风俗通》记载:"百里奚为秦相,堂上乐作,所赁浣妇自言知音,因抚弦而歌,问之,乃故妻也。"

[2]黄齑(jī):腌咸菜,延伸为粗恶的饭食。

[3]扊扅(yǎn yí):门闩。

[4]梁肉:以梁为食,以肉为肴,泛指精美的食肴。梁,通"粱"。

【讲解】

这首歌谣传说是百里奚的妻子杜氏所唱。百里奚是春秋时秦国名相,楚国人,早年曾为虞国大夫。晋献公灭虞,百里奚被俘为媵人(奴隶),后逃归楚国。秦穆公闻其贤名,用五张黑公羊皮将其买回,委以重任,世称"五羖大夫"。百里奚的妻子杜氏与百里奚别离,苦熬几十载。再次相逢,百里奚已是秦国丞相,她却流离失所,以洗衣为生。本篇用朴实简洁的叙述、对比的手法抒发了主人公的悲伤之情,读来令人肝肠寸断。

【思考与练习】

一、选择题

1. 古代歌谣是与(　　)合为一体的。
A. 音律　　　　　　B. 音乐　　　　　　C. 乐器　　　　　　D. 舞蹈

2.《卿云歌》是在(　　)时唱的。
A. 尧和舜禅让　　　B. 黄帝擒住蚩尤　　C. 舜和禹禅让　　　D. 大禹治水

3. "精华已竭,褰裳去之"体现了(　　)。
A. 舜的无私胸怀　　B. 禹的才华　　　　C. 当时社会的有序　D. 群臣对舜的尊重

4. "父梁肉,子啼饥"用的是修辞手法是(　　)。
A. 对比　　　　　　B. 排比　　　　　　C. 比喻　　　　　　D. 对偶

5. 百里奚是(　　)时人。
A. 西周　　　　　　B. 东周　　　　　　C. 春秋　　　　　　D. 战国

二、翻译题

1. 日月光华,旦复旦兮。

2. 龥乎鼓之,轩乎舞之。菁华已竭,褰裳去之。

3. 忆别时,烹伏雌,舂黄齑,炊扊扅。

4. 昔之日,君行而我啼。今之日,君坐而我离。

三、简答题

1.《卿云歌》是以什么形式展开的? 歌颂的是什么?

2. 谈谈你对上古禅让制的看法。

3. 试比较《卿云歌》《琴歌》在艺术表现上的区别。

四、实践题

查阅资料,在哪些文献中能找到上古歌谣,推荐一首你最喜欢的。

诗　经

《诗经》,原本只称为《诗》,共有诗歌三百零五首,故又称《诗三百》,是我国最早的一部诗歌总集,相传由孔子编定。从汉朝起儒家将其奉为经典,故称为《诗经》。汉朝毛亨、毛苌曾注释《诗经》,今本《诗经》即由此流传而来,因而又称为《毛诗》。

据说,《诗经》中的诗,当时都是能演唱的歌词。按所配乐曲的性质,可分成风、雅、颂三类。"风"包括周南、召南、邶风、鄘风、卫风、王风、郑风、齐风、魏风、唐风、秦风、陈风、桧风、曹风、豳风,共十五国风,大部分是黄河流域的民歌,小部分是贵族加工的作品,共一百六十篇。"雅"包括"小雅"和"大雅",基本上是贵族的作品,只有"小雅"的一部分来自民间,共一百零五篇。"颂"包括"周颂""鲁颂"和"商颂",是宫廷用于祭祀的歌词,共四十篇。

蒹葭[1]

蒹葭苍苍[2],白露为霜。所谓伊人[3],在水一方[4]。溯洄从之[5],道阻且长。溯游[6]从之,宛[7]在水中央。

蒹葭萋萋[8],白露未晞[9]。所谓伊人,在水之湄[10]。溯洄从之,道阻且跻[11]。溯游从之,宛在水中坻[12]。

蒹葭采采[13],白露未已[14]。所谓伊人,在水之涘[15]。溯洄从之,道阻且右[16]。溯游从之,宛在水中沚[17]。

【注释】

[1]本诗见于《诗经·秦风》。《秦风》共十篇,大多是东周时代这个区域的民歌。周孝王时,秦之先祖非子受封于秦谷(今甘肃天水)。平王东迁时,秦襄公因出兵护送有功,又得到了岐山以西的大片封地。后来,秦逐渐东徙,都于雍(今陕西兴平)。秦地包括现在陕西关中到甘肃东南部一带。蒹葭(jiān jiā):芦苇。

[2]苍苍:色深茂盛的样子。

[3]伊人:那人。伊,指示代词。

[4]水:指长江。方:旁。一方,即另一边。

[5]溯洄:逆流向上。从:追随,追求。

[6]游:直流的水道。

[7]宛:好像,仿佛。

[8]萋萋:茂盛的样子。

[9]晞:晒干。

[10]湄:水草交接处,即岸边。

[11]跻(jī):升高。

[12]坻(chí):水中小沙洲。

[13]采采:众多的样子。

[14]已:停止。

[15]涘(sì):水边。

[16]右:道路迂回曲折。

[17]沚(zhǐ):水中小沙滩,比"坻"面积稍大。

【讲解】

关于这首诗,尽管历来颇有争议,但一般认为它是一首恋歌。如果把诗中的"伊人"理解为恋人,那么,这首诗抒写的就是抒情主人公对美好爱情的执着追求和追求不得的惆怅心情。其最具艺术魅力之处是创造了"在水一方"这一可望而不可即的"企慕情境"(钱钟书《管锥编》)。

且看,早晨薄雾笼罩,晶莹的露珠已凝成冰霜。一位羞涩的少女正飘来荡去,她一会儿出现在水边,一会儿又出现在水之洲。"距离产生美",这种美感因距离而变得朦胧、模糊。抒情主人公和"伊人"的身份、面目、空间位置都给人以雾里看花、若隐若现、朦胧缥缈之感。蒹葭、白露、秋水,越发显得难以捉摸,构成了一幅朦胧淡雅的风情画。

这首诗分三章,每章首两句都以蒹葭起兴,抓住秋色独有的特征,不惜用浓墨重彩反复描绘,渲染深秋空寂悲凉的氛围,抒写诗人怅然若失而又热烈企慕的心境。它既点明了季节与时间,又渲染了蒹苍露白的凄清气氛,烘托了人物怅惘的心情,达到了寓情于景、情景交融的艺术境界。三、四句展示诗的中心意象:抒情主人公在河畔徜徉,凝望追寻河对岸的"伊人"。这"伊人"是他日夜思念的意中人。抒情主人公虽望穿秋水、执着追求,但毕竟"伊人"飘渺阻隔,可望难即。故而诗句中荡漾着无可奈何的心绪和空虚惆怅的情致。

这首诗重章叠句,反复吟咏,一唱三叹。从"白露为霜"到"白露未晞",再到"白露未已",这是时间的推移,象征着抒情主人公凝望追寻时间之长。从"在水一方",到"在水之湄",再到"在水之涘";从"宛在水中央",到"宛在水中坻",再到"宛在水中沚",这是地点的转换,象征着伊人的飘渺难寻。从"道阻且长",到"道阻且跻",再到"道阻且右",则是反复渲染追寻过程的艰难,以凸显抒情主人公坚执不已的精神。

这首诗把暮秋特有的景色与人物委婉惆怅的相思感情交铸在一起,从而创造出扑朔迷离、情景交融的意境,言短意长。

从创作手法上看,这首诗采用了"兴""重章叠句""叠音字",如下:

兴
"兴"是源于《诗经》的修辞手法即由此物引起他物,借助思绪无端的漂移和联想而产生,兼有比喻、象征、烘托。本诗"蒹葭苍苍,白露为霜。所谓伊人,在水一方"以蒹葭起兴,用苍凉的秋景衬托主人公凄凉的心境。

重章叠句
诗歌中位置相同的地方不断重复,意义、字面都只少量改变,借以强化感情的抒发,这就是重章叠句。如:
蒹葭苍苍,白露为霜。所谓伊人,在水一方。溯洄从之,道阻且长。溯游从之,宛在水中央。
蒹葭萋萋,白露未晞。所谓伊人,在水之湄。溯洄从之,道阻且跻。溯游从之,宛在水中坻。
……
重章叠句的手法在《诗经》中被广泛运用,它加强了语言的形象性和音乐性,数千年来一直作为民歌的一种重要表现手法存在,当代民歌和流行歌曲中依然普遍使用。

叠音字
叠音字的使用能增强语音的节奏感,增加语言的形象性,如本诗中的"苍苍""萋萋""采采"。

【思考与练习】
一、选择题
1.《诗经》在语言形式上的特点是( )。
  A. 风、雅、颂　　　　　　　　　　B. 赋、比、兴
  C. 以四言为主,重章叠句　　　　　D. 层次错落,富有节奏
2.《诗经》的主要表现方法是( )。
  A. 风、雅、颂　　　　　　　　　　B. 赋、比、兴
  C. 以四言为主　　　　　　　　　　D. 重章叠句,韵律和谐
3.《诗经》原称《诗》或《诗三百》,( )始称为《诗经》。
  A. 周代　　　　　B. 汉代　　　　　C. 唐代　　　　　D. 秦代
4.关于《蒹葭》这首诗的主旨,历来说法不一,比较合理可信的说法是( )。
  A. 讽刺秦襄不用周礼,不能纳贤求士
  B. 描写追求"在水一方"的"伊人","伊人"指朋友
  C. 描写思念"在水一方"的"伊人","伊人"泛指一般的人
  D. 描写了一个追求者对意中人的急切追求和可望而不可即的惆怅心情

二、翻译题
1. 蒹葭萋萋,白露未晞。所谓伊人,在水之湄。
2. 溯洄从之,道阻且右。溯游从之,宛在水中坻。

三、简答题
1.《蒹葭》一诗抒发了怎样的情感?
2.《蒹葭》在艺术表现上有什么特征?
3.《诗经》《楚辞》中有许多篇章都营造了可望而不可即的"企慕情境",请举一个例子,分析这种写法的艺术效果。
4.《毛诗传》认为《蒹葭》讽刺秦襄公不用周礼,无法稳定国家;魏源认为是咏颂秦襄公"求贤尚德"之作。对这些观点,你怎么看?

四、解析题
阅读《蒹葭》第一段,回答下列问题:
蒹葭苍苍,白露为霜。所谓伊人,在水一方。溯洄从之,道阻且长;溯游从之,宛在水中央。
1. 分析"在水一方"诗境及其对诗歌抒情的意义。
2. 请在诗句中找出双声、叠音词的例子,谈谈双声、叠音词在诗中的作用。
3. 诗中写景动静结合,指出哪些是动景,哪些是静景,简要分析这些景物描写有什么作用。

五、实践题
《蒹葭》一诗以蒹葭起兴,以苍凉的秋景衬托主人公的心境。"兴"一直是我国民歌惯用的手法,请选取一首使用"兴"的当代民歌,分析它如何起兴,如何表现主题。

楚 辞

楚辞,又称"楚词",其本义是指楚地的言辞,后来逐渐固定为两种含义:一是诗歌体裁,指战国时代楚地风行的一种诗体,作品运用楚地(今湖北、湖南一带)的文学样式、方言声韵,叙写楚地的山川人物、历史风情,具有浓厚的地方特色;二是诗歌总集,指汉代刘向编辑屈原、宋玉等人的作品而成的《楚辞》,是继《诗经》以后又一部影响深远的诗歌总集。

屈原(前340—前278),名平,战国中期楚国人,是中国文学史上第一位伟大的爱国诗人。他生活在楚国由强盛走向衰落的怀王和顷襄王时期,年轻时曾得到楚怀王的信任,做过楚国的左徒,参与国家大事。他学识广博,有远大的政治理想,积极主张对内任用贤能,修明法度,富国强兵,对外联齐抗秦。他的政治主张和活动触犯了腐朽贵族集团的利益,受到诬陷和排挤,被昏庸不察的怀王流放到汉水北部。后曾做过负责管教王族子弟的三闾大夫。顷襄王时又被流放到长江南部。大约在公元前278年,楚都郢城被秦军攻陷,他痛感山河破碎,理想破灭,于农历五月五日,忧愤而投汨罗江(在今湖南省)。

一般认为,屈原作品共有二十五篇:《九歌》(十一篇)、《招魂》、《天问》、《离骚》、《九章》(九篇)、《卜居》、《渔父》。其代表作《离骚》共有三百七十三句,是中国古代最长的一首抒情诗。这篇巨作是诗人因谗被逐、激于忧愤而写的,诗中以抒情的笔法,叙述了他的家世、出生、幼年抱负、政治遭遇、痛苦心情、坚贞精神,然后又驰骋幻想,上天入地寻求知己,最后终至绝望,决定以死为殉。长诗塑造了一个纯洁高大的抒情主人公形象。丰富、系统的比兴象征,使诗人的高洁善美与一群小人的奸佞丑恶形成鲜明对比。宏伟完整的结构、参差错落的句式、奇特瑰丽的想象、华美绚丽的语言,不仅很好地表现了诗人眷恋故国、追求真理、抨击昏君和奸佞等思想感情,也增强了诗的音乐美和抒情性。

国殇[1]

操吴戈兮被犀甲[2],车错毂兮短兵接[3]。旌蔽日兮敌若云[4],矢交坠兮士争先[5]。凌余阵兮躐余行[6],左骖殪兮右刃伤[7]。霾两轮兮絷四马[8],援玉枹兮击鸣鼓[9]。天时怼兮威灵怒[10],严杀尽兮弃原野[11]。

出不入兮往不反[12],平原忽兮路超远[13]。带长剑兮挟秦弓[14],首身离兮心不惩[15]。诚既勇兮又以武[16],终[17]刚强兮不可凌。身既死兮神以灵[18],子魂魄兮为鬼雄[19]。

【注释】

[1]这是《楚辞·九歌》中的一篇。"九歌",原为传说中一种远古歌曲的名称。《九歌》是一组祭歌,共十一篇,是屈原据民间祭神乐歌的再创作。"殇"(shāng):指未成年而死,也指死难的人。"国殇"即是为国捐躯的战士。戴震《屈原赋注》:"殇之义二,男女未冠(二十岁)笄(十五岁)而死者,谓之殇;在外而死者,谓之殇。殇之言伤也,国伤,死国事,则所以别二者之殇也。歌此以吊之,通篇直赋其事。"

[2]操:拿着。吴戈:战国时吴国制造的一种特别锋利的兵器。被:通"披"。犀甲:犀牛皮制作的铠甲。

[3]车错毂:指两国双方激烈交战,兵卒来往交错。毂,车轮中心插轴的地方。短兵:指刀剑一类的短兵器。

[4]旌蔽日兮敌若云:旌旗遮蔽了太阳,敌兵像乌云一样聚集在一起。旌,用羽毛装饰的旗子。

[5]矢交坠兮士争先:双方激战,流箭交错,纷纷坠落,战士却奋勇争先杀敌。矢,箭。

[6]凌:侵犯。躐(liè):践踏。行:行列。

[7]左骖(cān):古代战车用四匹马拉,中间的两匹马叫"服",左右两边的叫"骖"。殪(yì):倒地而死。右:指右骖。刃伤:为兵刃所伤。

[8]霾两轮兮絷四马:意思是把(战车)两轮埋在土中,马头上的缰绳也不解开,要同敌人决一死战。霾(mái),通"埋"。絷(zhí),绊住。

[9]援玉枹兮击鸣鼓:主帅鸣击战鼓以振作士气。援,拿着。枹,鼓槌。玉枹,用玉装饰的枹。

[10]天时:天象。怼(duì):怨。威灵:神灵。

[11]严:悲壮。杀尽:被杀尽。弃原野:指骸骨弃在战场上。

[12]出不入兮往不反:是说战士抱着义无反顾的必死决心。反,通"返"。

[13]忽:指原野宽广无际。超:通"迢",遥远。

[14]挟(xié):携、拿。秦弓:战国秦地所造的弓(因射程较远而著名)。

[15]首身离:头和身子分离,指战死。惩:恐惧,悔恨。

[16]诚:果然是,诚然。勇:战斗的精神。武:战斗的能力。

[17]终:始终。

[18]神以灵:指精神永存。

[19]子:你。鬼雄:鬼中英雄。

【讲解】

《国殇》是屈原为祭祀神鬼所作的一组乐歌——《九歌》中的一首,其情感主调是追悼和礼赞为国捐躯的楚国将士的亡灵。

这首诗可分为前后两部分。前十句注重场面描绘、气氛渲染,将一场殊死恶战写得剑拔弩张、悲壮淋漓。读罢,我们仿佛看到那些坚誓为国捐躯的威武战士手持锋利吴戈、身披犀牛铠甲在奋力厮杀,看到战车交错的激烈,嗅到肉搏的血腥;敌军来势汹汹,战旗遮蔽了天日,大队人马如乌云般压过来;敌我双方对射,那密集的箭破空乱窜,又纷纷落地,战士在箭雨中奋勇争先;敌军侵入了我方的阵脚,进而践踏了我军的行列,左右的骖马或倒地而死,或身受重伤;主将战车陷入泥土之中,战马被绳索绊住;主将仍然锤击着战鼓督军奋勇向前;两军厮杀得天昏地暗,上天为之怨恨,神灵为之震怒。整个战场尸骸遍地,惨不忍睹……后八句则以饱含情感的笔触,讴歌死难将士,对这些视死如归的将士寄予了深深的悼念。将士们义无反顾地奔赴战场,却一去不返。旷野茫茫,大路迢迢,沙场之上,他们虽死犹生。想当初,他们持着剑,挟着弓;而如今虽身首异处,却仍凛然如生。他们勇敢又有武技;他们生是人杰,死为鬼雄,气贯长虹,英名长存。通过这种抒写,作者倾吐了一腔炽烈的爱国情感。

这首诗在艺术表现上与作者其他作品有些区别,乃至与《九歌》中其他乐歌也不尽一致。它不再靠想象奇特、辞采瑰丽取胜,而是"通篇直赋其事"(戴震《屈原赋注》),以促迫的节奏、扬厉的抒写,抒发深挚炽烈的情感,给人以亢直阳刚之美。

通假字

通假字是古汉语中本有其字的假借,两字因为音同、音近或形近的关系可通用。如"平原忽兮路超远"中的"超"通"迢"。通假字必须读所通字的音,用所通字的意义,因此"超"读"tiáo",意思是"遥远"。哪些字能互为假借是约定俗成的。

这首诗的通假字有:被—披,反—返,超—迢,霾—埋。

【思考与练习】

一、选择题

1. 下列关于"楚辞"的表述,不正确的一项是(　　)。
   A. 以屈原的作品为主　　　　　　B. 是兴起于楚国的一种诗歌样式
   C. 大多是叙事作品　　　　　　　D. 我国的第一部诗歌总集
2. 下列作品属于屈原创作的有(　　)。
   A.《九歌》　　　B.《离骚》　　　C.《九章》　　　D.《九辩》
3. 下列作品,属于楚辞体的是(　　)。
   A.《蒹葭》　　　　　　　　　　　B.《国殇》
   C.《饮酒》(其五)　　　　　　　　D.《行路难》(其一)
4. "楚辞"在语言形式上的特点有(　　)。
   A. 以六言、七言为主　　　　　　B. 重章叠句
   C. 多用"兮"字以助语势　　　　　D. 以五言为主
5. "车错毂兮短兵接"中"兵"的含义是(　　)。
   A. 军队　　　B. 战士　　　C. 兵器　　　D. 骑兵

二、翻译题

1. 旌蔽日兮敌若云,矢交坠兮士争先。
2. 出不入兮往不反,平原忽兮路超远。
3. 身既死兮神以灵,子魂魄兮为鬼雄。

三、简答题

1. 与《诗经》相比,《楚辞》在表现手法上有什么不同?
2. 《国殇》在艺术表现上有什么特征?
3. 本诗后八句主要写什么?从中能感受到屈原什么样的情感?
4. "出不入兮往不反,平原忽兮路超远"中的"反"和"超"两字的使用包含了文言文中什么重要现象?试说明这一现象的特征。
5. "国殇"的含义是什么?

四、解析题

1. 阅读下面一段文字,回答问题:

操吴戈兮被犀甲,车错毂兮短兵接。旌蔽日兮敌若云,矢交坠兮士争先。凌余阵兮躐余行,左骖殪兮右刃伤。霾两轮兮絷四马,援玉枹兮击鸣鼓。天时怼兮威灵怒,严杀尽兮弃原野。

(1)本节主要写了什么内容?为什么要描写敌人的凶猛残暴?
(2)"旌蔽日兮敌若云"一句运用了什么修辞手法?
(3)哪些语句属于细节描写?
2. 阅读下面一段文字,回答问题:
……纷吾既有此内美兮,又重之以修能。扈江离与辟芷兮,纫秋兰以为佩。汨余若将不及兮,恐年岁之不吾与。朝搴阰之木兰兮,夕揽洲之宿莽。日月忽其不淹兮,春与秋其代序。唯草木之零落兮,恐美人之迟暮。
(1)这段文字源自屈原的哪一首诗?
(2)请解释"纷""江离""秋兰"。
(3)你怎么理解主人公的"修能"?
(4)你怎么理解文中的"美人迟暮"?

五、实践题

1. 查阅资料,回答问题:
(1)楚国国君姓什么?
(2)"楚虽三户,亡秦必楚"是什么意思?
2. 查阅资料,探讨楚文化的特点。

三、拓展阅读

作品阅读

易经·屯·六二

屯如邅如;乘马,班如;匪寇,婚媾。

【点评】

《易经·屯·六二》的爻辞。描写抢婚的场面。一群马迂回绕道而来,又迅速返回,原来不是敌寇,是为了婚事。反映了古代确实存在过的抢婚制度。

《易经》卦分为卦辞,爻辞。易经有64卦,就有64条卦辞,每卦有6爻就有384爻,乾坤两卦多"用九"和"用六"两爻计386爻。对卦爻的读法,阳为"九",阴为"六"。

诗经·小雅·鹤鸣

鹤鸣于九皋,声闻于野。鱼潜在渊,或在于渚。乐彼之园,爰有树檀,其下维萚。他山之石,可以为错。

鹤鸣于九皋,声闻于天。鱼在于渚,或潜在渊。乐彼之园,爰有树檀,其下维榖。他山之石,可以攻玉。

【点评】

一首即景抒情的小诗。在广袤的荒野里,听到鹤鸣之声,震动四野;然后看到游鱼一会儿潜入深渊,一会儿又跃上滩头。再向前看,只见一座园林里有棵高大的檀树,檀树之下堆积着一层枯枝败叶。园林近旁,有一座怪石嶙峋的山峰,山上的石头,可以取作磨砺玉器的工具。玉为至美,石为粗粝,玉石相磨才能制出玉器。诗从感性走向理性,发人深省,可静心体会。

九辩（节选）

[战国·楚]宋 玉

悲哉,秋之为气也！萧瑟兮,草木摇落而变衰。憭栗兮若在远行;登山临水兮送将归。泬寥兮天高而气清;寂寥兮收潦而水清,憯凄增欷兮薄寒之中人。怆怳懭悢兮去故而就新;坎廪兮贫士失职而志不平。

【点评】

在悲伤的秋风中,贫穷的士子为自己的遭遇而长叹。大地萧瑟,一片衰落,士子仿佛就要背井离乡,人间不平尽现眼前。

文化常识

中华古代婚姻

先秦起,婚礼程序是三书六礼。

三书为：

聘书：订娶之文书。在纳吉（男女订立婚约）时,男家交予女家之书简。

礼书：过大礼时所用的文书,列明过大礼的物品和数量。

迎书：迎娶新娘之文书,娶亲迎接新娘过门时,男方送给女方的文书。

六礼为：

纳采：男家遣媒妁往女家提亲,得到应允后,再请媒妁正式向女家纳"采择之礼"。初议后,若女方有意,则男方派媒人正式向女家求婚,并携带一定礼物,故称纳采。古代纳采的礼物只用雁。

问名：女方家长接纳提亲后,女家将女儿的年庚八字带返男家,以使男女门当户对和后卜吉凶。问名也须携带礼物,一般用雁。

纳吉：又称过文定。当接收庚帖后,便会将庚帖置于神前或祖先案上请示吉凶,以肯定双方年庚八字没有相冲相克。当得知双方并没有相冲相克之征象后,婚事就算初步议定。

纳征：又称过大礼、纳成,即男家纳吉后往女家送聘礼。经此仪礼确定婚约完全成立。

请期：又称乞日,即男家择定合婚的良辰吉日,并征求女家的同意。

亲迎：或迎亲。在结婚吉日,穿着礼服的新郎会偕同媒人、亲友亲自往女家迎娶新娘。新郎在到女家前需到女家的祖庙行拜见礼,之后才用花轿将新娘接到男家。在男家完成拜天、地、祖先的仪式后,便送入洞房。

最早建立官媒制度的是周王朝。当时,媒官的名称叫"媒氏",他们从国家领取一定俸禄,执行公务。《周礼·地官·媒氏》记载："媒氏,掌万民之判。凡男女自成名以上,皆书年月日名焉。令男三十而娶,女二十而嫁,凡娶判妻入子者皆书之。仲春之月,令会男女。于是时也,奔者不禁。若无故而不用令者罚之。司男女之无夫家者而会之。凡嫁子娶妻,入币纯帛无过五两。禁迁葬者嫁殇者。凡男女之阴讼,听之于胜国之社;其附刑者,归之于士。"

春秋时期,男子二十加冠,女子十五及笄,即可结婚;又谓"男三十而娶,女二十而嫁",是为不失时。《汉书·惠帝纪》中就明文记载："女子年十五以上至三十不嫁,五算。""五算"就是罚她缴纳五倍的赋税。其实,中国古代早婚的现象很严重,宋代曾有"凡男年十五,女年十三,并听婚嫁"的规定。

　　传统婚礼多为父母之命、媒妁之言，流程复杂，新郎新娘无权利决定。

　　婚礼前一天，女方把嫁妆送到男家。婚礼的日子新郎来到新娘家，用花轿迎娶新娘上轿。新娘之姊妹或女性好友要拦住新郎故意阻挠，讨要红包，叫讨喜。新娘要由兄弟背出娘家门，母亲和新娘要哭嫁。中途轿夫要颠轿，意在挡煞。花轿到婆家，新郎要朝着花轿方向射三支箭，三箭定乾坤：射天，祈求上天的祝福；射地，代表天长地久；射向远方，祝愿未来生活美满幸福。新娘下轿，地铺红毡，新娘鞋不能沾地。跨火盆，象征日子红红火火。跨马鞍，马鞍上放苹果，寓意平平安安。拜堂，一拜天地，二拜高堂，夫妻对拜。掀盖头，用秤杆挑下新娘的盖头。喝交杯酒，象征一对新人自此合二为一。敬茶改口，称对方父母为"父亲、母亲"。进入洞房，上枣和栗子，寓意"早立子"。

　　古时殷实人家嫁女儿准备的嫁妆，小到马桶、床柜、妆匣，大到棺材都会准备好，让女儿哪怕不花夫家一分一毫也可以过很好，这样在夫家才有底气。

第二讲 先秦散文

一、文学史讲述

古代散文与诗歌、神话不同,它的产生是文字发明以后的事情。到了春秋战国时期,散文获得了重大发展,出现了一大批以议论说理为主的诸子散文和以记言叙事为主的历史散文,此外辅助国家机器和百姓生活的应用散文也日益成熟。

(一)诸子散文

先秦诸子散文是春秋末战国初"百家争鸣"的产物。当时,在"百家争鸣"的政治文化环境中,产生了一批政治家和思想家,创作了大量以议论说理为主的哲理散文,这就是诸子散文,具代表性的有儒家的《论语》《孟子》,道家的《道德经》《庄子》,墨家的《墨子》。

《论语》是儒家最早的著作,是对儒家创始人孔子及其弟子言行的记录,成书于孔子去世之后。虽然只是纲要式记录,但善于抓住要点传达人物的言行,传达所蕴含的社会和道德意义。书中多警句,如"己所不欲,勿施于人""岁寒,然后知松柏之后凋也"等,在历史上有极其深远的影响。

《孟子》是孟子和门人共同完成的著作,虽与《论语》同为语录体,但谈话展开得较具体,不少段落有统一的中心。《孟子》文章以气势见长,感情强烈;又以雄辩著称,词锋犀利;且善用比喻,极具有说服力。

《道德经》(又名《老子》)和《庄子》是道家学派的著作。《道德经》相传为老子所著,老子生平不详,年龄可能长于孔子。《道德经》是哲理性极强的韵文,主张绝圣弃智,忘情寡欲,无为而治。

《庄子》是战国时庄子所著,显示庄子复古虚无、顺应自然、无为而治的思想。庄子用奇幻的寓言、壮阔的景物描写构筑了一部浪漫主义的哲学著作。如《庄子·则阳》中提到有两个国家,一个建在蜗牛的左角,一个建在蜗牛的右角,"时相与争地而战,伏尸数万,逐北旬有五日而后返"。鲁迅评论《庄子》:"其文汪洋辟阖,仪态万方,晚周诸子之作,莫能先也。"

《墨子》是墨家学派创始人墨翟及该学派中的其他人的言论集。《墨子》以论说文为主,语言质朴,论述清晰,层次分明,可以说,中国古代严格意义上的论说文起自《墨子》。

除上述著作之外,还有《荀子》《韩非子》《孙子兵法》等重要著作。

（二）历史散文

春秋末年，孔子依据鲁国史料加工创作的《春秋》，是中国最早的一部编年史，以时间先后为顺序记录历史事件。它虽只是提纲挈领式的记事，但在文字表达上比《尚书》有很大进步。它的语言简洁而谨严，常"以一字为褒贬"。这种"春秋笔法"对后世史学家、文学家影响甚大。到了春秋末战国初，社会生活越来越复杂，《尚书》《春秋》式的记言、记事已不能满足新形势下各国统治者和各个政治集团的需要，于是便产生了一批详细记录各国卿大夫和士的言论，以及各诸侯国政治、外交、军事活动，并具有较高文学价值的新型历史著作。主要有《左传》《国语》《战国策》等。

《左传》原名《左氏春秋》，后人也称其为《春秋左氏传》，是一部规模宏大的编年体史书，与《谷梁传》《公羊传》合称"春秋三传"。它主要记述了春秋时期各国的政治、经济、军事、外交和文化活动，反映了当时社会各方面的矛盾。作为一部历史著作，《左传》有鲜明的政治和道德倾向，其观念较接近于儒家，强调等级秩序和宗法伦理，重视长幼尊卑之别，同时也表现出民本思想。从文学角度看，《左传》最值得注意的地方在于，它记叙历史事件和历史人物时，不完全从史学价值考虑，而是常常注意到事件和人物的生动有趣，以较为细致生动的情节表现人物的形象。其叙事富于故事性、戏剧性，情节曲折生动，线索分明，详略得当，尤其善于描写战争。语言简洁生动，人物形象栩栩如生。

《国语》是中国第一部国别史，以国家为单位，分别记录历史事件。记事年代起自周穆王，止于鲁悼公。内容涉及周、鲁、齐、晋、郑、楚、吴、越八国，以记载言论为主，但也有不少记事的成分。《国语》不是系统完整的历史著作，只是重点记载了个别事件，书中包含了许多政治经验的总结。就文学价值而言，《国语》虽不及《左传》，但比《尚书》《春秋》等历史散文还是有所发展和提高，具体表现为如下几点：第一，作者善于选择历史人物的精彩言论来反映和说明某些社会问题。如《周语》"召公谏厉王弭谤"一节，通过召公之口，阐明了"防民之口，甚于防川"的著名论题。第二，在叙事方面，亦时有缜密、生动之笔。如《晋语》记优施唆使骊姬谗害申生。《吴语》和《越语》记载吴越两国斗争始末，文章波澜起伏，为历代传诵之名篇。第三，所载朝聘、飨宴、辩诘、应对之辞，有些部分写得较为精练、真切。

《战国策》也是一部国别体史书，是汇编而成的历史著作，作者不明。原来的书名不确定，西汉刘向考订、整理后定名为《战国策》。书中主要是记录战国时代谋臣策士纵横捭阖、谋划游说的言行。所记颇多信史，保存了许多珍贵的史料，具有较高的史学价值，在文学史上也有重要的地位。它具有纵横家的雄辩特色，运笔灵活自如，文辞活泼流丽；叙事状物铺张扬厉，极尽形容；说理论证纵横驰骋，气势逼人；刻画人物多方写照，丰满鲜明。还善于运用寓言故事和比喻来比说事理，以增强文章的说服力和生动性。

（三）应用散文

在历史散文蓬勃发展时，一些实用的应用散文也初具规模。中国的第一部散文集《尚书》记录了殷商至春秋的誓言、讲话、文诰之类，这种另类的历史记录虽然文字艰涩难懂，却让我们看到了中国最原始的应用文。"尚书"即上古之书，亦称《书》，又是儒家经典，故称《书经》。

《礼记》记录了先秦各种礼仪，是中国古代一部重要的典章制度书籍，儒家经典之一。相传为孔子所编，经专家考证应是大约战国末年或秦汉之际儒学者托名孔子答问的著作。《礼记》的内容主要是记载和论述先秦的礼制、礼仪，解释仪礼，记录孔子和弟子等的问答，记录做人的准则。今天所看到的是西汉戴圣选编的四十九篇《小戴礼记》。

《易经》是中国最古老的文献之一,并被儒家尊为"五经"之首。《易经》的主要特点是以八卦、六十四卦、象数为模型,以占筮为形式,模拟演绎、预测宇宙万物的起源、结构、运动变化的规律。《易经》成书年代不详,传说伏羲氏、周文王、孔子都修过《易经》。

二、作品选讲

论 语

孔子(前551—前479)名丘,字仲尼。因父母曾为生子而祷于尼山,故名。春秋后期鲁国人,思想家、教育家,儒学学派的创始人。至清代被尊为至圣先师、万世师表。孔子先世为宋国贵族,六世祖孔父嘉避难鲁国。孔子年轻时做过几任小官,一生大部分时间是从事教育,讲究因材施教,相传收弟子多达三千人,贤者七十二人。孔子中年曾任鲁国司寇,因与当时鲁国执政的"三桓"(季孙氏、叔孙氏、孟孙氏)政见不同,遂携弟子游列国,最终返鲁,专心执教。曾修订《诗》《书》《礼》《乐》《易》《春秋》。孔子思想的核心是"仁"。孔子的思想及学说对后世产生了极其深远的影响。

《论语》以记言为主,"论"是论纂的意思,"语"是话语、经典语句、箴言,"论语"即是论纂(先师孔子的)语言。《论语》成于众手,记述者有孔子的弟子、孔子的再传弟子,也有孔门以外的人,但以孔门弟子为主。

季氏将伐颛臾[1]

季氏将伐颛臾。冉有、季路见于孔子,曰:"季氏将有事[2]于颛臾。"

孔子曰:"求!无乃尔是过与?夫颛臾,昔者先王以为东蒙主[3],且在邦域之中矣,是社稷之臣也。何以伐为?"

冉有曰:"夫子[4]欲之,吾二臣者皆不欲也。"

孔子曰:"求!周任有言曰:'陈力就列,不能者止。'[5]危而不持,颠而不扶,则将焉用彼相[6]矣?且尔言过矣。虎兕出于柙[7],龟玉毁于椟中[8],是谁之过与?"

冉有曰:"今夫颛臾,固而近于费[9]。今不取,后世必为子孙忧。"

孔子曰:"求!君子疾夫舍曰欲之而必为之辞。丘也闻有国有家者[10],不患寡而患不均,不患贫而患不安[11]。盖均无贫,和无寡,安无倾。夫如是,故远人不服,则修文德以来之[12],既来之,则安之。今由与求也,相夫子,远人不服,而不能来也,邦分崩离析,而不能守也,而谋动干戈于邦内。吾恐季孙之忧,不在颛臾,而在萧墙[13]之内也。"

【注释】

[1]《季氏将伐颛臾》选自《论语·季氏篇》。季氏:鲁国权臣季孙氏。伐:攻打。颛臾(zhuān yú):鲁国的附属国,在今山东省费县西。

[2]有事:指有军事行动,发动战争的委婉说法。

[3]东蒙:蒙山,在今山东蒙县南。主:主持祭祀的人。

[4]夫子:指当时季孙氏的主事人季康子。

[5]周任:人名,古代史官。陈力就列:按才力担任适当的职务。陈力,发挥能力。

[6]相:搀扶盲人的人叫相,下文"相夫子"的"相"是辅助的意思。
[7]兕(sì):雌性犀牛。柙(xiá):用以关押野兽的木笼。
[8]椟(dú):匣子。
[9]费(bì):季氏的采邑。
[10]国:诸侯统治的政治区域。家:卿、大夫统治的政治区域。
[11]贫、寡:这里"不患寡而患不均,不患贫而患不安"古本有误,应是"不患贫而患不均,不患寡而患不安",因为"贫"与"均"是指财富,"寡"与"安"是指人口,下文所说"均无贫"与"和无寡"可以为证。
[12]来:使之来,使动用法,下句"来""安"均为使动用法。
[13]萧墙:照壁屏风,借指宫廷之内,暗指季康子见疑于鲁哀公,将有内变。

【讲解】

本篇为记叙孔子与弟子冉有、季路间的驳难式对话文,写孔子反对季氏吞并颛臾,主张治国"不患寡而患不均,不患贫而患不安"。

文章大体分三段,分别记叙了孔子师生间对话的三个层次。第一段首先交代谈话的背景:季氏将要讨伐颛臾,作为季氏家臣的冉有和季路将消息告诉孔子后,孔子劈头就责备冉有,认为他们应义不容辞地制止季氏这种不仁不义的做法,并对季氏将伐颛臾表示坚决反对。然后从三个方面充分说明理由:"昔者先王以为东蒙主",是说颛臾在鲁国有一定的政治地位,一向受到礼遇,不可伐;"且在邦域之中矣",是说颛臾是鲁国境内的小国,对鲁国并未构成威胁,不必伐;"是社稷之臣也",点明了颛臾是鲁国的臣属,不当伐。第二段写冉有受到孔子责备,企图推卸责任,采取了步步设防的方式,但孔子却步步进逼,紧追不舍,予以严厉批评。他对冉有"夫子欲之,吾二臣者皆不欲也"的自我辩解当即给予反驳。首先引用周任的话,如果臣子不能尽职,宁可辞去职务,也不应尸居其位,徒得俸禄。季氏将伐颛臾的僭越行为是孔子所不能容忍的。作为季氏的家臣,冉有和季路应拼死进谏,若季氏不采纳他们的意见,他们就应辞去职务,"独善其身"。接着,孔子运用比喻,形象地举出一个例子:"虎兕出于柙,龟玉毁于椟中,是谁之过与?"意思是,老虎和犀牛从笼子里出来伤人,龟玉在匣子里被毁坏,这是谁的过错呢? 难道是老虎、犀牛以及龟玉的过错吗? 显然应是看守人员的失职。第三段写冉有受到孔子严厉批评后,继续给自己找借口,提出了季氏将伐颛臾的理由:颛臾的城墙很坚固,又距季氏的采邑费地很近,现在不把它拿过来,将来会给季氏的子孙留下祸患。这番话的言下之意是两位弟子赞成季氏攻打颛臾,但却恰恰和冉有前面讲的"吾二臣者皆不欲也"自相矛盾,这种口是心非、遮遮掩掩的态度更加激怒了孔子。孔子先批评冉有的政治品质不端正:"君子疾夫舍曰欲之而必为之辞。"指出冉有的理由是强词夺理,又提出了他的根本政治主张,即治国以礼,要"修文德";为政以德,要"不患寡而患不均,不患贫而患不安"。颛臾是周朝先君先王封的"东蒙主",如果季氏抢占,必然引起社会动荡,就要"不安"。接着,孔子批评冉有和季路,"远人不服,而不能来也,邦分崩离析而不能守也,而谋动干戈于邦内"是错误的。文章结尾一句"吾恐季孙之忧,不在颛臾,而在萧墙之内也",表现了孔子高度的政治敏感和政治见地。孔子已经看穿季氏攻打颛臾的最终目的其实是要削弱鲁国的实力,以至篡夺鲁国的政权,从这个意义上看,季氏的行为只是一种试探性的武力示威,因而最后一句道破了季氏的阴谋,一语中的。

本文是篇驳论,借对话形式展开批驳,破中有立。同时,运用比喻、排比、反诘等多种修辞手法,不仅文采斐然,犀利活泼,而且具有极强的论辩力。其中,"危而不持,颠而不扶,则将焉用彼相矣?"用盲人搀扶者的失职来比喻冉有、季路作为季氏家臣而没有尽到责任。"虎兕出于柙,龟玉毁于椟中"的比喻有双重喻义:一是将季氏比作虎兕,将颛臾比作龟玉。季氏攻打颛臾,好比虎兕跑出笼子伤人;颛臾如被攻灭,好比龟甲、玉石毁于盒中。二是将冉有、季路比作虎兕、龟玉的看守者,虎兕出柙伤人,龟玉毁于椟中,是看守者的失职。

此外,文中用语警拔精炼,"既来之,则安之""分崩离析""祸起萧墙""开柙出虎""季孙之忧"后来都演化为成语。

文章运用了使动用法和宾语前置。

使动用法

使动用法指谓语表示主语使宾语"怎么样"的用法,谓语的动作是宾语在主语的影响下发出的。动词、名词、形容词做谓语时都可以形成使动用法。

如文中"故远人不服,则修文德以来之,既来之,则安之","来之"是指使他们来,"安之"是使他们安居下来。"来""安"是宾语在被省略的主语"有家有国者"影响下发出的动作,是使动用法。

宾语前置

"无乃尔是过与"是宾语前置的问句。谓语是"过",宾语是"尔"。

【思考与练习】

一、选择题

1. 下列先秦著作属于儒家的有(　　)。
A.《荀子》　　　　　B.《论语》　　　　　C.《庄子》　　　　　D.《墨子》
E.《孟子》

2. 下列先秦著作属于诸子散文的有(　　)。
A.《论语》　　　　　B.《左传》　　　　　C.《孟子》　　　　　D.《庄子》
E.《战国策》

3. 春秋时鲁国"三桓"指的是(　　)。
A. 季孙氏　　　　　B. 孟孙氏　　　　　C. 叔孙氏　　　　　D. 仲孙氏

4.《季氏将伐颛臾》中产生或引申出来的成语有(　　)。
A. 分崩离析　　　　B. 祸起萧墙　　　　C. 井底之蛙　　　　D. 开柙出虎

5. 下列各句中,属于宾语前置的句子有(　　)。
A. 是社稷之臣也。(《季氏将伐颛臾》)
B. 无乃尔是过与?(《季氏将伐颛臾》)
C. 既来之,则安之。(《季氏将伐颛臾》)
D. 出不入兮往不反,平原忽兮路超远。(《国殇》)

6. 孔子认为颛臾不能攻打的论据有(　　)。
A. 具体事例　　　　B. 统计数据　　　　C. 名人名言　　　　D. 科学公式

二、翻译题

1. 陈力就列,不能者止。
2. 危而不持,颠而不扶,则将焉用彼相矣?
3. 丘也闻有国有家者,不患寡而患不均,不患贫而患不安。盖均无贫,和无寡,安无倾。

三、简答题

1. 孔子反对攻打颛臾的理由是什么?
2. "虎兕出于柙,龟玉毁于椟中"的双重喻义是什么?
3. 如果你是冉有,你会怎样辅佐季康子?
4. 孔子说:"吾恐季孙之忧,不在颛臾,而在萧墙之内也。"是什么意思?

四、解析题

阅读下面一段文字,回答问题:

丘也闻有国有家者,不患寡而患不均,不患贫而患不安。盖均无贫,和无寡,安无倾。夫如是,故远人不服,则修文德以来之,既来之,则安之。今由与求也,相夫子,远人不服,而不能来也,邦分崩离析,而不能守也,而谋动干戈于邦内。吾恐季孙之忧,不在颛臾,而在萧墙之内也。

1."则修文德以来之"中的"来"是什么用法?
2. 这段话是立论还是驳论?

3. 这段话显示的孔子的政治主张是什么?
4. 这段话采用什么论证方法?

五、实践题

查阅资料,指出下列成语的来源:

愚不可及

有教无类

庆父不死,鲁难未已

孔席不暖,墨突不黔

孟 子

孟子(约前372—前289),名轲,字子舆,战国邹(今山东邹县东南)人,著名的思想家、政治家、教育家。据《史记·孟子荀卿列传》记载,他是孔子之孙子思的再传弟子,曾游说齐、宋、滕、魏等国。当时"天下方务于合从(纵)连横,以攻伐为贤",孟子却说"唐、虞、三代之德",被诸侯认为迂阔、远离实际,不被采纳。因此,孟子"退而与万章之徒序《诗》《书》,述仲尼之意,作《孟子》七篇"。

孟子是继孔子之后的儒学大师,一向被认为是继承孔子学说的正统。他发展了孔子的学说,主张"仁政",对当时和后世思想界影响很大,后世将他和孔子并称"孔孟"。《孟子》一书全面反映了孟子的思想,体现了孟子善于雄辩的特点。全书气势充沛、感情强烈;采用了多种方式进行辩论,逻辑谨严。

寡人之于国也[1]

梁惠王[2]曰:"寡人之于[3]国也,尽心焉[4]耳矣。河内凶,则移其民于河东,移其粟于河内[5]。河东凶亦然。察邻国之政,无如寡人之用心者。邻国之民不加[6]少,寡人之民不加多,何也?"

孟子对曰:"王好战,请以战喻。填[7]然鼓之,兵刃既接,弃甲曳兵而走[8],或[9]百步而后止,或五十步而后止。以五十步笑百步,则何如?"

曰:"不可。直不百步耳,是亦走也。"

曰:"王如知此,则无望民之多于邻国也。不违农时,谷不可胜食也。数罟不入洿池[10],鱼鳖不可胜食也。斧斤以时入山林[11],材木不可胜[12]用也。谷与鱼鳖不可胜食,材木不可胜用,是使民养生丧死无憾也[13]。养生丧死无憾,王道之始也。"

"五亩之宅,树之以桑[14],五十者可以衣帛矣。鸡豚狗彘之畜,无失其时,七十者可以食肉矣。百亩之田,勿夺其时[15],数口之家可以无饥矣。谨庠序[16]之教,申之以孝悌之义[17],颁白者不负戴于道路矣[18]。七十者衣帛食肉,黎民不饥不寒,然而不王[19]者,未之有也[20]。"

"狗彘食人食而不知检,涂[21]有饿莩而不知发[22]。人死,则曰:'非我也,岁也。'是何异于刺人而杀之,曰:'非我也,兵也。'王无罪岁,斯天下之民至焉[23]。"

【注释】

[1]本篇见《孟子·梁惠王上》,是表现孟子"仁政"思想的文章之一。
[2]梁惠王:魏国国君,因都城在大梁,故名。

[3]之:主谓之间的助词,取消句子独立性。于:对于。
[4]焉:于之,兼有介词、代词功能,故称兼词。
[5]河内:指黄河以北的今河南省沁阳、济源、博爱一带,当时是魏国的领土。河东:指黄河以东的今山西省西南部,当时是魏国的领土。于:到。
[6]加:更加。
[7]填:拟声词。
[8]兵:兵器。走:跑。
[9]或:有的人。
[10]数罟(cùgǔ):密网。洿(wū)池:大池。
[11]斧斤:代指伐木。以:按照。
[12]胜(shēng):完、尽。
[13]是:这样。生、死:分别作名词,指活着的人和死了的人。丧(sāng):名词作动词,表办丧事。
[14]树:作动词,栽种。之:助词,无实意。
[15]夺:耽误。其:代耕种的。
[16]庠序:古代地方所设的学校。
[17]申之以孝悌之义:这是一个状语后置句,正常语序是"以孝悌之义申之"。以,把。申,反复陈述。之,代词,代百姓。
[18]颁:通"斑"。负:背。戴:顶着。
[19]王(wàng):称王,兴旺。
[20]未之有也:宾语前置句,正常语序是"未有之也"。
[21]涂:通"途",道路上。
[22]莩(piǎo):饿死的人。发:开粮仓。
[23]罪:动词,怪罪。至:归顺。焉:助词。

【讲解】

本篇记载了孟子和梁惠王的一次对话,围绕"民不加多"的问题展开讨论,阐述了孟子"仁政"的具体内容,并在一定程度上揭露了社会的不平等。

全篇可分为三部分。

第一部分写梁惠王提出"民不加多,何也"的困惑。战国时代,各诸侯国之间争城夺地惨烈,"争地以战,杀人盈野;争城以战,杀人盈城"。在这种社会背景下,梁惠王希望更多的民归附自己。先是自诩"寡人之于国也,尽心焉耳矣",然后以赈灾救民为例,申说自己治国胜于"邻国之政",做到了措施落实:"河内凶,则移其民于河东,移其粟于河内;河东凶亦然。"然而,"察邻国之政,无如寡人之用心者",因此不免产生疑问:"邻国之民不加少,寡人之民不加多,何也?"

第二部分写孟子以"五十步笑百步"的比喻,分析"民不加多"的原因。孟子不直接回答"民不加多"的问题,而是用梁惠王熟悉的事设喻,"王好战,请以战喻"。然后举出逃兵"弃甲曳兵而走"的两种情况。根据败逃距离的远近,提出"以五十步笑百步,则何如"的反问,进一步启发,诱使对方在不知不觉中说出否定自己论点的话:"不可,直不百步耳,是亦走也。"最后以子之矛攻子之盾:"王如知此,则无望民之多于邻国也"。

第三部分写孟子围绕如何使民加多的问题,具体阐明了使民加多的初步措施(王道之始)、根本措施(王道的确立)和施行仁政的正确态度(王无罪岁),逐步推进地阐述王道措施。

全篇以"民不加多"和"民何以加多"为线索展开论说,论述清晰,结构严整。三部分的末尾,依次用"寡人之民不加多","则无望民之多于邻国也","斯天下之民至焉",既对每一部分的内容起了画龙点睛的作用,又体现了各部分之间的内在联系,把全文各部分连成了一个有机的整体。在具体论述中,首先通过"五十步笑百步"的比喻批评梁惠王治国方法不当,然后再提出实行王道的具体措施;先以批评的态度揭露统治者不顾人民死活的行径,然后马上又说只要君王不归罪年成不好就可以使"民至焉";先使梁惠王认识自己的错误,同时又给予其希望,让梁惠王明白他的错误其实是可以改正的,只要改正了就可以解决"民不加多"的困惑,巧妙地运用了抑扬兼施、循循善诱、引君入彀的说理方法,体现了"孟轲好辩"(韩愈《进学解》)的特点。另外,文章第三部分在畅谈"使民加多"的道理时,连用四组排偶句,音节铿锵,气势充沛。

通假字
颁—斑,涂—途。

宾语前置
未之有也。

词类活用
(1)是使民养生丧死无憾也。
(2)五十者可以衣帛也。
(3)然而不王者,未之有也。
(4)王无罪岁。
(1)中的"生""死"是动词做名词用,意为"活着的人""死了的人"。"丧"是名词做动词用,指"办丧事"。
(2)的"衣"和(3)的"王""罪"都是名词做动词用。

【思考与练习】
一、选择题
1. 先秦诸子中,善于采用欲擒故纵,引君入彀论辩手法的是( )。
 A. 孔子　　　　　B. 孟子　　　　　C. 庄子　　　　　D. 荀子
2. "寡人之于国也,尽心焉耳矣"中的"焉"是( )。
 A. 兼词　　　　　B. 语气词　　　　C. 疑问词　　　　D. 代词
3. 下列先秦著作中,属于诸子散文的有( )。
 A.《论语》　　　　B.《孟子》　　　　C.《左传》　　　　D.《庄子》
4. 下列句子属于宾语前置的有( )。
 A. 未之有也　　　　　　　　　　　B. 无乃尔是过与
 C. 吾长见笑于大方之家　　　　　　D. 又奚以自多
5. 在《寡人之于国也》中,孟子认为达到提高百姓思想认识这一目标的主要措施是( )。
 A. 五亩之宅,树之以桑　　　　　　B. 鸡豚狗彘之畜,无失其时
 C. 百亩之田,勿夺其时　　　　　　D. 谨庠序之教,申之以孝悌之义

二、翻译题
1. 邻国之民不加少,寡人之民不加多,何也?
2. 兵刃既接,弃甲曳兵而走。
3. 七十者衣帛食肉,黎民不饥不寒,然而不王者,未之有也。
4. 狗彘食人食而不知检,涂有饿莩而不知发。

三、简答题
1. 概括本文所体现的孟子王道政治的主要内容。
2. 为什么孟子的思想在当时不被诸侯所接受?
3. 孟子用"五十步笑百步"的比喻来说明什么问题?
4. 从"数罟不入洿池,鱼鳖不可胜食也。斧斤以时入山林,材木不可胜用也"谈谈我国古代民间的环保意识。
5. 本文什么地方体现了孟子欲擒故纵、引君入彀的惯用手法?

四、解析题
阅读下面一段文字,回答问题:

狗彘食人食而不知检,涂有饿莩而不知发。人死,则曰:"非我也,岁也。"是何异于刺人而杀之,曰:"非我也,兵也?"王无罪岁,斯天下之民至焉。

1. "狗彘食人食而不知检,涂有饿莩而不知发"反映了当时怎样的社会现实?
2. 找出其中的比喻句,说明其比喻意义。
3. 这段话采用什么论证方法?
4. 孟子这段话主要说明什么道理?

五、实践题

查阅资料,谈谈我国古代民间的环保思想。

墨 子

墨子(前468—前376年),名翟(dí),鲁国人(滕州)。春秋末战国初思想家,墨家学派创始人。出身平民,自称"北方之鄙人"(《吕氏春秋·爱类》)。墨子主张"兼爱""非攻",反对从宗法制度出发的亲疏尊卑,反对诸侯间的掠夺战争。墨子的非攻、尚同、尚贤、尊天等思想与儒家大致相同,他的兼爱、节用、非乐、非命等思想与儒家是对立的。墨家学说在战国一度盛行,与儒家学说同为"显学";墨家当时不仅是一个学派,而且已成为一个纪律严明的民间团体,但于西汉后衰落。

《墨子》是墨翟及其弟子、后代学者所著,是墨家学派的著作汇编。墨家提倡质朴和实用,在语言文字上也强调内容切实,反对不实用的修饰。《墨子》正体现了这一风格,语言质朴,逻辑严密,善于运用具体事例说理。

非攻上[1]

今有一人,入人园圃,窃其桃李,众闻则非之,上为政者得[2]则罚之。此何也?以亏人自利也。至攘[3]人犬豕鸡豚者,其不义,又甚入人园圃窃桃李。是何故也?以亏人愈多。其不仁兹[4]甚,罪益厚。至入人栏厩,取人牛马者,其不仁义又甚攘人犬豕鸡豚。此何故也?以其亏人愈多。苟亏人愈多,其不仁兹甚,罪益厚。至杀不辜人[5]也,扡[6]其衣裘,取戈剑者,其不义又甚入人栏厩、取人牛马。此何故也?以其亏人愈多。苟亏人愈多,其不仁兹甚矣,罪益厚。当此,天下之君子皆知而非之,谓之不义。今至大为攻国,则弗知非,从而誉之,谓之义。此可谓知义与不义之别乎?

杀一人谓之不义,必有一死罪矣。若以此说往[7],杀十人,十重不义,必有十死罪矣。杀百人,百重不义,必有百死罪矣。当此,天下之君子皆知而非之,谓之不义。今至大为不义攻国,则弗知而非,从而誉之,谓之义。情[8]不知其不义也,故书其言以遗后世。若知其不义也,夫奚说[9]书其不义以遗后世哉?今有人于此,少见黑曰黑,多见黑曰白,则以此人不知白黑之辩矣。少尝苦曰苦,多尝苦曰甘,则必以此人为不知甘苦之辩矣。今小为非,则知而非之;大为非攻国,则不知而非,从而誉之,谓之义。此可谓知义与不义之辩乎?是以知天下之君子也,辩义与不义之乱[10]也。

【注释】

[1]本篇选自《墨子》卷七。"非攻"即反对进攻的战争。
[2]得:捉到。

[3] 攘：偷。
[4] 兹：通"滋"，更加。
[5] 不辜人：无罪的人。辜，罪。
[6] 拖：通"拕"，夺取。
[7] 此句意为：如按这个说法类推。
[8] 情：的确。
[9] 奚说：用什么话来解说。
[10] 乱：是非颠倒。

【讲解】
"非攻"是墨子重要的政治思想，反对掠夺的不义之战，支持弱者的防御之战。《非攻》在《墨子》中有上、中、下三篇，本文选取的是《非攻上》。

文章第一段，作者先从小到大设立四个论据"窃其桃李""攘人犬豕鸡豚""取人牛马""杀不辜人"，都是人人皆知的不义行为，层层推出"苟亏人愈多，其不仁兹甚，罪益厚。当此，天下之君子皆知而非之，谓之不义"的结论，最后一层分析"今至大为攻国，则弗知非，从而誉之，谓之义"，原来义正词严征讨国者，只不过是偷窃抢劫恶性发展而已，彻底剥去了侵略者的伪装。

文章第二段，作者列举"杀一人""杀十人""杀百人"都是人人皆知的不义行为，最终推出"今至大为不义攻国，则弗知而非，从而誉之，谓之义"，从而揭露了侵略战争的不义。

文章第三段，作者再用比喻手法，用"不知白黑之辩""不知甘苦之辩"的荒唐，揭露了所谓的"君子"颠倒是非的侵略战争。

本篇使用对比论证、类比论证，语言层层铺垫，环环紧扣，看似轻描淡写，实则意味深长，直击要害，有四两拨千斤之效。

通假字

兹—滋，辩—辨。

【思考与练习】

一、选择题

1. 墨家与儒家对立的观点有（　　）。
A. 非攻　　　　B. 尚贤　　　　C. 节用　　　　D. 非乐

2. 诸子百家中在战国时已是一个纪律严明的团体的是（　　）。
A. 道家　　　　B. 墨家　　　　C. 兵家　　　　D. 纵横家

3. 课文中，作者提出"杀一人""杀十人""杀百人"人人皆知是不义行为，攻打其他国家却不知是非正义的，使用的论证方法是（　　）。
A. 对比法　　　B. 类比法　　　C. 演绎法　　　D. 归纳法

4. 下列句子中有通假字的是（　　）。
A. 至杀不辜人也，拖其衣裘、取戈剑者……
B. 此人不知白黑之辩矣
C. 苟亏人愈多，其不仁兹甚，罪益厚
D. 今小为非，则知而非之

二、翻译题

1. 至攘犬豕鸡豚者，其不义，又甚入人园圃窃桃李。
2. 苟亏人愈多，其不仁兹甚矣，罪益厚。
3. 今至大为不义攻国，则弗知而非，从而誉之，谓之义。
4. 是以知天下之君子也，辩义与不义之乱也。

三、简答题
1. 举例说明文中所用的对比论证和类比论证。
2. 概述本文的大意。
3. 举例说明本文在论证上环环紧扣的特点。

四、解析题
阅读下面一段文字,回答问题:

今有人于此,少见黑曰黑,多见黑曰白,则以此人不知白黑之辩矣。少尝苦曰苦,多尝苦曰甘,则必以此人为不知甘苦之辩矣。今小为非,则知而非之。大为非攻国,则不知而非,从而誉之,谓之义。此可谓知义与不义之辩乎?是以知天下之君子也,辩义与不义之乱也。

1. 本段使用了什么论证方法?
2. 指出本段所用的比喻中的喻体。
3. 写出源于本段的一个成语。
4. 最后一句话中的"辩"是什么意思?是什么用法?

五、实践题
查阅资料,谈谈墨家的主要人物和主要观点。

庄 子

庄子(约前369—前286),名周,字子休(一说子沐),战国时代宋国蒙(今安徽省蒙城县)人。著名思想家、哲学家、文学家,是道家学派的代表人物,老子哲学思想的继承者和发展者。庄子认为"道"是客观真实的存在,把"道"视为宇宙万物的本源。并且认为,人生的最高境界是逍遥自得,是绝对的精神自由。后世将他与老子并称为"老庄"。

《庄子》共三十三篇,分"内篇""外篇""杂篇"三个部分,一般认为"内篇"的七篇肯定是庄子所写的。内篇最集中表现庄子哲学的是《齐物论》《逍遥游》《大宗师》等。庄子的文章想象力很强,文笔变化多端,采用寓言故事形式,将思想蕴含具体形象上,开我国浪漫主义散文的先河。

秋水[1](节选)

秋水时至[2],百川灌河[3];泾流[4]之大,两涘渚崖之间,不辩牛马[5]。于是焉河伯欣然自喜,以天下之美为尽在己[6]。顺流而东行,至于北海,东面而视,不见水端。于是焉河伯始旋其面目[7],望洋向若而叹曰[8]:"野语[9]有之曰,'闻道百,以为莫己若'者[10],我之谓也[11]。且夫我尝闻少仲尼之闻而轻伯夷之义者[12],始吾弗信。今我睹子之难穷也,吾非至于子之门则殆矣[13],吾长见笑于大方之家[14]。"

北海若曰:"井蛙不可以语于海者,拘于虚也[15];夏虫不可以语于冰者,笃于时也[16];曲士不可以语于道者,束于教也[17]。今尔出于崖涘[18],观于大海,乃知尔丑[19],尔将可与语大理矣。天下之水,莫大于海,万川归之,不知何时止而不盈;尾闾[20]泄之,不知何时已而不虚;春秋不变,水旱不知。此其过江河之流,不可为量数。而吾未尝以此自多者,自以比形[21]于天地而受气于阴阳,吾在天地之间,犹小石小木之在大山也。方存乎见少,又奚以自多!计四海之在天地之间也,不似礨空[22]之在大泽乎?计中国之在海内,不似稊米[23]之在大仓乎?号物[24]之数谓之万,人处一焉;人卒九州,谷食之所生,舟车之所通,人处一焉。此其比万物也,不似毫末[25]之在于马体乎?五帝之所连,三王之所争,仁人之所忧,任士[26]之所劳,尽此矣!伯夷辞之以为名,仲尼语之以为博[27],此其自多也。不似尔向之自多于水乎?"

【注释】

[1]本篇节选自《庄子·秋水》篇开头部分。

[2]秋水:秋汛。时至:随着时令而至。

[3]河:指黄河,大河。

[4]泾流:河流宽度。

[5]两涘渚崖之间,不辩牛马:间隔两岸洲滩悬崖相望,分不清牛马。涘(sì),岸。渚(zhǔ),河岸洲滩,又作水中小洲。间(jiàn),间隔。辩,通"辨"。

[6]以天下之美为尽在己:以为天下之壮美,尽在自己这里。以,认为。

[7]始:适才,才开始。旋:掉转。

[8]洋:一望无际之海。向若:向着海若,即向着海神。

[9]野语:俗语。

[10]道:其实此"道"非指普通道理之"道",但可以权且解释为"道理"。百:虚量数词解释为"上百个"为妥。以为莫己若:以为无人能比得上自己。

[11]我之谓也:就是在说我啊。

[12]少:以……为少。轻:以……为轻。两字皆有谓语以为宾语怎样之意,为意动用法。

[13]殆:危险,祸患,灾难。

[14]大方之家:深明大道理的人。大方,大道理。

[15]以:与。语于海:谈及海。者:语气助词,有"这件事"之意。拘:局限。虚:同"墟",场所、处所、区域。

[16]笃(dǔ):局限。时:季节。

[17]曲士:乡曲之人。道:深奥的哲理。教:所学。

[18]崖涘:悬崖、河岸。

[19]乃知:方知。丑:这里意指浅陋。

[20]尾闾(lǘ):传说中海底的一个洞,海水从这里被排走。

[21]比形:列身。比,并列。

[22]礨(lěi)空:蚁穴,或解有空洞的小石头。

[23]稊(tí)米:小米。

[24]号物:称物,东西的名称。

[25]毫末:毫毛尖。

[26]任士:以天下为己任的贤德之士。

[27]这两句说伯夷辞让君位赢得名声,孔子谈论天下显示渊博。之:助词,凑音节。

【讲解】

庄子散文善于运用寓言来说理。本文虚构了河伯与北海若这两个人物的对话,北海若代表庄子思想,河伯则代表庄子思想的对立面,通过两人的对话展开说理,阐明主旨。

文章开头一段,从河伯初见河水上涨的壮观景象,到看到大海苍茫无垠的气象的景物描写,有两个作用:一是形象地渲染主旨,表现人的认识是有限的,而客观世界是无限的;二是用河景与海景这样具体的景物互相比照,来衬托河伯与北海若两种不同的认识境界。第二段援譬设喻,用"井蛙不可以语于海""夏虫不可以语于冰""曲士不可以语于道"比喻人的认识不可能超越其生存活动的客观环境,因而是有限的。"吾在天地之间,犹小石小木之在大山也"等几个比喻,说明事物的大小都是相对的,人的认识十分有限,因而应该不断拓宽自己的视野。

本篇采用逐层推进式论证方法。先由小及大,由河伯至大海;再由大至小,说明事物的大小是相对的。通过层层比较得出"方存乎见少,又奚以自多"的结论。另外,文章运用排比与反诘两种修辞手法,使说理极有气势。

通假字

辩一辨。

宾语前置

1. "闻道百,以为莫己若"者,我之谓也。

2. 方存乎见少,又奚以自多?

例2的"奚"是介词的宾语。

意动用法

意动用法是指主语认为宾语怎么样,或主语把宾语当作什么。意动用法的谓语可以是名词、形容词。本篇中的"少仲尼之闻而轻伯夷之义"是形容词的意动用法,意为"认为仲尼的学问少,认为伯夷的仁义轻"。

被动句

1. 吾常见笑于大方之家。

2. 井蛙不可以语于海者,拘于虚也。

例1中,用"见"表示被动,两个例句都用"于"作为引进主动者的介词。

【思考与练习】

一、选择题

1. 下列句子中属于被动句的有(　　)。

　A. 闻道百,以为莫己若者　　　　B. 我之谓也

　C. 夏虫不可以语于冰者,笃于时也　D. 吾长见笑于大方之家

2.《秋水》一文选自(　　)。

　A.《论语》　　B.《战国策》　　C.《孟子》　　D.《庄子》

3.《秋水》的主旨是(　　)。

　A. 阐发为政以德的政治道理　　B. 阐明实行王道的根本措施

　C. 阐析人的认识有限的思想　　D. 阐述清静无为的人生哲学

4. 与庄子同是道家学派代表人的是(　　)。

　A. 孔子　　　B. 荀子　　　C. 老子　　　D. 孙子

5. "望洋兴叹"这一成语出自(　　)。

　A.《秋水》　　　　　　　B.《季氏将伐颛臾》

　C.《赵威后问齐使》　　　D.《郑伯克段于鄢》

二、翻译题

1. 少仲尼之闻而轻伯夷之义。

2. 曲士不可以语于道者,束于教也。

3. 计中国之在海内,不似稊米之在大仓乎?

4. 伯夷辞之以为名,仲尼语之以为博。

三、简答题

1.《秋水》的主旨是什么?庄子是用什么方法展开文章的?

2. 本文的一些说法成为后世的成语的源头,请指出。本文在艺术上有什么特点?

3. "少仲尼之闻而轻伯夷之义"是一种什么用法?谈谈这种用法的特点。

4. 为什么庄子在《秋水》中会认为孔子的学识浅陋?你怎么认为?

5. 试分析河伯这个寓言人物。

四、解析题

1. 阅读下面一段文字,回答问题:

秋水时至,百川灌河,泾流之大,两涘渚崖之间,不辩牛马。于是焉河伯欣然自喜,以天下之美为尽在己。顺流而东行,至于北海,东面而视,不见水端。于是焉河伯始旋其面目,望洋向若而叹曰:"野语有之曰'闻道百,以为莫己若'者,我之谓也。且夫我尝闻少仲尼之闻而轻伯夷之义者,始吾弗信;今我睹子之难穷也,吾非至于子之门则殆矣,吾长见笑于大方之家。"

(1)这段文字描写了哪两种自然景物?这两种景物之间是什么关系?
(2)河伯为什么会"旋其面目望洋向若而叹"?
(3)请指出这段话中的通假字和宾语前置。

2. 阅读下面一段文字,回答问题:

……吾在天地之间,犹小石小木之在大山也。方存乎见少,又奚以自多!计四海之在天地之间也,不似礨空之在大泽乎?计中国之在海内,不似稊米之在大仓乎?号物之数谓之万,人处一焉;人卒九州,谷食之所生,舟车之所通,人处一焉;此其比万物也,不似毫末之在于马体乎?五帝之所连,三王之所争,仁人之所忧,任士之所劳,尽此矣!伯夷辞之以为名,仲尼语之以为博,此其自多也;不似尔向之自多于水乎?

(1)这段话的主旨是什么?
(2)这段话采用了什么修辞手法?
(3)这段话采用了什么论证方法?论证上有什么特色?

五、实践题

查阅资料,列举道家的主要人物。

左 传

《左传》相传是春秋末期的史官左丘明所著,是中国古代一部编年体的历史著作。《左传》全称《春秋左氏传》,原名《左氏春秋》,汉朝以后才多称《左传》。《左传》相传是为《春秋》做传的,通过记述春秋时期的具体史实来说明《春秋》的纲目,它与《公羊传》《谷梁传》合称"春秋三传"。它们对确立编年体史书的地位起了很大作用。《左传》具有强烈的儒家思想倾向,强调等级秩序与宗法伦理,重视长幼尊卑之别,同时也表现出"民本"思想。

《左传》不仅是历史著作,而且是一部非常优秀的文学著作,长于记述战争,善于刻画人物,重视记录辞令。

郑伯克段于鄢[1]

初[2],郑武公娶于申[3],曰武姜[4]。生庄公及共叔段[5]。庄公寤生[6],惊姜氏[7],故名曰寤生,遂恶之。爱共叔段,欲立之[8]。亟[9]请于武公,公弗许。

及庄公即位[10],为之请制[11]。公曰:"制,岩邑也[12],虢叔死焉[13],佗邑唯命[14]。"请京[15],使居之,谓之京城大叔[16]。

祭仲曰[17]:"都城过百雉[18],国之害也。先王之制:大都不过参国之一,中五之一,小九之一[19]。今京不度[20],非制也[21],君将不堪[22]。"公曰:"姜氏欲之,焉辟害[23]?"对曰:"姜氏何厌之有[24]?不如早为之所,无使滋蔓[25],蔓,难图也。蔓草犹不可除,况君之宠弟乎[26]?"公曰:"多行不义必自毙,子姑待之[27]。"

既而大叔命西鄙、北鄙贰于己[28]。公子吕曰:"国不堪贰[29],君将若之何[30]?欲与[31]大叔,臣请事之[32]。若弗与,则请除之。无生民心[33]。"公曰:"无庸[34],将自及[35]。"大叔又收贰以为己邑,至于廪延[36]。子封曰:"可矣,厚将得众[37]。"公曰:"不义不暱[38],厚将崩[39]。"

大叔完聚[40],缮甲兵[41],具卒乘[42],将袭郑[43]。夫人将启之[44]。公闻其期,曰:"可矣!"

命子封帅车二百乘以伐京[45]。京叛大叔段,段入于鄢[46],公伐诸鄢。五月辛丑[47],大叔出奔共[48]。

书曰:"郑伯克段于鄢。"段不弟[49],故不言弟;如二君,故曰克;称郑伯,讥失教也。谓之郑志,不言出奔,难之也。

遂寘姜氏于城颍[50],而誓之曰:"不及黄泉[51],无相见也!"既而悔之。颍考叔为颍谷封人[52],闻之,有献[53]于公,公赐之食[54],食舍肉[55]。公问之,对曰:"小人有母,皆尝小人之食矣,未尝君之羹,请以遗之[56]。"公曰:"尔有母遗,繄我独无[57]!"颍考叔曰:"敢问何谓也[58]?"公语之故,且告之悔。对曰:"君何患焉[59]? 若阙地及泉[60],隧而相见[61],其谁曰不然[62]?"公从之[63]。公入而赋:"大隧之中,其乐也融融[64]!"姜出而赋:"大隧之外,其乐也泄泄!"遂为母子如初。

君子[65]曰:"颍考叔,纯孝[66]也,爱其母,施及庄公[67]。《诗》曰:'孝子不匮,永锡尔类[68]。'其是之谓乎[69]。"

【注释】

[1]本文选自《左传·隐公元年》。郑伯:指郑庄公。郑属伯爵,所以称郑伯。郑,春秋时国名,姬姓,在现在河南省新郑市一带。克:战胜。段:郑庄公之弟。鄢(yān):郑地名,在现在河南省鄢陵县境内。

[2]初:当初,从前,是古人追述往事的惯用语。

[3]郑武公:名掘突,是郑桓公的儿子,郑国的第二代君主。郑国为姬姓之国,在现在河南省新郑市一带,按照先秦贵族"同姓不娶"的通婚规定,国君之正妻是不能在本国寻找的,甚至同姓国的女子都不行,故郑武公要到姜姓之申国去娶回正妻。申:国名,在今河南南阳市境内。

[4]武姜:即下文的姜氏,"武"是其丈夫的谥号,加上出生国的姓,故称"武姜"。

[5]庄公:即郑伯。共叔段:为庄公的同胞弟,名段,由于是弟故称"叔",被打败以后逃到共国,故称"共叔段"。

[6]寤生:指庄公出生时是倒着生出来的,即难产。

[7]惊姜氏:使姜氏受到了惊吓。惊,使动用法。

[8]欲立之:想要让他立为太子。

[9]亟(qì):屡次。弗:否定副词,不。

[10]及:等到。即位:就位,这里是指接替武公的君主之位。

[11]为之请制:替他(叔段)请求制作为其食邑。制,地名,在今河南荥阳汜水西,又名虎牢,原是东虢国的领地,东虢国被郑国灭掉以后,于是成了郑国的属地。

[12]岩邑:险要的城邑。

[13]虢叔:东虢国的国君,是被郑武公消灭的。焉,兼词,介词兼指代词,"于此"。

[14]佗邑唯命:若要别的城邑,谨遵母后之命。佗,同"他",别的。唯命,"唯命是听"的省略。

[15]京:地名,在今河南荥阳市东南。

[16]谓之京城大(tài)叔:京城的百姓叫他京城的公子哥儿。大,后来写作"太"。

[17]祭(zhài)仲:郑国大夫,字足,又称祭足,祭仲足。

[18]都:指诸侯国属内的封地。城:指城墙。雉:丈量单位,城墙长三丈,高一丈为一雉。

[19]"先王之制"几句:周先王制度规定,大的都会不能超过国都的三分之一,中等的都会不能超过国都的五分之一,小的都会不能超过国都的九分之一。"参国之一"是古代分数的一种表达方式,把名词嵌入表分母的数位之后。参,同"三"。

[20]今京不度:现在京这个地方作为食邑不合先王的规定的尺度。度,名词活用为动词。

[21]非制也:不是先王的礼制。非,否定副词,可以直接否定名词性谓语。

[22]君将不堪:您将难以忍受。堪,忍受。

[23]焉辟害：怎能避免这灾害。辟，通"避"。焉，疑问代词。

[24]姜氏何厌之有：姜氏有什么满足（的时候）？何厌，为前置宾语。厌，通"餍"，满足。

[25]无使滋蔓：不要让他的政治野心膨胀蔓延。无，表禁止性的否定副词。

[26]蔓草犹不可除，况君之宠弟乎：蔓延开了的野草都还不能除掉，更何况是您最宠爱的弟弟呢？此句为让步状语从句。

[27]多行不义必自毙：多做不合道义的事，一定会自己跌倒的。毙，本作"獘"，是犬受到打击，一下子倒下去的意思。子姑待之：您暂且等待那一天吧。姑，姑且，副词。之，指代词，指代叔段倒台的那一天。

[28]既而：过后不久。鄙：边远地区。贰于己：同时臣属于自己。贰，有两属之义，既向庄公称臣，也向叔段自己称臣。

[29]国不堪贰：一个国家是不能容忍两属存在的。

[30]若之何：怎么办？

[31]与：交出权柄。

[32]请：表谦敬的副词，是说话人请听话人允许自己做什么事，而不是请听话人去做什么，要译为"请允许我……"。

[33]无生民心：不要让老百姓生二心。

[34]庸：同"用"。

[35]及：赶上，这里是指赶上倒台的那一天，由此可见郑庄公是在欲擒故纵。

[36]廪延：地名，今河南延津县北。

[37]厚将得众：领土扩大了将会笼络住民心。厚，本义是指山陵高厚，这里是指领土扩大。

[38]不义不昵：不对君义，不对兄亲。叔段与庄公既是君臣关系，又是兄弟关系，故庄公指责其不义不昵。昵，本义是指太阳接近地面，故可引申为亲近之义。

[39]厚将崩：这是一个紧缩的条件复句，即使领土再广大，也会垮台的。

[40]完：修葺。这里指修好城池。聚：聚集民众，一说聚粮，亦通。

[41]缮甲兵：修好铠甲戈矛。甲，指防御性的兵器。兵，指进攻性的兵器。

[42]具卒乘：准备好步兵和战车。卒，步卒。乘，战车。

[43]袭：偷袭，与侵相比，更具隐蔽性。郑：郑国都城。

[44]夫人将启之：姜氏将要为他开城门，意为做内应。启，本义为开门。

[45]帅：通"率"。二百乘(shèng)：甲士六百人，步卒一万四千四百人。以：连词，连接前后两个动作性的词语。

[46]入于鄢：逃到鄢地。

[47]辛丑：古代以十天干（甲乙丙丁戊己庚辛壬癸）和十二地支（子丑寅卯辰巳午未申酉戌亥）配合记时，据史家推算，这一天为五月二十三日。

[48]出奔共：逃亡到共国。

[49]弟：通"悌(tì)"，敬爱兄长。

[50]遂：于是。寘：同"置"，安置，这里有幽禁之义。城颍：颍城，在今河南临颍县西北。

[51]及黄泉："死"的隐晦语。

[52]颍考叔：郑国大夫。封人：掌管边疆地区的长官。

[53]献：贡物。

[54]公赐之食：庄公赏给他一顿饭。

[55]食舍肉：吃的时候把肉放在一边。舍，不是舍弃，而是舍不得吃，把它放在一边。

[56]请以遗(wèi)之：请允许我把它送给她。请，表谦敬的副词。遗，赠送。

[57]尔有母遗，繄我独无：你还有母亲可以赠送，唯独我没有。繄(yī)，句首语气词。

[58]敢问何谓也：冒昧地问一下这是说的什么呀？敢，表谦敬的副词。何，疑问代词作宾语，在疑问句中要置于动词之前。

[59]君何患焉:在这件事上您还担心什么呢? 此为宾语前置句。何,疑问代词作宾语。焉,兼词。
[60]阙地及泉:挖地挖到有泉水的地方。阙,通"掘"。
[61]隧而相见:打个隧道您母子相见。隧,名词活用作动词。
[62]其谁曰不然:难道有谁说不对吗? 其,表反问的语气副词。然,对的,正确的。
[63]公从之:庄公听从他(的建议)。
[64]融融:与下面的"泄泄(yìyì)"都是形容愉悦高兴的叠音词。
[65]君子:指有德行的人,这里是作者借君子之口发表议论。
[66]纯孝:纯真之孝。
[67]施(yì)及庄公:影响到了庄公。
[68]此系引《诗经·大雅·既醉》中的两句话,意思是说孝子的孝是没有穷尽的,永远把它(孝)赐给你的同类。锡,同"赐",给予。
[69]其是之谓乎:恐怕说的就是这件事吧! 此为宾语前置句。其,表推测的语气副词。是,指代这件事。

【讲解】

公元前722年,在郑国统治者内部发生了一桩骨肉相残的事件,这就是《春秋》上所谓的"郑伯克段于鄢",《公羊传》《谷梁传》都提及此事,但《左传》的文字最具体、精彩,后来被《古文观止》选入。

根据故事叙述的进程和前因后果,全文可分七段。第一段叙述"郑伯克段于鄢"的背景,着重写姜氏对两个儿子的爱恶之偏。正是母亲的偏宠偏爱,导致了后来兄弟之间骨肉相残的悲剧。"遂恶之"的"遂",把姜氏的任性偏执很充分地表现了出来。第二段通过姜氏为段请制、请京,到祭仲与郑庄公之间的对话,重在写矛盾的发展。由家庭内部的矛盾变成外部的政治上的对立,外部人物也开始卷入了。祭仲一再催促郑庄公迅速采取措施,说明形势严峻,斗争明朗化。第三段写共叔段不断扩张实力的情况。郑庄公的大臣认为应该立即动手除掉共叔段,而郑庄公却依然不动声色。第四段写庄公与共叔段的正面交战,交战的结果是以共叔段的失败而告终。庄公与共叔段的矛盾冲突由来已久,"郑伯克段于鄢",是事情的结果,这一天是五月辛丑,所以史官特别记下这一具体日期。第五段是作者对《春秋》用"郑伯克段于鄢"这样一句话来记载这一历史事件的评述,实际上是在解说"郑伯克段于鄢"这句话的微言大义。第六段是余波,写庄公与姜氏的矛盾最终得以解决,并且是以喜剧的方式解决的。最后一段借"君子"之口论赞,以颍考叔"纯孝"反衬庄公伪孝。

本篇刻画人物极为成功,作者围绕着庄公和共叔段的王位之争,将各种人物置于尖锐复杂的矛盾冲突之中,通过人物的各自言行来刻画不同人物的性格特征。人们一般认为,郑庄公阴险狡诈、老谋深算、胸有城府、工于心计、伪孝伪悌、善于应变;共叔段贪婪狂妄、得寸进尺、愚昧无知;姜氏偏狭昏聩,以私情干政。为了突出主要人物郑庄公,作者注意以其他人物作为反衬,在相互的对比映衬中来突出其性格特征。祭仲的老成持重、公子吕的率直急躁、颍考叔的聪慧机敏,都表现得鲜明生动。此外,作者还选择了一些细节描写,如"庄公寤生"、颍考叔"食舍肉"、庄公和姜氏"隧而相见"等,不仅使人物形象血肉丰满,而且起到了深化主题的重要作用。

兼词

兼词指兼有两个词性的词。
1. 虢叔死焉。
"焉",兼有介词"于"和代词"之"的作用,相当于"于之"。
2. 公伐诸鄢。
"诸","之于"的合音,兼有代词和介词的作用。

通假字

寤—牾,厌—餍,帅—率,弟—悌,阙—掘。

宾语前置

1. 君何患焉?
2. 敢问何谓也?

两个句子的前置宾语都是疑问代词。

词类活用

若阙地及泉,隧而相见,其谁曰不然?

"隧",名词用作动词,意为"挖隧道"。

互文见义

互文见义是文言诗文的相邻句子中所用的词语互相补充,结合起来表示一个完整的意思,是古代汉语中一种特殊的修辞手法。如本文中:

公入而赋:"大隧之中,其乐也融融!"姜出而赋:"大隧之外,其乐也泄泄。"

前句中的"入"和后句中的"出"互相呼应,互文见义,说庄公和姜氏进出隧道时都赋诗。

【思考与练习】

一、选择题

1. "春秋三传"指的是（　　）。
   A.《吴越春秋》　　B.《公羊传》　　C.《左传》　　D.《谷梁传》

2. 《郑伯克段于鄢》中的"姜氏何厌之有?"一句的正确解释是（　　）
   A. 姜氏有什么满足的?　　B. 姜氏有什么讨厌的?
   C. 姜氏厌恶什么?　　D. 姜氏有厌恶的事情吗?

3. 《郑伯克段于鄢》一文所塑造的"纯孝"者形象是（　　）。
   A. 庄公　　B. 祭仲　　C. 共叔段　　D. 颍考叔

4. "多行不义必自毙"这一成语出自（　　）。
   A.《左传》　　B.《战国策》　　C.《论语》　　D.《孟子》

5. 《郑伯克段于鄢》一文描写郑庄公所用的方法有（　　）。
   A. 语言描写　　B. 动作描写　　C. 侧面衬托　　D. 行动描写

6. 下列句子中的加点词语属于使动用法的是（　　）。
   A. 庄公寤生,惊姜氏　　B. 若弗与,则请除之,无生民心
   C. 既来之,则安之　　D. 蚕食诸侯

7. 下列先秦散文属于历史散文的有（　　）。
   A.《论语》　　B.《左传》　　C.《孟子》　　D.《庄子》
   E.《战国策》

8. 下列句子中加点的"之"用作宾语前置标志的是（　　）。
   A. 姜氏何厌之有　　B. 寡人之于国也,尽心焉耳矣
   C. 闻道百,以为莫己若者,我之谓也　　D. 都城过百雉,国之害也

9. 《左传·郑伯克段于鄢》中"大叔又收贰以为己邑,至于廪延"一句中"贰"的意思是（　　）。
   A. 依附　　B. 地名
   C. 前面所说的两个城市　　D. 产生二心

二、翻译题

1. 大叔完聚,缮甲兵,具卒乘,将袭郑。
2. 今京不度,非制也,君将不堪。
3. 不如早为之所,无使滋蔓,蔓,难图也。
4. 君何患焉! 若阙地及泉,隧而相见,其谁曰不然?
5. 其是之谓乎!

三、简答题

1. 本篇记述的历史事件说明了什么?
2. 你认为郑庄公、共叔段、姜氏和颍考叔四人具有什么样的性格特征?

3. 文中有哪些细节描写？分别简述它们对刻画人物性格的作用。
4. 作者为什么详写母子、兄弟矛盾激化过程和母子的重归于好而略写战争经过？

四、解析题

1. 阅读下面一段文字，回答问题：

既而大叔命西鄙、北鄙贰于己。公子吕曰："国不堪贰，君将若之何？欲与大叔，臣请事之。若弗与，则请除之，无生民心。"公曰："无庸，将自及。"大叔又收贰以为己邑，至于廪延。子封曰："可矣，厚将得矣。"公曰："不义不昵，厚将崩。"

(1) 从这段文字中可以看出共叔段的主要性格特征是什么？
(2) 针对共叔段，郑庄公采取了什么策略？这说明他是一个怎样的人？
(3) 作者叙述这个事实意在表现什么问题？
(4) "国不堪贰"的"贰"是什么意思？

2. 阅读下面一段文字，回答问题：

遂寘姜氏于城颍，而誓之曰："不及黄泉，无相见也！"既而悔之。颍考叔为颍谷封人，闻之，有献于公，公赐之食，食舍肉。公问之，对曰："小人有母，皆小人之食矣，未尝君之羹，请以遗之。"公曰："尔有母遗，繄我独无！"颍考叔曰："敢问何谓也？"公语之故，且告之悔。对曰："君何患焉！若阙地及泉，隧而相见，其谁曰不然？"公从之。公入而赋："大隧之中，其乐也融融！"姜出而赋："大隧之外，其乐也泄泄！"遂为母子如初。

(1) 作者为什么要大写颍考叔的纯孝？
(2) 写颍考叔"食舍肉"的细节，有何作用？
(3) 文末郑庄公与姜氏"隧而相见"大赋其诗的描写有什么用意？
(4) 这段文字中属宾语前置的有哪几句？
(5) "请以遗之"的"遗"字作何解释？

五、实践题

查阅西周末春秋初的历史资料，总结郑武公和郑庄公在春秋诸国中的地位。

国　语

《国语》，我国第一部国别体史书，跨越了西周穆王征犬戎（前967）到战国初（前453）五百多年的历史。全书二十一卷，分周、鲁、齐、晋、郑、楚、吴、越八国记录人物、事迹、言论，按照一定顺序分国排列。内容简括，较偏重于记述历史人物的言论。作者不明，司马迁和班固认为是左丘明，《国语》也称作《春秋外传》。《国语》弘扬德，尊崇礼，突出忠君；反对专制和腐败，重视民意和人才，具有浓重的民本思想。

召公谏厉王弭谤[1]

厉王虐[2]，国人谤王，召公告曰："民不堪命[3]矣！"王怒，得卫巫，使监谤者。以告，则杀之[4]。国人莫敢言，道路以目[5]。

王喜，告召公曰："吾能弭谤矣，乃不敢言。"

召公曰："是障[6]之也，防民之口，甚于防川。川壅[7]而溃，伤人必多，民亦如之。是故为川者决之使导[8]，为民者宣之使言[9]。故天子[10]听政，使公卿至于列士献诗[11]，瞽[12]献曲，史献书[13]，师箴[14]，瞍赋[15]，矇诵[16]，百工[17]谏，庶人传语[18]，近臣尽规[19]，亲戚补察，瞽史教诲[20]，耆艾修之[21]，而后王斟酌焉，是以事行而不悖[22]。民之有口，犹土之有山川也，财用于是乎出[23]；犹其原隰之有衍沃也，衣食于是乎生[24]；口之宣言也，善败于是乎兴[25]。行善而备败[26]，其所以阜财用衣食[27]者也。夫民虑之于心，而宣之于口[28]，成而行之[29]，胡可壅也。若壅其口，其与[30]能几何？"

王弗听，于是国人莫敢出言。三年，乃流王于彘[31]。

【注释】

[1]本篇选自《国语·周语上》。召（shào）公：一作邵公，周王朝卿士，名虎。厉王：周厉王，名胡，公元前878—前842年在位。弭（mǐ）：消除。

[2]虐：残暴。

[3]命：政令，此处指周厉王暴虐的政令。

[4]"以告"两句：只要卫巫报告，周厉王就把被告发的人杀了。以，有。

[5]道路以目：平民在路上相遇，彼此用目光对视一下，意为敢怒不敢言。

[6]障：堵塞，指言路堵塞。

[7]壅：堵塞。

[8]为川者：治水的人。决：排除。导：疏导。

[9]为民者：管理百姓的人。宣：开导。言：为政者应开导百姓，使之尽言。

[10]天子：古代帝王。

[11]公卿：指执政大臣。列士：古代一般官员的统称。献诗：进献讽谏之诗。

[12]瞽（gǔ）：盲人。古代乐官多由盲人担任，故也称乐官为瞽。乐官所献乐曲多采自民间，故能反映民意。

[13]史献书：史官献书，使王能知晓往古政体，以之为鉴。

[14]师箴：乐师进献箴。箴，一种具有规诫性的文辞。

[15]瞍（sǒu）：没有眼珠的盲人。赋：有一定音节强调的诵读。

[16]矇（méng）：有眼珠的盲人。诵：不配合乐曲的诵读。瞍矇均指乐师。

[17]百工：百官。

[18]庶人：平民。传语：间接传达至君王。

[19]尽规：尽规谏之责。

[20]瞽史教诲：乐师、史官用歌曲、史籍对君王进行教诲。

[21]耆（qí）艾修之：元老们把乐师、史官的教诲加以整饬修饰。年六十叫耆，五十叫艾，这里指国家元老。修，整饬修饰。

[22]悖（bèi）：违背道理。

[23]"财用"句：言人类的财富、用度都是由山川生产出来的。

[24]"犹其原隰（xī）"两句：言由于土地有原、隰、衍、沃，人类的衣食资源从此而生。原，高爽而平坦的土地。隰，低下而潮湿的土地。衍，低下而平坦的土地。沃，有河流可资灌溉的土地。

[25]"口之宣言"两句：言由于人们用口发表言论，国家的好坏才能表现出来。兴，兴起、表露。

[26]行善：对好的加以推行。备败：对坏的加以防备。

[27]阜财用衣食：增加衣食财用。阜，增加。

[28]"宣之于口"两句：言人们的言论是经过心中思考以后，通过口宣讲出来的。虑，思考。

[29]成而行之：紧承上句，言论是思考成熟的、自然流露的。行，有自然流露之意。

[30]与（yǔ）：帮助。言有什么帮助呢。

[31]彘（zhì）：地名，在今山西霍县境内。

【讲解】

此篇分三段：谏因、谏言、谏果。首尾叙事，中间记言，事略言详，记言为主，体现了《国语》的一般特点。

"厉王虐,国人谤王",寥寥七字,开门见山,讲清事因。因国人之"谤",厉王"怒";又因国人"莫敢言",厉王"喜"。以为高压就可止谤,召公苦谏的缘由在此,厉王的可悲下场也就此埋下了伏笔。

召公的谏言,前后都是比喻。前一个比喻,说明"防民之口"的害处;后一个比喻,说明"宣之于口"的好处。只有中间一段切入正题,以"天子听政"总领下文,从正面写了"宣之使言"的种种好处。从公卿、列士、瞽、史、师、瞍、矇,到百工庶人,广开言路,畅所欲言,而后经天子斟酌取舍,补察时政,就使政策、政令不背真理。如此,恰当生动的比喻与严肃认真的正题有机结合,夹和成文,笔意纵横,态度真诚,用心良苦。

结尾戛然而止,"王弗听,于是国人莫敢出言",给读者留下很大的想象空间。这时的沉默包含了什么,作者全都略去,只写了"三年,乃流王于彘",依然七字,是对厉王的轻蔑,留给后人无尽的思考!

通假字

召—邵。

【思考与练习】
一、选择题
1.《国语》在写作上(　　)。
A. 偏重铺陈　　　B. 内容简括　　　C. 偏重记事　　　D. 偏重记言
2."防民之口,甚于防川。川壅而溃,伤人必多,民亦如之"使用的修辞手法和论证方法是(　　)。
A. 归纳法　　　B. 类比法　　　C. 比喻　　　D. 比拟
3. 下列句子中"以"作"有"解的是(　　)。
A. 以季子之位尊而多金　　　　　B. 国人莫敢言,道路以目
C. 大叔又收贰以为己邑　　　　　D. 以告,则杀之
4. 召公劝周厉王不要阻塞言路,使用的论据有(　　)。
A. 故天子听政,使公卿至于列士献诗
B. 吾能弭谤矣
C. 国人莫敢言,道路以目
D. 危而不持,颠而不扶,则将焉用彼相矣?
5.《国语》所记录的历史涉及的时代有(　　)。
A. 西周　　　B. 春秋　　　C. 战国　　　D. 西汉

二、翻译题
1. 王怒,得卫巫,使监谤者。
2. 国人莫敢言,道路以目。
3. 口之宣言也,善败于是乎兴。
4. 若壅其口,其与能几何?

三、简答题
1.《国语》是一本什么样的史书?
2. 根据课文的内容描绘一下召公的性格特点。

四、实践题
试比较苏秦和召公对国君的劝诫,谈谈其中的不同。假如你是国君,你更愿意听谁的话?

战国策

《战国策》简称《国策》,最初有《国事》《短长》《事语》《长书》《脩书》等名称,是汇编而成的历史著作,作者无考,西汉末由刘向校正编次,定名《战国策》。

《战国策》以策士的游说活动为中心,主要记述了战国时期纵横家的政治主张和策略,展示

了战国时代的历史特点和社会风貌,表现了一种平民道德观,是研究战国历史的重要典籍。它不仅具有较高的史料价值,而且在文学史上也有很高的地位。文笔恣肆激越,铺张扬厉,气势纵横,富于雄辩色彩。善用寓言故事和比喻说明抽象的道理,描绘人物生动传神,富有浓厚的文学情趣。

苏秦始将连横[1]

苏秦始将连横,说秦惠王曰[2]:"大王之国,西有巴、蜀、汉中之利[3],北有胡貉、代马之用[4],南有巫山、黔中之限[5],东有肴、函之固[6]。田肥美,民殷富[7],战车万乘,奋击[8]百万,沃野千里,蓄积饶多,地势形便[9],此所谓'天府'[10],天下之雄国也。以大王之贤,士民之众,车骑之用[11],兵法之教[12],可以并诸侯,吞天下,称帝而治。愿大王少留意[13],臣请奏其效[14]。"

秦王曰:"寡人闻之:毛羽不丰满者不可以高飞,文章[15]不成者不可以诛罚,道德不厚者不可以使民;政教不顺者不可以烦大臣[16]。今先生俨然不远千里而庭教之[17],愿以异日[18]。"苏秦曰:"臣固[19]疑大王之不能用也。昔者神农伐补遂[20],黄帝伐涿鹿而禽蚩尤[21],尧伐驩兜[22],舜伐三苗[23],禹伐共工[24],汤伐有夏[25],文王伐崇[26],武王伐纣[27],齐桓任战而伯天下[28]。由此观之,恶有[29]不战者乎?古者使车毂击驰[30],言语相结,天下为一[31];约纵连横,兵革不藏[32];文士并饬[33],诸侯乱惑,万端俱起,不可胜理[34];科条既备,民多伪态[35];书策稠浊,百姓不足[36];上下相愁,民无所聊[37];明言章理,兵甲愈起[38];辩言伟服[39],战攻不息;繁称文辞[40],天下不治;舌弊耳聋,不见成功;行义约信[41],天下不亲。于是,乃废文任武,厚养死士[42],缀甲厉兵[43],效胜于战场[44]。夫徒处而致利,安坐而广地,虽古五帝、三王、五伯[45],明主贤君,常欲坐而致之,其势不能,故以战续之[46]。宽则两军相攻,迫则杖戟相撞,然后可建大功。是故兵胜于外,义强于内;威立于上,民服于下。今欲并天下,凌万乘[47],诎[48]敌国,制海内,子元元[49],臣诸侯[50],非兵不可!今之嗣主,忽于至道[51],皆惛[52]于教,乱于治,迷于言,惑于语,沉[53]于辩,溺于辞。以此论之,王固不能行也。"

说秦王书十上而说不行[54]。黑貂之裘弊[55],黄金百斤尽,资用乏绝[56],去[57]秦而归。羸縢履蹻[58],负书担橐[59],形容[60]枯槁,面目黎[61]黑,状有归[62]色。归至家,妻不下紝[63],嫂不为炊,父母不与言。苏秦喟叹曰:"妻不以我为夫,嫂不以我为叔,父母不以我为子,是皆秦之罪也!"乃夜发[64]书,陈箧数十[65],得《太公阴符》之谋[66],伏而诵之,简[67]练以为揣摩。读书欲睡,引锥自刺其股[68],血流至足。曰:"安有[69]说人主不能出其金玉锦绣、取卿相之尊者乎?"期年[70],揣摩成,曰:"此真可以说当世之君矣!"

于是乃摩燕乌集阙[71],见说赵王[72]于华屋之下,抵掌[73]而谈。赵王大悦,封为武安[74]君。受相印,革车[75]百乘,锦绣千纯[76],白璧百双,黄金万溢[77],以随其后,约从散横[78],以抑强秦。故苏秦相于赵而关不通[79]。

当此之时,天下之大,万民之众,王侯之威,谋臣之权,皆欲决苏秦之策[80]。不费斗粮,未烦一兵,未张一士,未绝一弦,未折一矢,诸侯相亲,贤于兄弟。夫贤人在而天下服,一人用而天下从。故曰:式于政,不式于勇[81];式于廊庙[82]之内,不式于四境之外。当秦之隆,黄金万溢为用,转毂连骑,炫煌于道[83],山东之国,从风而服,使赵大重[84]。且夫苏秦特穷巷掘门、桑户棬枢之士耳[85],伏轼撙衔[86],横历[87]天下,廷说[88]诸侯之王,杜[89]左右之口,天下莫之能伉[90]。

将说楚王,路过洛阳,父母闻之,清宫除道,张乐设饮,郊迎[91]三十里。妻侧目而视,倾耳而听;嫂蛇行匍伏[92],四拜自跪而谢[93]。苏秦曰:"嫂,何前倨而后卑也[94]?"嫂曰:"以季子[95]

之位尊而多金。"苏秦曰:"嗟乎!贫穷则父母不子[96],富贵则亲戚畏惧。人生世上,势位富贵,盖[97]可忽乎哉!"

【注释】

[1]本篇选自《战国策·秦策一》。苏秦:战国时期著名的纵横家,东周洛阳人。连横:与"合纵"相对。秦在西,往东联合六国中的某些国家而攻击其他国家,为横向联合,故曰连横。楚在南,往北联合六国而共御西秦是纵向联合,谓之"合纵"。故连横合纵,是以秦楚为中心的两个互相对立的外交战略。所以那时又有"横成则秦帝,纵成则楚王(wàng)"之说。

[2]说(shuì):劝说,游说。秦惠王:名驷(sì),秦孝公之子。

[3]巴:国名,在今四川省东部。蜀:国名,在今四川省西部。汉中:今陕西省南部。利:交通便利。

[4]胡貉:匈奴地区的形似狐狸的动物,毛皮可为裘。代马:今河北、山西北部所产之良马。用:役使。

[5]巫山:在今重庆市巫山县东。黔中:郡名,治所在今湖南省常德市。限:险阻。

[6]肴:山名,在今河南省洛宁县北。函:函谷关,在今河南省灵宝市南。固:坚固屏障。

[7]殷富:十分富足。

[8]奋击:能奋勇作战的士兵。

[9]地势形便:"地有势,形有便"之意,即地理上占据优势,地形上便于攻守。

[10]天府:天然宝库。

[11]用:储备。

[12]兵法之教:指战阵的训练。

[13]少留意:稍稍在这方面花点心思。少,通"稍"。

[14]奏其效:陈述其功效。

[15]文章:指法令条文。

[16]政教:政治教化。烦大臣:烦劳大臣(外出作战)。

[17]俨然:郑重。庭教:在朝廷上指教。

[18]愿以异日:请以后再说。

[19]固:本来。

[20]神农:即炎帝。补遂:古国名。

[21]涿鹿:地名,在今河北省涿鹿县西南。禽:通"擒"。蚩尤:古九黎族的首领。

[22]尧:古之圣王,号陶唐氏。驩(huān)兜:尧时司徒,与共工、鲧、三苗并称为"四凶",舜代尧执政后,将驩兜流放于崇山。

[23]舜:号有虞氏,受尧禅让而继位。三苗:古部族,居住在今洞庭、彭蠡一带。

[24]禹:鲧之子,受舜禅让而继位。共工:尧时大臣,为"四凶"之一,后被尧流放于幽州。

[25]汤:商朝开国之君。有夏:夏朝。夏朝末年夏桀无道,汤伐之。

[26]文王:姓姬名昌,商朝诸侯国,亦称西伯。崇:商朝诸侯国,其君崇侯虎助纣为虐,故文王伐之。

[27]武王:文王之子,姓姬名发。纣:也称帝辛,商末之君,昏乱无道,武王伐之,建立周朝。

[28]齐桓:齐桓公,姓姜名小白,春秋五霸之一。任战:使用战争手段。伯:通"霸",称霸。

[29]恶(wū)有:哪有。

[30]古者使车毂击驰:古代各国使者的车很多,在路上飞驰,以致相互碰撞。毂(gǔ),车轮中心插进车轴的圆洞。

[31]言语相结,天下为一:靠言语互相结盟,使天下和同为一。

[32]藏:储藏。

[33]绲:即"饰",修饰(文辞)。

[34]万端俱起,不可胜理:各种矛盾纷纷产生,无法理清。

[35]科条:规章、条文。伪态:弄虚作假的行为。

[36]书策:条文记录。稠浊:又多又乱。不足:缺衣少食。
[37]无所聊:没有可依靠的。
[38]章:同"彰",明显。兵甲:这里指战争。
[39]伟服:指文人辩士所穿着的奇伟的服装。
[40]繁称文辞:使用繁琐的说教和华丽的言辞。
[41]行义约信:实行信义,互相订立条约结盟。
[42]死士:敢于拼死作战的勇士。
[43]缀甲厉兵:缝制铠甲,磨砺兵器(准备打仗)。
[44]效胜于战场:在战场上决定胜败。效:致。
[45]五伯:春秋五霸,即齐桓公、晋文公、秦穆公、宋襄公、楚庄王。伯:通"霸"。
[46]"夫徒处"句:空手等着获利,要坐在家来扩展自己的领地,即使是古代五帝、三王、五霸这样的明主贤君也常想这样,但却是不能实现的,所以只好用战争的手段来解决问题。
[47]凌:凌驾。万乘(shèng):有万辆兵车的国家,指大国。乘,一车四马。
[48]诎:同"屈",使敌国屈服。
[49]子:名词意动用法,以……为子民。元元:芸芸众生,老百姓。
[50]臣诸侯:使诸侯臣服。
[51]嗣主:君主之位的继承人。忽于至道:忽视了最高的道理(以武力征服)。
[52]悟:同"昏"。
[53]沉:陷溺。
[54]说不行:游说不成功。
[55]黑貂:兽名,其皮毛很珍贵。弊:穿坏了。
[56]资用乏绝:费用花完了。
[57]去:离开。
[58]羸(léi):缠绕。縢(téng):绑腿布。蹻(jué):草鞋。
[59]橐(tuó):口袋。
[60]形容:形体和面容。
[61]黎:通"黧",黑黄色。
[62]归:当为"愧"字之误。
[63]纴(rén):织布机。
[64]发:取出。
[65]陈:陈列。箧(qiè):书箱。
[66]太公:姜太公,吕尚,辅佐周武王伐商。阴符:兵书。
[67]简:挑选。
[68]股:大腿。
[69]安有:哪有。
[70]期年:过了一年。
[71]摩:切近。燕乌集阙:寓意不详。一说,燕乌集是阙名;阙,泛指帝王的宫室。
[72]赵王:指赵肃侯。
[73]抵掌:击掌。抵掌而谈是形容谈得很融洽。
[74]武安:地名,在今河北省武安县西南。
[75]革车:兵车。
[76]纯(tún):匹,段,指绸帛。
[77]溢:通"镒",重量单位,二十四两为一镒。
[78]约从:联合六国,结成同盟,即"合纵"。从,即"纵"。散横:拆散秦国与六国的联系,抑制强秦的发展。

[79]关不通：六国共同抗秦，与秦相通的函谷关交通断绝。
[80]"皆欲"句：都要由苏秦的策划来决定。
[81]"式于"句：运用政治智谋而不运用武力。式，运用。
[82]廊庙：代指朝廷。
[83]转毂：转动的车轮。连骑：骑马的随从一个接一个。炫熿：炫耀。
[84]从风而服：（像）被风吹倒的草一样服从。使赵大重：使赵国地位因受到各诸侯国的推崇而一下子变得很重要。
[85]掘门：同"窟门"，窟门。桑户：用桑木板做的门户。棬(quān)枢：用树枝圈起来做成的门枢。
[86]伏轼：伏在车前横木上。撙(zǔn)衔：勒住马嚼。
[87]横历：横行。
[88]廷说：在朝廷上游说。
[89]杜：堵塞。
[90]伉：通"抗"，抗衡。
[91]郊迎：到郊外迎接。
[92]蛇行匍伏：像蛇一样在地上爬行。
[93]谢：道歉。
[94]倨：傲慢。卑：谦卑。
[95]季子：嫂称小叔为"季子"。
[96]不子：不把他当儿子。
[97]盖：同"盍"(hé)，何，怎么。

【讲解】
战国时期，诸侯争霸，尔虞我诈，一批谋臣策士周旋其间，纵横驰骋，朝秦暮楚，以逞其智能，获取功名。本篇记载了苏秦始以连横之策说秦，而其说不行，于是发愤读书、终于相赵的故事。

全篇可分三部分。第一部分从开头至"以此论之，王固不能行也"，主要记言，记载苏秦初出游说秦惠王的说辞。第二部分从"书十上而说不行"到"天下莫之能伉"，主要叙事，叙述苏秦失败之后发奋读书，悉心体察天下形势，转而游说赵国成功的情景。此处刻画的个人奋斗者苏秦正是当时具有代表性的策士形象，文章歌颂了以他为代表的新兴纵横之士的才能和勇气。第三部分为最后一个自然段，为使人物个性鲜明突出，作者移花接木，将苏秦游说路过洛阳，周显王"除道效劳"（元吴师道注）的史实，移植到其亲属身上，以亲属的前倨而后卑，映衬苏秦的前窘困、后通显，并以前抑后扬的对比表现，造成讽刺当时世态人情、社会风气的强烈效果。

全文善于说理，并将说理与叙事有机结合，语言描写、外貌描写以及细节描写都很传神。同时，广泛运用类比、夸张、引证等方法，尤其写苏秦的说辞，铺陈夸饰，气势充盈，可视为汉赋铺张扬厉文风的滥觞。

通假字
伯—霸，屈—诎，溢—镒，盖—盍。

使动用法
今欲并天下，凌万乘，诎敌国，制海内，子元元，臣诸侯，非兵不可！

意动用法
子元元
贫穷则父母不子。

宾语前置
天下莫之能伉。

【思考与练习】
一、选择题
1. 将各国史料进行考订整理,定名为《战国策》的是(　　)。
   A. 司马迁　　　　B. 左丘明　　　　C. 刘向　　　　D. 李斯
2. 先秦历史散文中,以记言见长的一部著作是(　　)。
   A.《左传》　　　B.《战国策》　　　C.《春秋》　　　D.《国语》
3. 苏秦和张仪被称为(　　)。
   A. 政治家　　　　B. 纵横家　　　　C. 游说家　　　D. 投机家
4. 在写苏秦与秦惠王对话时,作者采用表现手法是(　　)。
   A. 夸张　　　　　B. 铺排　　　　　C. 反问　　　　D. 层递
5. "羸滕履蹻,负书担囊,形容枯槁,面目黎黑,状有归色"在表现手法上属于(　　)。
   A. 外貌描写　　　B. 细节描写　　　C. 详述　　　　D. 间接抒情

二、翻译题
1. 寡人闻之,毛羽不丰满者不可以高飞;文章不成者不可以诛罚;道德不厚者不可以使民;政教不顺者不可以烦大臣。
2. 今欲并天下,凌万乘,诎敌国,制海内,子元元,臣诸侯,非兵不可!
3. 乃夜发书,陈箧数十,得《太公阴符》之谋,伏而诵之,简练以为揣摩。
4. 妻侧目而视,倾耳而听;嫂蛇行匍伏,四拜自跪而谢。

三、简答题
1. 什么是编年史?什么是国别史?《战国策》是一本什么样的书?
2. 本文反映了当时怎样的社会现实?
3. 从文学的角度看,本文有哪些特点?
4. 试概述苏秦在游说秦王和赵王所持观点的不同点。

四、解析题
1. 阅读下面这段话,回答问题:
说秦王书十上而说不行。黑貂之裘弊,黄金百斤尽,资用乏绝,去秦而归。羸滕履蹻,负书担囊,形容枯槁,面目黎黑,状有归色。归至家,妻不下纴,嫂不为炊,父母不与言。苏秦喟叹曰:"妻不以我为夫,嫂不以我为叔,父母不以我为子,是皆秦之罪也!"乃夜发书,陈箧数十,得《太公阴符》之谋,伏而诵之,简练以为揣摩。读书欲睡,引锥自刺其股,血流至足。曰:"安有说人主不能出其金玉锦绣、取卿相之尊者乎?"期年,揣摩成,曰:"此真可以说当世之君矣!"
   (1)这里描写主人公用了哪些方法?
   (2)这段话采用了什么修辞手法?
   (3)从这段描写中你感受到了一个怎样的苏秦?
   (4)本文哪一段描写形成了后世勤奋努力的经典用语"锥刺股"。查一查"头悬梁"的来源。
2. 阅读下面这段话,回答问题:
将说楚王,路过洛阳,父母闻之,清宫除道,张乐设饮,郊迎三十里。妻侧目而视,倾耳而听;嫂蛇行匍伏,四拜自跪而谢。苏秦曰:"嫂,何前倨而后卑也?"嫂曰:"以季子之位尊而多金。"苏秦曰:"嗟乎!贫穷则父母不子,富贵则亲戚畏惧。人生世上,势位富贵,盖可忽乎哉!"
   (1)这里表现了什么样的社会现实?
   (2)这里刻画嫂、妻、父母采用了什么描写方法?有何效果?
   (3)这里表现了嫂、妻、父母什么性格?

五、实践题
查阅资料,了解苏秦生平,总结苏秦对合纵做出的贡献。讨论下列主题:

(1)假如秦惠王重用苏秦。
(2)假如苏秦出现在嬴政的时代。

礼 记

《礼记》是战国至秦汉年间儒家学者解释说明经书《仪礼》的一部重要的典章制度选集,是一部儒家思想的资料汇编。《礼记》的作者不止一人,写作时间也有先有后,其中多数篇章可能是孔子的七十二名弟子及其学生们的作品,还兼收先秦的其他典籍。

《礼记》的内容主要是记载和论述先秦的礼制,解释仪礼,记录孔子和弟子等人的问答,记述修身做人的准则。实际上,这部九万字左右的著作内容广博,门类杂多,涉及政治、法律、道德、哲学、历史、祭祀、文艺、日常生活、历法、地理等诸多方面,几乎包罗万象,集中体现了先秦儒家的政治、哲学和伦理思想,是研究先秦社会的重要资料。《礼记》全书用散文写成,一些篇章具有相当的文学价值。有的用短小的生动故事阐明某一道理,有的气势磅礴、结构谨严,有的言简意赅、意味隽永,有的擅长心理描写和刻画,书中还收有大量富有哲理的格言、警句,精辟而深刻。

曲礼上[1](节选)

凡进食之礼,左殽右胾[2]。食居人之左,羹居人之右。脍炙[3]处外,醯[4]酱处内,葱渫[5]处末,酒浆处右。以脯脩[6]置者,左朐[7]右末。客若降等[8],执食兴辞,主人兴辞于客,然后客坐。主人延客祭[9],祭食,祭所先进,殽之序,遍祭之,三饭,主人延客食胾,然后辩[10]殽,主人未辩,客不虚口[11]。

侍食于长者,主人亲馈,则拜而食,主人不亲馈,则不拜而食。

共食不饱,共饭不泽手[12]。

毋抟饭[13],毋放饭[14],毋流歠[15],毋咤食[16],毋啮骨,毋反鱼肉,毋投与狗骨,毋固获,毋扬饭。饭黍毋以箸,毋嚃[17]羹,毋絮羹[18],毋刺齿,毋歠醢[19]。客絮羹,主人辞不能亨[20]。客歠醢,主人辞以窭[21]。濡肉齿决,干肉不齿决,毋嘬[22]炙。

卒食,客自前跪,彻[23]饭齐,以授相者。主人兴辞于客,然后客坐。

侍饮于长者,酒进则起。拜受于尊所[24],长者辞,少者反席而饮,长者举未釂[25],少者不敢饮。长者赐,少者贱者不敢辞。

赐果于君前,其有核者怀其核。御食于君,君赐余,器之溉者不写[26],其余皆写。

【注释】
[1]本篇选自《礼记·曲礼上》。委曲详尽记录了吉、凶、宾、军、嘉五礼之事。
[2]殽:通"肴",鱼、肉一类荤菜。胾(zì):大块的肉。
[3]脍:切细的肉。炙:烤肉。
[4]醯(xī):醋。
[5]渫(yì):蒸葱。
[6]脯脩:肉干。
[7]朐:弯曲的肉干。
[8]降等:古代宾主相见,客人登东阶而上以示谦抑。
[9]祭:食前祭。食祭于案,酒祭于地。

[10]辩:通"遍",遍尝。
[11]虚口:饮酒漱口。
[12]泽手:搓揉手。
[13]抟饭:把饭捏成团。孔颖达:"取饭作抟,则易得多,是欲争饱,非谦也。"
[14]放饭:把手中的剩饭放回容器中。朱熹认为,"放饭"是指无所顾忌地大口吃饭。
[15]歠(chuò):饮。流歠:喝汤时汁水乱流。
[16]咤(zhà)食:吃东西时嘴里发出声音。
[17]嚃(tà):大口吃喝。
[18]絮羹:指向羹汁加佐料调和。絮(chù),调和。
[19]歠(chuò)醢:喝肉酱。表示嫌味淡。醢(hǎi),鱼、肉等制成的酱。
[20]亨:通"烹",烹饪。
[21]窭(jǔ):贫穷。
[22]嚽(chuài):吞食。
[23]彻:撤除。
[24]尊所:指放置酒樽的地方。尊,酒具。
[25]釂(jiào):酒饮完,即干杯。
[26]器之溉者:可洗涤的器皿。写,倒。意为可洗涤的器皿里(如陶器)的食物直接吃即可,而不可洗涤的器皿里(如竹器)的食物要倒在可洗涤的器皿中再吃。

【讲解】

华夏先人认为"礼"是人与动物最大的区别,"鹦鹉能言,不离飞鸟,猩猩能言,不离禽兽。今人而无礼,虽能言,不亦禽兽之心乎?"因此我们祖先致力于制定各种礼仪规范自己的行为,西周时就有基本的五礼,即吉、凶、宾、军、嘉。《礼记》中《曲礼》两篇对五礼进行了详细的说明。

本节选自《曲礼上》,记录的是嘉礼中的饮食之礼。从"凡进食之礼"开始,基本按照时间顺序我们可以看到食物摆放、宾主入座、食前祭祀、进食顺序、进食方法、宾主言谈、宾主敬酒、天子赐食等程序的详细规范,其中的某些礼仪,如"毋流歠""毋咤食"等依然是现代人在饭桌上自觉遵守的礼仪。

从语言上看,《曲礼上》非常符合规章制度的要求,思路严谨,语句简洁,表达清晰,可操作性强。文中排比句式的运用,读来抑扬顿挫,更增添了生动感,增强了文学价值。

【思考与练习】

一、选择题

1.《礼记》是一部(　　)思想的资料汇编。

A. 道家　　　　　　B. 儒家　　　　　　C. 法家　　　　　　D. 墨家

2. 下列句子中有通假字的有(　　)。

A. 左殽右胾

B. 主人未辩,客不虚口

C. 卒食,客自前跪,彻饭齐,以授相者

D. 长者辞,少者反席而饮

3. 从课文中能看出调料放置的位置在(　　)。

A. 另外的桌子上　　　　　　B. 离人最远的地方

C. 离人最近的地方　　　　　　D. 烤肉的边上

4. 下面说法正确的是(　　)。

A. 食祭是在用餐前　　　　　　B. 食祭是在用餐中

C. 食祭是在用餐后　　　　　　D. 食祭应由主人引导

二、翻译题
1. 凡进食之礼,左殽右胾。
2. 主人延客祭,祭食,祭所先进,殽之序,遍祭之。
3. 客絮羹,主人辞不能亨。

三、简答题
1.《礼记》是一部什么样的著作?
2. 请从文中找出目前社会上尚普遍遵守的饮食之礼。

四、实践题
查阅资料,总结我国古代的饮食之礼。

三、拓展阅读

作品阅读

易经·乾卦

乾上乾下
乾:元亨利贞。
初九:潜龙,勿用。
九二:见龙在田,利见大人。
九三:君子终日乾乾,夕惕若厉,无咎。
九四:或跃在渊,无咎。
九五:飞龙在天,利见大人。
上九:亢龙,有悔。
用九:见群龙无首,吉。

【点评】
《易经·乾卦》的卦辞。《易经》卦分为卦辞、爻辞。易经有六十四卦,就有六十四条卦辞,每卦有六爻就有三百八十四爻,乾坤两卦多"用九"和"用六"两爻计三百八十六爻。对卦爻的读法,阳为"九",阴为"六"。

道德经(节选)
老子

道可道,非常道;名可名,非常名。
无名天地之始,有名万物之母。
故常无欲,以观其妙;
常有欲,以观其徼。
此两者同出而异名,同谓之玄,玄之又玄,众妙之门。

【点评】
文章论证"有"与"无"本出于同源,是同处异名。用哲学探讨世界的本源。

礼记·礼运（节选）

大道之行也，天下为公，选贤与能，讲信修睦。故人不独亲其亲，不独子其子，使老有所终，壮有所用，幼有所长，矜、寡、孤、独、废疾者皆有所养，男有分，女有归。货恶其弃于地也，不必藏于己；力恶其不出于身也，不必为己。是故谋闭而不兴，盗窃乱贼而不作，故外户而不闭，是谓大同。

【点评】

本文是《礼记·礼运》开头部分的一段话，是战国末年或秦汉之际儒家学者托名孔子答问的著作。描述了儒家最高理想——"大同"世界的状况。

荀子·性恶（节选）
［战国］荀 子

人之性恶，其善者伪也。

今人之性，生而有好利焉，顺是，故争夺生而辞让亡焉；生而有疾恶焉，顺是，故残贼生而忠信亡焉；生而有耳目之欲，有好声色焉，顺是，故淫乱生而礼义文理亡焉。然则从人之性，顺人之情，必出于争夺，合于犯分乱理，而归于暴。故必将有师法之化，礼义之道，然后出于辞让，合于文理，而归于治。用此观之，人之性恶明矣，其善者伪也。

【点评】

文章指出人先天存在的"恶"，若顺其天性，必然形成混乱。要加以教化，才能有更好的人生和社会。

孙子兵法·九变
［春秋］孙 武

孙子曰：凡用兵之法，将受命于君，合军聚合。泛地无舍，衢地合交，绝地无留，围地则谋，死地则战，途有所不由，军有所不击，城有所不攻，地有所不争，君命有所不受。

故将通于九变之利者，知用兵矣；将不通九变之利，虽知地形，不能得地之利矣；治兵不知九变之术，虽知五利，不能得人之用矣。

是故智者之虑，必杂于利害，杂于利而务可信也，杂于害而患可解也。是故屈诸侯者以害，役诸侯者以业，趋诸侯者以利。故用兵之法，无恃其不来，恃吾有以待之；无恃其不攻，恃吾有所不可攻也。

故将有五危，必死可杀，必生可虏，忿速可侮，廉洁可辱，爱民可烦。凡此五者，将之过也，用兵之灾也。覆军杀将，必以五危，不可不察也。

【点评】

阐述将军要懂得"九变"，要能权衡利弊，不抱侥幸。将军要懂得避开"五危"。

文化常识

姓、氏、名、字、号、字辈

姓、氏

在上古，姓是一种族号，氏是姓的分支。华夏子孙以姓氏为家族延续的标志。它的作用主要是便于辨别部落中不同氏族的后代。姓世代相传,一般不会更改,比较稳定;氏则随着封邑、官职的改变而改变,因此会有一个人的后代有几个氏或父子两代不同氏。

姓、氏分立的时代,女子称姓,姓是"别婚姻"的,女子不嫁同姓之人。男子称氏,氏是"明贵贱"。

秦汉以后,姓氏合为一体。

名、字

《礼记·檀弓上》:"幼名、冠字。"

名是留着自称的。对人称自己的名,是一种谦虚与礼貌。常是下级面对上级,臣子面对君王,晚辈面对长辈时自称。《论语》中多次显示孔子在学生面前自称"丘",是孔子的谦虚。

称谓对方时,以称字为礼貌。尤其是下级谈及上级、臣子谈及君王、晚辈谈及长辈,绝不能直呼其名而得称字。平辈之间,为表示对对方的尊敬,也以称字的多。如西汉李陵《答苏武书》:"子卿足下,勤宣令德,策名清时。""子卿"是苏武的字。

取字一般遵循以下规律:

名与字含义相同或相近,彼此能起解释的作用。例如屈原,其名平,字原;《尔雅·释地》中解释"广平曰原"。诸葛亮,字孔明,"亮"与"明"的字义十分相近。

名与字所取文字的含义正好相反相对。比如唐宋八大家之一的韩愈,字退之,而愈的意思是"痊愈、越来越好"之意;北宋词人晏殊,字同叔,"殊与同"就是意义相反。

由此及彼,于联想中识雅趣。如关羽,字云长,由鸟儿的羽毛联想到天空的浮云。贾岛,字浪仙,由岛想到浪花的洁白自由。

号

宋以后,文人之间大多以号相称。由于号可自取和赠送,因此具有自由性和可变性。以至许多文人,有很多别号。苏轼一生有十四类三十八个名号,鲁迅一生,共用过一百四十多个名号(主要是笔名)。

自号。自己为自己取的号,记录一段经历或一种爱好。如苏轼号"东坡",欧阳修号"醉翁",马致远号"东篱"。

赠号。以其轶事特征为号。如李白,人称谪仙人;宋代贺铸因写了"一川烟草,满城飞絮,梅子黄时雨"的好词句,人称贺梅子。

以封爵、谥号为号。如诸葛亮封武乡侯,人称武侯;岳飞,谥号武穆,人称岳武穆。

字辈

字辈,也称"派号"或"昭穆",是表示家族辈分的一系列的字,含有伦理道德的意义。起源于宋朝。

在宋、明、清代,上至皇室、下至黎民百姓,甚至百工巧匠、僧尼道士都以字辈命名。清朝以后,近当代以字辈命名也相当普及。字辈基本方法是"姓-字辈-名"格式。字辈在各姓旧家谱中均有专门章节,且以精炼之词,蓄含祈福、美好愿望,宣扬忠孝的诗体传于后世。

湖南韶山毛氏族谱有一段四十字的诗文:"立显荣朝士,文方运济祥;祖恩贻泽远,世代永承昌;孝友传家本,忠良振国光;起元敦圣学,风雅列明章"。毛泽东的名字就是韶山毛氏字辈中第十四辈分,毛远新则是第十五个辈分。

第三讲
汉魏晋南北朝诗歌

一、文学史讲述

汉魏六朝的文学从自发走向了自觉。鲁迅在《魏晋风度及文章与药及酒之关系》中,称魏晋是"文学的自觉时代",文学从儒家的重宣扬政教到越来越普遍地表现个人的思想感情和美的追求。

在风格上,相对于《诗经》《楚辞》的长于抒情,汉魏六朝乐府诗则长于叙事。而在诗歌体式上,汉乐府以及魏晋六朝乐府实现了由四言诗向杂言、五言的过渡和完善。与此同时,文人诗也有了很大发展,如东汉末年《古诗十九首》等文人五言诗,建安时期曹操父子、东晋陶渊明等人的诗作都取得了很高的成就。

(一)汉代乐府诗

据现有文献记载,早在秦代,"乐府"机关已经设立。西汉武帝时期,官方更是特别扩大了"乐府",其职能包括制定乐谱、制作歌辞、训练乐工、搜集民歌等。为区别文人制作的乐府歌辞,习惯上把采自民间的歌辞称为"乐府民歌",简称"乐府"。后来古乐逐渐失传,这些歌辞便被视为一种阅读欣赏的书面文学了。

汉乐府大致可分两类:一类是出自贵族和封建文人之手的庙堂歌辞;一类是从城乡下层人民中采集来的"街陌谣讴"。后世所谓的"汉乐府民歌",指的就是后一类,它们是汉代乐府诗中的精华。据《汉书·艺文志》记载,汉乐府民歌当时流传众多,仅西汉时就有一百三十八首。然而,汉乐府民歌现仅存四十多首,大多是东汉时作品。《汉书·艺文志》曾用"感于哀乐,缘事而发"概括它们的内容。诗中深刻反映了两汉社会生活的各个方面,反映了那个时代人们的心态、愿望。其中有的控诉了统治者穷兵黩武的政策,如《战城南》《十五从军征》;有的表现了封建官吏的荒淫无耻,如《陌上桑》;有的揭露了封建礼教、封建家长制的罪恶,表达了对真挚爱情的向往,如《孔雀东南飞》《上邪》;有的对社会下层人民的不幸表示深切的同情,如《东门行》《妇病行》《孤儿行》等。汉乐府民歌内容上继承并发扬了《诗经》的传统,具体而深入地反映了下层民众生活的艰难与痛苦,有很强的批判现实性。汉乐府民歌的赋、比、兴手法运用与《诗经》一脉相承,只不过它长于叙事铺陈,多使用丰富多样的叙事手法,句式以五言为主,间以杂言,语言富于生活气息、质朴自然,体现了诗歌艺术的进一步发展。在感情表达上部分诗篇极其激烈,可以说接受了楚辞的熏陶。

汉乐府民歌在汉朝并非主流,但却以强大的生命力逐渐影响了文人的创作,最终促使文人诗歌兴起,取代了辞赋对文坛的统治。

(二)文人五言诗的兴起与《古诗十九首》

东汉时期,诗坛上出现了文人创作的诗歌,五言取代四言成为新的诗歌样式,甚至产生了完整的七言诗(如班固的《竹扇赋诗》)。现存最早的东汉文人五言诗是班固的《咏史》,南朝文学评论家钟嵘说它"质木无文"(《诗品》),而班婕妤的《怨歌行》、辛延年的《羽林郎》、宋子侯的《董娇娆》等虽有明显模仿乐府民歌痕迹,却是文采斐然。直至东汉末年,《古诗十九首》的出现标志着文人五言诗的创作步入成熟时期。

南朝梁代昭明太子编《文选》时,入选了十九首当时广为流传的、魏晋以前古人所写的诗,命名为《古诗十九首》。《古诗十九首》这一组抒情短诗虽然并非成于一人一时,但大多应由寒门文人创作,有着大体统一的主题和风格。其内容或抒发处于动乱时代下层文人牢骚不平之情,或写游子、思妇离别相思的哀愁。这组诗长于抒情,委婉含蓄,是我国感伤主义文学最早的表现。

东汉文人诗的兴起和《古诗十九首》的成就,显示了文人诗取代辞赋成为文坛盟主的趋势。

(三)建安文学与建安风骨

"建安"是汉献帝的最后一个年号。"建安文学"是指建安时代及其前后一段时期的文学。在这个时期,文人中出现一股个性思潮,在文学上表现为从自身立场出发思考人生、社会,追求美和理想,因此辞赋、散文都有长足的进步,诗歌成就尤其突出,出现了有史以来第一次文人诗的创作高潮,奠定了文人诗在后世文学中的主导地位。建安文学的主要代表是以"三曹"(曹操、曹丕、曹植)为骨干,以"建安七子"(孔融、陈琳、王粲、徐干、阮瑀、应玚、刘桢)以及女作家蔡琰为羽翼的文人群体。建安诗文作者都被卷入了极度动乱的时代漩涡,生活和思想发生了较大的变化。他们直接继承汉乐府民歌的叙事写实传统,反映了丰富的生活,表现了新的时代精神。建安文学以风骨遒劲著称,所谓"建安风骨",指的是建安诗文内容上感情充实丰沛、艺术风格明朗刚健、文辞藻饰华丽优美的特点。同时,他们普遍采用新兴的五言形式,奠定了五言诗在文坛上的坚固地位。

曹操是建安文学新局面的开创者。他的诗歌沉雄悲凉,反映了动乱的社会现实,表露了诗人渴望建功立业、统一天下的雄心壮志,如《蒿里行》《苦寒行》《短歌行》《步出夏门行》等,都是较为成功之作。号称"建安之杰"的曹植有诗九十多首,钟嵘在《诗品》中说他"骨气奇高,词采华茂,情兼雅怨,体披文质,粲溢古今,卓尔不群"。其诗《白马篇》,其散文《洛神赋》等,都是广为传诵的佳作。在"建安七子"中,王粲成就最高,被刘勰称为"七子之冠冕",代表作是《七哀诗》和《登楼赋》。女作家蔡琰的五言《悲愤诗》是自传性作品,曾被誉为建安末年写战乱主题的压卷之作,且标志着长篇叙事诗达到了成熟的阶段。

(四)东晋陶渊明及其田园诗

魏晋之交,随着世风的变异,诗歌创作呈现出与建安时代不同的风貌。这一时期的重要作家有阮籍、嵇康和左思。阮籍生逢司马氏篡魏作恶之乱世,亲睹亲历了统治者的暴行和社会人生的灾难,而又无法逃避,不敢直言。他写了八十多首《咏怀诗》,内容大多表达对当时政治的不满和自己无法解脱的苦闷心情,艺术上多用隐晦讽喻手法。嵇康对司马氏统治的不满和反抗比阮籍更为激烈,他的诗文虽也有浓厚忧伤情绪和老庄色彩,但敢于发表违反传统的卓见,桀骜不驯和愤愤不平之情常常溢于言表。他的主要成就是散文,其代表作《与山巨源绝交书》表达了自己不愿与司马氏合作的坚决态度,见解独到,笔锋犀利。西晋太康年间(公元280—289年)的诗人有"三张""二陆""两潘""一左"之称。("三张":张载与其弟张协、张亢;"二陆":陆机与其弟陆云;"两潘":潘岳与其侄潘尼;"一左":左思。)此间多数作品流于柔靡采缛。比较重要的诗人是左思,因其出身寒微,为当时门阀世族轻视,其八首《咏史诗》集中反映了才能受到压抑、抱负不得施展的苦闷与不满情绪。东晋时期,"理过其辞、淡乎寡味"的玄言诗泛滥一时,直到东晋末年陶渊明的出现,文坛才有了生气。

陶渊明是一个憎恶官场、无意出仕的真隐士。他早年虽曾有过大济苍生、立善垂名的向往,也曾为实现匡时济世的宏愿而四次出仕,但他看到"真风告逝,大伪斯兴",官场虚伪贪婪,政风腐败黑暗,不愿意也不善于在污浊的宦海中浮沉,便选择了洁身守志、"逃禄归耕"的道路。他把归隐田园视为自己生命的寄托和归宿。他在《归去来兮辞并序》《归田园居》《和郭主簿》等很大一部分诗中,如都描写了自然风光的美好,歌颂了田园生活的平和,表现了自己亲身参加农业劳动的喜悦和辛劳。在《读山海经》《咏荆轲》《述酒》《饮酒》《感士不遇赋》等一组被鲁迅称为"金刚怒目"式的作品中,他批判了当时政治的黑暗,曲折地表现了对某些政治事变和整个黑暗现实的反感和憎恶。在《桃花源诗并序》中,表现了诗人厌恶战乱,反对剥削压迫,希求人人自食其力、人人温饱安乐的社会理想。总之,陶渊明的诗文既抒写了"猛志逸四海"的抱负,又表达了"性本爱丘山"的志趣。诗中既有"投耒去学仕"的愿望,又有"误落尘网中"的悔恨;既有洁身自好、安贫守道的品格,又有人生无常、乐天安命的思想。在艺术上,其诗质朴自然,物我交融,富有韵味。他的歌颂田园生活的诗作开创了田园诗一体,为古典诗歌开辟了一种新的境界,对唐代的山水田园诗派有直接影响。

(五)南北朝文人诗歌

南北朝时期,南方前有谢灵运,后有谢朓,多写以描绘自然景观为内容的山水诗。谢灵运是我国文学史上第一个大力摹写山水的诗人。他的很多名章佳句如初发芙蓉自然可爱,给人以艺术的享受。谢朓的山水诗既吸取了谢灵运刻画景物细致逼真的长处,又克服了谢灵运语言平板晦涩的毛病。李白赞赏他说:"蓬莱文章建安骨,中间小谢又清发。"其代表作是《晚登三山还望京邑》。另一重要诗人鲍照,则擅长用七言古诗体来抒发愤世嫉俗的情怀。其代表作是《拟行路难》,以革新精神变原来的句句用韵、一韵到底为隔句用韵、自由换韵,从而大大增强了七言诗的表现力,促进了七言诗的发展与繁荣。所以王夫之说他是"七言之祖"。在这个时期,最有成就的诗人是由南入北的作家庾信。庾信前期是梁朝的宫体诗人,后期被强留北方,屈仕敌国,虽身名显达,但充满故国之思和国破家亡之痛,所以诗、赋作品都有了比较深刻的社会内容和比较深厚的真实感。艺术风格也由颓靡一变而为清新刚健,苍凉沉郁。其代表作是《拟咏怀》诗二十七首。

(六)魏晋六朝乐府诗

东晋南渡以后,长江流域经济发展,商业发达,城市繁荣,为南朝乐府民歌的产生提供了丰厚土壤。今存南朝乐府民歌约近五百篇,几乎全是情歌。它们多半出自商贾、妓女、船户和一般市民之口,主要反映城市中下层居民的生活和思想感情。这些诗歌语言柔美,短小清新,委婉艳丽。长诗《西洲曲》在南朝乐府里可谓一枝独秀。全诗通过由早春到深秋的季节变化的描写,抒发了一位女子对所爱男子的深长思念。歌辞音节整齐,和谐流畅,婉转动人;四句一韵,诗节间以民歌惯用的顶真格相勾连,别具巧构;诗风婉约、缠绵、细腻、清丽,体现了南朝乐府民歌的特色。它是吴歌、西曲发展到成熟阶段的代表作,以其清新流丽的意境,开启了初唐张若虚《春江花月夜》的先声。

北朝社会风尚和自然环境,孕育出一种质朴刚健、粗犷豪放的诗风。现存北朝乐府民歌约为六十余首。这些作品表现的是北方的景色和风俗,极富地方特色。如千古绝唱《敕勒歌》:"敕勒川,阴山下。天似穹庐,笼盖四野。天苍苍,野茫茫,风吹草低见牛羊。"描绘了一幅壮美的草原风光画,表达出对家乡的无限深情。全歌苍劲、豪莽、雄浑奔放,抑扬而又畅达;汉译的杂言句式,传达出原作应有的节奏与神韵。《木兰诗》更是一首千古传唱的优秀叙事民歌,木兰代父从军的故事,正赖此诗得以广泛流传。全诗于完整叙事中融情入景、融景入情;叙述角度上与主人公的心理行为融为一体,突破了叙述人称的局限;语句虽有经过文人润饰的痕迹,如"万里赴戎机,关山度若飞。朔气传金柝,寒光照铁衣。将军百战死,壮士十年归"等,整体上却保存着基本的民歌风调。多种艺术手法的运用,使该诗产生"事奇语也奇"的效果。

汉魏六朝乐府民歌是中国诗歌宝库中独具风采的艺术精品。它上承《诗经》的传统,下开唐诗繁荣的先河,直接推动了李白、杜甫、白居易等大诗人的创作。

二、作品选讲

乐府诗集

乐府本是秦汉时设立的音乐机构,后来人们用以指乐府官署所采制的诗歌以及其他配乐歌唱的诗词曲。汉乐府大多是从民间采集而来的无主名的俗乐,世谓之"乐府民歌"。《汉书·艺文志》说:"有代、赵之讴,秦、楚之风,皆感于哀乐,缘事而发,亦可以观风俗,知薄厚云。"宋人郭茂倩所编《乐府诗集》一百卷,是收罗汉迄五代乐府最为完备的一部诗集。《乐府诗集》现存汉乐府民歌四十余首,多为东汉时期作品,这些诗用犀利的言辞表现爱恨情感,反映了当时的社会生活。

汉乐府由杂言渐趋向五言,"感于哀乐,缘事而发"是它们的表现原则。它们采用叙事写法,刻画人物细致入微,故事情节较为完整,将古代叙事诗推向成熟。《陌上桑》《孔雀东南飞》《十五从军征》等,都是汉乐府民歌的代表作。

十五从军征[1]

十五从军征,八十始得归。道逢乡里[2]人:"家中有阿[3]谁""遥看是君家,松柏冢累累[4]。"兔从狗窦[5]入,雉从梁上飞[6]。中庭生旅谷[7],井上生旅葵[8]。舂[9]谷持作饭,采葵持作羹[10]。羹[11]饭一时熟,不知贻[12]阿谁!出门东向[13]看,泪落沾我衣。

【注释】

[1]此诗最早见于《乐府诗集·横吹曲辞·梁鼓角横吹曲》,题为"紫骝马歌辞"。

[2]乡里:家乡。

[3]阿:语助词,衬音,无意义。

[4]冢:高坟。累累:连缀不绝的样子,这里指荒坟一个挨着一个。

[5]狗窦:狗出入的洞。

[6]雉:野鸡。梁:房梁。

[7]中庭:院中。旅谷:野生的谷子。旅:旅生,未经播种而生的。

[8]葵:蔬菜名,或云即冬葵、蜀葵等,其嫩叶可食。

[9]舂(chōng):用石臼捣米,去除糠皮。

[10]羹:煮熟带汁的蔬菜汤。

[11]一时:一会儿。

[12]贻:赠送。

[13]东向:即向东。

【讲解】

这首诗较为淋漓尽致地叙述了一个服役六十多年的老兵返乡途中与到家之后所见所闻,揭示了其家破人亡的悲剧和战争给人民带来的痛苦。

"十五从军征,八十始得归",开篇二句直言老兵十五岁从军,八十岁方回,看似平淡无奇,实却耐人寻味。他"十五从军征",奔赴何处,诗中未作说明;其军旅生活如何,战况怎样,诗中也均未交代。这就给读者留下诸多想象的空间。但有一点是明确的,那就是他"从军征",系出于战事,而且这一去就是数十年。"八十"与"十五"相对照,突出其"从军征"时间之久;"始得归"与"从军征"相呼应,则表明他其间一直未能回来。正因为十五从军,八十方回,其间数十年与家人失去联系,对家中情况一无所知,所以老兵才急切地想知道家中的情况。于是,老兵"道逢乡里人",便迫不及待地问道:"家中有阿谁?"而随之所写"乡里人"用手指着远处长满松柏的众多高坟说:"遥看是君家,松柏冢累累。"以哀景写哀情,运笔巧妙。关于老兵的家境,作者还是出之以景:兔子从狗洞进进出出,野鸡在梁上飞来飞去;庭院中长出了"旅谷",井台上也长出了"旅葵"。可见已是荒无人烟。随之继续写老兵的悲哀:他以"旅谷"煮饭,以"旅葵"做羹,饭做好后却无亲人共食。诗的最后两句勾画出老兵"出门东向看"与"泪落沾我衣"情景,进一步渲染了老兵的举目无亲、孤身一人之凄惨。

全诗精心塑造了一位"十五从军征,八十始得归"的老兵形象,他饱经风霜、无家可归,孤独悲苦。在笔法上,作者注意运用白描手法,以哀景写哀情,层次分明,语言质朴,情真意切,颇能体现汉乐府即景叙事抒情的创作特点。

【思考与练习】

一、选择题

1. 汉乐府在语言形式上的特点是( )。

   A. 四言为主,间以杂言　　　　　　　　B. 七言为主

   C. 五言为主　　　　　　　　　　　　　D. 五七言为主

2. 两汉乐府诗基本上是属于( )。

   A. 叙事型诗歌　　　　　　　　　　　　B. 抒情型诗歌

   C. 写物型诗歌　　　　　　　　　　　　D. 说理型诗歌

3. 下面的表述适合汉代乐府诗歌的有( )。

   A. 刻画人物细致入微,故事情节较为完整,将古代叙事诗推向成熟

   B. 是兴起于楚国的一种诗歌样式

   C. 继承《诗经》的写实方法

   D. 感于哀乐,缘事而发

   E. 以五言为主

二、翻译题

1. 遥看是君家,松柏冢累累。

2. 兔从狗窦入,雉从梁上飞。
3. 中庭生旅谷,井上生旅葵。

三、简答题

1. 什么是乐府?什么是汉乐府?
2. 这首诗的主题是什么?
3. 这首诗在艺术上有什么特征?
4. 谈谈你感受到的《十五从军征》的时代背景。

四、实践题

我国古代许多韵文都被后人称为"乐府",查阅资料,总结各个朝代的乐府分别指的是什么艺术形式。

古诗十九首

关于《古诗十九首》的作者和时代有多种说法。一说梁代萧统(501—531,梁武帝之子,谥昭明)因各篇风格相近,将其收入《文选》,题为《古诗十九首》,后世延用这一名称。《古诗十九首》内容大多写夫妇朋友间的离愁别绪和士子彷徨失意,抒情真挚深入,语言朴素自然,表现委婉曲折。今人综合考察《古诗十九首》所表现的情感倾向、所折射的社会生活情状以及它纯熟的艺术技巧,一般认为它并不是一时一人之作,它所产生的年代应当在东汉顺帝末到献帝前,即公元140—190年。

《古诗十九首》是乐府古诗文人化的显著标志,是我国文人五言诗成熟的标志,在中国诗史上也有相当重要的意义,它的题材内容和表现手法为后人师法,几至形成模式。它的艺术风格,也影响到后世诗歌的创作与批评。

迢迢牵牛星[1]

迢迢牵牛星[2],皎皎河汉女[3]。纤纤擢素手[4],札札弄机杼[5]。终日不成章[6],泣涕零如雨[7]。河汉清且浅,相去复几许?盈盈一水间[8],脉脉不得语[9]。

【注释】

[1]该诗选自《古诗十九首》。《古诗十九首》习惯上以句首为标题,依次为:《行行重行行》《青青河畔草》《青青陵上柏》《今日良宴会》《西北有高楼》《涉江采芙蓉》《明月皎夜光》《冉冉孤生竹》《庭中有奇树》《迢迢牵牛星》《回车驾言迈》《东城高且长》《驱车上东门》《去者日以疏》《生年不满百》《凛凛岁云暮》《孟冬寒气至》《客从远方来》《明月何皎皎》。

[2]迢(tiáo)迢:遥远的样子。

[3]皎皎:灿烂明亮。河汉女:指织女星。

[4]纤(xiān)纤:形容小巧或细长而柔美。擢(zhuó):引,抽,接近伸出的意思。

[5]札(zhá)札:织布机发出的声音。杼(zhù):织机上的梭子。

[6]章:这里指布匹。

[7]泣涕:哭泣,落泪。

[8]间(jiàn):间隔。

[9]脉(mò)脉:默默地用眼神或行动表达情谊。得:能够。

【讲解】

在中国关于牵牛和织女的民间故事起源很早。《诗·小雅·大东》已经写到了牵牛和织女,但还只是作为两颗星来写的。《古诗十九首》中的这首《迢迢牵牛星》写牵牛织女夫妇的离隔,它的时代在东汉后期,这说明在东汉末年到魏这段时间里,牵牛和织女的故事大概已经定型了。

此诗以第三者视角写天上牵牛和织女一对夫妇的离别之苦。开头两句分别从两处落笔,以"迢迢"写牵牛,很容易让人联想到远在他乡的游子;而以"皎皎"写织女,则很容易让人联想到女性的美。以下四句专就织女这一方面来写,说她虽然整天在织,却织不成匹,因为她心念牵牛悲伤不已。"纤纤擢素手"意谓擢纤纤之素手,为了和下句"札札弄机杼"对仗,而改变了句子的结构。诗人用一"弄"字,意在活现出织女虽然伸出素手,但无心于机织,只是抚弄着机杼,泣涕如雨的情态。最后四句是诗人的慨叹,那阻隔了牵牛和织女的银河既清且浅,牵牛与织女相去也并不远,虽只一水之隔却相视而不得对话。"盈盈"和"脉脉"应当都是形容织女仪态之美好。《文选》注:"盈盈,端丽貌。"最后一句"脉脉不得语"是说,河汉虽然清浅,但织女与牵牛只能脉脉相视而不得对话。

叠音词
迢迢、皎皎、纤纤、札札、盈盈、脉脉。
叠音词使诗质朴、清丽,情趣盎然。

【思考与练习】
一、选择题
1. "纤纤擢素手"后面的一句是( )。
 A. 盈盈一水间　　　B. 皎皎河汉女　　　C. 札札弄机杼　　　D. 脉脉不得语
2. 下列作品中,抒写爱情的有( )。
 A.《国殇》　　　B.《迢迢牵牛星》　　　C.《上邪》　　　D.《蒹葭》
3. 下面作品中,属于《古诗十九首》的是( )。
 A.《湘夫人》　　　B.《十五从军征》　　　C.《迢迢牵牛星》　　　D.《西北有高楼》
4. 下列作品中,叠字运用为其显著特色的有( )。
 A. 李清照《武陵春》　　B. 无名氏《迢迢牵牛星》　C.《诗经·蒹葭》　　D.《汉乐府·十五从军征》
5.《迢迢牵牛星》中,借外在举止情态来写相思之情的诗句是( )
 A. 河汉清且浅,相去复几许　　　　B. 迢迢牵牛星,皎皎河汉女
 C. 纤纤擢素手,札札弄机杼　　　　D. 盈盈一水间,脉脉不得语
6.《古诗十九首》是( )成熟的标志。
 A. 民间四言诗　　　B. 文人五言诗　　　C. 爱情诗　　　D. 抒情诗

二、简答题
1. 这首诗抒发了什么情感?
2. 这首诗在写作上有什么特征?

三、实践题
下列诗句是《古诗十九首》之一《行行重行行》,试将其改写成一篇抒情散文。

行行重行行,与君生别离。相去万余里,各在天一涯。道路阻且长,会面安可知。胡马依北风,越鸟巢南枝。相去日已远,衣带日已缓。浮云蔽白日,游子不顾返。思君令人老,岁月忽已晚。弃捐勿复道,努力加餐饭。

曹　操

曹操(155—220),字孟德,沛国谯郡(今安徽亳县)人。汉末杰出的政治家、军事家、文学家。年二十举孝廉,征拜为议郎。汉献帝初年,随袁绍讨董卓,后迎献帝迁都许昌,挟天子以令诸侯。由于采取了推行屯田、招揽人才等措施,他逐步消灭了北方各割据势力,统一了中国北

方。曹操生前封魏王,曹丕称帝后追尊他为武帝。

曹操诗今存二十余首,全是乐府诗。一部分描写汉末战乱和人民的苦难,一部分表现统一天下的雄心壮志。其诗开创了乐府诗写时事的传统,气韵沉雄、笔调古朴苍劲、感情深沉,是"建安风骨"的代表。南朝钟嵘《诗品》称"曹公古直,甚有悲凉之句"。其文亦清峻通脱。

短歌行[1](其一)

对酒当歌[2],人生几何?譬如朝露,去日苦多[3]。慨当以慷[4],忧思难忘。何以解忧?唯有杜康[5]。青青子衿,悠悠我心[6]。但为君故[7],沉吟至今[8]。呦呦鹿鸣,食野之苹[9]。我有嘉宾,鼓瑟吹笙[10]。明明如月,何时可掇?忧从中来,不可断绝[11]。越陌度阡,枉用相存[12]。契阔谈䜩[13],心念旧恩[14]。月明星稀,乌鹊南飞。绕树三匝,何枝可依[15]。山不厌高,水不厌深。周公吐哺,天下归心[16]。

【注释】

[1]《短歌行》是乐府《相和歌平调曲》名。曹操的《短歌行》共两首,这是第一首。

[2]当:对着。与前面的"对"意思相同。

[3]去日:逝去的日子。苦:苦于,用作动词。

[4]慨当以慷:慷慨。

[5]杜康:相传是古代最初造酒的人。这里指代酒。

[6]青青子衿,悠悠我心:用《诗经·郑风·子衿》中的成句表示作者对贤才的思慕。衿(jīn),"襟",青衿是古代学子的服装。悠悠,长,此处形容思慕之情连绵不断。

[7]但:只是。君:指所思慕的贤才。

[8]沉吟:沉思吟味。意为整日在心头回旋。

[9]呦呦鹿鸣,食野之苹:用《诗经·小雅·鹿鸣》中的成句(原意指大宴宾客的场面),表示作者渴望礼遇贤才的心情。呦呦,鹿鸣声。苹,艾蒿。

[10]鼓:弹奏。瑟、笙:两种乐器名。

[11]"明明"四句:大意为如同明月不会停止运行一样,自己内心的忧虑也是不能断绝的。掇:拾取。

[12]"越陌"二句:活用"越陌度阡,更为客主"的古谚,意思是说劳驾远道来探望。陌、阡,均为田间小路,南北向为"阡",东西向为"陌"。枉:屈驾,劳驾。用,以。存:问候。

[13]契阔:聚散。这里指久别重逢。

[14]旧恩:旧日情谊。

[15]"月明"四句:用乌鹊绕树盘旋,寻找栖身之处,比喻贤人无所依托,寻找归宿。匝(zā),周,圈。

[16]"山不厌高"四句:意为人才多多益善,自己要像周公那样礼贤下士,以得到天下人的衷心拥护。"周公"句:相传周公很重视人才,洗头时有士人来访,他就握发相见;吃饭时来访,他忙把嘴里嚼的食物吐出来去接待,以免怠慢了贤人。即《史记》所谓"一沐三握发,一饭三吐哺"。

【讲解】

建安十三年(208),五十四岁的曹操有感于时光流逝而统一大业尚未完成,渴求得到贤才的帮助以建功立业,因而写下了这首悲壮激越、情致深婉的《短歌行》。在诗中,作者反复抒写思贤爱才、求贤若渴的情怀。

诗的开篇即以深沉苍凉的笔调抒发了时光易逝、人生易老的深沉感慨。面对人生如朝露这一不可改变的事实,作者并未陷入低沉哀叹或及时行乐的情感之中,而是表现出积极进取的态度。在诗歌的中间部分,作者反复表达了自己求贤若渴的心情,用"青青子衿,悠悠我心"抒写对人才连绵不绝的思慕,用月光"何时可掇"比喻因求贤不得时时徘徊心头的忧思,用"我有嘉宾,鼓瑟吹笙"寄寓礼遇人才的渴望,用"越陌度阡,枉用相存"

表达对人才归附的殷切期盼。诗歌最后一部分,作者首先用巧妙的比喻写出社会动荡、人才托身无所的现实,提出人才应投身何处的设问。最后,借用典故做出了充满气势的答复:自己要像周公"一沐三握发,一饭三吐哺"那样礼贤下士,广罗天下英才,共同建功立业。

在写作上,这首诗具有鲜明的特色。首先,感情充沛,一唱三叹,荡气回肠。作者自始至终围绕着思贤爱才这一主旨反复咏叹,尤其在第二部分,从不同的角度咏唱了对贤才由来已久的思念、想象贤才到来定会受到热烈欢迎、现实中求贤不得的苦闷以及幻想旧友贤才远道前来归附的情景等,充分展现了曹操这位政治家、军事家复杂而又不平静的内心世界。其次,巧妙运用一系列新鲜、生动的比喻,增强了抒情的形象性。诗的开头就把时光易逝、人生短暂比作早晨的露水,浅显易懂而生动形象。接着,用"明明如月,何时可掇"来比喻贤才的难得,这正像月光难以用手拾取一样。在"我有嘉宾,鼓瑟吹笙"和"契阔谈宴,心念旧恩"中,诗人又用热情地宴请宾客来表达自己由衷地礼贤下士,道出了对贤才归附的无比喜悦之情。在最后两节中更是连用比喻,殷切希望贤才多多益善,来到自己的身边,协助自己完成统一天下的大业。再次,诗中典故、成句的援引化用也极具特色。如两次化用《诗经》中的成句,又赋予了全新的内涵。"全用'三百篇'而毕竟一毫不似",却与作者渴慕人才的心情融合无间,浑然一体。

总之,这首诗直承《诗经》,运用四字句,慷慨陈词,气魄雄健,感情深沉,笔法苍劲而又质朴浑成;用朴素的语言传达了深沉的思绪,展现了曹操卓越的政治眼光和逼人豪气,成为汉魏四言诗的典范之作。

【思考与练习】

一、选择题

1. 汉末文人中,(　　)的诗都是乐府诗,善用乐府旧题写时事,反映当时的社会现实,情感深沉,气韵沉雄,情调苍凉悲壮。

　　A. 蔡邕　　　　　　　B. 曹操　　　　　　　C. 曹植　　　　　　　D. 王粲

2. "山不厌高,水不厌深。周公吐哺,天下归心。"这是(　　)诗作中的句子。

　　A. 李白《庐山谣寄卢侍御虚舟》　　　　　　B. 杜甫《登楼》

　　C. 陶渊明《饮酒》　　　　　　　　　　　　D. 曹操《短歌行》

3. 鲁迅在《魏晋风度及文章与药及酒之关系》一文中称(　　)为"改造文章的祖师"。

　　A. 曹操　　　　　　　B. 诸葛亮　　　　　　C. 嵇康　　　　　　　D. 司马迁

4. 本诗的主旨是(　　)。

　　A. 有感于生命短促,忧从中来　　　　　　　B. 感于年华虚度,饮酒为乐

　　C. 哀叹朋友离散,孤苦无依　　　　　　　　D. 渴望得到贤才辅助,早日建功立业

5. "青青子衿,悠悠我心。但为君故,沉吟至今。"这几句诗的准确翻译是(　　)。

　　A. 那穿着青衿的学子哟,你们令我朝夕思慕。正是因为你们的缘故,我一直低唱着《子衿》歌

　　B. 那美丽的青衿哟,长久地缠绕在我的心头,只是为了你的缘故,让我至今沉吟

　　C. 那些学子贤才们啊,你们令我朝夕思慕,就是为了你的缘故,让我一直沉吟

　　D. 那位穿着青衿的学子哟,你令我朝夕思慕。正是因为你的病故,让我痛苦至今

6. 下列诗句借用典故的有(　　)。

　　A. 青青子衿,悠悠我心　　　　　　　　　　B. 呦呦鹿鸣,食野之苹

　　C. 我有嘉宾,鼓瑟吹笙　　　　　　　　　　D. 月明星稀,乌鹊南飞

　　E. 周公吐哺,天下归心

二、翻译题

1. 譬如朝露,去日苦多。

2. 何以解忧,唯有杜康。

3. 明明如月,何时可掇?

4. 周公吐哺,天下归心。

三、简答题
1. 诗人在这首诗中抒发了怎样的情怀？
2. 分析说明本诗中所用典故的含义。

四、解析题
阅读下面诗句，回答问题：

对酒当歌，人生几何？譬如朝露，去日苦多。慨当以慷，忧思难忘。何以解忧？唯有杜康。

1. 这里采用了哪几种修辞手法？
2. 这几句诗里的作者的主要感慨是什么？
3. 对于作者的感慨你有什么看法？

五、实践题
曹操的《短歌行》写于公元208年，查阅资料关注一下这一年在曹操的身边发生了什么？这一年在中原大地上还发生了什么？这一年在地球的其他地方还发生着什么？

陶渊明

陶渊明（365—427），一名潜，字元亮。自号五柳先生，私谥靖节先生。浔阳柴桑（今江西九江）人。东晋名臣陶侃之曾孙，后来家道中落。陶渊明二十九岁以前在家乡耕读；二十九岁至四十一岁几次出仕又数次返乡，先后做过江州祭酒、镇军参军、彭泽县令等小官。终因"性刚才拙，与世多忤"，不适应官场而归隐田园。此后二十余年躬耕不辍，安贫乐道，直到病逝。陶渊明是我国田园诗的开拓者，他的田园诗内容丰富，情感真挚淳厚，语言质朴自然，风格平淡冲和，对后世诗歌影响深远。

作者以饮酒为题，写《饮酒》二十首。其真意不在酒，写醉酒，未必真醉，而是借酒抒情咏志。组诗的内容是多方面的，主要是表达了自己固穷守节、不与世俗沉浮和归耕田园的决心，我们通过他对大自然和闲适生活的赞美，不难窥见他绝非超然物外。诗中对社会的黑暗和官场的污浊进行了含蓄的讽刺和抨击，这正是促使他归隐田园的原因。

饮酒[1]（其五）

结庐在人境[2]，而无车马喧。问君何能尔[3]？心远地自偏[4]。采菊东篱下，悠然见南山[5]。山气日夕佳[6]，飞鸟相与还[7]。此中有真意[8]，欲辩已忘言[9]。

【注释】

[1]陶渊明《饮酒》诗共有二十首，都是归隐田园酒后所作，大约是借酒抒怀、寄托感慨之作。这里选择的是其中第五首。

[2]结庐：建造房屋。人境：人世间。

[3]君：作者自指。何能尔：为何能够这样。

[4]"心远"句：意思是说只要心理上远离尘世，自然也就能感觉到居处的偏僻宁静了。

[5]悠然：闲静自得的样子。南山：指庐山。

[6]山气：山中的薄雾。日夕：傍晚，黄昏。

[7]相与还：结伴而归。

[8]此中：既指山中景象，也指诗人的隐居生活。真意：人生的真正意义。

[9]忘言：难以用语言来表达。此句借用《庄子·齐物论》中"大辩不言"与《庄子·外物》"言者所以在意

也,得意而忘言"的语意。

【讲解】
　　本诗是陶渊明田园诗的传世名篇。全诗通过对自然景物的描摹,抒发了诗人厌弃官场、陶醉田园的安贫乐道情怀。
　　诗分为三层。首四句写"心远地自偏"的体会,表明自己之所以能做到身处人世却忘怀世俗、摒弃功名,主要是精神超脱现实、内心保持虚静闲适的缘故。"车马喧"三字形象地刻画出官场上迎来送往、投机钻营的俗态。中间四句写景,是"心远"的具体化和形象化。采菊东篱,是关于田园生活的诗意描写,同时也显示出诗人遗世独立、傲然不屈的人格。东篱采菊,偶然抬头,南山的美丽景色映入眼帘,与陶渊明的心境相合,千年一瞬的机缘,南山成了陶渊明境界在自然界的物化。作者妙用一"见"字,体现了一种理想的巧合,若用"望"则是一种有着主观意识的动作,而"见"则是诗人在无意中和景物的相会。诗中的"飞鸟"也不尽是一种"景",而更大程度上是一种"情":飞鸟投林,以动衬静,让人厌倦世俗,向往田园。夕阳映照山林,鸟儿结伴回巢,自然的美景衬托出诗人高洁的人生境界。末尾两句收结全篇,人生真谛尽在不言中,留给读者去品味。
　　本诗形象鲜明,意境深远。"采菊"四句情景兼容,水乳难分,自然景物与人生感悟浑然一体。而前两句尤为人们所激赏,苏轼评为"境与意会",王国维评为"无我之境"。
　　陶渊明的诗质朴自然,田园被他用诗的构造手法高度纯化、美化,寄托了陶的人生理想。看似平淡的陶渊明诗,并不是随口而道,而是经过高度精练,显示了明确的单纯,蕴含着清明淡远的意境。
　　六朝追求华美,推崇华丽的文风,陶渊明的风格在当时并不为人接受,他只被看作一个品行高洁的隐士。但唐朝王维、孟浩然等人的诗风明显受陶诗的影响。至宋,陶渊明的地位大大提高,苏轼评陶:"其诗质而实绮,癯而实腴,自曹、刘、鲍、谢李、杜诸人皆莫及也。"随着时间的推移,陶渊明的诗愈显示出其不平凡的地位。

【思考与练习】
一、选择题
1. 魏晋南北朝时期私谥为"靖节先生"的大诗人是(　　)。
　A. 谢灵运　　　　B. 陶渊明　　　　C. 阮籍　　　　D. 曹操
2. 陶渊明是(　　)人。
　A. 浔阳柴桑　　　B. 四川眉山　　　C. 山东济南　　D. 安徽亳州
3. 陶渊明"采菊东篱下,悠然见南山"二句出自(　　)。
　A.《归去来兮辞》　B.《归园田居》　C.《饮酒》　　　D.《读山海经》
4. 在我国文学史上,第一个大量创作山水田园诗的诗人是(　　)。
　A. 王维　　　　　B. 谢灵运　　　　C. 陶渊明　　　D. 孟浩然

二、翻译题
1. 问君何能尔? 心远地自偏。
2. 山气日夕佳,飞鸟相与还。

三、简答题
1. 本诗反映了作者什么样的思想情趣?
2. 谈谈"采菊东篱下,悠然见南山"为什么会成为千古名句。
3. 分析一下陶渊明所说的"真意"的具体内容。
4. 陶渊明为什么在最后说"欲辩已忘言"?

四、解析题
阅读《饮酒》(其五),回答问题:
结庐在人境,而无车马喧。问君何能尔? 心远地自偏。采菊东篱下,悠然见南山。山气日夕佳,飞鸟相与还。此中有真意,欲辩已忘言。

1. "结庐在人境,而无车马喧"说明了什么?
2. "此中有真意"的"此"指什么?"真意"指什么?
3. 谈谈你对"心远地自偏"的看法。

五、实践题

查阅陶渊明生活的时代背景,讨论以下主题:
1. 假如你是陶渊明。
2. 假如陶渊明继续做官。

三、拓展阅读

作品阅读

汉乐府民歌·上邪

上邪,我欲与君相知,长命无绝衰。山无陵,江水为竭。冬雷震震,夏雨雪。天地合,乃敢与君绝。

【点评】

这是忠贞爱情的自誓之词。女主人公自"山无陵"开始连用五件不可能的事情来表明自己生死不渝的爱情。气势豪放,感人肺腑,被誉为"短章中神品"。

汉乐府民歌·战城南

战城南,死郭北,野死不葬乌可食。为我谓乌:且为客豪!野死谅不葬,腐肉安能去子。水声激激,蒲苇冥冥;枭骑战斗死,驽马徘徊鸣。梁筑室,何以南?何以北?禾黍不获君何食?愿为忠臣安可得?思子良臣,良臣诚可思:朝行出攻,暮不夜归!

【点评】

这是一首为阵亡唱的民歌。已阵亡的战士请求乌鸦在啄食他们的躯体前先为他们悲号几声。展示了战士的悲情,战争的残酷,战争中平民的灾难。浓重的悲剧气氛萦绕着全诗。

古诗十九首·行行重行行

行行重行行,与君生别离。相去万余里,各在天一涯。道路阻且长,会面安可知?胡马依北风,越鸟巢南枝。相去日已远,衣带日已缓。浮云蔽白日,游子不顾反。思君令人老,岁月忽已晚。弃捐勿复道,努力加餐饭。

【点评】

这是一首乱世的离别歌,元陈绎曾《诗谱》称其:"情真、景真、事真、意真。"写相思别离之情或显,或寓,或直,或曲,或托物比兴,反复曲折,并以宽慰作结,令人伤感,又不迫不露。

步出夏门行·观沧海
[东汉]曹 操

东临碣石,以观沧海。水何澹澹,山岛竦峙。树木丛生,百草丰茂。秋风萧瑟,洪波涌起。日月之行,若出其中;星汉灿烂,若出其里。幸甚至哉,歌以咏志。

【点评】

《步出夏门行》是曹操用乐府旧题创作的组诗,作于建安十二年(207)作者北征乌桓胜利时。这组诗共分五部分,开头是序曲"艳",下面是《观沧海》《冬十月》《土不同》《龟虽寿》四章。全诗描写河朔一带的风土景物,抒发个人的雄心壮志,作品意境开阔,气势雄浑。

燕歌行(其一)
[三国]曹 丕

秋风萧瑟天气凉,草木摇落露为霜。群燕辞归鹄南翔,念君客游思断肠。慊慊思归恋故乡。君何淹留寄他方?贱妾茕茕守空房。忧来思君不敢忘,不觉泪下沾衣裳。援琴鸣弦发清商,短歌微吟不能长。明月皎皎照我床,星汉西流夜未央。牵牛织女遥相望,尔独何辜限河梁。

【点评】

乐府诗中有地名,表示乐曲的地方特色。燕是当时北方边地(今河北北部),征戍不绝,《燕歌行》多写离别。此诗写女子思念客游他乡的丈夫,委婉细致。曹丕的《燕歌行》是现存文人作品中较早的完整的七言诗。

野田黄雀行
[东汉、三国]曹 植

高树多悲风,海水扬其波。利剑不在掌,结友何须多?不见篱间雀,见鹞自投罗?罗家得雀喜,少年见雀悲。拔剑捎罗网,黄雀得飞飞。飞飞摩苍天,来下谢少年。

【点评】

史载,建安二十四年(219),曹操借故杀了曹植的亲信杨修,次年曹丕继位,又杀了曹植的知友丁氏兄弟。曹植在诗中塑造了一位"拔剑捎罗网"拯救黄雀的少年侠士,借以表达自己的心曲。

饮酒·清晨闻叩门
[东晋、南朝]陶渊明

清晨闻叩门,倒裳往自开。问子为谁欤,田父有好怀。壶浆远见候,疑我与时乖:"褴缕茅檐下,未足为高栖。一世皆尚同,愿君汩其泥。""深感父老言,禀气寡所谐。纡辔诚可学,违己讵非迷!且共欢此饮,吾驾不可回。"

【点评】

这是陶渊明的《饮酒》其九。诗人以假设性问答来表示坚持隐居避世、拒绝仕宦的决心。

登池上楼

[东晋、南朝] 谢灵运

潜虬媚幽姿，飞鸿响远音。薄霄愧云浮，栖川怍渊沉。进德智所拙，退耕力不任。徇禄反穷海，卧疴对空林。衾枕昧节候，褰开暂窥临。倾耳聆波澜，举目眺岖嵚。初景革绪风，新阳改故阴。池塘生春草，园柳变鸣禽。祁祁伤豳歌，萋萋感楚吟。索居易永久，离群难处心。持操岂独古，无闷征在今。

【点评】

诗人久病初愈登楼临眺时的所见所感，描写了自然景物的可爱，抒发了自己官场失意的颓丧心情和进退失据的无奈情绪，最终表示了归隐的愿望。

文化常识

古人的帽子

上古"冒"（古"帽"字）无"帽子"的意思，是盛尸体的袋子。"唯绞、紟、衾、冒，死而后制。"（《礼记·王制》）

"帽"字疑在东汉产生。《汉书·隽不疑传》"冒：古'帽'字。"《后汉书·耿弇传》"走出门，脱帽。"《乐府诗集·陌上桑》"少年见罗敷，脱帽著帩头。"古称帽子"头衣""元服"。真正常用的是"冠"。

清以前汉族男子留全发，为束发，贵族加冠，平民用帩头（布巾，又称帕头、绡头）或幞头。帩头上可以再戴帽。

冠由一个冠圈，上面一根冠梁，把用缁（shī）把头发固定住，缁一整幅黑帛，二尺二寸宽，六尺长，把头发包住。再用笄（汉代起叫簪）横插过冠和头发。冠圈上可以有缨（丝绳），在下巴上打结。冠也可起装饰作用。后世帝王之冠称"冕"。

不带冠的四种男子：小孩、罪犯、异族人、平民。小孩额前垂发，称"髦"；罪犯有髡刑，即剃发；异族人有披发；平民戴头巾。

"男子二十，冠而字。当冠不冠为非礼。"（《礼记·曲礼》）子路（就是仲由）为卫大夫孔悝的家宰。孔悝作乱，子路不从，"石乞、孟厌敌子路，以戈击之。断缨。子路曰：'君子死，冠不免。'结缨而死。"（《左传·哀公十五年》）结缨，系好帽带。后用"结缨而死"以表示从容就死。

"景公正昼被发乘六马，御妇人出正闱，刖跪击其马而反之，曰：'尔非吾君也。'公惭而不朝。"（《晏子春秋·内篇杂上》）

唐代以前女子不戴冠，十五岁将头发盘至头顶，用縰（shǐ）包住，插笄（汉代起叫簪）固定，表示成人。女子到了结婚年龄就叫"及笄"。

女子头发以长、黑、亮为美。若头发稀少枯黄就要用假发，称作"髢（dì）"。

"玼（cǐ）兮玼兮，其之翟（dí）也。鬒发如云，不屑髢也……"（《国风·鄘风·君子偕老》）

"初，公自城上，见己氏之妻发美，使髡之，以为吕姜髢……"（《左传·哀公十七年》）

女子带一种遮盖头部之巾"幂篱"，通常以黑色纱罗做成。将一块布缝成筒状上面以一块圆布盖顶，戴时上面覆盖头顶，下面垂于背部，在脸部开一椭圆形的孔，只露出面部。

唐代永徽年间妇女戴起了"帷帽"，式样为一种高顶宽檐笠帽，在帽檐一周带上薄而透的面纱。

第四讲
秦汉魏晋南北朝散文

一、文学史讲述

继先秦之后，汉代散文创作再度出现辉煌局面，成为后人模范的经典，故而有"文必秦汉"之誉。其间，介于诗文之间的赋体文学大兴。至魏晋以后，进一步走向骈俪化，产生了大量骈文与辞赋，这种崇尚华丽的风气一直延续到唐代中期。同时上层人士形成许多文学群体，如建安时期曹操父子、竹林七贤，西晋陆机等二十四友，梁昭明太子及其周围文人。

（一）秦汉政论文与史传文

秦始皇以武力统一六国后，对文化亦实行专制政策，焚书坑儒，致使"秦之文章，李斯一人而已"（鲁迅《汉文学史纲要》）。李斯的代表作《谏逐客书》是短命的秦朝建立前后屈指可数的优秀散文。随后的两汉文学则精彩迭呈，风光无限。

汉代散文主要有政论散文和史传散文两类。

汉初文人承战国策士之风，又值立国伊始，汉高祖令臣下论说得失之因，汉武帝宴见臣子不忘"谈说得失"，于是，为统治者出谋划策、陈说利弊的政论散文大兴其道。代表作家是贾谊和晁错。贾谊的代表作是《过秦论》。全文分上、中、下三篇，见解精辟，雄辩有力，感情雄浑，语言壮美，文采辉耀。其另外两篇重要作品是《陈政事疏》和《论积贮疏》。贾谊散文明显带有先秦散文铺陈辞藻、夸张扬厉的积习。其后的另一大家晁错的《论贵粟疏》《守边劝农疏》则完全是质朴浑厚、简明实用的汉文本色了。西汉后期至东汉，散文向骈偶化发展，能够保存汉初朴实文风的作家有桓宽、王充、王符和仲长统。桓宽《盐铁论》六十篇全用对话体，虽无一字描写，但论辩双方神态、感情宛然在目，是汉代政论文中独具一格的奇葩。王充的《论衡》、王符的《潜夫论》、仲长统的《昌言》都是东汉著名政论散文。

司马迁的《史记》不仅是历史巨著，也是我国最伟大的文学巨著之一。作者的写作角度与先秦史书的君本位不同，他本着"不虚美，不隐恶"的实录精神，从人本位去写历史，竭力体现人在历史中的地位和作用。对一些受迫害者及社会下层人物寄予深刻的同情，对品质高尚、成就卓著者予以较高评价，对不合理的社会现象和统治者争权夺利的丑恶面貌进行了暴露。在艺术上，作者以饱满的情感、丰富的历史知识，刻画了一大批出身不同、性格各异的人物形象。如《项羽本纪》中的西楚霸王项羽，《李将军列传》中的飞将军李广，《廉颇蔺相如列传》中的爱国政治家蔺相如,《商君列传》中富于智力和胆识的商鞅等,个个栩栩如生。因此,《史记》成就极高,足称史学与文学经典,鲁迅称之为"史家之绝唱,无韵之《离骚》",对后世影响很大。中唐的古文运动,明朝前七子、后七子的文学复古运动中,《史记》都是"古文"的典范。中国传统小说以"传"为名,以人物传记形式展开,以人物生平为经络,以时间顺序展开情节都是源自《史记》。《史记》中历史纪录情节曲折,人物性格鲜明,成为后世戏剧取材的源地,举世瞩目的《赵氏孤儿》《霸王别姬》情节都来源于《史记》。

在史学上《史记》是中国正史"二十四史"之首,此后,中国由政府推动的正史修撰一直延续到最后一个王朝清朝。

直接延续了《史记》的一部正史是班固的《汉书》。《汉书》是我国第一部断代史,体制虽基本沿袭《史记》,但因是奉旨修书,故有明显的正统色彩。艺术上,记事详尽,文辞谨严华茂。

(二)汉赋

汉赋是汉代文学的代表形式。两汉时期,疆土统一,国势强大,封建经济和文化得到了较为充分的发展。特别是西汉大一统帝国的君臣追求物质和精神的享乐,要用文学来歌舞升平,于是,一种烙上鲜明富贵气象的文学样式——"赋"便应运而生。汉赋是介于诗文之间的、以夸张铺陈为特征、以状物为主要功能的特殊文体。汉赋的兴盛是汉代文学受到重视的一种体现。"赋"在战国只是一种文学的表现方法,荀子最早把它作为一种文章体裁来写。汉初的新赋体是继承战国纵横家侈谈形势、描述风物和楚辞尽情铺陈、设人问答以及荀子赋诗文混合形式等优点而创造的文学体裁。贾谊是汉初杰出的骚体赋作家,其《吊屈原赋》《鹏鸟赋》表现了自己因怀才不遇而抑郁的情感。枚乘的《七发》奠定了汉代大赋的形式格局。汉赋的全盛时期是汉武帝时,司马相如创作了铺张扬厉的《子虚赋》《上林赋》,与后来创作《羽猎赋》《甘泉赋》《长杨赋》的扬雄、创作《两都赋》的班固以及创作《二京赋》的张衡,并称"汉赋四大家"。他们的赋多以歌功颂德为主旨,极力铺写威震四邦的国势,新兴都邑的繁华,水陆物产的丰饶,宫廷田囿的富丽,文治武功的成就,以及田猎、歌舞场面的壮观等。不仅反映了汉朝大一统帝国的国势国威,而且以其"苞括宇宙,总览人物"的胸怀、力量和气魄,表现了人对物质世界、自然世界的征服和占有。在艺术上,铺陈夸张,想象丰富,辞藻华美,描写细致,散韵结合。但也存在不同程度的堆砌、重复、板滞之病。

东汉中期以后,社会动乱不安,抒写个人情怀、抨击黑暗现实的小赋开始逐步占据汉代赋坛。如张衡的《归田赋》、赵壹的《刺世疾邪赋》、蔡邕的《述行赋》、王粲的《登楼赋》等,它们篇幅短小,风格清丽,语言平易,感情真实。在当时虽未得到较大发展,但为魏晋时抒情赋的繁荣做了准备,对后世的田园、归隐诗文很有影响。

(三)魏晋南北朝文

魏晋南北朝时期,文学日益摆脱经学的影响而获得独立的发展,"文""笔"之分(韵文、非韵文的区分)日益明显,许多文人专力于文学创作,开始进入文学的自觉时代。散文、辞赋、骈文等各种体裁之"文"都取得了显著的成就。

魏晋时期,辞赋经历了一个发展演变过程。首先表现为由两汉时期以铺写京都、宫殿、苑囿、田猎为主的"体物"大赋,逐渐变为抒情小赋,并且朝骈化发展。其次作品内容也发生了变化:题材进一步扩大,抒情、说理、叙事、登临、伤别等,无一不可入赋;加强了反映社会生活的功能;强化了抒情色彩。代表作品有曹植的《洛神赋》、潘岳的《西征赋》、陆机的《文赋》、郭璞的

《江赋》、孙绰的《游天台山赋》、陶渊明的《归去来兮辞》《闲情赋》《感士不遇赋》等。

陶渊明是晋代重要的散文家,文章自然淡泊而内涵丰富,用山水田园、人情物态的描写,代替了魏晋间的玄学佛理的空谈。他的辞赋《归去来兮辞》最为著名。《归去来兮辞》作于陶渊明在彭泽令任上决心辞官归隐之际。作品描写了退隐田园时的愉快心情和隐居生活的乐趣,说明归隐的原因是"世与我而相违"。"舟遥遥以轻飏,风飘飘而吹衣",想象归途中的自由无羁、轻松愉悦,令人心旷神怡,表现了他对官场生活的厌弃。赋以清新流利的语言描写了清幽恬淡的生活,抒情色彩浓厚,富有诗意,同时又充满了哲理的内涵。"云无心以出岫,鸟倦飞而知还""木欣欣以向荣,泉涓涓而始流"等写景之笔,非常形象地体现了自然界自生自化、充足自由的灵韵。在艺术上已是炉火纯青,难怪欧阳修赞之曰:"晋无文章,惟陶渊明《归去来兮辞》而已。"

南北朝是骈文盛行的时代,当时无论是记叙、抒情还是议论的文章,几乎都用骈文写作。这种文体讲究文采、对偶、用典、声律、平仄,因其多用四六句,故又称为"四六文"。当时重要的骈文作家和作品有鲍照的《登大雷岸与妹书》《芜城赋》、谢庄的《月赋》、江淹的《恨赋》《别赋》、庾信的《哀江南赋》等。

南朝梁代昭明太子萧统选编了迄今为止中国最早的诗文选集《文选》(又名《昭明文选》),收录了从先秦到梁代八九百年间一百三十位作者的五百一十四篇各种体裁的文学作品,文学作品和学术作品分开列选。这也是自南朝梁以后在中国历史上影响最为深远的诗文选集,是中国文学发展史上重要的一笔。

南北朝散文创作不甚发达,但史传、地理等学术著作中出现了部分优秀作品。有较高文学价值的有范晔的《后汉书》、杨衒之的《洛阳伽蓝记》、郦道元的《水经注》。

二、作品选讲

李 斯

李斯(?—前208),战国时楚国上蔡(今河南上蔡县西南)人。秦代著名政治家。初为小郡吏,后与韩非一起跟荀况学"帝王之术"。学成西游入秦,得到秦王器重,拜为客卿。秦统一六国后,官至丞相。秦二世时,李斯为权臣赵高诬陷,被腰斩于咸阳,夷灭三族。李斯在秦王统一中国的事业中,发挥过重大作用。统一后,他又积极主张废除分封制、设立郡县,统一文字和度量衡,改革典章制度,对社会进行了一系列的变革,为巩固新兴的中央集权制做出了很多贡献。而他的收诗书、愚百姓、严刑苛法、残酷剥削等主张,也对秦王朝带来了极不利的影响。

李斯的文章,说理透辟,论事周详,富有文采。其代表作《谏逐客书》是写给秦王嬴政的一篇奏章。

谏逐客书[1]

臣闻吏议逐客,窃以为过矣[2]。

昔缪公[3]求士,西取由余于戎[4],东得百里奚于宛[5],迎蹇叔于宋[6],来丕豹、公孙支于晋[7]。此五子者,不产于秦,而缪公用之,并国二十,遂霸西戎[8]。孝公用商鞅之法[9],移风易俗,民以殷盛,国以富强,百姓乐用[10],诸侯亲服,获楚、魏之师,举地千里,至今治强[11]。惠王用张仪之计[12],拔三川之地[13],西并巴、蜀[14],北收上郡[15],南取汉中[16],包九夷,制鄢、鄢[17]，东据成皋[18]之险，割膏腴之壤，遂散六国之从[19]，使之西面事秦，功施[20]到今。昭王得范雎[21]，废穰侯，逐华阳[22]，强公室，杜私门[23]，蚕食诸侯，使秦成帝业。此四君者，皆以客之功。由此观之，客何负于秦哉！向使四君却客而不内[24]，疏士而不用，是使国无富利之实而秦无强大之名也。

今陛下致昆山之玉[25]，有随、和之宝[26]，垂明月之珠[27]，服太阿之剑[28]，乘纤离[29]之马，建翠凤之旗[30]，树灵鼍之鼓[31]。此数宝者，秦不生一焉，而陛下说之，何也？必秦国之所生然后可，则是夜光之璧[32]不饰朝廷，犀象之器不为玩好[33]，郑、卫之女[34]不充后宫，而骏良駃騠不实外厩[35]，江南金锡不为用，西蜀丹青[36]不为采。所以饰后宫、充下陈[37]、娱心意、说耳目者，必出于秦然后可，则是宛珠之簪、傅玑之珥、阿缟之衣、锦绣之饰不进于前，而随俗雅化佳冶窈窕赵女不立于侧也[39]。夫击瓮叩缶[40]，弹筝搏髀[41]，而歌呼呜呜快[42]耳者，真秦之声也。《郑》《卫》《桑间》《韶虞》《武象》者[43]，异国之乐也。今弃击瓮叩缶而就《郑》《卫》，退弹筝而取《韶虞》，若是者何也？快意当前，适观[44]而已矣。今取人则不然。不问可否，不论曲直[45]，非秦者去，为客者逐。然则是所重者在乎[46]色乐珠玉，而所轻者在乎人民也。此非所以跨海内制诸侯之术也。

臣闻地广者粟多，国大者人众，兵强则士勇。是以太山不让土壤，故能成其大；河海不择细流，故能就其深；王者不却众庶，故能明其德。是以地无四方，民无异国，四时充美，鬼神降福，此五帝、三王之所以无敌也[47]。今乃弃黔首[48]以资敌国，却宾客以业诸侯[49]，使天下之士退而不敢西向，裹足[50]不入秦，此所谓"藉寇兵而赍盗粮"者也[51]。

夫物不产于秦，可宝者多；士不产于秦，而愿忠者众。今逐客以资敌国，损民以益雠[52]，内自虚而外树怨于诸侯，求国无危，不可得也。

【注释】

[1]本篇选自《史记·李斯列传》，写于秦王政十年（前237）。谏：规劝君王或尊长采纳意见或改正错误的用语。客：客卿，指客籍官员。书：上书，是古代臣子向君主陈述意见的一种文体。

[2]窃：私下，自谦之辞。过：错误。

[3]缪(mù)公：秦穆公（前659—前621在位），名任好，春秋五霸之一。缪，通"穆"。

[4]由余：春秋时晋国人，流亡于戎。后奉戎王之命出使秦国。秦穆公设计收他为谋臣，遂灭十二戎国，扩疆千里，称霸西戎。戎：古代对西部少数民族的统称。

[5]百里奚：楚国宛（今河南南阳）人，曾任虞国大夫。晋灭虞后，称为晋国的俘虏，又作晋献公女儿的陪嫁奴仆入秦，后逃回楚国宛地。穆公听说他贤能，设计用五张黑公羊皮赎回，任用为相。后与由余佐穆公成霸业。

[6]蹇(jiǎn)叔：岐（今陕西境内）人，客居于宋，是百里奚的好友。经百里奚推荐，穆公用厚礼接到秦国，聘为上大夫。

[7]丕豹：晋大夫丕郑之子。因其父被杀而逃到秦国，穆公任为大将，助秦攻晋。连下八城，生获晋君。公孙支：字子桑，岐人，居于晋，穆公收为谋臣，任大夫。

[8]并国二十，遂霸西戎：《秦本纪》记载，秦缪公"益国十二，开地千里，遂霸西戎"。这里的"二十"当是约数。

[9]孝公：秦孝公（前361—前338），任用商鞅为相，实行变法，使秦强盛。商鞅：战国时卫国人，姓公孙，名鞅，又称卫鞅。因封地在商，故名商鞅。任秦相十年，先后两次变法，改革制度，发展经济，奠定了秦统一六国的基础。

[10]乐用：乐于被遣用，指乐于为国效力。

[11]获：俘获，战胜的意思。获楚、魏之师：秦孝公二十二年（前340），商鞅大破魏军，俘房魏公子卬，魏割

河西之地(今陕西澄城以东一带)予秦。同年又南侵战胜楚国。举地:攻取土地。治强:安定强盛。

[12]惠王:秦惠王,也称惠文王(前337—前311在位),孝公之子,名驷。张仪:魏国人,惠文王时为秦相,用连横的外交策略破坏六国合纵,以便秦国各个击破。

[13]拔三川之地:三川之地本属韩国,在今河南黄河以南、灵宝以东一带。拔,攻取。三川,指黄河、伊水、洛水。据《史记·张仪传》记载,秦取三川是张仪死后的事情。文中后面几件事情也不是张仪个人之功。这里泛指秦惠王由于采用了张仪之策而后连续取得了一系列的战绩。

[14]巴、蜀:当时的两个小国。巴,在今四川东部巴县一带。蜀,在今四川西部成都一带。秦惠文王在更元九年(前316),派司马错伐蜀。秦并吞巴蜀,后设置了巴郡、蜀郡。

[15]上郡:魏地,包括今陕西北部和宁夏、内蒙古的部分地方。惠文王十年(前328),派公子华和张仪攻魏,魏国屡败,割上郡十五县求和。

[16]汉中:楚地,在今陕西西南部。公元前312年,秦大破楚军于丹阳,斩首八万,接着攻占楚汉中六百里地,设置汉中郡。

[17]九夷:泛指当时楚国境内的少数民族。鄢(yān):楚地名,在今湖北宜城东南。郢(yǐng):当时楚国的国都,旧址在今湖北江陵北之纪南城。包:吞并。

[18]成皋:又名虎牢,今河南荥阳汜水镇,为古代军事要地。

[19]散六国之从:解散、瓦解了韩、魏、燕、赵、齐、楚六国的联合阵营。从,通"纵",即合纵,指南北六国联合抗秦。

[20]施(yì):延续。

[21]昭王:秦昭襄王(前307—前251在位),名则,又名稷,惠文王子,武王异母弟。范雎(jū):魏国人,后入秦任为相,封应侯,他提出远交近攻的策略,使秦得以逐步征服邻国,扩大疆土。

[22]穰(ráng)侯:魏冉,秦昭王母宣太后的异父弟,封于穰(今河南邓州市),故称穰侯,为秦相,擅权三十余年。华阳:宣太后的同父弟芈(mǐ)戎,封于华阳,故称华阳君,也因宣太后的关系,同穰侯一起在朝专权。昭王听从范雎的劝告,将穰侯、华阳君逐出关外。

[23]公室:王室。私门:指贵族豪门。

[24]向使:当初假如。却:拒绝。内:通"纳"。

[25]昆山之玉:昆山即昆仑山,古时传说昆仑山北麓和田产美玉。

[26]随、和之宝:指随侯珠、和氏璧。随,周初小国,在今湖北境内。传说随侯用药敷治了一条受伤的大蛇,后来此蛇于夜间衔来一珠报恩,故称随侯珠。和,春秋时楚国人卞和,曾于山中得一璞玉,献给楚王,雕琢成美玉,因称和氏璧。

[27]明月之珠:夜间光如明月的宝珠。一说即是随侯之珠。

[28]服:佩带。太阿:宝剑名,相传是春秋时吴国名匠干将和欧冶子所铸。

[29]纤离:古骏马名。

[30]建:树立。翠凤之旗:装饰着翠凤尾羽的旗帜。

[31]树:设置。灵鼍(tuó):鳄鱼类,俗称猪婆龙。皮可制鼓,声音洪大。

[32]夜光之璧:夜间能发光的美玉,据《战国策·楚策》记载,此乃楚王所献。

[33]犀:犀牛角。象:象牙。玩好:指玩赏喜好之物。

[34]郑、卫之女:郑、卫均为东周时国名,郑、卫的女子以善于歌舞著称。

[35]駃騠(juétí):公马与母驴杂交而生的骡。厩(jiù):马棚。

[36]丹青:绘画的颜料。

[37]下陈:堂下,指宫女。

[38]宛珠:宛(今河南南阳)地出产的珠。傅玑之珥:附有玑珠的耳饰。傅,通"附"。玑,不圆的珠子。珥,耳饰。阿:齐国东阿(今山东阳谷东北阿城镇)。缟:白色的丝绸。锦:织锦。绣:刺绣。

[39]随俗雅化:随着时尚打扮得时髦漂亮。佳冶窈窕:美好艳丽、体态优美。赵女:赵国的女子。传说古代燕赵一带多美女。

[40]瓮、缶(fǒu):都是瓦器,古时秦地作为打击乐器。
[41]筝:古秦地的一种弦乐器。搏:拍击。髀(bì):大腿。
[42]歌呼呜呜:唱着呜呜听不出词的曲子。快:快乐,称心。
[43]《郑》《卫》:指郑卫两国的乐曲。《桑间》:指卫国濮水之滨(今河南濮阳地区)的音乐。《韶虞》:相传是舜时的乐曲。《武象》:周武王时的乐舞曲。
[44]适观:适于观赏。
[45]曲直:邪正。
[46]在乎:在于。
[47]五帝:黄帝、颛顼(zhuānxū)、帝喾(kù)、尧、舜。三王:夏商周三代开国之王,即禹、汤、文、武。
[48]黔首:秦时对百姓的称呼。黔,黑色。
[49]业诸侯:使诸侯成就功业。业,动词,使……成就。
[50]裹足:古人远行,用布将足包好利于行走。"裹足不前"意为已经裹好足,准备前往了,却由于客观原因不去了。
[51]藉:借。赍(jī):给予,赠送。
[52]益雠:给仇敌带来好处。

【讲解】
据《史记·李斯列传》记载,韩人派水利工作者郑国来秦国,表面上是帮助秦国兴修水利,实际上是为了削弱秦国的军事力量。不料这一"疲秦计"败露,秦王因此下令驱逐所有在秦国任职的客卿。李斯是从楚国来的客卿,也在被驱逐之列,于是写了这篇奏议进行劝谏。在文章里,李斯列举了由余、百里奚、商鞅、张仪等客卿对秦国国家富强所做的贡献,以及秦王在日常生活中享用的产于别国的物品,指出"逐客"是重物轻人的行为,必然导致国家危亡。秦王看后听取了李斯的建议,废除了逐客令。

文章第一段开门见山地指出秦王逐客的错误。第二段从正面列举出往昔四代秦君纳客而获益的事实:"遂霸西戎""至今治强""使之西面事秦,功施至今""使秦成帝业",从而反驳秦王"客负于秦"的观点。紧接着用"向使四君却客不内……而秦无强大之名也"几句,从反面陈述不纳客的坏处,进一步动摇秦王拒客的决心。第三段以秦王重物轻人的事实为论据,论证驱逐客卿的危害。首先罗列了秦王所喜爱的奇珍异宝,而它们均不生于秦国,质问秦王为何喜爱;接着反证说如果"必秦之所生然后可",则不当享受那些宝物、美女;最后指出"今取人则不然",说明重物轻人,绝非一代英主所当为,从而阐明了驱逐客卿"非跨海内治诸侯之术"。第四段从理论上进一步论述了纳客与逐客的利害关系。第五段总结全文,指出逐客必将造成秦国的危亡。

本文采取正反对比论证的方法,正面论述与反面推理相结合。正面论述强调纳客之利,反面推理以突出逐客之害,两相对照,具有很强的说服力。此外,文章大量采用铺陈、排比、对偶的修辞手法,显得气势饱满,铺张扬厉,被誉为古代议论文的典范。

通假字
缪—穆,从—纵,内—纳,说—悦,傅—附。

使动用法
却宾客以业诸侯。

铺陈
从各个角度充分展开陈述,用以强调,使所写的事物充分展示。如:
昔缪公求士,西取由余于戎,东得百里奚于宛,迎蹇叔于宋,来丕豹、公孙支于晋。此五子者,不产于秦,而缪公用之,并国二十,遂霸西戎。
此段强调了秦穆公任人唯贤,不论国别,不计出身,最终"并国二十,遂霸西戎"。

【思考与练习】
一、选择题
1. 李斯是秦代的（　　）。
   A. 政治家　　　　B. 军事家　　　　C. 文学家　　　　D. 史学家
2.《谏逐客书》一文所采用的主要论证方法是（　　）。
   A. 归纳论证　　　B. 演绎论证　　　C. 类比论证　　　D. 对比论证
3. "太山不让土壤，故能成其大；河海不择细流，故能就其深；王者不却众庶，故能明其德。"这几句运用的修辞方法有（　　）。
   A. 对偶　　　　　B. 排比　　　　　C. 夸张　　　　　D. 比喻
4.《谏逐客书》第二自然段中所列举的秦国历史上四位君主任用客卿取得成功，使用的论证方法是（　　）。
   A. 归纳论证　　　B. 演绎论证　　　C. 类比论证　　　D. 对比论证
5. 下列各句中有通假字的有（　　）。
   A. 昔缪公求士，西取由余于戎　　　　　B. 涂有饿莩而不知发
   C. 平原忽兮路超远　　　　　　　　　　D. 歌呼呜呜快耳者，真秦之声也
6. 认为"秦之文章，李斯一人而已"的是（　　）。
   A. 苏轼　　　　　B. 鲁迅　　　　　C. 王国维　　　　D. 刘勰

二、翻译题
1. 民以殷盛，国以富强，百姓乐用，诸侯亲服。
2. 太山不让土壤，故能成其大；河海不择细流，故能就其深；王者不却众庶，故能明其德。
3. 地无四方，民无异国，四时充美，鬼神降福。
4. 遂散六国之从，使之西面事秦，功施到今。
5. 此所谓"藉寇兵而赍盗粮"者也。

三、简答题
1. 总结本文语言的特点。
2. 本文采用了哪些论证方法？举例说明主要采用哪种论证方法。
3. 什么叫铺陈？找出文中的铺陈部分，说明其表达作用。
4. 分析李斯的说话艺术。

四、解析题
阅读下面这段话，回答问题：
臣闻地广者粟多，国大者人众，兵强则士勇。是以太山不让土壤，故能成其大；河海不择细流，故能就其深；王者不却众庶，故能明其德。是以地无四方，民无异国，四时充美，鬼神降福，此五帝、三王之所以无敌也。今乃弃黔首以资敌国，却宾客以业诸侯，使天下之士退而不敢西向，裹足不入秦，此所谓"藉寇兵而赍盗粮"者也。
1. 概括这段话的大意，并划分其层次。
2. 这里运用了哪几种论证方法？
3. 这里采用了哪几种修辞手法？

五、实践题
从《谏逐客书》中透露的信息概括一下秦国的历史及李斯时代的秦国经济、军事、文化特点，并分析秦国统一中原的原因。

张　衡

张衡(78—139)，字平子，南阳人，曾任太史令、河间相。我国东汉科学家、发明家、文学家。

科学成就涉及天文学、地震学、机械技术、数学,是浑天说的代表人物,发明了漏水浑天仪、候风地动仪、指南车等。并从唯物观点出发,反对当时的图谶迷信。联合国天文组织曾将太阳系中的 1802 号小行星命名为"张衡星"。

张衡有极深的文学造诣,擅长各体韵散文的创作,既有恢宏大气的《二京赋》,又有清新爽丽、短小精练的《归田赋》,是汉赋四大家之一。在赋的创作上张衡具有承前启后的地位,他的大赋、骚体赋表现了不同程度的继承和发展,其咏物小赋、抒情小赋则是创新和开拓。有《张河间集》。

归 田 赋

游都邑以永久[1],无明略以佐时[2]。徒临川以羡鱼[3],俟河清乎未期[4]。感蔡子之慷慨,从唐生以决疑[5]。谅天道之微昧[6],追渔父[7]以同嬉。超埃尘以遐逝[8],与世事乎长辞[9]。

于是仲春令月[10],时和气清;原隰[11]郁茂,百草滋荣。王雎鼓翼,鸧鹒哀鸣[12];交颈颉颃[13],关关嘤嘤。于焉逍遥,聊以娱情。

尔乃龙吟方泽[14],虎啸山丘。仰飞纤缴[15],俯钓长流。触矢而毙,贪饵吞钩。落云间之逸禽,悬渊沉之鲨鰡[16]。

于时曜灵俄景[17],继以望舒[18]。极般游[19]之至乐,虽日夕而忘劬[20]。感老氏之遗诫[21],将回驾乎蓬庐。弹五弦之妙指[22],咏周、孔之图书[23]。挥翰墨以奋藻[24],陈三皇之轨模[25]。

苟[26]纵心于物外,安知荣辱之所如。

【注释】

[1]都邑:指东汉都城洛阳。永久:长久。
[2]明略:明智的谋略。佐时:辅佐当时君王。
[3]徒临川以羡鱼:《淮南子·说林训》曰:"临川流而羡鱼,不如归家织网。"此处用典表明空有佐时的愿望。
[4]俟(sì):等待。河清:黄河水清。相传黄河一千年清一次,古人认为这是政治清明的标志。《左传·襄公八年》:"俟河之清,人寿几何"。此句意思为等待政治清明未可预期。
[5]蔡子:战国时燕人蔡泽。唐生:战国时梁人唐举。蔡泽游学诸侯,未发迹时,曾请唐举看相,后入秦,代范雎为秦相。事见《史记·范雎蔡泽列传》慷慨:悲叹。决疑:请人看相以决定前途命运的疑惑。
[6]谅:信,确实。微昧:幽隐。
[7]渔父:王逸《楚辞·渔父章句序》:"屈原放逐,在江湘之间,忧愁叹吟,仪容变易。而渔父避世隐身,钓鱼江滨,欣然而乐。"
[8]埃尘:比喻纷浊的世俗。遐逝:远去。
[9]长辞:永别。由于政治昏乱,世路艰难,自己与时代不合,产生了归田隐居的念头。
[10]令月:好的月份。令,善。
[11]原:平地。隰:(xí):低湿之地。
[12]王雎:鸟名,即雎鸠。鸧鹒(cāng gēng):亦是鸟名,即黄鹂。
[13]颉颃(xié háng):飞上为颉,飞下为颃,故指鸟翻飞上下貌。
[14]尔乃:于是。方泽:大泽。这两句言自己从容吟啸于山泽间,类乎龙虎。
[15]纤:细。缴(zhuó):射鸟时系在箭上的丝绳,代指箭。此处写仰射高飞的鸟。
[16]鲨鰡(shā liú):鱼名。
[17]曜灵:日。俄:斜。景:同"影",日光。
[18]望舒:神话传说中为月亮驾车的仙人,这里代指月亮。

[19]般(pán)游:游乐。
[20]劬(qú):劳苦。
[21]感老氏之遗诫:指《道德经》十二章中"驰骋田猎,令人心发狂"一句。
[22]五弦:五弦琴,相传为舜所制。指:通"旨"。
[23]周、孔之图书:周公、孔子著述的典籍。因作者崇拜虞舜、周公、孔子等人,故弹他们制造的琴、读他们编著的书。
[24]翰:毛笔。奋:发。藻:辞藻。此句写其挥发豪情写文章。
[25]陈:陈述。三皇:上古圣皇,一说是天皇、地皇、人皇,一说是燧人、伏羲、神农,传说不一。轨模:法则。
[26]苟:且。

【讲解】

东汉中期,外戚宦官当权,国事日下。汉顺帝时张衡为侍中,被汉顺帝"引在帷幄,讽议左右"(《后汉书·张衡传》),成了外戚宦官们的心腹之患。永和初,张衡终被罢黜为河间相。永和三年(138),张衡六十一岁由河间相上书乞骸骨,《归田赋》即作于此时,通过对自然的向往反映了作者渴望一展抱负又不愿同流合污的思想矛盾。

全文两百多字,可分为四个部分。第一部分写自己功业难就,以蔡泽自比,决心归隐,去追随象楚辞中所写与世无争的渔父。让人体会出作者旷达中的悲愤,对东汉末世的失望。第二部分写自己归田后的欣喜心情。心情也从抑郁转向开朗,似乎真的要忘掉世事的一切烦恼。第三部分又转折,感情的曲线又跌入了深渊之中。"云间之逸禽"如何"触矢而毙","渊沉之鲋鲡"如何"贪饵吞钩",语此而意彼,感慨世事之险恶,官场之倾轧,饱含了作者一生宦海浮沉的种种悲愤与心酸。最后部分是在旷达超脱中结束。作者以老庄的哲学,游于物外,达到了齐荣辱、忘得失的境界。

全文没有虚夸堆砌的词句,语言平淡清丽,结构短小灵活。文中使用了多个典故,如"徒临川以羡鱼,俟河清乎未期",分别引用《淮南子·说林训》和《左传·襄公八年》;"感蔡子之慷慨,从唐生以决疑",事见《史记·范雎蔡泽列传》;"追渔父以同嬉,超埃尘以遐逝",也是从《楚辞·渔父》中演化而来。运用历史典故,具有词句短小、内涵量大的优点,于文辞之外又平添了更加丰富的内容,因而《归田赋》虽篇幅短小,却内容饱满。

"关关嘤嘤""交颈颉颃"叠音、重复等方法的运用,形象地描绘了山林中和谐欢快、神和气清的景色;而"仰飞纤缴,俯钓长流。触矢而毙,贪饵吞钩",既反映了作者畅游山林、悠闲自得的心情,又颇含自戒之意。

东汉中期,状物大赋逐渐朝抒情小赋转变,张衡首开其风。《归田赋》是抒情小赋的开山之作,标志着汉赋由大赋向小赋的重大转变。此后的赵壹、祢衡、王粲、曹植、向秀、陶渊明等人在赋的写作上都受到了《归田赋》的影响。

【思考与练习】

一、选择题

1. 下列成就属于张衡的有(　　)。
A. 相对主义哲学　　　　　　　　B. 制造出水漏浑天仪
C. 制造出候风地动仪　　　　　　D. 汉赋四大家之一

2. 以下六句话,分编为四组,全都表明张衡"田园"之乐情感的一项是:(　　)
①徒临川以羡鱼 ②追渔父以同嬉 ③悬渊沉之鲋鲡
④虽日夕而忘劬 ⑤弹五弦之妙指 ⑥安知荣辱之所如
A. ①③⑤　　　　B. ②④⑥　　　　C. ③④⑤　　　　D. ①②⑥

3. 对下列句中词语的解释,不正确的是(　　)。
A. 谅天道之微昧,追渔父以同嬉。谅:原谅。
B. 交颈颉颃,关关嘤嘤。颉颃:鸟儿一起飞上飞下。
C. 于时曜灵俄景,系以望舒。景:同"影",影子。

D. 弹五弦之妙指,咏周孔之图书。指:手指。
4. 下列句子使用典故的有(   )。
A. 徒临川以羡鱼,俟河清乎未期
B. 感蔡子之慷慨,从唐生以决疑
C. 谅天道之微昧,追渔父以同嬉
D. 弹五弦之妙指,咏周、孔之图书

二、翻译题

于是仲春令月,时和气清;原隰郁茂,百草滋荣。王雎鼓翼,鸧鹒哀鸣;交颈颉颃,关关嘤嘤。于焉逍遥,聊以娱情。

三、简答题

1. 为什么说张衡在赋的创作上具有承上启下的地位?
2. "追渔父以同嬉"是从什么典故演化而来的?有什么含义?
3. "触矢而毙,贪饵吞钩。落云间之逸禽,悬渊沉之鲨鲤"暗示了作者什么样的情绪?

四、解析题

阅读下面这段话,回答问题:

于时曜灵俄景,继以望舒。极般游之至乐,虽日夕而忘勌。感老氏之遗诫,将回驾乎蓬庐。弹五弦之妙指,咏周、孔之图书。挥翰墨以奋藻,陈三皇之轨模。

苟纵心于物外,安知荣辱之所如。

1. 概括这段话的大意。
2. "曜灵""望舒"分别指什么?
3. 你是怎么看待作者的在最后表现的旷达?

五、实践题

从两汉到唐朝,赋经历了四种类型,请查阅是哪四种类型,以及分别出现在什么时代。

郦道元

郦道元(？—527),字善长,北魏范阳郡涿县(今河北省保定市下辖涿州市)人,地理学家、散文家。袭父爵为永宁伯,曾官至安南将军、御史中尉。

郦道元的《水经》一书约写于三国时期,是一部专门研究河流水道的书籍,共记述全国主要河流一百三十七条。原文一万多字,文字相当简略,没有把水道的来龙去脉和详细情况说清楚。《水经注》在《水经》的基础上详细介绍了中国境内一千多条河流以及与这些河流相关的郡县、城市、物产、风俗、传说、历史等,并且记录了不少碑刻墨迹和渔歌民谣,是中国古代较完整的一部以记载河道水系为主的综合性地理著作。同时《水经注》具有极高的文学价值,作者文笔雄健,遣词精当,李白、杜甫、柳宗元等大家都吸收了《水经注》的艺术滋养,明清以后学者从各方面对它进行研究,形成"郦学"。

龙门[1]

河水南经北屈县[2]故城西。西四十里有风山,风山西四十里,河南孟门山[3]。《山海经》[4]曰:"孟门之山,其上多金玉,其下多黄垩涅石[5]"《淮南子》[6]曰:龙门未辟,吕梁[7]未凿,河出孟门之上,大溢逆流[8],无有丘陵,高阜灭之[9],名曰洪水。大禹疏通,谓之孟门。故《穆天子传》[10]曰:北登孟门,九河之隥[11]。孟门,即龙门之上口也。实为河之巨阸[12],兼孟门津之名矣。此石经始禹凿,河中漱广[13]。夹岸崇深[14],倾崖返捍[15],巨石临危,若坠复倚。古之人有言,水非石凿,而能入石,信哉!其中水流交冲[16],素气云浮[17],往来遥观者,常若雾露沾人,窥深悸魄[18]。其水尚崩浪万寻[19],悬流千丈,浑洪赑怒[20],鼓若山腾,浚波颓迭[21],迄于下口。方知《慎子》[22],下龙门,流浮竹,非驷马之追也。

【注释】

[1]本文选自郦道元《水经注·河水》。龙门:山名,在今山西河津市西北,陕西韩城市东北,分跨黄河两岸,临河为峭壁,形状如门,故名。相传为禹所凿。

[2]北屈县:今山西吉县东北。后句"风山"即在此。

[3]孟门山:古山名,在今山西省吉县西黄河河道中,为水中一巨石。

[4]《山海经》:古代地理著作,成书于先秦,其中多保留神话传说。

[5]黄垩:黄沙土。涅(niè)石:矾石。

[6]《淮南子》:西汉淮南王刘安(前179—前122)和他的门客撰写的杂家书,也称《淮南鸿烈》。

[7]吕梁:山名,在今山西省西部,位于黄河与汾水间大禹治水,凿吕梁以通黄河,即指此。

[8]大溢逆流:大水逆流横溢。

[9]高阜:高山。灭:淹没。

[10]《穆天子传》:晋武帝司马炎咸宁五年(279)在汲郡战国魏王古冢中出土的古书,书中有很多荒诞不经的记载。

[11]九河:传说禹时黄河的九条支流,近人多以为是古代黄河下游许多支流的总称。隥(dèng):登山的石级。

[12]巨阨(è):巨险。阨,阻塞。

[13]漱广:因冲蚀而变得宽广。漱,冲刷。

[14]崇深:高深。

[15]返捍:重叠捍护。返,通"反",反复,重叠。捍,捍护,这里指相倚相撑。

[16]交冲:交相冲激。

[17]素气:白色的水汽。云浮:像云那样笼罩在上面。

[18]悸魄:惊动人的心魄。

[19]崩浪万寻:迸溅万寻的波浪。寻,古代长度单位,一般为八尺。

[20]浑洪:浑浊的洪流。赑(bì)怒:形容气势壮大。

[21]浚(jùn):通"骏",疾速、疾驰。颓:崩塌。言巨浪连接翻滚而下。

[22]《慎子》:战国时赵国法家代表人物慎到所著,内载:"河下龙门,其流,驶如竹箭,驷马追之不及。"

【讲解】

此文为《水经注·河水》中的一段,描写黄河龙门的状况。

先是龙门的地理位置,入口在北屈县西四十里的风山再往西四十里。作者用《山海经》《淮南子》《穆天子传》说明龙门的形成原因及有关传闻。接着便是让人身临其境的龙门黄河景色描写,山势"夹岸崇深,倾崖返捍,巨石临危,若坠复倚",河水"崩浪万寻,悬流千丈,浑洪赑怒,鼓若山腾,浚波颓迭",好不惊心动魄!让读者不得不信服作者所展示的《慎子》中的话,湍急的河水上的竹筏真是驷马难追!

【思考与练习】

一、选择题

1. 文中所提到的"河"指的是(　　)。

A. 长江　　　　B. 洪水　　　　C. 黄河　　　　D. 孟门津

2. 龙门的入口处是（　　）。
A. 孟门津　　　　　B. 孟门　　　　　　　C. 风山
3. 作者描写龙门一段河水的最大特征是（　　）。
A. 山高谷深　　　B. 河水平缓　　　　　C. 惊涛拍岸　　　　D. 水流湍急
4. 作者文中提到的著作有（　　）。
A.《穆天子传》　　B.《水经》　　　　　C.《淮南子》　　　D.《山海经》

二、翻译题

古之人有言，水非石凿，而能入石，信哉！其中水流交冲，素气云浮，往来遥观者，常若雾露沾人，窥深悸魄。

三、简答题

1. 据文中提到的《淮南子》中的记载，孟门是由谁疏通的？在龙门未开前，这里是什么状况？
2. 从《龙门》一文谈谈《水经注》的价值。
3. 谈谈《水经》与《水经注》的区别。

四、实践题

查阅资料，了解郦道元的地理学成就、文学成就和政治经历，综合后人对他的评价，用你的观点分析一下郦道元。

三、拓展阅读

作品阅读

解　嘲

[西汉] 扬　雄

客嘲扬子曰："吾闻上世之士，人纲人纪，不生则已，生则上尊人君，下荣父母，析人之珪，儋人之爵，怀人之符，分人之禄，纡青拖紫，朱丹其毂。今吾子幸得遭明盛之世，处不讳之朝，与群贤同行，历金门上玉堂有日矣，曾不能画一奇，出一策，上说人主，下谈公卿。目如耀星，舌如电光，一从一横，论者莫当，顾默而作《太玄》五千文，枝叶扶疏，独说数十余万言，深者入黄泉，高者出苍天，大者含元气，细者入无间。然而位不过侍郎，擢才给事黄门。意者玄得无尚白乎？何为官之拓落也？"

扬子笑而应之曰："客徒朱丹吾毂，不知一跌将赤吾之族也！往昔周网解结，群鹿争逸，离为十二，合为六七，四分五剖，并为战国。士无常君，国亡定臣，得士者富，失士者贫，矫翼厉翮，恣意所存，故士或自盛以橐，或凿坏以遁。是故邹衍以颉颃而取世资，孟轲虽连蹇，犹为万乘师。"

"今大汉左东海，右渠搜，前番禺，后椒涂。东南一尉，西北一侯。徽以纠墨，制以锧铁，散以礼乐，风以诗书，旷以岁月，结以倚庐。天下之士，雷动云合，鱼鳞杂袭，咸营于八区。家家自以为稷、契，人人自以为皋陶。戴垂缨而谈者皆拟于阿衡，五尺童子羞比晏婴与夷吾；当涂者升青云，失路者委沟渠，旦握权则为卿相，夕失势则为匹夫；譬若江湖之崖，渤澥之岛，乘雁集不为之多，双凫飞不为之少。昔三仁去而殷墟，二老归而周炽，子胥死而吴亡，种、蠡存而越霸，五羖入而秦喜，乐毅出而燕惧，范雎以折摺而危穰侯，蔡泽以噤吟而笑唐举。故当其有事也，非萧、曹、子房、平、勃、樊、霍则不能安；当其无事也，章句之徒相与坐而守之，亦无所患。故世乱，则圣哲驰骛而不足；世治，则庸夫高枕而有余。"

"夫上世之士,或解缚而相,或释褐而傅;或倚夷门而笑,或横江潭而渔;或七十说而不遇,或立谈间而封侯;或枉千乘于陋巷,或拥篲而先驱。是以士颇得信其舌而奋其笔,窒隙蹈瑕而无所诎也。当今县令不请士,郡守不迎师,群卿不揖客,将相不俛眉;言奇者见疑,行殊者得辟,是以欲谈者宛舌而固声,欲行者拟足而投迹。向使上世之士处乎今,策非甲科,行非孝廉,举非方正,独可抗疏,时道是非,高得待诏,下触闻罢,又安得青紫?

　　"且吾闻之,炎炎者灭,隆隆者绝;观雷观火,为盈为实,天收其声,地藏其热。高明之家,鬼瞰其室。攫拏者亡,默默者存;位极者宗危,自守者身全。是故知玄知默,守道之极;爰清爰静,游神之廷;惟寂惟寞,守德之宅。世异事变,人道不殊,彼我易时,未知何如。今子乃以鸱枭而笑凤凰,执蝘蜓而嘲龟龙,不亦病乎!子之笑我玄之尚白,吾亦笑子病甚,不遇俞跗与扁鹊也,悲夫!"

　　客曰:"然则靡玄无所成名乎?范、蔡以下,何必玄哉?"

　　扬子曰:"范雎,魏之亡命也,折胁摺髂,免于徽索,翕肩蹈背,扶服入橐,激卬万乘之主,界泾阳抵穰侯而代之,当也。蔡泽,山东之匹夫也,颐折,涕唾流沫,西揖强秦之相,搤其咽而亢其气,拊其背而夺其位,时也。天下已定,金革已平,都于洛阳,娄敬委辂脱挽,掉三寸之舌,建不拔之策,举中国徙之长安,适也。五帝垂典,三王传礼,百世不易,叔孙通起于桴鼓之间,解甲投戈,遂作君臣之仪,得也。吕刑靡敝,秦法酷烈,圣汉权制,而萧何造律,宜也。故有造萧何之律于唐、虞之世,则悖矣;有作叔孙通仪于夏、殷之时,则惑矣;有建娄敬之策于成周之世,则缪矣;有谈范、蔡之说于金、张、许、史之间,则狂矣。夫萧规曹随,留侯画策,陈平出奇,功若泰山,响若坻,虽其人之赡知哉,亦会其时之可为也。故为可为于可为之时,则从;为不可为于不可为之时,则凶。夫蔺先生收功于章台,四皓采荣于南山,公孙创业于金马,骠骑发迹于祁连,司马长卿窃赀于卓氏,东方朔割炙于细君。仆诚不能与此数公者并,故默然独守吾《太玄》。"

【点评】

　　《解嘲》通过抒情言志,描写了西汉社会的某些实情和部分弊端,表达了作者扬雄反对压抑人才、主张重用贤能的思想。扬雄立足当时(西汉末,约公元5年),对历史上的人物和事件进行审视并评说,抒发了愤懑之情与落拓之志。

别　赋

[南朝] 江　淹

　　黯然销魂者,唯别而已矣。况秦吴兮绝国,复燕宋兮千里。或春苔兮始生,乍秋风兮暂起。是以行子肠断,百感凄恻。风萧萧而异响,云漫漫而奇色。舟凝滞于水滨,车逶迟于山侧,棹容与而讵前,马寒鸣而不息。掩金觞而谁御,横玉柱而沾轼。居人愁卧,怳若有亡。日下壁而沉彩,月上轩而飞光。见红兰之受露,望青楸之离霜。巡曾楹而空掩,抚锦幕而虚凉。知离梦之踯躅,意别魂之飞扬。故别虽一绪,事乃万族。

　　至若龙马银鞍,朱轩绣轴,帐饮东都,送客金谷。琴羽张兮箫鼓陈,燕赵歌兮伤美人;珠与玉兮艳暮秋,罗与绮兮娇上春。惊驷马之仰秣,耸渊鱼之赤鳞。造分手而衔涕,感寂漠而伤神。

　　乃有剑客惭恩,少年报士,韩国赵厕,吴宫燕市,割慈忍爱,离邦去里,沥泣共诀,抆血相视。驱征马而不顾,见行尘之时起。方衔感于一剑,非买价于泉里。金石震而色变,骨肉悲而心死。

　　或乃边郡未和,负羽从军。辽水无极,雁山参云。闺中风暖,陌上草薰。日出天而耀景,露下地而腾文,镜朱尘之照烂,袭青气之烟煴。攀桃李兮不忍别,送爱子兮沾罗裙。

至如一赴绝国,讵相见期。视乔木兮故里,决北梁兮永辞。左右兮魂动,亲宾兮泪滋。可班荆兮赠恨,惟尊酒兮叙悲。值秋雁兮飞日,当白露兮下时。怨复怨兮远山曲,去复去兮长河湄。

又若君居淄右,妾家河阳。同琼佩之晨照,共金炉之夕香,君结绶兮千里,惜瑶草之徒芳。惭幽闺之琴瑟,晦高台之流黄。春宫閟此青苔色,秋帐含兹明月光,夏簟清兮昼不暮,冬釭凝兮夜何长!织锦曲兮泣已尽,回文诗兮影独伤。

傥有华阴上士,服食还山。术既妙而犹学,道已寂而未传。守丹灶而不顾,炼金鼎而方坚,驾鹤上汉,骖鸾腾天。暂游万里,少别千年。惟世间兮重别,谢主人兮依然。

下有芍药之诗,佳人之歌。桑中卫女,上宫陈娥。春草碧色,春水渌波,送君南浦,伤如之何!至乃秋露如珠,秋月如珪,明月白露,光阴往来,与子之别,思心徘徊。

是以别方不定,别理千名,有别必怨,有怨必盈,使人意夺神骇,心折骨惊。虽渊云之墨妙,严乐之笔精,金闺之诸彦,兰台之群英,赋有凌云之称,辩有雕龙之声,谁能摹暂离之状,写永诀之情者乎!

【点评】

用环境烘托、情绪渲染、心理刻画,描写成人、富豪、侠客、游宦、道士、情人的别离,反映出齐梁时代社会动乱的侧影。赋的开头,"黯然销魂者,唯别而已矣",发人深省。

陈情表
[西晋]李 密

臣密言:臣以险衅,夙遭闵凶。生孩六月,慈父见背;行年四岁,舅夺母志。祖母刘愍臣孤弱,躬亲抚养。臣少多疾病,九岁不行,零丁孤苦,至于成立。既无伯叔,终鲜兄弟,门衰祚薄,晚有儿息。外无期功强近之亲,内无应门五尺之僮,茕茕孑立,形影相吊。而刘夙婴疾病,常在床蓐,臣侍汤药,未曾废离。

逮奉圣朝,沐浴清化。前太守臣逵察臣孝廉;后刺史臣荣举臣秀才。臣以供养无主,辞不赴命。诏书特下,拜臣郎中,寻蒙国恩,除臣洗马。猥以微贱,当侍东宫,非臣陨首所能上报。臣具以表闻,辞不就职。诏书切峻,责臣逋慢;郡县逼迫,催臣上道;州司临门,急于星火。臣欲奉诏奔驰,则刘病日笃,欲苟顺私情,则告诉不许。臣之进退,实为狼狈。

伏惟圣朝以孝治天下,凡在故老,犹蒙矜育,况臣孤苦,特为尤甚。且臣少仕伪朝,历职郎署,本图宦达,不矜名节。今臣亡国贱俘,至微至陋,过蒙拔擢,宠命优渥,岂敢盘桓,有所希冀!但以刘日薄西山,气息奄奄,人命危浅,朝不虑夕。臣无祖母,无以至今日,祖母无臣,无以终余年。母孙二人,更相为命,是以区区不能废远。

臣密今年四十有四,祖母今年九十有六,是臣尽节于陛下之日长,报养刘之日短也。乌鸟私情,愿乞终养。臣之辛苦,非独蜀之人士及二州牧伯所见明知,皇天后土,实所共鉴。愿陛下矜悯愚诚,听臣微志,庶刘侥幸,保卒余年。臣生当陨首,死当结草。臣不胜犬马怖惧之情,谨拜表以闻。

【点评】

本文是西晋李密写给晋武帝的奏章。文章叙述祖母抚育自己的大恩,以及自己应该报养祖母的大义;除了感谢朝廷的知遇之恩以外,又倾诉自己不能从命的苦衷,真情流露,委婉畅达。

文体常识

赋的发展

赋作为一种文体，可追溯到楚辞。战国中期屈原的《离骚》《九歌》等篇章，当时并不曾以赋题称，到西汉刘向、刘歆领校秘阁图书时，为屈原编集，始称之为"屈原赋"二十五篇，《汉书·艺文志》予以著录，同时还著录有"宋玉赋"十六篇、"唐勒赋"四篇。楚辞与赋之间确实存在着密切的关系，所以后代文体分类常以辞赋合称，并认屈原为辞赋之祖。

赋体（辞赋）的流变大致经历了骚赋、汉赋、骈赋、律赋、文赋五个阶段。

骚赋指屈原、宋玉为代表的楚辞以及后世模仿楚辞的作品。其特点在于抒情浓郁，意象瑰玮，声调绵邈，句中或句尾各用"兮""些""只"等语助词调节音韵。它还不像汉以后的赋那样注重铺陈事物，也没有形成很固定的体制。

汉赋指汉代流行的大赋，由枚乘《七发》为开端，一般较长，韵文中夹杂散文。句式以四言六言为主。行文多采用主客问答的形式。如杨雄《解嘲》由两次主客问答组成，司马相如《子虚赋》《上林赋》由子虚与乌有先生、亡是公三人对话组成。行文中多用排比。

骈赋也叫俳赋，孕育于汉魏之际，而流行于两晋南北朝。骈赋的特点，一是骈四俪六，全篇均由四言、六言的对仗组成，句式整齐；二是丽藻雅辞，典故繁多得如花团锦簇；三是两句一韵，依照章节内容的变换而转韵，格式较为固定；四是逐渐讲求平仄协调，富有音乐美；五是篇幅一般比较短小，失去了汉赋的宏廓气象。六朝赋到了后期，明显朝着诗歌发展。如庾信《春赋》，以七言诗开头，以七言诗结尾，文中还夹有七言诗。

律赋是唐宋科举考试专用的试体赋。律赋在骈赋的基础上更注重对仗与声律的工整严密，并对全篇字句数和韵式作了严格的限制。如宋范仲淹《金在镕赋》，用"金在良冶求铸成器"八字为韵，全篇分八段，各段依次分用此八韵中的字押韵。其形式却一直沿袭至清末。

文赋是受古文运动影响而产生的。中唐以后古文家所作的赋逐渐以散代骈，不讲求对偶、音律、藻采、典故，章法开放流畅，句式错落多变，押韵也比较自由。杜牧《阿房宫赋》、欧阳修《秋声赋》、苏轼《赤壁赋》等，都是代表作。

第五讲
唐宋金元诗

一、文学史讲述

入唐以后,国家从长期分裂复归于统一,南北文化互相交融。国力的强盛促进了不同文化之间的交流,在大唐周边形成了一个汉文化圈。朝廷对意识形态采取了较为开放的政策,确立了以诗赋取仕的科举制度。诗歌创作已成为一种普遍的社会文化现象,诗歌的作者遍布社会各个层次;诗歌内容也丰富多彩,涉及社会生活的各个层面;诗歌的风格和流派呈现多样化,当时诗体大备,名家辈出,中国古典诗歌的发展到唐代达到高峰。南朝齐武帝永明年间。"竟陵八友"(萧衍、沈约、谢朓、王融、萧琛、范云、任昉、陆倕)之一的沈约将声韵学考辨四声学问运用到文学中,谢朓等人也参与创作,形成了古体诗向格律诗演变的一次关键转折。《全唐诗》收录诗人两千余家,诗作近五万首,实际创作数量远不止于此。唐朝近三百年,诗歌的发展大体经历了初唐、盛唐、中唐、晚唐四个时期。

唐诗主情,宋诗主理。宋诗总的成就不如唐诗,但在思想内容和艺术表现方面也有自己的特色。

金代诗坛,不事雕琢、重在达意的文学思想占据了主导地位,产生了一批关心国计民生的好作品。

元代有雅正"元诗四大家",也有奇峰突起的"铁崖体"。元代诗人崇尚唐诗的风气对明代诗歌有很大的影响。

(一)宫廷诗人、"四杰"与初唐诗人

太宗、高宗、武后、中宗等初唐天子为显示盛世气象,广引文人赋诗唱酬,因此出现了许多宫廷诗人,如高宗朝的上官仪,武后朝的"文章四友"(李峤、杜审言、苏味道、崔融)。虽然宫廷诗人所作无非歌功颂德,"绮错婉媚为本",但讲究形式和声律,因此在律诗的完善和定型中,宫廷诗人功不可没。杜审言、沈佺期、宋之问三人突破了宫体的内容;确立了律诗这一新的格律与体制。

同期"初唐四杰"(王勃、杨炯、卢照邻、骆宾王)锐意改革,使诗歌担负起歌唱人生的使命。王勃的《送杜少府之任蜀川》《滕王阁序》等诗文作品千古传诵。杨炯擅长五律,《从军行》《折杨柳》是其代表作。卢照邻以歌行诗为最佳,代表作有《长安古意》《战城南》《关山月》等。骆宾王

撰写《讨武曌檄》,曾被武则天叹为奇文奇才,其诗歌代表作是《帝京篇》《在狱咏蝉》。"四杰"使唐诗由宫廷走向社会,由艳情转向现实。他们以数量多、质量高的创作为"沈宋"五律打下了良好基础,并把七言歌行诗催熟。

陈子昂竖起第一面诗歌革新大旗,在《与东方左史虬修竹篇序》,反对"采丽竞繁而兴寄都绝"的齐梁宫体诗,力倡恢复《诗经》"风雅兴寄"的优秀传统和"骨气端翔,音情顿挫"的汉魏风骨。其代表作《感遇》三十八首和《登幽州台歌》等一洗绮罗香泽之态,摆脱纤弱缠绵之度,激愤而有追求,悲哀而不消沉,读之似有一股浩然之气在胸中激荡,直接开启了盛唐雄浑朴实、刚健清新的诗风。

这一时期的七言歌行诗写得好的还有张若虚,其名篇《春江花月夜》富于诗情画意与哲理。

(二)盛唐两大诗人群体

盛唐是唐诗的鼎盛时期。群星映照,光辉灿烂。出现了以王维、孟浩然、储光羲为代表的山水田园诗人和以高适、岑参、王昌龄为代表的边塞诗人。

王维兼擅绘画,其山水田园诗深合画理。代表作《渭川田家》《山居秋暝》《鹿柴》《辛夷坞》等诗,有的大笔挥洒,气魄宏大,意境雄阔;有的细致刻画,心物同步,"字字入禅"。它们既有多层次的逼真描摹,又有千变万化的"诡状殊形";既富于诗意的画面,又能显示出画幅不能表达的声息、动态;既有逼真如画的形似,更力求神思,"意境两浑",因而苏轼赞誉说:"味摩诘之诗,诗中有画。"

唐开元、天宝年间,边境战争频繁,当时比较优秀的诗人,大多有过从军入幕或游历边塞的经历,于是描写边塞风物景色,表现戍边战斗生活和反映从军题材的边塞诗盛极一时。高适诗爽朗质朴,慷慨悲壮,他的四十多首边塞诗,或表现强烈的报国愿望和建功立业的理想,如《塞下曲》等;或揭露军事上的种种弊端和不平,如《蓟门五首》等;或描写边地少数民族的生活风俗,如《营州歌》。而高适名篇《燕歌行》则一面歌颂战士安边卫国的英勇斗志,一面揭露将帅的骄奢淫逸;充满激昂、愤慨、悲壮的情感,为人们千古传诵。岑参善于用七言歌行体表现塞外奇异的风光和壮烈的征战,且想象丰富,高亢奔放,雄奇瑰丽,其代表作《走马川行奉送封大夫出师西征》《白雪歌送武判官归京》《轮台歌》"语奇体峻,意亦造奇"。

(三)李白与杜甫

除了"王孟"与"高岑"的创作,盛唐更有"光焰万丈长"的李白和杜甫诗篇,他们共同构成了后人千秋仰慕的盛唐气象。

李白与杜甫被称为中国诗歌史上雄视今古的"双子星座"。李白祖庄屈,杜甫亲风雅;李白写自我,杜甫写诗史;李白诗雄奇飘逸,杜甫诗沉郁顿挫。两人的创作显然体现了两种美,代表着两个极峰。

号称"诗仙"的李白存诗九百余首,内容广泛多样。有的表达个人理想和愤世嫉俗的精神,如《行路难》《将进酒》《蜀道难》《梁甫吟》《梦游天姥吟留别》等;有的歌颂祖国的自然山川,如《望庐山瀑布》《秋浦歌》《望天门山》等;有的关怀国家命运和人民疾苦,如《古风》《战城南》《丁都护歌》《长干行》等。所有这些,都不是一般地表现青春抱负、江山美景、同情人民,而是笑傲王侯、蔑视世俗、不满现实、指斥人生、纵情抒怀、恣意反抗,是盛唐时代精神的典型体现。艺术上,李白诗想象大胆奇特,夸张惊人,奔放自然。其所创造的"飘逸"之美,所达到的浪漫极巅,令千古来者景仰、叹服,然学不可至,习不可能。

杜甫生活和创作于唐帝国由盛而衰的时期。他的一千四百多首诗多数写在"安史之乱"前后，尤其是漂泊西南和流寓两湖时期。其诗以能最广泛深刻地反映他生活着的时代而著称古今。感时忧国的诗篇在他的作品中占有很大数量，如《自京赴奉先咏怀》《春望》《北征》《闻官军收河南河北》等；讽刺暴露奸邪以至最高统治者，是他经常表现的重要主题，如《丽人行》《兵车行》等；反映民生疾苦，深切同情人民，是他诗歌的最强音，如"三吏""三别"、《岁晏行》等。所有这些，都是诗人经历和思想的忠实记录，组成了唐王朝"安史之乱"前后由极盛走向衰落的历史画卷，不愧有"诗史"之誉。

（四）白居易与中唐其他诗人

安史之乱宣告唐王朝从盛唐转入中唐。盛唐的诗始终是一种人性的艺术创造，儒家传统中以诗为政治和教化的工具的观念在实际创作中很少被看重。到了中唐，诗与当时政治的关联加强了。这一加强常常伴随着诗人个体意识的削弱和对国家依附意识的加强，以及儒家文学观念的加强。同时盛唐诗中以激情为主要特征的表现也遭到了抑制，转化为沉郁、衰苦、闲适、琐细等不同形式。

中唐也是一个名家辈出、流派众多的时代。刘长卿、韦应物的山水诗，是王维、孟浩然一派的继续；李益、卢纶的边塞诗，是高适、岑参一派的余绪。元结、顾况继承杜甫的创作传统，多作新题乐府诗。以白居易、元稹为首的诗人写作了大量崇尚平易质朴的新乐府诗。以韩愈、孟郊为首的诗人崇尚险怪，与元白诗风殊趣，他们以才学为本，以议论见长，开后来宋诗风气，在唐诗中别开生面。此外，各具艺术风采的著名诗人还有柳宗元、刘禹锡等。在中晚唐之交出现的李贺，以其冷艳奇瑰的诗风而独树一帜，并启迪了晚唐的杜牧、李商隐。

白居易是新乐府诗的主要倡导者和代表诗人。他既有比较系统的诗歌理论，又有丰富的创作实践。他提出"文章合为时而著，歌诗合为事而作"的创作主张，要求诗歌"一吟悲一事"，"唯歌生民病"。他提倡诗歌语言的通俗化，主张"不求宫律高，不务文字奇"，只求通俗质朴，音韵和谐。他写成了《新乐府》五十首，《秦中吟》十首。他的讽喻诗往往选择具有典型意义的社会现象，加以集中概括，对朝廷一系列错误政策和由此造成的社会弊端进行讽喻批评。其中《卖炭翁》《杜陵叟》《上阳白发人》等篇章，千百年来传诵不衰。他的感伤诗《长恨歌》《琵琶行》也堪称古代叙事诗中的杰构。新乐府运动的诗歌理论是儒家思想的推衍，新乐府运动与韩愈倡导的散文古文运动都是儒家以伦理为本位的文学观在长期受到冷淡后在新的历史条件下的复兴。

（五）"小李杜"与晚唐诗

晚唐诗是唐诗的余响。宦官专政、党争不休、藩镇割据使经济日益凋敝，文人对政治的关心总是伴随着失望。虽然有时表现出旷达，却是无奈的旷达。这时的诗歌表现出更多的是哀婉和衰败的气息。最多的题材是历史、自然、爱情（怀古叹今、恋物倦世、纵情声色）。这时的诗人，比前人更能感受个人在历史和命运中的无奈，他们以近体诗为主要形式，使用精致的语言表达丰富的情感和细腻的内心体验，创造出或幽美深婉、或清旷明丽，总带有几分颓废的诗境。

晚唐最有成就的诗人是杜牧和李商隐，并称为"小李杜"。实际上两人诗风截然不同，杜牧擅长七绝，内容多伤春伤别和咏史怀古，风格俊爽高绝，少数写景小诗如《山行》等也自然清丽。李商隐工于七律，现存诗六百余首，有感愤深沉的政治诗，有寓意精警的咏史诗，有细腻委婉的咏物抒情诗，有以"无题"为题的寓意诗。这些诗大都表现出深婉精丽、富于暗示色彩的艺术风格。特别是他那近二十首以"无题"命名的寓意诗,工于比兴,用典甚多,文辞精美,意境缥缈,看似写情,却情思宛转,寓意多重,耐人寻味。

(六)宋诗

宋初诗人杨亿、刘筠、钱惟演等,提倡学习李商隐,但多讲究声律辞藻,追求华丽典雅,缺少社会内容,号称"西昆体"。王禹偁起而与之抗衡,作品面向现实,风格平易流畅。梅尧臣、苏舜钦继之,诗风或委婉闲淡,或粗犷豪迈,但都针对西昆体流弊而有所革新,奠定了宋诗健康发展的基础。到了欧阳修手里,宋诗注重气骨、长于思理的倾向愈益明显。作为一个很有抱负和见识的政治家,王安石常用诗笔批判当时的黑暗现实,抒发他的人生志趣和政治理想,这使他的诗在宋代诸家中最有思想光彩。北宋诗坛上影响最大的两位诗人是苏轼和黄庭坚。苏轼存诗两千多首,其题材之广、内容之丰、气象之雄、意境之新,在宋代是首屈一指的。从思想内容看,苏轼虽写了不少揭露社会矛盾,指斥政治弊端,反映民生疾苦的政治讽刺诗,但更大量的还是抒发个人情怀和歌咏自然景物的作品。《游金山寺》《新城道中》《饮湖上初晴后雨》《题西林壁》等,都是这方面的传世之作。苏轼诗的总的特点是恣逸纵放,诗人随心走笔,自由挥洒,天地万物,无事不可入诗;想象活跃神奇,飞天潜海,迈古游今,任意驰骋,毫无羁绊;比喻丰富新巧,时时出奇制胜;富于理趣、情趣,且多借助形象,耐人寻味。所有这一切,都绝不违反创造艺术美的规律,用他自己的话来说就是"出新意于法度之中,寄妙理于豪放之外"。这是李白之后无人能及的。黄庭坚是"苏门四学士"中成就最高的诗人,也是"江西诗派"的领袖。其诗在用词造句、体制格律上很下功夫。他以杜诗为宗,在提倡句法散文化的同时,标榜用典故,尚拗律、险韵,去陈反俗,所谓"点铁成金""夺胎换骨",以成瘦硬生新之风。"江西诗派"中有成就的诗人还有陈师道、陈与义等。

南宋诗人的杰出代表是陆游、杨万里、范成大。陆游不仅是宋代诗歌的圣手、杰出的爱国诗人,也是中国诗史上最多产的作家(现存诗九千三百多首,尚不包括散佚和作者自己删汰掉的作品),在中国文学史上占有突出地位。其诗作的主要内容是表现他抗金复国的强烈愿望及壮志难酬的悲愤之情。如《夜读兵书》《长歌行》《金错刀行》《十一月四日风雨大作》等,抒写以身许国、恢复中原的理想;《秋夜将晓出篱门迎凉有感》《送范舍人还朝》《书悲》《书志》等诗表达高昂斗志和大无畏牺牲精神;《关山月》《醉歌》《追感往事》等诗愤怒控诉权奸昏庸误国;《书愤》《示儿》《陇头吟》《夜泊水村》等诗抒发壮志未酬的悲愤情绪;还有一些是因收复失地的爱国愿望不能实现而借助梦境或想象加以抒发的诗篇,如《大将出师歌》《胡无人》《出塞曲》《军中杂歌》《楼上醉书》等。另外,陆游也有不少描写统治者的残酷剥削和人民的深重灾难的诗,还写了一些脍炙人口的田园诗。可以说,陆游是一个无体不备、各体俱工的诗人,其古诗豪健,律诗精工,绝句小诗情致盈然,写得最多也最受人推崇的是七律。陆游诗总的风格是雄浑悲壮,其诗的感人之处、美之所在,是那包含在整个生命里的爱国激情,是其诗歌中热情奔涌、流走激荡的爱国气概。他唱出了那个时代的最强音,其杰出的爱国诗篇将万古流芳。杨万里和范成大在当时诗坛上的声誉也很高。他们都有一些反映现实的诗篇,并且擅写田园生活,颇有生活情趣,在创立独特的诗歌风格上都各自做出了努力。南宋后期的诗坛以"永嘉四灵"和"江湖派"为代表,作品现实感不强,诗格浮弱。直至南宋灭亡前后,起兵抗元的文天祥等人写出一些激动人心的爱国诗篇,为这一时期的诗坛增添了最后一抹光彩。

(七)元好问与金代诗

始于1115年、迄于1234年的金是女真族建立的政权。此时诗人辈出,作品繁多。尤其是金亡前后,诗歌创作相当活跃,最能代表这种新气象的诗人首推元好问,他的创作使金诗的成就飞跃到一个崭新的境界。

作为金代最重要的诗人,元好问存诗一千四百余首,作品之丰在金代诗坛上首屈一指,成就也最为突出。元好问生逢金代后期的动乱时代,亲身经历了亡国的惨痛,他个人的遭遇与民族、国家的命运息息相关,他的诗歌生动地展示了金、元易代之际的历史画卷。在艺术上,元好问全面地继承了中国古典诗歌的优秀传统,熟练地掌握了各种诗体的艺术形式。"国家不幸诗家幸,赋到沧桑句便工。"(赵翼《题元遗山集》)写于金亡前后的"纪乱诗"是元好问最重要的创作。面对国家灭亡、人民遭难的现实,他并不是一味地哀叹悲泣,而是把悲壮慷慨的感情表现于苍莽雄阔的意境之中。如在蒙古军围攻汴京城时写的《壬辰十二月车驾东狩后即事五首》之二:"渗淡龙蛇日斗争,干戈直欲尽生灵。高原水出山河改,战地风来草木腥。精卫有冤填瀚海,包胥无泪哭秦庭。并州豪杰知谁在,莫拟分军下井陉。"对于战争所带来的巨大灾难和国家的危急形势,诗人深为悲怆沉痛,但字里行间仍充溢着一股慷慨壮烈之气。其他如《出都》《岐阳三首》等,也都表达了诗人对金朝败亡原因的理性思考。元好问擅长各种诗体,尤以七律的成就最为突出。他的七律,深受杜甫的影响,功力深厚,意境沉郁。他的五言诗,浑融含蓄,如五古《颖亭留别》中"寒波淡淡起,白鸟悠悠下"二句,物我相融,意象平淡而韵味隽永,体现出元好问诗的另一种风格。另外,元好问在古代文学批评史上也占有重要的地位。其《论诗绝句三十首》相当全面地评论了自汉魏下迄宋金这一千余年间的重要诗人及诗派,表达出重视自然天成的意境和雄放壮伟的风格的诗学主张,一直为后代的诗论家所重视。

(八)元代诗歌

元初,以朱熹的学说为代表的理学开始成为官方的主导思想,理学的独尊地位,对元人的文学思想和诗文创作有非常深刻的影响。与元代的戏曲作家不同,当时的诗文作家主要是具有正统思想的士大夫。

元代前期诗人有元好问、李俊民等由金入元者,还有开国功臣耶律楚材、郝经等,著名的理学家刘因、许衡等。其中以契丹族的耶律楚材最为突出。他曾随成吉思汗西征,驰骋万里,其诗动荡开阖、气象万千。耶律楚材擅写七律,句律流畅沉稳,风骨遒健,如《和移剌继先韵》:"旧山盟约已愆期,一梦十年尽觉非。瀚海路难人去少,天山雪重雁飞稀。渐惊白发宁辞老,未济苍生曷敢归。去国迟迟情几许,倚楼空望白云飞。"元代中期,社会逐渐稳定,民族矛盾有所缓和。"雅正"的观念在当时得到许多诗人的认同,所谓"雅正",诗风以温柔敦厚为皈依,题材歌咏升平。产生了"元诗四大家",指虞集、杨载、范梈、揭傒斯。

元代后期朝廷政治黑暗,民族矛盾又趋激化,写实倾向大大增强。元末诗坛具有写实倾向的代表作家当推王冕。他出身农家,毕生未仕,这样的人生经历使他对元末的社会现实有真切的了解。如《江南民》中"民人籍正戍,悉为弓矢徒。纵有好儿孙,无异犬与猪。"元末最具艺术个性的诗人是杨维桢。他打破元代中期面目雷同的诗风,追求构思的超乎寻常和意象的奇特不凡,从而创造了元代诗坛上的"铁崖体"。最能体现"铁崖体"特色的,是他的乐府诗。这些诗多半是咏史、拟古之作。回族诗人萨都剌以写宫词、乐府诗著名,这些作品受晚唐李商隐、温庭筠诗风的影响颇深,但在浓艳细腻中渗入了自然生动的清新气息。

二、作品选讲

王 维

王维(701—761),字摩诘,太原祁(今山西祁县)人。二十一岁中进士,任大乐丞。后历右拾遗、监察御史、河西节度府判官、左补阙、库部郎中。官终尚书右丞,世称王右丞。

王维早年怀有积极的人生态度,诗作以激情的政治感遇诗、游侠诗、边塞诗为主,多抨击权贵;后历经仕途坎坷,对开明政治失去信心,晚年过着亦官亦隐的优游生活,后期作品以山水田园诗为主。山水田园诗代表了王维诗歌的最高成就。王维与孟浩然并称"王孟",成为盛唐山水田园诗的代表作家。王维能诗善画,妙解音律,善于发现与主观情感相契合的客观景物,描写自然界的各种声响,表现自然山水的动态美。他用清新的笔调、匀润的色彩,细致地描绘出山水田园中清灵、优美的境界,表现自己的闲情逸致,并不时渗透佛理禅机。其诗以五言律绝最为出色,被誉为"五言宗匠"。有《王右丞集》。

山居秋暝[1]

空山新雨后,天气晚来秋。
明月松间照,清泉石上流。
竹喧归浣女[2],莲动下渔舟[3]。
随意春芳歇[4],王孙自可留[5]。

【注释】

[1]山居:山中的住所,指辋川别墅。暝:夜色初临。
[2]浣(huàn)女:洗衣或洗纱的女子。
[3]莲动:荷叶碰撞摆动。
[4]随意:任凭。春芳:指春天的花草。歇:凋谢枯萎。
[5]王孙:贵族子弟的通称,这里指诗人自己。留:居。《楚辞·招隐士》:"王孙游兮不归,春草生兮萋萋";"王孙兮归来,山中兮不可以久留"。这里反用其意。

【讲解】

这是一首描绘秋日傍晚,雨后山林的清新静谧自然美景,并寄托诗人归隐意趣的山水名诗。

这首五言律诗的首联点明季节、时间、地点、天气,紧扣诗题,为全诗定下一个清新爽朗的基调。"空"为诗眼,突出了秋雨涤荡过的山林静谧所引发的错觉,还强调诗人陶醉其中的那种心旷神怡和欢欣喜悦。犹如诗人的另两句诗"山行元无雨,空翠湿衣人"中的"空"字异曲同工。结合下文可知,山居并不空:有变化的景物,有活动的人物,有静物,有声响。"空"从何来?显然,来自诗人心境的极度淡泊、虚静,摒弃尘念,浑忘自我。颔联写景,用明月、青松、清泉、山石等几种典型景物点缀山居的画面。颈联由景写到人,从听觉印象引出视觉印象,先写竹林中传来一阵阵笑语喧哗,再引出浣纱女子归来的情景;先写莲叶摆动作响,再引出渔舟划动的情景;这样把视觉感受与听觉感受勾连一起,使声响与景色和谐融合,又错落有致。尾联转向抒情,由外向景物转向直抒作者胸臆。《楚辞·招隐士》中的"王孙兮归来,山中兮不可以久留"本意为召回逗留于山中的隐士,作者在此反用其意,表白自己愿意长留在这景色宜人、宁静美好的世外桃源。

该诗最显著的特点就是"诗中有画"。整首诗的景物描写,犹如一幅极其简淡朴素的白描图卷,勾画简约,却画意盎然。其次是笔法错落有致。颔联上句写所见,下句写所闻;颈联则是上句写所闻,下句写所见,见中有闻,闻中有见,视听结合,动静相衬。

【思考与练习】
一、选择题
1.《山居秋暝》是一首（　　）。
　A. 山水诗　　　　　B. 近体诗　　　　　C. 古体诗　　　　　D. 抒情诗
2.《山居秋暝》在艺术上的特点有（　　）。
　A. 动静相衬　　　　B. 借景抒情　　　　C. 视听结合　　　　D. 大开大合
3. 下列唐代作家中,属于山水田园诗派的有（　　）。
　A. 李白　　　　　　B. 王维　　　　　　C. 孟浩然　　　　　D. 高适
4. 被苏轼称为"诗中有画"的唐代诗人是（　　）。
　A. 李白　　　　　　B. 王维　　　　　　C. 杜甫　　　　　　D. 白居易
5. "明月松间照,清泉石上流"是《山居秋暝》一诗的（　　）。
　A. 首联　　　　　　B. 颔联　　　　　　C. 颈联　　　　　　D. 尾联

二、简答题
1. 这首诗表现了作者怎样的生活情趣?
2.《山居秋暝》这首诗中间写景的两联,是怎样表现动静相衬、视听结合特点的?
3. 谈谈你对"空山新雨后"中"空"的理解。

三、解析题
阅读王维《使至塞上》一诗,回答问题:
单车欲问边,属国过居延。征蓬出汉塞,归雁入胡天。大漠孤烟直,长河落日圆。萧关逢候吏,都护在燕然。
1. 这首诗的大致内容是什么?
2. 这首诗写于什么季节? 为什么?
3. 从这首诗中你感受到了作者怎样的情绪? 为什么?

四、实践题
对王维在《酬张少府》中所说的"晚年惟好静,万事不关心",你如何评价?

王昌龄

王昌龄(约698—756),字少伯,京兆长安(今陕西西安)人。唐玄宗开元十五年(727)进士,授校书郎,改汜水尉,后任江宁丞,晚年贬为龙标(今湖南黔阳西)尉。世称王江宁、王龙标。安史之乱后,弃官隐居江夏,为刺史闾丘晓所杀。

王昌龄的边塞诗有很高的艺术概括力,其着眼点往往不在于具体战事,而是把边塞战争作为一种历史现象,从各个角度深入思考,以深刻的内涵、饱满的热情,突破了六朝以来边塞诗主要就乐府旧题加以敷衍的固有程式,意境深远,气势雄浑。

王昌龄擅长五言古诗和五、言七言绝句,尤以七绝成就最高,后人称他为"七绝圣手"。除了边塞诗和他的闺怨诗、送别诗流丽婉转,颇见造诣。

出塞(其一)

秦时明月汉时关[1],万里长征人未还。
但使龙城飞将在[2],不教胡马度阴山[3]。

【注释】

[1] 秦时明月汉时关：该句运用互文笔法，即秦汉时的明月，秦汉时的关塞。

[2] 但使：只要。龙城飞将：指汉朝名将李广。南侵的匈奴惧怕他，称他为"飞将军"。这里泛指英勇善战的将领。

[3] 胡马：指侵扰内地的外族骑兵。阴山：在今内蒙古自治区，古代常凭借它来抵御匈奴的南侵。

【讲解】

这首边塞诗真切地传达了唐代戍边战士的呼声：希望朝廷任用有才能的人，出任边疆将领，巩固边防，熄灭烽火，让他们能重返家园，过上安宁的生活。明代诗人李攀龙把这首诗推为唐人七绝的压卷之作。

诗的首句"秦时明月汉时关"七个字，只用大笔勾勒，不作细致描绘，即展现出一幅壮阔的图画：一轮明月，照耀着边疆关塞，渲染出孤寂、苍凉的气氛。诗人从千年之前、万里之外下笔，在"月"和"关"的前面，用"秦汉时"三字加以修饰，从时间上烘托出万里边关悠久的历史感。接着，诗人触景生情，写出既叙事又抒情的次句："万里长征人未还"。在深沉的感叹中暗示当时边防多事以及士卒久戍难归，又从空间的角度点明边塞的遥远。诗人借助阔大、悠久的时空意象，表现战争给秦、汉以来的历代人民带来的痛苦和灾难。三、四两句"但使龙城飞将在，不教胡马度阴山"融抒情与议论为一体，通过用典，写出千百年来人民冀望有"龙城飞将"出现以平息胡乱、安定边防的共同意愿，气势豪迈，铿锵有力，掷地有声；同时又语带讽刺，表现了诗人对朝廷用人不当和将帅腐败无能的不满。

全诗既以语言古朴、平直取胜，又能巧借典故，使得主旨突出，意境雄浑苍茫，诗蕴深沉含蓄，耐人寻味。

【思考与练习】

一、选择题

1. 《出塞》是一首（　　）。
   A. 七绝　　　　　B. 近体诗　　　　　C. 古体诗　　　　　D. 七律

2. 下列唐代作家中，以写作七绝著称，被后人称为"七绝圣手"的是（　　）。
   A. 王昌龄　　　　B. 王维　　　　　　C. 孟浩然　　　　　D. 杜甫

3. 下列唐代诗人中，属于边塞诗人的有（　　）。
   A. 高适　　　　　B. 岑参　　　　　　C. 王维　　　　　　D. 王昌龄

4. 《出塞》中说到的"龙城飞将"是指（　　）。
   A. 卫青　　　　　B. 李广　　　　　　C. 霍去病　　　　　D. 李陵

5. 王昌龄《出塞》一诗表达的思想内容是（　　）。
   A. 揭露了唐军内部官兵的尖锐对立
   B. 表示了自己报效祖国的决心
   C. 希望朝廷任用有才能的人出任边疆将领，巩固边防
   D. 慨叹了边塞战争的经久不息

二、简答题

1. 这首诗的主旨是什么？
2. "秦时明月汉时关"采用的是一种什么手法？使用"秦""汉"做修饰有什么含义？

三、实践题

查阅资料，总结王昌龄边塞诗的特点。

高　适

高适（702—765），字达夫，渤海蓨（今河北景县）人。少贫寒，潦倒失意，曾北上蓟门和浪游

梁宋。后客游河西,为哥舒翰书记。安史之乱起,以监察御史佐哥舒翰守潼关。潼关失守,他奔赴行在,见玄宗陈述军事形势,迁侍御史,擢谏议大夫。后任淮南节度使,任彭州刺史,迁蜀州,代宗时为成都尹、剑南西川节度使,召为刑部侍郎,转左散骑常侍。封渤海县侯,病逝。

高适以边塞诗成就最高,也有一些反映时事以及民生疾苦的诗,语言质朴,直抒胸臆,气骨琅然,多慷慨悲壮之音。尤擅以多角度、多层次表现全面的军旅生活。诗以七古为胜,与岑参齐名,世称"高岑"。有《高常侍集》。

燕歌行[1]

开元二十六年,客有从御史大夫张公[2]出塞而还者,作《燕歌行》以示适,感征戍之事,因而和焉。

汉家烟尘在东北[3],汉将辞家破残贼[4]。男儿本自重横行[5],天子非常赐颜色[6]。摐金伐鼓下榆关[7],旌旆逶迤碣石间[8]。校尉羽书飞瀚海[9],单于猎火照狼山[10]。山川萧条极边土[11],胡骑凭陵杂风雨[12]。战士军前半死生[13],美人帐下犹歌舞!大漠穷秋塞草腓[14],孤城落日斗兵稀。身当恩遇恒轻敌,力尽关山未解围[15]。铁衣远戍辛勤久,玉箸应啼别离后[16]。少妇城南[17]欲断肠,征人蓟北空回首[18]。边庭飘飖那可度[19],绝域[20]苍茫更何有!杀气三时作阵云[21],寒声一夜传刁斗[22]。相看白刃[23]血纷纷,死节从来岂顾勋[24]。君不见沙场[25]征战苦,至今犹忆李将军[26]。

【注释】

[1]"燕歌行"本为乐府歌词,属《相和歌·平调曲》。燕为古代边地,历来征戍不绝,人们多用以写戍卒思妇的离别之情。行:歌行,古乐府诗歌体裁的一种。

[2]御史大夫张公:营州都督、河北节度副使张守珪。

[3]汉家:借指唐朝。烟尘:指战争。

[4]残贼:开元十八年(730)契丹大臣可突干弑其主李邵固叛唐,被信安王李袆击败,后又卷土重来,杀幽州道副总管。张守珪奉调,于开元二十二年两次击败之,杀可突干。开元二十四年秋至次年春,再出兵击败其余党,故称残贼。

[5]横行:指驰骋疆场,为国效命。

[6]赐颜色:给予荣宠以及优礼。开元二十三年,张守珪献俘长安,唐玄宗设宴,赐酒赐诗,并封其为辅国大将军、右羽林大将军,封其二子为官,给以重赏。

[7]摐(chuāng)金伐鼓:鸣金击鼓。榆关:山海关。

[8]碣石:山名,汉代在东北海边,六朝时没入海中。

[9]校尉:武官,低于将军。羽书:插有鸟羽的紧急文书。瀚海:沙漠。

[10]狼山:一称白狼山,在白狼河畔,时为奚及契丹境内。

[11]极边土:临边境的尽头。

[12]"胡骑"句:意谓敌人来势凶猛,像疾风暴雨。凭陵,恃势凌人。其《蓟门行》亦有"胡骑虽凭陵,汉兵不顾身"之句。

[13]半死生:生死各半,谓出生入死,英勇奋战。

[14]腓:通"痱(féi)",病,枯萎。

[15]"身当"两句:意谓战士们身承朝廷的恩遇,常常不顾敌人的凶猛而死战,但仍未能解除重围。关山,指边境险要处。未解围,不能解除敌人对孤城的围困。

[16]铁衣:指代远征战士。玉箸(zhù):眼泪,这里指思妇之泪。

[17]少妇城南:唐代长安城北为宫廷区,城南为住宅区,少妇城南指战士的妻子。

[18]蓟北:唐蓟州治所在渔阳,今天津蓟州区,这里泛指东北边地。空:徒然。
[19]边庭:边境。飘飘:动荡不安。度:度日。
[20]绝域:边远地区。
[21]三时:指早晨、中午、晚上,即一整天。阵云:战云。
[22]刁斗:行军用具,白天用以烧饭,夜间敲击报时警备。
[23]白刃:雪亮的战刀。
[24]死节:为国牺牲。顾:顾念。勋:功劳。
[25]沙场:战场。
[26]李将军:李广(汉代名将),为西汉抗击匈奴的名将。李广和匈奴大小七十余战,却无尺寸之功可封侯,故有"冯唐易老,李广难封"之说。

【讲解】

这首诗以张守珪平定契丹可突干及其余党叛乱的几次战争为背景,慨叹征战之苦,谴责将领骄傲轻敌,荒淫失职,造成战争失利,反映了士兵与将领之间的苦乐不同。

全诗简练地描写了一次战争的全过程。开头八句写出师,说明战争的方位和性质,写出了唐军出师时一往无前的气魄,也暗示了将帅的恃勇轻敌。第二个八句,写战斗危急和失败,战士们出生入死,将军们荒淫无耻,为将士们的献身报国作了很好的铺垫。第三个八句转而抒发征人思妇的相思之情,写被围战士的痛苦,并极力渲染了边地的艰苦,诉说了将士们的儿女情长和夫妻之情,以及在大敌当前,只能忍受"少妇城南欲断肠,征人蓟北空回首"的感情煎熬。最后四句以"李广难封"的历史典故的运用,把将士们的思想境界提升到一个更高的高度,他们拼死血战,含辛茹苦,甚至为国捐躯,并非为了个人的功名利禄。

全诗格调雄健激越,慷慨悲壮;四句一换韵,平仄相间,抑扬有节,音调和美;大量运用律句与对仗,故虽充满金戈铁马之声,却音节流利酣畅,从而成为唐代边塞诗之千古传诵的"第一名篇"。

【思考与练习】

一、选择题

1. 高适的《燕歌行》显示将军恃勇轻敌的句子有( )。
   A. 汉将辞家破残贼　　　　　　　　B. 摐金伐鼓下榆关
   C. 孤城落日斗兵稀　　　　　　　　D. 杀气三时作阵云
2. 被誉为唐代边塞诗"第一名篇"的作品是( )。
   A. 高适《燕歌行》
   B. 岑参《走马川行奉送封大夫出师西征》
   C. 岑参《白雪歌送武判官归京》
   D. 王昌龄《出塞》
3. 高适生活的时代是( )。
   A. 初唐　　　　　　B. 盛唐　　　　　　C. 中唐　　　　　　D. 晚唐
4. 高适《燕歌行》一诗在体式上属于( )。
   A. 新乐府　　　　　B. 汉乐府　　　　　C. 南朝乐府　　　　D. 乐府旧题
5. 高适《燕歌行》中"铁衣远戍辛勤久"后面的诗句是( )。
   A. 玉箸应啼别离后　　　　　　　　B. 征人蓟北空回首
   C. 少妇城南欲断肠　　　　　　　　D. 死节从来岂顾勋
6. 《燕歌行》中,作者将李将军与"汉将"(实指"唐将")相比,主要是为了表明( )。
   A. 李将军十分爱护士卒　　　　　　B. 唐军将帅的腐败无能
   C. 怀念李将军　　　　　　　　　　D. 对唐军广大战士的体恤和同情
7. "战士军前半死生,美人帐下犹歌舞"两句诗的作者是( )。

A. 李白　　　　　　B. 杜甫　　　　　　C. 高适　　　　　　D. 白居易
8. 下列诗句中,不出于高适《燕歌行》的一句是(　　)。
A. 但使龙城飞将在,不教胡马度阴山
B. 翠影红霞映朝日,鸟飞不到吴天长
C. 少妇城南欲断肠,征人蓟北空回首
D. 校尉羽书飞瀚海,单于猎火照狼山

二、翻译

1. 汉家烟尘在东北,汉将辞家破残贼。
2. 大漠穷秋塞草腓,孤城落日斗兵稀。
3. 铁衣远戍辛勤久,玉箸应啼别离后。
4. 杀气三时作阵云,寒声一夜传刁斗。

三、简答题

1. 概括《燕歌行》的主要内容。
2. 高适的《燕歌行》中包含了哪些对比?
3. 这首诗给你感受最深的一句是什么?为什么?

四、解析题

阅读下列内容,回答问题:

铁衣远戍辛勤久,玉箸应啼别离后。少妇城南欲断肠,征人蓟北空回首。边庭飘飖那可度,绝域苍茫更何有!杀气三时作阵云,寒声一夜传刁斗。

1. 此段采用的对比手法和"战士军前半死生,美人帐下犹歌舞"有什么不同?
2. "玉箸"指什么?是什么修辞手法?
3. 这段文字写的是一个什么场景?有什么文学效果?

五、实践题

《燕歌行》所写的时代是盛唐,是一个公认的强盛时代,但战争的残酷依然存在。请查阅各个朝代的资料,谈谈我国历史上有哪些战乱的时代。

岑　参

岑参(715—770),祖籍南阳,出生于江陵(今湖北江陵)。曾两度赴西北边塞,五次入戎幕。天宝三年(744),中进士后被征调到唐朝最远的边塞安西(今新疆库车)和北庭(今新疆吉木萨尔),真正是投笔从戎。此间,他创作了大量的边塞诗。岑参五十五岁任嘉州(今四川乐山)刺史,任满罢官,心情郁闷,卒于成都旅舍。

岑参是盛唐边塞诗的代表作家,与高适齐名,并称"高岑"。他的边塞诗感情真实,以瑰丽的笔调、出乎常情的想象力描绘了边塞雄奇壮阔的风光,抒发豪迈情怀,化平凡为神奇,使诗充满奇情壮采,富有力量感。突破了以往征戍诗写边地苦寒和士卒劳苦的传统格局,极大地丰富了边塞诗的题材和表现范围。有《岑嘉州集》。

走马川行奉送封大夫出师西征[1]

君不见走马川,雪海边[2],平沙莽莽黄入天[3]。轮台[4]九月风夜吼,一川碎石大如斗,随风满地石乱走[5]。匈奴[6]草黄马正肥,金山西见烟尘飞[7],汉家大将西出师[8]。将军金甲[9]夜不脱,半夜军行戈相拨[10],风头如刀面如割[11]。马毛带雪汗气蒸,五花连钱旋作冰[12],幕中草檄砚水凝[13]。虏骑闻之应胆慑[14],料知短兵不敢接[15],车师西门伫献捷[16]。

【注释】

[1]本诗作于天宝十三年(754)九月,同时还作有《轮台歌奉送封大夫出师西征》。时作者在安西节度使封常清幕中。封常清奉命西征播仙,岑参写此诗送行。

[2]走马川:河名,地点在今新疆境内,具体地点不详,当为冬涸夏水的季节河。川:河流。雪海:泛指大雪覆盖的西北苦寒地区。

[3]平沙:大沙漠。莽莽:无边无际的样子。

[4]轮台:唐贞观年间置轮台县,即今乌鲁木齐市北米泉区。诗中所言轮台即此,属北庭,距北庭治所不远,封常清常驻军于此。又有古轮台,约与今新疆轮台同,本为仓头国(一作轮台国),汉武帝时为李广利所灭,后并入龟兹。

[5]走:奔跑。

[6]匈奴:中国古代民族名,亦称"胡"。战国时代活动于燕、赵、齐国北面的广大地区。汉代常与汉王朝发生战争,至汉末分化无存。唐人诗中所言匈奴,皆代指西北游牧民族。

[7]"金山"句:意为"西见金山烟尘飞"。金山,阿尔泰山,在新疆北部。西见,西望。烟尘飞,表示战事已经发生。烟尘,指战场上扬起的尘土。

[8]汉家大将:此指封常清。唐人常借汉指唐。出师:出兵。

[9]金甲:金属的铠甲。

[10]戈相拨:兵器发生碰撞。

[11]风头如刀:形容寒风凛冽。面如割:指风吹在脸上脸面如同被刀割一样。

[12]五花连钱:五花马,身上有连钱形状的花纹,指名贵的马。旋:立即。

[13]幕:指军幕,军营。草檄:起草声讨敌人的文书。凝:凝固,结冰。

[14]胆慑:恐惧丧气。

[15]料知:估计。短兵:短的兵器。不敢接:指敌人不敢交战。接,接触,指交战。

[16]车师:汉西域国名,此指安西都护府所在地。伫献捷:等候报捷。伫,长时间站立。

【讲解】

这首诗描写了部队出征的场景,表现了军队将士不畏艰难寒苦、英勇前进、争取胜利的精神。

全诗分为三部分,第一部分从"君不见"至"石乱走",总写边地恶劣的自然环境,用"入""吼""走"三个动词分写"沙""风""石"等边地的典型物象,以自然环境险恶来表现将士的英雄气概。第二部分从"匈奴草黄"至"砚水凝",写行军过程,大致可分三层:第一层写出征的原因,外敌入侵,烟尘顿起,匈奴"马肥",反衬唐军的武勇;第二层写行军的艰辛,突出将军的以身作则,而"风头如刀面如割"也呼应了前面的"风夜吼";第三层正面描写天气的寒冷,汗气成冰、砚水成冰,突出边地的奇寒。第三部分从"虏骑"至"献捷",写预祝西征凯旋,"应胆慑""不敢接",预料战争的结果,不免略含夸张,洋溢着盛唐时期入幕文人的乐观情绪和昂扬进取的精神风貌。

在写作手法上,这首诗有如下特点:第一,描写准确,使人有身临其境的感觉。诗中写的大漠景象,如"一川碎石大如斗,随风满地石乱走",内地人以为是夸张,其实这是当时边地真实景象。又如"风头如刀面如割""汗气蒸发旋作冰",写边地夜行军的寒冷,都是真实的描写,而且非常确切。第二,声调激越。全诗句句用韵,三句一换韵,而且是平仄间隔,有抑扬顿挫之妙,形成了"势险节短"(沈德潜《唐诗别裁集》)的音韵效果。

【思考与练习】

一、选择题

1. 下列关于《走马川行奉送封大夫出师西征》一诗的说法,正确的有(   )。

A. 这是一首送军出征的诗,全诗流露出一种阳刚悲壮的美感

B. 诗体为七言歌行体
C. 每句诗都有押韵,三句一转韵
D. 开首以下六句都在写风,是由触觉写到视觉
2. "匈奴草黄马正肥"后面的诗句是(　　　)。
A. 平沙莽莽黄入天　　　　　　　B. 金山西见烟尘飞
C. 汉家大将西出师　　　　　　　D. 将军金甲夜不脱
3. 下列诗句表现边疆苦寒天气的是(　　　)。
A. 轮台九月风夜吼,一川碎石大如斗,随风满地石乱走
B. 将军金甲夜不脱,半夜军行戈相拨,风头如刀面如割
C. 马毛带雪汗气蒸,五花连钱旋作冰,幕中草檄砚水凝

二、简答题

1. 谈谈岑参边塞诗的特点。
2. 你觉得王昌龄与岑参二人的边塞诗有何区别?

三、实践题

下文是高适《蓟门行五首》中的一首,阅读后谈谈和岑参诗的不同感觉。

黯黯长城外,日没更烟尘。胡骑虽凭陵,汉兵不顾身。古树满空塞,黄云愁杀人。

李　白

李白(701—762),字太白,出生于中亚的碎叶城(今吉尔吉斯斯坦托克马克),一说出生于蜀郡绵州昌隆县(今四川江油市)青莲乡,故自号"青莲居士"。他喜游览名山大川、访仙求道,颇有侠士风度。742年,经吴筠等人推荐,被唐玄宗征召入京,贺知章称誉其为"谪仙人",一时名动京师。后因其放荡不羁、傲视权贵,很快被"赐金放还"。安史之乱中,曾参加永王李璘的幕府,因永王"谋反"事受牵连,流放夜郎,途中又被赦免。晚年贫病交加,病死其族叔家中。

李白的诗歌充分表现了他拯时济物的抱负和傲视权贵的精神,以及热爱大自然,追求自由的个性,以直率喷发的抒情、奇特大胆的构思取胜。他擅长运用丰富的想象、奇特的比喻、大胆的夸张;语言自然纯净,蕴含深厚,气势畅达,形成雄放飘逸的风格特色。

蜀道难[1]

噫吁嚱[2],危乎高哉!蜀道之难,难于上青天!蚕丛及鱼凫[3],开国何茫然[4]!尔来四万八千岁[5],不与秦塞[6]通人烟。西当太白有鸟道[7],可以横绝峨眉巅[8]。地崩山摧壮士死[9],然后天梯石栈相钩连[10]。上有六龙回日之高标[11],下有冲波逆折之回川[12]。黄鹤之飞尚不得过[13],猿猱[14]欲度愁攀援。青泥何盘盘[15],百步九折萦岩峦[16]。扪参历井仰胁息[17],以手抚膺[18]坐长叹。问君[19]西游何时还,畏途巉岩不可攀[20]。但见悲鸟号古木[21],雄飞雌从绕林间。又闻子规[22]啼夜月,愁空山[23]。蜀道之难,难于上青天。使人听此凋朱颜[24]。连峰去[25]天不盈尺,枯松倒挂倚绝壁。飞湍瀑流争喧豗[26],砯崖转石万壑雷[27]。其险也如此,嗟尔远道之人胡为乎来哉[28]!剑阁峥嵘而崔嵬[29],一夫当关[30],万夫莫开。所守或匪亲[31],化为狼与豺。朝避猛虎,夕避长蛇[32]。磨牙吮血,杀人如麻。锦城[33]虽云乐,不如早还家。蜀道之难,难于上青天!侧身西望长咨嗟[34]!

【注释】

[1]《蜀道难》：乐府古题，属《相和歌·瑟调曲》，内容多描写入蜀道路的艰险。唐孟棨《本事诗·高逸第三》记载："李太白初自蜀至京师，舍于逆旅。贺监知章闻其名，首访之。既奇其姿，复请所为文。出《蜀道难》以示之。读未竟，称叹者数四，号为谪仙，解金龟换酒，与倾尽醉。期不间日，由是称誉光赫。"据此，这首诗应当作于742年入长安前。

[2]噫吁嚱(yī xū xì)：惊叹声，蜀地方言。

[3]蚕丛、鱼凫(fú)：传说中古代蜀国开国的两个君王。

[4]何：多么。茫然：指年代久远，事迹难考。

[5]尔来：从开国以来。四万八千岁：极言岁月漫长，并非实指。

[6]秦塞：秦的关塞，指秦地，今陕西地方。战国时，秦惠王灭蜀，置蜀郡，从此，蜀地开始与秦地相互来往。

[7]西当：西对着。太白：秦岭峰名，位于今陕西眉县南。鸟道：只有飞鸟才能通过的道路，形容山路陡峻狭窄。

[8]横绝：横越，横渡。峨眉：山名，位于今四川峨眉县西南。巅：顶峰。

[9]地崩山摧壮士死：据《华阳国志·蜀志》载，秦惠王把五个美女许嫁给蜀王，蜀王派五位力士去迎接，回到梓潼，见一条大蛇钻入山洞，五力士抓住蛇尾朝外拉，结果山崩地裂，五力士和五美女都被压在下面，山分为五岭。从此，蜀秦开始交通。摧，倒塌。

[10]天梯：指非常陡峭的山路，像是登天的梯子。石栈：栈道，在悬崖绝壁上凿孔架木筑成的道路。

[11]六龙：传说羲和驾着六条龙拉的车子，载着太阳，每天在空中自东向西行驶。回日：指太阳神的车子到这里只好回转。高标：指蜀山诸峰中可作为一个地区标识的最高峰。

[12]冲波：水流冲击腾起的波浪，此指激流。逆折：水流回旋曲折。回川：有漩涡的河流。

[13]黄鹤：黄鹄，又名天鹅，善于高飞。尚：尚且。得：能够。

[14]猱：猿类，身体便捷，是蜀地深山中最善攀援的猿类。

[15]青泥：山名，位于今陕西略阳县境内，为唐代入蜀要道。《元和郡县志》载："悬崖万仞，山多云雨，行者屡逢泥淖，故号青泥岭。"盘盘：形容山路曲折盘旋。

[16]百步九折：百步之内拐九道弯，极言转折之多。百、九，皆为虚数。萦：环绕。

[17]扪：摸。历：经过。参、井：古代天文学上的星宿名。胁息：屏气不敢呼吸。

[18]膺：胸。

[19]君：泛指西游蜀地的人。

[20]畏途：可怕的路途。巉(chán)岩：高峻险要的山岩。

[21]但见：只见。悲鸟：啼声悲切的鸟。号：大声哀鸣。

[22]子规：杜鹃鸟，又名杜宇，相传为古蜀国君望帝所化。子规啼声哀婉，如说"不如归去"。

[23]愁空山：愁苦气氛充满山间。

[24]凋朱颜：形容容颜失色。

[25]去：距离。

[26]飞湍：飞奔而下的急流。瀑流：瀑布。喧豗(huī)：水流冲击的轰鸣声。

[27]砯(pīng)：水击石的声音。这里是撞击的意思。转：翻动。万壑雷：千山万谷中发出雷鸣般响声。

[28]嗟：感叹声。胡为乎：为什么。

[29]剑阁：剑门关，今四川剑阁县北，是大、小剑山之间的一条栈道。峥嵘：山势高峻。崔嵬(wéi)：山高大不平。

[30]当关：守关。西晋张载《剑阁铭》："一夫荷戟，万夫趑趄。形胜之地，非亲勿居。"

[31]或：倘若。匪：通"非"。

[32]猛虎、长蛇：与上文狼与豺意同，比喻据险作乱者。

[33]锦城：锦官城，今四川成都市。

[34]咨嗟：叹息。

【讲解】

这首诗采用大量神话、传说,运用一系列神奇的想象和夸张手法,着力描绘自秦入蜀道路上的种种艰难险恶,大约是李白自蜀初到长安时所写。据说,贺知章就是因为这首诗,对李白称赞不已,誉之为"谪仙"。

全诗分为三个部分:第一部分从开头到"然后天梯石栈相钩连",从渺茫难寻的远古世界入手,通过蚕丛、鱼凫开国的传说,五大力士拽蛇山崩的神话,写出蜀道天梯石栈,鬼斧神工、神奇无比的印象。第二部分从"上有六龙回日之高标"到"使人听此凋朱颜",运用极尽夸张、想象,从山的高峻、路的险阻、气氛的荒凉哀愁等方面描绘蜀道行走艰难,令人凝神屏气,抚膺长叹。第三部分从"连峰去天不盈尺"到结尾,运用比喻,并有所寄托地写出对蜀地山川险要容易为军阀据险作乱的隐忧,深化了诗歌主题,令人深省。

全诗通过天马行空般的驰骋想象,创造出博大浩渺的艺术境界,使诗歌呈现出雄奇奔放、淋漓酣畅、变化莫测的风格。同时,采用反复咏叹的形式直接抒发强烈的感情,诗中三次出现"蜀道难,难于上青天"一句,展现了诗人感情的爆发、延伸、收束的全过程,成为全诗的主旋律。

【思考与练习】

一、选择题

1. 从诗歌体裁上看,李白的《蜀道难》属于(　　)。
A. 乐府旧题　　　　B. 新题乐府　　　　C. 七律　　　　D. 五律
2. 李白感叹"蜀道之难",所涉及的内容有(　　)。
A. 下有冲波逆折之回川　　　　B. 猿猱欲渡愁攀援
C. 落霞与孤鹜齐飞　　　　　　D. 一夫当关,万夫莫开
3. 下列诗人,有着飘逸、奔放、雄奇、壮丽的艺术风格的是(　　)。
A. 王维　　　　　　B. 李白　　　　　　C. 杜甫　　　　D. 白居易
4. 《蜀道难》的主旋律是(　　)。
A. 问君西游何时还,畏途巉岩不可攀
B. 蜀道难,难于上青天
C. 一夫当关,万夫莫开
D. 锦城虽云乐,不如早还家

二、翻译题

1. 西当太白有鸟道,可以横绝峨眉巅。
2. 上有六龙回日之高标,下有冲波逆折之回川。
3. 飞湍瀑流争喧豗,砯崖转石万壑雷。
4. 蜀道之难,难于上青天!侧身西望长咨嗟!

三、简答题

1. 以《蜀道难》为例,谈谈李白诗歌的特色。
2. 在《蜀道难》中,李白为什么要反复咏叹"蜀道之难,难于上青天"?

四、实践题

查阅历史资料,分析"所守或匪亲,化为狼与豺。朝避猛虎,夕避长蛇"的含义。

将进酒[1]

君不见黄河之水天上来,奔流到海不复回[2]!君不见高堂明镜悲白发[3],朝如青丝暮成雪!人生得意须尽欢[4],莫使金樽空对月[5]。天生我材必有用,千金散尽还复来。烹羊宰牛且为乐[6],会须[7]一饮三百杯。岑夫子,丹丘生[8],将进酒,杯莫停[9]。与君[10]歌一曲,请君为我倾耳听[11]:钟鼓馔玉[12]不足贵,但愿长醉不复醒;古来圣贤皆寂寞,惟有饮者留其名。陈王昔

时宴平乐,斗酒十千恣欢谑[13]。主人何为言少钱,径须沽取[14]对君酌。五花马[15],千金裘,呼儿将出[16]换美酒,与尔同销万古愁。

【注释】

[1]《将进酒》:乐府旧题,属《鼓吹曲辞·汉铙歌》,意即"劝酒歌",多用以写朋友宴饮放歌劝酒的情趣。将(qiāng):请。这首诗大约作于天宝十一载(752)与友人岑勋在嵩山另一好友元丹丘颍阳山居做客,登高宴饮时。

[2]"君不见黄河之水"二句:上句写大河之来,势不可挡;下句写大河之去,势不可回,借以起兴。高步瀛《唐宋诗举要》卷二说:"河出昆仑,以其地极高,故曰从'天上来'。"

[3]君不见高堂明镜悲白发:意为在高大楼堂的明镜中照见白发而产生悲伤之感。

[4]尽欢:尽情欢乐。

[5]金樽空对月:意为月下任凭酒杯空着而不畅饮。

[6]且为乐:姑且享乐。

[7]会须:应当,应该。

[8]岑夫子:岑勋。丹丘生:即元丹丘。二人均为李白好友。

[9]将进酒,杯莫停:一作"将进酒,君莫停"。

[10]与君:为你。

[11]倾耳听:一作"侧耳听"。

[12]钟鼓馔(zhuàn)玉:指富贵豪华的生活。钟鼓,是说富贵人家吃饭时鸣钟列鼎。馔玉,形容饮食精美名贵。

[13]陈王:指曹植。平乐:宫观名,曹植曾在这里宴宾客。斗酒十千:一斗酒值十千钱,是说酒名贵价高昂。恣欢谑:尽情地欢娱戏谑。

[14]径须沽取:应该尽情地去买酒。径,直。沽,买。

[15]五花马:毛色斑驳的名贵的马。

[16]将出:拿出。

【讲解】

李白的歌行,完全打破诗歌创作的一切固有格式,空无依傍,笔法多端,达到了随性之最。这是一首歌行,诗人借酒这一话题表现了乐观通达、高度自信以及鄙弃富贵、傲岸王侯的思想,抒发了怀才不遇、报国无门的愤懑之情,也流露了人生如梦、及时行乐的消极情绪。

诗篇以一组对偶长句发端,如挟天风海雨而来。黄河源远流长,落差极大,如从天而降,一泻千里,东走大海。借此起兴,自然而然地引出悲叹人生短促的话题。将人生由青春至衰老的全过程说成"朝""暮"间事,把本来短暂的说得更短暂,与前两句把本来壮浪的说得更壮浪,构成反跌,撼人心魄。五六两句由"悲"而翻作"欢""乐"。从此直到"杯莫停",诗情渐趋狂放。句中未直写杯中之物,而用"金樽""对月"的形象语言出之,不仅生动,更将饮酒诗意化了;未直写应该痛饮狂欢,而以"莫使""空"的双重否定句式代替直陈,语气更为强调。"人生得意须尽欢"一句似乎是在宣扬及时行乐,但继而用"天生我材必有用"一句乐观好强地肯定人生、肯定自我,令人击节赞叹。"有用"而"必",何等自信!从貌似消极的现象中露出了深藏其内的一种怀才不遇而又渴望入世的积极内容。"千金散尽还复来",又是一个高度自信的惊人之句,能驱使金钱而不为金钱所使,足令一切凡夫俗子咋舌。再写整头整头地"烹羊宰牛",不喝上"三百杯"决不甘休,多么痛快豪壮!至此,狂放之情趋于高潮,诗的旋律加快。"岑夫子,丹丘生,将进酒,杯莫停",几个短句不但使诗歌节奏富于变化,而且写来逼肖席上声口。除了劝酒,还要倾诉。"与君歌一曲,请君为我倾耳听"以下八句就是诗中之歌了。在诗人眼里,富贵人家的"钟鼓馔玉不足贵",而甘愿"长醉不复醒"。诗情至此,便分明由狂放转为愤激。以下"古来圣贤皆寂寞"二句亦属愤语,古人寂寞,自己也寂寞,因此才愿长醉不醒了。说到"唯有饮者留其名",便举出陈王曹植作代表,并化用其《名都篇》"归来宴平乐,美酒斗十千"之句。古来酒徒历历,何以偏举陈王?这缘于李白一向自命不凡而又长期怀才不遇。以下诗情再入狂放,而且愈来愈狂。"主人何为言少钱",既照应"千金散尽"句,又故作跌宕,引出最后一番豪言壮语:即便千金散尽,也当不惜将出名贵宝物——"五花马""千金裘"来换取美酒,图个一醉方休。这结尾之妙,不仅在于"呼儿"与"尔",口气甚大,而且具有一种将宾作主的任诞情态。诗情至此狂放至极,令人嗟叹咏歌,直欲"手之舞之、足之蹈之"。情犹未已,诗已告终,突然又迸出一句"与尔同销万古愁",与开篇之"悲"呼应。诗人运用天马行空式的笔墨,倾泻出奔涌跌宕的感情激流。

这首诗大气磅礴,笔力千钧,富有感染力。《严羽评点李集》中评论此诗:"一往豪情,使人不能句字赏摘。盖他人作诗用笔想,太白但用胸口一喷即是,此其所长。"通篇以七言为主,杂以三言、五言、十言,句法参差,句型错落,与诗人的感情起伏紧密相应。

【思考与练习】
一、选择题
1."天生我材必有用"这句名言见于李白的(   )。
   A.《蜀道难》   B.《将进酒》
   C.《梦游天姥吟留别》   D.《庐山谣寄卢侍御虚舟》
2. 下列词语的解释有误的一项是(   )。
   A. 烹羊宰牛且为乐。且:暂且   B. 与君歌一曲。歌:唱歌
   C. 径须沽取对君酌。取:拿取   D. 与尔同销万古愁。销:消除
3. 下列关于"陈王昔时宴平乐,斗酒十千恣欢谑"的理解正确的是(   )。
   A. 陈王曹植从前设宴时非常的平和与欢乐,喝一斗酒赏十千钱,纵情地欢乐
   B. 陈王曹植从前设宴时非常的平和与欢乐,喝着千钱一斗的名贵酒,纵情地欢乐
   C. 陈王曹植从前在平乐观设宴,喝着千钱一斗的名贵酒,纵情地欢乐
   D. 陈王曹植从前在平乐观设宴,喝一斗酒赏一千钱,纵情地欢乐
4. 李白的《将进酒》中"烹羊宰牛且为乐"的下句是(   )。
   A. 人生得意须尽欢   B. 斗酒十千恣欢谑
   C. 会须一饮三百杯   D. 天生我材必有用
5.《将进酒》中,"与尔同销万古愁"的上一句是(   )。
   A. 莫使金樽空对月   B. 会须一饮三百杯
   C. 径须沽取对君酌   D. 呼儿将出换美酒
6. 下列诗歌中写到月亮的有(   )。
   A. 曹操《短歌行》   B. 陶渊明《饮酒》(其五)
   C. 王维《山居秋暝》   D. 杜甫《登高》
   E. 李白《将进酒》

二、翻译题
1. 天生我材必有用,千金散尽还复来。
2. 烹羊宰牛且为乐,会须一饮三百杯。
3. 主人何为言少钱,径须沽取对君酌。
4. 五花马,千金裘,呼儿将出换美酒,与尔同销万古愁。

三、简答题
1. 诗中运用"陈王曹植"这一典故的作用是什么?
2. 分析李白在这首诗中所表现的感情起伏。
3. 分析"君不见黄河之水天上来,奔流到海不复回!君不见高堂明镜悲白发,朝如青丝暮成雪"的寓意。
4. 结合李白人生经历,谈谈《将进酒》一诗中主人公的精神面貌。

四、实践题
李白一生嗜酒,谈谈酒在李白诗歌中的抒情意义。

杜 甫

杜甫(712—770),字子美,巩县(今属河南)人。早年漫游各地,后赴长安应试落第。安史之乱中,只身逃奔凤翔,受任左拾遗。贬为华州司功参军后,弃官西行入蜀,定居成都草堂,由严武举荐任节度参谋、检校工部员外郎,世称杜工部。晚年离蜀,漂泊西南,病逝于湘江船上。

杜甫是一位系念国家安危和民生疾苦的诗人。动乱的时代和个人的坎坷遭遇,使他的诗有一种深沉的忧思,无论是写民生疾苦、怀友思乡,还是写自己的穷愁潦倒,感情都是深沉阔大的。他常将个人的悲痛变成对于百姓苦难的深沉忧思。杜诗注重写实,被誉为"诗史",风格沉郁顿挫:"沉郁"主要指悲慨、壮大、深厚的感情,"顿挫"主要指波浪起伏、反复低回的抒情方式。有《杜工部集》。

兵车行[1]

车辚辚,马萧萧[2],行人[3]弓箭各在腰,耶娘妻子走相送[4],尘埃不见咸阳桥[5]。牵衣顿足拦道哭,哭声直上干[6]云霄。道旁过者问行人,行人但云点行频[7]。或从十五北防河[8],便至四十西营田[9]。去时里正与裹头[10],归来头白还戍边。边庭流血成海水,武皇开边意未已[11]。君不闻汉家山东二百州[12],千村万落生荆杞。纵有健妇把锄犁,禾生陇亩无东西[13]。况复秦兵[14]耐苦战,被驱不异犬与鸡。长者虽有问[15],役夫敢伸恨[16]?且如今年冬,未休关西卒[17]。县官急索[18]租,租税从何出?信知生男恶[19],反是生女好;生女犹得嫁比邻[20],生男埋没随百草[21]。君不见,青海头[22],古来白骨无人收。新鬼烦怨旧鬼哭,天阴雨湿声啾啾[23]。

【注释】

[1]这首诗是杜甫于唐玄宗天宝间困顿于长安时所作。行:本是乐府歌曲中的一种体裁,而这里的"兵车行"是杜甫自创的新题。

[2]辚辚:车行声。萧萧:马鸣声。

[3]行人:行役的人,即征夫。

[4]耶:通"爷"。走:奔跑。

[5]咸阳桥:在渭水上,是当时由长安通向西北的必经之地。

[6]干(gān):冲犯。

[7]点行:按名册顺序抽丁入伍。频:频繁。

[8]或:有的人。十五:与下句的"四十"对应,都是年龄。北防河:到黄河以北戍守。

[9]西营田:在西部边界屯驻,平时种田,战时打仗。

[10]里正:里长,古代乡官,唐朝百家为一里。与:替,给。裹头:扎头巾。表示被征者年龄太小,自己还不会裹头。

[11]武皇:这里借指唐玄宗。开边:用武力开拓疆土。未已:没有停止。

[12]山东二百州:唐代华山以东,共七道,二百一十七州。这里是举成数。

[13]无东西:不分东西,指庄稼长得杂乱不齐。

[14]秦兵:出生于关西一带的士兵。

[15]长者:征夫对杜甫的尊称。虽:即使。

[16]役夫:征夫自称。敢:岂敢。

[17]休:停止征调。关西卒:即秦兵。

[18]索:催讨。
[19]信知:确知。恶:坏事。
[20]比邻:邻居,近邻。
[21]埋没随百草:指战死沙场。
[22]青海头:青海边。这里是唐朝和吐蕃之间多次交战的地区。
[23]啾啾:形容鬼的哭声。

【讲解】

唐代天宝年间,朝廷对吐蕃、南诏连年征战。杜甫以他的见闻入诗,对穷兵黩武的战争进行强烈的谴责,并展现了战争给人民带来的深重灾难。

诗歌首先以突兀之笔展现出一幅震人心弦的巨幅送别图:兵车隆隆,战马嘶鸣,一队队被抓来的穷苦百姓,换上了戎装,佩上了弓箭,在官吏的押送下,正开往前线。征夫的爷娘妻子乱纷纷地在队伍中寻找、呼喊自己的亲人,扯着亲人的衣衫,搥胸顿足,边叮咛边呼号。一个"走"字,寄寓了送行深情。"牵衣顿足拦道哭"一句之中连续四个动作,又把送行者那种眷恋、悲怆、愤恨、绝望的动作神态,表现得细腻入微。诗人笔下,灰尘弥漫,车马人流,令人目眩;哭声遍野,直冲云天,震耳欲聋。这样的描写,给读者以听觉、视觉上的强烈感受,集中展现了成千上万家庭妻离子散的悲剧,令人触目惊心。接着,从"道旁过者问行人"开始,诗人通过设问的方法,让当事者,即被征发的士卒做了直接倾诉。"道旁过者"即过路人,也就是杜甫自己。上面的凄惨场面,是诗人亲眼所见;下面的悲切言辞,又是诗人亲耳所闻。"点行频",意思是频繁地征兵,是全篇的"诗眼"。它一针见血地点出了造成百姓妻离子散、万民无辜牺牲的根源。接着以一个十五岁出征,四十岁还在戍边的"行人"作例,具体陈述"点行频",以示情况的真实可靠。"边庭流血成海水,武皇开边意未已。"二句把矛头直接指向了最高统治者,从心底迸发出激烈抗议。诗写到这里,用"君不闻"三字笔锋陡转,把视线从流血成海的边庭转移到广阔的内地,开拓出另一个惊心动魄的境界。华山以东的原田沃野千村万落,变得人烟萧条,田园荒废,荆棘横生,满目凋残。诗人驰骋想象,从眼前的闻见,联想到全国的景象,从一点推及普遍,两相辉映,不仅扩大了诗的表现容量,也加深了诗的表现深度。从"长者虽有问"起,诗又推进一层。既透露出统治者加给士卒们的精神桎梏,又把征夫的苦衷和恐惧心理表现得极为细腻逼真。因为"未休关西卒",大量的壮丁才被征发。"租税从何出?"又与前面的"千村万落生荆杞"相呼应。如此层层推进,对社会现实的揭示越来越深刻。诗人接着感慨道:如今是生男不如生女好,女孩子还能嫁给近邻,男孩子只能丧命沙场。这是发自肺腑的血泪控诉。最后,诗人用哀痛的笔调,描述了长期以来存在的悲惨现实:青海边的古战场上,平沙茫茫,白骨露野,阴风惨惨,鬼哭凄凄。寂冷阴森的情景,令人不寒而栗。这些都是"开边未已"所导致的恶果。至此,诗人以饱满酣畅的之笔将唐王朝穷兵黩武的罪恶揭露得淋漓尽致。

这是一首"即事名篇,无复依傍"的新题乐府诗。诗人十分注意叙事的参差变化和开合呼应。如把本可安排在事件展开过程中的"送别"场面有意置于篇首,渲染悲剧气氛;在篇末又突出白骨遍地、鬼哭啾啾的阴森凄惨的画面与开头呼应;中间写役夫伸恨,时合时开,从而造成结构上的波折跌宕。另外,以代人(役夫)述言的方式,让受难者直接倾诉,语言通俗浅切,句式和用韵也极尽声情顿挫之妙。

【思考与练习】

一、选择题

1. 其人忧国忧民,其诗被后人推为"诗史"的诗人是( )。
   A. 杜甫　　　　　　B. 李白　　　　　　C. 白居易　　　　　　D. 王维
2. 下列句子加点词语古今义不相同的是( )。
   A. 耶娘妻子走相送,尘埃不见咸阳桥
   D. 道旁过者问行人,行人但云点行频
   C. 县官急索租,租税从何出
   D. 生女犹得嫁比邻,生男埋没随百草

3. 下列诗歌同样写到战争之苦的有(　　)。
A.《蒹葭》　　　　　　　　　　　　B. 王昌龄《出塞》
C. 高适《燕歌行》　　　　　　　　　D. 李白《将进酒》
4. 下列诗句中点明全诗主旨的句子是(　　)。
A. 道旁过者问行人,行人但云点行频
B. 边庭流血成海水,武皇开边意未已
C. 君不闻汉家山东二百州,千村万落生荆杞
D. 信知生男恶,反是生女好
5.《兵车行》属于(　　)。
A. 旧题乐府　　　　B. 新题乐府　　　　C. 歌行体诗　　　　D. 近体诗

二、翻译题
1. 耶娘妻子走相送,尘埃不见咸阳桥。牵衣顿足拦道哭,哭声直上干云霄。
2. 长者虽有问,役夫敢伸恨?且如今年冬,未休关西卒。

三、简答题
1.《兵车行》一诗的主旨是什么?
2. 诗人为什么要把送别"行人"的场景描写放在全诗的开头?
3. 结合《兵车行》一诗,谈谈杜甫诗歌的特点。

四、解析题
阅读下面的诗句,回答问题:
道旁过者问行人,行人但云点行频。或从十五北防河,便至四十西营田。去时里正与裹头,归来头白还戍边。边庭流血成海水,武皇开边意未已。君不闻汉家山东二百州,千村万落生荆杞。纵有健妇把锄犁,禾生陇亩无东西。况复秦兵耐苦战,被驱不异犬与鸡。
1. "行人但云点行频"一句中,"但云"表现了行人怎样的心理活动?
2. 从"或从十五北防河"以下,是以什么人的口吻诉说的?
3. 最后四句有何表现作用?

五、实践题
结合《季氏将伐颛臾》《燕歌行》《兵车行》的内容,谈谈战争给百姓带来的痛苦。

登　高[1]

风急天高猿啸哀[2],渚清沙白鸟飞回[3]。
无边落木萧萧下[4],不尽长江滚滚来。
万里悲秋常作客[5],百年多病独登台[6]。
艰难苦恨繁霜鬓[7],潦倒新停浊酒杯[8]。

【注释】
[1]这首诗作于唐代宗大历二年(767),当时诗人正客居夔州(今四川奉节)。题为"登高",专指九月九日的登高。
[2]猿啸哀:猿猴发出的凄厉的叫声。啸,声音悠长的鸣叫。
[3]渚(zhǔ)清:水中的小洲因水落而显得轮廓清晰。鸟飞回:鸟儿在空中盘旋飞翔。
[4]落木:落叶。萧萧:风吹落叶的声音。
[5]万里:指离家乡万里之遥。悲秋:逢秋天而感到悲凉。常作客:指长久漂泊在异乡。
[6]百年:意为一生。独登台:独自登上高台眺望。

[7] 苦恨:极恨、甚恨、深恨。繁霜鬓:两鬓又增添了许多如霜的白发。
[8] 潦倒:形容衰颓憔悴的样子。新停浊酒杯:当时杜甫因患有肺病而戒酒,故云。新停,新近停止。浊酒,与"清酒"相对而言。

【讲解】

这是杜甫七言律诗的代表作之一。全诗通过登高所见秋江景色,倾诉了诗人长年漂泊、老病孤愁的复杂感情,慷慨激越,动人心弦。杨伦《杜诗镜铨》称赞此诗为"杜集七言律诗第一"。

诗的前四句写登高所见到的上下远近雄浑苍凉的景象,重在所闻、所见;后四句抒写因登高所见而触发的那种深沉复杂的情感,重在所思、所感。诗的首联写局部近景,为读者描绘了一幅凄清的秋景图。颔联写整体远景,着意渲染那种秋气的苍凉。颈联向纵(时间)、横(空间)两方面推进,着重抒发其家国之忧和身世之感,内涵丰富。尾联将一切愁苦的根源都归结到时事艰难,突出了诗人伤时忧国的情操。

全诗通体对仗工稳,格律严谨,语言精练,极其自然。诗中所写之景颇富立体感,有声有色,有动有静,浑然一体;所抒之情既有力度又有深度,胸襟博大,情感奔放,动人心弦。

【思考与练习】

一、选择题

1. 杜甫诗歌的风格是( )。
   A. 沉郁顿挫   B. 飘逸奔放   C. 清新淡雅   D. 通俗易懂
2. 就诗体而言,《登高》一诗属于( )。
   A. 五绝   B. 五律   C. 七绝   D. 七律
3.《登高》一诗的"诗眼"应是( )。
   A. 悲秋   B. 潦倒   C. 苦恨   D. 艰难
4. 杜甫《登高》这首诗的颔联是( )。
   A. 无边落木萧萧下,不尽长江滚滚来
   B. 沧海月明珠有泪,蓝田日暖玉生烟
   C. 出师未捷身先死,长使英雄泪满襟
   D. 长风万里送秋雁,对此可以酣高楼

二、简答题

1. 为什么有人说《登高》的颈联中"悲秋"二字是联结景和情的关钮?
2.《登高》一诗在形式上的主要特征是什么?
3.《登高》中哪一联最能打动你?为什么?

三、实践题

查阅并阅读《秋兴》八首,分析杜甫诗歌沉郁顿挫、言简意丰的特色。

白居易

白居易(772—846),字乐天,晚年号香山居士。原籍太原,后迁下邽(今陕西渭南县),生于新郑(今属河南)一小官僚家庭。十多岁时曾避难越中,接触到社会现实和民间疾苦。德宗贞元十四年(798)中进士。宪宗元和三年(808)以翰林学士任左拾遗。元和十年(815)为权贵排挤,贬江州司马。历任忠州(今四川忠县)、杭州、苏州等地刺史。武宗会昌六年(846)八月,病逝于洛阳。

白居易是中唐新乐府运动的代表,他用平易通俗的语言突破了过去一段时间诗歌狭隘的内容,恢复了古典诗歌关心百姓疾苦的优良传统。他在文论上提出了"文章合为时而著,歌诗合为事而作"(《与元九书》)的口号,建议君王设立采诗官,"先向诗歌求讽刺",要求诗人们反映现实问题,极强调诗歌的政治与社会功能。《秦中吟》《新乐府》是他讽喻诗的代表,《长恨歌》《琵琶行》是感伤诗的代表。有《白氏长庆集》。

轻肥[1]

意气骄满路,鞍马光照尘。借问何为者,人称是内臣[2]。朱绂皆大夫,紫绶悉将军[3]。夸赴军中[4]宴,走马去如云。樽罍溢九酝[5],水陆罗八珍。果擘洞庭橘,脍切天池鳞[6]。食饱心自若,酒酣气益振[7]。是岁江南旱,衢州人食人!

【注释】

[1]《轻肥》:选自作者在贞元、元和年间所写的组诗《秦中吟》。唐宪宗元和三年(808)冬天到次年春,江南广大地区和长安周围,遭受严重旱灾。这时白居易新任左拾遗,上疏陈述民间疾苦,请求减免租税,以实惠及人。唐宪宗总算批准了白居易的奏请,还下了罪己诏;但实际上不过是搞了个笼络人心的骗局。为此,白居易写了此诗和《杜陵叟》。诗题"轻肥",取自《论语·雍也》中的"乘肥马,衣轻裘",用以概括豪奢生活。

[2]内臣:宦官。

[3]"朱绂"二句:朱、紫:标志官阶的颜色。绂(fú):朝服,绶:系印的带子。唐制,官分九品,四、五品衣绯(红色);二、三品佩紫绶,衣色同。大夫、将军:指文官、武官。唐玄宗后宦官得势,有居于高位的宦官。

[4]军中:指掌握在宦官手中的禁军。

[5]樽、罍(léi):酒器。九酝:指最醇美的酒。

[6]擘(bò):剖开。脍(kuài):把鱼肉等切细成的食品。

[7]自若:旁若无人。气益振:更加趾高气扬。振,为合韵读作 zhēn。

【讲解】

唐自中期以后,宦官弄权,把持朝政,甚至可以废立帝位。唐顺宗因为排斥宦官被废,继之宪宗又惨死于宦官之手。此诗直指宦官,重揭露他们骄横跋扈、奢华糜烂,与平民百姓的苦难作鲜明的对照,表现出诗人强烈的现实主义精神和忧国忧民的感情。

开篇两句,一个不可一世的形象展现在读者面前,意气之骄,竟可满路;鞍马之光,竟可照尘。接着解答人们对他身份的疑惑,告知"是内臣",即宦官也。宦官却能着朱绂、佩紫绶。"夸赴军中宴,走马去如云"两句,与"意气骄满路,鞍马光照尘"前呼后应,互相补充,显示宦官掌握了政权和军权。"满""照""皆""悉""如云"等字,形象鲜明地表现出赴军中宴的内臣不是一两个,而是一大帮,其骄横可见已形成风气。

紧接着军中宴的场面更显示了内臣们的奢华,美酒佳肴,山珍海味,罗列不尽。食用者脑满肠肥已无须再费笔墨。"食饱心自若,酒酣气益振"两句,又由奢写到骄。"气益振"遥应首句。赴宴之时,已然"意气骄满路",如今食饱、酒酣,意气自然益发骄横!

当读者已感慨于内臣骄横奢华时,结尾奇峰突起,当这些"大夫""将军"酒醉肴饱之时,江南正在发生"人食人"的惨象。同样遭遇旱灾,而一乐一悲,却判若天壤。

诗人把两种截然相反的社会现象并列在一起,不做说明,不发议论,结论已在读者心中形成。这种对比的方法,读来动魄惊心。

【思考与练习】

一、选择题

1.(　　)曾提出"文章合为时而著,歌诗合为事而作"等诗歌主张。
A. 李白　　　　　　B. 杜甫　　　　　　C. 王维　　　　　　D. 白居易

2. 《轻肥》的诗歌体裁属(   )。
   A. 五言律诗　　　　B. 五言近体　　　　C. 五言歌行　　　　D. 五言古体
3. 下列哪些句子显示了宦官的骄横?(   )。
   A. 意气骄满路　　　B. 水陆罗八珍　　　C. 朱绂皆大夫　　　D. 酒酣气益振
4. 下列句子中加点字的意义与现代汉语有区别的是(   )。
   A. 鞍马光照尘　　　B. 走马去如云
   C. 水陆罗八珍　　　D. 酒酣气益振
5. 中唐新乐府运动的倡导者和主要代表是(   )。
   A. 李白　　　　　　B. 韩愈　　　　　　C. 欧阳修　　　　　D. 白居易
6. 下列句子中加点字的意义解释有误的是(   )。
   A. 紫绶悉将军。悉：详细　　　　　　B. 果擘洞庭橘。擘：剖开。
   C. 脍切天池鳞。脍：切细的肉　　　　D. 是岁江南旱。是：动词，表确认。
7. 白居易的《长恨歌》和《琵琶行》，都属于(   )。
   A. 讽喻诗　　　　　B. 闲适诗　　　　　C. 感伤诗　　　　　D. 杂律诗

二、简答题
1. 什么是新乐府运动?
2. 概括《轻肥》的主题。

三、实践题
发挥想象力,把《轻肥》改写成一篇叙事散文或一个独幕剧的剧本。

李商隐

　　李商隐(约813—858)，字义山，号玉溪生，又号樊南生。原籍怀州河内(今河南沁阳县市)，自其祖辈起，移居郑州荥阳(今河南荥阳)。早期，李商隐因文才而深得牛党要员令狐楚的赏识，后李党的王茂元爱其才将女儿嫁给他，他因此而遭到牛党的排斥。从此，李商隐便在牛李党争的夹缝中求生存，辗转于各藩镇当幕僚，郁郁不得志，潦倒终身。

　　李商隐与杜牧齐名，并称"小李杜"。其诗精于用典，色彩瑰丽，寄托深远。在诗体上善用七律。李商隐的政治诗写得极富有激情，显示了对腐败政治的无比愤慨之情。

无　题[1]

相见时难别亦难[2]，东风无力百花残。
春蚕到死丝方尽[3]，蜡炬成灰泪始干[4]。
晓镜但愁云鬓改[5]，夜吟应觉月光寒。
蓬山此去无多路[6]，青鸟殷勤为探看[7]。

【注释】
　　[1]无题:唐代以来，有的诗人不愿意标出能够表示主题的题目时，常用"无题"作诗的标题。李商隐有多首七律《无题》，其内容多有寓托，或因不便明言，或因难用一个恰当的题目表现，所以命为"无题"。
　　[2]两个"难"字包含了不同的意义，前一个"难"是写当初两人相聚的不易，有过多少思念追求。后一个"难"字则写出离别时的难舍难分和离别后双方所经受的情感煎熬。
　　[3]丝方尽:丝，与"思"是谐音字，"丝方尽"意思是除非死了，思念才会结束，使用了谐音双关。

[4]泪始干:泪,指燃烧时的蜡烛油,这里取双关义,指相思的眼泪。
[5]晓镜:早晨梳妆照镜子。云鬓:女子多而美的头发,这里比喻青春年华。
[6]蓬山:蓬莱山,传说中海上仙山,比喻被怀念者住的地方。
[7]青鸟:神话中为西王母传递音讯的信使。看:为合韵读作 kān。

【讲解】

这首诗仿佛以女性的口吻抒写爱情心理,在悲伤、痛苦之中,寓有灼热的渴望和坚忍的执着精神,感情境界深微绵邈,极为丰富。

诗中所叙应是二人在春末的一次短暂相见后即又离别的景况。这从首联"相见时难别亦难,东风无力百花残"可知。"东风"即春风,隐指季节;紧随着用"百花残"点出时令,是为暮春。在这样的时节,两个相爱的人儿好不容易聚在一起,却又不得不面临着分离。相见本已是万分"难得",而离别就更为"难舍"。按一般而言,诗歌是先写景,后抒情;在这里,作者却是先述离情,再描悲景,更衬出诗人处于"两难之境"的伤悲心情。"难"之一字,是为全篇的诗眼。紧接着,作者在颔联连设两喻:"春蚕到死丝方尽,蜡炬成灰泪始干",两个意象的出现极为妥帖。"春蚕"自然承上,并用"蚕吐丝""蜡流泪"巧妙比喻,用"丝"谐音"思",双关;用"到死""成灰"与"方尽""始干"两相对照,妙句天成,传达出刻骨铭心、生死不渝的儿女至情,成为表达坚贞不渝的爱情的千古名句。此外,它还寓含着一种超越诗歌本身内容而更具普遍意义的哲理:对工作、事业或理想的忠诚执着,无私奉献。颈联"晓镜但愁云鬓改,夜吟应觉月光寒",拟想两人别后幽思孤寂的情状。早晨对镜梳妆的时候,担心因饱受思念之苦而愁白了头发;夜晚对月低吟的时候,害怕不能表达出那一份思念而倍觉月光的清寒,一"晓"一"夜"的时间点示,写尽了朝思暮想的思念之情,并使因受相思之苦而坐卧不安的恋人形象跃然纸上。尾联"蓬山此去无多路,青鸟殷勤为探看",带有梦幻般的神话色彩。"蓬山",本来是指传说中的海上仙山蓬莱,这里用来借指恋人住处。"青鸟",是神话中给王母娘娘当信使的神鸟,借指能促使团圆的各类因素。虽然"相见时难",诗人却坚信与恋人终会团圆。

这首诗,从头至尾都融会着痛苦、失望而又缠绵、执着的感情,诗中每一联都是这种感情状态的反映,但各联从不同的方面反复表现着融贯全诗的复杂感情。抒情缠绵往复,细微精深。

李商隐写过许多《无题》诗,虚幻迷离,朦胧的意境展示了复杂的心境。其中的真谛众说纷纭,有说艳情、有说咏物、有说自伤。此首《无题》约写于开成四年(839),诗人时任秘书省校书郎,正徘徊在牛李党争的漩涡中。从另一角度看这首诗,是能够感受到李商隐人生的多处失意和对理想的执着。

【思考与练习】

一、选择题

1. 唐代诗人中,以写"无题"诗著称的是( )。
   A. 杜甫　　　　　　B. 白居易　　　　　　C. 李商隐　　　　　　D. 杜牧
2. 晚唐的"李杜"是( )。
   A. 李绅、杜甫　　　　　　　　　　　B. 李白、杜甫
   C. 李贺、杜审言　　　　　　　　　　D. 李商隐、杜牧
3. "春蚕到死丝方尽"中的"丝",真实含义是"思",这是( )。
   A. 谐音双关　　　B. 比喻双关　　　C. 字形双关　　　D. 语意双关

二、简答题

1. 解释《无题》(相见时难)颔联所用的比兴手法。
2. 《无题》第二句写景与第一句有什么内在联系?
3. 如果认为这首《无题》是李商隐为政治失意而写的,请解释"春蚕到死丝方尽,蜡炬成灰泪始干"。

三、实践题

下面是李商隐的另一首《无题》,查阅资料,讲解它的背景、大致意思。
昨夜星辰昨夜风,画楼西畔桂堂东。身无彩凤双飞翼,心有灵犀一点通。隔座送钩春酒暖,分曹射覆蜡灯

红。嗟余听鼓应官去,走马兰台类转蓬。

三、拓展阅读

作品阅读

和晋陵陆丞早春游望
[唐]杜审言

独有宦游人,偏惊物候新。云霞出海曙,梅柳渡江春。淑气催黄鸟,晴光转绿苹。忽闻歌古调,归思欲沾巾。

【点评】

诗人在江阴做官时所写,以大地回春的绚丽风光反衬游宦者有家难归的悲哀。曾被明代的胡应麟誉为"初唐五言律第一"(《诗薮》)。

登幽州台歌
[唐]陈子昂

前不见古人,后不见来者。念天地之悠悠,独怆然而涕下。

【点评】

诗人看不见前代贤人,古人也没来得及看见诗人,也看不见未来英杰,能看见以及能看见诗人的,只有眼前这个时代。表现了诗人失意的境遇和寂寞苦闷的情怀。

滕王阁诗
[唐]王勃

滕王高阁临江渚,佩玉鸣鸾罢歌舞。画栋朝飞南浦云,珠帘暮卷西山雨。闲云潭影日悠悠,物换星移几度秋。阁中帝子今何在?槛外长江空自流。

【点评】

《滕王阁》诗,是《滕王阁序》的结尾。明人胡应麟在《诗薮》中曾高度评价,"初唐短歌,子安《滕王阁》为冠","婉丽和平,极可法师"。这道工整精致的诗,一直被诗论家视作王勃七言古诗的代表作。

凉州词二首
[唐]王之涣

黄河远上白云间,一片孤城万仞山。羌笛何须怨杨柳,春风不度玉门关。

单于北望拂云堆,杀马登坛祭几回。汉家天子今神武,不肯和亲归去来。

【点评】

其一作者笔下山川雄阔苍凉,衬托戍守者处境的孤危。第三句忽而一转,引入羌笛之声。羌笛所奏乃《折杨柳》曲调,勾起征夫的离愁。

其二笔调落在北方首领单于身上,来到汉地,北望自己的江山,"杀马登坛",踌躇满志。怎奈和亲不能如愿,只能无功而返。

送元二使安西
[唐]王 维

渭城朝雨浥轻尘,客舍青青柳色新。劝君更尽一杯酒,西出阳关无故人。

【点评】

唐代时从长安出发向西去的人们,多在渭城送别。渭城即秦都咸阳故城,在长安西北,渭水北岸。后有乐人谱曲,名为"阳关三叠",乐曲留存至今。

使至塞上
[唐]王 维

单车欲问边,属国过居延。征蓬出汉塞,归雁入胡天。大漠孤烟直,长河落日圆。萧关逢候骑,都护在燕然。

【点评】

诗人出了汉关,进入胡地,边行边问路。"大漠孤烟直,长河落日圆"极写边塞辽阔雄浑,反衬诗人初次西行时飘零的心境。是王维最负盛名的一首边塞诗。

古风·大车扬飞尘
[唐]李 白

大车扬飞尘,亭午暗阡陌。中贵多黄金,连云开甲宅。路逢斗鸡者,冠盖何辉赫。鼻息干虹蜺,行人皆怵惕。世无洗耳翁,谁知尧与跖!

【点评】

唐玄宗宠信宦官,让他们占据京郊的甲第、名园、良田竟达一半;宦官酷爱斗鸡,在王公贵族中形成风气。作者刻画了宦官的显赫和斗鸡徒的骄横形象,无情揭露并谴责了唐玄宗的腐朽政治。

哀江头
[唐]杜 甫

少陵野老吞声哭,春日潜行曲江曲。江头宫殿锁千门,细柳新蒲为谁绿?忆昔霓旌下南苑,苑中万物生颜色。昭阳殿里第一人,同辇随君侍君侧。辇前才人带弓箭,白马嚼啮黄金勒。翻身向天仰射云,一笑正坠双飞翼。明眸皓齿今何在?血污游魂归不得。清渭东流剑阁深,去住彼此无消息。人生有情泪沾臆,江水江花岂终极!黄昏胡骑尘满城,欲往城南望城北。

【点评】

前半首回忆唐玄宗与杨贵妃游曲江的盛事,后半首感伤贵妃之死和玄宗出逃,哀叹曲江的昔盛今衰,以人世巨变哀叹国破家亡的悲伤。

大林寺桃花
[唐]白居易

人间四月芳菲尽,山寺桃花始盛开。长恨春归无觅处,不知转入此中来。

【点评】

作者以触目所及的感受,突出了发现的惊讶与意外的欣喜。此诗是白居易七绝中的精品。

无　题
[唐]李商隐

锦瑟无端五十弦,一弦一柱思华年。庄生晓梦迷蝴蝶,望帝春心托杜鹃。沧海月明珠有泪,蓝田日暖玉生烟。此情可待成追忆?只是当时已惘然。

【点评】

诗人借用庄生梦蝶、杜鹃啼血、沧海珠泪、玉山生烟等典故,联想与想象连用,把听觉的感受转化为视觉形象,创造朦胧的境界,传达其真挚浓烈而又幽深的思虑。

题西林壁
[北宋]苏轼

横看成岭侧成峰,远近高低各不同。不识庐山真面目,只缘身在此山中。

【点评】

从不同的方位看庐山,山色和气势不相同。之所以从不同的方位看庐山会有不同的印象,原来是因为"身在此山中"。此诗深含哲理。

十一月四日风雨大作(其二)
[南宋]陆游

僵卧孤村不自哀,尚思为国戍轮台。夜阑卧听风吹雨,铁马冰河入梦来。

【点评】

诗人报国的壮志至老不衰,但壮志只能空怀,"僵卧孤村",把希望国家收复中原的理想寄托到梦境之中。感情深沉悲壮。

出　都
[金、元]元好问

历历兴亡败局棋,登临疑梦复疑非。断霞落日天无尽,老树遗台秋更悲。沧海忽惊龙穴露,广寒犹想凤笙归。从教尽铲琼华了,留在西山尽泪垂。

【点评】
用雄劲的笔力书写人间深哀剧痛,把悲壮慷慨的感情表现于苍莽雄阔的意境之中。

鸿门会
[元]杨维桢

天迷关,地迷户,东龙白日西龙雨。撞钟饮酒愁海翻,碧火吹巢双猰貐。照天万古无二乌,残星破月开天馀。座中有客天子气,左股七十二子连明珠。军声十万振屋瓦,拔剑当人面如赭。将军下马力排山,气卷黄河酒中泻。剑光上天寒彗残,明朝画地分河山。将军呼龙将客走,石破青天撞玉斗。

【点评】
猰貐(yà yǔ):一种吃人猛兽。
描写鸿门宴中的精彩片段。意象之奇崛,气势雄放。典型的"铁崖体"。

文体常识

古代诗歌基本常识

古代诗歌的种类

从诗的句子长短划分,每一句有几个字,就称为几言,有四言诗、五言诗、七言诗、杂言诗(诗中各句字有多有少)等。

按题材分类,有写景抒情诗、咏物言志诗、即事感怀诗、怀古咏史诗、边塞征战诗。

按表达方式分类,有抒情诗、叙事诗、说理诗(或称哲理诗)。

在各个历史阶段,古代诗歌出现过以下类别:

1. 旧题乐府与新题乐府

乐府本是西汉设置的专管音乐的机构,负责制订乐谱、训练乐工、收集歌辞。《汉书·艺文志》记:"自孝武帝立乐府而采歌谣,于是有赵、代之讴,秦、楚之风,皆感于哀乐,缘事而发,亦可以观风俗,知薄厚云"。到六朝时,乐府乃由机关的名称变为一种带有音乐性的诗体的名称,由乐府采集和创作的诗歌被称作"乐府诗"。乐府诗相当一部分采自民间,具有通俗易懂、反映现实和可以入乐的特点。

后来文人也仿作乐府诗,唐代把南北朝以前的乐府诗统称作古乐府。白居易、元稹等诗人主张恢复古代的采诗制度,发扬《诗经》和汉魏乐府讽喻时事的传统,使诗歌起到"补察时政""泄导人情"的作用。白居易在《与元九书》中提出:"文章合为时而著,歌诗合为事而作。"在《新乐府序》中全面提出了新乐府诗歌的创作原则,要求文辞质朴易懂,便于读者理解;言论直截了当,切中时弊,使闻者足戒;叙事要有根据,令人信服;还要求词句通顺,合于声律,可以入乐。新乐府运动的诗歌创作,实践了上述理论主张。白居易、元稹、张籍、王建等人的乐府诗及其他的一些作品,反映了中唐时期极为广泛的社会生活,从各个方面揭示了当时存在的社会矛盾,提出了异常尖锐的社会问题。如白居易《杜陵叟》《卖炭翁》、元稹《田家词》《织妇词》、张籍《野老歌》、王建《水夫谣》、李绅《悯农》等,大多具有较强烈的现实意义和鲜明的倾向性。在艺术上,尽管各人的成就不同,风格互有差异,但大多体现出平易通俗、直切明畅的共同特色。

后人创作乐府诗,有的沿用古代乐府诗的题目,此类诗称为旧题乐府。新乐府又称"新题乐府",是指唐人自立新题而作的乐府诗。这类乐府诗"即事名篇,无所依傍"。杜甫是新乐府运动的先驱。安史之乱后,唐王朝走向衰落。社会危机进一步暴露,一些有识之士对现实有了更清楚的认识,希望革除弊端,中兴王朝。反映在文坛上,便出现了韩愈、柳宗元倡导的古文运动和白居易、元稹倡导的新乐府运动。李绅首先写了《新题乐府》二十首送给元稹。元稹和作了《和李校书新题乐府》十二首。后来白居易又作《新乐府》五十首,正式标举"新乐府"的名称。这样,声势浩大的新乐府运动拉开序幕。作为诗歌运动,新乐府的创作并不限于写新题乐府,也有古题乐府。但虽用古题,却能创新意,体现了诗歌革新的方向。

2. 歌行体诗

"歌行"是我国古代诗歌的一种体裁,属于古体诗的范畴,是初唐时期在汉魏六朝乐府诗的基础上建立起来的。刘希夷《代悲白头吟》与张虚若《春江花月夜》的出现,可说是这种体裁正式形成的标志。

歌行体诗有的以"歌"或"谣""吟"命名,如白居易《长恨歌》、岑参《白雪歌送武判官归京》、杜甫《茅屋为秋风所破歌》、李白《庐山谣寄卢侍御虚舟》《白头吟》等;有的以"行"命名,如白居易《琵琶行》、杜甫《兵车行》《丽人行》、岑参《走马川行奉送出师西征》等;有的以"歌行"命名,如高适《燕歌行》、曹操《短歌行》等。

歌行体诗有以下特点:

(1)篇幅可短可长。岑参《白雪歌送武判官归京》共十八句,杜甫的《茅屋为秋风所破歌》只有二十四句,而白居易《长恨歌》竟有一百二十句。可见歌行体篇幅长短不拘。

(2)保留着古乐府叙事的特点。歌行体诗常常把记人物、记言谈、发议论、抒感慨融为一体,内容充实而生动。杜甫的《兵车行》中,既有"行人"出征时的记叙,又有"道旁过者"与"行人"的问答,也有"信知生男恶,反是生女好"的感叹。再如《茅屋为秋风所破歌》,诗中既有风卷茅屋的记叙,也有"归来倚杖"的叹息,更有"安得广厦千万间","吾庐独破受冻死亦足"的强烈抒情与愿望。

(3)声律、韵脚比较自由,平仄不拘,可以换韵。歌行体诗歌要"放情长言",因而句子也多,若要求一韵到底、平仄讲究就很困难了。如《茅屋为秋风所破歌》,二十四句就换了好几个韵脚。

(4)句式比较灵活。歌行体诗一般是七言,也有的以七言为主,其中又穿插三言、五言、九言的句子。如《茅屋为秋风所破歌》,基本上是以七言为主的,但也有二言的("呜呼"),还有九言的("何时眼前突兀见此屋,吾庐独破受冻死亦足")。

汉魏以下的乐府诗常题名为"歌"或"行",二者名虽不同,其实并无严格的区别。"行",有"乐曲"的意思。后遂统称"歌行体",都有语言通俗流畅,文辞铺展的特点。

诗歌的基本特征

中国是一个诗的国度,诗歌在社会生活和文学艺术中占有重要的地位,在长期发展的进程当中,中国诗歌无论是在思想上还是在艺术上,都取得了巨大的成就,也形成了一些基本的特征。概括起来,主要有以下几个基本特征:

1. 意境美

所谓意境,一般是指作者的思想感情与诗中所描绘的物象融合一致所产生的一种艺术境界,即作者把所要通过诗歌表达的思想感情用诗中所写之景来表现。如马致远《天净沙·秋思》:"枯藤老树昏鸦,小桥流水人家,古道西风瘦马。夕阳西下,断肠人在天涯。"深秋苍凉迟暮的自然景物与天涯游子寂寞愁苦的情思融为一体,情景交融,高度浓缩于这一幅画面之中,使意境显得深远优美。

2. 凝练美

诗歌要高度集中、概括地反映社会生活,往往用最典型、最有特征的事物来表达寓意深远、最丰富的思想感情或远大的志向。如汉乐府中的《十五从军征》,通过对一个老兵的不幸遭遇的具体描述,揭露和控诉了汉代兵役制度的不合理和人民所受的苦难。诗中的主人公几乎是终身服役的人,回乡时家人死尽,原本幸福美满的家已蜕变成杂草丛生的荒园。作品选择主人公回家后所面临的生活环境以及人物行为、心理来进行细致描绘,以此刻画人物形象,集中表现主题,深刻有力地揭示了社会生活。结尾一句"出门东向看,泪落沾我衣"更是集中地表现了主人公内心的悲痛。

3. 个性美

所谓个性,一般是指诗歌中所描绘的主人公的自我形象、人物形象等。其中诗人的自我形象常常包括一些肖像、行动、神态、心理以及社会环境和自然环境的描写。如刘邦《大风歌》:"大风起兮云飞扬,威加海内兮归故乡,安得猛士兮守四方?"诗歌虽朴素简短,但人物形象尽显。鸿门宴之后,刘邦战胜了项羽,成了汉朝的开国皇帝,这使他兴奋、欢快,踌躇满志,然而他心中又隐藏着深深的恐惧和悲哀:得江山易,守江山难。所以他极其渴望得到良将志士,以固国安邦。此诗既表现了其豪迈得志的一面,又表现了其内心忧虑矛盾的一面,其鲜明的形象跃然纸上。《短歌行》是曹操的代表作之一,抒写了他渴望广纳贤才、帮助统一天下的宏大抱负和宽阔胸襟。作者巧妙地化用《诗经》中《子衿》《鹿鸣》两诗成句,把女子等候情人之歌变成志士思慕贤才之辞,通过宴饮嘉宾的歌辞,表达他招揽人才的迫切心情。全篇围绕"忧思"二字言志抒情。开头两句是引起"忧思"的缘由,结尾两句表达了根除"忧思"的愿望。"明明"四句写求贤不得的忧虑,十分形象;"月明"四句以乌鹊夜飞比喻贤士托身无所。情因景生,意境清幽,含蓄蕴藉,个性鲜明。

4. 建筑美

所谓建筑美,是指诗歌的形式就像建筑一样,整齐而又不单一,有上下四方的,有金字塔式的,有阶梯式的,还有靠意象或细节来点缀的。如张籍《秋思》:"洛阳城里见秋风,欲作家书意万重。复恐匆匆说不尽,行人临发又开封。"此诗的表达方式是记叙,运笔朴素自然。诗中使用了"秋风"这一意象,见到秋风,一则会产生时间飞逝,一年将尽,而自己离家已久,何时是归期的思乡怀人之情;一则会因秋风落木叶,气候转凉,引起心中的无限愁绪。从叙事的特点上说,此诗抓住了"行人临发又开封"这一典型细节,十分逼真地写出诗人对家人的无限深切的思念之情,犹如一幢建筑上嵌了一颗靓丽的明珠而使其变得格外璀璨。同时这首诗每句七字,外部形式整齐匀称。

5. 音乐美

诗歌语言具有音乐性,其音乐性一是指它的节奏,二是指它的韵律。诗歌的节奏即诗歌的抑扬顿挫、舒缓疾促,它是根据诗的内容,由诗人的语言精心安排而成的。中国古代诗歌,特别是律诗和绝句,是通过调配声调来安排节奏的。诗人把四声分为平仄两大类。平就是平声,仄就是上去入三声。诗人按一定规则交替使用平声字或仄声字,就能形成高低、长短、强弱的节奏,读起来铿锵有力,使语言更富于表现力。同时,节奏也是诗人感情起伏变化的表现。一般说来,轻松愉快的感情往往表现为明快的节奏;而昂扬的情调又总是表现为缓慢而低沉的节奏。节奏的多样性,乃源于生活和诗的内容的多样性;节奏的变化,乃决定于诗的内容和诗人被生活所触发的感情的变化。因此,凡成功的诗作都有鲜明和谐的节奏,否则诗的内容的变化,以及诗人被生活所触发的感情的变化就无法表达出来,也就不可能打动读者的心。

诗歌的韵律一方面指诗歌的押韵，另一方面指贯穿全篇的内在旋律。押韵指诗歌中某些句末字韵母相同或相近，使音调和谐优美。一般偶句押，首句可押可不押。如《登鹳雀楼》："白日依山尽，黄河入海流。欲穷千里目，更上一层楼。"二、四两句押 iu 韵。平声平缓悠长，仄声短促急收。利用文字的平仄和诗句的一咏三叹可形成诗歌的内在旋律，使诗歌具有很强的韵律感。

诗的韵律美与节奏美共同构成了诗的音乐美。

第六讲
唐宋散文

一、文学史讲述

唐宋时期，在韩愈、柳宗元、欧阳修、苏轼等古文大家的大力提倡和创作实践下，中国古代散文迎来了继秦汉之后的第二次繁荣。

(一) 韩柳与唐代散文

除了诗歌，散文是唐代文苑的又一重大收获。《全唐文》收录作者三千多人，作品(包括骈散两体)一万八千四百多篇，可见当时的创作盛况。唐代散文的繁荣主要得力于韩愈、柳宗元倡导的文风革新。

中国散文在先秦两汉曾两度繁荣，成就辉煌。到了魏晋南北朝时期，散文渐为骈文所代替，骈文占据文坛达数百年之久。虽也出现了不少名文佳句，但到后来几乎是无文不骈，无语不偶，连奏议、论说、公文、信札等应用文体也有对偶、句式、用典、声律的要求，严重违反了语言的自然习惯，阻碍了内容和思想感情的表达。初唐的陈子昂、萧颖士、独孤及等人较早出来提倡尚简古、切实用的散文，但成就不大。到了中唐，韩愈、柳宗元大力倡导的秦汉古文，彻底摧毁了骈文的统治，完成了文体的改革，使古典散文再一次焕发生机。

"古文"是韩愈针对当时流行的骈文(时文)而提出来的散文概念，古文复兴的宗旨是：内容上提倡儒学，反对佛、老；形式上提倡以先秦两汉散文为样板，单句散行，反对骈俪。在"文以明道"的创作思想指导下，他们要求文章有充实的思想内容，努力去反映一系列世人关心的社会现实问题。这一时期的散文创作，或者声讨藩镇割据，或者攻讦佛老猖獗，或者指斥宦官擅权，或者抒发不平之鸣，包含了较多的现实内容和真情实感。而且语言出新，文从字顺，自由流畅，标志着我国散文发展的新阶段。

韩愈、柳宗元在众多散文作家中犹如并峙的双峰，他们不仅是唐代古文复兴的领袖，而且不愧是继司马迁之后两位最优秀的散文家。韩愈十分重视散文创作的艺术独创性，他的说理散文如《原道》《原毁》《论佛骨表》《师说》《杂说》《进学解》等，锋芒毕露，气势纵横，观点鲜明，说理透辟，最为历代文章家推崇。叙事散文如《张中丞传后序》《柳子厚墓志铭》《毛颖传》等，构思巧妙，叙事翔实，结构严谨，刻画人物仿效《史记》笔法，将爱憎感情倾注笔端，并善于取材和精于细节描写，显示出精湛的艺术造诣。抒情散文如《祭十二郎文》《送李愿归盘谷序》等，抒情深致婉曲,情感真挚动人。韩愈散文具有阳刚之美,雄奇刚健,自由奔放,跌宕生姿,历来备受称誉。

与韩愈相比,柳宗元在散文创作上的成就毫不逊色。他是刻画山水的圣手,游记散文的宗师。他的山水游记几乎篇篇尽佳,尤其是《永州八记》。八处山水胜景"各各自有性情气象",山、泉、竹、石无不与作者的独特个性浑然一体,完美地展现出作者那傲岸卓立而不同流合污的峻洁品格。他的游记成为后世游记文学的典范之作。他把先秦诸子散文中仅作设譬使用的寓言片段,发展成完整的、更富文学意味的短篇,使寓言成为一种独立的文学样式。著名的《三戒》《罴说》《蝜蝂传》等,都是他揭露、抨击当时腐朽政治的投枪和匕首。他的记人叙事之作,如《捕蛇者说》《种树郭橐驼传》《段太尉逸事状》《童区寄传》等,多取材于现实生活,描写社会下层的小人物,爱憎分明,尖锐泼辣。柳宗元的散文含阴柔之致,清幽峻拔。

韩柳之后,韩门弟子李翱、皇甫湜、孙樵等继续提倡古文,但偏于师承韩愈散文奇险艰涩的一面,成就不高。晚唐散文以罗隐、皮日休、陆龟蒙等所写的批判现实的小品文为代表。鲁迅曾赞之为"一塌糊涂的泥塘里的光彩和锋芒"。另外,晚唐还产生了散文化的赋,如杜牧的《阿房宫赋》,无汉赋的堆叠板重而有散文的清新灵动,首开文赋风气。

(二)欧苏与宋代散文

北宋立国后,由于制约个性的儒家伦理观念的强化,在文学上以道统文、以道代文的理论空前盛张,于是北宋诗文革新运动就顺应思想控制的要求而产生。欧阳修是宋代诗文革新的领袖,他原则上同意以道统文的观点,同时也反对偏激的主张,维护了文学的艺术创作价值。在以欧阳修、苏轼为首的文学集团的努力下,宋代散文的发展达到了高潮。

欧阳修提倡平实朴素的文风,反对险怪奇涩之风,并在自己的散文创作实践中身体力行,创作出如《朋党论》《五代史伶官传序》《秋声赋》《醉翁亭记》等大量富于情韵、平易晓畅的散文名篇。在欧阳修的奖掖提携下,苏轼、苏辙、曾巩、王安石此起彼应,人才屡出,形成古文创作的又一全盛时期。

王安石的《上仁宗皇帝言事书》《答司马谏议书》等政论散文,《游褒禅山记》等游记,以及《伤仲永》《读孟尝君传》等短文,笔力雄健,简约严明。

"三苏"中,苏轼散文成就最高。其散文各体兼备,且如天马行空,自由挥洒,妙趣横生,代表了北宋诗文革新的最高成就。《前赤壁赋》《后赤壁赋》等辞赋名篇将形象性与哲理性紧密结合,是宋代文赋的杰出代表;《策略》《策别》《策断》等政论文,《留侯论》《商鞅论》《韩非论》等史论文都写得明晰透辟,雄辩滔滔;《石钟山记》《超然台记》等山水游记文将叙述、描写、议论融为一体。

明代人将欧阳修、王安石、曾巩、"三苏"和唐代的韩愈、柳宗元合称为"唐宋八大家",他们的作品一直是后人学习古代散文的典范。

除了文学成就,唐宋八大家还写作了大量的应用文,据郭预衡先生(著名古代散文研究学者)主编的《唐宋八大家散文总集》不完全统计,应用文占总集的85%,文体有八十余种之多。如苏轼的碑传文《方山子传》、公务文书《密州谢上表》等。同时也出现了孙思邈《千金方》、陆羽《茶经》、沈括《梦溪笔谈》、宋慈《洗冤录》等经典的应用著作。唐宋是我国应用文的成熟时期。

此外,由于两宋理学盛行,在重道轻文观念指导下,理学家写了很多谈性说理的简古散文,还有多用民间口语的语录体作品,代表作家有周敦颐、程颢、程颐、朱熹等。

二、作品选讲

韩　愈

韩愈(768—824),字退之,河南河阳(今河南孟州市)人。唐代著名文学家,中唐古文运动的大力倡导者,唐宋散文八大家之一。韩愈自称祖籍昌黎,故世称韩昌黎。他一生仕途坎坷,曾因上疏请求减免灾民赋役和上表谏宪宗迎佛骨,两度被贬。晚年官至吏部侍郎,卒谥文,故又称韩文公。

政治上,韩愈主张中央集权,要求改革弊政,积极倡导儒学,竭力排斥佛老;文学上,反对六朝以来的骈俪文风,提倡散体,主张"文以载道",强调文道合一,要求言之有物,做到"惟陈言之务去"。散文成就尤为突出,名列"唐宋八大家"之首。为文内涵丰富,结构严谨,说理透辟,境界开阔,气势雄伟,语言精练,对中国古代散文的发展产生了深远的影响。同时,韩愈以文为诗,务求新奇,诗歌自成一派。有《韩昌黎集》。

进学解[1]

国子先生晨入太学[2],招诸生立馆[3]下,诲之曰:"业精于勤荒于嬉,行成于思毁于随[4]。方今圣贤相逢,治具毕张[5],拔去凶邪[6],登崇畯良[7]。占小善者率以录[8],名一艺者无不庸[9]。爬罗剔抉[10],刮垢磨光[11]。盖有幸而获选,孰云多而不扬?[12]诸生业患不能精,无患有司之不明[13];行患不能成,无患有司之不公。"

言未既[14],有笑于列者曰:"先生欺余哉!弟子事先生,于兹有年矣[15]。先生口不绝吟于六艺之文[16],手不停披于百家之编[17];记事者必提其要[18],纂言者必钩其玄[19];贪多务得,细大不捐[20];焚膏油以继晷[21],恒兀兀以穷年[22]:先生之业,可谓勤矣。觝排异端[23],攘斥佛老[24],补苴罅漏[25],张皇幽眇[26];寻坠绪[27]之茫茫,独旁搜而远绍[28];障百川而东之,回狂澜于既倒:先生之于儒,可谓有劳矣。沉浸醲郁[29],含英咀华[30];作为文章,其书满家。上规姚姒[31],浑浑无涯[32];周诰殷盘[33],佶屈聱牙[34];《春秋》谨严[35],《左氏》浮夸[36],《易》奇而法[37],《诗》正而葩[38];下逮《庄》《骚》[39],太史所录[40],子云相如[41],同工异曲:先生之于文,可谓闳其中而肆其外矣[42]。少始知学,勇于敢为;长通于方[43],左右具宜[44]:先生之于为人,可谓成[45]矣。然而公不见信于人[46],私不见助于友;跋前踬后[47],动辄得咎[48]。暂为御史,遂窜南夷[49];三年博士,冗不见治[50]。命与仇谋[51],取败几时[52]!冬暖而儿号寒,年丰而妻啼饥;头童齿豁[53],竟死何裨[54]?不知虑此,而反教人为!"

先生曰:"吁!子来前!夫大木为杗[55],细木为桷[56],欂栌侏儒[57],椳闑扂楔[58],各得其宜,施以成室者,匠氏之工也。玉札丹砂[59],赤箭青芝[60],牛溲马勃[61],败鼓之皮[62],俱收并蓄,待用无遗者,医师之良也。登明选公[63],杂进巧拙[64],纡余为妍[65],卓荦[66]为杰,校短量长,惟器是适者[67],宰相之方[68]也。昔者孟轲好辩[69],孔道以明[70],辙环天下[71],卒老于行[72]。荀卿守正[73],大论是弘[74],逃谗于楚[75],废死兰陵[76]。是二儒者,吐辞为经,举足为法,绝类离伦[77],优入圣域[78],其遇于世何如也?今先生学虽勤而不繇其统[79],言虽多而不要其中[80],文虽奇而不济于用,行虽修而不显于众,犹且月费俸钱,岁靡廪粟[81];子不知耕,妇不知织。乘马从徒,安坐而食。踵常途之役役[82],窥陈编以盗窃[83]。然而圣主不加诛[84],宰臣不见斥[85],兹非其幸欤!动而得谤,名亦随之[86],投闲置散,乃分之宜[87]。若夫商财贿之有亡[88],计班资之崇庳[89],忘己量之所称[90],指前人之瑕疵[91],是所谓诘匠氏之不以杙为楹[92]。而訾医师以昌阳引年[93],欲进其豨苓[94]也。"

【注释】

[1]本文作于元和八年(813)韩愈复为国子博士之时。题作"进学解",意为对增进学识、德行修养问题的辨析。进学:使学业有所增进。解:辨析。

[2]国子先生:指国子博士,韩愈自谓。太学:指国子监,是朝廷设置主管教育的官署。唐国子监相当于汉朝的太学,故这里沿用旧称。

[3]馆:学舍。

[4]业:学业。嬉:嬉戏、游玩。行:德行。随:因循随俗。

[5]圣贤:圣君贤臣。治具:指法令。毕张:全部得以实施。

[6]拔去:除去。凶邪:指凶恶奸邪之人。

[7]登崇:推崇、提拔的意思。畯良:才德兼优的人。畯,通"俊"。

[8]占:有,具有。小善:指有一点长处。率:都。录:录用。

[9]名一艺:指能以治学一种经书著称的人。庸:通"用"。

[10]爬:爬梳,整理。罗:搜罗。剔:剔除,区分。抉:挑选。这句话意为搜罗选拔人才。

[11]刮垢:刮去污垢。磨光:磨砺使之光洁。这句话意为培养造就人才。

[12]"盖有"二句:意思是,只有才行有所不及而侥幸获选,而绝无才行优异不蒙提举。盖:大概。幸:侥幸。扬:提举,举用。

[13]有司:古代设官分职,各有专司,因称主管的官吏或官府为有司。这里指负责选拔人才的官吏。明:明察。

[14]既:完,终了。

[15]有年:已经多年。

[16]六艺:指《易》《书》《诗》《礼》《乐》《春秋》六经,这里泛指儒家经典。

[17]披:翻阅。百家之编:诸子百家著作。

[18]记事者:指记事一类的著作。要:要点,纲领。

[19]纂言者:指立论一类的著作。纂,同"撰"。钩玄:探索深奥的道理。

[20]贪多务得:贪图多学,务求得益。捐:弃。

[21]焚膏油:点燃灯烛。晷(guǐ):日影。这句意谓夜以继日。

[22]兀兀(wù):勤奋劳苦的样子。一作矻矻(kū)。穷年:终年,一年到头。

[23]觝排:抵制排斥。异端:指与儒家相对立的学派。

[24]攘(rǎng)斥:排除,反对。佛老:指佛家和道家的学说。

[25]补苴(jū):填补。罅(xià)漏:裂缝、缺漏。

[26]张皇:张大,阐发。幽眇:深幽奥眇的问题。

[27]坠绪:指已衰落不振的儒学。

[28]旁搜:广泛搜求。绍:继承。

[29]沉浸:潜心研讨。醲郁:味浓厚。比喻古代典籍中奥博的含义。

[30]含英咀华:细细咀嚼体味文章的精华。

[31]规:取法。姚:指尚书中的《虞书》。虞舜姓姚。姒:指《尚书》中《夏书》。夏禹姓姒。

[32]浑浑:深远的样子。无涯:无边。

[33]周诰:指《尚书》中《周书》的《大诰》等篇。殷盘:指《盘庚》等篇。

[34]佶(jí)屈聱牙:形容文句生涩难读。

[35]《春秋》:相传是孔子编写的一本史书,文笔简练,往往在一字中寓于褒贬,故云"谨严"。
[36]《左氏》:指左丘明所著《左传》。该书文辞铺张华美,富有文采,所以说"浮夸"。
[37]《易》:《周易》。奇而法:奇妙而有法则。
[38]诗:《诗经》。正而葩:思想纯正而文辞华美。葩,华美,华丽的意思。
[39]《庄》《骚》:指《庄子》《离骚》。
[40]太史:史官,此处指太史公司马迁。所录:指司马迁所著的《史记》。
[41]子云:扬雄字子云。相如:司马相如。二人都是西汉著名辞赋家。这里指他们的著作。
[42]闳其中:指内容精深博大。肆其外:指文辞波澜壮阔。闳,博大。肆,奔放。
[43]方:学术,道理。
[44]左右:指各个方面。宜:适宜,恰如其分。
[45]成:完备。
[46]见信于人:被别人相信。
[47]跋前踬(zhì)后:意为进退两难。《诗经·豳风·狼跋》:"狼跋其胡,载踬其尾。"意思是狼前进就踩着颌下的垂肉,后退就踩住自己的尾巴。
[48]动辄:每每。咎:罪。
[49]"暂为"二句:刚当上御史就被贬到南方边远地区。暂:短暂。御史:指韩愈曾任监察御史。窜南夷:指韩愈被贬为阳山(今广东阳山)令。
[50]冗:闲散。见:通"现",表现。治:治政的成绩。
[51]命与仇谋:命运总是和仇敌相交合。谋,合。
[52]取败几时:屡次招致失败。取,招致。几时,不时地,屡次。
[53]头童:头秃。齿豁:牙齿脱落。
[54]竟死何裨(bì):直到死也无补于事。竟,终。裨,补益。
[55]宋(máng):栋梁。
[56]桷(jué):屋椽。
[57]欂栌(bó lú):斗拱。侏儒:梁上的短柱。
[58]椳(wēi):门臼。闑(niè):古代房屋门中间立的短柱。扂(diàn):门闩。楔(xiē):门框两侧的木柱。
[59]玉札:中药名,即地榆。丹砂:朱砂。
[60]赤箭:中药名,即天麻。青芝:中药名,又名龙芝。上述几种都是较贵重的中药。
[61]牛溲:即车前草。马勃:中药名,属菌类。
[62]败鼓之皮:陈旧的鼓皮,可入药。以上三种是较普通的药材。
[63]登明选公:选拔人才既明察又公正。
[64]杂进巧拙:聪敏的和拙笨的人都能得到合理录用。
[65]纡余:屈曲,这里指性格委婉稳重的人。妍:美好。
[66]卓荦(luò):超绝。这里指才智出众的人。
[67]惟器是适:意谓各种人才都能得到合理使用。
[68]方:治理政事的方法、原则。
[69]孟轲:孟子。好辩:喜好辩论。
[70]孔道以明:意思是说孟子的争辩使孔子的学说得以阐明。以,因而,因此。
[71]辙环天下:周游天下。辙,车轮痕迹。
[72]卒:终。老于行:老死在游说途中。
[73]荀卿:荀子。守正:指坚守儒学。
[74]大论:大道理,指儒学。弘:光大。
[75]逃逸于楚:意谓荀卿为逃避齐人的逸言而到楚国。
[76]废死兰陵:是说荀卿在楚国被废为平民,最后死在兰陵(今属山东)。

[77]绝类离伦:是说超出同类,无与伦比。
[78]优入圣域:优异可进入圣人境界。
[79]先生:韩愈自谓。繇:通"由",从。其:指儒家学说。统:系统。
[80]不要(yāo)其中:不合乎要领。
[81]靡:浪费。廪粟:仓库中的粮食。
[82]踵:按别人的步子走。常途:平常的道路,常人的道路。役役:疲累的样子。一作"促促(chuò)",谨慎的样子。
[83]陈编:古旧书籍。盗窃:意谓只是重述前人之言而无新的见解。
[84]诛:责罚。
[85]宰臣:宰相。斥:贬斥。
[86]"动而"二句:意思是说一动就遭人毁谤,名声也随之毁坏。
[87]"投闲"二句:意思是说使我处于闲散职位上,理所当然。
[88]商:计较。财贿:指俸禄。亡:通"无"。
[89]班资:指官职的地位、品秩。崇庳(bēi):高低。庳:通"卑"。
[90]己量:指自己能力的大小。称(chen):相称。
[91]指:指责。前人:指在自己上面的人,暗指执政的人。瑕(xia)疵(ci):玉石上的杂质斑点,比喻微小的缺点。
[92]诘:质问。杙(yì):小木桩。楹(yíng):大柱子。
[93]訾(zǐ):说别人坏话。昌阳:菖蒲,古人认为服用它可延年益寿。引年:延年。
[94]豨(xī)苓:猪苓,一种中药材,可以利尿,与延年益寿无关。

【讲解】

韩愈在这篇著名的说理散文中,通过国子监先生与弟子的对话,抒发自己长期不受重用,反遭贬斥的不满情绪,也暗寓了对执政者不以才德取人、用人不公的讽刺。同时,文中也阐述了增进学、行的方法在于"勤"与"思",目的是"业精""行成",这对我们今天学习科学文化知识颇有启迪。

全文可分为"先生训示""生徒驳诘"和"先生答问"三个部分,借用辞赋的主客对话和伸主抑客的形式,糅进了反话正说的讽刺手法,把作者内心的愤愤不平和满腹牢骚在亦庄亦谐的问答中,表达得委婉曲折、含而不露,极为得体。第一部分是国子先生勉励生徒的话。大意谓方今圣主贤臣励精图治,注意选拔和造就人才,故诸生只需在"业"和"行"两方面刻苦努力,便不愁不被录用,无须担忧用人部门的不明不公。第二部分是生徒对上述教诲提出质问。先大段铺写先生之能,浩瀚奔放;再以寥寥数语写其不遇之状,语气强烈。其间自然形成大幅度的转折,而全段总的气势是酣畅淋漓的。第三部分则平和谦退,似乎火气消尽;而细品之下,又感到有辛酸、无奈、愤懑、嘲讽等种种情绪包孕其中,其文气与第二部分一脉相承。

本文在语言技巧上也很有特色:既有意保留了辞赋中大量运用铺陈、排比、对偶、辞藻、音韵等形式,又充分发挥散文语句纵横、疏密相间、气势充沛的长处,做到奇偶相间、骈散兼行,把辞赋的整饬美与散文的错综美和谐地统一起来,可谓是"各取所长,二美俱现"。文中词采丰富,语言精练,新词警语,迭出不穷,如"贪多务得""细大不捐""含英咀华""佶屈聱牙""同工异曲""动辄得咎""俱收并蓄""投闲置散"等,既有概括性又有形象性,至今仍有极强的语言生命力。

通假字
见—现,繇—由,亡—无,庳—卑。
宾语前置
惟器是适。
荀卿守正,大论是弘。

被动句

然而公不见信于人,私不见助于友。

古汉语中在谓语动词的前面或后面常用带有表示被动关系的词语,如"于""为""见"等可以构成被动句式。

1. 吾长见笑于大方之家。(庄子《秋水》)
2. 井蛙不可以语于海者,拘于虚也;夏虫不可以语于冰者,笃于时也;曲士不可以语于道者,束于教也。(庄子《秋水》)
3. 吏当广所失亡多,为虏所生得,当斩,赎为庶人。(司马迁《李将军列传》)
4. 西望夏口,东望武昌,山川相缪,郁乎苍苍,此非孟德之困于周郎者乎?(苏轼《前赤壁赋》)

还有部分被动句只在语义上表示被动,而无被动的形式标志。如:

文王拘而演《周易》……屈原放逐乃赋《离骚》。(司马迁《报任安书》)

【思考与练习】

一、选择题

1. 被苏轼誉为"文起八代之衰"的作家是(　　)。
   A. 司马迁　　　　B. 韩愈　　　　C. 柳宗元　　　　D. 欧阳修
2. 《进学解》中出现的一组成语是(　　)。
   A. 业精于勤　行成于思　贪多务得　退避三舍
   B. 细大不捐　焚膏继晷　刮垢磨光　自相矛盾
   C. 头童齿豁　贪多务得　行成于思　各自为政
   D. 业精于勤　行成于思　含英咀华　动辄得咎
3. 对下列句子中加点的词的解释,不正确的是(　　)。
   A. 名一艺者无不庸。名:名为
   B. 贪多务得,细大不捐。捐:抛弃
   C. 然而圣主不加诛,宰臣不见斥,兹非其幸欤。诛:杀
   D. 忘己量之所称。称:相当、相称
4. 下列各句对文章的阐述,不正确的是(　　)。
   A. 全文假托先生劝学、生徒质问、先生再予解答,故名《进学解》,实际上是感叹不遇、自抒愤懑之作
   B. 第一段是国子先生教诲学生的第一句话,激励学生应在"业"和"行"两方面刻苦努力,这也是韩愈认为的主观修养的重要方面
   C. 第二段写学生针对国子先生的教诲提出质问,从三个方面进行有力的反驳。文章从肯定到否定,显出波澜起伏之美
   D. 第三段写国子先生针对学生驳诘的辨析,其中先以工匠、医师为喻,说明"宰相之方"在于用人能兼收并蓄,量才录用
5. 韩愈《进学解》中,假托弟子之言评"国子先生",涉及的业绩有(　　)。
   A. 贪多务得,细大不捐　　　　　B. 口不绝吟,手不停披
   C. 障百川,回狂澜　　　　　　　D. 利泽施于人,名声昭于时
   E. 沉浸浓郁,含英咀华

二、翻译题

1. 业精于勤荒于嬉,行成于思毁于随。
2. 占小善者率以录,名一艺者无不庸。
3. 先生之于文,可谓闳其中而肆其外矣。
4. 焚膏油以继晷,恒兀兀以穷年。
5. 然而公不见信于人,私不见助于友。

6. 三年博士,冗不见治。命与仇谋,取败几时!
7. 惟器是适者,宰相之方也。
8. 逃逸于楚,废死兰陵。
9. 今先生学虽勤而不繇其统,言虽多而不要其中,文虽奇而不济于用,行虽修而不显于众。

三、简答题

1. 《进学解》谈到了哪些学习方面的问题?
2. 《进学解》一文采用的赋的常规写法是什么?作者是怎样采用迂回曲折的写作笔法的?
3. 概括先生反驳学生那段话的内容。

四、解析题

阅读下面一段文字,回答问题:

业精于勤荒于嬉,行成于思毁于随。方今圣贤相逢,治具毕张。拔去凶邪,登崇畯良。占小善者率以录,名一艺者无不庸。爬罗剔抉,刮垢磨光,盖有幸而获选,孰云多而不扬?诸生业患不能精,无患有司之不明;行患不能成,无患有司之不公。

1. 韩愈认为学业发展、品行修炼成败的主要原因是什么?请用一句原文回答。
2. 以上文字说了几层意思?作者对当时的社会图景是如何描绘的?
3. 上文哪一句可以解释为精心造就人才?

五、实践题

将《进学解》与《召公谏李旺弭谤》比较,讨论不同的说话方式可能产生的结果。

柳宗元

柳宗元(773—819),字子厚,河东(今山西永济)人。幼年贫困,饱受战乱之苦。唐德宗贞元九年(793)中进士,后又中博学宏词科。曾任集贤殿正字、监察御史里行等职。他为官力主改革弊政,反对宦官擅权和藩镇割据,曾参与王叔文、王伾的永贞革新,与刘禹锡、"二王"(王叔文、王伾)成为核心人物,被称为"二王刘柳"。唐顺宗永贞元年(805),任礼部员外郎。不久,永贞革新失败,他被贬为永州(今湖南零陵)司马。十年后改任柳州(今属广西)刺史,卒于任所。

柳宗元是中唐著名散文家、诗人,与韩愈一起倡导古文,并称"韩柳",为唐宋八大家之一。其文学主张与韩愈相近,文学创作更具有针砭时弊、反映民瘼的特点。散文以清峻著称,其山水游记借对自然的描述来抒发自己的感受,达到很高的成就。有《柳河东集》。

始得西山宴游记[1]

自余为僇人[2],居是州[3],恒惴栗[4]。其隙也[5],则施施[6]而行,漫漫[7]而游。日与其徒上高山[8],入深林,穷回溪[9],幽泉怪石,无远不到。到则披草而坐,倾壶而醉。醉则更相枕以卧,卧而梦。意有所极[10],梦亦同趣[11]。觉而起,起而归。以为凡是州之山水有异态者,皆我有也,而未始[12]知西山之怪特。

今年九月二十八日,因坐法华西亭[13],望西山,始指异[14]之。遂命仆人过湘江[15],缘染溪[16],斫榛莽[17],焚茅茷[18],穷山之高而止[19]。攀援而登,箕踞而遨[20],则凡数州之土壤,皆在衽席[21]之下。其高下之势,岈然洼然[22],若垤若穴[23],尺寸千里[24],攒蹙累积[25],莫得遁隐[26],萦青缭白[27],外与天际[28],四望如一。然后知是山之特立,不与培塿为类[29]。悠悠乎与灏气[30]俱,而莫得其涯;洋洋[31]乎与造物者游,而不知其所穷。引觞[32]满酌,颓然就醉,不知日之入。苍然暮色,自远而至,至无所见,而犹不欲归。心凝形释,与万化冥合[33]。然后知吾向[34]之未始游,游于是[35]乎始,故为之文以志[36]。

是岁,元和[37]四年也。

【注释】

[1]本篇是作者著名的《永州八记》之首篇。西山:在今湖南零陵西湘江外二里。
[2]僇(lù)人:受刑戮的罪人。因作者贬官永州,所以这样自称。僇,同"戮"。
[3]是州:此州,指永州。
[4]恒:常常。惴(zhuì)栗:忧惧不安。
[5]其隙也:在闲暇的时候。
[6]施施(yíyí):缓缓行走的样子。
[7]漫漫:舒散、无拘无束的样子。
[8]日:每天。其徒:自己的随从。其,这里指柳宗元自指。
[9]回溪:迂回曲折的溪流。
[10]极:到。
[11]趣:同"趋"。
[12]未始:未尝,不曾。
[13]法华:寺名,在零陵县城内东山上。西亭:此亭为柳宗元于元和四年(809)所建。亭在法华寺西,因称西亭。
[14]指异:指点称奇。
[15]湘江:源出广西壮族自治区,流经湖南省。
[16]缘:沿着。染溪:一名冉溪,潇水的支流,在零陵西南。柳宗元改其为愚溪。
[17]斫(zhuó):砍伐。榛莽:丛生的草木。
[18]焚:烧。茅茷(fá):草茅之类。茷,草叶茂盛。
[19]穷山之高而止:一直爬到山顶为止。穷:尽。
[20]箕踞:古人席地而坐。将两腿伸直叉开,形同簸箕,这是一种随意不拘礼法的坐姿。踞,坐。遨:游览。这里指用眼睛观赏。
[21]衽(rèn)席:席子,这里指座席。
[22]岈(xiá)然:山谷空阔深远的样子。洼然:低洼凹陷的样子。
[23]若垤(dié):像蚂蚁做窝时堆在洞口的小土堆,也叫蚁封。若穴:像洞穴。
[24]尺寸千里:是说相距咫尺的眼前事物,实则有千里远。
[25]攒蹙(cù):聚集压缩。累积:层层重叠。
[26]莫得遁隐:意思是尽收眼底。遁隐,隐藏不见。
[27]萦青缭白:青山白水萦回缭绕。
[28]际:接,合。
[29]培(pǒu)塿(lǒu):小土丘。为类:同类。
[30]灏(hào)气:浩气,天地之间的正大之气。
[31]洋洋:广大的样子。
[32]引觞:手持酒杯。
[33]"心凝"句:精神专一,忘掉自我,似乎与万物相融合。释:解除束缚。万化:天地万物。冥合:暗合,不知不觉融为一体。
[34]向:以前。
[35]于是:从此。
[36]志:记。
[37]元和:为唐宪宗年号,元和四年为公元809年。

【讲解】

本文为《永州八记》首篇。记述作者游览西山的经过,突出了作者在游览中获得的精神感悟,间接肯定了作者因永贞革新失败被贬为永州司马时,仍坚持自己政治见解的特立独行的品格,以山水之美与人格之美相映照,使游记文章具有深刻的内涵。

全文结构分为发现西山前后两大部分,彼此呼应,章法井然。清人孙琮曾评析此前后部分关系:"篇中欲写今日始见西山,先写昔日未见西山;欲写昔日未见西山,先写昔日得见诸山。盖昔日未见西山,而今日始见,则固大快也;昔日见尽诸山,独不见西山,则今日得见,更为大快也。"(《山晓阁选唐大家柳柳州全集》评语)指出其间的对比映衬关系,是颇具眼光的。

作者于西山本身着墨不多,仅概括其总体特征为"怪特"二字,巧妙地运用了侧面衬托之法来突出西山的形象。作者登上西山,只见数州疆域尽在自己的座席之下,山谷似蚁封小洞,千里近至咫尺之间,山水延伸到无尽的天边,才知道"是山之特立"。以俯观之物反衬身处之地的高峻,这种不写之写有时胜过正面实写。同时,文章开篇并不切入正题,先写平日游览众山的情景,用这种铺垫手法来反衬发现和宴游西山的经过,以及在游览过程中获得的感悟。故文章能引人入胜,使读者仿佛身临其境,读之难忘。

通假字

趣—趋。

【思考与练习】

一、选择题

1."唐宋八大家"中,政治上挫败后,以山水自遣的是( )。
   A. 韩愈   B. 柳宗元   C. 欧阳修   D. 苏轼
2.《始得西山宴游记》开头"居是州"的"是州"指( )。
   A. 柳州   B. 永州   C. 苏州   D. 徐州
3."然后知吾向之未始游,游于是乎始,故为文以志。"此句中的"志"应解释为( )。
   A. 志愿   B. 记录   C. 标志   D. 志士
4.《始得西山宴游记》中,最能体现作者游西山后精神解脱,达到物我两忘境界的语句是( )。
   A. 悠悠乎与颢气俱,而莫得其涯
   B. 引觞满酌,颓然就醉,不知日之入
   C. 苍然暮色,自远而至,至无所见,而犹不欲归
   D. 心凝形释,与万化冥合
5.《始得西山宴游记》的主旨是( )。
   A. 记叙得西山前游览的无聊   B. 抒写"始得"西山的兴奋
   C. 歌颂西山的高大特立   D. 寄托作者被贬后仍特立不阿的品格

二、翻译题

1. 日与其徒上高山,入深林,穷回溪;幽泉怪石,无远不到。
2. 苍然暮色,自远而至,至无所见,而犹不欲归。心凝形释,与万物冥合。
3. 然后知吾向之未始游,游于是乎始。

三、简答题

1. 在《始得西山宴游记》中,柳宗元为什么要用三分之一的篇幅来描述游西山前游览众山的情景?
2. 作者用什么手法描绘西山的高峻?
3. 文章的题目为什么要加"始得"二字?
4. 结合柳宗元生平,谈谈《始得西山宴游记》所反映的作者心境。

四、解析题

1. 阅读下面一段文字,回答问题:

自余为僇人,居是州,恒惴栗。其隙也,则施施而行,漫漫而游。日与其徒上高山,入深林,穷回溪;幽泉怪石,无远不到。到则披草而坐,倾壶而醉。醉则更相枕以卧,卧而梦,意有所极,梦亦同趣。觉而起,起而归。以为凡是州之山水有异态者,皆我有也,而未始知西山之怪特。

(1)文中提到的"是州"指哪里?本段写了什么内容?
(2)本段用了哪些修辞方法?
(3)本段用了什么表现手法?有何作用?

2. 阅读下面一段文字,回答问题:

则凡数州之土壤,皆在衽席之下。其高下之势,岈然洼然,若垤若穴,尺寸千里,攒蹙累积,莫得遁隐;萦青缭白,外与天际,四望如一。然后知是山之特立,不与培塿为类。

(1)这段文字分为几层意思?用双斜线标出。
(2)这里用了什么表现手法?
(3)哪一句话寄托了作者的人格之美?

五、实践题

阅读《永州八记》的其他篇目,谈谈其中蕴含的哲理。

陆 羽

陆羽(733—804),字鸿渐,唐朝复州竟陵(今湖北天门市)人。号竟陵子、茶山御史,唐朝著名学者,涉及领域包括茶文化、诗作、音韵、书法、演艺、剧作、史学、旅游和地理。幼时为竟陵龙盖寺住持禅师所捡弃婴。少年曾做伶人,其貌不扬,且有口吃,但聪明过人,机智幽默,丑角扮演极为成功,编写了三卷笑话书《谑谈》。一生与高僧名士为友,以文名著称于世。唐代宗曾诏拜其为太子文学,又徙太常寺太祝,但陆羽都未就职。因爱茶成癖,漫游大江南北考察茶园名泉,耗时近三十年写成世界上第一部茶学专著《茶经》,对中国茶业和世界茶业做出了卓越贡献,被后人尊为"茶圣"。《新唐书》中有《陆羽传》。

茶之饮[1]

翼[2]而飞,毛而走,呿[3]而言,此三者俱生于天地间。饮啄[4]以活,饮之时,义远矣哉。至若救渴,饮之以浆[5];蠲[6]忧忿,饮之以酒;荡昏寐[7],饮之以茶。

茶之为饮,发乎神农氏[8],闻于鲁周公[9],齐有晏婴[10],汉有扬雄、司马相如,吴有韦曜[11],晋有刘琨、张载、远祖纳、谢安、左思之徒[12],皆饮焉。滂时浸俗[13],盛于国朝[14],两都并荆俞间[15],以为比屋[16]之饮。

饮有粗茶、散茶、末茶、饼茶者,乃斫,乃熬,乃炀,乃舂[17],贮于瓶缶之中,以汤沃焉[18],谓之痷茶[19]。或用葱、姜、枣、橘皮、茱萸、薄荷之等,煮之百沸,或扬令滑[20],或煮去沫,斯沟渠间弃水耳,而习俗不已[21]。

于戏[22]!天育万物皆有至妙,人之所工[23],但猎浅易。所庇者屋屋精极,所着者衣衣精极,所饱者饮食,食与酒皆精极之。茶有九难:一曰造,二曰别[24],三曰器,四曰火,五曰水,六曰炙,七曰末[25],八曰煮,九曰饮。阴采夜焙非造也,嚼味嗅香非别也,膻鼎腥瓯非器也,膏薪庖炭非火也[26],飞湍壅潦非水也[27],外熟内生非炙也,碧粉缥尘[28]非末也,操艰搅遽[29]非煮也,夏兴冬废[30]非饮也。

夫珍鲜馥烈者,其碗数三;次之者,碗数五。若坐客数至,五行三碗[31],至七行五碗。若六人已下,不约碗数,但阙[32]一人而已,其隽永[33]补所阙人。

【注释】

[1]本篇是唐陆羽《茶经·六·之饮》。
[2]翼:有翅膀的禽鸟。此句意为有翅飞翔的禽鸟。
[3]呿(qù):开口。指开口说话的人。
[4]啄:鸟进食。此地指一切生物进食。
[5]浆:汁液。指水。
[6]蠲(juān):消除.
[7]荡昏寐:清除头昏瞌睡。
[8]神农氏:炎帝。后人伪托神农作《神农本草》等书,其中提到茶,故云"发乎神农氏"。
[9]鲁周公:名姬旦,周文王之子,辅佐武王灭商,后世尊为周公。因封国在鲁,又称鲁周公。后人伪托周公作《尔雅》,其中讲到茶。间(jiàn):更迭。
[10]晏婴:齐国名相。相传著有《晏子春秋》,讲到他饮茶事。
[11]韦曜:应作韦昭,字弘嗣,三国时在东吴历任中书仆射、太傅等要职。
[12]刘琨:西晋诗人曾任平北大将军等职。张载:西晋文学家。远祖纳:陆纳,东晋时任吏部尚书等职,因与陆羽同姓,故陆羽尊其为远祖。谢安:东晋名臣,历任太保、大都督等职。左思:西晋文学家,其《三都赋》曾使"洛阳纸贵"。
[13]滂(pāng)时:广泛流传。滂,水涌流。浸俗:渗入习俗。
[14]国朝:陆羽生活的唐朝。
[15]两都:长安和洛阳。荆:荆州,治所在今湖北江陵。俞:或作渝。渝州,治所在今四川重庆一带。
[16]比屋:家家户户。
[17]斫:用刀砍。熬:焙炒。炀:烘烤。舂:捣碎。这一系列工序都针对饼茶。
[18]汤:开水。沃:浸泡。
[19]痷(ān)茶:夹生茶。痷,病。
[20]扬:把茶汤扬起。滑:润滑。
[21]不已:不停止。此句指煮茶的习惯依然是存在的。
[22]于戏(wūhū):叹词,同"呜呼"。
[23]工:擅长。
[24]别:鉴别。
[25]末:碾末。
[26]膏薪:生油烟的柴。庖炭:烤过肉的碳。
[27]飞湍:飞奔的急流。。壅潦:停滞的积水。潦,雨后积水。
[28]碧粉缥(piǎo)尘:细碎的绿色粉末。缥,淡青色。
[29]操艰搅遽(jù):动作不熟练,搅动太快。遽,惶恐。
[30]夏兴冬废:夏天喝茶,冬天不喝。兴,兴起。
[31]五行三碗:五个人三碗茶轮着喝。
[32]阙:通"缺",缺少。
[33]隽永:食物味美。此处指原先留下的最好的茶汤。

【讲解】

作者谈茶,却从天地间生物谈起,飞禽走兽,以致人类,离不了吃喝。人为万物之灵,除了解渴,还要用酒解忧愁,还要用茶消困乏。起首段大气磅礴,导入饮茶的作用"荡昏寐"。

饮茶起于何时?作者追溯远古神农,列举各朝名人,至作者生活的唐朝,已是家家户户,渗入日常生活。

如何泡茶?砍、炒、烘、捣,再浸泡,作者认为只能得到夹生茶;加入葱姜枣等物久煮的茶,作者认为和沟里的水差不多。作者列举了茶的九难,各类茶的泡茶量,茶的深厚学问跃然纸上。

本篇提及了饮茶起源、习俗,饮茶的方式方法,是《茶经》中的第六篇。唐朝之前,茶的饮用主要在南方,到唐朝中期才在全国范围内发展。《茶经》问世后各地倾慕,争相仿效,茶的煮饮开始讲究起来。文人墨客尤为重视,历代为《茶经》作序的文人不下六七人。

【思考与练习】

一、选择题

1.《茶经》是(　　)。
A. 我国唯一一部茶学专著　　　　B. 我国第一部茶学专著
C. 世界第一部茶学专著　　　　　D. 世界唯一一部茶学专著

2.《茶经·六·之饮》讲到的内容有
A. 茶具　　　　　　　　　　　B. 采茶的时间
C. 饮茶的作用　　　　　　　　D. 制茶的九大困难

3. 作者告诉我们中唐时合饼茶的人们采用的方法是先"斫"后"熬","熬"的意思是(　　)。
A. 焙炒　　　　B. 水煮　　　　C. 火烤　　　　D. 熏蒸

4. 下列句子有通假字的是(　　)。
A. 此三者俱生于天地间　　　　B. 茶之为饮,发乎神农氏
C. 所庇者屋屋精极　　　　　　D. 若六人已下,不约碗数,但阙一人而已

二、简答题
1. 用现代汉语叙述陆羽所说的制茶的九个困难。
2. 从文中可以看到的唐朝人泡茶的习惯是什么?
3. 分析文中"之"的用法。

三、实践题
阅读《茶经·二·之具》,列举唐朝的采茶、制茶用具。

欧阳修

欧阳修(1007—1072),字永叔,自号醉翁,晚年号六一居士,庐陵(今属江西)人。北宋杰出的文学家、史学家。宋仁宗天圣八年(1030)进士,曾任枢密副使、参知政事等职。庆历革新中支持范仲淹改革,晚年反对王安石新法。

作为"唐宋八大家"之一,欧阳修主张文章应"明道""致用""事信""言文",反对宋初浮艳文风,是北宋诗文革新运动的领袖,在散文诗词创作及评论等方面都有很高成就。其散文叙事简括,说理畅达,抒情委婉,章法曲折,语句圆融。诗风与其散文近似,语言流畅自然。其词婉丽,承袭南唐余风。曾与宋祁等合撰《新唐书》,并独撰《新五代史》。有文集《欧阳文忠公集》传世。

五代史伶官传序[1]

呜呼!盛衰之理[2],虽曰天命,岂非人事[3]哉!原庄宗之所以得天下[4],与其所以失之者,可以知之矣。

世言晋王[5]之将终也,以三矢[6]赐庄宗,而告之曰:"梁[7],吾仇也;燕王[8],吾所立;契丹[9]与吾约为兄弟,而皆背晋以归梁。此三者,吾遗恨也。与尔三矢,尔其无忘乃父之志!"庄宗受而藏之于庙[10]。其后用兵,则遣从事以一少牢告庙[11],请其矢,盛以锦囊,负而前驱,及凯旋而纳之[12]。

方其系燕王父子以组[13]，函梁君臣之首[14]，入于太庙[15]，还矢先王[16]，而告以成功，其意气之盛，可谓壮哉！及仇雠[17]已灭，天下已定，一夫[18]夜呼，乱者四应[19]，苍皇东出[20]，未及见贼，而士卒离散，君臣相顾，不知所归。至于誓天断发[21]，泣下沾襟，何其衰也！岂得之难而失之易欤？抑本其成败之迹而皆自于人欤[22]？

《书》[23]曰："满招损，谦受益。"忧劳可以兴国，逸豫[24]可以亡身，自然之理也。故方其盛也，举[25]天下之豪杰莫能与之争；及其衰也，数十伶人困之，而身死国灭[26]，为天下笑。

夫祸患常积于忽微[27]，而智勇多困于所溺，岂独伶人也哉！作《伶官传》。

【注释】

[1]这是欧阳修为其所撰《新五代史》中《伶官传》所作的一篇序言。伶官：古代的乐官。此处指供奉内廷、授有官职的伶人。传序：史传之前评述其所记人物、事件的议论文字。

[2]盛衰之理：国家兴衰的道理。

[3]人事：人的所作所为。

[4]原：推究。庄宗：指后唐庄宗李存勖（xù），西突厥沙陀族人。原姓朱邪，其祖父归唐后，赐姓李。于公元923年灭后梁，入主中原，建立后唐。

[5]晋王：李存勖的父亲李克用，因镇压黄巢起义而被封为晋王。

[6]三矢：三支箭羽。

[7]梁：指后梁太祖朱温。原黄巢部将，叛变归唐赐名全忠，封梁王。后篡唐称帝，建立后梁。他曾经企图谋害李克用，屡相攻伐，结下世仇。

[8]燕王：指刘仁恭，他原是幽州的低级军官，后借助李克用之力，得任卢龙军节度使，所以说"吾所立"。但后来刘叛李克用归附于梁，朱温封他的儿子刘守光为燕王。这里称刘仁恭为燕王，是追述之辞。

[9]契丹：古代民族名，曾建立辽国。李克用曾与契丹首领耶律阿保机拜为兄弟，约定联合出兵，消灭朱全忠，后阿保机背约与梁通好。

[10]庙：宗庙。

[11]从事：官职名。原指三公及州郡长官的僚属，这里泛指一般的属吏。少牢：古代祭品，一猪一羊。

[12]纳之：把它收放好。

[13]系燕王父子以组：用绳索捆绑燕王父子。组：丝编的绳索。

[14]函梁君臣之首：把梁君臣的头装在盒子里。公元923年，后唐庄宗李存勖领兵攻破后梁，末帝朱友贞怕自己死于仇人之手，命部将皇甫麟把自己杀死，皇甫麟自己也自杀。庄宗命令漆其首级，装在木匣中，献于太庙。

[15]太庙：皇帝祖庙。

[16]先王：指死去的晋王李克用。

[17]仇雠：仇敌。

[18]一夫：指皇甫晖。公元926年，皇甫晖勾结党羽作乱。

[19]乱者四应：皇甫晖作乱后，驻扎在邢州、沧州的驻军也相继叛变。

[20]苍皇东出：指李存勖慌忙进兵汴京，又被迫折回，派李克用养子李嗣源率兵讨伐，后来李嗣源也叛变。

[21]誓天断发：割下头发，对天发誓。

[22]抑：或。本：推本，考察。迹：事迹、轨迹。这里指道理。

[23]书：《尚书》。

[24]逸豫：安逸享乐。

[25]举：全部，所有。

[26]身死国灭：李嗣源叛变时，李存勖宠爱的伶官郭从谦跟着叛乱，李存勖因此中乱箭而死。

[27]忽微：古代两个极小的度量单位，忽是寸的十万分之一，微是寸的百万分之一，此处比喻极小的事物。

【讲解】

　　五代李存勖灭后梁、建立后唐,此后骄纵淫逸,宠信伶官。公元926年,伶人郭从谦率军作乱,李存勖中流矢而亡,在位仅三年。本文是《五代史·伶官传》的序文,是一篇论证严密的史论,从李存勖的兴衰成败中总结历史教训,提出深刻的历史观点:国家的盛衰、事业的成败,主要取决于人事。

　　文章第一部分开门见山,提出中心观点:"盛衰之理,虽曰天命,岂非人事哉!"第二部分从正反两面运用事实论据,叙述庄宗奉父遗命发奋复仇、破敌兴国的壮举,及后来为伶人所困而穷途对泣的史实。清代沈德潜《唐宋八大家文读本》卷十谓之"抑扬顿挫,得《史记》精髓"。通过盛衰、兴亡、得失、成败鲜明的对比映衬,突现庄宗先盛后衰的历史悲剧之根源,总结出"忧劳可以兴国,逸豫可以亡身"的历史教训和规律,不仅令人信服,而且使文章意脉前后贯通,抑扬有致。

　　作为一篇史论,本文基于历史事实提出论点,并结合理论论据,充分论证,说服力强。同时,叙事与说理紧密结合,叙事简洁生动,说理深入透彻。"忧劳可以兴国,逸豫可以亡身""祸患常积于忽微,而智勇多困于所溺"等警戒性断语,概括精警,思辨深刻。又能以感慨淋漓之句,置于文章的筋络关键之处,如"岂非人事哉!""可谓壮哉!"等,都增强了文章的艺术感染力。

【思考与练习】

一、选择题

1.《五代史伶官传序》所运用的主要论证方法是(　　)。
　　A. 演绎法与例证法　　　　　　　　B. 例证法与对比法
　　C. 对比法与类比法　　　　　　　　D. 类比法与例证法

2.《五代史伶官传序》所谓"伶官"是指(　　)。
　　A. 民间艺人　　　B. 宫廷艺人　　　C. 著名优伶　　　D. 朝廷授予官职的宫廷艺人

3. "忧劳可以兴国,逸豫可以亡身"出自(　　)。
　　A.《季氏将伐颛臾》　　　　　　　B.《秋水》
　　C.《答司马谏议书》　　　　　　　D.《五代史伶官传序》

4. 最能切中《五代史伶官传序》一文中心论点的一组对应词语是(　　)。
　　A. 兴盛与衰败　　B. 天命与人事　　C. 自满与谦虚　　D. 忧劳与逸豫

5.《五代史伶官传序》中,告诫人们要居安思危的警戒性语句是(　　)。
　　A. 祸患常积于忽微,智勇多困于所溺
　　B. 满招损,谦得益
　　C. 忧劳可以兴国,逸豫可以亡身
　　D. 盛衰之理,虽曰天命,岂非人事哉

6.《五代史伶官传序》对后唐庄宗李存勖盛衰成败历史事实的描述,采用的写法是(　　)。
　　A. 欲抑先扬　　　B. 欲扬先抑　　　C. 铺垫　　　　D. 烘托

二、翻译题

1. 原庄宗之所以得天下,与其所以失之者,可以知之矣。
2. 故方其盛也,举天下之豪杰莫能与之争。
3. 忧劳可以兴国,逸豫可以亡身。

三、简答题

1.《五代史伶官传序》所用的理论论据和事实论据分别有哪些?
2. 用现代汉语叙述李存勖建立后唐及身死国灭的过程。
3. 谈谈你对"满招损,谦受益"的看法。

四、解析题

阅读下面一段文字,回答问题:

忧劳可以兴国,逸豫可以亡身,自然之理也。故方其盛也,举天下之豪杰莫能与之争;及其衰也,数十伶人困之,而身死国灭,为天下笑。夫祸患常积于忽微,而智勇多困于所溺,岂独伶人也哉!

1. 这段文字的中心论点是什么?
2. 这里主要运用了什么论证方法?
3. 写出其中的两个对偶式名言警句,并谈谈对我们的启示意义。

五、实践题

查阅资料,列举欧阳修的文学实绩。

苏 轼

苏轼(1037—1101),字子瞻,号东坡居士,眉州(今属四川)人。嘉祐二年(1057)举进士。神宗时,因与王安石政见不和,出为杭州通判。元丰二年(1079)因"乌台诗案"入狱,出狱后被贬为黄州团练副使。神宗死后,旧党司马光执政,奉召回京,又因坚持己见,又出杭州等地。绍圣元年(1094),新党复执政,贬谪惠州(今广东惠阳)、儋州(今海南儋州)。徽宗即位,赦还。第二年死于常州。

苏轼的思想出入儒道,杂染佛禅,既能关注朝政民生,保持独立的见解,重节操,始终坚持黑白分明,表里如一;又能随缘自适,达观处世。当种种不幸袭来时以一种旷达乐观的宏观心理来对待,把一切视为世间万物流转中的短暂现象,更多地在人生中寻求美好的、令人自慰的东西。

苏轼作品多样,内容广博,立意新奇。其诗、词、赋、散文,均成就极高,且善书法和绘画,是中国文学艺术史上罕见的全才,也是中国数千年历史上被公认文学艺术造诣最杰出的大家之一。其散文文情并茂,说理透辟,抒情富于哲理,与欧阳修并称"欧苏",位列"唐宋八大家";其诗风格清新,自由挥洒,与黄庭坚并称"苏黄",又与陆游并称苏陆;其词则幻想新奇,感情豪迈奔放,一洗晚唐五代的婉约词风,与辛弃疾并称"苏辛";其画则开创了湖州画派。

前赤壁赋[1]

壬戌[2]之秋,七月既望[3]。苏子与客泛舟游于赤壁之下。清风徐来,水波不兴。举酒属[4]客,诵明月之诗[5],歌窈窕之章[6]。少焉,月出于东山之上,徘徊于斗牛之间[7]。白露横江,水光接天。纵一苇之所如[8],凌万顷之茫然。浩浩乎如冯虚御风[9],而不知其所止;飘飘乎如遗世[10]独立,羽化[11]而登仙。

于是饮酒乐甚,扣舷而歌之。歌曰:"桂棹兮兰桨[12],击空明兮溯流光[13];渺渺[14]兮予怀,望美人[15]兮天一方。"客有吹洞箫者,倚歌而和之。其声呜呜然,如怨如慕[16],如泣如诉。余音袅袅[17],不绝如缕。舞幽壑之潜蛟[18],泣孤舟之嫠妇[19]。

苏子愀然[20],正襟危坐[21],而问客曰:"何为其然[22]也?"客曰:"'月明星稀,乌鹊南飞',此非曹孟德之诗乎?西望夏口,东望武昌,山川相缪[23],郁乎苍苍[24],此非孟德之困于周郎[25]者乎?方其破荆州[26],下江陵,顺流而东也,舳舻[27]千里,旌旗蔽空,酾酒[28]临江,横槊[28]赋诗,固一世之雄也,而今安在哉?况吾与子渔樵于江渚之上,侣鱼虾而友麋鹿,驾一叶之扁舟,举匏樽[29]以相属。寄蜉蝣[30]于天地,渺沧海之一粟。哀吾生之须臾,羡长江之无穷。挟飞仙以遨游,抱明月而长终[31]。知不可乎骤得,托遗响于悲风[32]。"

苏子曰:"客亦知夫水与月乎?逝者如斯,而未尝往也[33]。盈虚者如彼,而卒莫消长也[34]。盖将自其变者而观之,则天地曾不能以一瞬;自其不变者而观之,则物与我皆无尽也,而又何羡乎[35]且夫天地之间,物各有主,苟非吾之所有,虽一毫而莫取。惟江上之清风,与山间之明月,耳得之而为声,目遇之而成色,取之无禁,用之不竭。是造物者之无尽藏也[36],而吾与子之所共适[37]。"

客喜而笑,洗盏更酌。肴核既尽,杯盘狼藉。相与枕藉[38]乎舟中,不知东方之既白。

【注释】

[1]本文是宋神宗元丰五年(1082)苏轼贬谪黄州(今湖北黄冈)时所作。因后来还写过一篇同题的赋,故称此篇为《前赤壁赋》,十月十五日写的那篇为《后赤壁赋》。赤壁:实为黄州赤鼻矶,并不是三国时期赤壁之战的旧址,当地人因音近亦称之为赤壁,苏轼知道这一点,将错就错,借景以抒发自己的怀抱。

[2]壬戌:宋神宗元丰五年(1082)。

[3]既望:农历十六日。农历每月十五日称"望"。既,已。

[4]属(zhǔ):劝请。

[5]明月之诗:指《诗经·陈风·月出》。

[6]窈窕(yǎo tiǎo)之章:指《诗经·陈风·月出》第一章"月出皎兮,佼人僚兮,舒窈纠兮,劳心悄兮"。一说指《诗经·周南·关雎》。

[7]徘徊:停留不前。斗牛:斗宿(南斗)和牛宿,星辰名。

[8]纵:任凭。一苇:一片苇叶,指代小船。如:往。

[9]冯:同"凭"。虚:指天空。

[10]遗世:离开尘世。

[11]羽化:道教称人成仙为羽化。

[12]桂棹兮兰桨:用木兰、桂木做的船桨。短小的叫桨,在旁边拨水的叫棹。这儿都是划船用具的美称。

[13]击空明:指用桨在被月色照得明澈的江水中划动。流光:水波上浮动的月光。

[14]渺渺:悠远。

[15]美人:指内心思慕的人。

[16]慕:思念。

[17]余音:尾声。袅袅:形容声音婉转悠长。

[18]舞幽壑之潜蛟:使藏在深渊的蛟龙闻之起舞,使动用法。

[19]嫠(lí)妇:寡妇。

[20]愀(qiǎo)然:脸色严肃或忧伤的样子,此处指后者。

[21]正襟危坐:整理衣襟,端正坐着。

[22]何为其然:意谓箫声为什么这样悲凉。

[23]缪(liáo):环绕。

[24]郁乎苍苍:树木茂密,一片苍翠。郁,茂盛的样子。

[25]孟德之困于周郎:指建安十三年(208)东吴周瑜在赤壁之战中击溃曹操。周郎:指周瑜,他大器早成,二十四岁官建威中郎将,吴中都称他为周郎。

[26]方其破荆州:建安十三年(208),刘琮向曹操投降,曹操不战而得荆州、江陵。

[27]舳舻(zhú lú)千里:战船前后相连千里不绝。

[28]酾(shī)酒:斟酒。又读 shāi。

[29]横槊(shuò):横执长矛。

[30]匏樽:酒器。匏,葫芦,可剖为瓢。

[31]蜉蝣:生存期极短的小昆虫。

[32]长终:至于永远。

[33]遗响:余音,指箫声。悲风:指令人生悲的秋风。
[34]"未尝往"句:意谓江水没有消失掉,江水还始终是一江的水。往:通"亡",消失。
[35]卒:终究。消长:增减。
[36]是:这。造物者:大自然。无尽藏:无穷无尽的宝藏。
[37]适:享受的意思。
[38]枕藉:意谓互相枕着睡觉。

【讲解】

被贬黄州,是苏轼政治生涯中遭受的一次沉重打击,处境艰危,心情苦闷,但他奋力自拔,从自然山水中悟出了一些解脱之道。本文借助游览赤壁,探讨宇宙人生的哲理,展现了内心的思想斗争;从泛游大江而得"乐"写起,转到顾念人生苦短之"悲",最终归于物我两融、自我宽解的"喜"。变与不变的辩证使苏轼摆脱了人生的矛盾,虽身处逆境,而能忘却眼前得失、不甘沉沦。

全文共五部分。第一部分写夜游赤壁的情景,展现了一个诗情画意的境界:清风明月交织,月光和水色辉映。在这澄澈、幽美的夜景中,主客秋夜荡舟,把酒诵诗。置身于如此良辰美景之中,作者油然而生"遗世""羽化"之乐,不禁飘飘欲仙。第二部分写作者饮酒放歌的欢乐和客人悲凉的箫声。箫声起,悲意生。哀怨、思念、哭泣、诉说、潜龙舞、寡妇泣,用这六个比喻渲染箫声的悲凉,主客触景生情,由欢乐转为悲凉,引起下文主客问答的议论。第三部分写客人感慨人生短促无常的悲观情绪。作者借主客问答的方式抚今追昔,畅述对天地人生的感触。客人从眼前的明月、江水、山川,想到曹操的诗。世间万物,英雄豪杰,不过是过眼烟云,随着岁月的流逝而灰飞烟灭,风流散尽。想到自己贬谪黄州,青春虚度,不禁悲从中来。第四部分以明月江水作比,说明世界的万物和人生,都既有变的一面,又有不变的一面。从变的角度看,天地万物就连一眨眼的工夫都不能保持不变;从不变的角度看,万物和人类都是永久不变的,用不着羡慕江水和明月的永不增减,也用不着哀叹人生的短促,而应保持旷达乐观的态度。第五部分写客人转悲为喜,主客开怀畅饮,兴尽入睡。

《前赤壁赋》全文构思缜密,充满诗情画意,景、情、理三者融为一体。作为文赋,此文在继承传统赋体的表现手法外,还注意抑客扬主,讲究句式对偶、整散结合,读来琅琅上口,摇曳舒缓。

通假字

冯—凭,往—亡。

使动用法

舞幽壑之潜蛟,泣孤舟之嫠妇。

意动用法

侣鱼虾而友麋鹿。

【思考与练习】

一、选择题

1.《前赤壁赋》中,苏轼用来解脱精神苦闷的哲理是(　　)。
A. 苟非吾之所有,虽一毫而莫取
B. 哀吾生之须臾,羡长江之无穷
C. "变"与"不变"是相对的
D. "登仙""长终"是不可能的

2. 下列运用了使动用法的一句是(　　)。
A. 想佳人妆楼长望,误几回天际识归舟
B. 三顾频烦天下计,两朝开济老臣心
C. 舞幽壑之潜蛟,泣孤舟之嫠妇
D. 侣鱼虾而友麋鹿

3.《前赤壁赋》表现作者旷达态度的句子有(　　)。
A. 物与我皆无尽也,而又何羡乎
B. 是造物者之无尽藏也,而吾与子之所共适
C. 哀吾生之须臾,羡长江之无穷
D. 飘飘乎如遗世独立,羽化而登仙

4.《前赤壁赋》"主客对话"中,"客"的主要情感倾向是(   )。
   A. 功名难就　　　　B. 乐观旷达　　　　C. 人生无常　　　　D. 适意自然
5.《前赤壁赋》中,作者借以抒情说理的主要景物是(   )。
   A. 江水、明月、扁舟　　B. 江水、明月、清风　　C. 明月、清风、洞箫　　D. 江水、清风、白露
6.《前赤壁赋》行文的内在线索是(   )。
   A. 时间的推移　　　B. 感情的变化　　　C. 事理的逻辑　　　D. 想象的展开
7. 苏轼《前赤壁赋》"西望夏口,东望武昌,山川相缪,郁乎苍苍,此非孟德之困于周郎者乎"句中"于"字的意思是(   )。
   A. 从　　　　　　　B. 由　　　　　　　C. 比　　　　　　　D. 被
8. 下列成语,见于《前赤壁赋》的有(   )。
   A. 冯虚御风　　　　B. 正襟危坐　　　　C. 望洋兴叹　　　　D. 分崩离析
   E. 杯盘狼藉
9.《前赤壁赋》"其声呜呜然,如怨如慕,如泣如诉。余音袅袅,不绝如缕。舞幽壑之潜蛟,泣孤舟之嫠妇。"运用的修辞手法有(   )。
   A. 象征　　　　　　B. 比喻　　　　　　C. 排比　　　　　　D. 通感
   E. 夸张

二、翻译题

1. 舞幽壑之潜蛟,泣孤舟之嫠妇。
2. 侣鱼虾而友麋鹿。
3. 纵一苇之所如,凌万顷之茫然。
4. 浩浩乎如冯虚御风,而不知其所止;飘飘乎如遗世独立,羽化而登仙。
5. 客亦知夫水与月乎?逝者如斯,而未尝往也。盈虚者如彼,而卒莫消长也。

三、简答题

1. 本文与《进学解》在结构安排上有什么共同特点?
2. 用现代汉语叙述"客"所表现的悲哀。
3. 从"苏子"与"客"的对答,可以看出苏轼思想存在哪些复杂矛盾?
4. 为什么文章的最后苏轼写了一个凌乱的场景?

四、解析题

1. 阅读下面一段文字,回答问题:

况吾与子渔樵于江渚之上,侣鱼虾而友麋鹿,驾一叶之扁舟,举匏樽以相属。寄蜉蝣于天地,渺沧海之一粟。哀吾生之须臾,羡长江之无穷。挟飞仙以遨游,抱明月而长终。知不可乎骤得,托遗响于悲风。

(1)这段文字表达的人生态度是什么?
(2)这段文字是如何传达悲观情绪的?
(3)请解释"渔樵"。

2. 阅读下面一段文字,回答问题:

苏子曰:"客亦知夫水与月乎?逝者如斯,而未尝往也。盈虚者如彼,而卒莫消长也。盖将自其变者而观之,则天地曾不能以一瞬;自其不变者而观之,则物与我皆无尽也,而又何羡乎?且夫天地之间,物各有主,苟非吾之所有,虽一毫而莫取。惟江上之清风,与山间之明月,耳得之而为声,目遇之而成色,取之无禁,用之不竭。是造物者之无尽藏也,而吾与子之所共适。"客喜而笑,洗盏更酌。肴核既尽,杯盘狼藉。相与枕藉乎舟中,不知东方之既白。

(1)"吾"与"子"分别代表什么?
(2)作者借水月之喻阐述了怎样的哲理?
(3)苏子的这段话表现了他怎样的人生哲学?
(4)你是否同意苏子的观点?为什么?

五、实践题

熟悉苏轼旷达乐观、随缘自适的人生观,谈谈假如走入人生低谷,你会采取一种什么样的人生态度。

王安石

王安石(1021—1086),字介甫,号半山,汉族,临川(今江西抚州市临川区)人,北宋著名政治家、文学家。王安石历任扬州签判、鄞县知县、舒州通判等职,政绩显著。熙宁二年(1069),任参知政事,次年拜相,主持变法。因守旧派反对,熙宁七年(1074)罢相。一年后,宋神宗再次起用,旋又罢相,退居金陵。封荆国公,世称"王荆公",获谥"文",故世称王文公。其散文逻辑谨严,辩理深透,为唐宋八大家之一。其诗长于说理,精于修辞。有《临川先生集》留世。

答司马谏议书[1]

某启[2]:

昨日蒙教,窃以为与君实游处[3]相好之日久,而议事每不合,所操之术[4]多异故也。虽欲强聒[5],终必不蒙见察,故略上报[6],不复一一自辨。重念蒙君实视遇[7]厚,于反覆不宜卤莽[8],故今具道所以[9],冀君实或见恕也。

盖儒者所争,尤在名实[10],名实已明,而天下之理得矣。今君实所以见教者,以为侵官[11]、生事[12]、征利[13]、拒谏,以致天下怨谤[14]也。某则以谓:受命于人主,议法度[15]而修之于朝廷,以授之于有司[16],不为侵官;举先王之政[17],以兴利除弊,不为生事;为天下理财,不为征利;辟邪说[18],难壬人[19],不为拒谏。至于怨诽之多,则固前[20]知其如此也。

人习于苟且非一日,士大夫多以不恤国事、同俗自媚于众[21]为善,上乃欲变此,而某不量敌之众寡,欲出力助上以抗之,则众何为而不汹汹然[22]?盘庚[23]之迁,胥怨[24]者民也,非特朝廷士大夫而已。盘庚不为怨者故改其度,度义[25]而后动,是[26]而不见可悔故也。如君实责我以在位久,未能助上大有为,以膏泽[27]斯民,则某知罪矣;如曰今日当一切不事事[28],守前所为而已,则非某之所敢知。

无由会晤,不任区区向往之至[29]。

【注释】

[1]本文是王安石回复司马光的信。司马谏议:司马光(1019—1086),字君实,时任右谏议大夫,是负责向皇帝提意见的官。

[2]某:自称。在文集中,作者自己称名处多以"某"代替。启:写信说明事情。

[3]游处:同游共处。

[4]所操之术:所持的政治主张。

[5]强聒(guō):强作解说。聒,语声嘈杂。

[6]上报:回信,指王安石接到司马光第一封来信后的简答。

[7]视遇:看待。

[8]反覆:指书信往来。卤莽:简慢无礼。卤,同"鲁"。

[9]具道所以:详细说明这么做的原因。

[10]名实:名称和实质。

[11]侵官:指添设新机构,侵害原来机构的职权。

[12]生事:司马光认为变法是生事扰民。

[13]征利:设法生财,与民争利。
[14]怨谤(bàng):怨恨,指责。
[15]议法度:讨论、审定国家的法令制度。
[16]有司:负有专责的官员。
[17]举:推行。先王:古代贤君。
[18]辟邪说:驳斥错误的言论。辟,驳斥,排除。
[19]难(nàn):责难。壬人:佞人,指巧辩谄媚之人。
[20]固:本来。前:预先。
[21]同俗自媚于众:附和世俗,讨好众人。
[22]汹汹然:吵闹、叫嚷的样子。
[23]盘庚:商朝中期的一个君主。商朝原来建都在黄河以北的奄(今山东曲阜),常有水灾。为了摆脱政治上的困境和自然灾害,盘庚即位后,决定迁都到殷(今河南安阳西北)。这一决定曾遭到全国上下的怨恨反对。后来,盘庚发表文告说服了他们,完成了迁都计划。事见《尚书·盘庚》。
[24]胥(xū)怨:全都抱怨。胥,皆。
[25]度(duó)义:考虑是否合理。度,考虑,这里用作动词。上句"改其度(dù)"之"度",为名词,计划。
[26]是:动词,意谓认为做得对。
[27]膏泽:施加恩惠。
[28]事事:做事。前一"事"字是动词,后一"事"字是名词。
[29]不任(rén)区区向往之至:意谓私心不胜仰慕。这是旧时写信的客套语。不任,不胜,受不住,形容情意的深重。区区,小,这里指自己,自谦辞。向往,仰慕。

【讲解】

宋神宗熙宁二年(1069),王安石任宰相,在皇帝的支持下实行新法,受到保守派的强烈反对。时任右谏议大夫的司马光写了一封长达三千三百余言的信给王安石,不遗余力抨击新法。此为作者复信,写于熙宁三年(1070),主要针对侵官、生事、征利、拒谏、致怨五事,逐条反驳司马光的攻击。

先驳"侵官"。作者不去牵涉实行新法是否侵夺了政府有关机构的某些权力这些具体现象,而是从大处着眼,指出决定进行变法是"受命于人主",出于皇帝的意旨;新法的制定是"议法度而修之于朝廷",经过朝廷的认真讨论而订立;然后再"授之于有司",交付具体主管部门去执行。将新法从决策、制定到推行的全过程置于完全名正言顺、合理合法的基础上,"侵官"之说便不攻自破。

次驳"生事"。"举先王之政"是理论根据,"兴利除弊"是根本目的。这样的"事",上合先王之道,下利国家百姓,自然不是"生事扰民"。

再驳"征利"。为谁征利,"为天下理财"一句足矣。根本出发点正确,"征利"的责难也就站不住脚。

再驳"拒谏"。只有拒绝正确的批评,文过饰非才叫拒谏,因此,"辟邪说,难壬人"便与拒谏风马牛不相及。

最后讲到"怨诽之多",却不再从正面反驳,仅用"固前知其如此"一语带过。

紧承上段结尾处"怨诽之多",作者对"怨诽"的来历做了一针见血的分析。并揭示士大夫阶层不恤国事、苟且偷安、墨守成规的陋习,为下文皇帝的"欲变此"和自己的"助上抗之"提供了合理的依据。同时举了盘庚迁都的历史事例,说明反对者之多并不表明措施有错误,只要"度义而后动",确认自己做的是对的,就没有任何退缩后悔的必要。概括了历史上一切改革家坚定不移的精神。

文章简明严整,措辞委婉而有力,既不伤害与司马光的私人的友谊,也不向反对的意见妥协。由近及远,又由远及近,层层逼近,是驳论性政论文的典范之作。

通假字
卤—鲁。
词类活用
以膏泽斯民。

【思考与练习】
一、选择题
1. 下列句子有被动含义的有（　　）。
   A. 终必不蒙见察　　　　　　　　B. 冀君实或见恕也
   C. 是而不见可悔故也　　　　　　D. 吾长见笑于大方之家
2. 司马光认为王安石实行新法是"侵官"，意思是（　　）。
   A. 新法剥夺了自己的权利　　　　B. 新法侵害原来机构的职权
   C. 新法对大批官员有人身侵犯　　D. 新法形成朝廷之上的派系斗争
3. "以授之于有司"中的"有司"指的是（　　）。
   A. 有关职能部门　　　　　　　　B. 负有专责的官员
   C. 制定制度的机关　　　　　　　D. 王安石新立的部门
4. 下面"固"做"本来"解释的句子有（　　）。
   A. 东有崤函之固　　　　　　　　B. 以此论之，王固不能行也
   C. 臣固疑大王之不能用也　　　　D. 则固前知其如此也
5. "冀君实或见恕也"中"君实"是（　　）。
   A. 司马光　　　B. 王安石自称　　　C. 苏轼　　　D. 欧阳修

二、翻译题
1. 重念蒙君实视遇厚，于反覆不宜卤莽。
2. 盖儒者所争，尤在名实，名实已明，而天下之理得矣。
3. 盘庚不为怨者故改其度，度义而后动。
4. 如曰今日当一切不事事，守前所为而已，则非某之所敢知。

三、简答题
1. 从王安石的回信中可以看出司马光的来信对新法指责的内容有哪些？
2. 作者使用了盘庚迁都的例子是为了说明什么？
3. 本文的措辞哪些能显示委婉而有力？
4. 古今中外对王安石主持的"熙宁革新"有哪些评论？

四、解析题
阅读下面一段文字，回答问题：
人习于苟且非一日，士大夫多以不恤国事、同俗自媚于众为善，上乃欲变此，而某不量敌之众寡，欲出力助上以抗之，则众何为而不汹汹然？盘庚之迁，胥怨者民也，非特朝廷士大夫而已。盘庚不为怨者故改其度，度义而后动，是而不见可悔故也。如君实责我以在位久，未能助上大有为，以膏泽斯民，则某知罪矣；如曰今日当一切不事事，守前所为而已，则非某之所敢知。

1. 作者说的"苟且"是什么含义？
2. 为"盘庚不为怨者故改其度，度义而后动"中两个"度"注音并解释意义。在学过的课文中再举一个不同读音表示不同意义的例子。
3. 这段文字从哪些方面体现了作者改革的决心？你有哪些感想？

五、实践题
欧阳修曾赞王安石："翰林风月三千首，吏部文章二百年。老去自怜心尚在，后来谁与子争先。"

查阅资料,选一首你最喜欢的王安石的诗进行评析。

三、拓展阅读

作品阅读

陋室铭
[唐]刘禹锡

山不在高,有仙则名。水不在深,有龙则灵。斯是陋室,惟吾德馨。苔痕上阶绿,草色入帘青。谈笑有鸿儒,往来无白丁。可以调素琴,阅金经。无丝竹之乱耳,无案牍之劳形。南阳诸葛庐,西蜀子云亭,孔子云:何陋之有!

【点评】
　　文章韵律感极强,读来金石掷地又自然流畅,让人回味无穷。让人感受到了作者洁身自好、不慕名利的生活态度,以及安贫乐道的隐逸情趣。

野庙碑
[唐]陆龟蒙

　　碑者,悲也。古者悬而窆,用木。后人书之以表其功德,因留之不忍去,碑之名由是而得。自秦汉以降,生而有功德政事者,亦碑之,而又易之以石,失其称矣。余之碑野庙也,非有政事功德可纪,直悲夫甿竭其力以奉无名之土木而已矣!

　　瓯、越间好事鬼,山椒水滨多淫祀。其庙貌有雄而毅、黝而硕者,则曰将军;有温而愿、晳而少者,则曰某郎;有媪而尊严者,则曰姥;有妇而容艳者,则曰姑。其居处则敞之以庭堂,峻之以陛级。左右老木,攒植森拱,萝茑翳于上,鸱鸮室其间。车马徒隶,丛杂怪状。甿作之,甿怖之,走畏恐后。大者椎牛,次者击豕,小不下犬鸡鱼菽之荐。牲酒之奠,缺于家可也,缺于神不可也。一朝懈怠,祸亦随作,鲞孺畜牧栗栗然。疾病死丧,甿不曰适丁其时耶!而自惑其生,悉归之于神。

　　虽然,若以古言之,则戾;以今言之,则庶乎神之不足过也。何者?岂不以生能御大灾,捍大患,其死也则血食于生人。无名之土木不当与御灾捍患者为比,是戾于古也明矣。今之雄毅而硕者有之,温愿而少者有之,升阶级,坐堂筵,耳弦匏,口粱肉,载车马,拥徒隶者皆是也。解民之悬,清民之喝,未尝怵于胸中。民之当奉者,一日懈怠,则发悍吏,肆淫刑,驱之以就事,较神之祸福,孰为轻重哉?平居无事,指为贤良,一旦有大夫之忧,当报国之日,则佪挠脆怯,颠踬窜踣,乞为囚虏之不暇。此乃缨弁言语之土木尔,又何责其真土木耶!故曰:以今言之,则庶乎神之不足过也。

　　既而为诗,以纪其末:
　　土木其形,窃吾民之酒牲,固无以名;土木其智,窃吾君之禄位,如何可仪!禄位顾顾,酒牲甚微,神之享也,孰云其非!视吾之碑,知斯文之孔悲!

【点评】
　　"碑者,悲也。"首句就为全文定调,树碑是记载死者的功德,寄托生者的悲哀的,不应该用来为活着的人歌功颂德,岂不悲哉！作者给野庙树碑,并不是为活人歌功颂德,而只是为抒发悲哀。百姓竭尽全力供奉了一批不该供奉的神鬼,岂不悲哉！

后赤壁赋
[北宋] 苏 轼

是岁十月之望,步自雪堂,将归于临皋。二客从予,过黄泥之坂。霜露既降,木叶尽脱。人影在地,仰见明月,顾而乐之,行歌相答。已而叹曰:"有客无酒,有酒无肴,月白风清,如此良夜何?"客曰:"今者薄暮,举网得鱼,巨口细鳞,状如松江之鲈。顾安所得酒乎?"归而谋诸妇。妇曰:"我有斗酒,藏之久矣,以待子不时之须。"于是携酒与鱼,复游于赤壁之下。江流有声,断岸千尺,山高月小,水落石出。曾日月之几何,而江山不可复识矣！

予乃摄衣而上,履巉岩,披蒙茸,踞虎豹,登虬龙,攀栖鹘之危巢,俯冯夷之幽宫。盖二客不能从焉。划然长啸,草木震动,山鸣谷应,风起水涌。予亦悄然而悲,肃然而恐,凛乎其不可留也。反而登舟,放乎中流,听其所止而休焉。

时夜将半,四顾寂寥。适有孤鹤,横江东来。翅如车轮,玄裳缟衣,戛然长鸣,掠予舟而西也。须臾客去,予亦就睡。梦一道士,羽衣蹁跹,过临皋之下,揖予而言曰:"赤壁之游乐乎?"问其姓名,俛而不答。"呜呼！噫嘻！我知之矣。畴昔之夜,飞鸣而过我者,非子也耶?"道士顾笑,予亦惊寤。开户视之,不见其处。

【点评】

《后赤壁赋》是《前赤壁赋》的续篇。《前赤壁赋》重在借景抒怀,阐发哲理,《后赤壁赋》重在游玩状景,以孤鹤道士的梦幻之境,表现旷然豁达的胸怀和慕仙出世的思想。

文化常识

鞋袜古今谈

古时鞋袜统称"足衣"。

古人对鞋的称呼有"屦 jù""履""屩 juē""屐 jī",战国后统称为"履"。"鞋"始见于南朝梁顾野王的《玉篇》,是"鞵"的异体字。

古书上常以草鞋为罪人之服或丧服。《汉书·刑法志》:"所谓'象刑维明'者,言象天道而作刑,安有菲屦赭衣也。""菲屦"就是草鞋。其实古代贫困人家常年所穿的是草鞋。《孟子·滕文公上》:"其(指许行)徒数十人皆衣褐,捆屦织席以为食。"许行虽是学者,但过得却是贫民的生活。

还有一种"舄 xì",是在底子下面再加一层木底,很像现在的胶底鞋或雨鞋。到汉代时这种两层底儿的鞋改称为屐。

南北朝时士族大夫好屐,不但以为常服,而且亲自动手制作,以至成癖。日本的木屐,原是我国古代的木屐。颜师古《急就篇注》:"屐者,以木为之,而施两齿,可以践泥。"

鞋翘设计是中国古代鞋履的代表性特征,称"翘头履"。鞋翘的作用有:一、中国古代男女服饰皆以裙袍为主体,鞋翘可能用来托住裙边,不至于踩住跌跤;二、行走时鞋翘有警诫作用,使穿者免受伤害;三、一种朴素的对上天的尊崇。鞋尖的上翘,与古建筑的顶角上翘有相同的解释，都是敬天的结果。

　　鞋子分左右脚在中国还是一百多年间的事，在几千年的时间里，古人穿鞋多不分左右。当时制鞋的材料大多非常柔软，如草鞋、麻鞋，即使用动物皮也处理得很柔软。而且，古人穿的鞋子做得相对宽松，尺码比较大，不会有穿不上或是磨脚的现象。这样不分左右的鞋子又叫"正脚鞋"，也叫"直脚鞋"。在古人眼里，两只鞋必须一模一样，两只不一样的"鸳鸯鞋"则被视为不吉。分左右的鞋子，古代称之为"运脚鞋"，大多数人是不穿的。

　　当代的鞋子品种多样，按约定俗成的习俗，正规场合应穿皮鞋，女士的鞋应有跟。高跟鞋是女士不可缺少的配备。十五世纪，法国宫廷服装师发明了高跟鞋。高跟鞋最初的出现，是为了方便人们骑马时双脚能够扣紧马镫，直到十六世纪末高跟鞋才成为贵族的时尚玩意。而在中国十四世纪明朝就有高跟鞋。北京定陵曾出土尖翘凤头高底鞋，鞋长十二厘米，高底长七厘米，宽五厘米，高四点五厘米。

　　至迟在商末，人们已穿袜子了。当时的袜子都用皮制，"韈"与"韤"同为皮袜，读作 wà，同为古"袜"字，但用料不一样，有韋（韦）革之别，革是生皮，韋（韦）是熟皮。"韈"是用去毛兽皮做的袜子，而"韤"则是熟兽皮做的袜子，要柔软舒适一些。目前存世最早的一双袜子是公元前九世纪的皮毡袜，出土于新疆塔里木盆地南缘扎洪鲁克古墓中。

　　到汉朝，袜子已流行用纺织品缝制了，人们基本不穿皮袜，现代考古出土的汉朝袜子都是布帛质地的。东汉刘熙在《释名·释衣服》中已使用"襪"字："襪，末也，在脚末也。"同时期还出现了"纟"旁边的，这是"袜"的异体字。

　　先秦有"脱履之制"，由于是席地而坐，所以要把鞋子先脱掉放在门口。《礼记·曲礼》："户外有二屦（jù），言闻则入，言不闻则不入。"如果看到门口放了两双鞋，说明屋内有人，不宜贸然进入，听到他们高声说话后才可进去。可以看出古人的"脱履之制"。

　　还有"跣袜之制"，比"脱履之制"的敬重程度更高，如果屋里有长者或贵客，除了脱鞋，还须把袜子也脱下，即所谓"跣袜"。不跣袜则是严重失礼。

　　一直到唐代，进门脱袜子的要求才不被重视。但在皇家举行祭祀时，"亦尚有跣袜之制"。

第七讲
唐五代宋金元词

一、文学史讲述

(一)唐五代词

词别称"乐府""琴趣""诗余""长短句"。每首词有词牌,词牌是词调的名称,是填词时所依据的乐谱。按长短规模分,词大致可分小令(58字以内)、中调(59—90字)和长调(91字以上,最长的词达240字)。一首词,有的只一段,称为单调;有的分两段,称双调;有的分三段或四段,称三叠或四叠。其中双调是最常见的形式。

词源于南朝,兴于晚唐五代,盛于两宋。宋代词人学唐而变唐,既保持了对唐诗的延续,又形成散文化与尚理趣等特色,出现了苏东坡、王安石、陆游、杨万里、范成大等著名词人。宋词名篇佳作层出不穷,并出现了各种风格、流派,词成为宋代文学的代表。《全宋词》共收录流传到今天的一千三百三十多家将近两万首词作,从这一数字可以推想当时创作的盛况。

词在隋唐之际是随着燕乐的传入而兴起的一种新诗体。产于西域的胡乐传入中原,与汉族清商乐融合,产生了燕乐。唐朝经济繁荣,加上玄宗精通音乐,燕乐大盛。燕乐歌曲的歌词叫"曲子词",就是词的雏形。敦煌曲子词是现存最早的民间词。

盛唐以后,文人才士倚声填词渐成风气,相传李白作有《菩萨蛮》《忆秦娥》词,被后人奉为"百代词曲之祖"。真正文人开始依声填词的始于中唐。张志和、韦应物、刘禹锡、白居易都是词的尝试者。晚唐温庭筠标志着词的成熟。

五代时,西蜀和南唐经济文化却最为发达,成为词的创作中心。后蜀赵崇祚编选的《花间集》,共五百首,所收温庭筠以下十八家,大部分是蜀人,或宦游西蜀的外省人,内容上多写风花雪月,著名的有温庭筠和韦庄。这些词人被称为"花间派"。与花间词相比,南唐词的境界有所扩大。王国维《人间词话》说:"冯正中词虽不失五代风格,而堂庑特大。"冯延巳不仅开启了南唐词风,而且影响到宋代晏殊、欧阳修等词家。后主李煜成就尤高,王国维也曾评曰:"词至李后主而眼界始大,感慨遂深,遂变伶工之词而为士大夫之词。"李煜后期的词在表达自己的深情、剧痛时,采取了直抒胸臆的手法。"梦里不知身是客,一晌贪欢""小楼昨夜又东风,故国不堪回首月明中""自是人生长恨水长东",都是他成为囚徒之后的触景生情之作,尽情地倾泻了对自己已逝去的昔日生活的凭吊和国破家亡之感。他所采用的直抒胸臆的抒情手法,改变了晚唐五代以来词人通过妇女的不幸遭遇,无意流露或曲折表达自己心情的手法,使词摆脱了长期在花间樽前曼声吟唱中形成的传统风格。他后期的词多写家国之慨,冲破了词的原有藩篱,扩大了词的境界,在内容风格上,超越了温庭筠和冯延巳,代表了新的方向和新的力量。

(二)宋词

词至宋代,进入了鼎盛时期。

北宋前期的晏殊、晏几道、欧阳修、范仲淹等主要词家基本上承袭晚唐五代的婉约词风,篇幅短小,基调低沉,内容多为男欢女爱、伤时感事。但袭中有变,开始由浮艳走向清丽,进一步由"伶工之词"向"士大夫词"转化,在遣词造句、意境构造、题材内容上都有新的突破。如范仲淹的《渔家傲》,把边塞内容带进词里,景象辽阔,悲歌慷慨,前所未有。

北宋中叶的词坛锐意创新。柳永是北宋第一位专力填词并对宋词进行了革新的词人。他精通音律,大量制作长调慢词,对词体的发展贡献巨大。其词作表现了都市的繁华、山川的壮丽以及下层社会生活,尤擅长表现羁旅行役之苦,扩大了词的题材。笔法上以铺叙见长,善于用平易的语言融情入景。词风细腻,在当时市民中传唱极盛。代表作有《望海潮》("东南形胜")、《雨霖铃》("寒蝉凄切")、《八声甘州》("对潇潇暮雨洒江天")等。苏轼一反柳词的风花雪月之情,代之以清旷豪放之风。其词内容丰富,无意不可入,无事不可言。除通常的写景抒情外,还用词来怀古、感旧、记游,甚至说理谈禅,从而大大突破了词为"艳科"的框框,将艺术的笔触伸向了广阔的现实生活和极其丰富的个人内心世界,提高了词的意境,丰富了词的表现方法,并在语言、体制、形式、音律上突破、创新,使词成为独立的抒情诗体。代表作有《念奴娇·赤壁怀古》《水调歌头》等。苏轼也不乏风情婉约之作,如《江城子·乙卯正月二十日夜记梦》《水龙吟·次韵章质夫杨花词》等。这类词吸取了婉约词人抒情的真挚与细腻,又显示出深沉、淳厚的自家面目。

北宋后期的词作者又从苏轼等人开拓的广阔道路上退缩回来,重新进入儿女艳情的小圈子,其代表人物有黄庭坚、秦观、贺铸、周邦彦。周邦彦集北宋婉约词之大成。其作虽基本承袭柳永词的余风,表现男女恋情和羁旅行役等传统内容,但他妙解音律,有很高的艺术修养,因此在使词艺趋于精美化方面功不可没。读他的词,我们可以感受到他在章法结构的变化、表现技巧的多样、音律语言的谐畅等方面的不懈追求。在南北宋之交,还出现了我国古代最优秀的女词人李清照。她的词意境深厚,感情婉曲,造语清新。尤其是南渡以后的《声声慢》《武陵春》《永遇乐》等作品,将国破家亡的忧愤与身世漂泊的伤痛融于一体,哀婉凄苦,感人心魄,其审美价值大大超过了早期主要抒写闺情的词章。

宋室南渡以后,词跨入了一个新的发展时期,感时伤乱、抒发爱国情怀成为一大主题。张元干、张孝祥、岳飞、陈与义等著名词人的词突破了北宋末年平庸浮靡之风,上承苏轼的豪放风气,下开辛弃疾爱国词的先河。词风慷慨悲壮,表现了鲜明的时代特征。其中,岳飞的《满江红》,张孝祥的《念奴娇》《六州歌头》,张元干的《贺新郎·送胡邦衡待制赴新州》,都是千古传诵的名篇。南宋最伟大的词人当推中期出现的辛弃疾。辛弃疾有《稼轩长短句》,存词六百二十余首,数量在宋人中首屈一指。这些作品有的表现恢复中原、力挽狂澜的豪情壮志,如《鹧鸪天》("壮岁旌旗")、《永遇乐》("千古江山")、《贺新郎》("绿树听鹈鴂");有的抒发对投降卖国的强烈不满和壮志未酬的深沉忧愤,如《水龙吟》("楚天千里")、《菩萨蛮》("郁孤台下")、《破阵子》("醉里挑灯")、《摸鱼儿》("更能消");还有一些是从各方面描写当时的社会生活和个人情感的,如《清平乐》("茅檐低小")、《丑奴儿》("少年不识")、《青玉案》("东风夜放")等。前两个方面构成了辛弃疾词的主调。在艺术上,辛词充溢着奇情壮思,又深于寄托、善于用典,在驾驭语言上亦有极深的功力,对苏词有所继承和发展,故在文学史上与苏轼并称"苏辛"。属于辛派的词人有陈亮、刘过等,风格似辛,但有点剑拔弩张。辛派后劲还有刘克庄、刘辰翁等。

(三)金元词

金元时期,社会主要文学类型从以诗词为代表的雅文学转向以小说、杂居为代表的俗文学。与唐宋相比,金元词形成了自己的地域特点、时代风格、个性色彩。

金早期的词人多为辽宋旧臣,体现出怀念故国与出仕新朝的矛盾,如宇文虚中、吴激、高士谈、刘著、蔡松年等。海陵王完颜亮时代,金朝的本土词人出现。完颜亮本人的词质朴坦荡,体现了开拓疆土的雄心,显示了女真族的率真。金世宗完颜雍时金宋分治已成定局,南北议和,安于太平,追求"风流不让赵官家"的风雅,词成了谈玄说佛的工具、玩物赏景的手段。如金世宗完颜雍的《减字木兰花》:"但能了净,万法因缘何足问。日月无为,十二时中更不疑。常须自在,识取从来无挂碍。佛佛心心,佛若休心也是尘。"

金朝的大定、明昌年间(1161—1213)是金词的成熟期。此时期儒家文化被大力普及,汉人得到重用,产生了蔡珪、党怀英、王寂、王庭筠等词人,他们认同汉化的金朝,并自认为是华夏的正统。如王寂在《瑞鹤仙》中称南宋为"蛮貊""淮夷"。此间词的内容风格也呈现多样化。

自卫绍王完颜永济起,至公元1234年金被灭,伤乱世成为基本主题,词风多苍凉沉郁。

金末元初最杰出的词人是元好问(1190—1257),现存词作三百余首,数量为金词之冠,艺术造诣也雄视一代,风格与其诗风类似,气象雄浑苍莽,境界博大壮阔。《木兰花慢·游三台》《水调歌头·赋三门津》等,都是其代表作。

元朝前期有亡宋和亡金留下的词人,隐居乡间,如李俊民、段克己等;有依附蒙古新贵,惴惴不安的词人,如杜仁杰、白朴、赵孟頫等;还有介于两者之间的,如元朝词坛的盟主元好问,为延续中原文化四处奔走,隐居故里保存故国文献。他们的词主题都是追思故国。

元朝中后期,政府虽曰"守成",但始终无法解决民族矛盾。其间北方词人多为官宦,写行役、怀古、赠答,以此为基础抒发时政之见,如萨都剌、许有壬等。南方词人多为隐士,写游历宴饮、怀古伤乱,融入林泉之思,表达感之意,如倪瓒、舒頔、陆文圭、谢应芳、张翥等。

二、作品选讲

温庭筠

温庭筠(约801—866)唐代诗人、词人。本名岐,字飞卿,太原祁(今山西祁县东南)人。富有天才,文思敏捷,每入试,八叉手而成八韵,所以也有"温八叉"之称。然恃才不羁,又好讥刺权贵,多犯忌讳,取憎于时,故屡举进士不第,长被贬抑,终生不得志。官终国子助教。精通音律。工诗,与李商隐齐名,时称"温李"。其诗辞藻华丽,浓艳精致,内容多写闺情。其词艺术成就在晚唐诸词人之上,为"花间派"首要词人,对词的发展影响较大。在词史上,与韦庄齐名,并称"温韦"。存词七十余首。后人辑有《温飞卿集》及《金奁集》。

更漏子[1]

玉炉香,红蜡泪,偏照画堂秋思[2]。眉翠薄,鬓云残,夜长衾枕寒[3]。

梧桐树,三更雨,不道离情正苦[4]。一叶叶,一声声,空阶滴到明。

【注释】
[1]更漏子:词牌名。双调四十六字。古代用滴漏计时,夜间凭漏刻打更,故计时用具名更漏。子,助词,无意义。温庭筠六首《更漏子》都写深夜情景。
[2]画堂:华丽的内室。秋思:秋天引来的愁思。
[3]衾(qīn):被子。
[4]不道:不管、不理会。

【讲解】
秋夜寒冷漫长,思妇心有牵挂,眼前玉炉飘香,红烛滴泪,与此相伴的是愁思。愁思不可视,从思妇妆容不整、孤寂冷清、长夜无眠,让人直觉愁思无所不在。下片从眼前景象转入听觉。窗外三更雨兀自拍打梧桐树,梧桐在文人感慨中总带着浓厚的悲伤秋意,恰与上片的"秋思"呼应,全词唯一的纯抒情的语句"不道离情正苦"正是有感于秋雨、梧桐之景,从思妇内心深处发出了对无情秋雨的一种埋怨。作者没有用伤别的字,只用"空阶滴到明"的景象来诉说"离情",梧桐叶上的雨声,无人石阶上的雨声,一滴滴都是"离情",一直滴到天亮。可谓"不着一字,尽得风流"(唐司空图《二十四诗品·含蓄》)。

全词情真意切,虽不一定是作者亲身经历的事实,但读者从类似的遭遇中能找到强烈的共鸣。可以感到作者对当时女子的遭遇的深切了解和同情。

全词节奏缓急有致,宜吟宜唱。虽然其唱腔早已失传,仍不失为律精韵胜的佳作。

【思考与练习】

一、选择题
1. 词中完全属于抒情的句子是( )。
   A. 偏照画堂秋思　　B. 夜长衾枕寒　　C. 空阶滴到明　　D. 不道离情正苦
2. 下面说法中符合温庭筠的是( )。
   A. 花间词人　　　　　　　　　　B. 别称"温八叉"
   C. 与李贺合称"温李"　　　　　D. 别称"诗魔"
3.《更漏子》的主题是( )。
   A. 病痛之伤　　　B. 垂暮之哀　　　C. 羁旅之愁　　　D. 离别之苦

二、简答题
1. 什么是词牌?
2. 什么是"花间派"?"花间派"有哪些著名的词人?
3. 分析《更漏子》一词情景交融的特点。

三、实践题
下面是温庭筠的一首五律《商山早行》,想象你就是诗中那位旅途中的游子,用第一人称根据你的实践经历把它改写成一篇抒情散文。

晨起动征铎,客行悲故乡。鸡声茅店月,人迹板桥霜。槲叶落山路,枳花照驿墙。因思杜陵梦,凫雁满回塘。

李 煜

李煜(937—978),字重光,初名从嘉。南唐中主李璟第六子,宋建隆二年(961)继位,史称后主。开宝八年(975),国破降宋,其被俘至汴京,封为右千牛卫上将军、违命侯。后为宋太宗毒死。

　　李煜工书法,善绘画,精音律,诗和文均有一定造诣,尤以词的成就最高。其词现存约三十二首,内容主要可分作两类:第一类为前期反映宫廷生活和男女情爱,柔靡浮艳;第二类为后期对往事的追忆,赋以自身感情而作,哀婉凄绝。代表作有《虞美人》《浪淘沙》《乌夜啼》。李煜继承了晚唐以来温庭筠、韦庄等花间词人的传统,又受了李璟、冯延巳等人影响,将词的创作向前推进了一大步。王国维《人间词话》说:"词至李后主而眼界始大,感慨遂深,遂变伶工之词而为士大夫之词。"其词主要收集在《南唐二主词》中。

虞美人[1]

　　春花秋月何时了?往事知多少[2]!小楼昨夜又东风,故国不堪回首月明中。
　　雕栏玉砌应犹在,只是朱颜改[3]。问君能有几多愁,恰似一江春水向东流!

【注释】
　　[1]相传,李后主被俘押解到汴京的第二年,于七月七日晚,在寓所命故伎作乐,唱《虞美人》词,声闻于外,宋太宗闻之大怒,便赐牵机药,将他毒死。如此说来,一曲《虞美人》,即是后主的绝命词。
　　[2]春花秋月:指年岁的交替消失。往事:指过去的帝王生活。面对春花秋月,不可避免地会想起以往许多欢乐的生活,故云"何时了"。
　　[3]雕栏玉砌:雕绘的栏杆和白玉砌成的石阶,借指南唐故都的宫苑建筑。朱颜改:作者自伤颜容憔悴,兼喻江山易主,物是人非。

【讲解】
　　这首词含蓄抒写了一个亡国之君的故国之思、亡国之恨,充满着浓郁的伤感情调。
　　这首词以问起,以答结;由问天、问人而自问,通过凄楚中不无激越的音调和曲折回旋、流走自如的艺术结构,表现词人悲恨相续的心理活动。春花、秋月,是一般人向往的美景,可是,过着囚徒般生活的李煜见了反而心烦意乱,他劈头怨问苍天:"春花秋月何时了?"年年春花开,岁岁秋月圆,要到什么时候才能了结呢?他面对春花秋月的无尽循环,不由感叹人的生命却随着每一度花谢月缺而长逝不返。于是转而向人发问:"往事知多少?""往事"指他在南唐当皇帝时候的事情,可是以往的一切都没有了,都消逝了,都化为虚幻了。他深深叹惋人生之短暂无常。"又东风"点明他归宋后又过了一年。时光在不断消逝,引起他无限感慨。感慨什么呢?"故国不堪回首月明中"!夜阑人静,幽囚在小楼中的人,倚栏远望,对着那一片沉浸在银光中的大地,多少故国之思、凄楚之情涌上心头,不忍回首也不堪回首。"雕栏玉砌应犹在,只是朱颜改",他遥望南国慨叹,"雕栏""玉砌"也许还在吧,只是当年宫廷的主人原本红润的颜面改变了。"只是"二字饱含着物是人非的无限怅恨之感。最后,悲慨之情如冲出峡谷、奔向大海的滔滔江水,一发而不可收。词人满腔幽愤,运用设问自答的手法表现出来,"问君能有几多愁?恰似一江春水向东流!"
　　李煜的词以纯真深挚的情感取胜,王国维谓之出于"赤子之心"。这首词运用形象的比喻、生动的夸张、鲜明的对比等手法,使全词的抒情更浓烈、更深沉,使作者的愁情更深厚、更突出。末句以"一江春水向东流"喻愁,以形象可感的客观景物比喻抽象的愁绪,充分写出了胸中忧愁之浓重和无穷无尽,意境深远。

【思考与练习】
一、选择题
　　1. 李煜是(　　)。
　　　A. 唐代词人　　　　B. 南宋词人　　　　C. 南唐词人　　　　D. 五代十国词人
　　2. 下列词作中,以乐景写哀情的是(　　)。

A.《虞美人》(春花秋月何时了)   B.《八声甘州》(对潇潇暮雨洒江天)
C.《声声慢》(寻寻觅觅)   D.《饮酒》

3. 李煜《虞美人》中,"春花秋月何时了"的情感内涵是(　　)。
A. 赞春花秋月之美好   B. 叹良辰美景之易
C. 盼良辰美景之再来   D. 发物是人非之伤痛

4. 下列诗句、词句中,"君"为作者自指的是(　　)。
A. 但为君故,沉吟至今   B. 问君能有几多愁?恰似一江春水向东流
C. 君不见,黄河之水天上来   D. 问君何能尔,心远地自偏

5. 李煜《虞美人》的主旨是(　　)。
A. 抒写行役之苦、羁旅之愁   B. 抒写故国之思、亡国之恨
C. 抒写家破之哀、人亡之痛   D. 抒写失意之忧、遭贬之悲

6. 李煜《虞美人》"雕栏玉砌应犹在,只是朱颜改。问君能有几多愁?恰似一江春水向东流"这几句词所用的修辞方法有(　　)。
A. 对偶   B. 明喻   C. 暗喻   D. 夸张
E. 借代

二、简答题

1. 李煜前后两个时期的创作各有什么风格?
2. "问君能有几多愁?恰似一江春水向东流"为什么成为千古名句?

三、解析题

阅读李煜《虞美人》(春花秋月何时了)这首词,回答问题:

春花秋月何时了?往事知多少!小楼昨夜又东风,故国不堪回首月明中。雕栏玉砌应犹在,只是朱颜改。问君能有几多愁?恰似一江春水向东流。

1. "春花秋月何时了"所蕴含的深层情感是什么?
2. "雕栏玉砌应犹在,只是朱颜改"的言外之意是什么?

四、实践题

查阅资料,"虞美人"这一词牌的出处是什么?

柳　永

柳永(约987—约1053),初名三变,字耆卿,因排行第七,又做过屯田员外郎,故又有"柳七""柳屯田"之称。福建崇安人。青年时因在词中宣泄不满情绪,触怒权贵,屡试不第。后改名柳永,景祐元年(1034)始中进士。曾在浙江桐庐、定海等地做过几任小官。晚年穷困潦倒,死于润州(今江苏镇江县)。

柳永大大开拓了词的题材内容。柳永是北宋第一个致力于词作的"才子词人"。由于柳永对社会生活有相当广泛的接触,特别是对都市生活、妓女和市民阶层相当熟悉。都市生活的繁华,自己的愤恨与颓放、离情别绪和羁旅行役的感受,都是其词的重要内容。其词多用白描手法,善于铺叙,层次分明,情真意切。语言口语化,扫却唐五代雕琢习气,自成一家。

在词的形式上,他接受民间乐曲和民间词的影响,大量制作慢词,使慢词发展成熟并取得了与小令并驾齐驱的地位。有《乐章集》。

八声甘州[1]

对潇潇暮雨洒江天[2],一番洗清秋。渐霜风凄紧,关河冷落,残照当楼。是处红衰翠减[3],

苒苒物华休[4]。惟有长江水,无语东流。

不忍登高临远,望故乡渺邈[5],归思难收。叹年来踪迹,何事苦淹留[6]?想佳人妆楼颙望[7],误几回、天际识归舟。争知我、倚栏杆处[8],正恁凝愁[9]。

【注释】

[1]《八声甘州》是从大曲《甘州》截取一段改制的。因全词前后片共八韵,故名八声,慢词。
[2]潇潇:雨下得急的样子。一说雨声。
[3]是处:到处,处处。
[4]苒苒(rǎnrǎn):同"冉冉",逐渐的意思。物华:美好的景物。
[5]渺邈:遥远。
[6]淹留:久留。
[7]颙(yóng)望:呆望。
[8]争(zhēng):同"怎"。
[9]恁(rèn):这样,如此。

【讲解】

这首词通过描述登高远望所见,抒发了漂泊江湖的愁思和仕途失意的悲慨。

上片起首即用一个去声字"对",富于气势,如弹词开篇的一声拍板,戏剧人物出场前的亮嗓,又妙在体现了观景的角度,暗藏登楼凭栏远眺之意,为下片作伏笔。"潇潇"表现雨势的急骤。"暮雨"带有寒意,"洒江天"说明地点是在江头,暗伏以下"长江水"句。词人本是登楼观景的,要在江天之际游目骋怀,即所谓"登高临远",显然希望天高气爽,天色晴朗,可是突然下起了急雨,弥漫江天,又时值日暮天寒,一股凉意直逼而来,这就为全词悲秋伤别定下了基调。素秋时节,气爽天清,纯净如水,再加上一番秋雨,更是将纤埃微雾皆浣尽,一碧如洗。"渐霜风凄紧,关河冷落,残照当楼"三句被苏轼叹为"不减唐人高处"。当此清秋,经暮雨荡涤,时光景物为之一变,一个"渐"字引出凄冷的霜风、凋零的关河,故而有残照当楼。一"紧"一"冷",寓情于景。"冷落"一词运用了双声,增强了感染力。词人先写暮雨、霜风、关河,最后把着力点聚焦在残照上,仿佛整个江天、关河、凄雨、霜风,统统都集中在残照上,悲秋之气一袭而来。"是处红衰翠减,苒苒物华休",词人的思绪由凄惨悲壮转入细致沉思,由仰观转入俯察,处处皆是凋零的景象。"红衰翠减",乃用玉溪生之语:"此荷此叶常相映,翠减红衰愁煞人。""惟有长江水,无语东流"二句写此时一切似乎停止,一切尽在不言中,唯有东流的长江水在关切作者的悲情,将主观情绪融入客观景物之中,也承上启下将全词引入直接抒情中。

下片写望中所思,即景抒情,以"不忍登高临远"领起,想故乡闺中人也应是登楼望远,与自己心情一样,企盼亲人归来。"误几回、天际识归舟"反用谢朓的"天际识归舟,云中辨江树"之意。可以想象佳人望眼欲穿等候归舟的企盼情状,却ozk知道词人自己此时登舟无计,只自淹留?以"倚栏杆处,正恁凝愁"作收,点出全篇题旨,与"对""当楼""登高""望""叹"皆相呼应,一腔心思,唱叹连绵,笔巧味醇。

柳永这首词上片写景,下片言情,情景交织,以"对"字开篇,"登高临远"过片,"倚栏"落脚,又以倚栏凝愁照应江水无语,互相照应,柳词铺叙而不散漫,可见一斑。且虚拟、设问运用自如,手法娴熟。另外,用"对""渐""望""叹""误"等单字去声作为句首"领字",骨节灵通,强而有力,也是一大特色。

【思考与练习】

一、选择题

1. 北宋第一个专力填词的作家是(　　)。

　　A. 苏轼　　　　　　B. 柳永　　　　　　C. 贺铸　　　　　　D. 李清照

2.《八声甘州》("对潇潇暮雨洒江天")上片写景的特点是(　　)。

　　A. 移情于景　　　　B. 白描铺叙　　　　C. 虚实交错　　　　D. 因情造景

3. 柳永《八声甘州》抒写的主要情感是（　　）。
   A. 仕途失意　　　　B. 国破家亡之恨　　　C. 吊古伤今　　　　D. 羁旅行役之苦
4. 柳永《八声甘州》（"对潇潇暮雨洒江天"）中，具有承前启后作用的句子是（　　）。
   A. 是处红衰翠减
   B. 惟有长江水，无语东流
   C. 不忍登高临远
   D. 叹年来踪迹，何事苦淹留
5. 开始大量创作慢词，善用铺叙手法，对词的发展有重大贡献的词人是（　　）。
   A. 欧阳修　　　　B. 晏殊　　　　C. 柳永　　　　D. 苏轼
6. 下列被苏轼评为"唐人佳处，不过如此"的词句是（　　）。
   A. 问君能有几多愁，恰似一江春水向东流（李煜《虞美人》）
   B. 四面边声连角起，千嶂里，长烟落日孤城闭（范仲淹《渔家傲》）
   C. 渐霜风凄紧，关河冷落，残照当楼（柳永《八声甘州》）
   D. 莫道不销魂，帘卷西风，人比黄花瘦（李清照《醉花阴》）
7. 《八声甘州》中的"八声"意思是（　　）。
   A. 唱八遍　　　　B. 押八处韵　　　　C. 用"八"押韵　　　　D. 八个领格字

二、简答题

1. 柳永的《八声甘州》一词是如何借景抒情的？
2. 结合柳永的《八声甘州》一词，谈谈慢词的特点。

三、解析题

阅读下面一段文字，回答问题：

对潇潇暮雨洒天下，一番洗清秋。渐霜风凄紧，关河冷落，残照当楼。是处红衰翠减，苒苒物华休。惟有长江水，无语东流。

1. 划分写景的层次，并概括每层的内容。
2. "红衰翠减"用的是什么修辞手法？
3. "惟有长江水，无语东流"两句诗所表达的内容及其作用是什么？

四、实践题

词分哪两大派别？各有哪些代表人物？

苏　轼

作者介绍见《前赤壁赋》。

水调歌头[1]

丙辰中秋[2]，欢饮达旦，大醉，作此篇，兼怀子由[3]。

明月几时有？把酒问青天。不知天上宫阙[4]，今夕是何年？我欲乘风归去，又恐琼楼玉宇[5]，高处不胜寒[6]。起舞弄清影，何似在人间！

转朱阁，低绮户[7]，照无眠。不应有恨，何事长向别时圆？人有悲欢离合，月有阴晴圆缺，此事古难全。但愿人长久，千里共婵娟[8]。

【注释】

[1]这首词作于苏轼任密州（今山东诸城市）知州时。此时他与弟苏辙已有七年没有相见。词前小序已简要说明了此词的写作背景：苏轼因与王安石政见不合，自请离京到地方任职，中秋的欢饮不过是苦中作乐。"兼怀子由"，表达对兄弟的怀念，是此词的另一用意。

[2]丙辰：宋神宗熙宁九年（1076）。

[3]子由:作者弟弟苏辙的字。
[4]宫阙(què):宫殿。
[5]琼楼玉宇:用美玉砌成的华美楼阁。
[6]不胜(shēng)寒:寒冷得受不了。胜,经得住。
[7]绮(qǐ)户:雕花的门窗。
[8]婵娟:美好的颜色,这里指月色。

【讲解】

这首词借中秋望月怀人,表达了对胞弟苏辙的无限思念,并探讨了人生哲理,被许多评论家认为是词中之《天问》,又有李白之仙心,是词人中秋望月、欢饮达旦后的狂想曲。

词通篇咏月,却处处关合人事。上片借明月自喻孤高,下片用圆月衬托别情。开篇"明月几时有"一问,排空直入,笔力奇崛。词意传承屈原《天问》、李白《把酒问月》。"不知天上宫阙"以下数句,笔势夭矫回折,跌宕多彩。它说明作者在"出世"与"入世",亦即"退"与"进"、"仕"与"隐"之间抉择上的徘徊困惑。"又恐琼楼玉宇"二句,说入世不易,出世也难,言外仍是说得在现实社会中好自为之,正如朝中位高近帝,仕途风险,难以预料,里面寓着出世、入世的双重矛盾心理。下片融写实为写意,化景物为情思,挥洒淋漓,无入不适。"转朱阁,低绮户,照无眠"三句,转、低、照,拟人化写月光的动作,仿佛明月有灵,与不眠之人的凄凉心境形成鲜明对比。"不应有恨,何事长向别时圆?"二句,笔势淋漓顿挫,表面上是责月问月,实为怀人。"人有悲欢离合,月有阴晴圆缺,此事古难全。"三句,用变幻不拘的宇宙规律,说明人间的合少离多古已然,意境一转豁达,聊以自我宽慰。结尾两句,把南朝谢庄的《月赋》进行更高层次的变转,向世间所有离别的亲人发出深挚的祝愿,给全词增加了积极奋发的意蕴。词的境界愈见澄澈辽远,词的情思也愈加殷切绵延,是颇有"逸怀浩气,超乎尘垢之外"(胡寅《酒边词序》)的崇高美感的。这首词着重表现了苏轼内心出世与入世、感情与理智的矛盾,体现了他对人生的热爱和美好祝愿。

这首咏中秋之词借用了关于月亮的美丽传说,发挥了李白诗的奇旷,创造出奇逸高妙又空灵蕴藉的意境,兼具理趣和情韵。语言自然天成,近似口语,但又符合词调格律,抑扬流畅,历来被人们推崇备至。《苕溪渔隐丛话》说:"中秋词,自东坡《水调歌头》一出,余词尽废。"它的确不愧为中秋词中最好的一首。

【思考与练习】

一、选择题

1. 苏轼《水调歌头》("明月几时有")怀念的对象是(　　)。
　A. 其弟苏辙　　　B. 其妻王弗　　　C. 其弟子秦观　　　D. 其父苏洵
2. 宋代开豪放词风的词人是(　　)。
　A. 陆游　　　B. 辛弃疾　　　C. 欧阳修　　　D. 苏轼
3. 苏轼《水调歌头》("明月几时有")中,表现作者对人生的热爱和美好祝愿的词句是(　　)。
　A. 转朱阁,低绮户,照无眠
　B. 我欲乘风归去,又恐琼楼玉宇,高处不胜寒
　C. 但愿人长久,千里共婵娟
　D. 人有悲欢离合,月有阴晴圆缺
4. 苏轼《水调歌头》中,最能体现"兼怀子由"的词句是(　　)。
　A. 不知天上宫阙,今夕是何年　　　B. 起舞弄清影,何似在人间
　C. 又恐琼楼玉宇,高处不胜寒　　　D. 不应有恨,何事长向别时圆
5. 苏轼《水调歌头》一词中,贯穿全词的线索是(　　)。
　A. 月　　　B. 酒　　　C. 风　　　D. 舞
6. "但愿人长久,千里共婵娟"中的"婵娟"是指(　　)。
　A. 美女　　　B. 幸福　　　C. 长寿　　　D. 月光

7. 苏轼《水调歌头》抒发的思想情感有（　　）。
A. 对人生的热爱
B. 对时局国事的关心
C. 对弟弟的思念
D. 对经受离别之苦的人们表示安慰和祝愿
E. 对历史兴衰、沧海桑田的感叹

二、简答题

1. 结合《水调歌头》一词，谈谈苏轼词作的"旷达"。
2. 谈谈《水调歌头》和《前赤壁赋》共同的哲理，你是否认同苏轼的观点？为什么？

三、解析题

阅读苏轼《水调歌头》的上片，回答问题：

明月几时有？把酒问青天。不知天上宫阙，今夕是何年？我欲乘风归去，又恐琼楼玉宇，高处不胜寒。起舞弄清影，何似在人间！

1. "我欲乘风归去，又恐琼楼玉宇，高处不胜寒"表现了词人怎样的矛盾心理？
2. 如果说这段话中包含了苏轼对政治的感慨，该怎样去理解？
3. 作者最后的选择表明了他怎样的生活态度？

四、实践题

A先生失去了工作十多年的岗位，原来在单位他是财务主管。他想找一份相似的工作，一年过去了也没找到。偏偏这时他又遭遇了车祸。假如你是A先生，谈谈你该如何在心理上走出低谷。

李清照

李清照（1084—1155），号易安居士，济南（今属山东）人。为当时著名学者李格非之女。幼有才藻，十八岁嫁给金石家赵明诚，夫妇感情甚笃，生活优裕。金兵攻宋后，赵明诚病故，她颠沛流离于江浙皖赣一带，在孤寂中度过晚年。

李清照工诗能文，尤长于词。其词以南渡为界线，前期多写闺情相思，反映对大自然的热爱和对爱情的追求，明快妍丽。后期融入了家国之恨与身世之感，多描写国破家亡的乱离生活，哀痛入骨，词风凄凉。其词艺术技巧甚高，力求创新；语言清丽雅洁，每能创意出奇，以经过提炼的口语表达其独特真切的感受，形成辛弃疾所称道的"易安体"。后人辑有《漱玉词》。

武陵春[1]

风住尘香花已尽[2]，日晚倦梳头。物是人非事事休，欲语泪先流。
闻说双溪春尚好[3]，也拟泛轻舟。只恐双溪舴艋舟[4]，载不动，许多愁。

【注释】

[1]这首令词作于南宋高宗绍兴五年（1135），当时李清照避乱南逃，居于浙江金华。武陵春：词牌名。又名《武林春》《花想容》。
[2]尘香：落花入泥，尘土粘香。
[3]双溪：水名，在今浙江金华市，是永康、东阳二水的交汇处，故名双溪，为当时名胜之地。
[4]舴艋(zéměng)舟：小船，以蚱蜢作喻。

【讲解】

作为李清照后期的代表作之一，这首词充满了饱经离乱的"物是人非事事休"之苦，也在一定程度上传达出她的故国之思。

上片极言眼前景色之不堪、心情之凄楚。首句写当前所见,本是风狂花尽,一片凄清,但却避免了从正面描写风之狂暴、花之狼藉,只用"风住尘香"四字来暗示这一场小小灾难,出笔极为蕴藉。风住之后,花已沾泥,人践马踏,化为尘土,所余痕迹,但有尘香,春光竟一扫而空,就更为不堪了。三、四两句由含蓄而转为纵笔直写,点明一切悲苦的由来都是"物是人非"。而这种"物是人非",又绝不是偶然的、个别的、轻微的变化,而是一种极为广泛的、剧烈的、带有根本性的变化,词人远离故乡、丈夫病故、流离失所、藏品遗失、暮年改嫁、无奈离异,无穷的事情中有无尽的痛苦,故以"事事休"概括。千头万绪,诸般苦恼,不知从何说起;而正想要说,眼泪已经直流了。下片共四句,宕开一笔,从远处谈起,写自己有意泛舟双溪,观赏春光以排遣苦闷,精神似稍振作,词情也峰回路转,体现了词人复杂心灵的变幻和笔触的灵动。但"只恐双溪舴艋舟,载不动,许多愁。"三句复又折回,不言自己没有心情前往,反说恐怕小舟载不动满怀的忧愁。"愁"本无形,难以触摸,而今船载不动,则其重可知、其形可想,这就是化虚为实的写作手法。

全词充满"物是人非事事休"的痛苦,乡关之思、身世之苦、丧夫之悲与理想破灭交织出刻骨的凄凉落寞,以舴艋舟载不动愁的艺术形象来表达悲愁之多,写得新颖奇巧,深沉哀婉,遂为绝唱。

【思考与练习】

一、选择题

1.《武陵春》抒写的思想情绪是(　　)。
　A. 伤春惜时　　　　B. 故国之思　　　C. 身世之悲　　　D. 惜春怀人
2. 下列诗词作品中,包含物是人非之感的有(　　)。
　A.《水调歌头》("明月几时有")　　　B.《虞美人》("春花秋月何时了")
　C.《十五从军征》　　　　　　　　　　D.《武陵春》("风住尘香花已尽")
3.《武陵春》的最后一句是(　　)。
　A. 日晚倦梳头　　　　　　　　　　　B. 欲语泪先流
　C. 也拟泛轻舟　　　　　　　　　　　D. 载不动,许多愁
4. 下列诗词作品中,通过描绘人物举止情态来抒情的有(　　)。
　A. 苏轼《水调歌头》　　　　　　　　B. 李清照《武陵春》
　C. 曹操《短歌行》　　　　　　　　　D.《迢迢牵牛星》

二、简答题

1. 简析李清照《武陵春》("风住尘香花已尽")一词的"化虚为实"的手法。
2. 在《武陵春》("风住尘香花已尽")一词中,李清照是如何诉说"物是人非"的哀苦的?

三、实践题

查阅资料,了解李清照生平。

辛弃疾

辛弃疾(1140—1207),字幼安,号稼轩,历城(今山东济南)人。出生时女真已在北方建立金。二十一岁参加抗金义军,不久即归南宋,任职湖北、江西、湖南、福建等地,宦迹无常,政绩卓著。一生坚决主张抗金,提出不少恢复失地的建议,但均未被采纳,反遭到主和派的打击,曾长期闲居于江西上饶一带。晚年一度启用为浙东安抚使、镇江知府,又被迫离职。

辛词题材广阔,又善化用前人典故入词。风格沉雄豪迈又不乏细腻柔媚之处。在苏轼的基础上,大大开拓了词的意境,提高了词的文学地位。后人遂以"苏辛"并称。有《稼轩长短句》,存词六百二十九首,数量为宋人词之冠。

水龙吟·登建康赏心亭[1]

楚天千里清秋[2],水随天去秋无际。遥岑远目[3],献愁供恨,玉簪螺髻[4]。落日楼头,断鸿声里[5],江南游子[6]。把吴钩看了[7],栏杆拍遍,无人会、登临意[8]。

休说鲈鱼堪脍,尽西风,季鹰归未[9]?求田问舍,怕应羞见,刘郎才气[10]。可惜流年[11],忧愁风雨[12],树犹如此[13]!倩何人、唤取红巾翠袖[14],揾英雄泪[15]?

【注释】

[1]这首词作于乾道四至六年(1168—1170)间建康通判任上。建康:今江苏南京。赏心亭:在下水门城上,上临秦淮,可尽观览之胜。

[2]楚:古代长江中下游一带地区为楚国。

[3]遥岑远目:放眼远处的小山。岑,小而高的山。目,望。

[4]玉簪螺髻:用饰物和发型来比喻山。玉簪比喻尖形的山,螺髻比喻圆形的山。

[5]断鸿:失群的孤雁。

[6]江南游子:作者自称。

[7]吴钩:古代吴地制造的一种弯形的刀。看吴钩和拍栏杆的动作,都是抒发报国无门的苦闷。

[8]会:领会、理解。

[9]尽:尽管。季鹰:张翰的字,吴郡(今苏州)人。《晋书·张翰传》载,他在洛阳做官,因见秋风起,联想到家乡的茭白和鲈鱼,便说:"人生贵得适志,何能羁宦数千里以要名爵乎?"于是弃官回乡。归未:归去没有,用提问语气表示未归。

[10]"求田问舍,怕应羞见,刘郎才气"三句:用以讽刺当前平庸的生活,实际是对自己长期闲散的行为表示不满。《三国志·魏志·陈登传》记:刘备曾对许汜无救世之志,只顾个人置田买房的行为表示鄙夷。求田问舍,访求、置买田地房舍。刘郎:刘备。

[11]流年:岁月如同流水一样过去。

[12]忧愁风雨:比喻国事飘摇于风雨之中。

[13]树犹如此:用以表示岁月虚度,壮志难酬。典出《世说新语·言语》:"桓公北征,经金城,见前为琅琊时所种柳树,皆已十围,慨然曰:'木犹如此,人何以堪!'攀枝折条,潸然流泪。"

[14]倩:请求。红巾翠袖:这里借指歌妓、侍女。

[15]揾(wèn):擦拭。

【讲解】

作者写这首词时,南归已有八九年了,却投闲置散,只做一个建康通判,不得一遂报国之愿,偶值登临周览之际,即一抒郁结心头的悲愤之情。

这首词上片重在写景:由水写到山,由无情之景写到有情之景,很有层次。开头两句是作者在赏心亭上所见的景色。楚天千里,辽远空阔,秋色无边无际。大江流向天边,也不知何处是它的尽头。遥远天际,天水交融,气象阔大,笔力遒劲。"楚天"的"楚"地,泛指长江中下游一带,战国时曾属楚国。"水随天去"的"水",指浩浩荡荡、奔流不息的长江。"千里清秋"和"秋无际",显出阔达气势的同时写出了江南秋季的特点。随之,"遥岑远目,献愁供恨,玉簪螺髻"三句是写山。"遥岑"即远山。举目远眺,那层层叠叠的远山,有的很像美人头上插戴的玉簪,有的很像美人头上螺旋形的发髻,景色算得上美景,但只能引起词人的忧愁和愤恨。"落日楼头,断鸿声里,江南游子"三句的意思是,夕阳快要西沉,孤雁的声声哀鸣不时传到赏心亭上,更加引起了作者对远在北方的故乡的思念。"把吴钩看了,栏杆拍遍,无人会、登临意"三句是直抒胸臆,此时作者思潮澎湃心情激动,但不是直接用语言来渲染,而是选用具有典型意义的动作,他看着腰间空自佩戴的宝刀,悲愤地拍打着亭子上的栏杆,可是又有谁能领会他此时的心情呢?淋漓尽致地抒发了其报国无路、壮志难酬的悲愤。第一个动作是"把吴钩看了"。"吴钩"本应在战场上杀敌,但现在却闲置身旁,只作赏玩,无处用武,这就把作者虽有沙场立功的雄心壮志却是英雄无用武之地的苦闷也烘托出来了。第二个动作"栏杆拍遍"是说胸中有说不出来抑郁苦闷之气,借拍打栏杆来发泄。"无人会、登临意"慨叹自己空有恢复中原的抱负,而南宋统治集团中没有人是他的知音。

下片十一句,分四层意思。"休说鲈鱼堪脍,尽西风、季鹰归未?"几句引用了《晋书·张翰传》中的一个典故:晋朝人张翰(字季鹰),在洛阳做官,见秋风起,想到家乡苏州味美的鲈鱼,便弃官回乡。现在深秋时令又到了,连大雁都知道寻踪飞回旧地,何况我这个漂泊江南的游子呢?既写了有家难归的乡思,又抒发了对金人、对南宋朝廷的激愤,确实收到了一石三鸟的效果。"求田问舍,怕应羞见,刘郎才气"三句也是用了一个典故。据《三国志·陈登传》载,三国时许汜去看望陈登,陈登对他很冷淡。许汜去询问刘备,刘备说:"天下大乱,你忘怀国事,求田问舍,陈登当然瞧不起你。""怕应羞见"的"怕应"二字,是辛弃疾为许汜设想,表示像你(指许汜)那样的琐屑小人,有何面目去见像刘备那样的英雄人物?"可惜流年,忧愁风雨,树犹如此"三句又用了一个典故。据《世说新语·言语》说,桓温北征,经过金城,见自己过去种的柳树已长到几围粗,便感叹地说:"木犹如此,人何以堪!"树已长得这么高大了,人怎么能不老呢!抒发了人生短暂、青春易逝的感慨,辛弃疾为平生志愿空付流水而悲哀。结尾三句自然地收束:"倩何人,唤取红巾翠袖,揾英雄泪。"自伤抱负不能实现,世无知己,得不到同情与慰藉。这与上片"无人会、登临意"义近而相呼应。

这首词立意高远、意境开阔。笔法上,借景抒情,善用典故,让我们感受到辛弃疾为一生的理想时时激动,又因现实的无情而时时愤怒和灰心,报国无门,壮志难酬。

【思考与练习】

一、选择题

1. 两宋词人中,流传作品最多的一位是( )。
   A. 柳永　　　　　　B. 苏轼　　　　　　C. 李清照　　　　　　D. 辛弃疾
2. 下列以用典见长的作品是( )。
   A. 辛弃疾《水龙吟》　　　　　　B. 李清照《武陵春》
   C. 柳永《八声甘州》　　　　　　D. 曹操《短歌行》
3. 辛弃疾《水龙吟·登建康赏心亭》"遥岑远目"之后的一句是( )。
   A. 落日楼头,断鸿声里　　　　　B. 尽西风、季鹰归未
   C. 忧愁风雨,树犹如此　　　　　D. 献愁供恨,玉簪螺髻
4. 《水龙吟·登建康赏心亭》"求田问舍,怕应羞见,刘郎才气"一句中的"刘郎"指( )。
   A. 刘晨　　　　　　B. 刘邦　　　　　　C. 刘备　　　　　　D. 刘禹锡
5. 下列诗词以"悲秋"为抒情背景的有( )。
   A. 杜甫《登高》　　　　　　　　B. 柳永《八声甘州》
   C. 李清照《武陵春》　　　　　　D. 苏轼《念奴娇》
   E. 辛弃疾《水龙吟》
6. 中国古代诗词常常借写天气抒情,或用天气比喻象征,下列诗词中写到"雨"或者"风雨"的有( )。
   A. 辛弃疾《水龙吟·登建康赏心亭》　B. 白居易《长恨歌》
   C. 柳永《八声甘州》　　　　　　　　D. 李煜《虞美人》
   E. 李清照《武陵春》

二、翻译题

1. 无人会、登临意。
2. 遥岑远目,献愁供恨,玉簪螺髻。
3. 倩何人、唤取红巾翠袖,揾英雄泪?

三、简答题

1. 《水龙吟·登建康赏心亭》倾吐了怎样的情绪?
2. 《水龙吟·登建康赏心亭》用了几个典故?所用典故对表达主题有什么作用?

3.《水龙吟·登建康赏心亭》是如何借景抒情的?

四、解析题
阅读辛弃疾《水龙吟·登建康赏心亭》的下片,回答问题:
休说鲈鱼堪脍,尽西风,季鹰归未?求田问舍,怕应羞见,刘郎才气。可惜流年,忧愁风雨,树犹如此!倩何人、唤取红巾翠袖,揾英雄泪。
1."休说鲈鱼堪脍,尽西风,季鹰归未"三句的含义是什么?
2. 词人借"树犹如此"这个典故抒发了怎样的感情?
3."红巾翠袖,揾英雄泪"传达了作者怎样的心情?

五、实践题
介绍一首你最喜欢的词,说明原因。

三、拓展阅读

作品阅读

菩萨蛮·平林漠漠烟如织
[唐]李 白

平林漠漠烟如织,寒山一带伤心碧。暝色入高楼,有人楼上愁。
玉阶空伫立,宿鸟归飞急。何处是归程?长亭连短亭。

【点评】
平林寒山深秋暮色之景,渗透着词人浓浓的思归之情。此词与李白另一首《忆秦娥》被尊为"百代词曲之祖"。

调笑令·胡马
[唐]韦应物

胡马,胡马,远放燕支山下。跑沙跑雪独嘶,东望西望路迷。迷路,迷路,边草无穷日暮。

【点评】
运用象征的手法,表现离乡远戍的士卒的孤独和惆怅。

摊破浣溪沙·菡萏香销翠叶残
[五代]李 璟

菡萏香销翠叶残,西风愁起绿波间。还与韶光共憔悴,不堪看。
细雨梦回鸡塞远,小楼吹彻玉笙寒。多少泪珠何限恨,倚栏干。

【点评】
此词有些版本题名《秋思》。由写景起句,"愁"字借景生情,秋天萧瑟气氛中荷花逐一凋落,"不堪看",明白而深沉地突出了主观情绪。一梦醒来,雨声细细,所梦之人毕竟远在边塞,作者情怀寂寞孤清,道不尽世事悲凉,独自垂泪倚栏杆。

谒金门
[五代]冯延巳

风乍起,吹皱一池春水。闲引鸳鸯香径里,手挼红杏蕊。斗鸭阑干独倚,碧玉搔头斜坠。终日望君君不至,举头闻鹊喜。

【点评】

此词描述的是贵妇春日思念丈夫百无聊赖的情景。"风乍起,吹皱一池春水"情景双关,"终日望君君不至"一语点破。

马令《南唐书》卷二十一载,当时中主李璟曾戏问冯延巳:"吹皱一池春水,干卿何事?"冯答道:"夫如陛下'小楼吹彻玉笙寒'。"中主悦。

一斛珠·晓妆初过
[五代]李 煜

晚妆初过,沉檀轻注些儿个,向人微露丁香颗。一曲清歌,暂引樱桃破。

罗袖裛残殷色可,杯深旋被香醪涴,绣床斜凭娇无那。烂嚼红茸,笑向檀郎唾。

【点评】

此词写的是女子从整妆到赴宴的全过程,女子音容笑貌、神情媚姿全都与"口"相连,对"口"的描写,笔笔点睛传神。《历代诗余》中调下有题作《咏美人口》。

鹤冲天·黄金榜上
[北宋]柳 永

黄金榜上。偶失龙头望。明代暂遗贤,如何向。未遂风云便,争不恣狂荡。何须论得丧。才子词人,自是白衣卿相。

烟花巷陌,依约丹青屏障。幸有意中人,堪寻访。且恁偎红依翠,风流事、平生畅。青春都一饷。忍把浮名,换了浅斟低唱。

【点评】

此词是柳永进士科考落第之后的一纸牢骚。词人狂傲自负,并不满足于登进士第,把夺取殿试头名——状元作为目标。落榜只认为"偶然","见遗"只说是"暂"。科举落地,词人以极端对极端,表示要无拘无束地过那种流连坊曲的狂荡生活。后来有一次宋仁宗临放榜时想起柳永这首词中那句"忍把浮名,换了浅斟低唱",就说道:"且去浅斟低唱,何要浮名。"从此,柳永便自称"奉旨填词柳三变",长期地在坊曲之间寻找生活的方向、精神的寄托。

蝶恋花·庭院深深深几许
[北宋]欧阳修

庭院深深深几许,杨柳堆烟,帘幕无重数。玉勒雕鞍游冶处,楼高不见章台路。

雨横风狂三月暮,门掩黄昏,无计留春住。泪眼问花花不语,乱红飞过秋千去。

【点评】

庭院深,帘幕重,是闺阁的幽深封闭,是对大好青春的禁锢。"玉勒雕鞍",情人薄幸,冶游不归,无可奈何。"雨横风狂"喻封建礼教的无情,自己青春被毁。"泪眼问花",是含泪自问。"乱红飞过秋千去",清楚地昭示了她面临的命运。

念奴娇·赤壁怀古

[北宋]苏 轼

大江东去,浪淘尽,千古风流人物。故垒西边,人道是,三国周郎赤壁。乱石穿空,惊涛拍岸,卷起千堆雪。江山如画,一时多少豪杰。

遥想公瑾当年,小乔初嫁了,雄姿英发。羽扇纶巾,谈笑间,樯橹灰飞烟灭。故国神游,多情应笑我,早生华发。人生如梦,一尊还酹江月。

【点评】

此词是苏轼贬官黄州后的作品。上阕写景,描绘了万里长江及其壮美的景象。下阕怀古,追忆了功业非凡的英俊豪杰,写自己消磨壮心殆尽,转而以旷达之心关注历史和人生。

孤雁儿·藤床纸帐朝眠起

[南宋]李清照

藤床纸帐朝眠起,说不尽、无佳思。沉香断续玉炉寒,伴我情怀如水。笛声三弄,梅心惊破,多少游春意。

小风疏雨萧萧地,又催下、千行泪。吹箫人去玉楼空,肠断与谁同倚?一枝折得,人间天上,没个人堪寄。

【点评】

这是一首咏梅诗,梅花承载着词人对逝去的丈夫的深情,此时已是写不尽的凄冷环境与痛苦心境。在"沈得烟断玉炉寒"中,笛声牵连起心中的凄清哀愁意境。

满江红·写怀

[南宋]岳 飞

怒发冲冠,凭栏处、潇潇雨歇。抬望眼,仰天长啸,壮怀激烈。三十功名尘与土,八千里路云和月。莫等闲,白了少年头,空悲切!

靖康耻,犹未雪。臣子恨,何时灭!驾长车,踏破贺兰山缺。壮士饥餐胡虏肉,笑谈渴饮匈奴血。待从头、收拾旧山河,朝天阙。

【点评】

据说此词写于岳飞入狱之前,开篇即"怒发冲冠",表现出强烈的愤怒,是对山河破碎?抑或对朝廷为和金人议和连下十二道金字牌宣他班师?"三十功名尘与土,八千里路云和月",多年功名如尘土,难忘多年转战南北,是否已是空梦一场!未能雪靖康之耻,词人长叹,发誓"待从头、收拾旧山河,朝天阙",丹心碧血,感天动地。岳飞的《满江红》,激励着中华民族的爱国心。抗战期间这首词曲曾以其低沉但雄壮的歌音,感染了中华儿女。

西江月·夜行黄沙道中
[南宋]辛弃疾

明月别枝惊鹊，清风半夜鸣蝉。稻花香里说丰年，听取蛙声一片。

七八个星天外，两三点雨山前。旧时茅店社林边，路转溪桥忽见。

【点评】

这是辛弃疾中年时经过江西上饶黄沙岭道时写的一首词，写了当地夏夜山道的景物和词人的感受，洋溢着丰收年景的幸福。

迈坡塘·雁丘词
[金、元]元好问

乙丑岁，赴试并州，逢捕者云："今旦获一雁，杀之矣，其脱网者悲鸣不能去，竟自投于地而死。"予因买得之，葬于汾河之上，累石为识，号曰"雁丘"。时同行者多为赋诗，予亦有《雁丘词》，旧所作无宫商，今改定之。

问世间、情是何物，直教生死相许？天南地北双飞客，老翅几回寒暑。欢乐趣，离别苦，就中更有痴儿女。君应有语，渺万里层云，千山暮雪，只影向谁去。

横汾路，寂寞当年箫鼓，荒烟依旧平楚。招魂楚些何嗟及，山鬼暗啼风雨。天也妒，未信与，莺儿燕子俱黄土。千秋万古，为留待骚人，狂歌痛饮，来访雁丘处。

【点评】

据说元好问在参加科举考试的途中来到太原汾河岸边，一位张网捕雁的农夫告诉他，早上他捕捉到两只大雁，杀掉其中一只后，另一只撞网逃脱而去。逃脱的大雁在死雁上空悲鸣哀叫，久久不愿意离去，最后撞死在地面上殉情。元好问又借助周围景物衬托大雁殉情后的凄苦。怀想汉武当年游幸汾河，何等壮观威严，而今箫声鼓动已沉寂千年，汾河湾内平原漠漠，荒烟袅袅。情，可超脱生死，永久不灭。作者用事实回答了什么是至情，寄人生哲理于感悟之外。

文体常识

古体诗、近体诗、词

古体诗

古体诗和近体诗的概念形成于唐代。唐初出现一种新的诗体，这种诗在字数、句数、平仄、押韵、对仗等方面都有严格的规定，唐人称之为"今体诗"或"近体诗"。同近体诗相区别的一种诗体是不讲究平仄，不要求对仗，押韵较自由，每首诗的句数、句式没有严格规定的自由体诗。它产生于近体诗之前，唐人称之为"古体诗"，后人多沿用唐人的说法。

古体诗在唐以前就有了，唐以后的诗人仍有写古体诗的。其发展轨迹是：《诗经》—楚辞—汉乐府—魏晋南北朝民歌—建安诗歌—陶渊明等人的诗—文人五言诗—唐代的古风、新乐府等。

近体诗

近体诗即格律体诗，包括律诗和绝句。

律诗是一种讲究声律、对偶、格律严密的新体诗，至初唐沈佺期、宋之问时正式定型，成熟于盛唐时期。律诗要求诗句字数整齐划一，有五言、六言、七言三种，简称五律、六律、七律，其中六律较少见。通常的律诗规定每首八句,如果仅六句,则称为"小律"或"三韵律诗";超过八句即十句以上的则称"排律"或"长律"。排律之中,还有一种试帖诗,大多为五言六韵或八韵,以古人诗句或成语为题,冠以"赋得"二字(所以也叫"赋得体"),并限定韵脚,为科举考试所采用。八句完篇的律诗,通常每二句成一联,计四联,习惯上称第一联为首联,第二联为颔联,第三联为颈联,第四联为尾联。每首的二、三联(即颔联、颈联)的上下句必须是对偶句。排律除首末两联不对偶外,中间各联必须上下句对偶。小律对偶要求较宽。律诗要求全首通押一韵,限平声韵;第二、四、六、八句押韵,首句可押可不押。律诗每句中用字平仄相间。上下句中的平仄相对,有"仄起"与"平起"两式。

唐代律诗在定型过程中和定型后,都存在变例,有些律诗不完全按照格式写作。如崔颢的《黄鹤楼》,前半首为古体格调,后半首才合律。律诗的这种变化被称为拗体。

绝句又称截句、断句、绝诗。每首四句,通常有五言、七言两种,简称五绝、七绝,偶有六绝。它源于汉及魏晋南北朝歌谣。"绝句"这一名称大约起于南朝。在梁、陈时期,已较普遍地用绝句泛指四句短诗,其押韵平仄都较自由,或称"古绝句"。唐以后盛行"近体绝句",格律同于八句律诗中的前、后或中间四句。所以,唐人有的在诗集中把绝句归于律诗。后来也有学者认为绝句是截于律诗之半而成。绝句灵活轻便,适于表现一瞬即逝的意念和感受,广为诗人所采用,创作之繁荣超过其他各体诗。

古体诗和近体诗的主要区别有以下几点:

第一,从格律来看,古体诗除了需要用韵之外,不受格律限制;近体诗除了需要用韵之外,每个字都受格律的限制。

五律首句入韵仄起式　　　　　　　　　　　　秋日赴阙题潼关驿楼
　　　　　　　　　　　　　　　　　　　　　　　　[唐]许　浑
(仄)仄仄平平,平平仄仄平。　　　　　　　红叶晚萧萧,长亭酒一瓢。
(平)平平仄仄,(仄)仄仄平平。　　　　　　残云归太华,疏雨过中条。
(仄)仄平平仄,平平仄仄平。　　　　　　　树色随山迥,河声入海遥。
(平)平平仄仄,(仄)仄仄平平。　　　　　　帝乡明日到,犹自梦渔樵。

第二,从字数来看,近体诗主要有五言、七言两种形式;古体诗有四言、五言(称五古)、七言(称七古)、字数不整齐的杂言古诗(杂言古诗因有七字句,所以也称七古),也有少数三言、六言。

第三,从句数来看,古体诗从二句到百句都有;近体诗有绝句四句、律诗八句、排律八句以上。

第四,从用韵来看,古体诗全诗可用一个平声韵或仄声韵,又可随意转为其他韵;一首诗中每句都可以用韵,用于韵的字可以重复;诗中用韵不限定在偶数句子上,奇数句也可以用韵;诗中可以用邻韵和上去声通押;允许散文化的句子。而近体诗一首诗限用一个韵,除第一句可以用韵或不用韵之外,其余句子都是偶数句用韵;用于韵脚的字不能重复;不用韵句子的末一字,平仄声不能与用韵句子的末一字相同;除起句外不能用邻韵(韵音相近者);都用平声韵。

词

词又称为"诗余""长短句""曲子词"等。词萌芽于南朝,形成于唐代,盛行于宋代。开始是用来为某乐谱配词,用于歌唱的。为谱配歌词叫填词,填词所选定的调子叫词调,词调都有名称(如"水调歌头""念奴娇"等),叫作词牌。后来成了与音乐失去联系的一种文学体裁,词牌也便成了说明文字声韵格式即词谱的名称。填词时为点明题旨,多在词牌下另标题目,如辛弃疾

《水龙吟·登建康赏心亭》。

词的特点有：调有定格，句有定数，字有定声。词因字数不同可分为长调（九十字以上）、中调（五十九至九十字）、小令（五十八字以内）。一首词只一段的叫单调，两段的叫双调，三段、四段的叫三叠、四叠。词的一段叫一阕或一片、一叠，第一段叫前阕、上阕、上片或上叠，第二段叫后阕、下阕、下片或下叠。三叠、四叠中的段落按次序叫第一阕、第二阕等。

诗与词的不同主要表现在以下五个方面：

第一，与音乐的关系不同。中国古典诗歌从一开始就与音乐有着不解之缘。但是诗最终与音乐分离，并且在分离之后走向了自己的成熟和繁荣。而词是在音乐的土壤中萌芽的，音乐性是词体文学的最基本特征，即使在南宋，词不再完全入乐歌唱而成为一种新的韵律诗歌后，它仍是要按照词谱所规定的韵律乐调填写，音乐的烙印依然是不可抹煞的。

第二，外部形式的差异，表现在句式、句法、韵律、对仗等方面。首先从句式上看，格律诗句式整齐划一，古诗长短随意，词的句式则参差不齐；其次，格律诗句法相对固定，词的句法却灵活多样；再次，诗、词的押韵规则也不一样，格律诗只用平声韵，一韵到底，隔句押韵，首句可押可不押，词平仄通押，中间可以换韵，韵脚疏密不定，但由格律规定；最后，诗词的对仗规定也很不相同，格律诗第二、三联必须对仗，而词的对仗却灵活得多。

第三，题材内容的差异。诗在题材上比较偏重政治主题，以国家兴亡、民生疾苦、胸怀抱负、宦海浮沉等为主要内容，抒发的主要是社会性的群体所共有的情感；而词特别是早期词在题材内容上的一个显著特色，就是以描写男欢女爱、相思离别为主，抒发的大多是作者的自我情感。

第四，语言特色的差异。诗是一种典型的语言艺术，而词却是一种典型的精美语言艺术。词因为题材多关乎女性，故而语言也带有女性化的色彩，更加轻灵细巧、纤柔香艳。

第五，风格的差异。诗与词风格上的差异被精练地概括为"诗庄词媚"（[清]李东琪语），即使题材内容相同的作品，所呈现的风格也大相径庭；而同一位作家的诗词作品也表现出截然不同的风貌。这与诗、词的题材内容和语言特色的不同有很大关系。

第八讲
明清诗文

一、文学史讲述

时至明清,封建制度已经衰老,明朝存在的二百八十年正好是中欧洲文艺复兴时期。元代末期东南沿海城市的手工业和商业已经相当繁荣,到明代,复古与反复古之风交织,实际是新旧文化的冲突。对于清朝的文人,难以逾越秦汉之文、唐宋之诗,清初的古文、"桐城派"的实践在散文创新上都是举步维艰,直至晚清的社会变革方引起诗文的巨大革命。

(一)明代诗文

明初期其代表作家有宋濂、刘基。宋濂是"开国文臣之首"。他坚持散文要明道致用、宗经师古,也强调"辞达",注意"通变",散文内容较为充实,如《王冕传》《记李歌》《杜环小传》等都是较为优秀的名篇。开国功臣的刘基涉猎广泛,思想不拘谨,文章更多体现儒学中的积极因素(关心社会政治、民生疾苦,追求个人功利),有短篇寓言集《郁离子》。其出发点虽是维护封建统治、传播封建正统思想,但在客观上也揭露和谴责了上层社会的腐朽、欺骗、贪婪。在艺术上,不少作品也写得有声有色,曲折动人。其讽喻散文《卖柑者言》讽刺元末身居庙堂的高官是"金玉其外,败絮其中",常为人们引用。另外,他的游记,清越幽秀,颇有柳宗元的风范。

继承宋濂、刘基散文传统的是宋濂门生方孝孺。他的散文纵横跌宕,如《蚊对》指责同类相嚼甚于毒蚊,《指喻》说明大患常发于至微。

明代的中国,经济发展与政治腐败共存,专制强化与个性解放同在。在政治高压下,文人个性抑制扭曲,情感自然表现欲消亡,"文道合一"的主张重取上风。自永乐以后几十年间,文坛上出现了杨士奇、杨荣、杨溥"三杨"倡导的专门写歌功颂德、肤浅空泛的"台阁体"的诗文。

明中期,出现反对程朱理学、要求维护正常人性、追求新的精神支点的社会思潮。文学理论摆脱官方束缚,寻求独立性,要求文学表达自然之情;提出复古的口号,达到摆脱程朱理学、官方制约的目的(标榜古文,反对时文)。以李梦阳、何景明为首的"前七子",以及以李攀龙、王世贞为代表的"后七子",以复古相号召,提出"文必秦汉,诗必盛唐"的主张,但其末流完全陷入拟古主义的歧途。"后七子"中的宗臣,有关注现实的作品问世,如其书信体散文《报刘一丈书》,揭露当时官场的污浊和官吏的腐败,传诵至今。

反对"前后七子"复古倾向的是"唐宋派",其主要成员是王慎中、唐顺之、茅坤、归有光等人,他们着重学习唐宋古文的法度,创作具有自己特色的散文。其成就最高者是归有光,他的散文善写日常生活琐事,即事抒情,淡而有味,浅中有深。如《先妣事略》《寒花葬志》《沧浪亭记》《项脊轩志》等,都是颇为动人的名篇。

明晚期思想界斗争极其尖锐,思想家李贽鲜明代表了社会变革的要求,是第一个对封建思想提出全面批判的人。他反对偶像崇拜,要求尊重个性和个人权利,要求摆脱元典重新建设思想文化。主张创作必须抒发己见,提出了"童心说"(绝假纯真,最初一念之本心)的散文,题材多样,形式活泼,摆脱了古代散文规矩的束缚,往往篇幅短小,但追求"幅短而神遥,墨希而旨永",无论是叙事抒情、说理谈天,都信笔直书,流畅隽俏,其中夹杂着不少"怡人耳目,悦人性情"的诙谐和幽默。这时期出现的一大批散文,一般都称为"晚明小品"。

受李贽"童心说"的影响,以公安人袁宗道、袁宏道、袁中道三兄弟为首的"公安派"倡导"性灵说",反对拟古,强调将真实情感和个性作为文学的重要原则,使"公安派"成为晚明诗歌影响最大的流派。

在明末各种社会矛盾,尤其是民族矛盾日益凸显的气氛中,复社、几社等爱国诗社纷纷出现,张溥、陈子龙、夏完淳是其杰出的代表作家。

(二)清代诗文

清统治者入关后,承认中国传统文化尤其是儒学的正统地位,并以继承者自居,努力发扬其中专制内容,加强对读书人及平民的奴化熏陶,同时以各种手段笼络文人。诗、词、散文流派众多,其中交叠着激烈的民族矛盾。

明末清初,顾炎武、黄宗羲、王夫之等人的诗文,充满了反映民族压迫的思想感情。清初诗人以力主"神韵说"的王士禛最为著名。诗歌成就最高者为吴伟业、王士禛,有较强自我意识。词当属陈维崧、纳兰性德,及浙西诗派的朱彝尊、厉鹗等。

清初散文的主导方向,是在理论上恢复唐宋古文的传统。《四库全书》提要上提出代表人物为侯方域、魏禧、汪琬,被称为"古文三大家"。直至以程朱理学为内核的桐城派出现,才建立清正统古文阵营。桐城派讲究古文义法,以"清真雅正"为宗,提出一系列清规戒律,但内容流于单薄贫乏;比唐宋古文更强调为封建政治服务,更为程式化,其影响一直延续到民国。桐城派的代表人物是康熙朝的方苞、刘大櫆和乾隆朝的姚鼐。

由于思想控制的强化,清代考据之风盛行,诗文又出现拟古和形式主义之风。郑燮却以奔放的诗文抒写对贪官污吏的憎恨和对民生疾苦的关心。袁枚、郑燮的一些短文多少恢复了晚明小品文的韵致。

清中叶,骈文又兴起,与桐城派相对抗,代表人物有袁枚、汪中、洪亮吉等。他们倡导骈文,不仅是为了重视它作为美文的价值,也是排斥桐城派的迂腐固执的思想见解。这些文人或多或少都受到明李贽思想的影响。

(三)晚清诗文

晚清是一个特殊历史时期,也称"近代"。在诗文领域,启蒙思想家和早期改良主义人物的诗文作品值得重视。

龚自珍(1792—1841)开创了近代文学的新世纪。他的诗文独辟蹊径,从政治和社会历史的角度去揭露、批判黑暗现实,揭露清朝残酷的文字狱所造成的整个社会的沉闷与堕落,并提出了自己的理想。著名的《己亥杂诗》三百一十五首是自传式的大型组诗。其中最突出的一首:"九州生气恃风雷,万马齐喑究可哀。我劝天公重抖擞,不拘一格降人才。"显示出一代伟大启蒙思想家的理想和气魄。另外,魏源、林则徐、张维屏等也写出了许多富有时代色彩和历史意义的作品。

戊戌变法前后,康有为、梁启超、谭嗣同等改良主义运动代表人物都写过不少优秀的诗作。梁启超提出"诗界革命""文界革命",并推誉黄遵宪"我手写我口"的新派诗为"诗界革命的一面旗帜"。黄遵宪(1848—1905)的诗较全面地反映了十九世纪末期中国历史上一切重大事变,梁启超称之为"诗史"。诗的艺术成就虽高,但由于有些诗极力运用旧典故、旧词语、旧句法,故较为难懂。梁启超的散文导源于龚自珍,平易畅达,风靡一时,号为"新文体",著名篇章如《少年中国说》《论毅力》等,气势磅礴,铺张淋漓,传诵至今。辛亥革命时期,"南社"诗人柳亚子、陈去病、高旭、苏曼殊等人的作品洋溢着充沛的爱国激情与民主主义精神。秋瑾(1878—1907)是当时杰出的女诗人,其诗作笔调雄健、慷慨激昂。后期诗作《感怀》《宝刀歌》《剑歌》等都充满爱国激情,并表现了为革命而献身的决心。邹容(1885—1905)的宣传革命的文艺性政论著作《革命军》以尖锐的思想、澎湃的感情、通俗的语言而成为当时的战斗檄文。陈天华(1875—1905)的白话文《警世钟》和鼓书唱本《猛回头》因通俗易懂、激情充沛而风行一时。而章炳麟的古文锋芒毕露,矛头直指国内外反动势力,但因取法魏晋而古奥难懂。

以守旧复古为特征的传统诗文仍活跃于一时。诗歌方面,先后刮起过"宋诗运动"的"同光体"诗风、"桐城余孽"的"湘乡派"文风和"常州派"词风。其作品或直接宣扬封建思想,诋毁新潮派、新文化;或伤春悲秋,模山范水,粉饰太平。王国维的《人间词话》突破"湘乡派""常州派"的樊篱,成为古典词学的光辉终结。

二、作品选讲

宗 臣

宗臣(1525—1560),明代文学家。字子相,号方城山人。兴化(今属江苏)人。嘉靖二十九年(1550)进士。初授刑部主事,后改吏部员外郎。性耿介,不附权贵。嘉靖三十六年(1557),因作文祭奠杨继盛而得罪严嵩,被贬为福州布政使司左参议。任上,曾率众击退倭寇。迁提学副使,卒于任上。

宗臣为"后七子"之一。他的创作,散文较出色,其文少摹拟堆砌习气。有《宗子相先生集》。

报刘一丈书[1]

数千里外,得长者时赐一书,以慰长想,即亦甚幸矣;何至更辱馈遗[2],则不才益将何以报焉?书中情意甚殷[3],即长者之不忘老父,知老父之念长者深也[4]。至以"上下相孚,才德称位"语不才[5],则不才有深感焉。夫才德不称,固自知之矣;至于不孚之病,则尤不才为甚。

且今之所谓"孚"者何哉[6]?日夕策马[7],候权者之门。门者故不入[8],则甘言媚词[9],作妇人状,袖金以私之[10]。即门者持刺入[11],而主者又不即出见。立厩中仆马之间,恶气袭衣裾,即饥寒毒热不可忍,不去也。抵暮,则前所受赠金者出,报客曰:"相公倦,谢客矣[12]!客请明日来。"即明日,又不敢不来。夜披衣坐,闻鸡鸣,即起盥栉[13],走马抵门。门者怒曰:"为谁?"则曰:"昨日之客来。"则又怒曰:"何客之勤也! 岂有相公此时出见客乎?"客心耻之,强忍而与言曰:"亡奈何矣,姑容我入[14]。"门者又得所赠金,则起而入之。又立向[15]所立厩中。幸主者出,南面召见,则惊走匍匐[16]阶下。主者曰:"进!"则再拜,故迟不起;起则上所上寿金[17]。主者故不受,则固[18]请;主者故固不受,则又固请;然后命吏内之[19],则又再拜,又故迟不起;起则五六揖,始出。出,揖门者曰:"官人幸顾我[20]! 他日来,幸亡阻我也!"门者答揖,大喜,奔出,马上遇所交识[21],即扬鞭语曰:"适自相公家来,相公厚我,厚我[22]!"且虚言状。即所交识,亦心畏[23]相公厚之矣。相公又稍稍[24]语人曰:"某也贤,某也贤。"闻者亦心计交赞之[25]。此世所谓"上下相孚"也,长者谓仆能之乎?

前所谓权门者,自岁时伏腊[26]一刺之外,即经年[27]不往也。间道经其门[28],则亦掩耳闭目,跃马疾走过之,若有所追逐者。斯则仆之褊[29]哉,以此常不见悦于长吏,仆则愈益不顾也。每大言曰:"人生有命,吾惟守分[30]尔矣!"长者闻之,得无厌其为迂乎[31]?

乡园多故,不能不动客子[32]之愁。至于长者之抱才而困,则又令我怆然[33]有感。天之与先生者甚厚[34],亡论长者不欲轻弃之,即天意亦不欲长者之轻弃之也[35],幸宁心哉[36]!

【注释】

[1]本文选自《宗子相集》,这是宗臣给自己父亲老友的一封回信。报:答复,回复。刘一丈:刘玠,字墀石,宗臣父亲的老朋友。因排行第一,故尊称为刘一丈。其人怀才不遇,抑郁一生,在家隐居。

[2]"何至"句:何况又承蒙您赠送礼物。辱:谦逊用语,意为承蒙对方馈赠礼物,使对方受到屈辱。馈遗(kuìwèi):赠送礼物。

[3]殷:深切、恳切。

[4]"即长者"两句:就您念念不忘我父亲来看,也可知道我父亲思念您的深切了。

[5]上下相孚,才德称(chèn)位:上级和下级彼此融洽、信任,才与德跟自己的职只是相称。孚,融洽、信任。称,相当、符合。

[6]"且今之"句:再说,现在所谓"上级和下级彼此融洽、信任",究竟是什么情况呢?

[7]策:马鞭。策马,驰马。

[8]"门者"句:守门人故意不进去通报。

[9]甘言媚词:说奉承谄媚的话。

[10]"袖金"句:袖子中藏着金银,偷偷送给守门人。

[11]即:即使。刺:名帖,名片。

[12]谢客:不见客。谢,推辞。

[13]盥(guàn)栉(zhì):洗脸梳头。

[14]"亡奈何"两句:没有办法啊,姑且让我进去吧。亡,通"无"。

[15]向:以前,上次。

[16]匍匐:伏地而行。

[17]上所上寿金:奉上送给主人的礼金。寿,敬酒或用礼物赠人,此指后者。

[18]固:坚持。下同。

[19]内之:收下礼金。内,"纳"的古字。

[20]官人:对门者的尊称。幸:希望。

[21]所交识:交往、熟识的人。

[22]厚我:厚待我。厚,厚待,看重。

[23]畏:敬畏。

[24]稍稍:逐渐。

[25]心计交赞之：心里盘算着交相称赞他。

[26]岁时伏腊：一年中重大节日的时候。伏腊，夏伏、冬腊，古代两祭名，是一年中的重要节日。这里泛指过节。

[27]经年：一整年。

[28]"间道经"句：间或路过他的门口。间：间或。道经：路过

[29]褊(biǎn)：狭隘。自谦之辞，实指自己不肯巴结权贵。

[30]守分：安守本分。

[31]"得无"句：只怕要讨厌我太迂腐了吧？

[32]客子：寄居异乡的人。

[33]怆(chuàng)然：心痛的样子。

[34]"天之"句：上天赋予先生的才德十分优厚。与：赋予。

[35]"亡论"两句：不用说您自己不愿轻易抛弃它(指天赋之才德)，就是老天也不希望您轻易抛弃它。亡论：且不论，不用说。

[36]幸宁心哉：希望您能够心情平静呀！

【讲解】

　　明代嘉靖年间，严嵩父子把持朝政，一些无耻之徒干谒求进，奔走钻营于严府门下。本文通过给刘一丈的回信，对这种污浊丑恶的现象进行了尖锐的讽刺和揭露。

　　全文可分四个部分。第一部分以晚辈的身份用恭敬的口气感谢刘一丈的来信和馈赠，并对其念及老父深表谢意。正因为宗臣老父亲与刘一丈拥有深厚情谊、关系密切，所以，宗臣在信中才能对刘一丈无一保留地尽吐激愤。第二部分针对刘一丈来信中"上下相孚，才德称位"这八个字来发议论，引出自责，借题发挥，字字矢弊。刘一丈希望宗臣能上下相孚和称位，勉励宗臣做一个称职的好官，并处理好上下级关系。对此宗臣有深切的感受，由此不禁联想到官场的情况——奸臣当道，贪官满朝，谄媚之徒青云直上，正直之士仕途艰涩。作者用漫画式笔法淋漓尽致地勾画出官场现形图：先写干谒者见权要者之难，上骄下卑，把门者写得盛气凌人，怒呵怒斥；干谒者却逆来顺受，委曲求全。其用意是表现干谒者为求谒于权要者自愿受之的丑态，也是映衬权要者的跋扈、不可一世。继而写"客见相公"。这段文字最富讽刺意味和喜剧色彩，"南面召见"本是国君召见丞相，这里喻指奸相严嵩专权。那个干谒者听说召见，受宠若惊，立即故作恭谨惶恐之态，"惊走""匍匐""再拜""固请""故迟不起"，起则"上所上寿金""又故迟不起""起则五六揖"，一连串的动作描写，步步推进，层层渲染，一个可卑可鄙的小丑形象如在眼前，呼之欲出，令人忍俊不禁。更于权要者，虽寥寥数字，但声威俱全，一览无余。他自恃为尊，金口难开，只一个字"进"，足见他骄横跋扈，赫赫威势。对"所上受金，故不受""故固不受"，故作姿态，虚伪奸诈，令人肉麻。这段话具体、生动而形象地刻画出干谒者极尽谄媚贿赂之能事和权要者极其贪得而故作清廉的丑态。再接下去写干谒者见权要者后的得意样子。他骑在马上遇见相识的人，就扬起马鞭对人说：我刚从相府出来，相公很赏识我，很赏识我。并虚假地说了相公厚待的情况，即便是了解他底细的人，也在心里敬畏相公而厚待他了。这里"相公厚我，厚我！""某也贤，某也贤！"两个反复手法的运用，简直出神入化，把官僚的狐假虎威和奸相的信口雌黄揭露得淋漓尽致。而那些势利之徒的鹦鹉学舌之状也惟妙惟肖。文章至此顺势而下，"此世所谓上下相孚也"。与这一段开头写奸者"所谓孚者何哉？"紧相呼应，可谓画龙点睛之笔。这里通过对门者、干谒者、权要者三人丑态栩栩如生的刻画，十分形象的揭露了官场中的黑暗。所谓"上下相孚"，只不过是上下勾结、欺世盗名的代名词而已。第三部分写作者自己自恃高洁之权贵的品质。从时间上说，在漫长的一年中，作者只有在夏天伏日、冬天腊日这些节日投上名片以祭名节，整年都不登权贵之门，这与客"日夕策马，候权者之门"是一个对比。从态度上说，作者见到或经过权者之门时，他捂着耳朵、闭着眼睛，急忙跑过去。这样的急速行走，表现了作者唯恐沾染上臭气的清高气节，与干谒者"立厩中仆马之间，恶气袭衣裾，即饥寒毒热不可忍，不去也""惊走匍匐阶下""大喜，奔出"这样的描写，又形成了鲜明对照。从结果上说，作者这种正直、清廉的作风，导致了"常不见悦于长吏"，权贵们的提拔那就更提不上了。第四部分以劝慰之语作结，回应书信开头。作者时刻思念着家乡，当然也时刻思念着刘一丈。对刘一丈抱才而困深感不

平和愤慨;并对刘一丈的劝慰,回应开头刘一丈对自己的关心。

文章描绘权要者的贪婪虚伪、干谒者的奴颜婢膝、门者的狐假虎威、闻者的趋炎附势,声口逼肖,形神兼备,笔锋犀利,语言简洁流畅。

通假字
内—纳,亡—无。

【思考与练习】
一、选择题
1. 宗臣在明代作家派别中属于(　　)。
A. "前七子"　　　　B. 唐宋派　　　　C. 公安派　　　　D. "后七子"
2. 宗臣《报刘一丈书》的写作缘起是(　　)。
A. 有感于普遍存在的官场腐败　　　　B. 有感于刘一丈与父亲的亲情
C. 有感于自己"常不见悦于长吏"　　　D. 有感于刘一丈信中的"上下相孚"
3. 在《报刘一丈书》中,作者描绘干谒者、权要者、门者等人的言行举止时,运用的笔法是(　　)。
A. 略带夸张的漫画笔法　　　　　　　B. 客观求真的写实笔法
C. 剑拔弩张的抨击笔法　　　　　　　D. 意在言外的暗示笔法
4. 下列文章属于书信的是(　　)。
A.《谏逐客书》　　　　　　　　　　B.《答司马谏议书》
C.《五代史伶官传序》　　　　　　　D.《报刘一丈书》
5.《报刘一丈书》所写的权要者的性格特征是(　　)。
A. 贪婪虚伪　　　B. 奴颜婢膝　　　C. 狐假虎威　　　D. 趋炎附势
6. 在下列各句中,"见"字可译为"被"的有(　　)。
A. 公不见信于人,私不见助于友　　　B. 不及黄泉,无相见也
C. 吾长见笑于大方之家　　　　　　　D. 以此常不见悦于长吏
7.《报刘一丈书》讽刺的人物有(　　)。
A. 干谒者　　　　B. 刘一丈　　　　C. 门者　　　　D. 权要者
E. 闻者

二、翻译题
1. 书中情意甚殷,即长者之不忘老父,知老父之念长者深也。
2. 至于不孚之病,则尤不才为甚。
3. 日夕策马,候权者之门。
4. 即门者持刺入,而主者又不即出见。
5. 以此常不见悦于长吏,仆则愈益不顾也。
6. 天之与先生者甚厚,亡论长者不欲轻弃之,即天意亦不欲长者之轻弃之也,幸宁心哉!

三、简答题
1. 后七子的主要文学观点是什么?
2. 归纳文中各个反面人物的主要特征。
3. 文章所记干谒者拍马求宠之事有几个波折?这样写有什么作用?
4. 归纳文中"即"的含义。

四、解析题
1. 阅读下面一段文字,回答问题:
幸主者出,南面召见,则惊走匍匐阶下。主者曰:"进!"则再拜,故迟不起;起则上所上寿金。主者固不受,则固请;主者故固不受,则又固请;然后命吏内之,则又再拜,又故迟不起,起则五六揖,始出。

(1)这段文字揭露了干谒者和权贵怎样的嘴脸?
(2)这段文字运用了什么描写方法?
(3)谈谈你对官场黑暗的看法。
2. 阅读下面一段文字,回答问题:
前所谓权门者,自岁时伏腊一刺之外,即经年不往也。间道经其门,则亦掩耳闭目,跃马疾走过之,若有所追逐者。斯则仆之褊哉,以此常不见悦于长吏,仆则愈益不顾也。每大言曰:"人生有命,吾惟守分尔已!"长者闻此,得无厌其为迂乎?
(1)找出这段文字中属于描写的句子。
(2)这段文字表现了作者怎样的志节?
(3)假如你处于相同的位置,你会采取什么态度?为什么?

五、实践题
在你考公务员的朋友中做实地调查,他们为什么要考公务员,总结后谈谈我国有志于公务员的人群的现状。

袁宏道

袁宏道(1568—1610),字中郎,号石公,公安(今湖北公安)人。万历二十年(1592)中进士,任过知县、国子监助教、礼部主事等职,为官清廉,酷爱山水,作品中有许多著名游记。

在文学上,袁宏道与当时的进步思想家李贽交往甚密,深受其影响。同时,与其兄弟袁宗道和袁中道共同反对前后"七子""文必秦汉,诗必盛唐"的复古主张,提倡文学作品要"独抒性灵,不拘格套",影响很大,并称"公安三袁"。因他们均为公安人,时人称之为"公安派"。著有《袁中郎全集》。

徐文长传[1](节选)

余一夕坐陶太史楼[2],随意抽架上书,得《阙编》诗一帙[3],恶楮毛书[4],烟煤败黑[5],微有字形[6]。稍就灯间读之,读未数首,不觉惊跃,急呼周望:"《阙编》何人作者?今耶?古耶?"周望曰:"此余乡徐文长先生书也。"两人跃起,灯影下读复叫,叫复读。僮仆睡者皆惊起。盖不佞[7]生三十年,而始知海内有文长先生。噫,是何相识之晚也。因以所闻于越人士者?略为次第[8],为徐文长传。

徐渭,字文长,为山阴诸生[9],声名藉甚[10]。薛公蕙校越时[11],奇其才,有国士之目[12]。然数奇[13],屡试辄蹶[14]。中丞胡公宗宪[15]闻之,客诸幕[16]。文长每见,则葛衣乌巾[17],纵谈天下事。胡公大喜。是时,公督数边兵[18],威振东南,介胄之士[19],膝语蛇行[20],不敢举头,而文长以部下一诸生傲之,议者方之刘真长、杜少陵云[21]。会[22]得白鹿,属[23]文长作表。表上,永陵[24]喜。公以是益奇之,一切疏记[25],皆出其手。文长自负才略,好奇计,谈兵多中[26],视一世士无可当意者。然竟不偶[27]。

文长既已不得志于有司[28],遂乃放浪曲蘖[29],恣情山水,走齐、鲁、燕、赵之地,穷览朔漠[30]。其所见山崩海立、沙起云行、风鸣树偃[31]、幽谷大都、人物鱼鸟,一切可惊可愕之状,一皆达之于诗。其胸中又有勃然[32]不可磨灭之气,英雄失路、托足无门之悲。故其为诗,如嗔如笑,如水鸣峡,如种出土,如寡妇之夜哭,羁人[33]之寒起。虽其体格时有卑者[34],然匠心独出,有王者气,非彼巾帼而事人者所敢望也[35]。文有卓识,气沉而法严,不以模拟损才,不以议论伤格[36],韩、曾之流亚也[37]。文长既雅[38]不与时调合,当时所谓骚坛主盟者[39],文长皆叱而奴之。故其名不出于越,悲夫!喜作书,笔意奔放如其诗,苍劲中姿媚跃出,欧阳公所谓"妖韶女,老自有余态"者也[40]。间[41]以其余,旁溢为花鸟[42],皆超逸有致。

卒以疑杀其继室,下狱论死。张太史元忭力解[43],乃得出。晚年,愤益深[44],佯狂益甚。显者至门,或拒不纳。时携钱至酒肆,呼下隶[45]与饮。或自持斧,击破其头,血流被面[46],头骨皆折,揉之有声。或以利锥锥其两耳,深入寸余,竟不得死。周望言:"晚岁诗文益奇,无刻本,集藏于家。"余同年[47]有官越者,托以抄录,今未至。余所见者,《徐文长集》、《阙编》二种而已。然文长竟以不得志于时,抱愤而卒。

石公曰[48]:先生数奇不已,遂为狂疾;狂疾不已,遂为囹圄[49]。古今文人,牢骚困苦,未有若先生者也!虽然,胡公间世[50]豪杰,永陵英主,幕中礼数[51]异等,是胡公知有先生矣;表上,人主[52]悦,是人主知有先生矣。独身未贵耳[53]。先生诗文崛起,一扫近代芜秽[54]之习,百世而下,自有定论,胡为不遇哉[55]?梅客生[56]尝寄余书曰:"文长吾老友,病奇于人,人奇于诗。"余谓文长无之而不奇者也;无之而不奇,斯无之而不奇也[57]。悲夫!

【注释】

[1]本文选自《袁宏道集》,是袁宏道为明代文学家、书画家徐渭所写的传记。徐渭(152—1593),初字文清,改字文长,号天池,又号青藤道人、田水月等。浙江山阴(今绍兴)人。自幼聪慧,文思敏捷。且胸有大志。参加过嘉靖年间东南沿海的抗倭斗争,一生遭遇十分坎坷,可谓"落魄人间"。最后入狱七八年。获释后,贫病交加,以卖诗、文、画糊口,潦倒一生。有《徐文长集》三十卷,《逸稿》二十四卷,杂剧《四声猿》,戏曲理论著作《南词叙录》等。

[2]陶太史:陶望龄,字周望,号石篑,会稽(今浙江绍兴)人,万历十七年会试第一,廷试第三,初授翰林编修,官至国子监祭酒。明代史馆事多以翰林任之,故亦称翰林为太史。

[3]帙(zhì):书套。一帙,一册或一函。

[4]恶楮(chǔ)毛书:纸质低劣,刻工粗糙。楮,树名,皮可做纸,为纸的代称。

[5]烟煤败黑:像烟煤似的,又破又黑。

[6]微有字形:字形模糊。

[7]不佞(nìng):自称谦辞。

[8]次第:意为依序编写。

[9]山阴:今浙江绍兴。诸生:明代经过省内各级考试,录取入府、州、县学者,称生员。生员有增生、附生、廪生、例生等名目,统称诸生。

[10]藉甚:显盛。

[11]薛公蕙:薛蕙,字君采,官至吏部考功司郎中。校(jiào)越:主持越地考试。校,考试。

[12]国士:国家的人才。目:评价、看待。

[13]数奇(jī):命运不好。

[14]蹶(jué):倒下,引申为失败。

[15]中丞胡公宗宪:浙江巡抚胡宗宪。明代称巡抚为中丞。

[16]客诸幕:聘请为幕友。幕,幕府。客,使动用法,使之客。

[17]葛衣乌巾:葛布衣服,黑色头巾。这是隐者所穿的衣服。

[18]公督数边兵:指胡宗宪统领着几个镇的兵马。边,明代边防设九镇,称九边。

[19]介胄(zhòu):盔甲,此指武官。

[20]膝语蛇行:跪着说话,匍匐而行。形容非常恭敬。

[21]方:比拟。刘真长:刘惔,东晋人,善清谈,简文帝为相时,曾待之以上宾。杜少陵:杜甫,曾为剑南节度使严武的幕僚。

[22]会:恰逢。

[23]属:通"嘱",嘱托。表,一种文体,由臣下呈于君主,一般用来陈述衷情,颂贺谢圣。

[24]永陵:明世宗的陵墓。这里指代明世宗,为当时人的习惯。

[25]疏记:奏章和书札。

[26]多中(zhòng):(所谈)大都切中关键。

[27]不偶:不顺利。或谓"不遇",即怀才不遇。

[28]有司:主管的官吏。

[29]曲糵(niè):酒母,即酿酒的发酵物,代指酒。

[30]朔漠:北方沙漠之地。

[31]偃:倒下。

[32]勃然:蓬勃充沛的样子。

[33]羁人:旅途中人。

[34]虽其体格时有卑者:虽然有时他的诗体裁和格律不太高明。卑:低下。

[35]巾帼:女子。事人者:侍奉人的人。

[36]格:文章格调。

[37]韩、曾:唐代韩愈,宋代曾巩。流亚:匹配的人物。

[38]雅:素来。

[39]骚坛主盟:诗坛领袖。这里指指嘉靖时"后七子"的代表人物王世贞、李攀龙等。

[40]欧阳公:宋代文学家欧阳修。妖韶女:艳丽美好的女子。余态:余韵。欧阳修《永谷夜行寄子美圣俞》:"作诗三十年,视我犹后辈。文词愈清新,心意虽老大,譬如妖韶女,老自有余态。"

[41]间:有时。

[42]花鸟:指花鸟画。

[43]张太史元忭(biàn):张元忭,徐渭的好朋友,隆庆五年(1571)廷试第一,授翰林修撰,故称太史。力解:尽力营救。

[44]晚年,愤益深:胡宗宪被处死后,徐渭更加愤激。

[45]下隶:下人。

[46]被(pī)面:满脸。被,同"披"。

[47]同年:同科考中的人。

[48]石公:作者自己的号。

[49]囹圄(língyǔ):监狱。

[50]间世:间隔几世。古称三十年为一世。形容不常有的。

[51]礼数:礼仪等级。

[52]人主:国君。

[53]独:只是。贵:显达、做官。

[54]芜秽:杂乱且品格低劣。

[55]胡为不遇:怎能说没有遇合。

[56]梅客生:梅国桢,字客生,作者的朋友。

[57]奇:前面两个"奇(qí)",作"奇特""不寻常"解;最后一个"奇(jī)",作"命运不顺"解。"余谓文长"句:我觉得徐文长无论哪方面都很出色,正因此,也就处处倒霉了。

【讲解】

本文是明代文学家袁宏道为一代奇才、旷世怪杰徐渭所作的一篇别出心裁的传记。作者以惺惺相惜之情,运用了对比、比喻等各种修辞手段,生动形象地叙写出徐渭怀才不遇的人生悲剧。

本文可分成五个部分。第一部分相当于"序",交代写作缘起以及对徐渭诗、画、杂剧的赞赏。字里行间,既有相见恨晚之憾,又有不胜喜悦之情。传文一开头就写出袁宏道与陶望龄阅读徐文长诗集《阙编》的惊喜欢跃情状:两人跳起来,灯影下一面读,一面叫,将已睡的僮仆都惊醒,恨与徐文长相识之晚。这种发自内心的欢喜钦佩之情,不能不叫人与作者同样受到感染。这篇文章写得好,首先因为袁宏道把自己也写了进去,在传主身上倾注了自己的感情。第二部分写徐渭的非凡才略及豪放个性深为胡宗宪倚重和喜爱,深得信任,但"屡试辄蹶",一再失意于科场。第三部分介绍、评述徐渭在诗、文、书、画诸方面的成就,以其杰出的才能与其坎坷的遭遇做对比映照,哀其不幸。作者写来不是慢条斯理,而是气势充沛,起伏跌宕,夹叙夹议中时见精妙的比喻,如以"山崩海立、沙起云行、风鸣树偃、幽谷大都"譬喻形容徐渭诗歌的特点,不但气势不俗,而且文字本身铿锵有力。随之,作者更是用一连串的比喻来细致地渲染了徐文长诗歌的感人内容及艺术特征:"如嗔如笑,如水鸣峡,如种出土,如寡妇之夜哭,羁人之寒起。"而写其文、书、画用笔简洁。第四部分列举徐渭晚年的二三逸事,说明他因不容于时而性格扭曲,发为狂疾,多次自残其身,终于抱愤而卒。并对其诗文著述未能全部刊行于世深表遗憾。还运用对比手法写徐文长愤世嫉俗的"佯狂",暗示徐文长的"真狂"乃由"佯狂"而来——他的病是社会压迫的结果,是他不幸遭际的产物。第五部分效法司马迁,对传主进行评价。认为徐渭生前虽未及荣华富贵,但声名远播,至于朝廷;文章伟丽,独步当时,足以不朽。文末三次重复"无之而不奇",对徐渭其人其事,感慨至深。

本文构思奇特,笔墨讲究。在为徐渭作传时主要扣住一字二音的"奇"(qí 与 jī)来写,文末的结语"无之而不奇,斯无之而不奇也",可视为一篇之点题。徐文长"自负才略",特立独行,他"葛衣乌巾",笑傲王侯;他"放浪曲蘖,恣情山水"。他多才多艺,诗奇、文奇、书奇、画亦奇。他忧愤益深,狂疾益甚,以至杀妻下狱,戕残自身。文章活画出一位奇士狂人形象。然而,徐文长的奇才奇情、奇行奇疾,是与他"屡试辄蹶"的"数奇""不偶"密切相连的,而造成他"不得志于时,抱愤而卒"的根本原因,在于他"雅不与时调合"。这里的"时调",既是当时文坛的"芜秽之习",也是封建社会压制、摧残人才的整个体制。这样,文章通过徐文长的"牢骚困苦",进而揭示出古代无数失意文人普遍的悲剧命运。另外,人物刻画也十分生动,如写徐渭对达官贵人们的拒之不见;他染狂疾后持斧自击其头、自锥其耳等情景,均写得十分逼真,令人过目不忘。

【思考与练习】

一、选择题

1. 袁宏道《徐文长传》:"余一夕坐陶太史楼,随意抽架上书,得《阙编》诗一帙⋯⋯"。这里所说的"陶太史楼"是在(　　)。

A. 杭州　　　　B. 苏州　　　　C. 公安　　　　D. 绍兴

2. 贯穿《徐文长传》一文的主线是(　　)。

A. 数奇　　　　B. 人奇　　　　C. 才奇　　　　D. 奇

3. 关于《徐文长传》一文,下列说法中错误的是(　　)。

A. 徐文长乃明代狂士徐渭

B. 作者袁宏道乃"公安派"之主将

C. 此文写徐文长诗奇文奇画奇,行为也奇,所以不见容于世

D. 文中"介胄之士"乃指文人士大夫

4. 袁宏道在其《徐文长传》一文中没有评价徐渭(　　)方面的成就。

A. 诗歌　　　　B. 散文　　　　C. 绘画　　　　D. 戏剧

5. 袁宏道《徐文长传》:"余一夕坐陶太史楼,随意抽架上书,得《阙编》诗一帙⋯⋯"。这里所说的"陶太史"是指(　　)。

A. 陶渊明　　　B. 陶望龄　　　C. 陶宗仪　　　D. 陶弘景

6. 袁宏道(　　)。

A. 倡导了"性灵说"　　　　　　B. 编撰了《郁离子》

C. 是"台阁体"诗人　　　　　　D. 是"公安派"的主要诗人。

二、翻译题

1. 薛公蕙校越时,奇其才,有国士之目。

2. 介胄之士，膝语蛇行，不敢举头。
3. 视一世士无可当意者，然竟不偶。
4. 中丞胡公宗宪闻之，客诸幕。
5. 余谓文长无之而不奇者也；无之而不奇，斯无之而不奇也。

三、问答题

1. "公安派"是一个怎样的诗歌流派？
2. 分析《徐文长传》以一字立骨的写作特点。
3. 《徐文长传》是如何塑造人物形象的？
4. 袁宏道在《徐文长传》中感叹徐渭"无之而不奇，斯无之而不奇也"，有何思想内涵？表明了怎样一种感情态度？
5. 从你的观点评价一下徐文长。

四、解析题

阅读下面一段文字，回答问题：

文长自负才略，好奇计，谈兵多中，视一世士无可当意者，然竟不偶。文长既已不得志于有司，遂乃放浪曲蘖，恣情山水，走齐、鲁、燕、赵之地，穷览朔漠。其所见山崩海立、沙起云行、风鸣树偃、幽谷大都、人物鱼鸟，一切可惊可愕之状，一一皆达之于诗。其胸中又有勃然不可磨灭之气，英雄失路、托足无门之悲。故其为诗，如嗔如笑，如水鸣峡，如种出土，如寡妇之夜哭，羁人之寒起。虽其体格时有卑者，然匠心独出，有王者气，非彼巾帼而事人者所敢望也。文有卓识，气沉而法严，不以模拟损才，不以议论伤格，韩、曾之流亚也。文长既雅不与时调合，当时所谓骚坛主盟者，文长皆叱而奴之，故其名不出于越，悲夫！喜作书，笔意奔放如其诗，苍劲中姿媚跃出，欧阳公所谓"妖韶女，老自有余态"者也。间以其余，旁溢为花鸟，皆超逸有致。

1. 从文中找出表示才奇、人奇、数奇的句子各一例，并加以说明。
2. 请举例说明徐文长有着怎样的性格特点。
3. 作者是如何评价徐文长之诗的？

五、实践题

查阅资料，搜集有关徐文长的传说。

梁启超

梁启超（1873—1929）字卓如，一字任甫，号任公，别署饮冰子、饮冰室主人、哀时客、中国之新民等，广东新会人。近代著名政治家和学者。曾师事于康有为，戊戌变法前，二人联合各省举人发动"公车上书"运动。又与黄遵宪一起办《时务报》，任长沙时务学堂的主讲，并著《变法通议》为变法做宣传。戊戌变法失败后，与康有为一起流亡日本，政治思想上逐渐走向保守。

梁启超曾与夏曾佑、谭嗣同等提出"诗界革命"的口号，后来又提出"小说界革命"的口号，并在创作上进行了积极的有意义的尝试。其散文影响极大，乃至"每一文出，则全国之身目为之一耸"。被当时的人们称为"报章体"或"新文体"。其特点为内容广阔，着眼于新事物、新思想；结构上逻辑严密清晰；文字力求流畅；说理透彻而不避繁复；感情外露；与桐城派古文背道而驰。

论毅力[1]

天下古今成败之林[2]，若是其莽然不一途也[3]。要[4]其何以成，何以败？曰："有毅力者成，反是者败。"

盖人生历程，大抵逆境居十六七，顺境亦居十三四，而顺逆两境又常相间以迭乘[5]，无论事之大小，而必有数次乃至十数次之阻力，其阻力虽或大或小，而要之必无可逃避者也。其在志力薄弱之士，始固曰吾欲云云[6]，吾欲云云，其意以为天下事固易易也，及骤尝焉，而阻力猝[7]来，颓然丧矣[8]；其次弱者，乘一时之意气，透过此第一关，遇再挫而退；稍强者，遇三四挫而退；更稍强者，遇五六挫而退。其事愈大者，其遇挫愈多，其不退也愈难，非至强[9]之人，未有能善于其终者也[10]。

夫苟[11]其挫而不退矣，则小逆之后，必有小顺；大逆之后，必有大顺。盘根错节[12]之既破，而随有迎刃而解之一日。旁观者徒艳羡[13]其功之成，以为是殆[14]幸运儿，而天有以宠彼也[15]。又以为我蹇[16]于遭逢，故所就不彼若也。庸讵[17]知所谓蹇焉、幸焉者，彼皆与我之同，而其能征服此蹇焉，利用此幸焉与否，即彼成我败所由判也[18]。更譬诸操舟，如以兼旬[19]之期，行千里之地者，其间风潮之或顺或逆，常相参伍[20]。彼以坚苦忍耐之力，冒其逆而突过之，而后得从容以进度其顺。我则或一日而返焉，或二三日而返焉，或五六日而返焉，故彼岸终不可达也。

孔子曰："譬如为山[21]，未成一篑[22]，止，吾止也；譬如平地，虽复[23]一篑，进，吾往也。"孟子曰："有为者，譬若掘井，掘井九仞[24]，而不及泉，犹为弃井也。"成败之数[25]，视此而已。

【注释】

[1]本文选自《饮冰室文集》之《新民说》第十五节"论毅力"。戊戌变法失败以后，维新派人士有的被杀，有的流亡，有的退隐。梁启超逃亡日本，写《新民说》从理论上探讨中国社会状况和改良方向，指出中国国民必须从皇帝的臣民转变为现代化社会的新国民。

[2]林：这里借用比喻人或事的会集。

[3]若是其莽然不一途也：就成功或失败是如此繁多，它们成功和失败的方式也是如此之多。若：就，乃。莽然：广大深远的样子。

[4]要：要领，关键，引申为概括、总括。

[5]迭乘：不断交替轮换。迭，交替，轮换。乘，登，升。

[6]吾欲云云：我想要怎样怎样。

[7]猝：突然，出乎意料。

[8]颓然丧矣：萎靡不振、灰心丧气。

[9]至强：最坚强。

[10]善于其终：好的结局。

[11]苟：假如。

[12]盘根错节：树根盘绕，树根交错。用来比喻事情繁难复杂，不易处理。

[13]艳羡：十分喜欢，羡慕。艳，羡慕，喜爱。

[14]殆：副词，大概，恐怕。

[15]天有以：上天有道理要（宠爱他）。

[16]蹇(jiǎn)：不顺利，困苦。

[17]庸讵(jù)：怎么，哪儿。

[18]判：分开。

[19]兼旬：两旬或两旬以上。兼，两倍或以上的。

[20]参伍：三与五，表示错综复杂。

[21]为山：堆山。

[22]未成一篑：还差一筐土就要完成了。篑，盛土的竹筐。

[23]复:同"覆"。
[24]仞:古代长度单位,周代以八尺或七尺为一仞。
[25]数:天数,规律。

【讲解】
　　戊戌变法失败以后,梁启超逃亡日本,在逆境中写下这篇论文,意在勉励处于逆境中的有志于天下事者,不要被眼前的挫败所折服,成败之道贵在持之以恒。
　　全文共分两部分。第一部分提出中心论点:"有毅力者成,反是者败。"第二部分论证论点,可分三个层次:第一层首先论述人生历程都有逆顺,论证阻力是无法回避的。接着分析五种不同类型的人对待阻力、逆境的不同态度和结果,使用层递的修辞手法,层层推进,论证毅力的重要性。第二层从"逆""顺"的转化进一步论述了毅力的作用。具体而言,从遇到挫折而不退说起,辩证地阐明逆与顺的关系;从如何对待"蹇"与"幸"的对比中,得出"毅力"是成功之关键;以"操舟"喻对待逆境,没有毅力的人是不可能达到胜利彼岸的。第三层以孔孟言论作结,归纳全文的结论:"成败之数,视此而已。"呼应第一段。
　　本文论证自始至终运用了正反对举的论证方法,说理十分透辟。文章开篇从"天下""古今"起笔,从"成败"落笔,中心论点有"有毅力者成,反是者败",一正一反。尤其第二部分更是对举论证了顺与逆、强与弱、我与彼、蹇与幸、成与败。另外,比喻说理也很巧妙。

【思考与练习】
一、选择题
1.《论毅力》引用孔子、孟子的话来论证成败的关键在于有无毅力,这种论据是(　　)。
　　A. 历史材料　　　B. 概括事实　　　C. 名人名言　　　D. 科学规律
2.《论毅力》一文中排比了五种人的五种结果,其目的在于(　　)。
　　A. 比较不同层次的人生态度　　　B. 阐明有无毅力的重要意义
　　C. 显示毅力大小结果的差异　　　D. 突出只有毅力至强方能事业成功
3. 梁启超《论毅力》"成败之数,视此而已"一句中"数"的意思是(　　)。
　　A. 数目　　　B. 次数　　　C. 天数　　　D. 根据
4. 梁启超在《论毅力》一文中,以操舟作比,将"一日而返""二三日而返""五六日而返"放在一起加以描述,这在修辞学上叫(　　)。
　　A. 递进　　　B. 层递　　　C. 类比　　　D. 对比
5. 为了阐明"有毅力者成,反是者败"的道理,梁启超引用孔子的话说:"譬如为山,未成一篑,止,吾止也;譬如平地,虽复一篑,进,吾往也。"这里所运用的修辞手法和论证方法有(　　)。
　　A. 比喻　　　B. 对比论证　　　C. 类比论证　　　D. 对偶

二、翻译题
1. 天下古今成败之林,若是其莽然不一途也。
2. 其意以为天下事固易易也,及骤尝焉而阻力猝来,颓然丧矣。
3. 非至强之人,未有能善于其终者也。
4. 旁观者徒艳羡其功之成,以为是殆幸运儿,而天有以宠彼也。
5. 彼以坚苦忍耐之力,冒其逆而突过之。

三、简答题
1. 简述晚清文化变革中梁启超的作用。
2. 分析梁启超《论毅力》的中心论点、论据和论证方法。
3. 什么叫层递?本文在什么地方使用了层递?
4. 谈谈梁启超《论毅力》的现实意义。

四、解析题

1. 阅读下面一段文字，回答问题：

天下古今成败之林，若是其莽然不一途也。要其何以成，何以败？曰：有毅力者成，反是者败。

(1)从这个开头看，《论毅力》的总论点是什么？
(2)"若是"是什么意思？
(3)这个开头体现出《论毅力》怎样的论证方法？

2. 阅读下面一段文字，回答问题：

孔子曰："譬如为山，未成一篑，止，吾止也；譬如平地，虽复一篑，进，吾往也。"孟子曰："有为者，譬若掘井，掘井九仞，而不及泉，犹为弃井也。"成败之数，视此而已。

(1)孔子、孟子的话有什么共同点？
(2)该段用了什么论证方法？
(3)该段用了哪些修辞手法？
(4)孔子话中"为山"之喻包含了什么成语？

3. 阅读下面一段文字，回答问题：

更譬诸操舟，如以兼旬之期，行千里之地者，其间风潮之或顺或逆，常相参伍。彼以坚苦忍耐之力，冒其逆而突过之，而后得从容以进度其顺。我则或一日而返焉，或二三日而返焉，或五六日而返焉，故彼岸终不可达也。

(1)这段文字的主旨是什么？
(2)这里用了哪些修辞手法？
(3)这里用了什么论证方法？
(4)你对文中"彼"和"我"的行为有何看法？

五、实践题

组织一场辩论，主题为"毅力与成功的关系"。

三、拓展阅读

作品阅读

童心说

[明]李 贽

龙洞山农叙《西厢》，末语云："知者勿谓我尚有童心可也。"夫童心者，真心也。若以童心为不可，是以真心为不可也。夫童心者，绝假纯真，最初一念之本心也。若失却童心，便失却真心；失却真心，便失却真人。人而非真，全不复有初矣。童子者，人之初也；童心者，心之初也。夫心之初，曷可失也？然童心胡然而遽失也。

盖方其始也，有闻见从耳目而入，而以为主于其内而童心失。其长也，有道理从闻见而入，而以为主于其内而童心失。其久也，道理闻见日以益多，则所知所觉日以益广，于是焉又知美名之可好也，而务欲以扬之而童心失。知不美之名之可丑也，而务欲以掩之而童心失。夫道理闻见，皆自多读书识义理而来也。古之圣人，曷尝不读书哉。然纵不读书，童心固自在也；纵多读书，亦以护此童心而使之勿失焉耳，非若学者反以多读书识义理而反障之也。夫学者既以多读书识义理障其童心矣，圣人又何用多著书立言以障学人为耶？童心既障，于是发而为言语，则言语不由衷；见而为政事，则政事无根柢；著而为文辞，则文辞不能达。非内含于章美也，非笃实生辉光也,欲求一句有德之言,卒不可得,所以者何?以童心既障,而以从外入者闻见道理为之心也。

夫既以闻见道理为心矣,则所言者皆闻见道理之言,非童心自出之言也,言虽工,于我何与?岂非以假人言假言,而事假事、文假文乎!盖其人既假,则无所不假矣。由是而以假言与假人言,则假人喜;以假事与假人道,则假人喜;以假文与假人谈,则假人喜。无所不假,则无所不喜。满场是假,矮人何辩也。然则虽有天下之至文,其湮灭于假人而不尽见于后世者,又岂少哉!何也?天下之至文,未有不出于童心焉者也。苟童心常存,则道理不行,闻见不立,无时不文,无人不文,无一样创制体格文字而非文者。诗何必古《选》,文何必先秦,降而为六朝,变而为近体,又变而为传奇,变而为院本,为杂剧,为《西厢曲》,为《水浒传》,为今之举子业,皆古今至文,不可得而时势先后论也。故吾因是而有感于童心者之自文也,更说什么六经,更说什么《语》《孟》乎!

夫六经、《语》《孟》,非其史官过为褒崇之词,则其臣子极为赞美之语,又不然,则其迂阔门徒、懵懂弟子,记忆师说,有头无尾,得后遗前,随其所见,笔之于书。后学不察,便谓出自圣人之口也,决定目之为经矣,孰知其大半非圣人之言乎?纵出自圣人,要亦有为而发,不过因病发药,随时处方,以救此一等懵懂弟子,迂阔门徒云耳。医药假病,方难定执,是岂可遽以为万世之至论乎?然则六经、《语》《孟》,乃道学之口实,假人之渊薮也,断断乎其不可以语于童心之言明矣。呜呼!吾又安得真正大圣人童心未曾失者而与之一言文哉!

【点评】

《童心说》是《焚书》(卷三)里的一篇杂论,主要揭露道学及其教育的反动性和虚伪性,阐明了李贽的读书作文教育观,充满反对封建教育的桎梏、追求个性自由和解放的精神。李贽的"童心",即"绝假纯真,最初一念之本心",是新儒家学者对先天性善论的继承和发挥,而道学及其教育却使人的这种纯洁"童心"丧失殆尽,丧失人的真实存在的价值。李贽从"童心"出发,大胆地揭露了伪道学家的虚伪本质,把"六经"、《语》《孟》等圣经贤传当作一切虚假的总根源,大胆地否定了传统的经典教材。

又书货殖传后

[清]方苞

《春秋》之制义法,自太史公发之,而后之深于文者亦具焉。义,即《易》之所谓"言有物"也;法,即《易》之所谓"言有序"也。义以为经而法纬之,然后为成体之文。

是篇两举天下地域之凡,而详略异焉。其前独举地物,是衣食之源,古帝王所因而利道之者也。后乃备举山川境壤之支凑,以及人民、谣俗、性质、作业,则以汉兴,海内为一,而商贾无所不通,非此不足以征万货之情,审则宜类而施政教也。两举庶民经业不凡,而中别之。前所称农田树畜,乃本富也;后所称贩鬻儈货,则末富也。上能富国者,太公之教诲、管仲之整齐是也;下能富家者,朱公、子赣、白圭是也。计然则杂用富家之术以施于国,故别言之,而不得侪于太公、管仲也。然自白圭以上,皆各有方略,故以"能试所长"许之;猗顿以下,则商贾之事耳,故别言之,而不得侪于朱公、子赣、白圭也。是篇大义,与《平准》相表里,而前后措注,又各有所当如此。是之谓"言有序",所以至赜而不可恶也。

夫纪事之文,成体者莫如左氏,又其后,则昌黎韩子,然其义法皆显然可寻,惟太史公《礼》《乐》《封禅》三书,及《货殖》《儒林传》,则于其言之乱杂而无章者寓焉,岂所谓"定哀之际多微辞"者邪?

【点评】

货殖传,即《史记》(卷一二九)《货殖列传》,货殖意为经商。方苞认为孔子著《春秋》制定的作文"义法",是司马迁首先指出来的。本文是方苞最完整的解释"义法",方苞明确指出:"义"为"言有物",指文章的思想内容;"法"为"言有序",指文章的艺术形式,"义"为经,"法"为纬,两者统一而为成体之文。方苞的"义法"说是"桐城派"古文理论体系的基础。

杂诗

[清]龚自珍

九州生气恃风雷,万马齐喑究可哀。我劝天公重抖擞,不拘一格降人才。

【点评】

传龚自珍路过镇江,只见街上人山人海,热闹非凡,一打听,原来当地在赛神。人们抬着玉皇、风神、雷神等天神在虔诚地祭拜。有人认出了龚自珍,一位道士马上挤上前来恳请当代文豪龚自珍为天神写篇祭文,龚自珍一挥而就写下了此诗。

题梁任父同年

[清]黄遵宪

寸寸山河寸寸金,侉离分裂力谁任。杜鹃再拜忧天泪,精卫无穷填海心。

【点评】

此诗是黄遵宪于光绪二十二年(1896)赠梁启超的诗作之一。1842年英国侵占中国香港,1895年日本侵占中国台湾,黄遵宪痛心锥首,在诗中用典故呼吁国人像杜鹃一样忧国,像精卫一样坚持努力,以制止国土分裂。

文化常识

中国衣裳的变革

中国古代"衣"为上衣,"裳"为下裳,古读 cháng,指下裙。

清之前的汉服的主要特点是交领、右衽,不用扣子,而用绳带系结。古代男人要佩剑,而大多数人都是右手持剑,剑都是放在左侧的,所以男式衣服的这种设计可以防止拔剑的时候挂到衣服上。

先秦起,华夏族(汉族前身)的服装就是有"上衣下裳"制、"深衣"制(把上衣下裳缝连起来)、"襦裙"制(襦,即短衣)等类型。其中,上衣下裳的冕服为帝王百官最隆重正式的礼服;袍服(深衣)为百官及士人常服《礼记?深衣》:"袂之长短,反诎之及肘。"从手往上折要达到肘部,即袖长为臂长的1.5倍。襦裙则为妇女喜爱的穿着。

穿裳骑马很不方便,所以他们的北方游牧民族很早就有长裤。公元前307年赵武灵王实行"胡服骑射",中原族人开始穿长裤,不过最初多用于军旅。因为胡服轻便实用,后来逐渐流传到民间。胡服特征是衣长齐膝,裤子紧窄,腰束郭洛带,用带钩,穿靴,便于骑射活动。胡服之中,还有半臂,袖长及肘,身长及腰,多穿在衫襦之外,隋唐时极其盛行。

隋唐开始盛行圆领衫(唐太宗李世民所穿)、大襟低胸的女式服装。到明代前襟的纽扣代替了几千年来的带结。

1644年清军入关后，清朝统治者为强化满族统治地位，下令全国剃发易服，汉服逐渐消亡。

辛亥革命后，服装形式大变，清代的官吏衣着和顶戴都被淘汰。最突出的就是剪辫。民国初年女子的生活起了变化，居住在大都市的摩登女子受外来思潮影响，纷纷走出闺房奔向社会，投身电影、商业、手工艺、教员、舞女以至行政等行业，鉴于职业要求，改装换容就成为必然之事。女学生中的"蓝布大褂"是领衔的式样，而后日渐流行起来。由于电影的出现，电影明星成为逐渐显赫的人物，上海成为中国女装的大本营，粤装、港装成为上海装的一个支派。

现今中国人所穿的服装，其源流主要是来自西方，简化、实用是服装发展的主要趋势。注重在不同场合搭配不同服装，追求服装的个性化和时尚。不同性别和年龄的人对服饰有不同的要求，不同的职业往往有自己的服饰标准。社会地位对服饰的影响也十分明显。

第九讲

古代戏曲

一、文学史讲述

中国戏曲从发轫到成熟经历了漫长的过程,起源可追溯到原始歌舞。上古宫廷弄臣"优"是戏剧的雏形。到唐代歌舞戏已是剧目众多,代表作有《大面》《钵头》与《踏摇娘》等。在戏曲发展史上有较高地位的"参军戏"也产生于唐代。到宋代民间戏曲"南戏"很繁荣,艺人孔之传创"诸宫调"说唱长篇故事,诸宫调和金代院本在体制与题材等方面为元杂剧、明传奇的产生准备了一定的条件,为元、明戏曲的繁荣打下了基础。

(一)元代戏曲

继唐诗、宋词之后,元曲兴起。

元代戏曲主要包括杂剧和南戏。

元曲中的剧曲即元杂剧,它是在金院本和诸宫调的直接影响下,融合各种表演艺术形式而成的一种完整的戏剧形式,并在唐宋以来话本、词曲、讲唱文学的基础上创造了成熟的文学剧本。据《元代杂剧全目》载,元代有名有姓的杂剧作家多达八十余人,剧目多达七百三十七种。可惜多数未能流传下来,现存作品仅一百六十种左右。

杂剧形成于金元之际,成熟并全盛于元全期。城市经济的繁荣和艺术家表演的社会化、商业化,是促使戏剧成熟与兴盛的必要基础;许多文人、士大夫失去固有地位,加入市井伎艺团体,是戏剧质量提高的条件;另外蒙古贵族的爱好也对元杂剧的兴盛起了重要作用。

元杂剧全盛时期有四大家:关汉卿、郑光祖、白朴、马致远。

"玉京书会"是元前期大都的一个写作剧本和唱本的团体,书会才人出身的关汉卿是元杂剧的奠基人和前期剧坛领袖,是我国戏剧史上最早、最伟大的作家。他一生写杂剧六十七种,现存十八种。其中最出色的作品是悲剧《窦娥冤》,剧中塑造了善良正直、不屈不挠的艺术形象窦娥,有很强的社会性。另外,郑光祖的《倩女离魂》用虚幻手法成功地塑造了一个热烈追求自由恋爱和幸福生活的女性形象,白朴的《梧桐雨》写了唐明皇和杨贵妃的爱情故事,马致远的《汉宫秋》写的是昭君出塞的故事,都是杂剧史上重要的剧目。

元代王实甫也是颇负盛名的杂剧作家。其代表作《西厢记》富有文采,是元杂剧中一颗璀璨的艺术明珠。剧本通过张生与崔莺莺一见钟情、好事多磨的爱情故事,勇敢揭露了封建礼教的冷酷和世族婚姻制度的不合理,热情歌颂了青年男女挣脱礼教束缚、反抗世族婚姻、争取婚姻自由的叛逆精神,具有鲜明的反封建主题。

除了杂剧,当时社会上还流行着许多散曲。杂剧是剧曲,散曲是诗歌。从形式上散曲包括小令和套数两种。小令又叫"叶儿",是独立的小曲子,有单独的曲牌名。套数是由两个以上同一宫调的曲子按照一定规则连缀起来的套曲。散曲的内容十分广泛,讥时、叹世、隐逸、闺怨、写景、咏史无不涉及,而最多的是歌唱山林隐逸和描写男女风情之作。另外也有一些写景咏物的清丽生动的作品。

元代前期的散曲作家以关汉卿和马致远为代表。关汉卿现存小令五十七首,套数十四套。代表作是《南吕·一枝花·不伏老》《沉醉东风·失题》《四块玉·别情》等。马致远有《东篱乐府》一卷,存小令一百零四首,套数十七套。其作品多表现愤世、厌世思想,在悲愤、颓丧中反映出不同流合污的思想情操。代表作《天净沙·秋思》通俗平易,情景交融,是散曲中的精彩之作。

元代后期散曲的代表作家是张可久、乔吉和张养浩。他们一改前期散曲的本色,而趋于雅正典丽,与词很难区别。张可久有《小山乐府》六卷,存小令七百五十余首,套数七套。多为啸傲湖山和嘲弄风月之作,偶尔也有怀古伤今或托物寓意,流露对现实不满之作。乔吉有《乔梦符小令》一卷,存小令近二百首,套数十一套。此人系落魄文人,个性疏狂颓放,作品多表现消极厌世情绪。风格清丽雅正,注重辞藻、格律,但多少继承了前期曲家质朴、大胆的传统,每每出奇制胜,雅俗共赏。代表作是《天香引·芳草多情》《水仙子·重观瀑布》等。张养浩的《山坡羊·潼关怀古》大气磅礴,是元散曲中思想性、艺术性完美结合之作,风格也与张、乔散曲迥异,在元曲中不可多得。

杂剧和散曲都使用当时北曲(宋元时北方戏曲、散曲所用的曲调统称),其曲词都按曲调撰写。有时二者合称"乐府"。

南宋以后,起源于浙江温州(永嘉)地区的南戏开始风行。早期南戏作品以爱情婚姻和家庭生活为主,多演绎长期流传的民间故事,其伦理意识和生活情趣更具世俗性。现存剧目是《永乐大典戏文三种》,包括三本戏文:《张协状元》《小孙屠》和《宦门子弟错立身》。其中《张协状元》是现存最完整的早期南戏剧本,创于八百年前南宋时期的温州"九山书会",其开场的《满庭芳》词中写道:"这番书会,要夺魁名。占断东瓯盛事,诸宫调唱出来因。"

元末明初流行的《荆钗记》《刘知远白兔记》《拜月亭记》和《杀狗记》合称"四大南戏",是南戏在元末明初的代表作品。

《琵琶记》是南戏发展的顶峰,由温州瑞安人高则诚于元朝至正年间,依南宋流传的《赵贞女蔡二郎》戏文编撰而成。该剧在中国戏剧史上被称为"词曲之祖",是南戏时代与传奇时代间的桥梁,对明代戏曲创作的影响非常深远。

(二)明清戏曲

在戏曲领域内,明代传奇取代了杂剧的主导地位。尤其在明后期,传奇戏剧创作形成高潮,产生了杰出的剧作家汤显祖。其爱情剧《牡丹亭》写南宋时太守杜宝之女杜丽娘与书生柳梦梅的"生死恋",尤其突出了一个"情"字。该剧《题词》有言:"如杜丽娘者,乃可谓之有情人耳。情不知所起,一往而深。生者可以死,死可以生。生而不可与死,死而不可复生者,皆非情之至也。"杜丽娘是中国古典文学里继崔莺莺之后出现的最动人的妇女形象之一,通过杜丽娘与柳梦梅的爱情婚姻,喊出了要求个性解放、爱情自由、婚姻自主的呼声,并且暴露了封建礼教对人们幸福生活和美好理想的摧残。《牡丹亭》以文辞典丽著称,宾白饶有机趣,曲词兼用北曲泼辣动荡及南词宛转精丽的长处。明吕天成称之为"惊心动魄,且巧妙迭出,无境不新,真堪千古矣"！另外,汤显祖还写了《紫钗记》《邯郸记》《南柯记》,此三种与《牡丹亭》合称"临川四梦"。

明代其他重要的传奇作品尚有李开先的《宝剑记》、梁辰鱼的《浣沙记》以及传为王世贞的《鸣凤记》等。

明后期,趋于衰微的明杂剧也出现了一些较好的作品,如徐渭的《四声猿》大胆表现对社会的不满,打破了杂剧的体例而多有创新。

明后期的戏剧创作高潮一直延续至清朝前期,直至乾隆朝。以李玉(约 1580—1660)为代表的清初戏剧家创作了反映明清之际的民族矛盾和社会现实的《清忠谱》。剧本以明末东林党人和苏州人民反抗阉党魏忠贤黑暗统治的斗争为题材,揭露了明末宦官集团的专横跋扈、横暴凶残和当时政治的黑暗腐败,热烈歌颂了以周顺昌为代表的正直知识分子的正义斗争,也歌颂了城市广大人民群众反抗强暴的正义行动。剧本艺术成就很高,人物性格鲜明,工于讽刺艺术。

康熙朝名士李渔(1611—1680)因科举失利,改走"大隐"之路,创办家庭戏班,巡回于达官贵人之间。其著作《闲情偶寄》词曲部中,以结构、词采、音律、宾白、科诨、格局六方面论戏曲文学,以选剧、变调、授曲、教白、脱套五方面论戏曲表演,对我国古代戏曲理论有较大的丰富和发展。

清传奇戏剧的杰出之作乃是洪昇(1645—1704)的《长生殿》和孔尚任(1648—1718)的《桃花扇》。前者以安史之乱背景叙写了唐明皇与杨贵妃的爱情故事,曲折地反映了社会的动荡和人民的痛苦,愤怒地抨击了以杨国忠为首的封建统治集团,对侵入中原的安史叛军表现了强烈的憎恨,成功刻画了郭子仪等爱国者的形象。场面壮丽,情节起伏跌宕。后者则借男女主角侯方域、李香君的离合之情,写出了南明兴亡之史,达到了历史真实和艺术真实较好的结合。这两部传奇戏剧的出现,形成了"南洪北孔"的创作高潮。此后,文人的戏剧创作日趋衰落。但民间戏曲却日渐兴盛,诸如弹词、鼓词,为近代京剧、地方戏的发展准备了条件。

戏剧表演上,乾隆朝出现"雅部"(昆曲)和"花部"(各地方戏曲)的分判。乾隆五十五年(1790),为给乾隆庆祝八十寿辰,三庆、四喜、春台、和春四大徽班进京,将徽剧二黄腔与湖北艺人西皮调结合,成为一种新的徽剧,即皮黄戏,后改称"京剧"。

晚清戏曲的成就主要反映在一大批地方戏曲趋于定型成熟。京剧则成为影响深广的全国性剧种,现存传统剧目有一千二百多种。辛亥革命前后,在外国文化的影响下,产生了话剧,并在革命宣传中起了越来越大作用,先后出现了"春柳社""春阳社""进化团""新剧同志会"等多个话剧团体。

二、作品选讲

王实甫

王实甫(1260—1316),名德信,字实甫。元大都(今北京市)人,杂剧作家。其生平无可详考。主要创作活动大约在元成宗元贞、大德年间(1295—1307)。《录鬼簿》把他列入"前辈已死名公才人",位于关汉卿之后。

王实甫著有杂剧十四种。其中完整保存下来的有三种:《崔莺莺待月西厢记》《四丞相歌舞丽堂春》《吕蒙正风雪破窑记》。残存的两种:《苏小卿月夜贩茶船》《韩彩云丝竹芙蓉亭》。其余九种都已亡佚。代表作《西厢记》共五本二十一折,其结构规模在中国戏剧史上是空前的,被誉为"天下夺魁"。

西厢记·长亭送别

(夫人、长老上,云)今日送张生赴京,十里长亭,安排下筵席[1]。我和长老先行,不见张生小姐来到。(旦、末、红同上[2])(旦云)今日送张生上朝取应,早是[3]离人伤感,况值那暮秋天气,好烦恼人也呵! 悲欢聚散一杯酒,南北东西万里程。

[正宫·端正好[4]]碧云天,黄花地[5],西风紧,北雁南飞。晓来谁染霜林醉[6]? 总是离人泪。

[滚绣球]恨相见得迟,怨归去得疾。柳丝长玉骢难系[7],恨不得倩疏林挂住斜晖[8]。马儿迍迍[9]的行,车儿快快的随,却告了相思回避[10],破题儿[11]又早别离。听得道一声去也,松了金钏[12];遥望见十里长亭,减了玉肌[13];此恨谁知?

(红云)姐姐今日怎么不打扮? (旦云)你那知我的心里呵?

[叨叨令]见安排着车儿、马儿,不由人熬熬煎煎[14]的气;有甚么心情花儿、靥儿[15],打扮得娇娇滴滴的媚[16];准备着被儿、枕儿,则索昏昏沉沉的睡;从今后衫儿、袖儿,都揾[17]做重重叠叠的泪。兀的不闷杀人也么哥[18]? 兀的不闷杀人也么哥? 久已后[19]书儿、信儿,索与我恓恓惶惶[20]的寄。

(做到)(见夫人科[21])(夫人云)张生和长老坐,小姐这壁坐,红娘将酒来。张生,你向前来,是自家亲眷,不要回避。俺今日将莺莺与你,到京师休辱末[22]了俺孩儿,挣揣[23]一个状元回来者。(末云)小生托夫人余荫,凭着胸中之才,视官如拾芥耳[24]。(洁云[25])夫人主见不差,张生不是落后的人。(把酒了,坐)(旦长吁科)

[脱布衫]下西风[26]黄叶纷飞,染寒烟衰草萋迷[27]。酒席上斜签[28]着坐的,蹙愁眉死临侵地[29]。

[小梁州]我见他阁[30]泪汪汪不敢垂,恐怕人知;猛然见了把头低,长吁气,推[31]整素罗衣。

[幺篇]虽然久后[32]成佳配,奈时间[33]怎不悲啼。意似痴,心如醉,昨宵今日,清减了小腰围。

(夫人云)小姐把盏者! (红递酒,旦把盏长吁科云)请吃酒!

[上小楼]合欢未已[34],离愁相继。想着俺前暮私情,昨夜成亲,今日别离。我谂[35]知这几日相思滋味,却原来此别离情更增十倍。

[幺篇]年少呵轻远别[36],情薄呵易弃掷[37]。全不想腿儿相挨,脸儿相偎,手儿相携。你与俺崔相国做女婿,妻荣夫贵[38],但得一个并头莲,煞强如状元及第。

(夫人云)红娘把盏者! (红把酒科)(旦唱)

[满庭芳]供食太急,须臾[39]对面,顷刻别离。若不是酒席间子母每当回避,有心待与他举案齐眉。虽然是厮守[40]得一时半刻,也合着俺夫妻每共桌而食。眼底空留意[41],寻思起就里[42],险化做望夫石[43]。

(红云)姐姐不曾吃早饭,饮一口儿汤水。(旦云)红娘,甚么汤水咽得下!

[快活三]将来的酒共食[44],尝着似土和泥。假若便是土和泥,也有些土气息,泥滋味。

［朝天子］暖溶溶玉醅[45]，白泠泠[46]似水，多半是相思泪。眼面前茶饭怕不待要[47]吃，恨[48]塞满愁肠胃。蜗角[49]虚名，蝇头[50]微利，拆鸳鸯在两下里。一个这壁，一个那壁，一递一[51]声长吁气。

（夫人云）辆起车儿[52]，俺先回去，小姐随后和红娘来。（下）（末辞洁科）（洁云）此一行别无话儿，贫僧准备买登科录[53]看，做亲的茶饭[54]少不得贫僧的。先生在意[55]，鞍马[56]上保重者！从今经忏无心礼[57]，专听春雷第一声。（下）（旦唱）

［四边静］霎时间杯盘狼藉[58]，车儿投东，马儿向西。两意徘徊，落日山横[59]翠。知他今宵宿在那里？在梦也难寻觅。

张生，此一行得官不得官，疾便[60]回来。（末云）小生这一去白[61]夺一个状元，正是："青霄[62]有路终须到，金榜[63]无名誓不归。"（旦云）君行别无所赠，口占[64]一绝，为君送行："弃掷今何在，当时且自亲。还将旧来意，怜取眼前人[65]。"（末云）小姐之意差矣，张珙更敢怜谁？谨赓[66]一绝，以剖寸心：人生长远别，孰与最关亲？不遇知音者，谁怜长叹人[67]？（旦唱）

［耍孩儿］淋漓襟袖啼红泪[68]，比司马青衫[69]更湿。伯劳东去燕西飞[70]，未登程先问归期。虽然眼底人千里[71]，且尽生前[72]酒一杯。未饮心先醉[73]，眼中流血[74]，心内成灰[75]。

［五煞］到京师服水土[76]，趁程途[77]节饮食，顺时自保揣身体[78]。荒村雨露宜眠早，野店风霜要起迟！鞍马秋风里，最难调护[79]，最要扶持[80]。

［四煞］这忧愁诉与谁？相思只自知，老天不管人憔悴。泪添九曲黄河溢[81]，恨压三峰华岳低[82]。到晚来闷把西楼倚，见了些夕阳古道[83]，衰柳长堤。

［三煞］笑吟吟一处来，哭啼啼独自归。归家若到罗帏里，昨宵个[84]绣衾香暖留春住，今夜个翠被生寒有梦知。留恋你别无意，见据鞍上马[85]，阁不住泪眼愁眉。

（末云）有甚言语嘱咐小生咱？（旦唱）

［二煞］你休忧"文齐福不齐"[86]，我则怕你"停妻再娶妻"[87]。休要"一春鱼雁无消息[88]"！我这里青鸾有信频须寄，你却休[89]"金榜无名誓不归"。此一节君须记，若见了那异乡花草[90]，再休似此处栖迟[91]。

（末云）再谁似小姐？小生又生此念。（旦唱）

［一煞］青山隔[92]送行，疏林不做美，淡烟暮霭相遮蔽。夕阳古道无人语，禾黍[93]秋风听马嘶。我为甚么懒上车儿内，来时甚急，去后何迟？

（红云）夫人去好[94]一会，姐姐，咱家去！（旦唱）

［收尾］四围山色中，一鞭残照里[95]。遍人间烦恼填胸臆[96]，量这些大小[97]车儿如何载得起？

（旦、红下）（末云）仆童赶早行一程儿，早寻个宿处。泪随流水急，愁逐野云飞。（下）

【注释】

［1］筵席：方言俗语，酒席。
［2］旦：戏曲中的女性形象。末：戏曲中中年以上男性，或专司引戏职能者。
［3］早是：蒲州方言，本是，已是。
［4］正宫：宫调，古代乐律名。我国古代乐律有十二律吕，即十二个半音阶。乐音有七声：宫、商、角、变徵、徵、羽、变宫。其中以任何一声为主，都可构成一种调式。端正好：曲牌。曲牌规定该首曲子的调子、唱法；字数、句法、平仄、用韵都有基本定式，如《人月圆》《风入松》等，可根据填写新曲词。曲牌大多来自民间，部分由词牌转变而来。
［5］碧云天，黄花地：引用宋代范仲淹《苏幕遮》词"碧云天，黄叶地，秋色连波，波上寒烟翠"。

[6]霜林:柿子树林。蒲州遍地柿林,到了秋天柿叶就变红了。这里形容秋天的景色。醉:这里比喻红色的柿叶像喝醉酒的人,满脸通红。

[7]玉骢:好马,这里指张生骑的马。比喻张生要远行。骢,青白色的马。这句是说,柳树的枝条虽然很长,但是也不能拴住张生的坐骑,留不住张生。

[8]倩:方言。意为请别人帮助。宋代黄庭坚《即席》诗:"不当爱一醉,倒倩路人扶。"斜晖:傍晚的阳光,唐代杜牧《怀钟陵旧游》:"斜晖更落西山影,千步虹桥气象兼。"这句是说,恨不得请稀疏的树林帮忙,把傍晚的太阳挂住,让张生多留一些时间。

[9]迍迍(zhùn):蒲州方言俗语,行动迟缓的样子。

[10]却:蒲州方言,同"恰",意为才、刚刚。回避:这里意为结束。

[11]破题:唐宋时期的诗词文赋,起头的几句点破题意,所以叫破题。这里意为开头,开始。

[12]松了金钏:人变瘦了,连手镯也脱落了。钏,手镯。

[13]减了玉肌:也是指人变瘦了。

[14]熬熬煎煎:方言,即"煎熬",意为难以忍受痛苦忧虑的折磨。

[15]花儿:头上戴的花。靥(yè)儿:脸上的酒窝,也指古代妇女脸颊上贴或搽图的装饰物。这句是说没有心情梳妆打扮。

[16]娇娇滴滴:一般写成娇滴滴,娇小柔媚的样子。媚:美好。

[17]揾(wèn):浸入

[18]兀的:怎么,表感叹。也么哥:语气词。

[19]久已后:分别之后,久别以后。

[20]栖栖惶惶:烦恼、可怜、悲伤的样子。

[21]科:唱、白以外的动作。

[22]辱末:就是"辱没"。

[23]挣揣:蒲州方言,夺取、取得。

[24]拾芥:比喻取得非常容易。《汉书·夏侯胜传》记载,"胜每讲授,常谓诸生曰:'士病不明经术。经术苟明,其取青紫(官位),如俯拾地芥耳。'"芥,小草。

[25]洁云:长老僧人的道白。

[26]下西风:西风下。

[27]寒烟:指寒气。衰草:秋天里枯黄的草。萋迷:指景物模糊不清。

[28]斜签:侧着身体。古代礼教很严,晚辈在长辈或者地位低的人在地位高的人面前,是不能正坐的,只能侧身坐着。蒲州方言,念做"斜侧",意为呆呆的,面无表情,情绪不振的样子。签,方言,插,这里意为"侧"。

[29]死临侵地:蒲州方言,无精打采的样子。临侵,无意义的助词。蒲州方言念做"死临笨气",是萎靡不振的样子。

[30]阁:同"搁",承受、含着、忍。

[31]推:推托,借口。这里意为假作、假装。

[32]久后:蒲州方言,指较长的时间以后。

[33]时间:这里是目前、眼下的意思。

[34]未已:还没有结束。这里意为没多久、刚开始。

[35]谂:通"审",详细了解。

[36]年少:年轻。轻:轻易、轻视。

[37]情薄:薄情、无情。古代诗词中常指负心的夫婿。弃掷:抛弃,这里意为负心、背弃。

[38]妻荣夫贵:这里把当时的成语"夫荣妻贵"反过来说,意为做了崔相国家的女婿,就不必去求取功名了。

[39]须臾:片刻、一会儿。佛教认为一昼夜有三十须臾。

[40]厮守:相守、相处。

[41]留意:注意。这里意为传递情意。
[42]就里:蒲州方言,意为其中、内幕、内情。
[43]险化做望夫石:这两句的意为,想起这其中的事情(指与张生曲折的婚姻),真舍不得张生离去,我快要变成望夫石了。
[44]酒共食:酒和食物。
[45]玉醅(pēi):美酒。南朝萧统《锦带书十二月启·南吕八月》:"倾玉醅于风前,弄琼驹于月下。"
[46]泠泠:清澈,这里意为清淡。
[47]怕不待要:方言,怕,难道。不待要,蒲州土语,意为没心思、懒得。
[48]恨:离别的怨恨。
[49]蜗角:蜗牛角,比喻极小的境地。《庄子·则阳》载,蜗牛角上有两个国家,左角上的叫触氏,右角上的叫蛮氏,"时相与争地而战,伏尸数万。"后用来指为了细小的事情相争。
[50]蝇头:比喻微小的事物,常指小字或微利。
[51]一递一:蒲州方言,一个接着一个、交替。
[52]辆起车:套上车子。辆,作动词,套起。
[53]登科录:古代科举考试后的录取名录册。
[54]做亲的茶饭:指结婚时的喜宴。做亲,即结婚。
[55]在意:留意、注意、小心。
[56]鞍马:指旅途。
[57]经忏:指佛经。礼:同"理"。
[58]狼藉:散乱不整的样子。
[59]横:充满。
[60]疾便:蒲州方言,快点,早点。
[61]白:不付出代价,不费力气。
[62]青霄:青云,比喻高官显贵。这里指科举被录取。
[63]金榜:古代科举考试殿试揭晓的榜。
[64]口占:不用打草稿,出口成章。后来指当场作诗。
[65]"弃掷今何在"四句:引用唐代元稹《莺莺传》中莺莺谢绝张生的一首诗,意为抛弃我的人在哪里,想当初和我那么亲近,现在都把对我的情意,用到出现在你面前的新人身上。有的版本中第一句为"弃置今何道"。
[66]赓(gēng):继续。这里意为依韵和诗。
[67]长:经常,平常。孰与:意为我与谁。这四句意为,远离是人生经常有的事情,谁与我最相亲密?再也遇不到知音,也没有人同情我。指除了莺莺,我再没有知己了。我绝不会去爱别人,非你不娶。
[68]淋漓:沾湿或下滴的样子。红泪:女子的眼泪。
[69]司马青衫:借用白居易《琵琶行》:"座中泣下谁最多,江州司马青衫湿"。
[70]伯劳东去燕西飞:借用古诗"东飞伯劳西飞燕"句,用伯劳鸟与燕子分飞,比喻两个人的分别。
[71]千里:这里指要到千里之外。
[72]生前:指分别前。
[73]未饮心先醉:引用唐代刘禹锡《酬令狐相公杏园花下饮有怀见寄》诗中"未饮心先醉,临风思倍多"句。宋代柳永《诉衷情近》词也有:"黯然情绪,未饮先如醉,愁无际!"
[74]眼中流血:指悲痛之极。
[75]心内成灰:指极度消极和消沉。
[76]服:蒲州方言,习惯,适应。水土:水陆,引申为一个地域的自然条件。
[77]趁程途:赶路。趁,蒲州方言,追逐,赶。
[78]顺时:顺应时令或时运。揣:量度、衡量。一说是"囊揣"的省略用法,虚弱、软弱。
[79]调护:调理保护。

[80]扶持:帮助、扶助。
[81]九曲:指黄河河道非常曲折。唐代卢纶《边思》:"黄河九曲流,缭绕古边州。"溢:水满而流到外面。
[82]三峰:指华山的三座主峰。南峰落雁峰、东峰朝阳峰、西峰莲花峰。华岳:西岳华山,五岳之一,在陕西华阴市城南。
[83]古道:古老陈旧的道路。
[84]昨宵个:昨夜。个,方言,语气助词。
[85]据鞍上马:扶鞍上马。
[86]文齐福不齐:当时的成语,意为很有才气却没有福气。
[87]停妻再娶妻:就是重婚。
[88]一春鱼雁无消息:引用宋代无名氏《鹧鸪天·春闺》,"枝上流莺和泪闻,新啼痕间旧啼痕。一春鱼鸟无消息,千里关山劳梦魂。无一语,对芳樽,安排肠断到黄昏。甫能炙得灯儿了,雨打梨花深闭门"。
[89]却休:可别、千万不要。
[90]花草:比喻女子。
[91]栖迟:游息,居住。这里意为流连忘返,留恋不舍。
[92]隔:阻挡、阻隔。
[93]禾黍:指庄稼。这里是想象张生独自行走的情境,用来回答:"我为甚么懒上车儿内,来时甚急,去后何迟?"
[94]好:方言,很多,很长。
[95]一鞭:指单人匹马。残照:落日,夕照。唐代孟浩然《同独孤使君东斋作》:"竹间残照入,池上夕阳浮。"
[96]胸臆:心胸、心怀。
[97]大小:方言词,语气重在"小"字。

【讲解】

王实甫的《西厢记》写张生和崔莺莺的恋爱故事,突破了"才子佳人""夫贵妻荣"的传统理想模式,始终追求真挚的感情,并把爱情置于功名利禄之上,唱响了青年男女"愿天下有情人终成眷属"的心声。《长亭送别》选自《西厢记》的第四本第三折,是剧中最为脍炙人口的精彩片段之一。作者通过对暮秋景色的描绘,烘托出了莺莺与张生分别时的悲凉气氛;又通过对莺莺行为和心理描写,写出了莺莺的极愁极恨,细腻而多层次地展示了青年男女潮汐般的情感与心灵。

《长亭送别》一折戏共十九支曲文,大致可以分成四个层次。第一层是[端正好][滚绣球][叨叨令]三支曲,写赴长亭途中。[端正好]以景衬情,以具有深秋时节特征的景物,衬托莺莺因离别而烦恼的痛苦心情。[滚绣球]正面刻画莺莺怨恨别离的内心世界。[叨叨令]是直抒胸臆,以反反复复、曲曲折折的咏叹,表现莺莺在路上愁肠百转的心理状态。清人金圣叹对"马儿……车儿快快的随"两句有这样的分析:"若又马儿快快行,车儿慢慢随,则中间乃自隔绝,不得多做相守也。即马儿慢慢行,车儿慢慢随,或马儿快快行,车儿快快随,亦不成其为相守也。必也,马儿则慢慢行,车儿则快快随,马儿仍慢慢行,于是车在马右,马在车左,男左女右,比肩并坐,疏林挂日,更不复夜,千秋万岁,永在长亭。此真小儿女又稚小,又苦恼,又聪明,又憨痴。一片的微细心地,不知作者如何写出来也。"第二层是[脱布衫]至[朝天子]八支曲,写长亭别宴。[脱布衫]和[小梁州]写莺莺眼中的张生愁闷哀伤的神态。"阁泪汪汪"等句,究竟指莺莺,还是指莺莺眼中的张生,值得推敲。明代戏曲家王伯良认为是"莺指己言,恐人之知,故阁泪而不敢垂。"金圣叹则说:"真写杀张生也,然是写双文(莺莺)看张生也。"意即写莺莺眼中的张生。两说似可并存,而王说似更贴切。[幺篇]、[上小楼]、[幺篇]、[满庭芳]四曲刻画莺莺、张生二人缠绵依恋而又无可奈何的心情。[快活三]、[朝天子]紧扣别宴,写莺莺无心酒食皆因即将别离而怨恨的情思。第三层是[四边静]至[二煞]五支曲,写宴后话别。[四边静]、[耍孩儿]写莺莺对张生的依恋之情。[五煞]写莺莺对张生的叮嘱,句句情深,字字见血。[四煞]、[三煞]写莺莺预想张生走后自己的孤独凄凉之状。[二煞]表现莺莺对张生的关心和担心,透露莺莺内心的隐忧。第四层是[一煞]、[收尾]二支曲,写送别之后。通过暮秋晚景,描写莺莺目送张生的依依难舍之情和离别后的落寞、惆怅、痛苦。

整场送别戏共有十九支曲文,由莺莺主唱,曲词华美,充满诗情画意,形象生动地表现了女主人公崔莺莺送别张生时的哀怨愁苦之情,既是塑造莺莺形象的重场戏,也充分体现了王实甫剧作情景交融、富于文采的特点,历来被誉为写离愁别恨的绝唱。

这折戏之所以向来被视为绝唱,主要是因为作者运笔精妙。首先,作者浓墨重彩地塑造了崔莺莺的叛逆性格:她大胆追求爱情自由,情感真挚专一;她鄙视功名利禄,视之为"蜗角虚名,蝇头微利",一再叮嘱张生"得官不得官,疾早便回来",认为"妻荣夫贵""煞强如状元及第"。其次,作者通过优美的唱词描写莺莺丰富复杂的内心活动,展示了人物的心灵美。前三支曲描写莺莺赴长亭途中的离情别绪,凄婉悲凉;中间八支曲描写饯别宴上,相恋与别情交织,爱情与礼教对峙的矛盾心情,悲怆激昂;后八支曲描写长亭话别、眷恋、怜爱、担忧、叮咛、缠绵依恋。这些描写多角度、多层面地展现了人物的思想价值取向和性情特征,符合人物的身份与性格。最后,作者着意将不堪别离的人物放在一个暮秋黄昏时刻,寓情于景,反复烘托人物的伤感之情。

《西厢记》在戏剧冲突、结构安排、人物塑造等方面,都取得了很高的艺术成就,成为元杂剧的"压卷"之作。元末明初杂剧作家贾仲明给出的"新杂剧,旧传奇,《西厢记》天下夺魁"的评价,道出了王实甫《西厢记》的非凡成就与历史地位。明代戏曲理论家朱权用"花间美人"赞誉《西厢记》情节的曲折和文辞的优美。

【思考与练习】
一、选择题
1. 王实甫的《西厢记》是一部( )。
   A. 明杂剧　　　　　B. 清宫调　　　　　C. 元杂剧　　　　　D. 传奇
2. 王实甫《西厢记》故事源自唐传奇小说( )。
   A.《柳毅传》　　　B.《李娃传》　　　C.《长恨歌传》　　D.《会真记》
3.《长亭送别》中,体现莺莺执着爱情、鄙弃功名的语句是( )。
   A. 虽然久后成佳配,奈时间怎不悲啼
   B. 眼底空留意,寻思起就里,险化做望夫石
   C. 青霄有路终须到,金榜无名誓不归
   D. 蜗角虚名,蝇头微利,拆鸳鸯在两下里
4.《西厢记·长亭送别》的语言特色是( )。
   A. 慷慨悲凉　　　　B. 沉郁顿挫　　　　C. 明白晓畅　　　　D. 优美雅致
5. "淋漓襟袖啼红泪,比司马青衫更湿"句中的"司马"指的是( )。
   A. 司马迁　　　　　B. 白居易　　　　　C. 司马相如　　　　D. 苏轼
6. 其作品被誉为"花间美人"的是( )。
   A. 关汉卿　　　　　B. 白朴　　　　　　C. 马致远　　　　　D. 王实甫
7. 王实甫《西厢记》写女主人公崔莺莺送别张生最担心他( )。
   A. 文齐福不齐　　　B. 停妻再娶妻　　　C. 鱼雁无消息　　　D. 此处栖迟
8.《西厢记·长亭送别》中"晓来谁染霜林醉,总是离人泪"的表现手法是( )。
   A. 融情入景　　　　B. 因情造景　　　　C. 移情于景　　　　D. 以景托情
9. 王实甫《西厢记·长亭送别》中"泪添九曲黄河溢,恨压三峰华岳低"两句所用的修辞手法有( )。
   A. 夸张　　　　　　B. 比喻　　　　　　C. 排比　　　　　　D. 对偶
   E. 借代

二、简答题
1. 元曲四大家分别有什么代表作?
2. 分析《西厢记·长亭送别》一折戏的结构层次。
3.《西厢记·长亭送别》善于借助景物描写来烘托人物的离愁别恨,请举一两处为例加以说明.
4. 王实甫善于化用前人诗词,请以《长亭送别》最后一句中的"遍人间烦恼填胸臆,量这大小车儿如何载

5. 为什么说《西厢记》具有反封建的主题？
三、解析题
　　1. 阅读下面一段文字，回答问题：
　　[正宫][端正好]碧云天，黄花地，西风紧，北雁南飞。晓来谁染霜林醉？总是离人泪。[滚绣球]恨相见的迟，怨归去的疾。柳丝长玉骢难系，恨不得倩疏林挂住斜晖。马儿迍迍的行，车儿快快的随，却告了相思回避，破题儿又早别离。听得道一声去也，松了金钏；遥望见十里长亭，减了玉肌；此恨谁知？
　　(1)这段唱词表现了莺莺怎样的心情？
　　(2)举例说明哪些地方是情景交融。
　　(3)"霜林醉"中包含着怎样的寓意？
　　(4)举例说明哪些地方运用了夸张手法。
　　2. 阅读下面一段文字，回答问题：
　　暖溶溶玉醅，白泠泠似水，多半是相思泪。眼面前茶饭怕不待要吃，恨塞满愁肠胃。蜗角虚名，蝇头微利，拆鸳鸯在两下里。一个这壁，一个那壁，一递一声长吁气。
　　(1)找出其中的双重比喻句，并指出是如何比喻的。
　　(2)"蜗角虚名，蝇头微利"表现了莺莺怎样的性格特征？
　　(3)指出该段文字采用的修辞手法、表现手法。
四、实践题
　　阅读唐元稹传奇《莺莺传》及王实甫《西厢记》全文，评论一下小说和杂剧的不同结局。

马致远

　　马致远(约1250—约1321)，元代杂剧家，大都(今北京)人。其自号"东篱"，以示效陶渊明之志。年辈当晚于关汉卿、白朴等人。曾任江浙行省务官，后过着"幽栖"生活。

　　马致远著有杂剧十六种，存世的有《江州司马青衫泪》《破幽梦孤雁汉宫秋》《吕洞宾三醉岳阳楼》等七种。这些杂剧全都涉及全真教的故事，内容以神化道士为主。其剧作写实能力不强，人物也不突出，戏剧冲突也缺乏紧张性，自我表现成分很多，往往作大段抒情，表现一种人生感受。

　　马致远的散曲作品也负盛名，现存辑本《东篱乐府》一卷，收入小令一百零四首，套数十七套。内容以感叹历史兴亡、歌颂隐逸生活、吟咏山水田园风光为主。元末明初贾仲明说："万花丛中马神仙，百世集中说致远"，"战文场曲状元，姓名香贯满梨园"。

越调·天净沙·秋思

　　枯藤老树昏鸦，小桥流水人家，古道[1]西风瘦马。夕阳西下，断肠人[2]在天涯。

【注释】

　　[1]古道：古老的驿路。李白《忆秦娥》词："乐游原上清秋节，咸阳古道音尘绝。"张炎《念奴娇》词："老柳官河，斜阳古道，风定波犹直。"
　　[2]断肠人：指漂泊天涯、百无聊赖的旅客。

【讲解】

　　这首仅五句二十八字的小令，寥寥数笔，容量巨大，勾画出一幅秋日"游子思归图"，曾被周德清誉为"秋思之祖"。

这幅图画由两部分构成。第一幅画三句九个名词十八个字,像电影镜头一样以"蒙太奇"的笔法在我们面前依次呈现,一下子就把读者带入深秋时节:头两句"枯藤老树昏鸦,小桥流水人家",营造出一种冷落暗淡的气氛,又显示出一种清新幽静的境界。第二幅画描绘的是,在萧瑟的秋风中,在寂寞的古道上,饱尝乡愁的游子却骑着一匹延滞归期的瘦马,在沉沉的暮色中向着远方踽踽而行。此时,夕阳正西沉,洒下凄冷的斜晖,本是鸟禽回巢、羊牛回圈、人儿归家的团圆时刻,而游子却仍是"断肠人在天涯",漂泊他乡而独自面对如此萧瑟凄凉的景象。

这首小令寓情于景,通过枯、老、昏、古、西、瘦六个字,将诗人的无限愁思自然的寓于图景中。借秋景渲染,巧妙地表现了漂泊天涯的旅人愁思。

【思考与练习】
一、选择题
1. 马致远《天净沙·秋思》中的"枯藤老树昏鸦,小桥流水人家,古道西风瘦马"句所采用的对仗形式是( )。
   A. 流水对　　　　B. 鼎足对　　　　C. 扇面对　　　　D. 隔句对
2. 马致远的《天净沙·秋思》中紧接"枯藤老树昏鸦"的句子是( )。
   A. 小桥流水人家　B. 古道西风瘦马　C. 夕阳西下　　　D. 断肠人在天涯
3. 马致远《天净沙·秋思》前三句写景的基本手法是( )。
   A. 大小相形　　　B. 动静相衬　　　C. 浓淡相间　　　D. 景物并置
4. 与"古道西风瘦马"构成反衬关系的景象是( )。
   A. 枯藤老树昏鸦　B. 夕阳西下　　　C. 小桥流水人家　D. 断肠人在天涯
5. 悲秋是中国古代诗歌的传统题材,名篇甚多,下列被美誉为"秋思之祖"的作品是( )。
   A.《天净沙·秋思》B.《秋兴八首》　　C.《秋声赋》　　　D.《长信秋词》

二、简答题
1.《天净沙·秋思》中"夕阳西下"一句在构成意境方面起了什么作用?
2.《天净沙·秋思》中"断肠人在天涯"一句在全文中起什么作用?有什么内涵?
3. 简析《天净沙·秋思》的艺术特色。

三、实践题
将这首小令加上你的感受改写成一篇抒情散文。

三、拓展阅读

作品阅读

窦娥冤(第三折)
[元]关汉卿

(外扮监斩官上,云)下官监斩官是也。今日处决犯人,着做公的把住巷口,休放往来人闲走。(净扮公人,鼓三通,锣三下科,刽子磨旗、提刀,押正旦带枷上,刽子云)行动些,行动些,监斩官去法场上多时了。(正旦唱)

[正宫·端正好]没来由犯王法,不提防遭刑宪,叫声屈动地惊天。顷刻间游魂先赴森罗殿,怎不将天地也生埋怨。

[滚绣球]有日月朝暮悬,有鬼神掌着生死权。天地也!只合把清浊分辨,可怎生糊突了盗

跖,颜渊?为善的受贫穷更命短,造恶的享富贵又寿延。天地也!做得个怕硬欺软,却原来也这般顺水推船!地也,你不分好歹何为地!天也,你错勘贤愚枉做天!哎,只落得两泪涟涟。

（刽子云）快行动些,误了时辰也。（正旦唱）

[倘秀才]则被这枷纽的我左侧右偏,人拥的我前合后偃。我窦娥向哥哥行有句言。（刽子云）你有甚么话说?（正旦唱）前街里去心怀恨,后街里去死无冤,休推辞路远。

（刽子云）你如今到法场上面,有什么亲眷要见的,可教他过来,见你一面也好。（正旦唱）

[叨叨令]可怜我孤身只影无亲眷,则落的吞声忍气空嗟怨。（刽子云）难道你爷娘家也没的?（正旦云）只有个爹爹,十三年前上朝取应去了,至今杳无音信。（唱）早已是十年多不睹爹爹面。（刽子云）你适才要我往后街里去,是甚么主意?（正旦唱）怕则怕前街里被我婆婆见。（刽子云）你的性命也顾不得,怕他见怎的?（正旦云）俺婆婆若见我披枷带锁赴法场餐刀去呵,（唱）枉将他气杀也么哥,枉将他气杀也么哥。告哥哥,临危好与人行方便。

（卜儿哭上科,云）天那,兀的不是我媳妇儿!（刽子云）婆子靠后。（正旦云）既是俺婆婆来了,叫他来,待我嘱咐他几句话咱。（刽子云）那婆子,近前来,你媳妇要嘱咐你话哩。（卜儿云）孩儿,痛杀我也。（正旦云）婆婆,那张驴儿把毒药放在羊肚儿汤里,实指望药死了你,要霸占我为妻。不想婆婆让与他老子吃,倒把他老子药死了。我怕连累婆婆,屈招了药死公公,今日赴法场典刑。婆婆,此后遇着冬时年节,月一十五,有瀽不了的浆水饭,瀽半碗儿与我吃;烧不了的纸钱,与窦娥烧一陌儿。则是看你死的孩儿面上。（唱）

[快活三]念窦娥葫芦提当罪愆,念窦娥身首不完全,念窦娥从前已往干家缘,婆婆也,你只看窦娥少爷无娘面。

[鲍老儿]念窦娥伏侍婆婆这几年,遇时节将碗凉浆奠;你去那受刑法尸骸上烈些纸钱,只当把你亡化的孩儿荐。（卜儿哭科,云）孩儿放心,这个老身都记得。天那,兀的不痛杀我也。（正旦唱）婆婆也,再也不要啼啼哭哭,烦烦恼恼,怨气冲天。这都是我做窦娥的没时没运,不明不暗,负屈衔冤。

（刽子做喝科,云）兀那婆子靠后,时辰到了也。（正旦跪科）（刽子开枷科）（正旦云）窦娥告监斩大人,有一事肯依窦娥,便死而无怨。（监斩官云）你有什么事?你说。（正旦云）要一领净席,等我窦娥站立,又要丈二白练,挂在旗枪上。若是我窦娥委实冤枉,刀过处头落,一腔热血休半点儿沾在地下,都飞在白练上者。（监斩官云）这个就依你,打什么不紧。（刽子做取席,站科,又取白练挂旗上科）（正旦唱）

[耍孩儿]不是我窦娥罚下这等无头愿,委实的冤情不浅。若没些儿灵圣与世人传,也不见得湛湛青天。我不要半星热血红尘洒,都只在八尺旗枪素练悬。等他四下里皆瞧见,这就是咱苌弘化碧,望帝啼鹃。

（刽子云）你还有甚的说话,此时不对监斩大人说,几时说那?（正旦再跪科,云）大人,如今是三伏天道,若窦娥委实冤枉,身死之后,天降三尺瑞雪,遮掩了窦娥尸首。（监斩官云）这等三伏天道,你便有冲天的怨气,也召不得一片雪来,可不胡说!（正旦唱）

[二煞]你道是暑气暄,不是那下雪天;岂不闻飞霜六月因邹衍?若果有一腔怨气喷如火,定要感的六出冰花滚似锦,免着我尸骸现;要什么素车白马,断送出古陌荒阡?

（正旦再跪科,云）大人,我窦娥死的委实冤枉,从今以后,着这楚州亢旱三年。（监斩官云）打嘴!那有这等说话!（正旦唱）

[一煞]你道是天公不可期,人心不可怜,不知皇天也肯从人愿。做甚么三年不见甘霖降,也只为东海曾经孝妇冤。如今轮到你山阳县,这都是官吏每无心正法,使百姓有口难言。

（刽子做磨旗科，云）怎么这一会儿天色阴了也？（内做风科，刽子云）好冷风也！（正旦唱）

〔煞尾〕浮云为我阴，悲风为我旋，三桩儿誓愿明提遍。（做哭科，云）婆婆也，直等待雪飞六月，亢旱三年呵，（唱）那其间才把你个屈死的冤魂这窦娥显。

（刽子做开刀，正旦倒科）（监斩官惊云）呀，真个下雪了，有这等异事！（刽子云）我也道平日杀人，满地都是鲜血，这个窦娥的血，都飞在那丈二白练上，并无半点落地，委实奇怪。（监斩官云）这死罪必有冤枉，早两桩儿应验了，不知亢旱三年的说话，准也不准？且看后来如何。左右，也不必等待雪晴，便与我抬她尸首，还了那蔡婆婆去罢。（众应科，抬尸下）

【点评】

《窦娥冤》原名《感天动地窦娥冤》，是元杂剧悲剧的典范。讲述了穷书生窦天章为还蔡婆婆借他的银子，不得已将女儿窦娥抵给蔡婆婆做童养媳，窦娥的夫君早死，婆媳一同守寡。后蔡婆婆索要赛卢医还钱，却险些被赛卢医害死。幸得张驴儿父子相救。那张驴儿要蔡婆婆将窦娥许配给他，窦娥始终未同意。张驴儿就将毒药下在羊肚汤中要毒死蔡婆婆，结果误毒死了其父。张驴儿反咬一口诬告窦娥毒死了其父，窦娥被冤处斩，窦娥临终发下"血染白绫、天降大雪、大旱三年"的誓愿。窦天章最后科场中第荣任高官，受窦娥托梦诉说冤情，最终窦天章为窦娥平反昭雪。

南吕·一枝花·不伏老
［元］关汉卿

我是个蒸不烂、煮不熟、捶不匾、炒不爆、响珰珰一粒铜豌豆，恁子弟每谁教你钻入他锄不断、斫不下、解不开、顿不脱、慢腾腾千层锦套头？我玩的是梁园月，饮的是东京酒，赏的是洛阳花，攀的是章台柳。我也会围棋、会蹴踘、会打围、会插科、会歌舞、会吹弹、会咽作、会吟诗、会双陆。你便是落了我牙、歪了我嘴、瘸了我腿、折了我手，天赐与我这几般儿歹徒症候，尚兀自不肯休。则除是阎王亲自唤，神鬼自来勾，三魂归地府，七魄丧冥幽。天哪，那其间才不向烟花路儿上走。

【点评】

全曲重彩浓墨，层层晕染，集中而又夸张地塑造了"浪子"的形象。"浪子"的形象体现的是对传统文人道德规范的叛逆，是无所顾忌的个体生命意识，以及不屈不挠顽强抗争的意志，是向市民意识、市民文化认同的新型文人人格的一种表现。关汉卿不愧自称"普天下郎君领袖，盖世界浪子班头"。

双调·寿阳曲江·天暮雪
［元］马致远

天将暮，雪乱舞，半梅花半飘柳絮。江上晚来堪画处，钓鱼人一蓑归去。

【点评】

马致远的"潇湘八景"组曲之一。潇湘八景，因宋代画家宋迪以潇湘风景写平远山水八幅而得名。八景为：山市晴岚、远浦帆归、平沙落雁、潇湘夜雨、烟寺晚钟、渔村夕照、江天暮雪、洞庭秋月。后多有画家、诗人以此题材进行创作。

文体常识

曲

曲又称为"词余""乐府"。我国古代韵文发展到唐、宋、元时有新变:诗之余为词,词之余为曲。

词与曲的区别

词与散曲在本质上都属于诗,它们和诗有着大体相同的渊源,其发生和发展都与音乐密切相关;它们都可唱可咏,要倚声填词,合辙押韵,讲究形、音、意的俱现。词与散曲原本都是"民间物",属于民歌一类,后都走上了一条由俗到雅、从民间流传到文人创作的道路。

散曲起于金,盛于元,包括小令、套数两种。套数是连贯成套的曲子,又称套曲或散套,至少是两曲,多则几十曲。每一套数都以第一首曲的曲牌作为全套的曲牌名,全套必须同一宫调。

曲与词的不同主要表现在以下几个方面:

第一,在内容上,宋词反映的常常是爱国的激情和抗敌的壮志、都市的繁荣和个人的享乐、世情的感伤和归隐的清高、丧国的悲恸和人民的痛苦。元代民族矛盾尖锐,统治者执行民族歧视政策,对汉人,尤其是南人中的知识分子特别歧视,散曲作者们眼见政治黑暗、仕途险恶,常萌洁身隐退之想。因而"叹世"和"归隐"成为元散曲两个突出的主题。"叹世"主题的变奏是"讥世""刺时"。一些怀古之作,大多借古讽今,绵里藏针。散曲中另一个重要主题就是歌唱男女恋情,追求爱情幸福。

第二,在形式上,曲和词虽同属长短句,但也有不少相异之处。

(1)词分为一段(或称片、叠、阕)、二段、三段、四段,而以二段为最多,曲多数只有一段。

(2)曲可用衬字,而且有些曲调本身可以增加句子,有些套数还可以增减调数,词一般不用衬字。《词律》等书规定某调是多少字,如《十六字令》即十六个字,《念奴娇》亦称《百字令》即一百个字。但曲正格(正字)之外,所加衬字可多可少,如关汉卿在《一枝花·不伏老》套中将原有的两句十四字加衬字后增至五十三字之多:"我是个蒸不烂煮不熟捶不扁炒不爆响当当一粒铜豌豆。凭子弟每谁教你钻入他锄不断斫不下解不开顿不脱慢腾腾千层锦套头。"

另外,词的句子从一字句到十字句(甚至有"十一字句"之说)都有;曲的句子则更长,特别表现在套曲中,最长可达三十字,二十字左右的长句常可见到。

散曲在字数、句数和调数方面的上述特点,既增加了曲子的生动灵活,又扩大了曲体所表达的内容,体现出散曲比词在体制方面的长足进步。

(3)用韵方面,词用韵平声、上声、去声、入声各部分押,曲用韵平声、上声、去声通押,入声则分别归入平、上、去声;词韵疏,一般不大换韵,曲韵密,句末大都押韵。曲一支都押一个韵部,还可以重韵。

第三,从风格上看,宋词较为多样化,豪放、清旷、激愤、典雅、婉约、艳丽等争奇斗艳,尤以高雅含蓄之作居多。散曲则以通俗畅达为主,力求痛快淋漓。即词贵雅,曲尚俗;词多用雅言,曲多用俗语;词贵含蓄,曲尚显露。

戏曲行当:生、旦、净、末、丑

生:男性角色统称,根据所扮演人物的年龄、性格、身份的不同,又划分为老生、小生、武生等。

旦:女性女性角色之统称,根据所扮演人物的年龄、性格、身份的不同,又划分为正旦(青衣)、花旦、老旦、武旦等。

净：俗称花脸。以面部化妆运用各种色彩和图案勾勒脸谱为突出标志，常扮演威武、豪爽、粗犷等性格特殊的男性人物。

末：年纪较大男性，实际末行专司引戏职能者，反其意而称为"末"。现代"末"已归到"生"中。

丑：由于面部化妆时用白粉在鼻梁眼窝间勾画小块脸谱，又称小花脸。丑重念白，重插科打诨，嗓音要求结实清脆。丑角分文丑、武丑。

戏曲中的对仗

合璧对：两句相对，与诗词中的对仗无异。这种对仗形式在曲词中普遍采用。如："泪添九曲黄河溢，恨压三峰华岳低。"（《长亭送别·四煞》）

鼎足对：三句一组，互为对仗，如鼎之三足并立，故名。亦称三句对、"三枪"。如："眼看他起朱楼，眼看他宴宾客，眼看他楼塌了。"（《哀江南·离亭宴带歇拍煞》）

扇面对：隔句相对，如第一、三句相对，第二、四句相对，又称隔句对。古诗词中少见，骈文中多见。如："听得道一声去也，松了金钏；遥望见十里长亭，减了玉肌。"（《长亭送别·滚绣球》）

连璧对：亦称四句对，联珠对。如："下见安排着车儿、马儿，不由人熬熬煎煎的气；有甚么心情花儿、靥儿，打扮得娇娇滴滴的媚；准备着被儿，枕儿，只索昏昏沉沉的睡；从今后衫儿、袖儿都揾做重重叠叠的泪。"（《长亭送别·叨叨令》）

重叠：两句两句连续相对。如："横白玉八根柱倒，堕红泥半堵墙高。碎琉璃瓦片多，烂翡翠窗棂少。"（《哀江南·沉醉东风》）

首尾对：一曲之中首句和末句相对，又称"鸾凤和鸣对"，为元曲独有，常见于"叨叨令"一曲中。如："见安排着车儿、马儿，不由人熬熬煎煎的气……久以后书儿、信儿，索与我栖栖惶惶的寄。"（《长亭送别·叨叨令》）

衬字对：衬字，指某一曲牌在曲谱规定的字数而外，为更加口语化、唱起来更动听而增加的字。衬字的作用是加强声情补足语义。古代戏曲曲词多衬字。如加衬字的合璧对："见了些夕阳古道，衰柳长堤。"（《长亭送别·四煞》）

叠字对：由叠字构成对句。如："莺莺燕燕春春，花花柳柳真真，事事风风韵韵。"（乔吉《天净沙·即事》）

第十讲
古代小说

一、文学史讲述

中国古代小说渊源于上古神话传说，成长于历史故事、诸子寓言和史传散文。司马迁的《史记》和班固的《汉书》等史传散文对小说的发展和形成起到了催化作用，其写人记事的艺术手法为后世小说家所祖法。魏晋时期，中国古代小说趋于定型，至唐代走向成熟，宋元时期实现了由文言到白话的变迁，明清时期达到繁荣昌盛，至近代而衰落。

（一）魏晋六朝小说

从我国古代小说的形成和发展来说，魏晋南北朝是一个重要阶段，出现了志怪小说和清谈小说。

魏晋南北朝文坛上出现了一批志怪小说，其代表作品是东晋干宝的《搜神记》。书中记载了大量神怪变异故事，但这些神怪故事颇富于人间色彩，曲折地反映了战乱、动荡的社会现实，鞭挞了统治者的凶恶残暴，表达了人民群众反抗黑暗势力、向往美好生活、追求婚姻自主的思想愿望。从艺术上看，它们虽然幼稚粗糙，只是初具小说格局，但故事性强，想象丰富，文字简洁生动，已开始注意对人物性格的刻画。精彩的篇章有《干将莫邪》《李寄》《韩凭夫妇》《吴王小女》等。

南朝宋临川王刘义庆《幽明录》亦是志怪小说优秀之作，虽大多已散佚，尚存的内容可见文笔舒展，较《搜神记》更富辞采之美。优秀篇目有《刘阮入天台》《卖胡粉女子》。

南朝宋时，记述人间琐事、士人言行轶闻的清谈小说（又称轶事小说、志人小说）风行起来，代表作是刘义庆的《世说新语》。这部小说集主要记载了汉末到东晋时期士族阶层的言谈、轶事，清楚地反映了士族阶级的精神面貌和生活方式。写人气韵生动，记言简约精妙。精彩篇章有《过江诸人》《周处》《石崇》等。

魏晋南北朝时期的小说大多还是"丛残小语""街谈巷语"，代表了我国早期小说的特点。

（二）唐传奇

在唐以前的漫长岁月里，中国小说一直处于以"丛残小语"记述民间传说、宗教神话及历史人物生活片段的幼稚阶段。唐经济发达，城市繁荣，因而产生了多种面向市井民众的俗文学，一种以历史纪传体为主而辅以赋体某些特征的、具有完整故事情节的新小说样式"传奇"产生了。到了中唐，传奇创作达到极盛。据大略统计，唐代传奇作者不下五十人，单独成篇的传奇作品就有一百余种。

唐传奇有比较广阔的社会生活内容，其中尤以描写妓女、书生和市镇小民生活的作品，以及反对封建礼教、世族婚姻，要求婚姻自由的作品最有光彩。代表作有元稹的《莺莺传》、白行简的《李娃传》、蒋防的《霍小玉传》、李朝威的《柳毅传》等。除爱情小说外，还有批判功名利禄、宣传人生如梦的作品，如沈既济的《枕中记》、李公佐的《南柯太守传》等。也有取材历史事迹，表现豪士任侠风气的作品，如杜光庭的《虬髯客传》等。从艺术上看，唐传奇人物形象鲜明，故事情节曲折完整，语言华艳生动，标志着中国古代小说艺术的成熟，并为后世小说的发展提供了经验。

唐传奇的兴起，代表唐文学在虚构性、故事性方面的重大成就，它在诗、文、辞赋等传统形式之外，开拓了中国文学的领域，反映出文人向着大众趣味靠拢的重要现象，深刻影响了后代文学的发展演变。

（三）宋元话本

宋代，传奇之作虽时有出现，但由于时风特重寓教于乐，传奇这种本为市井阶层喜闻乐见的文艺形式，也逐渐渗透儒家的伦理观念，成为传播理学的工具。在传奇小说日渐衰落之时，"话本"这一新的白话小说样式得以兴起。话本即"说话人"的底本。唐时就已经有了职业性的、供市民娱乐的"说话"伎艺，到宋代愈趋兴盛，南宋形成了"说话四家"，即"小说""说铁骑儿""说经""讲史"。其中"小说""讲史"在当时最盛行，内容也最丰富。

据载，宋元"小说"话本约有一百四十篇，但保存至今的仅二三十篇。这些作品的主人公已超出唐传奇豪门贵族、侠客、名妓的范围，主要是一些手工业者、妇女、商人和下层人民。所写内容也多是当时的社会生活、市民的生活场景与精神面貌，较之六朝和唐代的文言小说，具有更强的现实性。代表作有《快嘴李翠莲记》《碾玉观音》《错斩崔宁》等。"讲史"话本《大宋宣和遗事》是后来长篇小说《水浒传》的滥觞。"说经"话本《大唐三藏取经诗话》是神魔小说《西游记》的前身。

（四）明代小说

明代出现了一种在宋元讲史话本的基础上吸收民间其他讲话和演唱材料，由文人加工而产生的小说形式，是为"章回小说"。章回小说的第一部作品是明初罗贯中的《三国演义》，与之媲美的是施耐庵的《水浒传》。《三国演义》演述了三国时期各封建统治集团之间的军事、政治、外交等方面的斗争，结构宏伟，场景宏大，人物活现，是一幅生动的历史画卷。几个主要人物，如诸葛亮、刘备、关羽、张飞、曹操等，写得比较出色，但总的来说，性格描写有不同程度的定型化。《水浒传》描写了北宋末年波澜壮阔的民间英雄造反事迹，突出"官逼民反"的意旨，将以一百单八将为代表的梁山英雄写得个性突出，栩栩如生。全书也渗透着深厚的忠义思想，前后艺术功力不那么平衡。

明中叶以后，小说的价值受到具有新思想的文人的高度重视，加上思想控制有所放松，长篇小说的创作又掀起新高潮，讲史、神魔、世情、公案等类型的小说，皆有佳作问世。如吴承恩（约1500—1582）的神魔小说《西游记》，以奇幻的手法叙写了唐僧师徒四人去西天取经的艰难历程，表达了人民摆脱压迫、征服自然、主宰自己命运的迫切愿望。许仲琳（约1560—约1630）

的小说《封神演义》一方面假借历史事件托古讽今,曲折地反映了社会现实;另一方面通过神魔斗法的描写,宣扬了宿命论和"三教合一"的思想,讲说史事,但落笔神魔。兰陵笑笑生的小说《金瓶梅》是我国第一部文人独创的世情小说,又是第一部以家庭生活为题材的长篇巨著。它虽沿承《水浒传》,托言宋事,但实际上直接取材于明代社会生活,对当时官场市侩某些世态人情作了深刻的再现。小说中的色情描写过多,在一定程度上影响了其传播,因有"诲淫"之嫌而为历代官方所禁。

明代短篇小说的主要形式是话本小说。这是一种文人模仿民间话本而创作的案头文学。著名的话本小说结集有冯梦龙(1574—1646)的《喻世明言》《警世通言》和《醒世恒言》,以及凌濛初(1580—1644)的《初刻拍案惊奇》《二刻拍案惊奇》,合称"三言二拍"。它们对明代市民特别是商人、手工业者和妓女的生活与心态有比较生动的描写。精彩的篇章有《卖油郎独占花魁》《杜十娘怒沉百宝箱》《蒋兴哥重会珍珠衫》《乔太守乱点鸳鸯谱》等。冯梦龙是晚明思潮的代表人物,他的小说强调了情在人类生活中的意义。"三言"小说的内容投合了市民阶层的阅读趣味,但也带有浓厚的道德训诫色彩。"二拍"对传统陈腐观念的冲击和反抗、表现的市民意识比"三言"还要强烈,并集中具体反映了商人的经济活动和追求财富的人生观念。

(五)清代小说

长篇小说方面,清初有陈忱的《水浒后传》、钱彩的《说岳全传》等小说问世。清中叶曹雪芹(1724?—1764)的《红楼梦》推出,因其涉及社会、历史、人生的方方面面,被誉为"中国封建社会的百科全书"。小说既写出了当时具有代表性的贾、史、王、薛四大家族的兴衰,更细致描写了贵族青年贾宝玉、林黛玉、薛宝钗之间的恋爱和婚姻悲剧。因其艺术造诣甚高而被奉为古代小说的经典。小说以精雕细琢的功夫,刻画了一大批活生生的人物形象,并能将笔触深入人物内心世界。语言精美、传神;结构宏伟、严密、完整。另一部长篇巨著吴敬梓(1701—1754)的《儒林外史》,深刻刻画了一批面目各异的封建知识分子形象,显示了社会的种种病态,把批判的矛头指向以八股取士的考试制度,是我国文学史上少有的讽刺杰作,对晚清谴责小说有极大影响。《红楼梦》《儒林外史》是古代史上最为严肃的小说创作,他们很少受社会通行观念的影响,也未尝有意迎合世俗阅读兴趣,贯穿于其中的是作者独特的人生体验、深刻的人生思考和倾注心血的艺术创造。清后期,李汝珍(1763—1830)的《镜花缘》突出了要求提高妇女地位的主题,亦颇有成就。

在短篇小说的领域内,清初蒲松龄(1640—1715)的《聊斋志异》继承了六朝志怪小说和唐宋传奇的创作成果,以鬼妖狐魅的故事曲折地反映现实、抨击时弊、歌颂爱情。情节变幻离奇,人物个性鲜明,语言生动活泼,是一部优秀的小说集。其著名之作有《促织》《席方平》《婴宁》《画皮》等。蒲松龄之后,写文言短篇小说而影响较大的是纪昀,其《阅微草堂笔记》全书二十卷,因其"位高望重",不可能像蒲松龄那样批判现实,但其文多"隽思妙语",当时即影响很大。

(六)近代小说

近代初期的小说创作,格调不高、平庸落后的狭邪小说和侠义公案小说占主导地位。清末民初,小说经历了政治小说、谴责小说、言情小说的过程。

1902年,梁启超创办《新小说》杂志,并写作了《新中国未来记》,将宪章、演说连篇累牍地写进小说,呈现自己的政治抱负,被称为"政治小说"。另有陈天华的《狮子吼》、蔡元培的《新年梦》等小说,都表现了这一时期具有新思想的人对于未来理想的美好憧憬。

甲午战争失利、戊戌变法失败、八国联军侵华,百姓对政府失去信心。在梁启超"小说界革命"的倡导下,小说界出现大批抨击时弊、揭露黑暗的作品,虽尖锐,描写往往言过其实,缺乏深度。鲁迅认为称其为讽刺小说尚不够格,故称其为"谴责小说"。

四大"谴责小说"有李伯元的《官场现形记》,作者用漫画笔法刻画官僚的各种丑态,描绘出一幅鲜明的半封建、半殖民地旧中国的社会生活图画;吴沃尧的《二十年目睹之怪现状》,它所反映的内容比《官场现形记》还要广,人物包括了洋场才子和社会上各种行业各个流品的人,重点谴责了官场人物;曾朴的《孽海花》,以金雯青和妓女傅彩云的爱情为线索,写了中法战争、中日战争三十年间的历史,有较强的革命性。所写人物不下二百,个个都影射了当时的真人;刘鹗的《老残游记》,是一部自传体的未竟之作,记叙一个号为"老残"的江湖医生在行医过程中的所见所闻,猛烈抨击所谓"清官"的贪财、枉法、害民,是"言人所未尝言",从而把揭露封建社会的黑暗腐败推到了一个新的高度。

1906年前后言情小说出现,辛亥革命后"鸳鸯蝴蝶派"小说和黑幕小说竞相出现,不过思想和艺术价值都较为低下。

二、作品选讲

刘义庆

《世说新语》是一部轶事小说集,本名《世说新书》,又名《世说》,今本三卷。题为南朝宋临川王刘义庆撰,实际是他组织门下文人杂采众书编纂而成。全书分德行、言语、政事、文学等三十六门,记载了东汉末年到东晋士族阶层人物的言行轶事,反映了士族的放诞生活和清谈风气。全书"记言则玄远冷峻,记行则高简瑰奇"(鲁迅语),善于通过一言一行刻画人物肖像和精神面貌,语言精练,意味隽永,艺术成就较高。梁刘孝标作注,所引四百余种书今多失传,故亦具有相当的资料价值。《世说新语》在小说中自成一体,后世仿作甚多。

刘义庆(403—444),南朝宋彭城(今江苏徐州)人,宋武帝刘裕之侄,曾任豫州刺史、荆州刺史,袭封临川王。除著《世说新语》外,尚编有《幽明录》《宣验记》等书。

世说新语(两则)[1]

过江诸人,每至美日,辄相邀新亭[2],藉卉[3]饮宴。周侯中坐而叹曰[4]:"风景不殊[5],正自有山河之异!"皆相视流泪。唯王丞相愀然变色曰[6]:"当共戮力[7]王室,克复神州[8],何至作楚囚[9]相对!"

石崇与王恺争豪[10],并穷绮丽,以饰舆服[11]。武帝,恺之甥也,每助恺,尝以一珊瑚树高二尺许赐恺。枝柯扶疏[12],世罕其比。恺以示崇;崇视讫,以铁如意[13]击之,应手而碎。恺既惋惜,又以为疾[14]己之宝,声色甚厉。崇曰:"不足恨,今还卿[15]。"乃命左右悉取珊瑚树,有三尺、四尺,条干[16]绝世,光彩溢目者六七枚,如恺许比[17],甚众。恺惘然[18]自失。

【注释】

[1]本篇写西晋灭亡后,南渡士族国破家亡的情感。原属《世说新语·言语》。公元316年,西晋灭亡。次年,司马睿在建业(今南京)即位,为元帝,史称东晋。因黄河流域为外族侵占,中州士族多渡江南下。

[2]新亭:三国时吴国所建,名临沧观。晋安帝隆安间重修,改名新亭。故址在今江苏江宁县南。

[3]藉(jiè)卉:坐于草地上。藉,坐卧其上。卉,草的总称。
[4]周侯:周(yǐ),字伯仁,汝南安城(今河南汝南县东南)人,官至尚书仆射。后为王敦所害。侯是对州牧刺史的尊称,周曾任荆州刺史等,故称。中坐:坐中。
[5]不殊:没有区别。
[6]王丞相:王导,字茂弘,琅琊(今属山东临沂)人。东晋元帝即位后任丞相,辅佐晋室。愀(qiǎo)然:面色突变貌。
[7]戮(lù)力:合力。
[8]神州:古代称中国为赤县神州,此指西晋失陷的江北地区。
[9]楚囚:《左传·成公九年》载,楚人钟仪被晋俘虏,晋人称他为楚囚。后借指处境窘困之人。
[10]石崇:当时富豪,历任刺史等官职。王恺:司马炎的舅舅。
[11]舆服:车辆、冠冕和服装。
[12]枝柯扶疏:枝条疏密有致。
[13]铁如意:搔背痒的工具,一端做成灵芝形或云叶形,供观赏。
[14]疾:同"嫉",嫉妒,妒忌。
[15]卿:此处为对对方的称谓。
[16]条干:枝条树干。
[17]如恺许比:同王恺那棵珊瑚树差不多相等的。
[18]惘然:失意的样子。

【讲解】

第一则写东晋高级士族官吏的软弱无能和他们的没落情绪,歌颂了丞相王导"戮力王室,克复神州"的爱国精神。东晋初年南渡的士族官员相互邀请饮酒会宴,这是他们原来在北方流连光景的继续。但江南毕竟不是北方,周侯发出的"山河之异"的感慨,牵动了大家对已经沦陷的家园的思念,洒下了怀乡的眼泪。这篇叙述虽然仅仅六十六个字,却很有容量,不仅说明了人物、时间、地点、场面,而且生动地表现了过江诸名士不同的性格特征。在写法上,先从点到面,再由面及点。周候之叹引起众皆流泪,写出了"诸人"面对现实的无能为力;然后用"唯"字一转,描写丞相"愀然变色"的神情和掷地有声的语言,显示出王丞相的见识超越众人。由此可见作者使用语言的高超技巧。

第二则写石崇与王恺二人斗富,揭露了豪门贵族的奢侈、骄纵。对两棵珊瑚树与击碎珊瑚树等细节的精雕细琢,使人物精神全出。对王恺心理变化的点染,也恰到好处。

两则都是记录了两晋著名人物的轶闻,人物、故事情节、环境(自然环境和社会环境)三要素具备,是基本成形的小说。

【思考与练习】

一、选择题

1. 下列不属通常所谓的小说"三要素"的是( )。
   A. 人物　　　　B. 情节　　　　C. 环境　　　　D. 细节
2. 《世说新语》是一部( )。
   A. 散文集　　　B. 小说集　　　C. 诗集　　　　D. 神话集
3. 《世说新语》写"石崇与王恺争豪",用来表现石崇性格的主要细节是( )。
   A. 尽力装饰车马衣冠　　　　　　B. 以铁如意击碎珊瑚树
   C. 因嫉妒而声色甚厉　　　　　　D. 命手下取出大批珊瑚树
4. 《石崇与王恺争豪》刻画王恺形象,重点在于( )。
   A. 突出肖像　　B. 记叙行为　　C. 描写言语　　D. 揭示心理
5. 《石崇与王恺争豪》写了石崇以铁如意击碎珊瑚树,这种描写方法是( )。

A. 语言描写　　　　　B. 细节描写　　　　　C. 人物描写　　　　　D. 环境描写

二、翻译题

1. 风景不殊,正自有山河之异!
2. 当共戮力王室,克复神州,何至作楚囚相对!
3. 并穷绮丽,以饰舆服。
4. 尝以一珊瑚树高二尺许赐恺。
5. 恺以(珊瑚树)示崇。崇视讫,以铁如意击之,应手而碎。

三、简答题

1. 谈谈"过江诸人"中周侯和王导的不同。
2. "石崇与王恺争豪"一则小说是怎样通过对比塑造人物的?文中王恺的心理活动前后有何变化?
3. 你读了"石崇与王恺争豪"有什么感想?

四、解析题

阅读下面一则《世说新语》,回答问题:

陈太丘与友期行,期日中,过中不至,太丘舍去。去后乃至。元方时年七岁,门外戏。客问元方:"尊君在不?"答曰:"待君久不至,已去。"友人便怒曰:"非人哉!与人期行,相委而去。"元方曰:"君与家君期日中,日中不至,则是无信;对子骂父,则是无礼。"友人惭,下车引之。元方入门,不顾。

1. 概括这则笔记小说的主要内容。
2. 本文是采用什么方法来表现元方个性的?
3. 谈谈你对陈太丘那位朋友的看法。
4. 如果你是陈太丘的那位朋友,面对七岁的元方的回击,你会怎样化解?

五、实践题

下文为刘义庆《幽明录》卷三百八十三"再生事"中的一篇《余杭广》,请将其用现代汉语叙述一遍,并进行评析。

晋升平末,故章县老公有一女,居深山,余杭人"广"求为妇,不许。公后病死,女上县买棺,行半道,逢广。女具道情事。女因曰:"穷逼,君若能往家守父尸,须吾还者,便为君妻。"广许之。女曰:"我栏中有猪,可为杀以饴作儿。"广至女家,但闻屋中有拊掌欣舞之声。广披离,见众鬼在堂,共捧弄公尸。广把杖大呼入门,群鬼尽走。广守尸,取猪杀。至夜,见尸边有老鬼,伸手乞肉。广因捉其臂,鬼不得去,持之愈坚。但闻户外有诸鬼共呼云:"老奴贪食至此,甚快。"广语老鬼:"杀公者必是汝,可速还精神,我当放汝;汝若不还者,终不置也。"老鬼曰:"我儿等杀公。"比即唤鬼子:"可还之。"公渐活,因放老鬼。女载棺至,相见惊悲,因取女为妇。

曹雪芹

曹雪芹(1724—约1764),名霑,字梦阮,号雪芹,又号芹圃、芹溪。从曾祖曹玺至其父曹頫一代,世袭江宁织造,除了为宫廷置办各种御用物外,还充当皇帝的耳目。曹玺的妻子曾做过康熙的乳母,曹雪芹的祖父曹寅又为康熙的侍读,曹家成为当时财势熏天的"百年望族"。康熙皇帝五次南巡,其中四次以曹府为行宫。曹雪芹的少年时代曾经历过一段极为富贵繁华的生活,后来家境败落。曹雪芹最后迁居至北京西郊,生活穷困潦倒,过着"举家食粥酒常赊"的生活。

《红楼梦》,又称《石头记》,大约是曹雪芹在贫居北京西郊时写的。关于其作者,至今仍多有争议。学者考证认为前八十回是曹雪芹本人之作,后四十回是高鹗续写。这部小说既保持了"大旨谈情"的主旋律,又细致勾画出贾、史、王、薛四大家族兴衰的图景。

红楼梦(第二十七回)[1]

话说黛玉正自悲泣,忽听院门响处,只见宝钗出来了,宝玉、袭人一群人都送了出来。待要上去问着宝玉,又恐当着众人问羞了宝玉不便,因而闪过一旁,让宝钗去了,宝玉等进去关了门,方转过来,犹望着门洒了几点泪。自觉无味,方转身回来,无精打采的卸了残妆。

紫鹃、雪雁素日知道黛玉的情性:无事闷坐,不是愁眉,便是长叹,且好端端的不知为着什么,常常的便自泪道不干的。先时还有人解劝,或怕他思父母,想家乡,受了委屈,只得用话来宽慰解劝。谁知后来一年一月的竟常常的如此,把这个样儿看惯,也都不理论了。所以也没人去理,由他去闷坐,只管睡觉去了。那林黛玉倚着床栏杆,两手抱着膝,眼睛含着泪,好似木雕泥塑的一般,直坐到二更多天方才睡了。一宿无话。

至次日乃是四月二十六日,原来这日未时交芒种节。尚古风俗:凡交芒种节的这日,都要设摆各色礼物,祭饯花神,言芒种一过,便是夏日了,众花皆卸,花神退位,须要饯行。然闺中更兴这件风俗,所以大观园中之人都早起来了。那些女孩子们,或用花瓣柳枝编成轿马的,或用绫锦纱罗叠成干旄旌幢的[2],都用彩线系了。每一棵树头,每一枝花上,都系了这些物事。满园里绣带飘摇,花枝招展,更兼这些人打扮的桃羞杏让,燕妒莺惭,一时也道不尽。

且说宝钗、迎春、探春、惜春、李纨、凤姐等并大姐儿、香菱与众丫鬟们在园里玩耍,独不见黛玉。迎春因说道:"林妹妹怎么不见?好个懒丫头!这会子还睡觉不成?"宝钗道:"你们等着,我去闹了他来。"说着便丢下众人,一直往潇湘馆来。正走着,只见文官等十二个女孩子也来了,上来问了好,说了一回闲话儿,才走开。宝钗回身指道:"他们都在那里呢,你们找他们去,我找林姑娘去就来。"说着,逶迤往潇湘馆来。

忽然抬头,见宝玉进去了,宝钗便站住低头想了想:"宝玉和黛玉是从小儿一处长大,他兄妹间多有不避嫌疑之处,嘲笑不忌,喜怒无常;况且黛玉素多猜忌,好弄小性儿,此刻自己也跟进去,一则宝玉不便,二则黛玉嫌疑,倒是回来的妙。"想毕,抽身回来。

刚要寻别的姊妹去,忽见面前一双玉色蝴蝶,大如团扇,一上一下,迎风翩跹,十分有趣。宝钗意欲扑了来玩耍,遂向袖中取出扇子来,向草地下来扑。只见那一双蝴蝶忽起忽落,来来往往,将欲过河去了。倒引的宝钗蹑手蹑脚的,一直跟到池边滴翠亭上,香汗淋漓,娇喘细细。宝钗也无心扑了,刚欲回来,只听那亭里边嘁嘁喳喳有人说话。原来这亭子四面俱是游廊曲栏,盖在池中水上,四面雕镂槅子糊着纸。宝钗在亭外听见说话,便煞住脚往里细听。只听说道:"你瞧这绢子果然是你丢的那一块,你就拿着;要不是,就还芸二爷去。"又有一人说:"可不是我那块!拿来给我罢。"又听道:"你拿什么谢我呢?难道白寻了来不成?"又答道:"我已经许了谢你,自然是不哄你的。"又听说道:"我寻了来给你,自然谢我;但只是那拣的人,你就不谢他么?"那一个又说道:"你别胡说。他是个爷们家,拣了我们的东西,自然该还的。叫我拿什么谢他呢?"又听说道:"你不谢他,我怎么回他呢?况且他再三再四的和我说了,若没谢的,不许我给你呢。"半晌,又听说道:"也罢,拿我这个给他,算谢他的罢。你要告诉别人呢?须得起个誓。"又听说道:"我要告诉人,嘴上就长一个疔,日后不得好死!"又听说道:"嗳哟!咱们只顾说,看仔细有人来悄悄地在外头听见。不如把这槅子都推开了,就是人见咱们在这里,他们只当我们说顽话儿呢。走到跟前,咱们也看得见,就别说了。"

宝钗外面听见这话,心中吃惊,想道:"怪道从古至今那些奸淫狗盗的人,心机都不错,这一开了,见我在这里,他们岂不臊了。况且说话的语音,大似宝玉房里的小红。他素昔眼空心大,是个头等刁钻古怪的丫头,今儿我听了他的短儿,一时人急造反,狗急跳墙,不但生事,而且我还没趣。如今便赶着躲了,料也躲不及,少不得要使个'金蝉脱壳'[3]的法子。"犹未想完,只听"咯吱"一声,宝钗便故意放重了脚步,笑着叫道:"颦儿,我看你往那里藏!"一面说一面故意往前赶。

那亭内的小红坠儿刚一推窗,只听宝钗如此说着往前赶,两个人都唬怔了。宝钗反向他二人笑道:"你们把林姑娘藏在那里了?"坠儿道:"何曾见林姑娘了。"宝钗道:"我才在河那边看着林姑娘在这里蹲着弄水儿的。我要悄悄地唬他一跳,还没有走到跟前,他倒看见我了,朝东一绕就不见了。别是藏在里头了。"一面说,一面故意进去寻了一寻,抽身就走,口内说道:"一定是又钻在山子洞里去了。遇见蛇,咬一口也罢了!"一面说一面走,心中又好笑:这件事算遮过去了。不知他二人怎么样。

谁知小红听了宝钗的话,便信以为真,让宝钗去远,便拉坠儿道:"了不得!林姑娘蹲在这里,一定听了话去了!"坠儿听了,也半日不言语。小红又道:"这可怎么样呢?"坠儿道:"便是听见了,管谁筋疼!各人干各人的就完了。"小红道:"若是宝姑娘听见还倒罢了。那林姑娘嘴里又爱刻薄人,心里又细,他一听见了,倘或走漏了风声,怎么样呢?"二人正说着,只见文官、香菱、司棋、侍书等上亭子来了。二人只得掩住这话,且和他们玩笑。

只见凤姐儿站在山坡上招手叫,小红便连忙弃了众人,跑至凤姐前,堆着笑问:"奶奶使唤做什么事?"凤姐打量了一回,见他生的干净俏丽,说话知趣,因笑道:"我的丫头们今儿没跟进我来。我这会子想起一件事来,要使唤个人出去,不知你能干不能干?说的齐全不齐全?"小红笑道:"奶奶有什么话,只管吩咐我说去;要说的不齐全,误了奶奶的事,任凭奶奶责罚就是了。"凤姐笑道:"你是那位姑娘屋里的?我使你出去,他回来找你,我好替你说。"小红道:"我是宝二爷屋里的。"凤姐听了笑道:"嗳哟!你原来是宝玉屋里的,怪道呢。也罢了,等他问,我替你说。你到我们家告诉你平姐姐,外头屋里桌子上汝窑盘子架儿底下放着一卷银子,那是一百六十两,给绣匠的工价。等张材家的来要,当面秤给他瞧了,再给他拿去。还有一件事:里头床头儿上有个小荷包儿拿了来。"小红听说,答应着,撤身去了。

不多时回来,不见凤姐在山坡上了,因见司棋从山洞里出来,站着系裙带,便赶来问道:"姐姐,不知道二奶奶往那里去了?"司棋道:"没理论。"小红听了,回身又往四下里一看,只见那边探春宝钗在池边看鱼,小红上来赔笑道:"姑娘们可知道二奶奶那里去了?"探春道:"往你大奶奶院里找去。"小红听了,才往稻香村来,顶头见晴雯、绮霞、碧痕、秋纹、麝月、侍书、入画、莺儿等一群人来了。

晴雯一见小红,便说道:"你只是疯罢!院子里花儿也不浇,雀儿也不喂,茶炉子也不弄,就在外头逛!"小红道:"昨儿二爷说了,今儿不用浇花儿,过一日浇一回。我喂雀儿的时候儿,你还睡觉呢。"碧痕道:"茶炉子呢?"小红道:"今儿不该我的班儿,有茶没茶别问我。"绮霞道:"你听听他的嘴!你们别说了,让他逛罢。"小红道:"你们再问问我逛了没逛。二奶奶才使唤我说话取东西去。"说着,将荷包举给他们看,方没言语了,大家走开。晴雯冷笑道:"怪道呢!原来爬上高枝儿去了,就不服我们说了。不知说了一句话半句话,名儿姓儿知道了没有,就把他兴头的这个样儿。这一遭半遭儿的也算不得什么,过了后儿还得听呵!有本事从今儿出了这园子,长长远远的在高枝儿上才算得呢!"一面说着去了。

这里小红听了,不便分证,只得忍气来找凤姐。到了李氏房中,果见凤姐在这里和李氏说话儿呢。小红上来回道:"平姐姐说:奶奶刚出来了,他就把银子收起来了;才张材家的来讨,当面秤了给他拿了去了。"说着,将荷包递上去。又道:"平姐姐叫我来回奶奶:才旺儿进来讨奶奶的示下,好往那家子去,平姐姐就把那话按着奶奶的主意打发他去了。"凤姐笑道:"他怎么按着我的主意打发去了？"小红道："平姐姐说：'我们奶奶问这里奶奶好。我们二爷没在家。虽然迟了两天，只管请奶奶放心。等五奶奶好些，我们奶奶还会了五奶奶来瞧奶奶呢。五奶奶前儿打发了人来说，舅奶奶带了信来了，问奶奶好，还要和这里的姑奶奶寻几丸延年神验万全丹。若有了，奶奶打发人来，只管送在我们奶奶这里。明儿有人去，就顺路给那边舅奶奶带了去。'"小红还未说完，李氏笑道："嗳哟！这话我就不懂了，什么'奶奶''爷爷'的一大堆。"凤姐笑道："怨不得你不懂，这是四五门子的话呢。"说着，又向小红笑道："好孩子，难为你说的齐全，不像他们扭扭捏捏蚊子似的。嫂子不知道，如今除了我随手使的几个丫头老婆之外，我就怕和别人说话：他们必定把一句话拉长了作两三截儿，咬文嚼字，拿着腔儿，哼哼唧唧的，急得我冒火，他们那里知道！我们平儿先也是这么着，我就问着他：难道必定装蚊子哼哼就算美人儿了？说了几遭儿才好些儿了。"李纨笑道："都像你泼辣货才好。"凤姐道："这个丫头就好。刚才这两遭说话虽不多，口角儿就很剪断。"说着，又向小红笑道："明儿你伏侍我罢，我认你做干女儿。我一调理，你就出息了。"

小红听了，"扑哧"一笑。凤姐道："你怎么笑？你说我年轻，比你能大几岁，就做你的妈了？你做春梦呢！你打听打听，这些人比你大的赶着我叫妈，我还不理呢，今儿抬举了你了！"小红笑道："我不是笑这个，我笑奶奶认错了辈数儿了。我妈是奶奶的干女儿，这会子又认我做干女儿！"凤姐道："谁是你妈？"李纨笑道："你原来不认的他？他是林之孝的女儿。"凤姐听了十分诧异，因说道："哦，原来是他的丫头。"又笑道："林子孝两口子，都是锥子扎不出一声儿来的。我成日家说，他们倒是配就了的一对儿：一个天聋，一个地哑。那里承望养出这么个伶俐丫头来！你十几了？"小红道："十七岁了。"又问名字。小红道："原叫'红玉'，因为重了宝二爷，如今只叫小红了。"

凤姐听说，将眉一皱，把头一回，说道："讨人嫌的很！得了'玉'的便宜似的，你也'玉'我也'玉'。"因说道："既这么着，肯跟，我还和他妈说，'赖大家的如今事多，也不知这府里谁是谁，你替我好好儿的挑两个丫头我使。'他只管答应着；他饶不挑，倒把他的女孩儿送给别处去。难道跟我必定不好？"李纨笑道："你可是又多心了。他进来在先，你说在后，怎么怨的他妈？"凤姐也笑道："既这么着，明儿我和宝玉说，叫他再要人，叫这丫头跟我去。可不知本人愿意不愿意？"小红笑道："愿意不愿意，我们也不敢说。只是跟着奶奶，我们学些眉眼高低，出入上下，大小的事儿，也得见识见识。"刚说着，只见王夫人的丫头来请，凤姐便辞了李纨去了。小红自回怡红院去，不在话下。

如今且说黛玉因夜间失寝，次日起来迟了，闻得众姐妹都在园中做饯花会，恐人笑他痴懒，连忙梳洗了出来。刚到了院中，只见宝玉进门来了，笑道："好妹妹，你昨儿告了我了不曾？叫我悬了一夜心。"黛玉便回头叫紫鹃："把屋子收拾了，撂下一扇纱屉，看那大燕子回来，把帘子放下来，拿狮子倚住[4]。烧了香就把炉罩上。"一面说一面又往外走。宝玉见他这样，还认作是昨日中晌的事，那知晚间的这件公案，还打躬作揖的。黛玉正眼儿也不看，各自出了院门，一直找别的姐妹去了。宝玉心中纳闷，自己猜疑：看起这样光景来，不像是为昨儿的事。但只昨日我回来得晚了，又没有见他，再没有冲撞他的去处儿了。"一面想，一面由不得随后跟了来。

只见宝钗探春正在那边看鹤舞，见黛玉来了，三个一同站着说话儿。又见宝玉来了，探春便笑道："宝哥哥身上好？我整整的三天没见你了。"宝玉笑道："妹妹身上好？我前儿还在大嫂子跟前问你呢。"探春道："宝哥哥，你往这里来，我和你说话。"宝玉听说，便跟了他，离了钗玉两个，到了一棵石榴树下。

探春因说道："这几天，老爷可曾叫你？"宝玉笑道："没有叫。"探春道："昨儿我恍惚听见说，老爷叫你出去来着。"宝玉笑道:"那想是别人听错了,并没叫我。"探春又笑道:"这几个月,我又攒下有十来吊钱了。你还拿了去,明儿出门逛去的时候,或是好字画,好轻巧玩意儿,替我带些来。"宝玉道:"我这么城里城外、大廊大庙的逛,也没见个新奇精致东西,左不过是那些金、玉、铜、磁,没处摆的古董,再就是绸缎、吃食、衣服了。"探春道:"谁要那些!像你上回买的那柳枝儿编的小篮子儿,竹子根儿抠的香盒儿,胶泥垛的风炉子儿,就好了,我喜欢的什么似的。谁知他们都爱上了,都当宝贝儿似的抢了去。"宝玉笑道:"原来要这个。这不值什么,拿几吊钱出去给小子们,管拉一车来。"探春道:"小厮们知道什么。你拣那朴而不俗、直而不拙者,这些东西,你多多的替我带了来,我还像上回的鞋作一双你穿,比那一双还加工夫,如何呢?"

宝玉笑道:"你提起鞋来,我想起个故事:一回我穿着,可巧遇见了老爷,老爷就不受用,问是谁做的。我那里敢提三妹妹,我就回说是前儿我的生日舅母给的。老爷听了是舅母给的,才不好说什么了。半日还说:'何苦来!虚耗人力,作践绫罗,做这样的东西。'我回来告诉了袭人,袭人说:'这还罢了,赵姨娘气的抱怨的了不得:正经亲兄弟,鞋塌拉袜塌拉的没人看得见,且做这些东西!'"探春听说,登时沉下脸来,道:"这话糊涂到什么田地!怎么我是该做鞋的人么?环儿难道没有分析的?衣裳是衣裳,鞋袜是鞋袜,丫头老婆一屋子,怎么抱怨这些话!给谁听呢!我不过闲着没事,作一双半双,爱给那个哥哥兄弟,随我的心,谁敢管我不成!这也是白气。"宝玉听了,点头笑道:"你不知道,他心里自然又有个想头了。"探春听说,一发动了气,将头一扭,说道:"连你也糊涂了!他那想头自然是有的。不过是那阴微鄙贱的见识。他只管这么想,我只管认得老爷、太太两个人,别人我一概不管。就是姐妹弟兄跟前,谁和我好,我就和谁好,什么偏的庶的,我也不知道。论理我不该说他,但他忒昏愦的不像了!还有笑话儿呢:就是上回我给你那钱,替我买那些玩的东西,过了两天,他见了我,就说是没钱使,怎么难,我也不理。谁知后来丫头们出去了,他就抱怨起来,说我攒的钱为什么给你使,倒不给环儿使呢!我听见这话,又好笑又好气。我就出来往太太跟前去了。"正说着,只见宝钗那边笑道:"说完了,来罢。显见的是哥哥妹妹了,撂下别人,且说体己去。我们听一句儿就使不得了?"说着,探春宝玉二人方笑着来了。

宝玉因不见了黛玉,便知他躲了别处去了。想了一想,索性迟两日,等他的气消一消再去也罢了。因低头看见许多凤仙石榴等各色落花,重重地落了一地,因叹道:"这是他心里生了气,也不收拾这花儿来了。等我送了去,明儿再问着他。"说着,只见宝钗约着他们往外头去。宝玉道:"我就来。"说毕,等他二人去远了,便把那花儿兜了起来,登山渡水,过树穿花,一直奔了那日同黛玉葬桃花的去处。

将已到了花冢,犹未转过山坡,只听那边有呜咽之声,一面数落着,哭得好不伤心。宝玉心下想道:"这不知是那屋里的丫头,受了委屈,跑到这个地方来哭。"一面想,一面煞住脚步,听他哭道是:

花谢花飞花满天,红消香断有谁怜?
游丝软系飘春榭,落絮轻沾扑绣帘。
闺中女儿惜春暮,愁绪满怀无释处。
手把花锄出绣帘,忍踏落花来复去。
柳丝榆荚自芳菲,不管桃飘与李飞。
桃李明年能再发,明年闺中知有谁?
三月香巢已垒成,梁间燕子太无情!
明年花发虽可啄,却不道人去梁空巢已倾。

一年三百六十日,风刀霜剑严相逼。
明媚鲜妍能几时,一朝飘泊难寻觅。
花开易见落难寻,阶前闷煞葬花人。
独倚花锄泪暗洒,洒上空枝见血痕。
杜鹃无语正黄昏,荷锄归去掩重门。
青灯照壁人初睡,冷雨敲窗被未温。
怪侬底事倍伤神,半为怜春半恼春:
怜春忽至恼忽去,至又无言去不闻。
昨宵庭外悲歌发,知是花魂与鸟魂?
花魂鸟魂总难留,鸟自无言花自羞。
愿奴胁下生双翼,随花飞到天尽头。
天尽头,何处有香丘?
未若锦囊收艳骨,一抔净土[5]掩风流。
质本洁来还洁去,不教污淖陷渠沟。
尔今死去侬[6]收葬,未卜侬身何日丧?
侬今葬花人笑痴,他年葬侬知是谁?
试看春残花渐落,便是红颜老死时。
一朝春尽红颜老,花落人亡两不知!
　　正是一面低吟,一面哽咽。那边哭的自己伤心,却不道宝玉听了不觉痴倒。
　　要知端详,下回分解。

【注释】
　　[1]本文节选自《红楼梦》第二十七回,题为"滴翠亭杨妃戏彩蝶 埋香冢飞燕泣残红"。杨妃、飞燕:即唐玄宗妃子杨玉环和汉成帝的妃子赵飞燕,均为古代著名美女,环肥燕瘦,可堪对举,在此分别指代宝钗和黛玉。
　　[2]干旄(máo)旌(jīng)幢:干,通"竿";旄,牦牛尾巴。干旄,古代饰牦牛尾巴于旗杆上。旌,与旄相似,另有五彩鸟羽装饰。幢,形状像伞。
　　[3]金蝉脱壳:蝉由幼虫变为成虫时,要脱掉外壳,比喻以假象掩盖暗中溜走。
　　[4]这里是一种压帘子用的带座的小石狮子。
　　[5]一抔(póu)净土:指花冢。抔,捧,双手捧物。
　　[6]侬:我。

【讲解】
　　在皇皇巨著《红楼梦》中,第二十七回"滴翠亭杨妃戏彩蝶 埋香冢飞燕泣残红"是特别出彩的部分之一。作者以生花妙笔为我们勾画出两幅生动传神而饱含诗情戏意的图画:一是宝钗扑蝶,一是黛玉葬花。
　　两幅图景先后于暮春和初夏之交的四月二十六日芒种节展开。先是宝钗扑蝶。琼瑶池馆,绿荫庭院,处处"绣带飘飘,花枝招展"。宝钗要到潇湘馆找黛玉,"忽然抬头见宝玉进去了",因担心"宝玉不便"、"黛玉嫌疑",便抽身回来,忽见面前那一双蝴蝶,忽起忽落,来来往往,将欲过河去了。她紧紧追上,见面前一双玉色蝴蝶,大如团扇,一上一下,迎风翩跹,十分有趣,就决意追逐捕捉,却不期偷听到小红二人在私语儿女情事,并随机应变地拿黛玉作挡箭牌而脱身。再说黛玉葬花。黛玉看到宝玉和宝钗独处,有心追去,却被宝玉的侍女晴雯欺骗,因而错误地认为是宝玉对自己疏远,顿时黯然神伤。此时正值芒种葬花时节,飞红万点。由花及人,在黛玉看来,花的命运就是自己的命运。相对而言,"黛玉葬花"一段更是充满诗情画意。她的自卑、自尊、自怜充分表露在她的《葬花吟》中。"尔今死去侬收葬,未卜侬身何日丧? 侬今葬花人笑痴,他年葬侬知是谁?"面对落花,她想到自己死后的情景,无法释怀,又潸然泪下。《葬花吟》一诗既是林黛玉叹伤自己命运的写照,又是作者对女性命运的深刻认识。当然,这首诗同时作为整部小说的线索而起着起承转合的作用。甲戌本有批语:"余读《葬花吟》凡三阅,其凄楚感慨,令人身世两忘,举笔再四,不能加批。有客曰:'先生身非宝玉,何得而下笔?即字字双圈,料难遂颦儿之意,俟看过玉兄后文再批。'噫唏!客亦《石头记》化来之人,故搁笔以待。"(甲戌本《脂砚斋重评石头记》)此诗乃宝黛悲剧的暗示和结局,同时也是整个处于末世的家族的人难以逃脱的宿命。

同样是一片天地,同样是春暖花开的季节,同样在一片园子里,同样是两位青春妙龄少女,然而作者写来却完全不一样。贵妃般的薛宝钗心情舒泰且身段轻盈,满园春色在她的眼中意趣盎然。一只玉色蝴蝶翩翩而来,让她玩耍捕捉得香汗淋漓,娇喘细细。而另外一个飞燕般的伤心人林黛玉,面对无数的坠红落花感慨万千,"呜咽之声,一面数落着,哭得好不伤感"。两位少女性格不同,个性迥异,感物处事自然也大相径庭。可见,作者在刻画人物的性格和安排人物的命运之间,总是让两者相辅相成,通过对比的手法来展现。另外,作者对人物的语言、行动以及心理想法,既正面描叙,同时也运用侧面烘托辅助,以此来刻画不同人物的不同个性,并为他们以后各自的命运做了象征性的暗示。

【思考与练习】
一、选择题
1. 红楼梦通行本是一百二十回,一般认为,后四十回的续者是( )。
   A. 罗贯中   B. 吴敬梓   C. 高鹗   D. 脂砚斋
2.《红楼梦》第二十七回重点写了( )二人。
   A. 宝玉、黛玉 B. 宝玉、宝钗 C. 黛玉、宝钗 D. 宝玉、湘云
3.《葬花吟》传达了林黛玉( )等个性,全诗充满了落花飘零、人去楼空的生命悲哀。
   A. 多愁善感   B. 冷漠寡情   C. 幽默诙谐   D. 热爱自然
4. 下面说法中不正确的是( )。
A."黛玉葬花"一段重在表达林黛玉对自己青春年少、红颜薄命的哀叹和对世事无常的迷惘与困惑
B."未若锦囊收艳骨,一抔净土掩风流。质本洁来还洁去,不教污淖陷渠沟"几句表现了林黛玉不愿受辱被污、不甘低头屈服的孤傲不阿的性格
C."愿侬胁下生双翼,随花飞到天尽头","天尽头,何处有香丘?"意味着黛玉希望能挣脱封建枷锁的禁锢,但对未来又充满迷惘与彷徨
D."未若锦囊收艳骨,一抔净土掩风流"表现她不得不忍受凌辱、遭受埋没的现状
5. 下列作品涉及落花的有( )。
   A. 李煜《虞美人》(春花秋月何时了)   B. 李清照《声声慢》(寻寻觅觅)
   C. 曹雪芹《红楼梦》(第二十七回)   D. 马致远《天净沙·秋思》
   E. 王实甫《西厢记·长亭送别》

二、简答题
1. 试析《红楼梦·黛玉葬花》叙述的凄美特点。
2. 据"黛玉葬花""宝钗扑蝶"等情节分析宝钗、黛玉的形象。
3. 依据"黛玉葬花"一节,谈谈林黛玉形象塑造的悲剧色彩。

三、实践题
阅读《红楼梦》,综合分析林黛玉、贾宝玉、薛宝钗、贾探春、史湘云几个人物。假如他们生活在当代会是怎么状况?

三、拓展阅读

作品阅读

干将莫邪

[东晋]干 宝

楚干将、莫邪为楚王作剑,三年乃成。王怒,欲杀之。其妻重身当产,夫语妻曰:"吾为王作剑,三年乃成,王怒,往必杀我。汝若生子是男,大,告之曰:'出户望南山,松生石上,剑在其背。'"于是即将雌剑往见楚王。王大怒,使相之,剑有二,一雄一雌,雌来,雄不来。王怒,即杀之。

莫邪子名赤,比后壮,乃问其母曰:"吾父所在?"母曰:"汝父为楚王作剑,三年乃成,王怒,杀之。去时嘱我:'语汝子:出户望南山,松生石上,剑在其背。'"于是子出户南望,不见有山,但睹堂前松柱下石低之上,即以斧破其背,得剑。日夜思欲报楚王。

王梦见一儿,眉间广尺,言欲报仇。王即购之千金。儿闻之,亡去,入山行歌。客有逢者,谓:"子年少,何哭之甚悲耶?"曰:"吾干将、莫邪子也,楚王杀吾父,吾欲报之。"客曰:"闻王购子头千金,将子头与剑来,为子报之。"儿曰:"幸甚!"即自刎,两手捧头及剑奉之,立僵。客曰:"不负子也。"

客持头往见楚王,王大喜。客曰:"此乃勇士头也,当于汤镬煮之。"王如其言。煮头,三日三夕不烂,头踔出汤中,踬目大怒。客曰:"此儿头不烂,愿王自往临视之,是必烂也。"王即临之,客以剑拟王,王头随堕汤中;客亦自拟己头,头复堕汤中。三首俱烂,不可识别,乃分其汤肉葬之。

【点评】

选自东晋干宝《搜神记》。干将莫邪是古代汉族神话传说,最早出自出西汉刘向《列士传》和《孝子传》,最流行的版本为志怪小说集《搜神记》中所记。文章显示了剑工的高超技艺、宝剑的神奇、统治者的残暴和少年的壮烈。

刘阮入天台

[南朝·宋]刘义庆

汉明帝永平五年,剡县刘晨、阮肇共入天台山取谷皮,迷不得返。经十三日,粮食乏尽,饥馁殆死。遥望山上,有一桃树,大有子实;而绝岩邃涧,永无登路。攀援藤葛,乃得至上。各啖数枚,而饥止体充。复下山,持杯取水,欲盥漱。见芜菁叶从山腹流出,甚鲜新,复一杯流出,有胡麻饭糁,相谓曰:"此知去人径不远。"便共没水,逆流二三里,得度山,出一大溪,溪边有二女子,姿质妙绝,见二人持杯出,便笑曰:"刘阮二郎,捉向所失流杯来。"晨肇既不识之,缘二女便呼其姓,如似有旧,乃相见忻喜。

问:"来何晚邪?"因邀还家。其家铜瓦屋。南壁及东壁下各有一大床,皆施绛罗帐,帐角悬铃,金银交错,床头各有十侍婢,敕云:"刘阮二郎,经涉山岨,向虽得琼实,犹尚虚弊,可速作食。"食胡麻饭、山羊脯、牛肉,甚甘美。食毕行酒,有一群女来,各持五三桃子,笑而言:"贺汝婿来。"酒酣作乐,刘阮欣怖交并。至暮,令各就一帐宿,女往就之,言声清婉,令人忘忧。

至十日后欲求还去,女云:"君已来是,宿福所牵,何复欲还邪?"遂停半年。气候草木是春时,百鸟啼鸣,更怀悲思,求归甚苦。女曰:"罪牵君,当可如何?"遂呼前来女子,有三四十人,集会奏乐,共送刘阮,指示还路。既出,亲旧零落,邑屋改异,无复相识。问讯得七世孙,传闻上世入山,迷不得归。至晋太元八年,忽复去,不知何所。

【点评】
选自南宋刘义庆《幽明录》。这是一则优美的神仙故事,描述了令人神往的美好仙境,以及对群雄割据、战争仍频、充满罪恶和种种艰难困苦的现实世界的鄙弃。

文化常识

主食古今谈

五谷、六谷

我国主食历来为谷类,古代称为"五谷""六谷",构成有多种说法。北京师范大学许嘉璐先生在《中国古代衣食住行》中认为可信的说法是五谷为黍、稷、麦、菽、麻,加上稻就是六谷。

黍,脱粒后俗称"大黄米",有黏性。黍的籽粒称"粟"。

稷,脱粒后是不带黏性的小米。稷和粟是古代黄河流域早培育成功的粮食作物,被当作百谷之长。良种的稷被称为"粱"。

古代管理农事的官叫"稷官"。"稷"也指五谷之神。"社"指土神。古代帝王、诸侯都要祭祀土神和谷神。在农业社会里,土地和庄稼是最重要的生产资料和生活资料,所以,"社稷"又成为国家的代称。

麦,起源于西亚,"来"为"麦"的本字,甲骨文就有。中国小麦栽培已有七千年的历史。在河南陕县东关庙底沟原始社会遗址的红烧土上有麦类的印迹。用于磨面的石磨到战国才出现,当时小麦是整粒地煮食或蒸食,口感不佳,因此古人看重的主食是稷粟和黍。

菽,是豆类的总称。商代的甲骨文上中有"菽"的象形文字。在山西侯马曾出土过商代的大豆化石。《诗经·小雅·小宛》:"中原有菽,庶民采之。"秦汉以后称"豆"。李时珍在《本草纲目》中记载豆类已有十四种。明清时豆类退出主食。

麻,麻籽可充饥,是贫民的主要食物之一。至明清麻籽、菰米(茭白籽)退出主食。

稻,脱粒后称"米",是我国长江流域首先栽培成功的粮食作物。古代以黏者为稻,不黏者为粳(同稉、秔 jīng,又称秫 shú、穌 lián)。黏稻适于制酒。

稻与粱都是"细粮",所以二者常常连言以代表精美的主食。例如,杜甫《壮游》:"国马竭粟豆,官鸡输稻粱。"这是说明唐明皇的斗鸡、舞马所耗费的都是上好的粮食。

粮食制品

糗(qiǔ,秋上声),是炒熟的米、麦等谷物。也叫餱(hóu,侯。又写作糇)。

焙(bèi,备。用微火烘烤)与炒差不多,因此糗又称为糒(焙、糒同音)。这类主食易保存,常用作干粮。

饼,是将麦或米(稻、黍)捣成粉状,加水团成的。麦粉做的叫饼,米粉做的叫餈(zì,资)。我国古代面食总称为"饼",蒸的是"蒸饼",烤的是"烧饼",下在汤里的是"汤饼",撒上芝麻是"胡饼"。

蒸饼开始是死面的,称"牢丸",需用汤汁泡软。这种吃法现在还有,如西安的羊肉泡馍。大约在汉代又有发酵的蒸饼,称为"面起饼"。以后蒸饼形状不断改进,由扁而圆就成了馒头。

馒头加了馅就成了"包子"。现在南方包子依然称"馒头",而馒头称"白馒头"或"淡馒头"。

汤饼随着时间演化成了今天的面条、饺子、汤圆等。

最早的面条只是将面块擀成饼状煮熟,又称煮饼、汤玉。晋人做汤饼时,一手托面,一手用刀把面削入汤中,故名"飥(tuō)"。唐朝人不用手托面了,放在案板上切,称为"馎飥(bótuō)"(与"不托"谐音)。

另一种汤饼即馄饨,类似今日的饺子,隋初颜之推说:"今之馄饨形如偃月,天下通食也。"偃月就是半弦月,可见与现在的饺子形状已相同了。明末清初江西张自烈考证了饺子一名的来源:"水饺饵,即段成式食品中汤中丸,或谓粉角,北人读角为矫,因呼饺饵,伪为饺儿"。现代江南依然有馄饨,与饺子相同之处也是用面皮包馅,只不过面皮为方形,包出的形状也不是半圆形。

饵(ěr,耳),与饼、粢同类,为米粉所做。现在云南还有"饵块",为米粉所制的饼状物;还有"饵丝",是米粉做的面条。

饡(zàn,赞),《说文》:"以羹浇饭也。"类似今天的汤泡饭。

粥,相当于现在的稀粥。

饘(zhān),又写作馆,是稠粥。

馓子,是古代一种油炸的食品。用糯米粉或面粉和面,加入少许盐,再搓成细条状,盘绕成环状,放入油中煎炸而成。因其形状似细环,而俗称细环饼。馓子最初因其便于存放和食用,曾作为寒食节的食品,故又称寒具。寒食节并入清明节后,馓子又因其味美,香脆而流传至今,成为民众喜爱的一种小吃食品。

第十一讲
现当代诗歌

一、文学史讲述

中国现代文学是指1919年五四运动到中华人民共和国成立这三十年的文学,也叫"新文学";中国当代文学是指1949年中华人民共和国成立以后至今仍方兴未艾的文学。现当代中国经历了辛亥革命、新文化运动、抗日战争、中华人民共和国成立、"文革"、改革开放,这些都深深影响了中国的文学。现当代文学最早发生变化的是诗歌。

(一)现代诗歌

现代诗歌是五四运动以来的诗歌,其主体是用白话写作,以打破旧诗词格律为主要标志的新诗。1917年,胡适、刘半农、沈尹默在《新青年》上发表了第一批白话诗——《鸽子》《月夜》《相隔一层纸》等。《鸽子》《月夜》赞颂个性解放,《相隔一层纸》表现了人道主义的关怀,都显示了五四思想革命的特点。胡适的《尝试集》是中国现代文学史上第一部白话诗集。这些诗多是即事感兴、即景生情之作。艺术上破除了旧诗格律的束缚,采用自然音节,句式长短不一。

汪静之、冯雪峰等组成了湖畔诗社,他们的创作多为歌唱大自然的清新美丽和友情、爱情的纯真。其中的爱情诗显示出争取婚姻自由、反对封建主义的勇气和激情。

冰心、朱自清、刘半农等人创作"流行的一行至四行的新诗"(周作人《自己的园地·论小诗》),在当时很有影响。冰心的诗集《繁星》(1922)、《春水》(1923)中的小诗,最短两行,最长的十几行,一般是三五行。小诗讲求凝练,侧重表现内心世界,在新诗的艺术探索历程中具有桥梁的意义。

代表新诗创始期最高成就的是创造社主将郭沫若的创作。他的《女神》是五四狂飙突进精神的典型体现,诗中个性解放的呼声通过对"自我"的发现和自我价值的肯定表现出来。如《天狗》中的"天狗"这种冲破一切罗网、破坏一切旧事物的强悍形象,正是那个时代个性解放要求的夸张与诗化。《浴海》同样是实现自我个性解放的诗的宣泄。《地球,我的母亲》中的个性解放要求呈现了与劳苦大众利益的一致。《女神》诗风雄浑豪放,对旧秩序、旧传统、旧礼教进行大胆否定和无情诅咒,呼喊创造与光明、民主与进步,激动和鼓舞了整整一代人。

二十世纪二十年代后期,"新月派"诗人崛起,其代表人物是闻一多、徐志摩、朱湘。他们反对感伤主义,反对放纵,主张理性和节制;艺术上要求"和谐"与"匀齐",他们试图使不加节制的自由体诗格律化。闻一多主张诗要有"音乐美、绘画美、建筑美"。先后出版诗集《红烛》《死水》。其中,收在《死水》中的诗篇《发现》《一句话》喷发出火热的爱国激情,具有震撼人心的艺术力量。徐志摩的诗在节奏格律方面颇有西方诗的色彩,他还探索过以意群为音步(英语诗歌由音节、音步、行、段组成。每段由若干行组成,每行由两个或多个音步组成,音步由音节组成)单位的节奏形式。"新月派"受西方唯美主义文艺思潮影响较深,对中国新诗的发展产生过较大的影响。

这一时期还兴起了以李金发(1900—1976)为代表的象征派。该派以法国象征主义诗歌为模式,着眼于暗示,喜欢捕捉朦胧的境界,追求诗歌音乐和形式的美。受象征主义诗风影响,现代派诗人戴望舒(1905—1950)的《雨巷》等诗作将法国象征主义诗歌的技巧与中国古典诗词意象进行了有机结合。《我用残损的手掌》一诗已经跳出个人的狭隘圈子,致力于对个人和民族的坚贞气节的追求。

二十世纪三四十年代中国处于深重的民族危机中。1932年,左联领导的中国诗歌会成立于上海。中国诗歌会以注重诗歌的现实性,提倡诗歌的大众化为宗旨。殷夫、蒋光慈、胡也频等诗人以极大的热情写作革命诗歌,讴歌无产者的光辉形象。与此同时登上文坛的艾青、田间、臧克家是这一时期最有影响的自由诗体诗人。艾青(1910—1996)诗集《大堰河》于1936年出版后,产生了很大反响。他于抗战时期创作的《雪落在中国的土地上》抒写了残暴的侵略战争使中国人民所蒙受的苦难,向苦难的祖国奉献了一颗赤子之心。田间(1916—1985)受苏联"未来派"马雅可夫斯基创作的影响,给三十年代的诗坛带来另一种特异的风格。臧克家(1905—2004)被称为"泥土诗人",他用冷峻中带有热情的笔墨,写出中国农民深远的苦痛和坚忍、仇恨与不平。《烙印》《老马》《难民》《罪恶的黑手》等,都是有名的诗篇。

同时,在艾青的影响下,以理论家兼诗人胡风为中心,围绕《七月》及以后的一些杂志,形成了"七月"诗派青年诗人群,这是一个自由诗派,代表人物有鲁藜、绿原、冀方。被称为新现代派的"九叶"派诗人在大后方出现,受西方现代派的影响,将放纵的感情凝聚成冷静的艺术探索。代表人物有穆旦、杭约赫、杜运燮。

二十世纪四十年代,抗日根据地和解放区诗歌创作特别活跃。优秀作品有李季的《王贵与李香香》、田间的《赶车传》、张志民的《死不着》、阮章竞的《漳河水》等。

(二)当代诗歌

当中华民族以巨人的形象伫立在世界民族之林时,当代新诗同共和国一起跨进了新时代的大门。这以后,它同这个巨人一起激动,一起受难,一起病倒,又一起焕发青春。

与中华人民共和国成立后的政治生活相联系,1949年后新诗的发展大体经历了这样三个时期,即"十七年"时期(1949—1966)、"文革"时期(1966—1976)和新时期(1976至今)。而在每个时期中,诗歌又呈现不同的发展阶段。

1949年后"十七年"时期的诗歌呈现两个不同的发展阶段。1949年初至1958年以前是诗歌的颂歌阶段,这一阶段诗歌在内容上的突出特点是:歌颂新生的祖国,歌颂伟大的党,歌颂在这块贫瘠的土地上进行艰苦卓绝斗争的建设者,歌颂抗美援朝的英雄等。代表作有郭沫若的《新华颂》,何其芳(1912—1977)的《我们最伟大的节日》,臧克家的《有的人》,闻捷(1923—1971)以新疆生活为内容的诗集《天山牧歌》,未央的《枪给我吧》《祖国,我回来了》,邵燕祥的《中国的道路呼唤着汽车》。李季(1922—1980)因《玉门诗抄》而成为"石油诗人",傅仇因《伐木者》被誉为"森林诗人",贺敬之和郭小川则站在时代的高度,以高昂、激越的时代强音分别写出了《放声歌唱》和《投入火热的战斗》,这两首诗的题目恰恰说明了永远值得珍爱的五十年代精神。

1956年,随着"百花齐放,百家争鸣"这一"双百"方针的提出,诗歌创作有了新的发展和变化。诗歌反映的生活领域比以前开阔,诗歌样式也比以前丰富。但1957年"反右"斗争扩大化的风雨使大批诗人蒙难,诗坛百花凋残。1958年开始的"大跃进"民歌运动,使当代新诗从内容到形式走上了一条狭窄的道路。诗坛上表面热闹,实则荒芜。六十年代初,随着文艺政策的调整,诗坛又出现了短暂的繁荣,出现了不少具有生活气息、表现诗人真切感受的优秀诗篇,如郭小川的《甘蔗林——青纱帐》《厦门风姿》,贺敬之的《回延安》《桂林山水歌》《三门峡——梳妆台》等。1962年底,"以阶级斗争为纲"口号提出,使1963—1966年的不少诗中掺进不切实际的阶级斗争的内容。这一时期,一种以反映时代重大问题、具有强烈政论色彩、气势浩大、篇幅宏阔为特点的政治抒情诗风行并成熟起来,代表诗人是贺敬之和郭小川。贺敬之的《雷锋之歌》可视为代表作。

在"十七年"诗坛上,叙事诗的创作也取得了一定的成就。其中如郭小川的《将军三部曲》、李季的《杨高传》、闻捷的《复仇的火焰》、臧克家的《李大钊》、黄铁、公刘(1927—2003)等人整理的《阿诗玛》等,这些诗人在用诗创造艺术典型上做出了有益的尝试。

由于"文革"时期特殊的社会政治状况,这一时期的诗歌创作分裂为两个部分。一部分是公开的,是配合当时的政治运动的,如诗集《"文化大革命"颂》《批林批孔战歌》(参见纪戈《诗歌来自斗争,斗争需要诗歌》,《人民文学》1976年第二期)、张永枚的长诗《西沙之战》等。另一部分则是"地下"创作,一些被放逐的诗人在极其困难的情况下,在"地下"写了不少忧国忧民的诗作,如郭小川的《团泊洼的秋天》、牛汉的《悼念一棵枫树》、流沙河的《故园九咏》等。有的以手抄本形式流传;有的以手稿形式保存,到八十年代才得以发表。另外,一批"早醒"的青年诗人在"文革"后期悄悄在"地下"写起了诗。1976年清明前后,"四五"天安门诗歌运动爆发,北京数百万群众连续几天汇集于天安门广场,敬献花圈和挽联,张贴、朗诵诗词与祭文,以表示对周总理的深切悼念和对"四人帮"的无比愤怒。人们习惯称这些作品为"天安门革命诗歌"。"天安门革命诗歌"几乎用尽了中国有史以来所有的诗歌形式:旧体诗、词、曲、挽联、民歌、新体诗、悼词、祭文和散文诗等。它是对"文革"时期的一次彻底反叛,预示着文艺的春天重新降临。

新时期诗歌的起始是以长歌当哭的形式。首先出现的是庆祝人民胜利的欢歌和悼念先烈的悲歌。贺敬之的《中国的十月》、李瑛的《一月的哀思》、柯岩的《周总理,你在哪里?》便是当时的代表作。之后又用诗向被"四人帮"迫害致死的张志新烈士和"四五"运动中的一代年轻的战士献上一个个沉重的花环和一束束带血的鲜花。这类诗以雷抒雁的《小草在歌唱》为代表。

"文革"后的诗坛,"归来者"的诗引人注目,这一诗人群体中有1957年被打成右派的诗人,有1955年"胡风集团"事件的罹难者,有因与政治有关的艺术观念在五十年代陆续从诗界"消失"的人。时隔二十余年后,这些诗人带着累累的创伤和沉重的思考一起归来,唱出了一曲曲具有特殊美学意味的"归来的歌"。艾青是这批诗人中影响最大、成就最为卓著的一位老诗人。诗集《归来的歌》《彩色的诗》《雪莲》等,表现了一种饱经忧患而洞察世情人生的姿态,情感的表达为哲学的思考所充实,语言句式也趋于简洁凝练。绿原(1922—2009)写于受难日子的《又一个哥伦布》《重读〈圣经〉》勾画了现代人普遍性的悲剧的历史处境。公刘的诗集《白花·红花》《严灵芝》《离离原上草》等表现出对党、国家、民族命运的强烈关注和深沉思考。邵燕祥的一系列创作则是对既往历史和民族性格中令人骄傲和令人忧思的种种因素的深刻反思。

老一代诗人以"归来后的反思"为主调,青年诗人则以"失落后的寻找"为主要倾向。自二二十世纪七十年代中期文革尚未结束时，民间出现了以北岛、舒婷、顾城、江河、杨炼等为代表的"朦胧诗"，他们的诗作到 1980 年才公开出现在刊物上。"朦胧诗"以反传统的姿态崛起，多采用心灵独白和倾诉的形式，以曲折的象征、暗示和隐喻等方式，反思社会和个人的历史悲剧。北岛的诗充满怀疑和否定精神，以人本主义为价值核心的启蒙精神达到了那个时代的高峰。舒婷带着对祖国的挚爱，诉说着自己和一代人的美丽的忧伤，向众人展示了一个大写的抒情主人翁的形象。顾城这一"童话诗人"以一个孩子的"任性"驾着无桨的小舟，唱着《生命幻想曲》出走，用"黑夜"给他的"黑色眼睛"去"寻找光明"。梁晓斌怀着对"雪白的墙"的无限憧憬，去寻找已丢失了的打开中国洁白灵魂的钥匙。"朦胧诗"一度受到倡导以古典诗和民歌为新诗发展基础的一派诗人的异议，但他们在新诗发展中的功绩是显而易见的：作为一种创作思潮，它改变了诗歌在极"左"政治时期充当意识形态传声筒的极端状态，强调人性的回归、自我的复活。

二十世纪八十年代中期以后，走上诗坛的是具有更新审美观念和追求的所谓"新生代"诗人群体，又称"第三代""后新诗潮"等，代表诗人有韩东、于坚、海子等。他们一出现，便对过往新诗的所有创作形式和语言习惯进行彻底的反叛。如果说"朦胧诗"让诗回到了诗歌和个体本身，那么，"新生代"诗则是让诗回到了语言和表达。他们的整体特色是坚持平民主义的审美态度，进行"零度情感"的诗歌写作，消解善、恶二元对立的价值模式，追求语言上的反文化和非意象化的倾向。他们往往以群体出现，结成诗歌社团，自办诗歌刊物。代表群体有南京的"他们"文学社、上海的"海上"诗群、四川的"非非"诗派、"新传统主义"诗派、"整体主义"诗派，另外还有"回到和深入女性自身"的"女性诗歌"。如果说朦胧诗是中国的现代主义诗歌运动，那么，"新生代"诗歌就是中国的后现代状态的诗歌行动。他们在整体上推进了新时期文学的美学与艺术变革的进程。

二十一世纪的到来使诗歌的格局重新定位，在新诗创作式微的情况下，旧体诗创作借机复归。国内的许多地方都有古典诗歌爱好者的自发组织和内部刊物，以刊发古体诗词为主的诗词刊物的发行势头也日益见涨，如《诗刊》《星星诗刊》一样的各大诗刊及诗报也纷纷开辟旧体诗词专栏。青年人对旧体诗词的热衷程度同样日益增长。

（三）现当代歌词

中国现当代的诗歌在坎坷的发展历程中承担了它应有的使命，其中精妙的意境、深邃的思考自然带来了美的享受，但也拉开了诗歌与生活、诗歌与大众的距离，在社会上，普通人更多的是用歌曲来排遣大众情怀。

歌词是为唱而写的词，它以其通俗、比诗更接近口语的语言形式在社会中广泛流传，反映了社会大众的喜怒哀乐。好的歌词家喻户晓，改革开放前二十年流行歌曲计算就有十万首左右。歌词是现当代文坛一项不可忽视的内容。

歌词具有歌唱性，流畅的语言，铿锵的节奏，和谐的韵律。自古流传下来的比兴、重章叠句依然是常用的手法。这和现当代一些只供阅读的诗歌有很大区别。

歌词有着极强的娱乐功能及教育功能，如北伐战争时的《打倒列强》，抗战时期的《义勇军进行曲》《大刀进行曲》，中华人民共和国成立以后的《歌唱祖国》，改革开放后的《春天的故事》，无一不具有极强的感染力和号召力。

诗和歌词是同源的文学形式，《诗经》就是歌词。刘勰在《文心雕龙》中说："乐辞曰诗，诗声曰歌。"晚清梁启超特别重视音乐的教育作用，还身体力行地创作了《爱国歌》《终业歌》等歌词。黄遵宪更是积极创作军歌儿童歌的先驱。他们创作的歌词已经具备现代歌词的基本特征，是现代歌词的前身。

五四时期,在新式学堂内开设的"乐歌"课,用白话向小学生宣传强国救亡,影响大大超过了新诗。学堂乐歌绝大多数是根据现成的歌调填以新词而编成,如沈心工编的《勉学》是根据美国艺人歌曲《罗萨·李》的曲调进行填词的,李叔同编写的《送别歌》是根据美国通俗歌曲作家奥德威的《梦见家和母亲》的曲调填词。此时的代表人物有沈心工、曾志忞(mín)、李叔同等。

1919年的五四运动之后,由于新文化运动的除旧布新,歌曲艺术有了一个迅猛发展的过程,涌现了一批优秀的歌词作家与歌曲作品,如易韦斋同萧友梅合作的《问》,诗人刘大白、刘半农、徐志摩分别与赵元任合作的《卖布谣》《教我如何不想他》《海韵》等。

随着我国现代话剧和影视事业的发展,大量影视歌曲深入社会各阶层,如高天栖的《燕双飞》(影片《云兰姑娘》)、田汉的《梅娘曲》(话剧《回春之曲》)、《四季歌》(电影《马路天使》),许幸之的《铁蹄下的歌女》(电影《风雨儿女》)。

抗战中歌词的主题是抗日救国,如田汉的《毕业歌》《义勇军进行曲》,邵铁鸿的《抗日歌》、张寒晖的《松花江上》,光未然的《五月的鲜花》,这些歌词激励着人们的斗志,鼓舞着人们前进。同时在抗日根据地,诗人光未然、塞克等与音乐家冼星海接连推出了《黄河大合唱》与《生产大合唱》两部巨制,而诗人公木、贺敬之与郑律成、马可的合作,则出现了《八路军组歌》《南泥湾》等,均使歌词艺术的发展出现了一个十分兴盛发达的景观。

中华人民共和国成立后的十七年,人们用纯朴的感情表达对新中国的热爱。如李劫夫的《走在大路上》《歌唱二小放牛郎》,王莘的《歌唱祖国》,阎肃的《红梅赞》(电影《红岩》插曲),乔羽的《让我们荡起双桨》。"文革"十年,歌词多带有政治烙印,造反歌、忆苦歌、语录歌盛行一时。但也存在一些经得起时间考验的歌词,如郑南的《我爱五指山,我爱万泉河》,叶蔚林的《挑担茶叶上北京》。

1976年以后,思想的禁锢得到解放,歌词的创作开始呈百花齐放的形式。1976年到70年代末是一个新旧交替的剧烈变革时期,歌词创作走过了短期的对胜利的欢呼与对老一辈伟人的怀念之路。付林的《太阳最红,毛主席最亲》、王晓岭的《歌唱敬爱的周总理》是当时的代表作。随着台湾校园歌曲的传入,清新又亲切的校园歌曲在年轻人中长盛不衰,如叶佳修的《外婆的澎湖湾》,将胡适的诗作更名的《兰花草》。八十年代抒情歌曲流行,张枚同作词的《年轻的朋友来相会》,诗人乔羽的《牡丹之歌》,马金星的《军港之夜》深为人们喜爱。九十年代影视剧插曲繁荣起来,电视剧《渴望》中的《好人一生平安》(易茗)、电视剧《还珠格格》中的《当》(琼瑶)几乎家喻户晓。互联网的普及使歌词的创作不再是词作者的专利,其中娱乐性和随意性受到爱好者的追捧,如歌手杨臣刚的《老鼠爱大米》、庞龙的《两只蝴蝶》等。

从二十世纪八十年代起,华语词坛已经是全世界华人共同的词坛,台湾的庄奴、香港的黄霑、内地词坛泰斗乔羽被并称为华语"词坛三杰"。庄奴的歌词曾随着邓丽君的歌声飞遍中原大地;方文山与周杰伦的词曲搭档成为内地年轻人心目中的经典作品;王菲演绎的林夕的歌词显出了深沉。港台著名歌词作家罗大佑、庄奴、黄霑、李宗盛、林夕、方文山和内地的阎肃、乔羽、张黎、陈小奇、易茗在全世界华人心中具有同样的地位,华语的歌词创作由此走向了繁荣。

中国经济的发展促进了文化的发展,"中国风"在全世界悄然刮起,"中国风"歌词将醇厚的中国古典诗词与现代流行音乐相结合,使古典诗词焕发出新的生机和魅力。如陈小奇的《涛声依旧》,黄霑的《沧海一声笑》《梁祝》,方文山的《东风破》等。只有民族的才是世界的,"中国风"浓浓的诗词味激起了华人内心深处的民族情结,也征服了世界。

二、作品选讲

郭沫若

郭沫若(1892—1978),原名郭开贞,生于四川乐山沙湾。幼年入家塾读书,1906年入嘉定高等学堂学习,开始接受民主思想。1914年春赴日本留学,接触了泰戈尔、歌德、莎士比亚、惠特曼等外国作家的作品。1919年五四运动爆发,他在日本福冈发起组织救国团体夏社,投身于新文化运动,写出了《凤凰涅槃》《地球,我的母亲》《炉中煤》等诗篇。1928年流亡日本,1930年加入中国左翼作家联盟,参加"左联"东京支部活动。1938年任中华全国文艺界抗敌协会理事。这一时期创作了以《屈原》为代表的六部历史剧。他还写了《十批判书》《青铜时代》等史论和大量杂文、随笔、诗歌等。

中华人民共和国成立后,作品有《新华颂》《东风集》《蔡文姬》《武则天》《李白与杜甫》等。

天狗[1]

我是一条天狗呀!
我把月来吞了,
我把日来吞了,
我把一切的星球来吞了,
我把全宇宙来吞了。
我便是我了!
我是月底光,我是日底光,
我是一切星球底光,
我是X光线底光,
我是全宇宙底Energy底总量[2]!

我飞奔,我狂叫,我燃烧。
我如烈火一样地燃烧!
我如大海一样地狂叫!
我如电气一样地飞跑!
我飞跑,我飞跑,我飞跑,
我剥我的皮,我食我的肉,
我嚼我的血,我啮我的心肝,
我在我神经上飞跑,我在我脊髓上飞跑,
我在我脑筋上飞跑。
我便是我呀!我的我要爆了!

【注释】

[1]本诗最初发表于1920年2月7日上海《时事新报·学灯》,后收入郭沫若的第一部诗集《女神》。我国旧时有传说,以为日蚀、月蚀是天狗吞食日月,遇日蚀或月蚀时就敲锣打鼓驱赶天狗。

[2]Energy：英语，意为"能量"。

【讲解】
　　1919年的五四运动给远在日本的郭沫若精神上以极大的振奋和鼓舞，诗人内心那积蓄已久的爱国热情，那压抑多时的争取个性解放、民族解放和社会解放的强烈欲望，如火山爆发般迅速沸腾燃烧起来。于是，《天狗》等一批激情澎湃、个性鲜明、高扬着时代旋律的诗歌应运而生。本诗主要通过天狗的形象，抒发否定旧的社会现实、摆脱旧的思想束缚、张扬个性、追求解放的强烈愿望，集中体现出五四时期提倡科学、民主、自由的时代精神。
　　古人常常将月蚀现象称作"天狗吃月亮"，诗人在其小说《月蚀》中曾经写到他的家乡四川乡下在月蚀时击钟鸣鼓赶走天狗救出日月的风俗。在诗的一开始，诗人便以"天狗"自居，喊出了吞月、吞日、吞一切星球的气魄。而"我便是我了"则是个性获得充分张扬所带来的自豪感。可见，这里的"天狗"成为变革旧社会、旧思想的五四新人的象征。"我是全宇宙底Energy底总量！"表明五四新人具有无限的能量，可改变山河、大地、宇宙。接下去，"我飞奔，我狂叫，我燃烧……"其释放出的情感力量像猛烈的飓风、奔腾的激流，在那个时代产生了强烈的冲击波。"我飞跑，我飞跑，我飞跑"则是令人振奋的呐喊，充分展示五四时期个性解放的痛苦历程。总之，《天狗》是五四时期奏起的一曲惊心动魄的精神赞歌。"天狗"那可吞掉"一切的星球"的豪迈气概，正是五四时期要求破坏一切因袭传统、毁灭旧世界的精神再现。
　　在艺术上，本诗代表了郭沫若早期诗歌带有极强时代色彩的风范。诗歌采取了巧妙的象征。诗中的天狗形象既是旧的时代、旧的传统、旧的世界的叛逆者的象征，又是吐故纳新、具有无限能量的个性解放与新的世界、新的社会、新的未来创造者的象征。此外，诗人将"我"比作"X光线底光""如电气一样地飞跑"等，也都体现着当时崇尚科学的时代特点。诗中的想象大胆奇特。天狗的形象在传说中带有很大的模糊性，而在诗中则具化为有着无限能量、充得以解放了的个性"我"的形象。他一会儿把月来吞了、把日来吞了、把一切的星球来吞了，一会儿成为月的光、日的光、一切星球的光，一会儿又飞奔、狂叫、燃烧，而且在神经上飞跑、在脊髓上飞跑、在脑筋上飞跑，这都表现了诗人想象力的大胆奇特。全诗感情奔放激越。诗人以天狗自喻，以"我"的口吻来写，通过天狗气吞宇宙的非凡之势来抒发内心豪情。诗歌自始至终贯穿着强烈的感情，具有浓厚的主观色彩。另外，本诗还非常讲究韵律和节奏感。诗人多采用简短的句式，并将其与叠句、排比等手法结合起来，造成一种强烈的旋律、急促有力的节奏和摧枯拉朽般逼人的气势。

【思考与练习】
一、选择题
1. 郭沫若和郁达夫曾一起组织过文学团体（　　）。
　A. 语丝社　　　　B. 创造社　　　　C. 文学研究会　　　D. 未名社
2. 下列诗集中，属于郭沫若创作的是（　　）。
　A.《女神》　　　B.《北方》　　　　C.《神女》　　　　D.《死水》
3.《天狗》一诗创作于（　　）。
　A. 五四时期　　　B."四五"时期　　　C. 抗战时期　　　D."文革"时期
4. 郭沫若《天狗》表现出（　　）精神的最强音。
　A. 黑暗时代　　　B. 五四时期　　　C. 狂飙突进时代　　D. 新时代
二、简答题
1. 分析郭沫若《天狗》中"天狗"的象征含义。
2. 在《天狗》一诗中，作者用剥食自己的皮肉、心肝等匪夷所思的夸张，表达了怎样的情绪？
3. 简析《天狗》一诗的艺术特色。
三、实践题
　阅读郭沫若的诗《凤凰涅槃》，进行赏析。

徐志摩

徐志摩(1896—1931),浙江海宁人。1918年留学美国,1920年游学英国。1921年开始创作新诗。1923年,参与发起成立新月社。1924年与胡适、陈西滢等创办《现代评论》周刊,并任北京大学教授。印度大诗人泰戈尔访华时任翻译。1925年赴欧洲,游历苏、德、意、法等国。1926年在北京主编《晨报》副刊《诗镌》,与闻一多、朱湘等人开展新诗格律化运动,影响到新诗艺术的发展。同年移居上海,任光华大学、大夏大学和南京中央大学教授。1927年参加创办新月书店。次年《新月》月刊创刊后任主编,并出国游历英、美、日、印诸国。1930年任中华文化基金委员会委员,被选为英国诗社社员。同年冬到北京大学与北京女子大学任教。1931年初,与陈梦家、方玮德创办《诗刊》季刊,被推选为笔会中国分会理事。同年11月19日,由南京乘飞机到北平,飞机遇雾在济南附近触山,机坠身亡,遇难。

在较为短暂的一生中,徐志摩执着追求"美、爱和自由",著有诗集《志摩的诗》《翡冷翠的一夜》《猛虎集》《云游》,散文集《落叶》《巴黎的鳞爪》《自剖》《秋》等。现已有《徐志摩文集》出版。

再别康桥[1]

轻轻的我走了,
　　正如我轻轻的来;
我轻轻的招手,
　　作别西天的云彩。

那河畔的金柳,
　　是夕阳中的新娘;
波光里的艳影,
　　在我的心头荡漾。

软泥上的青荇,
　　油油的在水底招摇;
在康河的柔波里,
　　我甘心做一条水草!

那榆荫下的一潭,
　　不是清泉,
是天上虹;
　　揉碎在浮藻间,
沉淀着彩虹似的梦。

寻梦?撑一支长篙,
　　向青草更青处漫溯;
满载一船星辉,
　　在星辉斑斓里放歌。

但我不能放歌，
　　　　悄悄是别离的笙箫；
夏虫也为我沉默，
　　　　沉默是今晚的康桥！

悄悄的我走了，
　　　　正如我悄悄的来；
我挥一挥衣袖，
　　　　不带走一片云彩。

【注释】

[1]本诗写于1928年11月6日,初载1928年12月10日《新月》月刊第1卷第10号,后收入《猛虎集》。康桥,即今英国著名的剑桥大学所在地。

【讲解】

1920年10月至1922年8月,诗人曾游学于英国康桥。正是康河的水,开启了诗人的性灵,唤醒了久蛰在他心中的诗人的天命。因此他后来曾满怀深情地说:"我的眼是康桥教我睁的,我的求知欲是康桥给我拨动的,我的自我意识是康桥给我胚胎的。"(《吸烟与文化》)1928年秋,诗人故地重游,诗兴勃发。11月6日,在归途中,他将自己的生活体验幻化作缕缕情思,融汇在所写的康桥美丽的景色里,吟成了这首传世之作。

《再别康桥》是一首优美的抒情诗,宛如一曲优雅动听的轻音乐。第一节写久违的学子作别母校时的万千离愁。连用三个"轻轻的",使我们仿佛感受到诗人踮着足尖,像一股清风一样来了,又悄无声息地荡去;而那至深的情思,竟在招手之间,幻成了"西天的云彩"。第二节至第六节,描写诗人在康河里泛舟寻梦。披着夕照的金柳,软泥上的青荇,树荫下的水潭,一一映入眼底。两个暗喻用得颇为精到:第一个将"河畔的金柳"大胆地想象为"夕阳中的新娘",使无生命的景语化作有生命的活物,温润可人;第二个是将清澈的潭水疑作"天上虹",被浮藻揉碎之后,竟变了"彩虹似的梦"。正是在意乱情迷之间,诗人如庄周梦蝶,物我两忘,只觉得"波光里的艳影,在我的心头荡漾",并甘心在康河的柔波里,做一条招摇的水草。这种主客观合一的佳构既是妙手偶得,也是千锤百炼之功。第五、六节,诗人翻出了一层新的意境。借用"寻梦","满载一船星辉,在星辉斑斓里放歌","但我不能放歌","夏虫也为我沉默,沉默是今晚的康桥"四个叠句,将全诗推向高潮,正如康河之水,一波三折! 而他在青草更青处,在星辉斑斓里跣足放歌的狂态终未成就,此时的沉默无言又胜过多少情语啊! 最后一节以三个"悄悄的"与开头回环对应。潇洒地来,又潇洒地走。挥一挥衣袖,抖落的是什么? 已毋须赘言。既然在康桥涅槃过一次,又何必带走一片云彩呢? 全诗一气呵成,荡气回肠,是对徐志摩"诗化人生"的最好的描述。胡适尝言:"他的人生观真是一种'单纯信仰',这里面只有三个大字:一个是爱,一个是自由,一个是美。他梦想这三个理想的条件能够会合在一个人生里,这是他的'单纯信仰'。他的一生的历史,只是他追求这个单纯信仰的实现的历史。"(《追悼徐志摩》)果真如此,那么诗人在康河边的徘徊,不正是这种追寻的一个缩影吗?

这首诗表现出诗人高超的艺术技巧。全诗以"轻轻的""走""来""招手""作别云彩"起笔,接着用虚实相间的手法,描绘了一幅幅流动的画面,构成了一处处美妙的意境,细致入微地将诗人对康桥的爱恋,对往昔生活的憧憬,对眼前的无可奈何的离愁,表现得真挚、浓郁、隽永。同时,诗的结构形式严谨整齐,错落有致。全诗七节,每节四行,组成两个平行台阶;一、三行稍短,二、四行稍长,每行六至八字不等。诗人似乎有意把格律诗与自由诗二者的形式糅合起来,使之成为一种新的诗歌形式,富有民族化、现代化的建筑美。诗的语言清新秀丽,和谐自然,节奏轻柔委婉,伴随着情感的起伏跳跃,犹如一曲悦耳徐缓的散板,轻盈婉转,拨动着读者的心弦。诗人闻一多曾提倡现代诗歌的"音乐的美""绘画的美""建筑的美",《再别康桥》一诗可以说是"三美"兼备,堪称绝唱。

【思考与练习】

一、选择题

1. 下列诗篇,表达诗人重游故地时眷恋、珍惜而又略带忧郁情怀的是(　　)。
   A. 闻一多《死水》　　　　　　　　　B. 徐志摩《再别康桥》
   C. 裴多菲《我愿是一条急流》　　　　D. 戴望舒《雨巷》

2. 新月社的主要诗人有(　　)。
   A. 郭沫若　　　B. 闻一多　　　C. 徐志摩　　　D. 戴望舒
   E. 郁达夫

3. 《再别康桥》中"那河畔的金柳/是夕阳中的新娘"两句采用的修辞手法是(　　)。
   A. 象征　　　B. 反复　　　C. 比喻　　　D. 借代

二、简答题

1. 作者通过哪些意象赞美了康桥的美丽?
2. 为什么说《再别康桥》是中国新诗的经典之作?
3. 以徐志摩的《再别康桥》为例,谈一谈新月诗派所提倡的"三美"理论。

三、解析题

阅读《再别康桥》的第一节和第七节,回答问题:

轻轻的我走了,正如我轻轻的来;我轻轻的招手,作别西天的云彩。

悄悄的我走了,正如我悄悄的来;我挥一挥衣袖,不带走一片云彩。

1. 感受一下"轻轻的"与"悄悄的"有什么区别?
2. 两节诗在句数、字数、句式、用词、重复、变化几个方面的关系是怎样的?
3. 这两段用了哪些修辞方法?

四、实践题

查阅徐志摩的生平,客观地分析这个人物。

艾 青

　　艾青(1910—1996),原名蒋海澄,浙江金华人。1910年出生于浙江省金华县畈田蒋村的一个封建家庭。1928年中学毕业后考入国立杭州西湖艺术院。1929年到巴黎勤工俭学,在学习绘画的同时,接触欧洲现代派诗歌。1932年5月回到上海,加入中国左翼美术家联盟,并组织春地画社。同年7月被捕入狱,在狱中创作了名篇《大堰河——我的保姆》。1935年10月,经保释出狱。1937年抗战爆发后到武汉,写下《雪落在中国的土地上》。1938年初到西北地区,创作了《北方》等著名诗篇。1940年赴延安,在陕甘宁边区文化协会工作,创作了《向太阳》等诗。1945年10月随华北文艺工作团到张家口,后到华北联合大学文艺学院担任领导工作,写有《布谷鸟》等诗。1957年被错划为右派分子,1958年到黑龙江农垦农场劳动,1959年转到新疆石河子垦区。1979年平反后写下《归来的歌》《光的赞歌》等大量诗歌。

　　作为中国现当代著名诗人,艾青主要作品有《大堰河》《火把》《黎明的通知》《归来的歌》等诗集,《诗论》《艾青谈诗》等诗歌论著,对诗歌艺术和诗学理论进行了长期的探索与创造。从诗歌风格上看,1949年前,艾青以深沉、激越、奔放的笔触诅咒黑暗、讴歌光明;1949年后,又一如既往地歌颂人民,礼赞光明,思考人生。他的"归来"之歌,内容更为广泛,思想更为浑厚,情感更为深沉,手法更为多样,艺术更为圆熟。

雪落在中国的土地上[1]

雪落在中国的土地上，
寒冷在封锁着中国呀……

风，
像一个太悲哀了的老妇。
紧紧地跟随着，
伸出寒冷的指爪，
拉扯着行人的衣襟。
用着像土地一样古老的话，
一刻也不停地絮聒着……
那丛林间出现的，
赶着马车的，
你中国的农夫，
戴着皮帽，
冒着大雪，
你要到哪儿去呢？

告诉你，
我也是农人的后裔——
由于你们的，
刻满了痛苦的皱纹的脸，
我能如此深深地，
知道了，
生活在草原上的人们的，
岁月的艰辛。

而我，
也并不比你们快乐啊，
——躺在时间的河流上，
苦难的浪涛，
曾经几次把我吞没而又卷起——
流浪与监禁，
已失去了我的青春的最可贵的日子，
我的生命，
也像你们的生命，
一样的憔悴呀。

雪落在中国的土地上，
寒冷在封锁着中国呀……

沿着雪夜的河流，
一盏小油灯在徐缓地移行，
那破烂的乌篷船里，
映着灯光，垂着头，
坐着的是谁呀？
——啊，你

蓬发垢面的少妇，
是不是
你的家
——那幸福与温暖的巢穴——
已被暴戾的敌人，
烧毁了么？
是不是
也像这样的夜间，
失去了男人的保护，
在死亡的恐怖里
你已经受尽敌人刺刀的戏弄？

咳，就在如此寒冷的今夜，
无数的
我们的年老的母亲，
都蜷伏在不是自己的家里，
就像异邦人，
不知明天的车轮，
要滚上怎样的路程？
——而且，
中国的路
是如此的崎岖
是如此的泥泞呀。

雪落在中国的土地上。
寒冷在封锁着中国呀……

透过雪夜的草原，
那些被烽火所啮啃着的地域，
无数的土地的垦殖者，
失去了他们所饲养的家禽
失去了他们肥沃的田地

拥挤在
生活的绝望的污巷里；
饥馑的大地
朝向阴暗的天
伸出乞援的
颤抖着的两臂。

中国的苦痛与灾难，
像这雪夜一样广阔而又漫长呀！

雪落在中国的土地上，
寒冷在封锁着中国呀……

中国，
我的在没有灯光的晚上
所写的无力的诗句
能给你些许的温暖么？

【注释】

[1]本诗作于1937年12月28日之夜，时值民族危机空前严重的时刻，一个满怀正义和激愤之情的诗人由衷地唱出了这支深沉而激越的歌。

【讲解】

1937年，日寇入侵，中华民族正处于生死存亡的年代，面对着苦难和斗争，诗人通过描写大雪纷扬下的农夫、少妇、母亲的形象，将自己的命运、感情与人民大众和祖国联系在一起，写下了这首感情真挚、意境沉郁的诗。诗人为民族的命运而担忧，为人民的痛苦而悲愤，力图用自己那支饱蘸感情的笔，给祖国些许温暖，爱国深情渗透于字里行间。

诗的开头两句"雪落在中国的土地上，寒冷在封锁着中国呀……"以舒缓沉郁的叙述性语调所表现的沉重、忧郁的感情构成了贯串全诗的基本情绪和反复出现的主旋律。此句反复出现，将全诗分为四节，展现了不同的画面。各组画面既是寒夜的生活写照，也是诗人对时势的一种高度概括。无论是赶着马车的农夫、坐在船头的少妇，还是离家的年老母亲——这些在寒冷的夜晚出现在林间、河上、旷野的夜行者，既是为自己生活而搏斗、为命运所驱赶的劳动者，同时也是在生存线上挣扎、苦斗、寻找着道路的中国民众的形象。几个有着绘画造型特征的、掺合着诗人情感的构图，组成一幅向四面延伸扩展的画面，使诗人所表达的基本情绪得到具有生活实感的证实，并赋予这一情绪以厚实的生活根基。随着诗人心理的推移而推移的画面，带有扩展意义的象征意味。在寒夜中离家的年老母亲和失去土地、家畜的劳动者的困境的描述之后，"中国的路"是"如此的崎岖"，"饥馑的大地""伸出乞援的颤抖的两臂"，这些都扩展为对中国人民生活和斗争的情景的暗示，扩展为对一种普遍性的激愤情绪的概括。

重复与回环也是艾青诗传情达意的重要手段。他使用句式的重复或主导情绪的重复来传达主体难以驱遣的民族忧患感。这首诗开首即以"雪落在中国的土地上，寒冷在封锁着中国呀……"这样的诗句，造成一种郁闷得令人窒息的时代与情感氛围，并像音乐中的主旋律一样不断在诗情的发展中出现。每重复一次，诗的意境与情绪就向前推进一步，经过三度复现，诗人那种"像雪夜一样深广"的忧郁之情达到了巅峰状态。另外，诗中深邃阔大的意境，新鲜朴实的语言，以及诗歌结构形式的散文美，都较好地体现了艾青诗歌的独特风格。

【思考与练习】

一、选择题

1. 艾青的成名作是（　　）。
   A.《大堰河——我的保姆》　　　　　　B.《芦笛》
   C.《我爱这土地》　　　　　　　　　　D.《火把》

2. 艾青《雪落在中国的土地上》的写作背景是（　　）。
   A. 第一次国内革命战争　　　　　　　B. 北伐战争
   C. 抗日战争　　　　　　　　　　　　D. 解放战争

3.《雪落在中国的土地上》一诗的结尾"中国/我的在没有灯光的晚上/所写的无力的诗句/能给你些许的温暖么？"所表达的情感内涵是（　　）。
   A. 对祖国和人民深厚、真挚的爱
   B. 以深刻的怀疑和理性精神对黑暗的社会提出有利的指控
   C. 由衷期望中华民族能在危险时刻站立起来
   D. 对美好理想的追求

4.《雪落在中国的土地上》一诗的基调是（　　）。
   A. 热情奔放　　　B. 沉郁坚强　　　C. 凄凉悲伤　　　D. 清新秀丽

5.《雪落在中国的土地上》的主旋律是（　　）。
   A. 雪落在中国的土地上/寒冷在封锁着中国呀……
   B. 中国的苦痛与灾难/像这雪夜一样广阔而又漫长呀！
   C. 我的生命/也像你们的生命/一样的憔悴呀！
   D. 中国的路/是如此的崎岖/是如此的泥泞呀。

6.《雪落在中国的土地上》中运用的主要修辞手法有（　　）。
   A. 夸张　　　　　B. 反复　　　　　C. 比喻　　　　　D. 借代

二、简答题

1.《雪落在中国土地上》中的人物有何代表性？
2. 结合《雪落在中国土地上》等诗，分析艾青诗歌特有的"赤子情怀"。

三、解析题

阅读艾青《雪落在中国的土地上》中的一段诗，回答问题。

告诉你，我也是农人的后裔——由于你们的，刻满了痛苦的皱纹的脸，我能如此深深地，知道了，生活在草原上的人们的，岁月的艰辛。

(1) 这里表现了诗人怎样的思想感情？
(2) 谈谈选段的节奏特点。

四、实践题

查阅资料，列出十四年抗战中的主要战役及其背景。

北　岛

北岛(1949—)，本名赵振开，曾用"北岛""石默"等笔名。祖籍浙江湖州，生于北京。1969年当建筑工人，后在某公司工作。1978年同诗人芒克创办民间诗歌刊物《今天》，成为"朦胧诗"的代表性诗人。1989年4月离开祖国，先后在德国、挪威、瑞典、丹麦、荷兰、法国、美国等国家居住。曾多次获得诺贝尔文学奖提名。2007年起任香港中文大学客座教授。

北岛的诗歌创作开始于十年动乱后期，反映了从迷惘到觉醒的一代青年的心声，十年动乱的荒诞现实，造成了诗人独特的"冷抒情"的方式——出奇的冷静和深刻的思辨性。

回　答

卑鄙是卑鄙者的通行证，
高尚是高尚者的墓志铭。
看吧，在那镀金的天空中，
飘满了死者弯曲的倒影。

冰川纪过去了，
为什么到处都是冰凌？
好望角发现了，
为什么死海里千帆相竞？

我来到这个世界上，
只带着纸、绳索和身影，
为了在审判之前，
宣读那被判决了的声音。

告诉你吧，世界
我——不——相——信！
纵使你脚下有一千名挑战者，
那就把我算作第一千零一名。

我不相信天是蓝的，
我不相信雷的回声，
我不相信梦是假的，
我不相信死无报应。
如果海洋注定要决堤，
就让所有的苦水都注入我心中；
如果陆地注定要上升，
就让人类重新选择生存的峰顶。

新的转机和闪闪星斗，
正在缀满没有遮拦的天空。
那是五千年的象形文字，
那是未来人们凝视的眼睛。

【讲解】
　　这首诗揭露了黑白混淆、是非颠倒的现实，对矛盾重重、险恶丛生的社会发出了愤怒的质疑，以坚定的口吻表达了对暴力世界的怀疑，并庄严地向世界宣告了"我不相信"的回答，刺穿了乌托邦式的虚伪，呈现出了世界的本来面目，震醒了茫茫黑夜酣睡的人们。

作品开篇以悖论式警句斥责了是非颠倒的荒谬时代,"镀金"揭示表里不一的虚假,"弯曲的倒影"暗指那些被迫害致死的冤魂,二者形成鲜明的对照。第二节情绪上顺承第一节,以"冰凌"暗指人们心灵的阴影,以"死海里千帆相竞"象征尔虞我诈的变态社会。开篇至第三节,诗人义无反顾地以普罗米修斯式的拯救者形象自居,表现了勇敢地肩负起新时代个体的觉醒和变革的责任。第四节写面对丑恶,诗人做出了"我——不——相——信!"这一铿锵有力的回答,破折号的运用,意在加重语气,表现了大胆无畏的挑战。后两句从历史的维度来表明自己不屈的决心。第五节以四个排比句继续显示了否定和怀疑精神。第六节前两句写面对苦难的态度,抒发承担未来重托的英雄情怀,后两句传达出对未来的期望。从历史与未来中捕捉到希望和转机,显示了具有五千年历史的民族的强大的再生力。

《回答》反映了整整一代青年觉醒的心声,是与已逝的一个历史时代彻底告别的"宣言书"。诗人接受西方现代派文学影响,通过意象的接组和叠加,撞击和转换,通过超越时空的蒙太奇剪接,成功地将一个理想的艺术世界呈现在读者面前。他在冷静的观察中,发现了人性的扭曲和异化。他想通过作品建立一个自己的真诚而独特、正义和人性的世界,在这个世界中,北岛以理性和人性为准绳,重新确定人的价值,恢复人的本性;悼念烈士,审判刽子手;嘲讽怪异和异化的世界,反思历史和现实;呼唤人性的复归。诗中既有直接的抒情和充满哲理的警句,又有大量语意曲折的象征、隐喻、比喻等,使诗作既明快、晓畅,又含蕴丰厚,具有强烈的警悟性和震撼力。

【思考与练习】

一、选择题

1. 北岛在新诗《回答》中做出了( )的铿锵有力的回答。
 A. 卑鄙是卑鄙者的通行证　　　　　B. 高尚是高尚者的墓志铭
 C. 让所有的苦水都注入我心中　　　D. 我——不——相——信!
2. "卑鄙是卑鄙者的通行证,高尚是高尚者的墓志铭"这一名句的原创者是( )。
 A. 北岛　　　　B. 舒婷　　　　C. 顾城　　　　D. 汪国真
3. 作为当代杰出诗人,北岛所属的诗派是( )。
 A. 七月派　　　B. 现代派　　　C. 朦胧诗派　　　D. 先锋派
4. 诗句"如果海洋注定要决堤,让所有的苦水注入我心中"出自( )。
 A. 徐志摩《再别康桥》　　　　　　B. 戴望舒《我的记忆》
 C. 艾青《雪落在中国的土地上》　　D. 北岛《回答》
5. 北岛《回答》一诗的写作时间是( )。
 A. 1958年　　　B. 1961年　　　C. 1966年　　　D. 1976年

二、简答题

1. 以《回答》为例,谈谈朦胧诗的特点。
2. 《回答》一诗的主旨是什么?
3. 解释"卑鄙是卑鄙者的通行证,高尚是高尚者的墓志铭"。

三、实践题

下面是朦胧诗代表人物舒婷的《致橡树》,请赏析。

我如果爱你——绝不像攀援的凌霄花,借你的高枝炫耀自己;我如果爱你——绝不学痴情的鸟儿,为绿荫重复单调的歌曲;也不止像泉源,常年送来清凉的慰藉;也不止像险峰,增加你的高度,衬托你的威仪。甚至日光,甚至春雨。

不,这些都还不够!我必须是你近旁的一株木棉,作为树的形象和你站在一起。根,紧握在地下;叶,相触在云里。每一阵风过,我们都互相致意,但没有人,听懂我们的言语。你有你的铜枝铁干,像刀,像剑,也像戟;我有我红硕的花朵,像沉重的叹息,又像英勇的火炬。

我们分担寒潮、风雷、霹雳;我们共享雾霭、流岚、虹霓。仿佛永远分离,却又终身相依。这才是伟大的爱情,坚贞就在这里:爱——不仅爱你伟岸的身躯,也爱你坚持的位置,足下的土地。

海 子

海子(1964—1989),中国当代"新生代"诗人,原名查海生,安徽省怀宁人。1979年以十五岁之龄进入北京大学法律系,1983年毕业后任教于中国政法大学。他是中国二十世纪新文学史中一位全力冲击文学与生命极限的诗人,其代表作品有:《麦地》、《面朝大海,春暖花开》、长诗《土地》、话剧《弑》及约二百首抒情短诗等。1989年3月26日在河北省山海关卧轨自尽,年仅二十五岁。

面朝大海 春暖花开[1]

从明天起,做一个幸福的人,
喂马,劈柴,周游世界。
从明天起,关心粮食和蔬菜,
我有一所房子,面朝大海,春暖花开。

从明天起,和每一个亲人通信,
告诉他们我的幸福,
那幸福的闪电告诉我的,
我将告诉每一个人。

给每一条河每一座山取一个温暖的名字。
陌生人,我也为你祝福,
愿你有一个灿烂的前程,
愿你有情人终成眷属,
愿你在尘世获得幸福。
我只愿面朝大海,春暖花开。

【注释】
[1]本诗写于1989年1月13日。

【讲解】
海子的这首诗以质朴的语言、跳跃的思维、整齐的节奏表达了他心中的幸福,读后令人感到意犹未尽。
在诗的开头,作者希望的幸福就是朴实的"喂马,劈柴,周游世界",是"粮食和蔬菜",表示诗人正走出自我的心灵重轭,融入平常人所能理解的"幸福"之中。"我有一所房子,面朝大海,春暖花开",诗人想象自己有这样一个既可以喂马、劈柴、关心粮食蔬菜的房子(现实生活),又有一个超离生活之外,眺望大海的空间(理想彼岸)。诗人要"和每一个亲人通信",和人们沟通,交流幸福的感受,把瞬间的闪电般的幸福冲击告诉别人。在幸福的激情中,诗人想"给每一条河每一座山取一个温暖的名字"。终于诗人还是回归于自己的"面朝大海,春暖花开"房子,在对陌生人的平常生活祝福之后。
正是从这首诗中,我们窥见了诗人的生存思考。这个用心灵歌唱着的诗人,他与世俗的生活相隔遥远。正是那种企图摆脱尘世的羁绊的愿望让这首诗赢得了众多的共鸣。

【思考与练习】

一、选择题

1. "新生代"诗人的代表有（　　）。
  A. 韩东　　　　　B. 北岛　　　　　C. 海子　　　　　D. 伊沙
2. 在诗的开头诗人决定开始的"幸福生活"的内容是（　　）。
  A. 要对人生进行思考　　　　　　　B. 平常人的生活
  C. 作者的人生理想　　　　　　　　D. 这首诗的宗旨
3. 下面哪句话体现了作者要表达的幸福是（　　）。
  A. 喂马，劈柴，周游世界　　　　　B. 关心粮食和蔬菜
  C. 和每一个亲人通信　　　　　　　D. 我有一所房子，面朝大海，春暖花开

二、简答题

1. 中国当代"新生代"诗歌的特点是什么？
2. 请概括《面朝大海，春暖花开》的表达的思想。

三、实践题

查阅资料，介绍"新生代"的主要诗人及其代表作。

李叔同

李叔同(1880—1942)，音乐、美术教育家，早期话剧(新剧)活动家。原名文涛，又名岸，字惜霜，号叔同，别署甚多。祖籍山西洪洞。生于天津的一个进士、盐商家庭。生母本为浙江平湖农家女，后来奉母南迁上海，每自称平湖人，以纪念其先母。少年时已擅长诗画、书法、篆刻。1901年就学上海南洋公学。1905至1910年间，在日本东京上野美术专门学校学习西洋画和音乐。与曾孝谷、欧阳予倩等在日本创立了我国最早的话剧演出团体"春柳社"，在话剧《茶花女》《黑奴吁天录》中扮演主要角色。1918年在杭州虎跑寺出家，法名演音，号弘一，中兴佛教南山律宗。1942年病逝于福建泉州开元寺。所作乐歌大多收入丰子恺所编《李叔同歌曲集》。另有作品集《悲欣交集》。

送别歌[1]

长亭外，古道边，芳草碧连天。晚风拂柳笛声残，夕阳山外山。

天之涯，地之角，知交半零落；一觚[2]浊酒尽余欢，今宵别梦寒。

长亭外，古道边，芳草碧连天。晚风拂柳笛声残，夕阳山外山。

【注释】

[1]《送别歌》：选自2010年版北京大学出版社出版的李叔同《悲欣交集》。这是李叔同根据美国通俗歌曲作家奥德威的《梦见家和母亲》的曲调填词的学堂乐歌，写于1914年，作者正任教于浙江省立第一师范。学堂乐歌是随着新式学堂的建立、音乐(当时称唱歌或乐歌)课的开设而编写的歌曲。

[2]觚(gū)：古代酒器，长身细腰。丰子恺版做"瓢"，收录在1927年8月开明书店出版的《中文名歌五十曲》中，典故出自《论语·雍也篇》："子曰：'贤哉回也！一箪食，一瓢饮，在陋巷，人不堪其忧？，回也不改其乐。贤哉回也。'"

【讲解】

综师一生,为翩翩之佳公子,为激昂之志士,为多才之艺人,为严肃之教育者,为戒律精严之头陀,而以倾心西极,吉祥善逝。

——夏丏尊

《送别歌》虽是学堂乐歌,但意蕴深长,不涉教化。歌词以长短句结构写成,语言精练,感情真挚,意境深邃。歌曲分三段:第一段用长亭、古道、夕阳、笛声等晚景,衬托出寂静冷落的气氛。第二段的"天之涯,地之角,知交半零落",情绪与前面形成鲜明对比,激动,又似深沉的感叹。"一觚浊酒尽余欢,今宵别梦寒"承接了前一段的"笛声残",恰当地表现了告别友人的离愁情绪。一、三段完全相同,并未给人以烦琐的印象,却加深了魂牵梦绕的离情别意,完美体现了重章叠句的效果。《送别》被誉为20世纪最优美的歌词。

陈小奇

陈小奇(1954—),广东普宁人,我国著名词曲作家。现任中国音乐家协会流行音乐学会副主席、广东省作家协会副主席。1983年开始歌曲创作,至今有约二千首作品问世,作品以典雅、空灵、具有深厚文化底蕴的艺术风格独步大陆乐坛。代表作品有《涛声依旧》《跨越巅峰》《又见彩虹》等。《涛声依旧》自问世以来迅速风靡海外,并久唱不衰,成为大陆流行歌曲的经典作品。《跨越巅峰》和《又见彩虹》则被选为首届世界女子足球锦标赛会歌和第九届全国运动会会歌。

涛声依旧[1]

带走一盏渔火让他温暖我的双眼,
留下一段真情让它停泊在枫桥边。
无助的我已经疏远那份情感,
许多年以后才发觉又回到你面前。

留连的钟声还在敲打我的无眠。
尘封的日子始终不会是一片云烟。
久违的你一定保存着那张笑脸,
许多年以后能不能接受彼此的改变?

月落乌啼总是千年的风霜,
涛声依旧不见当初的夜晚。
今天的你我怎样重复昨天的故事,
这一张旧船票能否登上你的客船?

留连的钟声还在敲打我的无眠,
尘封的日子始终不会是一片云烟。
久违的你一定保存着那张笑脸,
许多年以后能不能接受彼此的改变?

月落乌啼总是千年的风霜,
涛声依旧不见当初的夜晚。
今天的你我怎样重复昨天的故事,
这一张旧船票能否登上你的客船?

月落乌啼总是千年的风霜,
涛声依旧不见当初的夜晚。
今天的你我怎样重复昨天的故事,
这一张旧船票能否登上你的客船?
能否登上你的客船?!

【注释】

[1]《涛声依旧》创作于20世纪90年代初,1993年入选春晚歌曲。

【讲解】

作为中国内地流行歌曲永恒的经典之一,《涛声依旧》用典雅的文字婉转演绎了中国风,演绎了浓浓的愁思。

"月落乌啼霜满天,江枫渔火对愁眠。姑苏城外寒山寺,夜半钟声到客船。"这是唐朝诗人张继的《枫桥夜泊》。

"渔火""枫桥""钟声"岂不是千年前唐人张继的《枫桥夜泊》的再现?同样的地点牵动的已不是当年诗人的"愁眠",而是当代歌词主人公的"无眠"。当年的张继是为何而愁?如今的歌词主人公是"留下一段真情让它停泊在枫桥边",只能"带走一盏渔火让他温暖我的双眼"。不知当年与自己共享真情的人现在如何?主人公"希望久违的你一定保存着那张笑脸",或许纵使相逢应不识,"许多年以后能不能接受彼此的改变",作者茫然。

张继感叹"月落乌啼霜满天",霜只能在地,但诗人只觉得如霜的寒意布满苍穹;歌词主人公道出"月落乌啼总是千年的风霜",千年风霜怎能一夜降临,但主人公觉得此时已被千年风霜包裹。不管相隔千年的诗人与主人公遭遇有何不同,他们的感觉都是相同的。歌词到此唱向了感情的高峰。时光的流逝,主人公已是一张错过了日期的"旧船票",心中的那人是那艘当然错过了行程的"客船"。以问号结局,并将感情激荡的段落多次重复,让读者和听众在重复中去做自己的领会。

《涛声依旧》从巧妙的角度展示了人生沧桑,又符合中国传统的含蓄蕴藉。也许再过几百年我们后人心中的陈小奇就是现在我们心中的张继。

【思考与练习】

一、选择题

1. 华语"词坛三杰"是（　　）。
   A. 庄奴　　　　　　　B. 黄霑　　　　　　　C. 方文山　　　　　　D. 乔羽
2. 李叔同的作品集有（　　）。
   A.《湖畔》　　　　　　　　　　　　　B.《悲欣交集》
   C.《李叔同歌曲集》　　　　　　　　　D.《乐歌集》
3.《送别歌》创作于（　　）期间。
   A. 留学日本　　　　　　　　　　　　B. 虎跑寺出家
   C. 任教浙江省立第一师范　　　　　　D. 开元寺出家
4.《涛声依旧》让人联想到的是（　　）。

A. 宋词《雨铃霖》 B. 元曲《秋思》
C. 唐诗《清明》 D. 唐诗《枫桥夜泊》
5. "留下一段真情让它停泊在枫桥边"所用的修辞手法是(　　)。
A. 比喻 B. 拟人 C. 借代 D. 比拟

二、简答题

1. 什么叫学堂乐歌？它具有什么特点？
2. 谈谈《送别歌》最打动你的地方，并说明理由。
3. 举例说明"中国风"歌词的特点。
4. 举例说明比喻与比拟的区别。
5. 解释"这一张旧船票能否登上你的客船"。

三、实践题

1. 查阅资料，谈谈浙江省立第一师范在新文化运动中的地位，并列举其中的著名人物。
2. 举出一段你最喜欢的歌词，说说你喜欢的理由。

三、拓展阅读

作品阅读

雨巷

戴望舒

撑着油纸伞，独自彷徨在悠长、悠长又寂寥的雨巷，我希望逢着一个丁香一样的结着愁怨的姑娘。她是有丁香一样的颜色，丁香一样的芬芳，丁香一样的忧愁，在雨中哀怨，哀怨又彷徨；她彷徨在这寂寥的雨巷，撑着油纸伞，像我一样，像我一样地默默彳亍（chì chù）着，冷漠、凄清，又惆怅。

她静默地走近，走近，又投出太息一般的眼光，她飘过，像梦一般地，像梦一般地凄婉迷茫。像梦中飘过一枝丁香地，我身旁飘过这女郎；她静默地远了，远了，到了颓圮(pǐ)的篱墙，走尽这雨巷。在雨的哀曲里，消了她的颜色，散了她的芬芳，消散了，甚至她的太息般的眼光，丁香般的惆怅。

撑着油纸伞，独自彷徨在悠长，悠长又寂寥的雨巷，我希望飘过一个丁香一样的结着愁怨的姑娘。

【点评】

《雨巷》约写于1927年。狭窄阴沉的雨巷、徘徊的独行者、丁香一样结着愁怨的姑娘，都是象征性的意象。象征当时黑暗的社会，在革命中失败的人和朦胧的、时有时无的希望，含蓄地暗示出作者既迷惘感伤又有期待的情怀，并给人一种朦胧而又幽深的美感。

老马

臧克家

总得叫大车装个够，它横竖不说一句话，背上的压力往肉里扣，它把头沉重地垂下！
这刻不知道下刻的命，它有泪只往心里咽，眼里飘来一道鞭影，它抬起头望望前面。

【点评】

本诗写于1932年4月,臧克家曾说:"写老马就是写老马本身,读者如何理解,那是读者的事,见仁见智,也不全相同。"

结结巴巴
伊 沙

结结巴巴我的嘴,二二二等残废,咬不住我狂狂狂奔的思维,还有我的腿。
你们四处流流流淌的口水,散着霉味,我我我的肺,多么劳累。
我要突突突围,你们莫莫莫名其妙的节奏,急待突围。
我我我的,我的机枪点点点射般的语言,充满快慰。
结结巴巴我的命,我的命里没没没有鬼,你们瞧瞧瞧我,一脸无所谓。

【点评】

以一种调侃的口吻直指我们社会生活中的一些弊端,这首诗中的"我"结结巴巴,自嘲为"二等残废",他的生理缺陷或许会被人嘲弄,但在内心里却是充满自信的。陈词滥调和陈规陋习所形成的莫名其妙的节奏,如果不被"突围",社会中的死气沉沉将严重影响我们的社会生活。

燕双飞
词曲 高天栖

燕双飞,画栏人静晚风微。记得去年门巷,风景依稀。绿芜庭院,细雨湿苍苔,雕梁尘冷春入梦;且衔得芹泥,重筑新巢傍翠帏。
栖香稳,软语呢喃话夕晖。差池双剪,掠水穿帘去复回。魂萦杨柳弱,梦逗杏花肥。天涯草色正芳菲。
楼台静,帘幕垂;烟似织,月如眉。其奈流光速!莺花老,雨风催,景物全非。杜宇声声唤道:不如归!

【点评】

《燕双飞》是1932年天一公司影片《芸兰姑娘》的插曲,由高天栖词曲,女主角陈玉梅主唱。歌词深受青年知识分子乃至孩童的喜爱。一些老人至耄耋之年仍会唱。

凤凰
词曲 苏阳

尕妹妹牡丹啊,往花园里长。二阿哥,是空中的个凤啊凰,我悬来悬去的,个没望想,
吊死到白牡丹的树上。哎呀呀哎,我的爹呀,吊死到白牡丹的树上。哎呀呀哎,我的爹呀,
吊死到白牡丹的树上。
尕妹妹牡丹啊,往花园里长。二阿哥,是空中的个凤啊凰,我悬来悬去的,个没望想,
吊死到白牡丹的树上。哎呀呀哎,我的爹呀,吊死到白牡丹的树上。哎呀呀哎,我的爹呀,
吊死到白牡丹的树上。
尕妹妹牡丹啊,往花园里长。二阿哥,是空中的个凤啊凰,我悬来悬去的,个没望想,
吊死到白牡丹的树上。

尕妹妹牡丹啊,往花园里长,二阿哥,是空中的个凤啊凰,我悬来悬去的,个没望想,吊死到白牡丹的树上。哎呀呀哎,我的爹呀,吊死到白牡丹的树上。哎呀呀哎,我的爹呀,吊死到白牡丹的树上。吊死到白牡丹的树上。吊死到白牡丹的树上。

【点评】
《凤凰》是一首极具西北风味的民歌,由苏阳乐队的主唱苏阳作词作曲,脱胎于海源民歌"花儿"。歌词讲述一个梦想幻灭的故事,凤凰象征着高不可攀的美梦,主角追求不切实际的梦想,只能换来悲剧的结果。

文化常识

中国传统建筑

中国传统建筑从普通民居到宫殿城市,基本上维持封闭形状。北京有四合院、上海有绞圈房子、福建有土楼,充分显示依附于土地祈求长久和谐安定的意识。

传统院落或城市多采用中轴对称布局,平衡、和谐,建筑的整体性极强。从整体到个体,从外部到内部,从彩饰到附属艺术,都是整体的,缺一不可。内部的个体建筑是多样的,堂、亭、廊等各有不同,即使是相同的个体,屋脊、屋檐、屋瓦的装饰也不同,显示了整体与多样的结合。

居所庭院的设置使封闭中显示了开放,直接面对蓝天的花草树木水塘使人工与自然融为一体,再次体现了"天人合一"的观点。

中国传统住宅基本坐北朝南,便于阳光照射。住宅由墙围成院落,门内可有多重院落,一个院落称为一进。

如果在一座独立院落的东侧或西侧再加一排房子和院子,就是跨院,就成了一主一次并列式院落。

传统院落门内为庭,一进为外庭,二门之内是内庭。庭中植树,有地位的人家种棘(酸枣树)和槐。君王庭中设火炬,称"燎"。

二门又叫"闱"。二门之内是主人居住之所。主人的正房中最前面的是"堂",堂是行礼、待客的地方,不住人。堂后有门可通"室"。室的两侧的房屋称"房"。

堂后是室,有户相通。要入室必先登堂,所以《论语·先进》写孔子批评子路鼓瑟的技术不佳、因而同学们对子路不敬,于是孔子又说:"由也(子路名由),升堂矣,未入于室也。"现在有成语"登堂入室"比喻学问或技能从浅到深,达到很高的水平。

堂在最前面,因此"堂下"就是庭(内庭)。

堂建在高台上,所以堂前有阶梯,左右各一,称西阶、东阶。古人在室外尊左,因此西阶是宾客走的。

堂有东西两面墙,称作东序、西序;堂的南面没有墙,只有两根柱子,叫东楹、西楹。后代房前的廊子以及现在有些地区前后开门的"堂屋",即来源于堂。堂没有南墙,因而敞亮,于是又名"堂皇"。

中国现代住宅延续了许多传统的特点,乡村住宅基本围起院落,园中植树。对着院子是堂屋,堂屋有门通卧室。随着社会的进步乡村住宅也增添了许多现代化的元素,如楼层的增加、电器的使用、现代化厨卫的运用等。

江南人家生了女儿会在园中种一棵香樟树,媒婆在院外只要看到此树,便知该家有待嫁姑娘,便可来提亲。到女儿出嫁时做樟木箱。

现代城市中,由于人口密度大,已不适应占地面积很大的住宅。多层甚至高层的成套住宅适应了高节奏的生活和小型化的家庭,"厅"代替了传统的"堂",除了厅、厨卫,其他几室的功能可随意安排,紧凑、简化。虽然如此,住宅择吉的心理在国人中是普遍存在的。例如:

上梁祈吉。新房上大梁在各地都是大事,要选择吉日,鞭炮齐鸣,披红挂绿,有的地方还有上贡品。

乔迁祈吉。迁居之前要选择吉日,新房要先进木柴,谐音"财";或先进竹子,寓意"节节高"。搬家仪式:开门纳吉(选吉日吉时)、上香祭祖(延续香火)、起灶(开火烧水)、放鞭炮(驱邪)。

植树祈吉。榆树之荚果称为榆钱,谐音"余钱",槐树荚果,谐音"怀子",人们多于大门前栽榆树,宅院内栽槐树,以求吉利。有"前榆后槐,必定发财"之说。

灶神保佑。传统住宅在厨房灶上都会供灶神。灶神掌管人们饮食,还是玉皇上帝派遣到人间考察一家善恶之职的官。灶神左右随侍两神,一捧"善罐"、一捧"恶罐",随时将一家人的行为记录保存于罐中,年终时总计之后再向玉皇上帝报告。农历十二月廿四日(或二十三)就是灶神离开人间,上天向玉皇上帝禀报一家人这一年来所作所为的日子,又称"辞灶",所以家家户户都要"送灶神"。

第十二讲
现当代散文

一、文学史讲述

从1915年起,新文化运动和五四爱国运动相继兴起,新思潮的输入、外国散文的学习和介绍、现代报刊的盛行,这些新的机遇和挑战,开辟了中国散文发展的新纪元,现当代散文创作的帷幕逐渐拉开。

(一)现代散文

五四时期白话散文创作相当发达,品种体式繁多,既有杂感小品,也有抒情"美文"、哲理随笔,还有散文诗和文艺性的通讯。起初兴起的是由《新青年》"随感录"创始的现代杂文。此后不久,随着美文的倡导,涌现了许多作家写的艺术性散文。这时期的散文作品各自发扬着文体的优长,闪耀着作家的个性,与传统文言散文争相媲美。

在中国现代散文史上,鲁迅的开创性业绩不仅表现在杂文方面,还表现在记叙抒情散文和散文诗领域。从发表于《国民公报》"新文艺"专栏的《自言自语》,到1924至1926年连载于《语丝》的二十三篇《野草》,以及1926年发表于《莽原》上的十篇《旧事重提》(后改题结集为《朝花夕拾》),再到1925至1929年鲁迅与许广平通信的结集《两地书》,鲁迅一直坚持散文创作。此外,陈独秀、李大钊、周作人、刘半农、钱玄同、林语堂、陈西滢等人,也对中国现代杂文的创建和发展有过一定的贡献。

在二十世纪二十年代末"几条杂感,就可以送命的"(鲁迅语)白色恐怖时期,新兴散文原先那种蓬勃发展的势头受到阻遏,杂感短评因为形势严峻,不得不由正面交锋变为旁敲侧击,由锋芒毕露变为隐晦曲折。散文小品领域也发生明显的分化和变化:茅盾等人的抒情小品曲折表达自己对大革命失败的情感经验和理性反思,沉郁顿挫,含蓄蕴藉,如《卖豆腐的哨子》《雾》《虹》《严霜下的梦》等,以个人抒怀方式和象征性意象表现革命低潮时期的精神苦闷,成为大革命失败后的时代象征;周作人、俞平伯等人在《骆驼草》上开始改弦易辙,往闲适、趣味一路发展。游记方面出现了流亡、避祸、消忧之类的新内容,如阿英的《流离》、郑振铎的《海燕》、郁达夫的《灯蛾埋葬之夜》和《感伤的行旅》等。这种种变迁的迹象预示着二十世纪三十年代散文将迎来一个更为丰富复杂、五光十色的发展前景。

进入三十年代,伴随民族民主革命浪潮日益高涨,各种散文全面复苏,新体散文萌生发展,散文界重新趋于活跃。以 1932 年底黎烈文接编并改革《申报·自由谈》,邀请鲁迅、茅盾等人为之撰稿为重要标志,散文创作进入了一个新的繁荣兴盛期。《申报·自由谈》继五四时期《晨报副刊》等传统,注重发表杂文、随笔、速写、抒情散文,汇集了许多散文作家。1933 年和 1934 年分别被称为"小品文年"和"杂志年",可见其一时之盛。尤其可喜的是,这时期散文创作队伍空前壮大。老作家中,鲁迅、周作人、郁达夫、朱自清、谢冰心、叶圣陶、郑振铎、王统照、林语堂、俞平伯等人,都不断有散文新作问世,仍是这一时期散文界的主干;二十年代中期开始从事散文创作的作家,如茅盾、丰子恺、鲁彦、沈从文等,到这时期取得了丰硕的成果;还有二十年代末三十年代初陆续涌现的一大批文学新人,如巴金、靳以、柯灵、唐弢、徐懋庸、周木斋、何其芳、李广田、吴伯箫、丽尼、陆蠡、萧红、萧军等,活跃于散文界,成为三十年代创作的一支生力军。在这热闹繁杂的散文界,存在着两种主要艺术倾向,林语堂、周作人为代表的"论语派"在趣味、游戏、幽默、闲适中将激扬文字推向了沉潜适世的生命关怀与日常人生的吟味咀嚼。以左翼作家为骨干,包括鲁迅、茅盾、陈望道、胡风等积极提倡反映现实生活斗争的"新的小品文",促进了三十年代散文写实精神的发展和深化。在新老作家的辛勤耕耘下,三十年代散文园地呈现出繁花似锦、全面丰收的动人局面。

　　报告文学是从新闻报道和纪实散文中生成并独立出来的一种新闻与文学结合的散文体裁,也是一种以文学手法及时反映和评论现实生活中的真人真事的新闻文体,是速写、特写、文艺通讯的总称。这种文体是近代新闻事业发达的产物。十九世纪报纸登陆中国,报告文学开始孕育。五四运动为中国的思想、文化带来深刻的变革的同时,报告文学在题材和思想内容上也取得了巨大突破。冰心、瞿秋白、梁启超、鲁迅、柔石、谢冰莹和文学研究会的诸作家都积极写作报告文学。但这时的作者们尚没有文体的自觉性,"报告文学"这一名词直到 1930 年以后才正式被引进。第一部以报告文学名义出版的作品集是阿英选编的《上海事变与报告文学》(1932)。稍后有夏衍的《包身工》、宋之的《1936 年春在太原》等名篇。抗战爆发之后,战争状态为叙事性散文提供了广阔的表现舞台和阅读市场,一直较为发达的作家个人生活和情感的散文,显得低落飘零。在民族存亡的关头,能够活跃于文坛的文学,必然是密切配合战争时事的文学。报告文学新闻性加文学性的特点,使之成为当时最实用的文学形式。

　　抗战初期的解放区文学存在于大的抗战背景之中,散文的情况也不例外。在报告文学之外,其他体式的散文也间或出现,如何其芳的《我歌唱延安》、郭小川的《生命的颂歌》、魏伯的《塞行小记》、李述的《愉快的心情》、柳青的《在故乡》、张闻天的《飘零的黄叶》、高原的《悼乃莹》、严文井的《信仰》、萧军的《文坛上的"布而巴精神"》等,这些作品较多表现的仍是作家个人的某些感受,个人文体的特征还是十分明显的。曾以情感细腻、文字精美、结构灵巧的《画梦录》而称誉文坛的何其芳,在一个刚到延安的深夜,写下了《我歌唱延安》这篇自视为"报告"的散文。促成解放区叙事性散文高度发达的根本力量,来自延安文艺座谈会。1944 年,丁玲发表了《田保霖》,欧阳山发表了《活在新生活里》,两篇作品都用叙事的手法介绍农民投入解放区生产建设的故事,毛泽东同志读后对此给予了肯定,并著文向这种"新的写作作风"表示庆祝。从中我们也可以清楚感受到解放区叙事性散文高度发达的原因。

(二) 当代散文

　　中华人民共和国成立后"十七年"时期,抒情散文产量甚丰、艺术性强。杨朔、秦牧、刘白羽被认为是成就突出且对当代散文艺术做出重要的贡献的作家。他们的作品分别构成了二十世纪五六十年代散文写作的三种主要"模式",在一个时期产生广泛的影响。

杨朔(1913—1968)的散文《雪浪花》《荔枝蜜》《蓬莱仙境》《香山红叶》《茶花赋》等,在发表的当时以及八十年代的一段时间,被看作当代散文名篇,选入各种选本和中学语文课本。"拿着当诗一样写"是他这个时期的创作追求。他的散文讲究"诗意",包括谋篇布局的精巧、锤词炼字的用心,以及"诗的意境"的营造。其中最重要的,其实是"从一些东鳞西爪的侧影,烘托出当前人类历史的特征"(杨朔《东风第一枝·小跋》)。如见到盛开的茶花而联想到祖国欣欣向荣的面貌,以香山红叶寓示历经风霜、到老愈红的革命精神,将劳作的蜜蜂比喻只问贡献、不求报酬的劳动者等。

刘白羽(1916—2005)的《红玛瑙集》收入了六十年代初最具特色的散文作品,如《日出》《灯火》《长江三日》《樱花漫记》等。作者自己认为,它们连同稍后发表的《平明小札》,是"对新的美的探索的结果"。他参加的四十年代内战,是他感受和想象的"资源",也是评价生活的标尺。这决定了他经常采用现实生活场景与战争年代记忆相交织的构思方式,虽也记叙事件和描绘场面,但最主要是抒发那种激越的感情。

秦牧(1919—1993)五十年代的散文集有《星下集》《贝壳集》《花城》《潮汐和船》,文艺随笔《艺海拾贝》。八十年代出版的散文集有《长街灯语》《花蜜与蜂刺》《晴窗晨笔》等。他的散文表现了重视"知识性"的特点。文章有着清晰的观念框架和论证的逻辑线索,用来支持这些观念的是有关的历史记载、见闻、传说等。那些被广泛称道的作品如《古战场春晓》《社稷坛抒情》《土地》《花城》等,得益于有更多的情感的融入,以及材料组织所显现的联想的丰富和从容,夹叙夹议的写法加强了谈天说地的趣味。

这一时期,曹靖华、吴伯箫、菡子、袁鹰、郭风、柯蓝、碧野、陈残云等在散文创作上也取得了若干成果。曹靖华的散文集《花》收入的大多是对旧日生活的回忆文字,如记叙他与鲁迅交往的《忆当年,穿着细事且莫等闲看!》《雪雾迷蒙访书画》《智慧花开烂如锦》等。吴伯箫早期的散文收在三十年代出版的集子《羽书》中,六十年代的作品如《记一辆纺车》《窑洞风景》《菜园小记》《歌声》等,记叙的是有关四十年代初延安的生活。在当时对战争年代精神传统发掘的社会思潮中,吴伯箫以有个性色彩的记忆做出了自己的回应。

新时期的散文创作人数众多,取得了很大的成绩。巴金的五卷散文集《随想录》,收录了他1978到1986年写作的一百五十多篇随笔,在这些作品是他对"文革"十年的反思与总结,带着强烈的自省意识。《随想录》在八十年代引起很大的震动,被称为"说真话的大书"。杨绛的散文集《干校六记》记述了作者1969年底到1972年春在河南"五七干校"中的生活经历,以独特的视角写"文革"对知识分子的心灵残害。

写真情性的散文掀起了表现内心世界的写作风潮。贾平凹的《爱的踪迹》以淳朴又深沉的意味让人感动。史铁生的《我与地坛》引起了广大的共鸣,被称为五十年来最美的散文。在对于女性意识的宣扬问题上,女性散文家们突破传统的束缚,在作品中显现了鲜明的女性主体意识,如张洁《拣麦穗》、叶梦《羞女山》、海男《女人圣经》、丹娅《女人的星》和唐敏《女孩子的花》等确立了散文在当代文坛上的位置。

余秋雨的《文化苦旅》以记游的方式融合着历史、文化、思想文化思考,引发了散文界的革命,形成了文化散文。各界人士都向散文靠拢,报纸副刊、刊物的文章多采用散文形式,人们用散文慰藉内心情感,在散文中获得历史、文化知识,探讨生活理念、处世态度。

同时,1949年前的一些散文名家如周作人、林语堂、梁实秋、钱钟书等人的作品也重新走俏,而我国港、台散文作家,如余光中、三毛、李敖、席慕蓉等的作品也颇受内地读者的欢迎。

散文诗是适应现当代社会人们敏感多思、复杂缜密等心理特征而发展起来的一种现代文体。作为一种独立的文学样式流行起来是在19世纪中叶以后。第一个正式用"小散文诗"这个词、有意采用这种体裁的是法国诗人波特莱尔。散文诗一般表现作者对于社会和人生背景的小感触，注意描写客观生活触发下思想情感的波动和片段。

抒情散文总是离不开纪实，而散文诗几乎没有原原本本地记录真实人物和真实事件的，都是抒写内心对现实生活的印象。散文诗与诗歌的不同之处在于它经常运用描述和议论的表现手段，突破了诗歌的限制，更舒卷自如地写出心灵的真实状态。

1918年4卷5期《新青年》杂志又刊登刘半农用白话文翻译的印度歌者拉坦·德维的散文诗《我行雪中》，文末附有一篇美国《名利场》(Vanity Fair Magazine)月刊记者的导言说，这是一篇"结构精密的散文诗"。"散文诗"这一名称从此开始在中国报刊书籍上不断出现。刘半农还创作了一首题名为《卖萝卜人》的散文诗，刊登在同期《新青年》上。柯蓝与郭风是1949年以后的散文诗大家。"文革"以后散文诗空前发展，二十多年内，出版的散文诗专集多达一百八十多种。其中有名的有：耿林莽的《醒来的鱼》《飞鸟的高度》，王尔碑的《行云集》，李耕的《不眠的雨》《梦的旅行》等。

二、作品选讲

鲁 迅

鲁迅(1881—1936)，原名周樟寿，字豫山、豫亭、豫才，1898年更名为周树人。浙江省绍兴府会稽人。青年时代受进化论和托尔斯泰博爱思想的影响。1902年去日本留学，原在仙台医学院学医，后从事文艺工作，希望用以改变国民精神。1905—1907年，参加革命党人的活动，发表了《摩罗诗力说》《文化偏至论》等论文。其间曾回国奉母命结婚。1909年，与其弟周作人一起合译《域外小说集》，介绍外国文学。1926年8月，南下到厦门大学任中文系主任。1927年1月，到中山大学任教务主任。1927年10月到达上海，开始与其学生许广平同居。1930年起，先后参加中国自由运动大同盟、中国左翼作家联盟和中国民权保障同盟，反抗国民党政府的独裁统治和政治迫害。1936年10月19日因病逝世于上海。著作收入《鲁迅全集》。

作为"现代文学之父"，鲁迅创作成果颇为丰硕。1918年，始以"鲁迅"为笔名，发表白话小说《狂人日记》，开辟了现代白话小说之先河。此后，陆续创作了小说集《呐喊》《彷徨》《故事新编》，杂文集《坟》《热风》《华盖集》《华盖集续编》《南腔北调集》，散文诗集《野草》，散文集《朝花夕拾》。鲁迅小说富有开创精神，正如沈雁冰当年《读〈呐喊〉》一文所说："在中国新文坛上，鲁迅君常常是创造形式的先锋；《呐喊》里的十多篇小说，几乎一篇有一篇新形式，而这些新形式又莫不给青年以极大的影响，必然有多数人跟上去试验。"

灯下漫笔[1]

有一时，就是民国二三年时候，北京的几个国家银行的钞票，信用日见其好了，真所谓蒸蒸日上。听说连一向执迷于现银的乡下人，也知道这既便当，又可靠，很乐意收受，行使了。至于稍明事理的人，则不必是"特殊知识阶级"，也早不将沉重累坠的银元装在怀中，来自讨无谓的苦吃。想来，除了多少对于银子有特别嗜好和爱情的人物之外，所有的怕大都是钞票了罢，而且多是本国的。但可惜后来忽然受了一个不小的打击。

就是袁世凯想做皇帝的那一年,蔡松坡[2]先生溜出北京,到云南去起义。这边所受的影响之一,是中国和交通银行的停止兑现。虽然停止兑现,政府勒令商民照旧行用的威力却还有的;商民也自有商民的老本领,不说不要,却道找不出零钱。假如拿几十几百的钞票去买东西,我不知道怎样,但倘使只要买一枝笔,一盒烟卷呢,难道就付给一元钞票么?不但不甘心,也没有这许多票。那么,换铜元,少换几个罢,又都说没有铜元。那么,到亲戚朋友那里借现钱去罢,怎么会有?于是降格以求,不讲爱国了,要外国银行的钞票。但外国银行的钞票这时就等于现银,他如果借给你这钞票,也就借给你真的银元了。

我还记得那时我怀中还有三四十元的中交票[3],可是忽而变了一个穷人,几乎要绝食,很有些恐慌。俄国革命以后的藏着纸卢布的富翁的心情,恐怕也就这样的罢;至多,不过更深更大罢了。我只得探听,钞票可能折价换到现银呢?说是没有行市。幸而终于,暗暗地有了行市了:六折几。我非常高兴,赶紧去卖了一半。后来又涨到七折了,我更非常高兴,全去换了现银,沉垫垫地坠在怀中,似乎这就是我的性命的斤两。倘在平时,钱铺子如果少给我一个铜元,我是决不答应的。

但我当一包现银塞在怀中,沉垫垫地觉得安心,喜欢的时候,却突然起了另一思想,就是:我们极容易变成奴隶,而且变了之后,还万分喜欢。

假如有一种暴力,"将人不当人",不但不当人,还不及牛马,不算什么东西;待到人们羡慕牛马,发生"乱离人,不及太平犬"的叹息的时候,然后给与他略等于牛马的价格,有如元朝定律,打死别人的奴隶,赔一头牛[4],则人们便要心悦诚服,恭颂太平的盛世。为什么呢?因为他虽不算人,究竟已等于牛马了。

我们不必恭读《钦定二十四史》,或者入研究室,审察精神文明的高超。只要一翻孩子所读的《鉴略》[5],——还嫌烦重,则看《历代纪元编》[6],就知道"三千余年古国古"[7]的中华,历来所闹的就不过是这一个小玩艺。但在新近编纂的所谓"历史教科书"一流东西里,却不大看得明白了,只仿佛说:咱们向来就很好的。

但实际上,中国人向来就没有争到过"人"的价格,至多不过是奴隶,到现在还如此,然而下于奴隶的时候,却是数见不鲜的。中国的百姓是中立的,战时连自己也不知道属于那一面,但又属于无论那一面。强盗来了,就属于官,当然该被杀掠;官兵既到,该是自家人了罢,但仍然要被杀掠,仿佛又属于强盗似的。这时候,百姓就希望有一个一定的主子,拿他们去做百姓,——不敢,是拿他们去做牛马,情愿自己寻草吃,只求他决定他们怎样跑。

假使真有谁能够替他们决定,定下什么奴隶规则来,自然就"皇恩浩荡"了。可惜的是往往暂时没有谁能定。举其大者,则如五胡十六国的时候,黄巢的时候,五代时候,宋末元末时候,除了老例的服役纳粮以外,都还要受意外的灾殃。张献忠的脾气更古怪了,不服役纳粮的要杀,服役纳粮的也要杀,敌他的要杀,降他的也要杀:将奴隶规则毁得粉碎。这时候,百姓就希望来一个另外的主子,较为顾及他们的奴隶规则的,无论仍旧,或者新颁,总之是有一种规则,使他们可上奴隶的轨道。

"时日曷丧,予及汝偕亡!"[8]愤言而已,决心实行的不多见。实际上大概是群盗如麻,纷乱至极之后,就有一个较强,或较聪明,或较狡猾,或是外族的人物出来,较有秩序地收拾了天下。厘定规则:怎样服役,怎样纳粮,怎样磕头,怎样颂圣。而且这规则是不像现在那样朝三暮四的。于是便"万姓胪[9]欢"了;用成语来说,就叫作"天下太平"。

任凭你爱排场的学者们怎样铺张,修史时候设些什么"汉族发祥时代""汉族发达时代""汉族中兴时代"的好题目,好意诚然是可感的,但措辞太绕弯子了。有更其直截了当的说法在这里——

一、想做奴隶而不得的时代；

二、暂时做稳了奴隶的时代。

这一种循环，也就是"先儒"之所谓"一治一乱"[10]；那些作乱人物，从后日的"臣民"看来，是给"主子"清道辟路的，所以说："为圣天子驱除云尔[11]。"现在入了那一时代，我也不了然。但看国学家的崇奉国粹，文学家的赞叹固有文明，道学家的热心复古，可见于现状都已不满了。然而我们究竟正向着那一条路走呢？百姓是一遇到莫名其妙的战争，稍富的迁进租界，妇孺则避入教堂里去了，因为那些地方都比较的"稳"，暂不至于想做奴隶而不得。总而言之，复古的，避难的，无智愚贤不肖，似乎都已神往于三百年前的太平盛世，就是"暂时做稳了奴隶的时代"了。

但我们也就都像古人一样，永久满足于"古已有之"的时代么？都像复古家一样，不满于现在，就神往于三百年前的太平盛世么？

自然，也不满于现在的，但是，无须反顾，因为前面还有道路在。而创造这中国历史上未曾有过的第三样时代，则是现在的青年的使命！

但是赞颂中国固有文明的人们多起来了，加之以外国人。我常常想，凡有来到中国的，倘能疾首蹙额而憎恶中国，我敢诚意地捧献我的感谢，因为他一定是不愿意吃中国人的肉的！

鹤见钓辅氏在《北京的魅力》[12]中，记一个白人将到中国，预定的暂住时候是一年，但五年之后，还在北京，而且不想回去了。有一天，他们两人一同吃晚饭——

"在圆的桃花心木的食桌前坐定，川流不息地献着出海的珍味，谈话就从古董，画，政治这些开头。电灯上罩着支那式的灯罩，淡淡的光洋溢于古物罗列的屋子中。什么无产阶级呀，Proletariat[13]呀那些事，就像不过在什么地方刮风。

"我一面陶醉在支那生活的空气中，一面深思着对于外人有着'魅力'的这东西。元人也曾征服支那，而被征服于汉人种的生活美了；满人也征服支那，而被征服于汉人种的生活美了。现在西洋人也一样，嘴里虽然说着 Democracy[14]呀，什么什么呀，而却被魅于支那人费六千年而建筑起来的生活的美。一经住过北京，就忘不掉那生活的味道。大风时候的万丈的沙尘，每三月一回的督军们的开战游戏，都不能抹去这支那生活的魅力。"

这些话我现在还无力否认他。我们的古圣先贤既给与我们保古守旧的格言，但同时也排好了用子女玉帛所做的奉献于征服者的大宴。中国人的耐劳，中国人的多子，都就是办酒的材料，到现在还为我们的爱国者所自诩的。西洋人初入中国时，被称为蛮夷，自不免个个蹙额[15]，但是，现在则时机已至，到了我们将曾经献于北魏，献于金，献于元，献于清的盛宴，来献给他们的时候了。出则汽车，行则保护：虽遇清道，然而通行自由的；虽或被劫，然而必得赔偿的；孙美瑶[16]掳去他们站在军前，还使官兵不敢开火。何况在华屋中享用盛宴呢？待到享受盛宴的时候，自然也就是赞颂中国固有文明的时候；但是我们的有些乐观的爱国者，也许反而欣然色喜，以为他们将要开始被中国同化了罢。古人曾以女人作苟安的城堡，美其名以自欺曰"和亲"，今人还用子女玉帛为作奴的赘敬，又美其名曰"同化"。所以倘有外国的谁，到了已有赴宴的资格的现在，而还替我们诅咒中国的现状者，这才是真有良心的真可佩服的人！

但我们自己是早已布置妥帖了，有贵贱，有大小，有上下。自己被人凌虐，但也可以凌虐别人；自己被人吃，但也可以吃别人。一级一级地制驭着，不能动弹，也不想动弹了。因为倘一动弹，虽或有利，然而也有弊。我们且看古人的良法美意罢——

"天有十日，人有十等。下所以事上，上所以共神也。故王臣公，公臣大夫，大夫臣士，士臣

皁,皁臣舆,舆臣隶,隶臣僚,僚臣仆,仆臣台。"[17]（《左传》昭公七年）

但是"台"没有臣,不是太苦了么？无须担心的,有比他更卑的妻,更弱的子在。而且其子也很有希望,他日长大,升而为"台",便又有更卑更弱的妻子,供他驱使了。如此连环,各得其所,有敢非议者,其罪名曰不安分！

虽然那是古事,昭公七年离现在也太辽远了,但"复古家"尽可不必悲观的。太平的景象还在：常有兵燹,常有水旱,可有谁听到大叫唤么？打的打,革的革,可有处士来横议么？对国民如何专横,向外人如何柔媚,不犹是差等的遗风么？中国固有的精神文明,其实并未为共和二字所埋没,只有满人已经退席,和先前稍不同。

因此我们在目前,还可以亲见各式各样的筵宴,有烧烤,有翅席,有便饭,有西餐。但茅檐下也有淡饭,路旁也有残羹,野上也有饿莩；有吃烧烤的身价不资的阔人,也有饿得垂死的每斤八文的孩子（见《现代评论》二十一期）[18]。所谓中国的文明者,其实不过是安排给阔人享用的人肉的筵宴。所谓中国者,其实不过是安排这人肉的筵宴的厨房。不知道而赞颂者是可恕的,否则,此辈当得永远的诅咒！

外国人中,不知道而赞颂者,是可恕的；占了高位,养尊处优,因此受了蛊惑,昧却灵性而赞叹者,也还可恕。可是还有两种,其一是以中国人为劣种,只配悉照原来模样,因而故意称赞中国的旧物。其一是愿世间人各不相同以增自己旅行的兴趣,到中国看辫子,到日本看木屐,到高丽看笠子,倘若服饰一样,便索然无味了,因而来反对亚洲的欧化。这些都可憎恶。至于罗素在西湖见轿夫含笑[19],便赞美中国人,则也许别有意思罢。但是,轿夫如果能对坐轿的人不含笑,中国也早不是现在似的中国了。

这文明,不但使外国人陶醉,也早使中国一切人们无不陶醉而且至于含笑。因为古代传来而至今还在的许多差别,使人们个个分离,遂不能再感到别人的痛苦；并且因为自己各有奴使别人,吃掉别人的希望,便也就忘却自己同有被奴使被吃掉的将来。于是大小无数的人肉的筵宴,即从有文明以来一直排到现在,人们就在这会场中吃人,被吃,以凶人的愚妄的欢呼,将悲惨的弱者的呼号遮掩,更不消说女人和小儿。

这人肉的筵宴现在还排着,有许多人还想一直排下去。扫荡这些食人者,掀掉这筵席,毁坏这厨房,则是现在的青年的使命！

一九二五年四月二十九日

【注释】

[1]本文最初分两次发表于 1925 年 5 月 1 日、22 日《莽原》周刊第 2 期和第 5 期。后收入杂文集《坟》。"漫笔",是作家常用的一种表现形式,其特点是借事抒情、夹叙夹议、意味隽永。"漫"既是内容的"漫"无边际,又是"心事浩茫连广宇"的"漫漫"心绪,还是一种"漫延开来"的思维方式。

[2]蔡松坡（1882—1916）：名锷,字松坡,湖南邵阳人,辛亥革命时任云南都督,1913 年被袁世凯调到北京,加以监视。1915 年他潜离北京,同年 12 月回到云南组织护国军,讨伐袁世凯。

[3]中交票：中国银行和交通银行（都是当时的国家银行）发行的钞票。

[4]关于元朝的打死别人奴隶赔一头牛的定律,多桑《蒙古史》第二卷第二章中引有元太宗窝阔台的话可证,足见当时汉人的地位与奴隶相等。

[5]《鉴略》：清代王仕云著,是旧时学塾用的初级历史读物,上起盘古,下迄明弘光。全为四言韵语。

[6]《历代纪元编》：清代李兆洛著。分三卷,上卷纪元总载,中卷纪元甲子表,下卷纪元编韵。是中国历史的干支年表。

[7]"三千余年古国古"：语出清代黄遵宪《出军歌》"四千余岁古国古,是我完全土"。

[8]语出《尚书·汤誓》。意思是,这个太阳为什么还不消失呢?我愿和你同归于尽。时日,指夏桀。

[9]胪:传告。

[10]"一治一乱":语见《孟子·滕文公》,"天下之生久矣,一治一乱"。

[11]"为圣天子驱除云尔":语出《汉书·王莽传赞》,"圣王之驱除云尔"。唐代颜师古注:"言驱逐蠲除以待圣人也。"

[12]《北京的魅力》:见鲁迅曾选译过的日本评论家鹤见钓辅(1885—1972)的随笔集《思想·山水·人物》。

[13]Proletariat:英语,意为"无产阶级"。

[14]Democracy:英语,意为"民主"。

[15]蹙额:头痛皱眉,即痛苦忧伤的样子。

[16]孙美瑶:当时占领山东抱犊固的土匪头领。1923年5月5日他在津浦铁路临城站劫车,掳去中外旅客二百多人,是当时轰动一时的事件。

[17]王、公、大夫、士、皂、舆、隶、僚、仆、台是奴隶社会等级的名称。前四种是统治者的等级,后六种是被奴役者的等级。

[18]每斤八文的孩子:1925年5月2日《现代评论》第一卷第21期载有仲瑚的《一个四川人的通信》,叙说当时军阀统治下四川劳动人民的悲惨生活,其中说:"男小孩只卖八枚铜子一斤,女小孩连这个价钱也卖不了。"

[19]罗素(B. Russell,1872—1970):英国哲学家。1920年曾来中国讲学,并在各地游览。关于"轿夫含笑"事,见其《中国问题》一书:"我记得一个大夏天,我们几个人坐轿过山,道路崎岖难行,轿夫非常的辛苦;我们到了山顶,停十分钟,让他们休息一会。立刻他们就并排地坐下来了,抽出他们的烟袋来,谈着笑着,好像一点忧虑都没有似的。"

【讲解】

本文通过对中国历史的深入解剖,表达了对封建专制主义的憎恨和对国民奴性人格的批判。

全文分为两大部分。第一部分从民族心理的角度,剖析中国历史。此部分又可分三个层次。第一层写辛亥革命后,金融动荡,钞票贬值,百姓用高价兑现银元,明知吃亏还满心高兴的生活实例,引出中国人"极容易变成奴隶,变了之后,还万分喜欢",揭示了国民的思想弱点,即容易苟安满足。第二层分析了被压迫的中国民众安于被奴役地位的思想产生的历史根源,指出正是封建专制制度的愚民统治,造成民众的奴性十足的民族心理。并把历史形象地概括为两种时代,揭示出"太平盛世"的真相。第三层揭露复古主义者的本质:向往做奴隶的地位,指出这是民族心理在作祟,号召青年创建"第三样的时代"。第二部分从民族文化的角度,剖析中国的现实,剖析中国"固有文明"的实质。此部分也可分三层。第一层通过一个日本作家的文章展示帝国主义对中国固有文明别有用心的赞颂,用现实和历史的事实揭露洋人赞颂的固有文明实际是"中国人用子女玉帛所做的奉献于征服者的大宴"。第二层分析中国固有文明的核心是封建等级制度。第三层揭示中国固有文明的内涵,即保古守旧,苟活偷生。帝国主义赞颂中国固有文明的目的,就是反对中国现代化。

全文两大部分之间互相联系,对应统一。第一部分从民族心理的角度,探讨了中国的历史;第二部分从民族文化的角度,探讨了中国的现状。两部分所写历史与现状、心理与文化都相互联系,相互制约,互为因果。两部分的结尾都指出了"现在青年的使命":"创造第三样的时代"与"扫荡这些食人者,掀掉这筵席,毁坏这厨房"。

全文从日常生活的感受入手,随后引用大量历史事实、文献典籍等论据进行论证,激情饱满,情理交融,极富震撼性和感染力。

【思考与练习】

一、选择题

1. 中国现代文学的奠基人是(　　)。

A. 茅盾 B. 鲁迅 C. 巴金 D. 郭沫若
2. 鲁迅《灯下漫笔》后来收入散文集(   )。
A《热风》 B《华盖集》 C.《坟》 D.《伪自由书》
3. 在《灯下漫笔》一文中,作者用钞票折价兑换银元的叙述是为了引出(   )。
A. 袁世凯的倒台 B. 鲁迅经济的拮据
C. 人民处于奴隶地位的论述 D. 银行即将倒闭
4.《灯下漫笔》中的"厨房"是比喻(   )。
A. 黑暗的旧中国 B. 中国的精神文明
C. 旧中国的统治机构 D. 中国的物质文明
5."只要一翻孩子所读的《鉴略》,——还嫌烦重,则看《历代纪元编》,就知道'三千余年古国古'的中华,历来所闹的就不过是这一小玩艺。"这里的"小玩艺"指的是(   )。
A.《钦定二十四史》 B.《鉴略》
C. 民不及牛马和等于牛马的地位 D. 新近编纂的"历史教科书"
6.《灯下漫笔》所提出的"第三样时代"指的是(   )
A. 人民当家做主的时代 B. 暂时做稳了奴隶的时代
C. 想做奴隶而不得的时代 D. 物质与精神文明高度发达的时代
7."这一种循环,也就是'先儒'之所谓'一治一乱'。"这里的"先儒"指的是(   )。
A. 孔子 B. 孟子 C. 荀子 D. 颜渊
8. 鲁迅《灯下漫笔》中,体现民众处在"想做奴隶而不得的时代"的有(   )。
A. 乱离人,不及太平犬
B. 厘定规则:怎样服役,怎样纳粮,怎样磕头,怎样颂圣
C. 虽不算人,究竟已等于牛马了
D. 这人肉的筵宴现在还排着
E. 有吃烧烤的身价不资的阔人,也有饿得垂死的每斤八文的孩子

二、简答题
1."轿夫如果能对坐轿的人不含笑,中国也早不是现在似的中国了。"这句话运用了什么表现手法?含义是什么?
2. 鲁迅认为中国"固有文明"的实质是什么?谈谈你的观点。
3. 简述《灯下漫笔》第一、二部分的关系。

三、解析题
1. 阅读下面的文字,回答问题:
假如有一种暴力,"将人不当人",不但不当人,还不及牛马,不算什么东西;待到人们羡慕牛马,发生"乱离人,不及太平犬"的叹息的时候,然后给他略等于牛马的价格,有如元朝定律,打死别人的奴隶,赔一头牛,则人们便要心悦诚服,恭颂太平盛世,为什么呢?因为他虽然不算人,究竟已等于牛马了。
(1)这段话揭示了中国人当时怎样的落后心态?
(2)从这段话中可否透视造成这种落后心态的社会原因是什么?
(3)从这段话的精神出发,可以把中国历史概括为怎样的两个时代?
2. 阅读下面一段文字,回答问题:
任凭你爱排场的学者们怎样铺张,修史时候设些什么"汉族发祥时代""汉族发达时代""汉族中兴时代"的好题目,好意诚然是可感的,但措辞太绕湾子了。有更直捷了当的说法在这里——
一、想做奴隶而不得的时代;
二、暂时做稳了奴隶的时代。
这一种循环,也就是"先儒"之所谓"一治一乱";那些作乱人物,从后日的"臣民"来看,是给"主子"清道辟路的,所以说:"为圣天子驱除云尔。"

(1)学者们所说的"发祥""发达""中兴"时代,在鲁迅看来,实质是什么时代?
(2)"先儒"之所谓"一治一乱",在鲁迅看来不过是怎样的两个时代?
(3)从这里可以看出鲁迅希望中国出现一个什么样的时代?
(4)这里所说的"主子"清道辟路的"作乱人物"指的是哪类人物?
3. 阅读下面一段文字,回答问题:
这人肉的筵宴现在还排着,有许多人还想一直排下去。扫荡这些食人者,掀掉这筵席,毁坏这厨房,则是现在的青年的使命!
(1)该段文字用了哪些修辞方法?
(2)该段文字的论证方法有哪些?
(3)鲁迅认为"现在的青年的使命"是什么?
4. 阅读下面一段文字,回答问题:
因此我们在目前,还可以亲见各式各样的筵宴,有烧烤,有翅席,有便饭,有西餐。但茅檐下也有淡饭,路旁也有残羹,野上也有饿莩;有吃烧烤的身价不资的阔人,也有饿得垂死的每斤八文的孩子(见《现代评论》二十一期)。所谓中国的文明者,其实不过是安排给阔人享用的人肉的筵宴。所谓中国者,其实不过是安排这人肉的筵宴的厨房。不知道而赞颂者是可恕的,否则,此辈当得永远的诅咒!
(1)划分这段话的层次。
(2)此段的中心论点是什么?
(3)此段话的论证方法是什么?
(4)找出这段话中的排比、对偶、比喻的修辞方法。

四、实践题

阅读鲁迅的小说集《呐喊》,选出一篇,谈谈其表现的内容及你的体会。

梁实秋

梁实秋(1903—1987),学名梁治华,字实秋,一度以秋郎、子佳为笔名。原籍浙江杭县(今杭州市),生于北京。1915年秋考入清华学校,在该校高等科求学期间开始写作。1921年发表第一篇散文诗《荷水池畔》。1923年毕业后赴美留学,1926年回国后先后任教或供职于南京东南大学、暨南大学教授、青岛大学、北京大学等。1938年任国民参政会参政员,到重庆编译馆主持翻译委员会并担任教科书编辑委员会常委,年底开始编辑《中央日报》副刊《平明》。抗战胜利后回北平任师大英语系教授。1949年到台湾,任台湾师范学院(后改师范大学)英语系教授,后兼系主任,再后又兼文学院长。1961年起专任师大英语研究所教授。1966年退休。

梁实秋散文集文人散文与学者散文的特点于一体,旁征博引,内蕴丰盈,行文崇尚简洁,重视文调,追求"绚烂之极趋于平淡"的艺术境界及文调雅洁与感情渗入的有机统一。且因洞察人生百态,文笔机智闪烁,作品谐趣横生,严肃中见幽默,幽默中见文采。晚年怀念故人、思恋故土的散文更写得深沉浓郁,感人至深。

我的一位国文老师

我在十八九岁的时候,遇见一位国文先生,他给我的印象最深,使我受益也最多,我至今不能忘记他。

先生姓徐,名锦澄,我们给他上的绰号是"徐老虎",因为他凶。他的相貌很古怪,他的脑袋的轮廓是有棱有角的,很容易成为漫画的对象。头很尖,秃秃的,亮亮的,脸形却是方方的,扁扁的，有些像《聊斋志异》绘图中的夜叉的模样。他的鼻子眼睛嘴好像是过分地集中在脸上很小的一块区域里。他戴一副墨晶眼镜，银丝小镜框，这两块黑色便成了他脸上最显著的特征。我常给他画漫画，勾一个轮廓，中间点上两块椭圆形的黑块，便惟妙惟肖。他的身材高大，但是两肩总是耸得高高，鼻尖有一些红，像酒糟的，鼻孔里常藏着两桶清水鼻涕，不时地吸溜着，说一两句话就要用力地吸溜一声，有板有眼有节奏，也有时忘了吸溜，走了板眼，上唇上便亮晶晶地吊出两根玉箸。他常穿的是一件灰布长袍，好像是在给谁穿孝。袍子在整洁的阶段时我没有赶得上看见，余生也晚，我看见那袍子的时候即已油渍斑斑。他经常是仰着头，迈着八字步，两眼望青天，嘴撇得瓢儿似的。我很难得看见他笑，如果笑起来，是狞笑，样子更凶。

我的学校是很特殊的。上午的课全是用英语讲授，下午的课全是国语讲授。上午的课很严，三日一问，五日一考，不用功便被淘汰，下午的课稀松，成绩与毕业无关。所以每天下午上国文之类的课程，学生们便不踊跃，课堂上常是稀稀拉拉的不大上座，但教员用拿毛笔的姿势举着铅笔点名的时候，学生却个个都到了，因为一个学生不只答一声到。真到了的学生，一部分是从事午睡，微发鼾声，一部分看小说如《官场现形记》《玉梨魂》之类，一部分写"父母亲大人膝下"式的家书，一部分干脆瞪着大眼发呆，神游八表。有时候逗先生开玩笑。国文先生呢，大部分都是年高有德的，不是榜眼，就是探花，再不就是举人。他们授课不过是奉行公事，乐得敷敷衍衍。在这种糟糕的情形之下，徐老先生之所以凶，老是绷着脸，老是开口就骂人，我想大概是由于正当防卫吧。

有一天，先生大概是多喝了两盅，摇摇摆摆地进了课堂。这一堂是作文，他老先生拿起粉笔在黑板上写了两个字，题目尚未写完，当然照例要吸溜一下鼻涕，就在这吸溜之际，一位性急的同学发问了："这题目怎样讲呀？"老先生转过身来，冷笑两声，勃然大怒："题目还没有写完，写完了当然还要讲，没写完你为什么就要问？……"滔滔不绝地吼叫起来，大家都为之愕然。这时候我可按捺不住了。我一向是个上午捣乱下午安分的学生，我觉得现在受了无理的侮辱，我便挺身分辩了几句。这一下我可惹了祸，老先生把他的怒火都泼在我的头上了。他在讲台上来回地踱着，吸溜一下鼻涕，骂我一句，足足骂了我一个钟头，其中警句甚多，我至今还记得这样的一句：

"×××，你是什么东西！我一眼把你望到底！"

这一句颇为同学们所传诵。谁和我有点争论遇到纠缠不清的时候，都会引用这一句"你是什么东西？我把你一眼望到底！"当时我看形势不妙，也就没有再多说，让下课铃结束了先生的怒骂。

但是从这一次起，徐先生算是认识我了。酒醒之后，他给我批改作文特别详尽。批改之不足，还特别地当面加以解释，我这一个"一眼望到底"的学生，居然成了一个受益最多的学生了。

徐先生自己选辑教材，有古文，有白话，油印分发给大家。《林琴南致蔡孑民书》是他讲得最为眉飞色舞的一篇。此外如吴敬恒的《上下古今谈》，梁启超的《欧游心影录》，以及张东荪的时事新报社论，他也选了不少。这样新旧兼收的教材，在当时还是很难得的开通的榜样。我对于国文的兴趣因此而提高了不少。徐先生讲国文之前，先要介绍作者，而且介绍得很亲切，例如他讲张东荪的文字时，便说："张东荪这个人，我倒和他一桌上吃过饭……"这样的话是相当可以使学生们吃惊的，吃惊的是，我们的国文先生也许不是一个平凡的人吧，否则怎能和张东荪一桌上吃过饭。

徐先生介绍完作者之后，朗诵全文一遍。这一遍朗诵很有意思。他打着江北的官腔，咬牙切齿地大声读一遍，不论是古文或白话，一字不苟地吟咏一番，好像是演员在背台词，他把文字里蕴藏着的意义好像都宣泄出来了。他念得有腔有调，有板有眼，有情感，有气势，有抑扬顿挫，我们听了之后，好像已经理会到原文意义的一半了。好文章掷地作金石声，那也许是过分夸张，但必须可以朗朗上口，那却是真的。

徐先生最独到的地方是改作文。普通的批语"清通"、"尚可"、"气盛言宜"，他是不用的。他最擅长的是用大墨杠子大勾大抹，一行一行地抹，整页整页地勾；洋洋千余言的文章，经他勾抹之后，所余无几了。我初次经此打击，很灰心，很觉得气短，我掏心挖肝地好容易诌出来的句子，轻轻地被他几杠子就给抹了。但是他郑重地给我解释，他说："你拿了去细细地体味，你的原文是软巴巴的，冗长，懈啦光唧的，我给你勾掉了一大半，你再读读看，原来的意思并没有失，但是笔笔都立起来了，虎虎有生气了。"我仔细一揣摩，果然。他的大墨杠子打得是地方，把虚泡囊肿的地方全削去了，剩下的全是筋骨。

在这删削之间见出他的工夫。如果我以后写文章还能不多说废话，还能有一点点硬朗挺拔之气，还知道一点"割爱"的道理，就不能不归功于我这位老师的教诲。

徐先生教我许多作文的技巧，他告诉我："作文忌用过多的虚字。"该转的地方，硬转；该接的地方，硬接，文章便显得朴拙而有力。他告诉我，文章起笔最难，要突兀矫健，要开门见山，要一针见血，才能引人入胜，不必兜圈子，不必说套语。他又告诉我，说理说至难解难分处，来一个譬喻，则一切纠缠不清的论难都迎刃而解了，何等经济，何等手腕！诸如此类的心得，他传授我不少，我至今受用。

我离开先生已将近五十年了，未曾与先生一通音讯，不知他云游何处，听说他已早归道山了。同学们偶尔还谈起"徐老虎"，我于回忆他的音容之余，不禁地还怀着怅惘敬慕之意。

【讲解】

本文是梁实秋怀人散文中的名篇，作者用风趣幽默而又饱含深情的笔调刻画了一个貌丑性凶但却敬业爱学生的独特的老师形象。

全文可分四个部分。第一部分运用简洁之笔总写不能忘记国文老师的原因。先交代"我"遇见国文老师的时间是"十八九岁的时候"，这是一个"少年不知愁滋味"的年龄，也是个不太懂事的年龄；然后用"印象最深""受益最多"来概括"我"不能忘记这位国文先生的原因。第二部分叙写国文先生的外貌特征和行为习惯。首先写其绰号不雅——凶狠的"徐老虎"，再写其"相貌"古怪——脑袋"有棱有角"的，头"很尖，秃秃的，亮亮的"，脸形"却是方方的，扁扁的"，"鼻子眼睛嘴好像是过分地集中在脸上很小的一块区域里"。继而写其行为习惯不雅——"他的身材高大，但是两肩总是耸得高高的"，"鼻孔里藏着两筒清水鼻涕，不时地吸溜着"，"他常穿的是一件灰布长袍，袍子上"油渍斑斑"，"他经常是仰着头，迈着八字步，两眼望青天，嘴撇得瓢儿似的"。尔后又着力写徐先生喜欢骂人这一最突出的特点，在总写徐先生的骂人习惯之后，作者重点叙述了一次自己挨骂的经过。起因是一位性急的同学在徐老师作文题还没写完的时候就询问"题目怎么讲"，于是徐老师"转过身来"，"冷笑两声"，"勃然大怒"，"滔滔不绝"地把那个发问的学生痛骂了一顿。""我"出于义愤，挺身而出"分辨了几句"，导致老先生把所有的怒火都泼到"我"的头上，"我"被"足足骂了""一个钟头"，由此还得到一个使"我"终生难忘的"警句"："你是什么东西！我一眼把你望到底！"在此，作者用生动的细节描写把徐老师蛮横好骂的性格刻画得惟妙惟肖。也正因为这个机缘，徐老师认识了"我"，"我"也成了从徐老师处"得益最多的学生"。这段描述看似不敬、不雅，但实际上是在用一种风趣幽默的笔调来调侃自己所喜欢的师长，不敬的描写中饱含的却是深深的爱意。第三部分叙写"我"从徐先生处所得到的益处。在进一步点明"受益最多"之后，作者分别写徐先生选编教材的独到和讲课的亲切、课文诵读的"有腔有调"、改作文"大勾大抹"以及给学生讲作文技巧等往事。从这一段的描述看，徐先生既是一位有见识、有作为、素养极高的老师，又是一位敬业爱生、人品极高的老师。第四部分抒发对徐先生的深深怀念。作者先从时间的间隔上写自己的怀念，"将近五十年了"，可见时间阻断不了记忆，足见怀想之深；又从空间的间隔上写自己的怀念，"听说他已早归道山"，阴阳两隔,更添惆怅之情。文末用"怅惘敬慕"点睛概括。

  本文的主要写作特点如下:首先,欲扬先抑,似贬实褒。从文章的开头,我们不难看出作者是要褒扬自己的国文老师,可从文章的第二小节开始,作者不惜笔墨,写老师可怕的绰号、怪异的相貌、狰狞的凶笑、不良的习惯,以外在的丑反衬了内在的美。其次,善抓特征,描画细腻。在作者笔下,老师那有棱有角的脑袋轮廓,那秃秃亮亮的尖头,那方方扁扁的脸形,那总是耸得高高的肩头,那常吸溜鼻涕的酒糟鼻子,那油渍斑斑的长袍,都是我们在古今人物画廊中从未见到过的。再次,语言幽默,谐趣横生。本来回忆自己恩师的文章应该严肃庄重些,但作者偏偏竭尽调侃之能事,文中风趣幽默的描写比比皆是。如写老师的鼻子,说他"鼻尖有一些红,像酒糟的",又说他"鼻孔里藏着两筒清水鼻涕,不时地吸溜着,说一两句话就要用力地吸溜一声,有板有眼有节奏","也有时忘了吸溜,走了板眼,上唇上便亮晶晶地吊出两根玉筯,他用手背一抹"。此类细节处的幽默描写真正达到了炉火纯青、出神入化的境界。

【思考与练习】
一、选择题
1.《我的一位国文老师》的作者是( )。
 A. 周作人   B. 郭沫若   C. 闻一多   D. 梁实秋
2."我的国文老师"最初给我的印象是( )。
 A. 慈祥   B. 凶狠   C. 幽默   D. 平和
3. 在《我的一位国文老师》一文中,作者所描述的徐先生外在特点有( )。
 A. 古怪的相貌   B. 高大的身材
 C. 吸溜鼻涕的习惯   D. 油渍斑斑的衣服
 E. 凶狞的面部表情
4.《我的一位国文老师》的写作特点有( )。
 A. 欲扬先抑   B. 抓住人物特点刻画人物
 C. 欲抑先扬   D. 注意线索连贯
 E. 语言幽默

二、简答题
1. 分析《我的一位国文老师》一文的写作特点。
2. 作者对老师的认识经过了怎样的过程?
3. 分析国文先生的性格特征。

三、实践题
查阅资料,总结梁实秋的文学观点及学术成就。

巴 金

  巴金(1904—2005),原名李尧棠,字芾甘,祖籍浙江嘉兴,生于四川省成都府城北门正通顺街。自幼在家延师读书。五四运动中接受民主主义和无政府主义思潮。1927年赴法国,翌年在巴黎完成第一部中篇小说《灭亡》,1929年在《小说月报》发表后引起强烈反响。1928年冬回国,居上海,开始写"激流三部曲"(《家》《春》《秋》)。1931年在《时报》上连载著名的长篇小说"爱情三部曲"(《雾》《雨》《电》)。抗日战争期间辗转于上海、广州、桂林、重庆,担任历届中华全国文艺界抗敌协会的理事。1938年和1940年分别出版了长篇小说《春》和《秋》,完成了"激流三部曲"。1940年至1945年写作了"抗战三部曲"(《火》三册)。抗战后期创作了中篇小说《憩园》和《第四病室》。1946年完成长篇小说《寒夜》。抗战胜利后主要从事翻译、编辑和出版工作。1949年后，他写了许多优美的散文，表达了对祖国的热爱，对生活的热爱。2005年10月17日病逝于上海。

爱尔克的灯光[1]

傍晚，我靠着逐渐黯淡的最后的阳光的指引，走过十八年前的故居。这条街、这个建筑物开始在我的眼前隐藏起来，像在躲避一个久别的旧友。但是它们的改变了的面貌于我还是十分亲切。我认识它们，就像认识我自己。还是那样宽的街，宽的房屋。巍峨的门墙代替了太平缸和石狮子，那一对常常做我们坐骑的背脊光滑的雄狮也不知逃进了哪座荒山。然而大门开着，照壁[2]上"长宜子孙"四个字却是原样地嵌在那里，似乎连颜色也不曾被风雨剥蚀。我望着那同样的照壁，我被一种奇异的感情抓住了，我仿佛要在这里看出过去的十九个年头，不，我仿佛要在这里寻找十八年以前的遥远的旧梦。

守门的卫兵用怀疑的眼光看我。他不了解我的心情。他不会认识十八年前的年轻人。他却用眼光驱逐一个人的许多亲密的回忆。

黑暗来了。我的眼睛失掉了一切。于是大门内亮起了灯光。灯光并不曾照亮什么，反而增加了我心上的黑暗。我只得失望地走了。我向着来时的路回去。已经走了四五步，我忽然掉转头，再看那个建筑物。依旧是阴暗中一线微光。我好像看见一个盛满希望的水碗一下子就落在地上打碎了一般，我痛苦地在心里叫起来。在这条被夜幕覆盖着的近代城市的静寂的街中，我仿佛看见了哈立希岛上的灯光[3]。那应该是姐姐爱尔克点的灯吧。她用这灯光来给她的航海的兄弟照路。每夜每夜灯光亮在她的窗前，她一直到死都在等待那个出远门的兄弟回来。最后她带着失望进入坟墓。

街道仍然是清静的。忽然一个熟习的声音在我耳边轻轻地唱起了这个欧洲的古传说。在这里不会有人歌咏这样的故事。应该是书本在我心上留下的影响。但是这个时候我想起了自己的事情。

十八年前在一个春天的早晨，我离开这个城市、这条街的时候，我也曾有一个姐姐，也曾答应过有一天回来看她，跟她谈一些外面的事情。我相信自己的诺言。那时我的姐姐还是一个出阁才只一个多月的新嫁娘，都说她有一个性情温良的丈夫，因此也会有长久的幸福的岁月。

然而人的安排终于被"偶然"毁坏了。这应该是一个"意外"。但是这"意外"却毫无怜悯地打击了年轻的心。我离家不过一年半光景，就接到了姐姐的死讯。我的哥哥用了颤抖的哭诉的笔叙说一个善良女性的悲惨的结局，还说起她死后受到的冷落的待遇。从此那个做过她丈夫的所谓温良的人改变了，他往一条丧失人性的路走去。他想往上爬，结果却不停地向下面落，终于到了用鸦片烟延续生命的地步。对于姐姐，她生前我没有好好地爱过她，死后也不曾做过一样纪念她的事。她寂寞地活着，寂寞地死去。死带走了她的一切，这就是在我们那个地方的旧式女子的命运。

我在外面一直跑了十八年。我从没有向人谈过我的姐姐。只有偶尔在梦里我看见了爱尔克的灯光。一年前在上海我常常睁起眼睛做梦。我望着远远的在窗前发亮的灯，我面前横着一片大海，灯光在呼唤我，我恨不得腋下生出翅膀，即刻飞到那边去。沉重的梦压住我的心灵，我好像在跟许多无形的魔手挣扎。我望着那灯光，路是那么远，我又没有翅膀。我只有一个渴望：飞！飞！那些熬煎着心的日子！那些可怕的梦魇！

但是我终于出来了。我越过那堆积着像山一样的十八年的长岁月，回到了生我养我而且让我刻印了无数儿时回忆的地方。我走了很多的路。

十九年,似乎一切全变了,又似乎都没有改变。死了许多人,毁了许多家。许多可爱的生命葬入黄土。接着又有许多新的人继续扮演不必要的悲剧。浪费,浪费,还是那许多不必要的浪费——生命,精力,感情,财富,甚至欢笑和眼泪。我去的时候是这样,回来时看见的还是一样的情形。关在这个小圈子里,我禁不住几次问我自己:难道这十八年全是白费?难道在这许多年中间所改变的就只是装束和名词?我痛苦地搓自己的手,不敢给一个回答。

　　在这个我永不能忘记的城市里,我度过了五十个傍晚。我花费了自己不少的眼泪和欢笑,也消耗了别人不少的眼泪和欢笑。我匆匆地来,也将匆匆地去。用留恋的眼光看我出生的房屋,这应该是最后的一次了。我的心似乎想在那里寻觅什么。但是我所要的东西绝不会在那里找到。我不会像我的一个姑母或者嫂嫂,设法进到那所已经易了几个主人的公馆,对着园中的花树垂泪,慨叹着一个家族的盛衰。摘吃自己栽种的树上的苦果,这是一个人的本分。我没有跟着那些人走一条路,我当然在这里找不到自己的脚迹。几次走过这个地方,我所看见的还只是那四个字:"长宜子孙"。

　　"长宜子孙"这四个字的年龄比我的不知大了多少。这也该是我祖父留下的东西吧。最近在家里我还读到他的遗嘱。他用空空两手造就了一份家业。到临死还周到地为儿孙安排了舒适的生活。他叮嘱后人保留着他修建的房屋和他辛苦地搜集起来的书画。但是儿孙们回答他的还是同样的字:分和卖。我很奇怪,为什么这样聪明的老人还不明白一个浅显的道理,财富并不"长宜子孙",倘使不给他们一个生活技能,不向他们指示一条生活道路!"家"这个小圈子只能摧毁年轻心灵的发育成长,倘使不同时让他们睁起眼睛去看广大世界;财富只能毁灭崇高的理想和善良的气质,要是它只消耗在个人的利益上面。

　　"长宜子孙",我恨不能削去这四个字!许多可爱的年轻生命被摧残了,许多有为的年轻心灵被囚禁了。许多人在这个小圈子里面憔悴地挨着日子。这就是"家"!"甜蜜的家"!这不是我应该来的地方。爱尔克的灯光不会把我引到这里来的。

　　于是在一个春天的早晨,依旧是十八年前的那些人把我送到门口,这里面少了几个,也多了几个。还是和那次一样,看不见我姐姐的影子,那次是我没有等待她,这次是我找不到她的坟墓。一个叔父和一个堂兄弟到车站送我,十八年前他们也送过我一段路程。

　　我高兴地来,痛苦地去。汽车离站时我心里的确充满了留恋。但是清晨的微风,路上的尘土,马达的叫吼,车轮的滚动,和广大田野里一片盛开的菜籽花,这一切驱散了我的离愁。我不顾同行者的劝告,把头伸到车窗外面,去呼吸广大天幕下的新鲜空气。我很高兴,自己又一次离开了狭小的家,走向广大的世界中去!

　　忽然在前面田野里一片绿的蚕豆和黄的菜花中间,我仿佛又看见了一线光,一个亮,这还是我常常看见的灯光。这不会是爱尔克的灯里照出来的,我那个可怜的姐姐已经死去了。这一定是我的心灵的灯,它永远给我指示我应该走的路。

【注释】

　　[1]本文写于1941年3月,作者当时在重庆。原载1941年4月19日重庆《新蜀报》,后收入散文集《龙、虎、狗》。

　　[2]照壁:指大门内的屏蔽物。古人称之为"萧墙",原来专属于宫廷、郡属、庙堂、寺院,后来进入寻常百姓家。南方人称为"照壁",北方人称为"影壁"。

　　[3]传说在古老的欧洲哈立希岛上,有个叫爱尔克的姐姐,每夜都在自己的窗前燃着一盏灯。因为她有一个在海上航行的兄弟,她用自己燃亮的灯光给航海的兄弟指回家的路。她每天都在等待,可是直到死,也没有等回自己的兄弟,最终带着无尽的失望走进了坟墓。这个传说讴歌了姐弟深情,表现了游子归乡情思,恰与巴

金返乡念姐之情相契合。因为巴金的姐姐也没能等到与弟弟相见的那一天,就在封建家庭中"寂寞地活着,寂寞地死去"。文章很自然地将这个传说引来作为感情线索。爱尔克的灯光就是代指姐姐窗前的灯光。

【讲解】

　　1923年,巴金冲破家庭樊篱,走向新生活。以后,他上下求索,漂泊他乡,直到1941年初再次回到故乡成都。巴金本是怀着希望家乡有所改变的心情回到故乡探望的,但在故乡住了五十多天后,他失望了。他发现,那里和他十八年前出走的情况几乎差不多。他思绪万千,最终再次离开家乡。这篇文章便记录了作者此次重返家乡的复杂心情。全文以故居照壁上"长宜子孙"四个字为中心,通过自由联想,抒写了对被旧制度吞噬了生命的姐姐的怀念,抨击了旧社会、旧家庭摧残生命的罪恶,批判了封建统治阶级宣扬的"长宜子孙"的思想。从而再次肯定了对封建家庭的背叛,表达了对光明世界不懈追求的坚定信念。

　　本文大致可分为五个部分。第一部分主要写作者回到十八年前的故居,在门外徘徊时的所思所感。当作者看到故居照壁上"长宜子孙"四个字嵌在那里时,不禁感慨万千,回想起十八年前的往事。第二部分集中笔墨写了作者对一位被旧制度吞噬掉生命的姐姐的深切怀念,指出生活在这个封建家庭中的子孙,只能是"寂寞地活着,寂寞地死去"。第三部分满怀激愤之情地抨击了旧社会、旧制度摧残人才、浪费生命的罪恶。第四部分批判了"长宜子孙"对子孙们的迫害,并指出"爱尔克的灯光不会把我引到这里来的"。第五部分写作者再次离开狭小的家,在"心灵的灯"的指引下,走向广大的世界。

　　在艺术上,本文最突出的特点是构思精巧。全文以"灯光"为标题,又以"灯光"为线索,集中笔墨抒发了感情,表达了深刻的主题。故居大门内亮起的灯光,使作者"仿佛看见了哈立希岛上的灯光",想到了"在寂寞中死去"的姐姐。由此,作者清醒地看到:祖上的遗训是荒唐的,"长宜子孙"无法改变封建家族的堕落。文章最后,当再一次离开狭小的家投身于广大的世界中去时,作者说他仿佛又看见了灯光,那是永远指引他前进的"心灵的灯光"。文章结构严谨,笔墨集中,构成了一个完美的艺术整体。此外,抒情色彩浓郁,语言平易流畅,也是本文一大特色。当作者望见照壁上"长宜子孙"四个字时,他"被一种奇异的感情抓住了","痛苦地在心里叫起来"。当忆起可怜的姐姐,忆起在这年中"许多可爱的生命葬入黄土"时,作者的情感由悲转怒。文章结尾处,当作者决意再次离开狭小的家庭,去拥抱广大的世界时,笔调又由怒转喜。在短短的篇幅中,作者抒写情感一波三折,时而哀,时而怒,时而喜,使文章具有了很强的抒情色彩。

【思考与练习】

一、选择题

1. 在《爱尔克的灯光》一文中,哈立希岛上的灯光象征着(　　)。
   A. 姐姐的悲惨命运　　　　　　　　　B. 封建旧家庭
   C. 心灵的灯　　　　　　　　　　　　D. 对过去生活的怀念

2. 在《爱尔克的灯光》中,爱尔克的灯光象征着(　　)。
   A. 旧家庭、旧礼教走向没落、崩溃的象征
   B. 对故居的留恋
   C. 生活的悲剧、希望的破灭
   D. 照耀未来的光亮

3. 巴金在《爱尔克的灯光》中指出长辈对子女的关怀应体现在(　　)。
   A. 给他们一个生活技能　　　　　　　B. 向他们指示一条生活道路
   C. 让他们睁起眼睛去看广大世界　　　D. 让他们走一条既定的生活道路
   E. 培养他们崇高的理想和善良的气质

4. 巴金的《爱尔克的灯光》中对姐姐悲惨命运的回忆诉说,主要目的是(　　)。
   A. 揭示人生命运的"偶然"和"意外"
   B. 揭露封建家庭和封建礼教的罪恶
   C. 表达对新生活的信念和对理想的追求

D. 怀念姐姐,悼念亡姐的不幸

5. 巴金《爱尔克的灯光》一文的动人力量主要来自( )。
A. 作者的真挚感情　　　　　　　　B. 文章结构的巧妙安排
C. 选择材料的丰富　　　　　　　　D. 语言的简洁

6. 在《爱尔克的灯光》一文中,作者写到了( )。
A. 爱尔克的灯光　　　　　　　　　B. 旧居的灯光
C. 心灵的灯光　　　　　　　　　　D. 作者书桌上的灯光
E. 姐姐窗前的灯光

二、简答题

1. 概括《爱尔克的灯光》一文的思想意义。
2. 作者关于人生道路的思索主要是由什么引发出来的?对我们有何启发?
3. 作者从姐姐的惨死中看到了什么?
4. 作者从自己十八年的生活道路中获得了怎样的信念?
5. 《爱尔克的灯光》一文中写到三种灯光,各包含着何种象征意义?"灯光"在文中有什么作用?

三、解析题

1. 阅读下面一段文字,回答问题:

傍晚,我靠着逐渐黯淡的最后的阳光的指引,走过十八年前的故居。……大门开着,照壁上"长宜子孙"四个字却是原样地嵌在那里,似乎连颜色也不曾被风雨剥蚀。我望着那同样的照壁,我被一种奇异的感情抓住了,我仿佛要在这里看出过去的十九个年头,不,我仿佛要在这里寻找十八年以前的遥远的旧梦。

(1)从这个开头可以看出全文关于人生道路的联翩思绪是由什么引发出来的?
(2)"照壁上'长宜子孙'四个字却是原样地嵌在那里,似乎连颜色也不曾被风雨剥蚀。"这句话的寓意是什么?
(3)从这个开头可以看出文章的抒情有什么基本特点?

2. 阅读下面一段文字,回答问题:

黑暗来了,我的眼睛失掉了一切。于是大门内亮起了灯光。灯光并不曾照亮什么,反而增加了我心上的黑暗。我只得失望地走了。我向着来时的路回去。已经走了四五步,我忽然掉转头,再看那个建筑物。依旧是阴暗中一线微光。我好像看见一个盛满希望的水碗一下子就落在地上打碎了一般,我痛苦地在心里叫起来。在这条被夜幕覆盖着的近代城市的静寂的街中,我仿佛看见了哈立希岛上的灯光。那应该是姐姐爱尔克点的灯罢。她用这灯光来给她的航海的兄弟照路,每夜每夜灯光亮在她的窗前,她一直到死都在等待那个出远门的兄弟回来。最后她带着失望进入坟墓。

(1)"大门内亮起"的"阴暗中一线微光""哈立希岛上的灯光"分别有何象征意义?
(2)"爱尔克的灯光"与作者的姐姐有什么联系?姐姐的悲惨命运说明了什么?
(3)这段描述表达了作者怎样的感情?在抒情和达意的方式上有什么特点?

3. 阅读下面一段文字,回答问题:

忽然在前面田野里一片绿的蚕豆和黄的菜花中间,我仿佛又看见了一线光,一个亮,这不会是爱尔克的灯里照出来的,我那个可怜的姐姐已经死去了。这一定是我的心灵的灯,它永远给我指示我应该走的路。

(1)作者为什么说我"仿佛""又"看见了一线光、一个亮?
(2)作者"心灵的灯"有何象征意义?
(3)从这里可以看出贯串全文的中心线索是什么?

四、实践题

在你的生活中,是否有类似的"爱尔克的灯光"?请谈一谈。

史铁生

史铁生(1951—2010),北京人,当代著名小说家、散文家。曾任中国作家协会全国委员会委员,北京作家协会副主席,中国残疾人协会评议委员会委员。1969年到陕西延川插队落户。1972年瘫痪回北京。著有长篇小说《务虚笔记》、小说集《插队的故事》、短篇小说《命若琴弦》、散文《我与地坛》等。小说《我的遥远的清平湾》《奶奶的星星》分获1983年、1984年全国优秀短篇小说奖。2002年获华语文学传媒大奖年度杰出成就奖。

我和地坛(节选)[1]

一

我在好几篇小说中都提到过一座废弃的古园,实际就是地坛。

许多年前旅游业还没有开展,园子荒芜冷落得如同一片野地,很少被人记起。

地坛离我家很近。或者说我家离地坛很近。总之,只好认为这是缘分。地坛在我出生前四百多年就坐落在那儿了,而自从我的祖母年轻时带着我父亲来到北京,就一直住在离它不远的地方——五十多年间搬过几次家,可搬来搬去总是在它周围,而且是越搬离它越近了。我常觉得这中间有着宿命的味道:仿佛这古园就是为了等我,而历尽沧桑在那儿等待了四百多年。

它等待我出生,然后又等待我活到最狂妄的年龄上忽地残废了双腿。四百多年里,它一面剥蚀了古殿檐头浮夸的琉璃,淡褪了门壁上炫耀的朱红,坍圮[2]了一段段高墙又散落了玉砌雕栏,祭坛四周的老柏树愈见苍幽,到处的野草荒藤也都茂盛得自在坦荡。

这时候想必我是该来了。十五年前的一个下午,我摇着轮椅进入园中,它为一个失魂落魄的人把一切都准备好了。那时,太阳循着亘古不变的路途正越来越大,也越红。在满园弥漫的沉静光芒中,一个人更容易看到时间,并看见自己的身影。

自从那个下午我无意中进了这园子,就再没长久地离开过它。

我一下子就理解了它的意图。正如我在一篇小说中所说的:"在人口密聚的城市里,有这样一个宁静的去处,像是上帝的苦心安排。"

两条腿残废后的最初几年,我找不到工作,找不到去路,忽然间几乎什么都找不到了,我就摇了轮椅总是到它那儿去,仅为着那儿是可以逃避一个世界的另一个世界。我在那篇小说中写道:"没处可去我便一天到晚耗在这园子里。跟上班下班一样,别人去上班我就摇了轮椅到这儿来。园子无人看管,上下班时间有些抄近路的人们从园中穿过,园子里活跃一阵,过后便沉寂下来。"

"园墙在金晃晃的空气中斜切下一溜荫凉,我把轮椅开进去,把椅背放倒,坐着或是躺着,看书或者想事,撅一权树枝左右拍打,驱赶那些和我一样不明白为什么要来这世上的小昆虫。""蜂儿如一朵小雾稳稳地停在半空;蚂蚁摇头晃脑捋着触须,猛然间想透了什么,转身疾行而去;瓢虫爬得不耐烦了,累了祈祷一回便支开翅膀,忽悠一下升空了;树干上留着一只蝉蜕,寂寞如一间空屋;露水在草叶上滚动,聚集,压弯了草叶轰然坠地摔开万道金光。"

"满园子都是草木竞相生长弄出的响动,窸窸窣窣片刻不息。"这都是真实的记录,园子荒芜但并不衰败。

除去几座殿堂我无法进去,除去那座祭坛我不能上去而只能从各个角度张望它,地坛的每一棵树下我都去过,差不多它的每一米草地上都有过我的车轮印。无论是什么季节,什么天气,什么时间,我都在这园子里呆过。有时候呆一会儿就回家,有时候就呆到满地上都亮起月光。记不清都是在它的哪些角落里了。我一连几小时专心致志地想关于死的事,也以同样的耐心和方式想过我为什么要出生。这样想了好几年,最后事情终于弄明白了:一个人,出生了,这就不再是一个可以辩论的问题,而只是上帝交给他的一个事实;上帝在交给我们这件事实的时候,已经顺便保证了它的结果,所以死是一件不必急于求成的事,死是一个必然会降临的节日。这样想过之后我安心多了,眼前的一切不再那么可怕。比如你起早熬夜准备考试的时候,忽然想起有一个长长的假期在前面等待你,你会不会觉得轻松一点?并且庆幸并且感激这样的安排?剩下的就是怎样活的问题了,这却不是在某一个瞬间就能完全想透的、不是一次性能够解决的事,怕是活多久就要想它多久了,就像是伴你终生的魔鬼或恋人。所以,十五年了,我还是总得到那古园里去、去它的老树下或荒草边或颓墙旁,去默坐、去呆想、去推开耳边的嘈杂理一理纷乱的思绪,去窥看自己的心魂。

十五年中,这古园的形体被不能理解它的人肆意雕琢,幸好有些东西的任谁也不能改变它的。譬如祭坛石门中的落日,寂静的光辉平铺的一刻,地上的每一个坎坷都被映照得灿烂;譬如在园中最为落寞的时间,一群雨燕便出来高歌,把天地都叫喊得苍凉;譬如冬天雪地上孩子的脚印,总让人猜想他们是谁,曾在哪儿做过些什么、然后又都到哪儿去了;譬如那些苍黑的古柏,你忧郁的时候它们镇静地站在那儿,你欣喜的时候它们依然镇静地站在那儿,它们没日没夜地站在那儿从你没有出生一直站到这个世界上又没了你的时候;譬如暴雨骤临园中,激起一阵阵炽烈而清纯的草木和泥土的气味,让人想起无数个夏天的事件;譬如秋风忽至,再有一场早霜,落叶或飘摇歌舞或坦然安卧,满园中播散着熨帖而微苦的味道。味道是最说不清楚的。味道不能写只能闻,要你身临其境去闻才能明了。味道甚至是难于记忆的,只有你又闻到它你才能记起它的全部情感和意蕴。所以我常常要到那园子里去。

二

现在我才想到,当年我总是独自跑到地坛去,曾经给母亲出了一个怎样的难题。

她不是那种光会疼爱儿子而不懂得理解儿子的母亲。她知道我心里的苦闷,知道不该阻止我出去走走,知道我要是老呆在家里结果会更糟,但她又担心我一个人在那荒僻的园子里整天都想些什么。我那时脾气坏到极点,经常是发了疯一样地离开家,从那园子里回来又中了魔似的什么话都不说。母亲知道有些事不宜问,便犹犹豫豫地想问而终于不敢问,因为她自己心里也没有答案。她料想我不会愿意她跟我一同去,所以她从未这样要求过,她知道得给我一点独处的时间,得有这样一段过程。她只是不知道这过程得要多久,和这过程的尽头究竟是什么。每次我要动身时,她便无言地帮我准备,帮助我上了轮椅车,看着我摇车拐出小院;这以后她会怎样,当年我不曾想过。

有一回我摇车出了小院;想起一件什么事又返身回来,看见母亲仍站在原地,还是送我走时的姿势,望着我拐出小院去的那处墙角,对我的回来竟一时没有反应。待她再次送我出门的时候,她说:"出去活动活动,去地坛看看书,我说这挺好。"许多年以后我才渐渐听出,母亲这话实际上是自我安慰,是暗自的祷告,是给我的提示,是恳求与嘱咐。只是在她猝然去世之后,我才有余暇设想。当我不在家里的那些漫长的时间,她是怎样心神不定坐卧难宁,兼着痛苦与惊恐与一个母亲最低限度的祈求。现在我可以断定,以她的聪慧和坚忍,在那些空落的白天后的黑夜,在那不眠的黑夜后的白天,她思来想去最后准是对自己说:"反正我不能不让他出去,未来的日子是他自己的,如果他真的要在那园子里出了什么事,这苦难也只好我来承担。"在那段日子里——那是好几年长的一段日子,我想我一定使母亲做过了最坏的准备了,但她从来没有对我说过:"你为我想想"。事实上我也真的没为她想过。那时她的儿子,还太年轻,还来不及为母亲想,他被命运击昏了头,一心以为自己是世上最不幸的一个,不知道儿子的不幸在母亲那儿总是要加倍的。她有一个长到二十岁上忽然截瘫了的儿子,这是她唯一的儿子;她情愿截瘫的是自己而不是儿子,可这事无法代替;她想,只要儿子能活下去哪怕自己去死呢也行,可她又确信一个人不能仅仅是活着,儿子得有一条路走向自己的幸福;而这条路呢,没有谁能保证她的儿子终于能找到。——这样一个母亲,注定是活得最苦的母亲。

……

在我的头一篇小说发表的时候,在我的小说第一次获奖的那些日子里,我真是多么希望我的母亲还活着。我便又不能在家里呆了,又整天整天独自跑到地坛去,心里是没头没尾的沉郁和哀怨,走遍整个园子却怎么也想不通:母亲为什么就不能再多活两年?为什么在她儿子就快要碰撞开一条路的时候,她却忽然熬不住了?莫非她来此世上只是为了替儿子担忧,却不该分享我的一点点快乐?她匆匆离我去时才只有四十九呀!有那么一会,我甚至对世界对上帝充满了仇恨和厌恶。后来我在一篇题为《合欢树》的文章中写道:"我坐在小公园安静的树林里,闭上眼睛,想,上帝为什么早早地召母亲回去呢?很久很久,迷迷糊糊的我听见了回答:'她心里太苦了,上帝看她受不住了,就召她回去。'我似乎得了一点安慰,睁开眼睛,看见风正从树林里穿过。"小公园,指的也是地坛。

只是到了这时候,纷纭的往事才在我眼前幻现得清晰,母亲的苦难与伟大才在我心中渗透得深彻。上帝的考虑,也许是对的。

摇着轮椅在园中慢慢走,又是雾罩的清晨,又是骄阳高悬的白昼,我只想着一件事:母亲已经不在了。在老柏树旁停下,在草地上在颓墙边停下,又是处处虫鸣的午后,又是鸟儿儿归巢的傍晚,我心里只默念着一句话:可是母亲已经不在了。把椅背放倒,躺下,似睡非睡挨到日没,坐起来,心神恍惚,呆呆地直坐到古祭坛上落满黑暗然后再渐渐浮起月光,心里才有点明白,母亲不能再来这园中找我了。

……

三

如果以一天中的时间来对应四季,当然春天是早晨,夏天是中午,秋天是黄昏,冬天是夜晚。如果以乐器来对应四季,我想春天应该是小号,夏天是定音鼓,秋天是大提琴,冬天是圆号和长笛。要是以这园子里的声响来对应四季呢?那么,春天是祭坛上空漂浮着的鸽子的哨音,夏天是冗长的蝉歌和杨树叶子哗啦啦地对蝉歌的取笑,秋天是古殿檐头的风铃响,冬天是啄木鸟随意而空旷的啄木声。以园中的景物对应四季,春天是一径时而苍白时而黑润的小路,时而明朗时而阴晦的天上摇荡着串串扬花;夏天是一条条耀眼而灼人的石凳,或阴凉而爬满了青苔的石阶,阶下有果皮,阶上有半张被坐皱的报纸;秋天是一座青铜的大钟,在园子的西北角上曾丢弃着一座很大的铜钟,铜钟与这园子一般年纪,浑身挂满绿锈,文字已不清晰;冬天,是林中空地上几只羽毛蓬松的老麻雀。以心绪对应四季呢?春天是卧病的季节,否则人们不易发觉春天的残忍与渴望;夏天,情人们应该在这个季节里失恋,不然就似乎对不起爱情;秋天是从外面买一棵盆花回家的时候,把花搁在阔别了的家中,并且打开窗户把阳光也放进屋里,慢慢回忆慢慢整理一些发过霉的东西;冬天伴着火炉和书,一遍遍坚定不死的决心,写一些并不发出的信。还可以用艺术形式对应四季,这样春天就是一幅画,夏天是一部长篇小说,秋天是一首短歌或诗,冬天是一群雕塑。以梦呢?以梦对应四季呢?春天是树尖上的呼喊,夏天是呼喊中的细雨,秋天是细雨中的土地,冬天是干净的土地上的一只孤零的烟斗。

因为这园子,我常感恩于自己的命运。

甚至现在就能清楚地看见,一旦有一天我不得不长久地离开它,我会怎样想念它,我会怎样想念它并且梦见它,我会怎样因为不敢想念它而梦也梦不到它。
……

七

要是有些事我没说,地坛,你别以为是我忘了,我什么也没忘,但是有些事只适合收藏。不能说,也不能想,却又不能忘。它们不能变成语言,它们无法变成语言,一旦变成语言就不再是它们了。它们是一片朦胧的温馨与寂寥,是一片成熟的希望与绝望,它们的领地只有两处:心与坟墓,比如说邮票,有些是用于寄信的,有些仅仅是为了收藏。

如今我摇着车在这园子里慢慢走,常常有一种感觉,觉得我一个人跑出来已经玩得太久了。有一天我整理我的旧相册,一张十几年前我在这圈子里照的照片——那个年轻人坐在轮椅上,背后是一棵老柏树,再远处就是那座古祭坛。我便到园子里去找那棵树。我按着照片上的背景找很快就找到了它,按着照片上它枝干的形状找,肯定那就是它。但是它已经死了,而且在它身上缠绕着一条碗口粗的藤萝。有一天我在这园子碰见一个老太太,她说:"哟,你还在这儿哪?"她问我:"你母亲还好吗?"

"您是谁?""你不记得我,我可记得你。有一回你母亲来这儿找你,她问我您看没看见一个摇轮椅的孩子?……"我忽然觉得,我一个人跑到这世界上来真是玩得太久了。有一天夜晚,我独自坐在祭坛边的路灯下看书,忽然从那漆黑的祭坛里传出一阵阵唢呐声;四周都是参天古树,方形祭坛占地几百平方米空旷坦荡独对苍天,我看不见那个吹唢呐的人,唯唢呐声在星光寥寥的夜空里低吟高唱,时而悲怆时而欢快,时而缠绵时而苍凉,或许这几个词都不足以形容它,我清清醒醒地听出它响在过去,响在现在,响在未来,回旋飘转亘古不散。

必有一天,我会听见喊我回去。

【注释】

[1]《我与地坛》:散文,史铁生写于1989年5月,改定于1990年1月,1991年发表于《上海文学》第1期,全文约1万5千余字,共分七个部分。

[2]坍圮(tānpǐ):山坡、建筑物或堆积的东西倒塌。

【讲解】

本篇摘选了史铁生《我与地坛》的一、二、三、七部分。长长的铺叙中,作者始终围绕一个问题:人该怎样来看待生命中的苦难?

作者"活到最狂妄的年龄上忽然地残废了双腿",他的命运顿时与他人不同。在经历了自身的残酷事件后,无意中来到了地坛公园,一个残疾人对着一片荒废的园林,心与这荒园产生了契合;一个烦躁的青年走进沉静的园林,宛如面对一个从容的老者。"在满园弥漫的沉静光芒中,一个人更容易看到时间,并看见自己的身影"。作者提出了问题,首先源于个人的心境,他受到了启迪,从园子的沧桑和生机中。他几乎天天都要来到这里,摇着轮椅走遍了园子里的每一处角落,在这里度过了各个季节的天气,专心致志地思考着生命的难题,渐渐达到了物我合一的从容,看清了个体生命中必然的事相,"一个人,出生了,这就不再是一个可以辩论的问题,而只是上帝交给他的一个事实"。

作者在读懂了地坛的十五年后,也读懂了自己的母亲。正如在地坛获得了宁静,在母亲那儿获得的爱伴随作者走过了人生最艰难的路。母亲的人生和地坛一样,历经沧桑,饱经磨难,就像是地坛的那棵老树、小草、小虫,为作者阐释了生命的意义。面对母亲的苦难,作者忏悔,"那时她的儿子,还太年轻,还来不及为母亲想,他被命运击昏了头,一心以为自己是世上最不幸的一个,不知道儿子的不幸在母亲那儿总是要加倍的"。

对四季的不同感受喻含对生命的不同况味的理解和咀嚼,地坛成了史铁生的再生地,他让作者对世界有如此敏感入微、洞幽察深的感觉,"因为这园子,我常感恩于自己的命运"。难怪作者一见到地坛便觉得"它为一个失魂落魄的人把一切都准备好了","这中间有着宿命的味道:仿佛这古园就是为了等我,而历尽沧桑在那儿等待了四百多年",在感悟中作者的生命也如地坛一般"到处的野草荒藤也都茂盛得自在坦荡"。

认可命运的不幸,把残酷和伤痛从自我中抽离出来,去融入一个更大也更恢宏的所在,这就是作者与地坛相知的精髓所在。文章最后,作者静静坐在园子的一角,听到有唢呐声在夜空里低吟高唱,"清清楚楚地听出它响在过去,响在现在,响在未来,回旋飘转亘古不散",这平常的声音融汇了过去、现在和未来,融汇了死和生,是作者向我们展示的坦荡荡的生命之舞。

【思考与练习】

一、选择题

1. 史铁生的作品有( )。
   A.《命若琴弦》　　　B.《爱的踪迹》　　　C.《我与地坛》　　　D.《千年一叹》

2. "瓢虫爬得不耐烦了,累了祈祷一回便支开翅膀,忽悠一下升空了;树干上留着一只蝉蜕,寂寞如一间空屋;露水在草叶上滚动,聚集,压弯了草叶轰然坠地摔开万道金光。"这一段中用的修辞手法有( )。
   A. 比喻　　　B. 借代　　　C. 拟人　　　D. 夸张

3. 作者史铁生当时面临的困境是( )。
   A. 失业　　　B. 双腿残废　　　C. 身患绝症　　　D. 找不到出路

4. 史铁生眼中的地坛可以描述为( )。
   A. 河流干涸　　　B. 琉璃剥蚀　　　C. 高墙坍圮　　　D. 廊柱倒塌

5. 这篇散文中,作者向我们展示了( )。
   A. 对生与死的理解　　　B. 对命运的感恩
   C. 对命运的失望　　　D. 和地坛的相知

二、简答题

1. 作者对地坛的感受是怎样的?
2. 作者为什么要细致地写对地坛四季的感觉?
3. 作者用大量的篇幅写母亲是为了什么?
4. 在《我与地坛》选入课本的内容中最打动你的是什么?为什么?

三、解析题

1. 阅读下面一段文字,回答问题:

"园墙在金晃晃的空气中斜切下一溜荫凉,我把轮椅开进去,把椅背放倒,坐着或是躺着,看书或者想事,撅一枝树枝左右拍打,驱赶那些和我一样不明白为什么要来这世上的小昆虫。""蜂儿如一朵小雾稳稳地停在半空;蚂蚁摇头晃脑捋着触须,猛然间想透了什么,转身疾行而去;瓢虫爬得不耐烦了,累了祈祷一回便支开翅膀,忽悠一下升空了;树干上留着一只蝉蜕,寂寞如一间空屋;露水在草叶上滚动,聚集,压弯了草叶轰然坠地摔开万道金光。"

"满园子都是草木竞相生长弄出的响动,窸窸窣窣片刻不息。"这都是真实的记录,园子荒芜但并不衰败。

(1)作者所写蜂儿、蚂蚁、瓢虫、蝉蜕、露水让你感受到什么?
(2)作者断言"园子荒芜但并不衰败",你对这句话有什么感受?

2. 阅读下面一段文字,回答问题:

我忽然觉得,我一个人跑到这世上来真是玩得太久了。有一天夜晚,我独自坐在祭坛边的路灯下看书,忽然从那漆黑的祭坛里传出一阵阵唢呐声;四周都是参天古树,方形祭坛占地几百平方米空旷坦荡独对苍天,我看不见那个吹唢呐的人,唯唢呐声在星光寥寥的夜里低吟高唱,时而悲怆时而欢快,时而缠绵时而苍凉,或许这几个词都不足以形容它,我清清醒醒地听出它响在过去,响在现在,响在未来,回旋飘转亘古不散。

必有一天,我会听见喊我回去。

(1)你对"唢呐声"有什么看法?

(2)唢呐声"响在过去,响在现在,响在未来,回旋飘转亘古不散"是什么寓意?
(3)作者在最后写到"必有一天,我会听见喊我回去",是为了表明什么?

四、实践题

推荐一篇你最喜欢的散文。

余光中

余光中(1928—2017),原籍福建永春,生于南京。在四川读中学,曾在厦门大学外文系读了半年,1950年到台湾,进入台湾大学外文系,1952年毕业。先后任编译官及教职。1958年到美国进修,加入爱荷华大学作家工作室,第二年获得艺术硕士学位,回台湾教书,先后任教于师范大学、政治大学,其间二度赴美任多家大学客座教席。1972年任政治大学西洋语文学系教授兼主任。1974年到香港任中文大学中文系教授,回台湾后,在高雄中山大学任教授及讲座教授。

余光中活跃于文学界,尤擅诗文,20世纪80年代后,他开始把笔触"伸回那块大陆",写了许多动情的乡愁诗文。自称诗歌、散文、评论、翻译为自己写作的"四度空间"。他的作品风格极不统一,其诗风往往因题材而异。表达意志和理想的诗,一般都显得壮阔铿锵;而描写乡愁和爱情的作品,一般都显得细腻而柔绵。主要诗作有《乡愁》《白玉苦瓜》《等你,在雨中》《敲打乐》等;诗集有《灵河》《石室之死》《舟子的悲歌》《蓝色的羽毛》《钟乳石》《余光中诗选》等;至今驰骋文坛已逾半个世纪,出版诗集二十一种,散文集十一种,评论集五种,翻译集十三种,共四十余种。

听听那冷雨[1](节选)

惊蛰一过,春寒加剧。先是料料峭峭[2],继而雨季开始,时而淋淋漓漓,时而淅淅沥沥[3],天潮潮地湿湿,即使在梦里,也似乎有把伞撑着。而就凭一把伞,躲过一阵潇潇的冷雨,也躲不过整个雨季。连思想也都是潮润润的。每天回家,曲折穿过金门街到厦门街迷宫式的长巷短巷,雨里风里,走入霏霏[4]令人更想入非非。想这样子的台北凄凄切切完全是黑白片的味道,想整个中国整部中国的历史无非是一张黑白片子,片头到片尾,一直是这样下着雨的。这种感觉,不知道是不是从安东尼奥尼那里来的。不过那一块土地是久违了,二十五年,四分之一的世纪,即使有雨,也隔着千山万山,千伞万伞。二十五年,一切都断了,只有气候,只有气象报告还牵连在一起,大寒流从那块土地上弥天卷来,这种酷冷吾与古大陆分担。不能扑进她怀里,被她的裙边扫一扫也算是安慰孺慕[5]之情吧。

这样想时,严寒里竟有一点温暖的感觉了。这样想时,他希望这些狭长的巷子永远延伸下去,他的思路也可以延伸下去,不是金门街到厦门街,而是金门到厦门。他是厦门人,至少是广义的厦门人,二十年来,不住在厦门,住在厦门街,算是嘲弄吧,也算是安慰。不过说到广义,他同样也是广义的江南人,常州人,南京人,川娃儿,五陵少年[6]。杏花春雨江南[7],那是他的少年时代了。再过半个月就是清明。安东尼奥尼的镜头摇过去,摇过去又摇过来。残山剩水[8]犹如是,皇天后土[9]犹如是。纭纭黔首、纷纷黎民从北到南犹如是。那里面是中国吗?那里面当然还是中国,永远是中国。只是杏花春雨已不再,牧童遥指已不再[10],剑门细雨渭城轻尘[11]也都已不再。然则他日思夜梦的那片土地,究竟在哪里呢?

在报纸的头条标题里吗?还是香港的谣言里?还是傅聪的黑键白键马思聪的跳弓拨

弦[12]？还是安东尼奥尼的镜底勒马洲的望中[13]？还是呢，故宫博物院的壁头和玻璃柜内，京戏的锣鼓声中太白和东坡的韵里？

杏花，春雨，江南。六个方块字，或许那片土就在那里面。而无论赤县也好神州也好中国也好[14]，变来变去，只要仓颉[15]的灵感不灭，美丽的中文不老，那形象那磁石一般的向心力当必然长在。因为一个方块字是一个天地。太初有字，于是汉族的心灵，祖先的回忆和希望便有了寄托。譬如凭空写一个"雨"字，点点滴滴，滂滂沱沱，淅淅沥沥，一切云情雨意，就宛然其中了。视觉上的这种美感，岂是什么rain也好pluie[16]也好所能满足？翻开一部《辞源》或《辞海》，金木水火土，各成世界，而一入"雨"部，古神州的天颜千变万化，便悉在望中，美丽的霜雪云霞，骇人的雷电霹雳，展露的无非是神的好脾气与坏脾气，气象台百读不厌门外汉百思不解的百科全书。

听听，那冷雨。看看，那冷雨。嗅嗅闻闻，那冷雨，舔舔吧，那冷雨。雨在他的伞上这城市百万人的伞上雨衣上屋上天线上，雨下在基隆港在防波堤海峡的船上，清明这季雨。雨是女性，应该最富于感性。雨气空蒙而迷幻，细细嗅嗅，清清爽爽新新，有一点点薄荷的香味，浓的时候，竟发出草和树林之后特有的淡淡土腥气，也许那竟是蚯蚓的蜗牛的腥气吧，毕竟是惊蛰了啊。也许地上的地下的生命也许古中国层层叠叠的记忆皆蠢蠢而蠕，也许是植物的潜意识和梦吧，那腥气。

第三次去美国，在高高的丹佛他山居住了两年。美国的西部，多山多沙漠，千里干旱，天，蓝似盎格鲁撒克逊人的眼睛，地，红如印第安人的肌肤，云，却是罕见的白鸟，落基山簇簇耀目的雪峰上，很少飘云牵雾。一来高，二来干，三来森林线以上，杉柏也止步，中国诗词里"荡胸生层云"或是"商略黄昏雨"的意趣[17]，是落基山上难睹的景象。落基山岭之胜，在石，在雪。那些奇岩怪石，相叠互倚，砌一场惊心动魄的雕塑展览，给太阳和千里的风看。那雪，白得虚虚幻幻，冷得清清醒醒，那股皑皑不绝一仰难尽的气势，压得人呼吸困难，心寒眸酸。不过要领略"白云回望合，青霭入看无"[18]的境界，仍须来中国。台湾湿度很高，最饶云气氤氲雨意迷离的情调。两度夜宿溪头，树香沁鼻，宵寒袭肘，枕着润碧湿翠苍苍交叠的山影和万缀都歇的俱寂，仙人一样睡去。山中一夜饱雨，次晨醒来，在旭日未升的原始幽静中，冲着隔夜的寒气，踏着满地的断柯折枝和仍在流泻的细股雨水，一径探入森林的秘密，曲曲弯弯，步上山去。溪头的山，树密雾浓，蓊郁的水汽从谷底冉冉升起，时稠时稀，蒸腾多姿，幻化无定，只能从雾破云开的空处，窥见乍现即隐的一峰半堑，要纵览全貌，几乎是不可能的。至少上山两次，只能在白茫茫里和溪头诸峰玩捉迷藏的游戏。回到台北，世人问起，除了笑而不答心自问，故作神秘之外，实际的印象，也无非山在虚无之间罢了。云缭烟绕，山隐水迢[19]的中国风景，由来予人宋画的韵味。那天下也许是赵家的天下，那山水却是米家的山水[20]。而究竟，是米氏父子下笔像中国的山水，还是中国的山水上只像宋画，恐怕是谁也说不清楚了吧？

雨不但可嗅，可观，更可以听。听听那冷雨。听雨，只要不是石破天惊的台风暴雨，在听觉上总是一种美感。大陆上的秋天，无论是疏雨滴梧桐，或是骤雨打荷叶，听去总有一点凄凉，凄清，凄楚，于今在岛上回味，则在凄楚之外，再笼上一层凄迷了，饶你多少豪情侠气，怕也经不起三番五次的风吹雨打。一打少年听雨，红烛昏沉；再打中年听雨，客舟中江阔云低；三打白头听雨的僧庐下[21]，这更是亡宋之痛，一颗敏感心灵的一生：楼上，江上，庙里，用冷冷的雨珠子串成。十年前，他曾在一场摧心折骨的鬼雨中迷失了自己。雨，该是一滴湿漓漓的灵魂，窗外在喊谁。

雨打在树上和瓦上，韵律都清脆可听。尤其是铿铿敲在屋瓦上，那古老的音乐，属于中国。

王禹的黄冈,破如椽的大竹为屋瓦。据说住在竹楼上面,急雨声如瀑布,密雪声比碎玉,而无论鼓琴,咏诗,下棋,投壶,共鸣的效果都特别好。这样岂不像住在竹和筒里面,任何细脆的声响,怕都会加倍夸大,反而令人耳朵过敏吧。

雨天的屋瓦,浮漾湿湿的流光,灰而温柔,迎光则微明,背光则幽暗,对于视觉,是一种低沉的安慰。至于雨敲在鳞鳞千瓣的瓦上,由远而近,轻轻重重轻轻,夹着一股股的细流沿瓦槽与屋檐潺潺泻下,各种敲击音与滑音密织成网,谁的千指百指在按摩耳轮。"下雨了",温柔的灰美人来了,她冰冰的纤手在屋顶拂弄着无数的黑键啊灰键,把响午一下子奏成了黄昏。

在古老的大陆上,千屋万户是如此。二十多年前,初来这岛上,日式的瓦屋亦如此。先是天暗了下来,城市像罩在一块巨幅的毛玻璃里,阴影在户内延长复加深。然后凉凉的水意弥漫在空间,风自每一个角落里旋起,感觉得到,每一个屋顶上呼吸沉重都覆着灰云。雨来了,最轻的敲打乐敲打这城市。苍茫的屋顶,远远近近,一张张敲过去,古老的琴,那细细密密的节奏,单调里自有一种柔婉与亲切,滴滴点点滴滴,似幻似真,若孩时在摇篮里,一曲耳熟的童谣摇摇欲睡,母亲吟哦鼻音与喉音。或是在江南的泽国水乡,一大筐绿油油的桑叶被啮于千百头蚕,细细琐琐屑屑,口器与口器咀咀嚼嚼。雨来了,雨来的时候瓦这么说,一片瓦说千亿片瓦说,说轻轻地奏吧沉沉地弹,徐徐地叩吧挞挞地打,间间歇歇敲一个雨季,即兴演奏从惊蛰到清明,在零落的坟上冷冷奏挽歌,一片瓦吟千亿片瓦吟。

在旧式的古屋里听雨,听四月,霏霏不绝的黄梅雨,朝夕不断,旬月绵延,湿黏黏的苔藓从石阶下一直侵到舌底,心底。到七月,听台风台雨在古屋顶上一夜盲奏,千层海底的热浪沸沸被狂风挟挟,掀翻整个太平洋只为向他的矮屋檐重重压下,整个海在他的蝎壳上哗哗泻过。不然便是雷雨夜,白烟一般的纱帐里听羯鼓一通又一通,滔天的暴雨滂滂沛沛扑来,强劲的电琵琶忐忐忑忑忐忑忑,弹动屋瓦的惊悸腾腾欲掀起。不然便是斜斜的西北雨斜斜刷在窗玻璃上,鞭在墙上打在阔大的芭蕉叶上,一阵寒潮泻过,秋意便弥湿旧式的庭院了。

在旧式的古屋里听雨,春雨绵绵听到秋雨潇潇,从少年听到中年,听听那冷雨。雨是一种单调而耐听的音乐是室内乐是室外乐,户内听听,户外听听,冷冷,那音乐。雨是一种回忆的音乐,听听那冷雨,回忆江南的雨下得满地是江湖下在桥上和船上,也下在四川在秧田和蛙塘,一下肥了嘉陵江下湿布谷咕咕的啼声,雨是潮潮润润的音乐下在渴望的唇上,舔舔那冷雨。

因为雨是最最原始的敲打乐从记忆的彼端敲起。瓦是最最低沉的乐器灰蒙蒙的温柔覆盖着听雨的人,瓦是音乐的雨伞撑起。但不久公寓的时代来临,台北你怎么一下子长高了,瓦的音乐竟成了绝响。千片万片的瓦翩翩,美丽的灰蝴蝶纷纷飞走,飞入历史的记忆。现在雨下下来下在水泥的屋顶和墙上,没有音韵的雨季。树也砍光了,那月桂,那枫树,柳树和擎天的巨椰,雨来的时候不再有丛叶嘈嘈切切,闪动湿湿的绿光迎接。鸟声减了啾啾,蛙声沉了咯咯,秋天的虫吟也减了唧唧。七十年代的台北不需要这些,一个乐队接一个乐队便遣散尽了。要听鸡叫,只有去《诗经》的韵里找[22]。现在只剩下一张黑白片,黑白的默片。

正如马车的时代去后,三轮车的时代也去了。曾经在雨夜,三轮车的油布篷挂起,送她回家的途中,篷里的世界小得多可爱,而且躲在警察的辖区以外,雨衣的口袋越大越好,盛得下他的一只手里握一只纤纤的手。台湾的雨季这么长,该有人发明一种宽宽的双人雨衣,一人分穿一只袖子此外的部分就不必分得太苛。而无论工业如何发达,一时似乎还废不了雨伞。只要雨不倾盆,风不横吹,撑一把伞在雨中仍不失古典的韵味。任雨点敲在黑布伞或是透明的塑胶伞上,将骨柄一旋,雨珠向四方喷溅,伞缘便旋成了一圈飞檐。跟女友共一把雨伞,该是一种美丽的合作吧。最好是初恋,有点兴奋,更有点不好意思,若即若离之间,雨不妨下大一点。真正初恋,恐怕是兴奋得不需要伞的,手牵手在雨中狂奔而去,把年轻的长发的肌肤交给漫天的淋淋漓漓,然后向对方的唇上颊上尝凉凉甜甜的雨水。不过那要非常年轻且激情,同时,也只能发生在法国的新潮片里吧。

大多数的雨伞想不会为约会张开。上班下班,上学放学,菜市来回的途中。现实的伞,灰色的星期三。握着雨伞。他听那冷雨打在伞上。索性更冷一些就好了,他想。索性把湿湿的灰雨冻成干干爽爽的白雨,六角形的结晶体在无风的空中回回旋旋地降下来。等须眉和肩头白尽时,伸手一拂就落了。二十五年,没有受故乡白雨的祝福[23],或许发上下一点白霜是一种变相的自我补偿吧。一位英雄,经得起多少次雨季?他的额头是水成岩削成还是火成岩?他的心底究竟有多厚的苔藓?厦门街的雨巷走了二十年与记忆等长,一座无瓦的公寓在巷底等他,一盏灯在楼上的雨窗子里,等他回去,向晚餐后的沉思冥想去整理青苔深深的记忆。

前尘隔海。古屋不再。听听那冷雨。

【注释】

[1]《听听那冷雨》:余光中写于1974年春分之夜,作者离别大陆25年。

[2]料峭:形容微寒,多形容春寒。

[3]淅沥:象声词,形容轻微的风声、雨声、落叶声等。

[4]霏霏:雨雪纷飞。

[5]孺慕:爱戴、怀念。

[6]五陵少年:语出杜甫《秋兴八首》(其三),"同学少年多不贱,五陵衣马自轻肥"。唐朝富家豪族和外戚都居住在五陵附近,因此后世诗文常以五陵少年为富豪子弟。

[7]杏花春雨江南:[元]虞集《风入松》,"为报先生归也,杏花春雨江南"。甲申年(1944)徐悲鸿书赠流丹仁弟自题联:"白马秋风塞上,杏花春雨江南。"借指江南景象。

[8]残山剩水:[宋]范成大《万景楼》,"残山剩水不知数,一一当楼供胜绝"。这里指国土分裂后残余的河山。

[9]皇天后土:语出《左传·僖公十五年》,"皇天后土,实闻君之言"。皇天后土是天地或天地神灵的总称。这里指天地。

[10]牧童遥指已不再:语出杜牧《清明》,"借问酒家何处有,牧童遥指杏花村"。

[11]剑门细雨渭城轻尘:语出陆游《剑门道中遇微雨》,"衣上征尘杂酒痕,远游无处不消魂。此身合是诗人未?细雨骑驴入剑门"。王维《送元二使安西》:"渭城朝雨浥轻尘。"

[12]傅聪:钢琴演奏家。马思聪:作曲家,小提琴演奏家。

[13]安东尼奥的镜底:1972年意大利电影大师米开朗琪罗·安东尼奥以日常方式拍摄了纪录片《中国》,这部纪录片却引发了一场中意外交事件和持续一年多的全国性大批判。作者由此表达了对中国历史和现实的担忧。勒马洲:即"落马洲",位于港粤交界西段,与深圳市福田区皇岗仅一河之隔。据传说,南宋末年宋帝曾驻跸于此,行人路过必下马以示敬意,故名"落马洲"。此处原是一小山岗,在我国改革开放之前,曾一度为来港旅游的外国游客驻足远望中国内地的旅游点。作者由此表达对祖国的关心和怀念。

[14]赤县,神州:中国的别称。《史记·孟子荀卿列传》:"中国名曰赤县神州。"

[15]仓颉(jié):传说为黄帝的史官,汉字的创造者,双瞳。

[16]Pluie:法语,雨。

[17]荡胸生层云:语出杜甫《望岳》,"决眦入归鸟,荡胸生层云"。商略黄昏雨:语出[宋]·姜夔《点绛唇》,"燕雁无心,太湖西畔随云去。数峰清苦,商略黄昏雨"。

[18]白云回望合,青霭入看无:语出王维《终南山》,"太乙近天都,连山接海隅。白云回望合,青霭入看无。分野中峰变,阴晴众壑殊。欲投人处宿,隔水问樵夫"。

[19]山隐水迢:语出杜牧《寄扬州韩绰判官》,"青山隐隐水迢迢,秋尽江南草未凋。二十四桥明月夜,玉人

何处教吹箫"。

[20]米家的山水:北宋米芾、米友仁父子创"米点山水",善以"模糊"的笔墨作云雾迷漫的江南景色,世称"米家云山"。

[21]一打少年听雨,红烛昏沉;再打中年听雨,客舟中江阔云低;三打白头听雨在僧庐下:语出[南宋]蒋捷《虞美人》,"少年听雨歌楼上,红烛昏罗帐。壮年听雨客舟中,江阔云低,断雁叫西风。而今听雨僧庐下,鬓已星星也。悲欢离合总无情,一任阶前点滴到天明"。

[22]要听鸡叫,只有去《诗经》的韵里找:指《诗经·郑风·鸡鸣》,其三章每章起首:"风雨凄凄,鸡鸣喈喈","风雨潇潇,鸡鸣胶胶","风雨如晦,鸡鸣不已"。

[23]受故乡白雨的祝福:语出[宋]苏轼《望湖楼醉书》,"黑云翻墨未遮山,白雨跳珠乱入船。卷地风来忽吹散,望湖楼下水如天"。

【讲解】

这篇诗质的散文,以听雨为主线,将横向的地域感(从美国回到祖国的台湾再到大陆)、纵向的历史感(从太初有字到亡宋之痛再到公寓时代)和纵横交错的现实感(人到中年沧桑过后的洞明人生,现代都市对传统意趣的破坏,对永恒的理想追求)交织成一个形象密集、书写瑰丽、情切意浓的美的境界。不管岁月的漂泊带给人们多少的沧桑,但那种家国之思却永远都不会改变。

这里节选的内容大致可分为四个层次:第一层由台湾岛上的"雨季"引入对"大陆"的思念,"大陆"的"春雨"连接着"他的少年时代"。第二层从"看看""嗅嗅""闻闻"的角度写"雨",通过"中国风景"特有意趣与韵味的描述,以表达自己刻骨铭心的思乡愁绪。第三层是全文的高潮,作者将"雨"想象为"一种回忆的音乐",从"听听"的角度,尽情地抒写他对大陆生活情景的回忆和思念,以及久离大陆、漂泊在外的"凄迷"心境,集中地表现了作者对祖国的热爱和对祖国命运的关心之情。第四层写听不到雨声的失落感,以此传达出"二十五年没有受故乡白雨的祝福"的深深憾恨。

余光中曾经在他的散文集《逍遥集》后记里说过:"我尝试把中国的文字压缩、捶扁、拉长、磨利,把它拆开又并拢,折来且叠去,为了试验它的速度、密度和弹性。我的理想是让中国的文字,在变化各殊的句法中,交响成一个大乐队,而作家的笔应该一挥百应,如交响乐的指挥杖。"可以说,对"现代散文"的追求是余光中创作一以贯之的精神动力,这篇散文体现了他这一追求。本文充分地吸收容纳了各种语言的表现力,以现代人的口语为基础,同时采取一部分欧化的句子和文言的句法;在融入古典诗词的节奏、色彩、意境的同时又引入象征、通感、意识流等现代的技巧和拟人化的手法。这样就使其散文音节铿锵、意象丰富、富于变化,充分体现了他所倡导的弹性、密度、质料、用典。这种尝试在语言上表现得尤为明显,作者往往采用高节奏的语言来表达内心思乡的焦灼以及他那敏感而又快速的联想。

【思考与练习】

一、选择题

1. 下列作家被称为"乡愁诗人"的是(　　)。
A. 徐志摩　　　　B. 海子　　　　C. 余光中　　　　D. 戴望舒

2. 余光中《听听那冷雨》:"譬如凭空写一个'雨'字,点点滴滴,滂滂沱沱,淅沥淅沥淅沥沥,一切云情雨意,就宛然其中了。"这里的叠字用法显然受到古代(　　)的影响。
A. 杜甫　　　　B. 李清照　　　　C. 姜夔　　　　D. 王维

3. 余光中的散文集主要有(　　)。
A.《左手的缪思》　　B.《逍遥游》　　C.《望乡的牧神》　　D.《焚鹤人》
E.《白玉苦瓜》

4. 余光中的《听听那冷雨》写于(　　)。
A. 1966年惊蛰之夜　　　　　　　　B. 1974年春分之夜
C. 1978年谷雨之夜　　　　　　　　D. 1992年清明之夜

5.《听听那冷雨》的抒情特点是（　　）。
A. 直抒胸臆　　　B. 先抑后扬　　　C. 委婉浓郁　　　D. 凝练简洁
6.《听听那冷雨》中所采用的多重表现手法是（　　）。
A. 象征　　　B. 烘托　　　C. 暗示　　　D. 意识流
E. 对比
7. 下列关于余光中《听听那冷雨》的说法，正确的有（　　）。
A. 以平常心和普通人的情感叙事写人
B. 文字朴素、简洁
C. 真切地勾画出一个在冷雨中孑然独行的白发游子形象
D. 委婉地传达出一个漂泊他乡者浓重的孤独感和思乡之情
E. 表现了一个远离故土的知识分子对传统文化的深情依恋和赞美

二、简答题

1. 分析余光中《听听那冷雨》融"知性"于"感性"之中的写作特点。
2. 谈谈余光中《听听那冷雨》在着力挖掘汉语言文字的美感与韵味方面所做的探索。

三、解析题

阅读下面一段文字，回答问题：

这样想时，严寒里竟有一点温暖的感觉了。这样想时，他希望这些狭长的巷子永远延伸下去，他的思路也可以延伸下去，不是金门街到厦门街，而是金门到厦门。他是厦门人，至少是广义的厦门人，二十年来，不住在厦门，住在厦门街，算是嘲弄吧，也算是安慰。不过说到广义，他同样也是广义的江南人，常州人，南京人，川娃儿，五陵少年。杏花春雨江南，那是他的少年时代了。再过半个月就是清明。安东尼奥尼的镜头摇过去，摇过去又摇过来。残山剩水犹如是，皇天后土犹如是，纭纭黔首、纷纷黎民从北到南犹如是。那里面是中国吗？那里面当然还是中国，永远是中国。只是杏花春雨已不再，牧童遥指已不再，剑门细雨渭城轻尘也都已不再。然则他日思夜梦的那片土地，究竟在哪里呢？

1. 文中接连提到的"他"指的是谁？
2. 根据内容和学过的知识，简述文中"他"的人生经历。
3. 这段文字化用了哪些古典诗词？

四、实践题

查阅资料，谈谈文章中下列典故及使用的含义：
安东尼奥　勒马洲　五陵少年　山隐水迢　米家山水

三、拓展阅读

作品阅读

吃　饭
钱钟书

吃饭有时很像结婚，名义上最主要的东西，其实往往是附属品。吃讲究的饭事实上只是吃菜，正如讨阔佬的小姐，宗旨倒并不在女人。这种主权旁移，包含着一个转了弯的、不甚朴素的人生观。辨味而不是充饥，变成了我们吃饭的目的。舌头代替了肠胃，作为最后或最高的裁判。不过，我们仍然把享受掩饰为需要，不说吃菜，只说吃饭，好比我们研究哲学或艺术，总说为了真和美可以利用一样。有用的东西只能给人利用，所以存在；偏是无用的东西会利用人，替它遮盖和辩护，也能免于抛弃。

古罗马诗人波西蔼斯（Persius）曾慨叹说，肚子发展了人的天才，传授人以技术。这个意思经拉柏莱发挥得淋漓尽致，《巨人世家》卷三有赞美肚子的一章，尊为人类的真主宰、各种学问和职业的创始和提倡者，鸟飞、兽走、鱼游、虫爬，以及一切有生之类的一切活动，也都是为了肠胃。人类所有的创造和活动（包括写文章在内），不仅表示头脑的充实，并且证明肠胃的空虚。饱满的肚子最没用，那时候的头脑，迷迷糊糊，只配作痴梦；咱们有一条不成文的法律：吃了午饭睡中觉，就是有力的证据。

　　我们通常把饥饿看得太低了，只说它产生了乞丐，盗贼，娼妓一类的东西，忘记了它也启发过思想、技巧，还有"有饭大家吃"的政治和经济理论。德国古诗人白洛柯斯（B. H. Brockes）做赞美诗，把上帝比作"一个伟大的厨师"，做饭给全人类吃，还不免带些宗教的稚气。弄饭给我们吃的人，绝不是我们真正的主人翁。这样的上帝，不做也罢。只有为他弄了饭来给他吃的人，才支配着我们的行动。譬如一家之主，并不是挣钱养家的父亲，倒是那些乳臭未干、安坐着吃饭的孩子；这一点，当然做孩子时不会悟到，而父亲们也决不甘承认的。拉柏莱的话似乎较有道理。

　　试想，肚子一天到晚要我们把茶饭来向它祭献，它还不是上帝是什么？但是它毕竟是个下流不上台面的东西，一味容纳吸收，不懂得享受和欣赏。人生就因此复杂了起来。一方面是有了肠胃而要饭去充实的人，另一方面是有饭而要胃口来吃的人。第一种人生观可以说是吃饭的；第二种不妨唤作吃菜的。第一种人工作、生产、创造，来换饭吃。第二种人利用第一种人活动的结果，来健脾开胃，帮助吃饭而增进食量。所以吃饭时要有音乐，还不够，就有"佳人"、"丽人"之类来劝酒；文雅点就开什么销寒会、销夏会，在席上传观法书名画；甚至赏花游山，把自然名胜来下饭。

　　吃的菜不用说尽量讲究。有这样优裕的物质环境，舌头像身体一般，本来是极随便的，此时也会有贞操和气节了；许多从前惯吃的东西，现在吃了仿佛玷污清白，决不肯再进口。精细到这种田地，似乎应当少吃，实则反而多吃。假使让肚子做主，吃饱就完事，还不失分寸。舌头拣精拣肥，贪嘴不顾性命，结果是肚子倒霉受累，只好忌嘴，舌头也只能像李逵所说"淡出鸟来"。这诚然是它馋得忘了本的报应！如此看来，吃菜的人生观似乎欠妥。

　　不过，可口好吃的菜还是值得赞美的。这个世界给人弄得混乱颠倒，到处是摩擦冲突，只有两件最和谐的事物总算是人造的：音乐和烹调。一碗好菜仿佛一只乐曲，也是一种一贯的多元，调和滋味，使相反的分子相成相济，变作可分而不可离的综合。最粗浅的例像白煮蟹和醋、烤鸭和甜酱，或如西菜里烤猪肉和苹果泥、渗鳖鱼和柠檬片，原来是天涯海角、全不相干的东西，而偏偏有注定的缘分，像佳人和才子、母猪和癞象，结成了天造地设的配偶、相得益彰的眷属。到现在，他们亲热得拆也拆不开。

　　在调味里，也有来伯尼支（Leibniz）的哲学所谓"前定的调和（Harmonia praes tabilita）"，同时也有前定的不可妥协，譬如胡椒和煮虾蟹、糖醋和炒牛羊肉，正如古音乐里，商角不相协，徵羽不相配。音乐的道理可通于烹饪，孔子早已明白，所以《论语》上记他在齐闻《韶》，"三月不知肉味"。可惜他老先生虽然在《乡党》一章里颇讲究烧菜，还未得吃道三昧，在两种和谐里，偏向音乐。譬如《中庸》讲身心修养，只说"发而中节谓之和"，养成音乐化的人格，真是听乐而不知肉味人的话。

　　照我们的意见，完美的人格，"一以贯之"的"吾道"，统治尽善的国家，不仅要和谐得像音乐，也该把烹饪的调和悬为理想。在这一点上，我们不追随孔子，而愿意推崇被人忘掉的伊尹。伊尹是中国第一个哲学家厨师，在他眼里，整个人世间好比是做菜的厨房。《吕氏春秋·本味篇》记伊尹以至味说汤那一大段,把最伟大的统治哲学讲成惹人垂涎的食谱。

这个观念渗透了中国古代的政治意识,所以自从《尚书·顾命》起,做宰相总比为"和羹调鼎",老子也说"治国如烹小鲜"。孟子曾赞伊尹为"圣之任者",柳下惠为"圣之和者",这里的文字也许有些错简。其实呢,允许人赤条条相对的柳下惠,该算是个放"任"主义者。而伊尹倒当得起"和"字——这个"和"字,当然还带些下厨上灶、调和五味的含意。

吃饭还有许多社交的功用,譬如联络感情、谈生意经等等,那就是"请吃饭"了。社交的吃饭种类虽然复杂,性质极为简单。把饭给自己有饭吃的人吃,那是请饭;自己有饭可吃而去吃人家的饭,那是赏面子。交际的微妙不外乎此。反过来说,把饭给予没饭吃的人吃,那是施食;自己无饭可吃而去吃人家的饭,赏面子就一变而为丢脸。这便是慈善救济,算不上交际了。

至于请饭时客人数目的多少,男女性别的配比,我们改天再谈。但是趣味洋溢的《老饕年鉴》(Almanach des Courmands)里有一节妙文,不可不在此处一提。这八小本名贵稀罕的奇书,在研究吃饭之外,也曾讨论到请饭的问题。大意说:我们吃了人家的饭该有多少天不在背后说主人的坏话,时间的长短按照饭菜的质量而定;所以做人应当多多请客吃饭,并且吃好饭,以增进朋友的感情,减少仇敌的毁谤。

这一番议论,我诚恳地介绍给一切不愿彼此成为冤家的朋友,以及愿意彼此变为朋友的冤家。至于我本人呢,恭候诸君的邀请,努力奉行猪八戒对南山大王手下小妖说的话:"不要拉扯,待我一家家吃将来。"

【点评】

极具指示性的学者散文,以理服人,以智启人。把博大的知识海洋融会贯通,凝聚成深不可测的一潭清水。这便是睿智的钱钟书。

爱

张爱玲

这是真的。

有个村庄的小康之家的女孩子,生得美,有许多人来做媒,但都没有说成。那年她不过十五六岁吧,是春天的晚上,她立在后门口,手扶着桃树。她记得她穿的是一件月白的衫子。对门住的年轻人同她见过面,可是从来没有打过招呼的,他走了过来,离得不远,站定了,轻轻地说了一声:"噢,你也在这里吗?"她没有说什么,他也没有再说什么,站了一会,各自走开了。

就这样就完了。

后来这女子被亲眷拐子卖到他乡外县去作妾,又几次三番地被转卖,经过无数的惊险的风波,老了的时候她还记得从前那一回事,常常说起,在那春天的晚上,在后门口的桃树下,那年轻人。

于千万人之中遇见你所遇见的人,于千万年之中,时间的无涯的荒野里,没有早一步,也没有晚一步,刚巧赶上了,那也没有别的话可说,惟有轻轻地问一声:"噢,你也在这里吗?"

【点评】

张爱玲《天才梦》:"生命是一袭华美的袍,爬满了蚤子。"正如这篇极短之文,看似闲笔,却是极妙之言,望诸君闲庭信步时,赏叶见森林,欣赏这袭华袍,感受那个已渐渐远去的时代,感受自己的时代。

寒溪的路
王尔碑

寒溪无人。

游鱼自得其乐？游鱼不觉其乐？

我想走进那幽深，寒溪无路。寒溪无岸，巍巍群峰是岸？

有花自梦中醒来，说："路在天空。路在石壁上。路在鸟儿也不去的地方。"

手扒岩，一个不太优雅的名字。模糊了的名字。它不会进入地图或《辞海》。

手扒岩上，凸凸凹凹的皱纹之间，有一条神秘的路：指纹深深，脚印深深。

湿雾，弥漫着一种气氛，我听见沉重的呼吸，大山的心跳，热血流动的声音。湿雾，缠绕着一首无字的歌，悲壮而又遥远。

似有似无的路。容易被人遗忘的路。

杜鹃花年年祭奠的路。

谁在呼唤桃园之子巴山之鹰！其声激越、缥缈。

寒溪无语。

水底彩石艳艳如人面如远方花市。

游鱼，有一瞬间的恍惚。

【点评】

路在何方，处处有路，"路在天空。路在石壁上。路在鸟儿也不去的地方。"路，悲壮；路，遥远。女诗人王尔碑用散文诗带领我们体验生命，探寻人生。

文化常识

古代交通

从古到今出行工具无非是船、车，以及役使的牲口马、驴、骡、牛等，也有借助人力的轿子，或完全不使用工具的徒步行走。

船

船最初出现的年代已不可考，最早出现的应是独木舟，《周易·系辞下》中有"刳木为舟"，刳（kū），剖开挖空之意。《左传》上记录了迄今为止最早的一次用船进行的水战是公元前549年，楚国攻打吴国。

民间造船、乘船有许多习俗：

船灵魂。造船时装淡水的水舱梁头合拢处要银洋（或铜板、铜钱）祈福，并用银钉（或铜钉）钉合，渔民称它为"船灵魂"。

定彩。即给渔船装上一对"眼睛"。"船眼"用上等樟木精制，用黑、白两色涂作眼白和眼珠。在新船下水前，选择一个吉日良辰，将船眼嵌钉在船头的两侧，眼球朝下。然后用崭新的红布将它蒙住，这叫"封眼"。在船尾板上贴上"海不扬波"的横幅。新船下水时，船主揭去红布，称"启眼"。敲锣打鼓、鸣放鞭炮。由身强力壮、父母双全（有福气）的几十名青壮年将船体徐徐"赴水"（推入水中），谐音"富庶"，以示吉利。赴水时，东家站在船头上向船匠师傅和围观者分抛馒头，谓之"发福"。

海泥鳅。东海渔民都喜欢在自己的船尾画一条海泥鳅，传说海中的龙最怕海泥鳅。

乘船忌讳：

上船不问几时到，因为"到"与"倒"谐音。忌说"翻""沉""破""散""离""倒""火""龙""虎""鬼""梦"。忌女性上船头，吃鱼忌翻鱼身。

姓陈的称为"掂不动"，盛饭为"装饭"，龙说成"溜子"，姓龙说姓"溜"；虎叫"猫"，腐乳叫"猫乳"，帆为"篷"，翻舱为"转舱"，鬼叫"浸老倌""矮老子"；梦叫"黄粱子"。"翻船折桅"为船家赌咒的最厉害语言。

车

车出现的时代难以定论。1986年西安市灞桥区洪庆乡老牛坡商代车马坑发掘出土的商代单辕双轮畜力车，是我国最古老的车辆遗物之一。

先秦的车一般是用马牵引的，先秦文献中多车马同用，说马即是有车。

四匹马驾的车叫驷(sì)，因为马车以四马为常，所以古人常以驷为单位计数车马。《论语·季氏》说"齐景公有马千驷"，指他有一千辆车。

古人在室外尚左，所以如果需要解下马来另作他用就解左骖，这是对别人的尊重。古代驾车的驭手在车厢的正中或左边，解左骖也比较方便，不妨碍继续驾驭。

车已经成为等级制度的一个部分，因此历代帝王都要对车服品级制度做出规定，任何人不得僭越。另一方面，该乘车而不乘也是为礼制和社会舆论所不允许的。

"御"是古代读书人"六艺"之一。御车有一整套严格的要求，包括上车、执辔、站立的姿势等。这些要求是先人在狩猎、作战、旅行过程中逐渐积累起来的，目的是保证车的速度、安全和效率。《左传》记述战争，总要交代交战双方主将的驭手是谁，是怎样选定的。这在以车为交通、作战的主要工具，而路面、车体的条件都还较原始的时代是极必要的。古人十分重视驭马的技术。在孔子的教学体系中设有"御"这一科。

交通规则

我国很早就有交通规则，最初停留在"礼"的范畴内，后来逐步走向强制性的规章制度。

先秦时道路上男女异路，《礼记·王制》中记录："道路，男子由右，妇人由左，车从中央"，意思是，在道路上，男的靠右走，女的靠左走，车辆从路中间通行。

王莽推崇周制，其中有一条就是效法《礼记》中的"男女分开走"。

唐朝李世民的宰相马周提出"靠右走"，又称"来左去右"，不分男女。由此，还形成了古代中国特有的"左迎右送"礼俗，即迎人站在路的左边，送人站在路的右边。

唐太宗李世民在贞观十一年（637）颁发《仪制令》，被国内学术界认为是中国最早的交通法规，内容有："凡行路巷街，贱避贵，少避老，轻避重，去避来。"

《唐律疏义·杂律》规定："诸于城内街巷及人众中，无故走车马者，笞五十。"这一规定重在保护行人，为此后历朝所继承和推行。

第十三讲
现当代小说及戏剧

一、文学史讲述

(一)现代小说

　　五四以后,白话小说创作繁荣一时。鲁迅(1881—1936)是中国现代小说的奠基人,其短篇小说集《呐喊》《彷徨》以丰富多样的艺术手法塑造了一系列个性鲜明的人物形象,奠定了中国现代小说创作的坚实基石。1918年发表于《新青年》的《狂人日记》是中国文学史上具有划时代意义的第一篇白话小说。作品提出了家族制度和封建礼教"吃人"这一重大问题,因其强烈的反封建的战斗性和形式的别致引起巨大反响。《阿Q正传》是最早被介绍到国外去的中国现代小说。它画出了国人的灵魂,暴露了国民的弱点,达到了"揭出病苦,引起疗救的注意"的效果。其他如《孔乙己》《故乡》《风波》《祝福》等篇,都体现了彻底反封建的五四精神。在鲁迅的开拓和带动下,出现了一大批新体小说作家、作品。1921年成立的"文学研究会"主张为人生的文学,关注民生疾苦,针砭社会痼弊,同情被侮辱和被损害的下层劳动者,表现出鲜明的人道主义、民主主义精神。有成就的小说作家有冰心、叶圣陶、王统照等。同期出现的"创造社"作家则走上另一条创作道路,他们不注重对客观现实的真实再现,而是力主忠于自己"内心的要求",标举自我情绪的审美表现,开拓出现代小说新的园地——浪漫抒情的小说创作。郁达夫是这一派成就最高的作家,其短篇小说集《沉沦》进行了热烈大胆的情怀袒露和夸张的陈述咏叹。作品最后通过主人公之口喊出:"祖国呀祖国!……你快富起来!强起来吧!"表达了鲜明的反帝爱国思想。

　　1930年"中国左翼作家联盟"的成立团结了一大批作家,促进了小说创作的进一步发展,优秀的中长篇小说相继问世,中国现代小说在反映现实的深度、广度和艺术的成熟程度上,有了长足的发展。茅盾(1896—1981)的《子夜》以宏大的规模、严谨的结构真实描绘了三十年代初上海的社会面貌,塑造了中国民族资本家吴荪甫这个现代文学史人物画廊中不可多得的典型形象,显示出中国民族资产阶级的两面性。他还创作了《农村三部曲》(《春蚕》《秋收》《残冬》)和《林家铺子》等短篇小说。丁玲在《莎菲女士的日记》《水》《母亲》等作品中塑造的一系列女性形象,成为中国二十世纪二十至四十年代文学中一组不可忽略的风景。张天翼(1906—1985)在其《包氏父子》《华威先生》等作品中,表现出高超的讽刺艺术。"左联"以外的进步作家,因坚持真实揭露从旧家庭到社会各个角落的黑暗现实而同样成就卓著。巴金(1904—2005)的《爱情三部曲》(《雾》《雨》《电》)描写了一群小资产阶级知识分子反抗黑暗的斗争,是作者早期世界观的形象化的展示。《激流三部曲》(《家》《春》《秋》)是我国现代文学中,描写封建大家庭的兴衰史并集中抨击封建专制制度的小说。老舍(1899—1966)擅长描写都市生活中最底层的人物,其《骆驼祥子》揭露抨击了"把人变成鬼"的黑暗社会,成功地塑造了祥子、虎妞和其他小人物的典型形象。沈从文(1902—1988)创作了一系列看似平淡却令人回味的"边城小说",其代表作《边城》表现了古拙的湘西风情和健全的人生形式,人性美和艺术美珠玉生辉。叶圣陶的《倪焕之》是"教育小说",暴露了旧中国教育界的内幕,深刻反映了下层知识分子的悲苦生活。

三十年代的上海还出现了以施蛰存、刘呐鸥、穆时英等为代表的"新感觉派"。这派小说引进西方现代派的手法,侧重展现都市生活的畸形与病态,追求瞬间印象与感受,长于描写人物复杂微妙的内心世界。这类创作在一定程度上促进了现代都市文学的发展,但也常流露出颓废情绪和悲观主义。

四十年代的抗日根据地和解放区的作家努力深入生活,与人民群众相结合,他们创作的中长篇小说,反映了中国共产党领导下广大农村天翻地覆的伟大变革,刻画了工农兵新人的形象。著名的有丁玲的《太阳照在桑干河上》,周立波的《暴风骤雨》,赵树理的《小二黑结婚》《李有才板话》,孙犁的小说集《白洋淀纪事》等。本时期在国统区出现了巴金的《寒夜》、老舍的《四世同堂》、钱钟书的《围城》、张爱玲的《金锁记》、张恨水的《金粉世家》等许多不朽作品,它们在讽刺挞伐黑暗的同时,越来越清晰地表露出光明即将到来的信息,预告了中国即将跨入新时代。

(二)现代戏剧

现代戏剧文学以话剧为主体。中国现代话剧发端于 1906 年留日学生组织的"春柳社"。早在 1907 年,他们就演出了《黑奴吁天录》这一比较完整的近代话剧。五四时期先驱者们以《新青年》为阵地,对传统旧剧进行全面的批判,翻译介绍西方戏剧理论和戏剧作品。二十世纪二十年代初,民众戏剧社、上海戏剧协社、南国社等先后成立,涌现出一批专门从事话剧创作的戏剧家,如欧阳予倩、熊佛西、田汉、洪深等。他们的作品具有鲜明的反帝反封建色彩。郭沫若是现代历史剧的开拓者,早期创作了"三个叛逆的女性":《卓文君》《王昭君》《聂嫈》,在这些历史人物身上,作者贯注了五四时期追求人的尊严、反对封建礼教与专制等精神。抗战时期郭沫若创作的《棠棣之花》《屈原》等大型历史剧借古讽今,表现了反侵略、反投降、反独裁专制,争取民主、自由、人权的时代主题。田汉二十年代创作的《名优之死》《获虎之夜》《咖啡店之一夜》等剧作,一方面无情揭露当时社会及传统势力剥夺人的自由与幸福的罪行,另一方面则着力表现人们面对黑暗现实产生的苦闷、思索以及对光明的热烈追求。四十年代田汉的话剧《秋声赋》《丽人行》表现抗日和民主两大主题。随着民主革命的深入,戏剧家的队伍中又增添了曹禺、夏衍、陈白尘、于伶等一批有才华的作家,他们创作了一批优秀戏剧作品。曹禺(1910—1996)的代表作《雷雨》《日出》从书写家庭悲剧到展现社会悲剧,表现了中国社会尖锐的阶级对立,标志着现代话剧艺术的成熟。后来又创作出《蜕变》《北京人》和《家》等剧作。夏衍的(1900—1994)的《上海屋檐下》将笔触伸向上海市民社会的一角,展示了一副悲凉的人生图画。抗战时期创作的《法西斯细菌》《芳草天涯》都是以知识分子为主人公的正剧。于伶的《夜上海》《长夜行》都以上海的社会生活为题材,在反映人民群众苦难和反抗意识的同时,又揭露了日本帝国主义和卖国贼迫害人民的罪行。陈白尘以写讽刺喜剧著称，他创作的《乱世男女》《结婚进行曲》《升官图》《岁寒图》等，表现了出色的讽刺艺术才华，受到广泛的好评。

在革命根据地，在文艺为工农兵服务方向的指引下，出现了新秧歌剧运动和新歌剧创作的勃兴。贺敬之等人创作的歌剧《白毛女》，因其鲜明的斗争精神和为群众喜闻乐见的民族化风格而成为新歌剧的典范之作。

（三）当代小说

1949年起"十七年"时期的文学，主题较单一，但仍取得了相当可观的成绩。小说方面，描写革命斗争历史题材的作品占有很大比重。如杨沫的《青春之歌》、梁斌的《红旗谱》、欧阳山的《三家巷》等长篇，反映了二三十年代革命者的斗争生活及其成长过程；冯志的《敌后武工队》、刘知侠的《铁道游击队》、冯德英的《苦菜花》、李英儒的《野火春风斗古城》等小说，展现了抗日战争时期敌后艰苦曲折的斗争生活；杜鹏程的《保卫延安》、吴强的《红日》等作品，再现了国共战争中敌我双方在几次重大战役中交锋的宏伟场景。另外，以古代和近代历史为题材的小说，有姚雪垠的长篇《李自成》（第1卷）和李六如的长篇《六十年的变迁》等。描写现实题材的小说中，反映农村生活的作品影响较大，长篇有赵树理的《三里湾》、周立波的《山乡巨变》、柳青的《创业史》等，中短篇有李准的《李双双小传》、王汶石的《新结识的伙伴》、马烽的《我的第一个上级》等。反映工业建设和其他现实生活的作品，有周立波的《铁水奔流》、周而复的《上海的早晨》、杜鹏程的《在和平的日子里》，以及王蒙的《组织部新来的年轻人》、李国文的《改选》、宗璞的《红豆》、陆文夫的《小巷深处》等。

从文学流派来看，以赵树理（1906—1970）为代表的"山药蛋派"和孙犁（1913—2002）为代表的"荷花淀派"在20世纪56、60年代颇有影响。"山药蛋派"是一批山西作家，他们大多在农村土生土长，多年从事农村工作。相同的生活经历是构成他们创作共性的生活和思想基础；忠实于生活的真实是他们共同遵循的创作原则；艺术上他们注重民族化、群众化，继承和发扬民间传统表现手法，采用经过加工的山西方言土语，平实朴素而幽默风趣，敦厚庄重而诙谐机智。这派作家除赵树理外，还有马烽、西戎等人。"荷花淀派"以孙犁为代表，因其写于1945年的名篇《荷花淀》而得名，重要代表作家有刘绍棠、从维熙、韩映山等。"荷花淀派"的作品，一般都充满浪漫气息和乐观精神，语言清新朴素，富有节奏感，情节生动，描写逼真，心理刻画细腻，抒情味浓，富有诗情画意，有"诗体小说"之称。孙犁1949年后有短篇小说集《白洋淀纪事》、长篇小说《风云初记》等，刘绍棠五十年代的代表作是《青枝绿叶》，进入新时期后的代表作是《蒲柳人家》。

"文革"十年是一个非常时期，文坛出现了萧条的局面。多为固定模式的文学，优秀作品如《西沙儿女》《金光大道》等；也有别样题材的文学，如张扬的《第二次握手》、姚雪垠的《李自成》、魏巍的《东方》等。

1976年"文革"结束，当代文学进入了一个新的发展阶段。首先是小说取得大面积的丰收。出于对"文革"十年的否定及其对人们的精神创伤的关注，"伤痕文学"率先登上文坛，其标志是1977年11月刘心武发表的短篇小说《班主任》。比较重要的同类题材的作品还有卢新华的《伤痕》、从维熙的《大墙下的红玉兰》、叶辛的《蹉跎岁月》、鲁彦周的《天云山传奇》、周克芹的《许茂和他的女儿们》等。

稍后，文坛出现了对"文革"的性质及其社会历史根源作更深入思考的"反思文学"。"反思文学"由批判"文化大革命"而向前伸延到审视1949年以后整个社会的曲折历史，乃至民主革命中的"左"倾思想,这是题材的又一大突破。高晓声的《李顺大造屋》、茹志鹃的《剪辑错了的故事》和张一弓的《犯人李铜钟的故事》,回顾农村社会主义发展的坎坷;鲁彦周的《天云山传奇》、王蒙的《布礼》、从维熙的《远去的白帆》、张贤亮的《绿化树》、谌容的《人到中年》,反映干部、知识分子长期蒙受"左"倾的危害,都属审视历史、反思教训的小说名作;而古华描写湖南山村人物浮沉的《芙蓉镇》、李国文挖掘工业战线"文革"根源的《冬天里的春天》,更是深省数十年历史风云的优秀长篇。

与此同时,反映城市和农村改革的小说也开始面世。针砭现实,促进改革,鼓舞人们向社会主义现代化进军,是"改革文学"的共同主题。在这方面,最早出现的蒋子龙的《乔厂长上任记》,在读者中间反响最为强烈。数年间,"改革文学"的创作深入各个领域,它不但反映了现实中的政治经济改革,而且描写和促进了当前社会心理和道德伦理的演变。水运宪的《祸起萧墙》、张洁的《沉重的翅膀》等大批短、中、长篇小说,更从不同的角度深入地反映变革中的尖锐矛盾和冲突,表现出强烈的振兴中华、改变现状的精神。这方面的作品,前期不无感伤,而到叶辛的《蹉跎岁月》、梁晓声的《这是一片神奇的土地》、史铁生的《我的遥远的清平湾》等,便焕发出一种艰难创业的自豪感和汲自劳动人民的深厚精神力量。陈建功、韩少功、张抗抗、王安忆、孔捷生、路遥、郑万隆等青年作家,均为开拓这片题材领域作出了贡献。从这类作品中,读者可以看到一代青年的坎坷道路和他们从狂热到迷惘、彷徨,再到重新思考和奋起的心灵历程。

在新时期的开始阶段(20世纪七十年代末至八十年代初),除以上文学潮流外,也有从人性的角度展示人的觉醒、人的解放的作品,如张洁的《爱,是不能忘记的》、古华的《爬满青藤的木屋》、铁凝的《哦,香雪》等。还有写新时代军人精神面貌的作品,如徐怀中的《西线轶事》、李存葆的《高山下的花环》等。

八十年代中期开始,作家们出于"寻找民族文化精神"以求得文学自身发展的目的,创作了一批具有"寻根"意味的文化小说,如李杭育的《沙灶遗风》、阿城的《棋王》、贾平凹的《商州纪事》、韩少功的《爸爸爸》、莫言的《红高粱》、王安忆的《小鲍庄》、郑义的《老井》等。而汪曾祺稍早发表的短篇《受戒》《大淖记事》等也可归于此类作品。这一阶段,小说的创新意识高涨,表现出多方探索的态势。首先是受西方现代派文学的影响,借鉴其表现技巧与手法的"现代派"小说,王蒙的《春之声》《海的梦》等系列作品采用"意识流"式时空错位的结构与描写手法,宗璞的《我是谁》等小说汲取超现实主义的怪诞手法。影响较大的还有刘索拉的中篇《你别无选择》、徐星的《无主题变奏》、残雪的《污水上的肥皂泡》等。其次是重视形式与叙事技巧的"先锋小说",如马原的《虚构》、苏童的《桑园留念》、格非的《迷舟》等。再次有所谓"新写实小说",广受读者的欢迎。这类小说采用还原生活的"客观"的叙述方式,描写普通人的日常生活,表现他们的生存困境及烦恼与欲望,如方方的《风景》、池莉的《烦恼人生》、刘震云的《一地鸡毛》、刘恒的《狗日的粮食》等。

进入九十年代,随着社会生活和文化环境的深刻变化,民间立场与个人叙事浮现,主要作品有张承志的《心灵史》,张炜的《九月寓言》,王安忆的《叔叔的故事》《长恨歌》,韩少功的《马桥词典》,王朔的《过把瘾就死》,李锐的《无风之树》,以及林白、陈染、卫慧为代表的"私人化"的女性写作。九十年代中、后期中国最引人注目的地域性文学创作群落有"河北三驾马车"(何申、谈歌、关仁山)、"广西三剑客"(东西、鬼子、李冯),他们的写作包含着人们乐于关心的社会文化问题,也呈现出小说家在文体形式,叙述方法以及小说思维等艺术领域的探求。

九十年代初期中国大陆文学值得关注的是北京的王朔等人借助影视传媒的力量实现了文学的市场利益;另外,西部小说家群体以文学本身创造了市场价值。如陕西的贾平凹和路遥、宁夏的张贤亮、四川的周克芹、贵州的何士光、四川的阿来等。

　　进入二十一世纪,文坛已经由刊物、出版社和网络三分天下。文坛新秀多出自不发达地区,具有明显的边缘色彩,将传统文学标新立异的精神转变为现代文学对差异文化的关注。女性作家的女性意识日趋自觉。青春文学持续发展,80后作家成为文学市场弄潮儿。同时文学民族化的倾向加剧,植根于八十年代"寻根"文学的作家莫言将西方魔幻写实的手法融入民族文学中,2012年10月11日以其"用魔幻现实主义将民间故事、历史和现代融为一体"而获得诺贝尔文学奖。

(四)当代戏剧

　　"十七年"时期,在戏剧方面,老一辈剧作家陆续有较高艺术水准的作品问世,如话剧有老舍的《龙须沟》《茶馆》,曹禺的《明朗的天》;历史剧有郭沫若的《蔡文姬》《武则天》,田汉的《关汉卿》等。新一代的剧作家人才济济,不乏佳作,如话剧有丛深的《千万不要忘记》,陈耘的《年青的一代》,沈西蒙等合著的《霓虹灯下的哨兵》。同时,歌剧与戏曲也出现了好作品,前者有《洪湖赤卫队》《江姐》《刘三姐》等,后者主要有昆曲《十五贯》、黄梅戏《天仙配》、京剧《白蛇传》等。

　　"文革"时期的文学,受极"左"思潮影响,处于凋零期,帮派文艺独霸文坛。样板戏(《红灯记》《沙家浜》《智取威虎山》等)依靠政治权力推向全国。"文革"十年中,也有独立意志的作品,如电影有《创业》《海霞》等。它们虽未突破文艺服务于政治、宣扬"斗争"的框框,但不同程度地反映了真实的生活,有较高的艺术性。

　　新时期的戏剧创作,也是以抨击"文革"拉开序幕的,如《枫叶红了的时候》《于无声处》等作品。紧接着问世的是歌颂老一辈革命家的剧作,如程士荣等的《西安事变》、沙叶新的《陈毅市长》《曙光》《报童》等。后来更有标新立异的探索戏剧出现,产生了一定影响,如高行健的《绝对信号》《野人》《车站》等,致力于舞台多层时空的开拓,以展现人物昨天与今天的联系,揭示事件过去与未来的因果。这些作品借鉴国外现代戏剧的观念和手法,较多哲理性与象征性。也有采用传统方法反映现实生活的成功剧作,如苏叔阳有浓郁"京味"的话剧《左邻右舍》。历史题材被越来越多的作家所关注。老剧作家曹禺的《王昭君》写王嫱的自愿和番,实现了作者所歌颂的民族团结的夙愿;陈白尘的《大风歌》揭露吕后的罪恶篡权;新作者的《秦王李世民》《唐太宗与魏征》《郑成功》等,也都以历史为鉴突出塑造了主人公的形象。

二、作品选讲

鲁　迅

作者介绍见《灯下漫笔》。

风　波[1]

　　临河的土场上,太阳渐渐地收了他通黄的光线了。场边靠河的乌桕树叶,干巴巴的才喘过气来,几个花脚蚊子在下面哼着飞舞。面河的农家的烟雾里,逐渐减少了炊烟,女人孩子们都在自己门口的土场上泼些水,放下小桌子和矮凳;人知道,这已经是晚饭时候了。

　　老人男人坐在矮凳上,摇着大芭蕉扇闲谈,孩子飞也似的跑,或者蹲在乌桕树下赌玩石子。女人端出乌黑的蒸干菜和松花黄的米饭,热蓬蓬冒烟。河里驶过文人的酒船,文豪见了,大发诗兴,说,"无思无虑,这真是田家乐呵!"

但文豪的话有些不合事实，就因为他们没有听到九斤老太的话。这时候，九斤老太正在大怒，拿破芭蕉扇敲着凳脚说：

"我活到七十九岁了，活够了，不愿意眼见这些败家相，——还是死了得好。立刻就要吃饭了，还吃炒豆子，吃穷了一家子！"

伊的曾孙女儿六斤捏着一把豆，正从对面跑来，见这情形，便直奔河边，藏在乌桕树后，伸出双丫角的小头，大声说，"这老不死的！"

九斤老太虽然高寿，耳朵却还不很聋，但也没有听到孩子的话，仍旧自己说，"这真是一代不如一代！"

这村庄的习惯有点特别，女人生下孩子，多喜欢用秤称了轻重，便用斤数当作小名。九斤老太自从庆祝了五十大寿以后，便渐渐地变了不平家，常说伊年轻的时候，天气没有现在这般热，豆子也没有现在这般硬：总之现在的时世是不对了。何况六斤比伊的曾祖，少了三斤，比伊父亲七斤，又少了一斤，这真是一条颠扑不破的实例。所以伊又用劲说，"这真是一代不如一代！"

伊的儿媳[2]七斤嫂子正捧着饭篮走到桌边，便将饭篮在桌上一摔，愤愤地说，"你老人家又这么说了。六斤生下来的时候，不是六斤五两么？你家的秤又是私秤，加重称，十八两秤；用了准十六，我们的六斤该有七斤多哩。我想便是太公和公公，也不见得正是九斤八斤十足，用的秤也许是十四两……"

"一代不如一代！"

七斤嫂还没有答话，忽然看见七斤从小巷口转出，便移了方向，对他嚷道，"你这死尸怎么这时候才回来，死到哪里去了！不管人家等着你开饭！"

七斤虽然住在农村，却早有些飞黄腾达的意思。从他的祖父到他，三代不捏锄头柄了；他也照例的帮人撑着航船，每日一回，早晨从鲁镇进城，傍晚又回到鲁镇，因此很知道些时事：例如什么地方，雷公劈死了蜈蚣精；什么地方，闺女生了一个夜叉之类。他在村人里面，的确已经是一名出场人物了。但夏天吃饭不点灯，却还守着农家习惯，所以回家太迟，是该骂的。

七斤一手捏着象牙嘴白铜斗六尺多长的湘妃竹烟管，低着头，慢慢地走来，坐在矮凳上。六斤也趁势溜出，坐在他身边，叫他爹爹。七斤没有应。

"一代不如一代！"九斤老太说。

七斤慢慢地抬起头来，叹一口气说，"皇帝坐了龙庭了。"

七斤嫂呆了一刻，忽而恍然大悟的道，"这可好了，这不是又要皇恩大赦了么！"

七斤又叹一口气，说，"我没有辫子。"

"皇帝要辫子么？"

"皇帝要辫子。"

"你怎么知道呢？"七斤嫂有些着急，赶忙地问。"咸亨酒店里的人，都说要的。"

七斤嫂这时从直觉上觉得事情似乎有些不妙了，因为咸亨酒店是消息灵通的所在。伊一转眼瞥见七斤的光头，便忍不住动怒，怪他恨他怨他；忽然又绝望起来，装好一碗饭，搡在七斤的面前道，"还是赶快吃你的饭罢！哭丧着脸，就会长出辫子来么？"

太阳收尽了他最末的光线了，水面暗暗地回复过凉气来；土场上一片碗筷声响，人人的脊梁上又都吐出汗粒。七斤嫂吃完三碗饭，偶然抬起头，心坎里便禁不住突突地发跳。伊透过乌桕叶，看见又矮又胖的赵七爷正从独木桥上走来，而且穿着宝蓝色竹布的长衫。

赵七爷是邻村茂源酒店的主人，又是这三十里方圆以内的唯一的出色人物兼学问家；因为有学问,所以又有些遗老的臭味。他有十多本金圣叹批评的《三国志》[3],时常坐着一个字一个字地读;他不但能说出五虎将姓名,甚而至于还知道黄忠表字汉升和马超表字孟起。革命以后,他便将辫子盘在顶上,像道士一般;常常叹息说,倘若赵子龙在世,天下便不会乱到这地步了。七斤嫂眼睛好,早望见今天的赵七爷已经不是道士,却变成光滑头皮,乌黑发顶;伊便知道这一定是皇帝坐了龙庭,而且一定须有辫子,而且七斤一定是非常危险。因为赵七爷的这件竹布长衫,轻易是不常穿的,三年以来,只穿过两次:一次是和他怄气的麻子阿四病了的时候,一次是曾经砸烂他酒店的鲁大爷死了的时候;现在是第三次了,这一定又是于他有庆,于他的仇家有殃了。

七斤嫂记得,两年前七斤喝醉了酒,曾经骂过赵七爷是"贱胎",所以这时便立刻直觉到七斤的危险,心坎里突突地发起跳来。

赵七爷一路走来,坐着吃饭的人都站起身,拿筷子点着自己的饭碗说,"七爷,请在我们这里用饭!"七爷也一路点头,说道"请请",却一径走到七斤家的桌旁。七斤们连忙招呼,七爷也微笑着说"请请",一面细细的研究他们的饭菜。

"好香的干菜,——听到了风声了么?"赵七爷站在七斤的后面七斤嫂的对面说。

"皇帝坐了龙庭了。"七斤说。

七斤嫂看着七爷的脸,竭力赔笑道,"皇帝已经坐了龙庭,几时皇恩大赦呢?"

"皇恩大赦?——大赦是慢慢的总要大赦罢。"七爷说到这里,声色忽然严厉起来,"但是你家七斤的辫子呢,辫子?这倒是要紧的事。你们知道:长毛时候,留发不留头,留头不留发……"

七斤和他的女人没有读过书,不很懂得这古典的奥妙,但觉得有学问的七爷这么说,事情自然非常重大,无可挽回,便仿佛受了死刑宣告似的,耳朵里嗡的一声,再也说不出一句话。

"一代不如一代,——"九斤老太正在不平,趁这机会,便对赵七爷说,"现在的长毛,只是剪人家的辫子,僧不僧,道不道的。从前的长毛,这样的么?我活到七十九岁了,活够了。从前的长毛是——整匹的红缎子裹头,拖下去,拖下去,一直拖到脚跟;王爷是黄缎子,拖下去,黄缎子;红缎子,黄缎子,——我活够了,七十九岁了。"

七斤嫂站起身,自言自语地说,"这怎么好呢?这样的一班老小,都靠他养活的人……"

赵七爷摇头道,"那也没法。没有辫子,该当何罪,书上都一条一条明明白白写着的。不管他家里有些什么人。"

七斤嫂听到书上写着,可真是完全绝望了;自己急得没法,便忽然又恨到七斤。伊用筷子指着他的鼻尖说,"这死尸自作自受!造反的时候,我本来说,不要撑船了,不要上城了。他偏要死进城去,滚进城去,进城便被人剪去了辫子。从前是绢光乌黑的辫子,现在弄得僧不僧道不道的。这囚徒自作自受,带累了我们又怎么说呢?这活死尸的囚徒……"

村人看见赵七爷到村,都赶紧吃完饭,聚在七斤家饭桌的周围。七斤自己知道是出场人物,被女人当众这样辱骂,很不雅观,便只得抬起头,慢慢地说道:"你今天说现成话,那时你……"

"你这活死尸的囚徒……"

看客中间,八一嫂是心肠最好的人,抱着伊的两周岁的遗腹子,正在七斤嫂身边看热闹;这时过意不去,连忙解劝说,"七斤嫂,算了罢。人不是神仙,谁知道未来事呢?便是七斤嫂,那时不也说,没有辫子倒也没有什么丑么?况且衙门里的大老爷也还没有告示……"

七斤嫂没有听完,两个耳朵早通红了;便将筷子转过向来,指着八一嫂的鼻子,说,"啊呀,这是什么话呵！八一嫂，我自己看来倒还是一个人，会说出这样昏诞胡涂话么？那时我是，整整哭了三天，谁都看见；连六斤这小鬼也都哭……"六斤刚吃完一大碗饭，拿了空碗，伸手去嚷着要添。七斤嫂正没好气，便用筷子在伊的双丫角中间，直扎下去，大喝道，"谁要你来多嘴！你这偷汉的小寡妇！"

噗的一声，六斤手里的空碗落在地上了，恰巧又碰着一块砖角，立刻破成一个很大的缺口。七斤直跳起来，捡起破碗，合上了检查一回，也喝道，"入娘的！"一巴掌打倒了六斤。六斤躺着哭，九斤老太拉了伊的手，连说着"一代不如一代"，一同走了。

八一嫂也发怒，大声说，"七斤嫂，你'恨棒打人'……"

赵七爷本来是笑着旁观的；但自从八一嫂说了"衙门里的大老爷没有告示"这话以后，却有些生气了。这时他已经绕出桌旁，接着说，"'恨棒打人'，算什么呢。大兵是就要到的。你可知道，这回保驾的是张大帅[4]，张大帅就是燕人张翼德的后代，他一支丈八蛇矛，就有万夫不当之勇，谁能抵挡他，"他两手同时捏起空拳，仿佛握着无形的蛇矛模样，向八一嫂抢进几步道，"你能抵挡他么！"

八一嫂正气得抱着孩子发抖，忽然见赵七爷满脸油汗，瞪着眼，准对伊冲过来，便十分害怕，不敢说完话，回身走了。赵七爷也跟着走去，众人一面怪八一嫂多事，一面让开路，几个剪过辫子重新留起的便赶快躲在人丛后面，怕他看见。赵七爷也不细心察访，通过人丛，忽然转入乌柏树后，说道"你能抵挡他么！"跨上独木桥，扬长去了。

村人们呆呆站着，心里计算，都觉得自己确乎抵不住张翼德，因此也决定七斤便要没有性命。七斤既然犯了皇法，想起他往常对人谈论城中的新闻的时候，就不该含着长烟管显出那般骄傲模样，所以对于七斤的犯法，也觉得有些畅快。他们也仿佛想发些议论，却又觉得没有什么议论可发。嗡嗡地一阵乱嚷，蚊子都撞过赤膊身子，闯到乌柏树下去做市；他们也就慢慢地走散回家，关上门去睡觉。七斤嫂咕哝着，也收了家伙和桌子矮凳回家，关上门睡觉了。

七斤将破碗拿回家里，坐在门槛上吸烟；但非常忧愁，忘却了吸烟，象牙嘴六尺多长湘妃竹烟管的白铜斗里的火光，渐渐发黑了。他心里但觉得事情似乎十分危急，也想想些方法，想些计划，但总是非常模糊，贯穿不得："辫子呢辫子？丈八蛇矛。一代不如一代！皇帝坐龙廷。破的碗须得上城去钉好。谁能抵挡他？书上一条一条写着。入娘的！……"

第二日清晨，七斤依旧从鲁镇撑航船进城，傍晚回到鲁镇，又拿着六尺多长的湘妃竹烟管和一个饭碗回村。他在晚饭席上，对九斤老太说，这碗是在城内钉合的，因为缺口大，所以要十六个铜钉，三文一个，一总用了四十八文小钱。

九斤老太很不高兴地说，"一代不如一代，我是活够了。三文钱一个钉；从前的钉，这样的么？从前的钉是……我活了七十九岁了，——"

此后七斤虽然是照例日日进城，但家景总有些黯淡，村人大抵回避着，不再来听他从城内得来的新闻。七斤嫂也没有好声气，还时常叫他"囚徒"。

过了十多日，七斤从城内回家，看见他的女人非常高兴，问他说，"你在城里可听到些什么？"

"没有听到些什么。"

"皇帝坐了龙庭没有呢？"

"他们没有说。"

"咸亨酒店里也没有人说么？"

"也没人说。"

"我想皇帝一定是不坐龙廷了。我今天走过赵七爷的店前,看见他又坐着念书了,辫子又盘在顶上了,也没有穿长衫。"

"⋯⋯⋯⋯⋯"

"你想,不坐龙廷了罢?"

"我想,不坐了罢。"

现在的七斤,是七斤嫂和村人又都早给他相当的尊敬,相当的待遇了。到夏天,他们仍旧在自家门口的土场上吃饭;大家见了,都笑嘻嘻的招呼。九斤老太早已做过八十大寿,仍然不平而且康健。六斤的双丫角,已经变成一支大辫子了;伊虽然新近裹脚,却还能帮同七斤嫂做事,捧着十八个铜钉[5]的饭碗,在土场上一瘸一拐的往来。

一九二○年十月[6]。

【注释】

[1]本篇作者为鲁迅。最初发表于1920年9月《新青年》第8卷第1号,后收入《呐喊》。

[2]伊的儿媳:从上下文看,这里的"儿媳"应是"孙媳"。

[3]金圣叹批评的《三国志》:指小说《三国演义》。金圣叹(1608—1661),明末清初文人,曾批注《水浒》《西厢记》等书,他把所加的序文、读法和评语等称为"圣叹外书"。《三国演义》是元末明初罗贯中所著,后经清代毛宗岗改编,卷首有假托为金圣叹所作的序,并有"圣叹外书"字样,每回前均附加评语。

[4]张大帅:指张勋(1854—1923),江西奉新人,北洋军阀之一。原为清朝军官,辛亥革命后,他和所部官兵仍留着辫子,表示忠于清王朝,被称为辫子军。1917年7月1日他在北京扶持清废帝溥仪复辟,7月12日即告失败。

[5]十八个铜钉:据上文应是"十六个"。作者在1926年11月23日致李霁野的信中曾说:"六斤家只有这一个钉过的碗,钉是十六或十八,我也记不清了。总之两数之一是错的,请改成一律。"

[6]据《鲁迅日记》,本篇当作于1920年8月5日。

【讲解】

这篇小说通过叙述1917年张勋复辟事件在江南某水乡所引起的一场关于辫子的风波,以小见大地展示了辛亥革命后中国农村封闭、愚昧、保守的真实面貌,揭示了缺乏精神信仰和追求的"无特操"的国民性弱点,说明辛亥革命并没有给封建统治下的中国农村带来真正的变革,而今后的社会革命若不能唤醒民众,也是难以成功的。

小说中的七斤是当地著名的见过世面的"出场人物",甚至于受到众人尊敬,有"相当的待遇"。然而,他听到皇帝坐龙廷的消息后的垂头丧气,面对妻子责骂时的隐忍,迁怒于女儿时内心的郁闷,足以表明他实际上是一个麻木胆怯、愚昧鄙俗、毫无民主主义觉悟的落后农民。赵七爷是一个不学无术、精神空虚、善于韬晦且阴险凶狠、时刻梦想复辟的封建遗老。他咄咄逼人的言语,恫吓、欺骗的举动,显示了封建复辟势力企图卷土重来的欲望与野心。七斤嫂为人泼辣粗俗、伶牙俐齿、出语刻毒、好胜压人,并无一般农村妇女的诚厚。她与八一嫂、九斤老太等其他人物一样,依然自私、落后、愚昧、麻木,生活在浑浑噩噩的不觉悟状态之中。

这篇小说在艺术上独具特色。首先,它以辫子事件为中心线索,串联了事件的起因、发展和消解。风波是由"皇帝坐了龙廷了"、"皇帝要辫子",可七斤没有辫子引起的。赵七爷的出场使风波骤然强化。赵七爷的盘在头顶上像道士一般的辫子放下来了,且幸灾乐祸地质问七斤的辫子哪里去了,使七斤、七斤嫂感到如同受了死刑似的,引起一系列的矛盾冲突、事件骤变、发展。最后又以赵七爷的辫子又盘在顶上,"皇帝没有坐龙廷"而矛盾消解。其次,小说运用白描手法塑造人物。通过富有个性色彩和乡土气息的人物对话来刻画人物性格,展开矛盾冲突,推动情节发展;选择生动贴切且富有表现力的细节来揭示人物的内在心理,暗示深刻的主题内蕴;作品开头的环境描绘和场面描写,不仅是一幅充满地方色彩和生活气息的风景画和风俗画,而且以其场景的恬静与结尾相呼应,对辫子风波的波澜起伏起到了对比衬托作用。再次,善于借助性格化的对话和特征性的动作及细节描写,来揭示人物潜在的心理活动,勾勒人物的精神特征。另外,小说善于通过空间环境、自然环境的描绘,为事件的发生和主题的实现作铺垫。

【思考与练习】

一、选择题

1. 鲁迅小说《风波》在总体上采用了（　　）。
   A. 比兴手法　　　　B. 铺陈手法　　　　C. 白描手法　　　　D. 对比手法
2. 鲁迅《风波》的主要社会意义在于（　　）。
   A. 暴露农民的愚昧落后　　　　　　　　B. 嘲讽文人的不合时宜
   C. 揭露帝制余孽的复辟阴谋　　　　　　D. 昭示革命首务是唤醒民众
3. 《风波》中下列典型细节,属于刻画七斤形象的是（　　）。
   A. 知道张大帅是张翼德的后代
   B. 知道什么地方的闺女生了个夜叉之类
   C. 遇事一句口头禅:"一代不如一代"
   D. 夏天吃饭不点灯
4. 七斤的主要性格特征是（　　）。
   A. 见多识广　　　　B. 憎恶复辟　　　　C. 愚昧落后　　　　D. 伺机复辟
5. 鲁迅小说《风波》的线索是（　　）。
   A. 张勋复辟　　　　　　　　　　　　　B. 辫子事件
   C. 赵七爷的竹布长衫　　　　　　　　　D. 九斤老太的唠叨
6. 《风波》开头所描绘的"田家乐"景象的主要意义在于（　　）。
   A. 暴露农民的愚昧落后　　　　　　　　B. 嘲讽文人的不合时宜
   C. 衬托后文的风波动感　　　　　　　　D. 启示人们不要被表面现象所迷惑
7. 《风波》中反复说"一代不如一代"的人物是（　　）。
   A. 赵七爷　　　　　B. 七斤　　　　　　C. 八一嫂　　　　　D. 九斤老太
8. 鲁迅《风波》的主要艺术特点有（　　）。
   A. 即小见大,展示当时社会的真实面貌
   B. 通过富有个性色彩的对话刻画人物性格
   C. 出人意料但又合乎情理的巧合结局
   D. 精选细节提示人物心理暗示主题内蕴
   E. 第一人称和第三人称叙述方式交互为用

二、简答题

1. 小说开头的环境描写构成一幅怎样的场景? 有什么作用?
2. 在鲁迅的小说《风波》中,作者通过赵七爷把辫子放下、盘上的细节描写,反映出这个人物怎样的心态?
3. 简述鲁迅《风波》这篇小说的艺术特色。

三、解析题

1. 阅读下面一段文字,回答问题:

赵七爷是邻村茂源酒店的主人,又是这三十里方圆以内的唯一的出色人物兼学问家;因为有学问,所以又有些遗老的臭味。他有十多本金圣叹批评的《三国志》,时常坐着一个字一个字地读;他不但能说出五虎将姓名,甚而至于还知道黄忠表字汉升和马超表字孟起。革命以后,他便将辫子盘在顶上,像道士一般;常常叹息说,倘若赵子龙在世,天下便不会乱到这地步了。

(1)这里揭示了赵七爷什么样的性格特征?
(2)请具体说明行文所运用的讽刺手法。

2. 阅读下面一段文字,回答问题:

现在的七斤,是七斤嫂和村人又都早给他相当的尊敬,相当的待遇了。到夏天,他们仍旧在自家门口的土场上吃饭;大家见了,都笑嘻嘻的招呼。九斤老太早已做过八十大寿,仍然不平而且康健。六斤的双丫角,已经变成一支大辫子了;伊虽然新近裹脚,却还能帮同七斤嫂做事,捧着十八个铜钉的饭碗,在土场上一瘸一拐的往来。

(1)作品安排这样的结尾有何寓意?
(2)九斤老太的"康健"有何象征意义?
(3)七斤嫂和村人又都早给七斤相当的尊敬说明了什么?
(4)"捧着十八个铜钉的饭碗"有何寓意?

四、实践题

我们来玩个游戏,叫文字对文字。例:
巾对币说:儿啊,戴上博士帽,也就身价百倍了。
晶对品说:你家难道没有装修?
占对点说:买小轿车了?
日对曰说:该减肥了。
土对丑说:别以为披肩发就好看,骨子里还是老土。
木对术说:长颗痣就当自己是美人了?
下面大家自己接下去:小对水说,木对林说,口对中说,白对百说,八对六说,十对七说,丘对乒说,天对无说,马对鸟说,土对上说。
大家还可以说很多,对吗?

沈从文

沈从文(1902—1988),原名沈岳焕,湖南凤凰县人,现代著名作家、历史文物研究家、京派小说代表人物,笔名休芸芸、甲辰、上官碧、璇若等。十四岁时,他投身行伍,浪迹湘川黔边境地区,1924年开始文学创作,抗战爆发后到西南联大任教,1946年到北京大学任教,中华人民共和国成立后在中国历史博物馆和中国社会科学院历史研究所工作,主要从事中国古代服饰的研究,1988年病逝于北京。

沈从文一生创作的结集约有八十多部,是现代作家中成书最多的一个。从二十世纪三十年代起,沈从文开始用小说构造他心中的"湘西世界",完成一系列代表作,如《边城》《长河》等,并由于创作风格的独特,被誉为"乡土文学之父"。沈从文的湘西系列,用创作实绩证明了他的人与自然"和谐共存"、本于自然、回归自然的哲学。"湘西"所代表的健康、完善的人性,那种"优美、健康、自然,而又不悖乎人性的人生形式",正是他的全部创作要负载的内容。

萧萧

乡下人吹唢呐接媳妇,到了十二月是成天会有的事情。

唢呐后面一顶花轿,四个伕子平平稳稳地抬着。轿中人被铜锁锁在里面,虽穿了平时不上过身的体面红绿衣裳,也仍然得荷荷大哭。在这些小女人心中,做新娘子,从母亲身边离开,且准备作他人的母亲,从此必然将有许多新事情等待发生。像做梦一样,将同一个陌生男子汉在一个床上睡觉,做着承宗接祖的事情,这些事想起来,当然有些害怕,所以照例觉得要哭哭,于是就哭了。

也有做媳妇不哭的人。萧萧做媳妇就不哭。这小女子没有母亲,从小寄养到伯父种田的庄子上,终日提个小竹兜箩,在路边田坎捡狗屎挑野菜。出嫁只是从这家转到那家。因此到那一天,这女人还只是笑。她又不害羞,又不怕。她是什么事也不知道,就做了人家的媳妇了。

萧萧做媳妇时年纪十二岁,有一个小丈夫,年纪还不到三岁。丈夫比她年少九岁,还不曾断奶。按地方规矩,过了门,她喊他做弟弟。她每天应做的事是抱弟弟到村前柳树下去玩,到溪边去玩,饿了,喂东西吃;哭了,就哄他,摘南瓜花或狗尾草戴到小丈夫头上,或者亲嘴,一面说,"弟弟,哪,啵。再来,啵。"在那肮脏的小脸上亲了又亲,孩子于是便笑了。

孩子一欢喜兴奋,行动粗野起来,会用短短的小手乱抓萧萧的头发。那是平时大不能收拾蓬蓬松松在头上的黄发。有时候,垂到脑后那条小辫儿被拉得太久,把红绒线结也弄松了,生气了,就挞那弟弟几下,弟弟自然哇地哭出声来,萧萧便也装成要哭的样子,用手指着弟弟的哭脸,说,"哪,人不讲理,可不行!"

天晴落雨日子混下去,每日抱抱丈夫,也帮同家中作点杂事,能动手的就动手。又时常到溪沟里去洗衣,搓尿片,一面还捡拾有花纹的田螺给坐到身边的小丈夫玩。到了夜里睡觉,便常常做这种年龄人所做的梦,梦到后门角落或别的什么地方捡得大把大把铜钱,吃好东西,爬树,自己变成鱼到水中各处溜。或一时仿佛身子很小很轻,飞到天上众星中,没有一个人,只是一片白,一片金光,于是大喊"妈!"人就吓醒了。醒来心还只是跳。吵了隔壁的人,不免骂着,"疯子,你想什么!白天疯玩,晚上就做梦!"萧萧听着却不作声,只是咕咕的笑。也有很好很爽快的梦,为丈夫哭醒的事。那丈夫本来晚上在自己母亲身边睡,吃奶方便。有时吃多了奶,或因另外情形,半夜大哭,起来放水拉稀是常有的事。丈夫哭到婆婆无可奈何,于是萧萧轻脚轻手爬起床来,睡眼迷蒙走到床边,把人抱起,给他看月光,看星光;或者仍然啵啵地亲嘴,互相觑着,孩子气的"嗨嗨,看猫呵!"那样喊着哄着,于是丈夫笑了,玩一会会,困倦起来慢慢地合上眼。人睡定后,放上床,站在床边看着,听远处一递一声的鸡叫,知道天快到什么时候了,于是仍然蜷到小床上睡去。天亮了,虽不做梦,却可以无意中闭眼开眼,看一阵在面前空中变幻无端的黄边紫心葵花,那是一种真正的享受。

萧萧嫁过了门,做了拳头大丈夫的小媳妇,一切并不比先前受苦,这只看她半年来身体发育就可明白。风里雨里过日子,像一株长在园角落不为人注意的蓖麻,大叶大枝,日增茂盛。这小女人简直是全不为丈夫设想那么似的,一天比一天长大起来了。

夏夜光景说来如做梦。大家饭后坐到院中心歇凉,挥摇蒲扇,看天上的星同屋角的萤,听南瓜棚上纺织娘子咯咯咯拖长声音纺车,远近声音繁密如落雨,禾花风翛翛吹到脸上,正是让人在各种方便中说笑话的时候。

萧萧好高,一个人常常爬到草料堆上去,抱了已经熟睡的丈夫在怀里,轻轻地轻轻地随意唱着那自编的四句头山歌,唱来唱去却把自己也催眠起来,快要睡去了。

在院坝中,公公婆婆,祖父祖母,另外还有帮工汉子两个,散乱地坐在小板凳上,摆龙门阵学古,轮流下去打发上半夜。

祖父身边有个烟包,在黑暗中放光。这用艾蒿做成的烟包,是驱逐长脚蚊的得力东西,蜷在祖父脚边,就如一条乌梢蛇。间或又拿起来晃那么几下。

想起白天场上的事,那祖父开口说话:

"听三金说,前天又有女学生过身。"

大家就哄然笑了起来。

这笑的意义何在?只因为大家印象中,都知道女学生没有辫子,留下个鹌鹑尾巴,象个尼姑,又不完全像。穿的衣服像洋人又不是洋人。吃的,用的……总而言之,事事不同,一想起来就觉得怪可笑!

萧萧不大明白,她不笑。所以老祖父又说话了。他说:"萧萧,你长大了,将来也会做女学生!"

大家于是更哄然大笑起来。

萧萧为人并不愚蠢,觉得这一定是不利于己的一件事情,所以接口便说:"爷爷,我不做女学生!"

"你像个女学生,不做可不行。"

"我不做。"

众人有意取笑,异口同声地说:"萧萧,爷爷说得对,你非做女学生不行!"

萧萧急得无可如何,"做就做,我不怕。"其实做女学生有什么不好,萧萧全不知道。

女学生这东西,在本乡的确永远是奇闻。每年一到六月天,据说放"水假"日子一到,照例便有三三五五女学生,由一个荒谬不经的热闹地方来,到另一个远地方去,取道从本地过身。从乡下人眼中看来,这些人都近于另一世界中活下的人,装扮奇奇怪怪,行为更不可思议。这种女学生过身时,使一村人都可以说一整天的笑话。

祖父是当地一个人物,因为想起所知道的女学生在大城中的生活情形,所以说笑话要萧萧也去作女学生。一面听到这话,就感觉一种打哈哈趣味,一面还有那被说的萧萧感觉一种惶恐,说这话的不为无意义了。

女学生由祖父方面所知道的是这样一种人:她们穿衣服不管天气冷热,吃东西不问饥饱,晚上交到子时才睡觉,白天正经事全不做,只知唱歌打球,读洋书。她们都会花钱,一年用的钱可以买十六只水牛。她们在省里京里想往什么地方去时,不必走路,只要钻进一个大匣子中,那匣子就可以带她到地。城市中还有各种各样的大小不同匣子,都用机器开动。她们在学校,男女一处上课读书,人熟了,就随意同那男子睡觉,也不要媒人,也不要财礼,名叫"自由"。她们也做州县官,带家眷上任,男子仍然喊作老爷,小孩子叫少爷。

她们自己不养牛,却吃牛奶羊奶,如小牛小羊;买那奶时是用铁罐子盛的。她们无事时到一个唱戏地方去,那地方完全像个大庙,从衣袋中取出一块洋钱来(那洋钱在乡下可买五只母鸡),买了一小方纸片儿,拿了那纸片到里面去,就可以坐下看洋人扮演的影子戏。她们被冤了,不赌咒,不哭。她们年纪有老到二十四岁还不肯嫁人的,有老到三十四十居然还好意思嫁人的。她们不怕男子,男子不能使她们受委屈,一受委屈就上衙门打官司,要官罚男子的款,这笔钱她有时独占自己花用,有时同官平分。她们不洗衣煮饭,也不养猪喂鸡;有了小孩子也只花五块钱或十块钱一月,雇个人专管小孩,自己仍然整天看戏打牌,或者读那些没有用处的闲书……总而言之,说来事事都稀奇古怪,和庄稼人不同,有的简直还可说岂有此理。这时经祖父一说明,听过这话的萧萧,心中却忽然有了一种模模糊糊的愿望,以为倘若她也是个女学生,她是不是照祖父说的女学生一个样子去做那些事?

不管好歹,做女学生并不可怕,因此一来却已为这乡下姑娘初次体念到了。

因为听祖父说起女学生是怎样的人物,到后萧萧独自笑得特别久。笑够了时,她说:"祖爹,明天有女学生过路,你喊我,我要看看。"

"你看,她们捉你去作丫头。"

"我不怕她们。"

"她们读洋书念经你也不怕?"

"念观音菩萨消灾经,念紧箍咒,我都不怕。"

"她们咬人,和做官的一样,专吃乡下人,吃人骨头渣渣也不吐,你不怕?"

萧萧肯定的回答说:"也不怕。"

可是这时节萧萧手上所抱的丈夫,不知为什么,在睡梦中哭了,媳妇于是用作母亲的声势,半哄半吓说,"弟弟,弟弟,不许哭,不许哭,女学生咬人来了。"

丈夫还仍然哭着,得抱起各处走走。萧萧抱着丈夫离开了祖父,祖父同人说另外一样古话去了。

萧萧从此以后心中有个"女学生"。做梦也便常常梦到女学生,且梦到同这些人并排走路。仿佛也坐过那种自己会走路的匣子,她又觉得这匣子并不比自己跑路更快。在梦中那匣子的形体同谷仓差不多,里面有小小灰色老鼠,眼珠子红红的,各处乱跑,有时钻到门缝里去,把个小尾巴露在外边。

因为有这样一段经过,祖父从此喊萧萧不喊"小丫头",不喊"萧萧",却唤作"女学生"。在不经意中萧萧答应得很好。

乡下的日子也如世界上一般日子,时时不同。世界上人把日子糟蹋,和萧萧一类人家把日子吝惜是同样的,各有所得,各属分定。许多城市中文明人,把一个夏天完全消磨到软绸衣服、精美饮料以及种种好事情上面。萧萧的一家,因为一个夏天的劳作,却得了十多斤细麻,二三十担瓜。

作小媳妇的萧萧,一个夏天中,一面照料丈夫,一面还绩了细麻四斤。到秋八月工人摘瓜,在瓜间玩,看硕大如盆上面满是灰粉的大南瓜,成排成堆摆到地上,很有趣味。时间到摘瓜,秋天真的已来了,院子中各处有从屋后林子里树上吹来的大红大黄木叶。萧萧在瓜旁站定,手拿木叶一束,为丈夫编小笠帽玩。

工人中有个名叫花狗,年纪二十三岁,抱了萧萧的丈夫到枣树下去打枣子。小小竹竿打在枣树上,落枣满地。

"花狗大[1],莫打了,太多了吃不完。"

虽听这样喊,还不停手。到后,仿佛完全因为丈夫要枣子,花狗才不听话。萧萧于是又警告她那小丈夫:"弟弟,弟弟,来,不许捡了。吃多了生东西肚子痛!"

丈夫听话,兜了一堆枣子向萧萧身边走来,请萧萧吃枣子。

"姐姐吃,这是大的。"

"我不吃。"

"要吃一颗!"

她两手哪里有空!木叶帽正在制边,工夫要紧,还正要个人帮忙!

"弟弟,把枣子喂我口里。"

丈夫照她的命令做事,做完了觉得有趣,哈哈大笑。

她要他放下枣子帮忙捏紧帽边,便于添加新木叶。

丈夫照她吩咐做事,但老是顽皮的摇动,口中唱歌。这孩子原来像一只猫,欢喜时就得捣乱。

"弟弟,你唱的是什么?"

"我唱花狗大告我的山歌。"

"好好地唱一个给我听。"

丈夫于是就唱下去,照所记到的歌唱:

天上起云云起花,

苞谷林里种豆荚，
豆荚缠坏苞谷树，
娇妹缠坏后生家。
天上起云云重云，
地下埋坟坟重坟，
娇妹洗碗碗重碗，
娇妹床上人重人。

歌中意义丈夫全不明白，唱完了就问萧萧好不好。萧萧说好，并且问跟谁学来的。她知道是花狗教的，却故意盘问他。

"花狗大告我，他说还有好歌，长大了再教我唱。"

听说花狗会唱歌，萧萧说：

"花狗大，花狗大，您唱一个好听的歌我听听。"

那花狗，面如其心，生长得不很正气，知道萧萧要听歌，人也快到听歌的年龄了，就给她唱"十岁娘子一岁夫"。那故事说的是妻年大，可以随便到外面做一点不规矩事情，夫年小，只知吃奶，让他吃奶。这歌丈夫完全不懂，懂到一点儿的是萧萧。把歌听过后，萧萧装成"我全明白"那种神气，她用生气的样子，对花狗说："花狗大，这个不行，这是骂人的歌！"

花狗分辩说："不是骂人的歌。"

"我明白，是骂人的歌。"

花狗难得说多话，歌已经唱过了，错了赔礼，只有不再唱。他看她已经有点懂事了，怕她回头告祖父，会挨一顿臭骂，就把话支开，扯到"女学生"上头去。他问萧萧，看没看过女学生习体操唱洋歌的事情。

若不是花狗提起，萧萧几乎已忘却了这事情。这时又提到女学生，她问花狗近来有没有女学生过路，她想看看。

花狗一面把南瓜从棚架边抱到墙角去，告她女学生唱歌的事，这些事的来源还是萧萧的那个祖父。他在萧萧面前说了点大话，说他曾经到官路上见到四个女学生，她们都拿得有旗子，走长路流汗喘气之中仍然唱歌，同军人所唱的一模一样。不消说，这自然完全是胡诌的笑话。可是那故事把萧萧可乐坏了。因为花狗说这个就叫作"自由"。

花狗是"起眼动眉毛，一打两头翘"、会说会笑的一个人。

听萧萧带着歆羡口气说，"花狗大，你膀子真大。"他就说，"我不止膀子大。"

"你身个子也大。"

"我全身无处不大。"

萧萧还不大懂得这个话的意思，只觉得憨而好笑。

到萧萧抱了她的丈夫走去以后，同花狗在一起摘瓜，取名字叫哑巴的，开了平时不常开的口。

"花狗，你少坏点。人家是十三岁黄花女，还要等十年才圆房！"

花狗不作声，打了那伙计一掌，走到枣树下捡落地枣去了。

到摘瓜的秋天，日子计算起来，萧萧过丈夫家有一年半了。

几次降霜落雪，几次清明谷雨，一家人都说萧萧是大人了。天保佑，喝冷水，吃粗粝饭，四季无疾病，倒发育得这样快。婆婆虽生来像一把剪子，把凡是给萧萧暴长的机会都剪去了，但乡下的日头同空气都帮助人长大，却不是折磨可以阻拦得住。

萧萧十五岁时已高如成人，心却还是一颗糊糊涂涂的心。

人大了一点，家中做的事也多了一点。绩麻、纺车、洗衣、照料丈夫以外，打猪草推磨一些事情也要作，还有浆纱织布。凡事都学，学学就会了。乡下习惯，凡是行有余力的都可从劳作中攒点本分私房，两三年来仅仅萧萧个人份人所聚集的粗细麻和纺就的棉纱，已够萧萧坐到土机上抛三个月的梭子了。

丈夫早断了奶。婆婆有了新儿子，这五岁儿子就像归萧萧独有了。不论做什么，走到什么地方去，丈夫总跟到身边。

丈夫有些方面很怕她，当她如母亲，不敢多事。他们俩"感情不坏"。

地方稍稍进步，祖父的笑话转到"萧萧你也把辫子剪去好自由"那一类事上去了。听着这话的萧萧，某个夏天也看过一次女学生，虽不把祖父笑话认真，可是每一次在祖父说过这笑话以后，她到水边去，必不自觉地用手捏着辫子末梢，设想没有辫子的人那种神气，那点趣味。

因为打猪草，带丈夫上螺蛳山的山阴是常有的事。

小孩子不知事故，听别人唱歌也唱歌。一开腔唱歌，就把花狗引来了。

花狗对萧萧生了另外一种心，萧萧有点明白了，常常觉得惶恐不安。但花狗是男子，凡是男子的美德恶德都不缺少，劳动力强，手脚勤快，又会玩会说，所以一面使萧萧的丈夫非常欢喜同他玩，一面一有机会即缠在萧萧身边，且总是想方设法把萧萧那点惶恐减去。

山大人小，到处树木蒙茸，平时不知道萧萧所在，花狗就站在高处唱歌逗萧萧身边的丈夫；丈夫小口一开，花狗穿山越岭就来到萧萧面前了。

见了花狗，小孩子只有欢喜，不知其他。他原要花狗为他编草虫玩，做竹箫哨子玩，花狗想方法支使他到一个远处去找材料，便坐到萧萧身边来，要萧萧听他唱那使人开心红脸的歌。她有时觉得害怕，不许丈夫走开；有时又像有了花狗在身边，打发丈夫走去反倒好一点。终于有一天，萧萧就这样给花狗把心窍子唱开，变成个妇人了。

那时节，丈夫走到山下采刺莓去了，花狗唱了许多歌，到后却向萧萧唱：娇家门前一重坡，别人走少郎走多，铁打草鞋穿烂了，不是为你为哪个？

末了却向萧萧说："我为你睡不着觉"。他又说他赌咒不把这事情告给人。听了这些话仍然不懂什么的萧萧，眼睛只注意到他那一对粗粗的手膀子，耳朵只注意到他最后一句话。

末了花狗大便又唱歌给她听。她心里乱了。她要他当真对天赌咒，赌过了咒，一切好像有了保障，她就一切尽他了。到丈夫返身时，手被毛毛虫蜇伤，肿了一片，走到萧萧身边。萧萧捏紧这一只小手，且用口去呵它，吮它，想起刚才的糊涂，才仿佛明白自己作了一点不大好的糊涂事。

花狗诱她做坏事情是麦黄四月，到六月，李子熟了，她喜欢吃生李子。她觉得身体有点特别，在山上碰到花狗，就将这事情告给他，问他怎么办。

讨论了多久，花狗全无主意。虽以前自己当天赌得有咒，也仍然无主意。这家伙个子大，胆量小。个子大容易做错事，胆量小做了错事就想不出办法。

到后，萧萧捏着自己那条乌梢蛇似的大辫子，想起城里了，她说："花狗大，我们到城里去自由，帮帮人过日子，不好么？"

"那怎么行？到城里去做什么？"

"我肚子大了。"

"我们找药去。场上有郎中卖药。"

"你赶快找药来，我想……"

"你想逃到城里去自由,不成的。人生面不熟,讨饭也有规矩,不能随便!"

"你这没有良心的,你害了我,我想死!"

"我赌咒不辜负你。"

"负不负我有什么用?帮我个忙,赶快拿去肚子里这块肉罢。我害怕!"

花狗不再作声,过了一会,便走开了。不久丈夫从他处拿了大把山里红果子回来,见萧萧一个人坐在草地上眼睛红红的。丈夫心中纳罕,看了一会,问萧萧:"姐姐,为什么哭?"

"不为甚么,灰尘落到眼睛窝里,痛。"

"我吹吹吧。"

"不要吹。"

"你瞧我,得这些这些。"

他把手中拿的和从溪中捡来放在衣口袋里的小蚌、小石头全部陈列在萧萧面前,萧萧泪眼婆娑看了一会,勉强笑着说:"弟弟,我们要好,我哭你莫告家中。告家中我可要生气。"到后这事情家中当真就无人知道。

过了半个月,花狗不辞而行,把自己所有的衣裤都拿去了。祖父问同住的哑巴知不知道他为什么走路,走哪儿去。是上山落草,还是作薛仁贵投军?哑巴只是摇头,说花狗还欠了他两百钱,临走时话都不留一句,为人少良心。哑巴说他自己的话,并没有把花狗走的理由说明。因此这一家稀奇一整天,谈论一整天。不过这工人既不偷走物件,又不拐带别的,这事过后不久,自然也就把他忘掉了。

萧萧仍然是往日的萧萧。她能够忘记花狗就好了。但是肚子真有些不同了,肚中东西总在动,使她常常一个人干着急,尽做怪梦。

她脾气坏了一点,这坏处只有丈夫知道,因为她对丈夫似乎严厉苛刻了好些。

仍然每天同丈夫在一处,她的心,想到的事自己也不十分明白。她常想,我现在死了,什么都好了。可是为什么要死?她还很高兴活下去,愿意活下去。

家中人不拘谁在无意中提起关于丈夫弟弟的话,提起小孩子,提起花狗,都像使这话如拳头,在萧萧胸口上重重一击。

到八月,她担心人知道更多了,引丈夫庙里去玩,就私自许愿,吃了一大把香灰。吃香灰被她丈夫见到了,丈夫问这是做甚么,萧萧就说肚子痛,应当吃这个。虽说求菩萨许愿,菩萨当然没有如她的希望,肚子中长大的东西仍在慢慢地长大。

她又常常往溪里去喝冷水,给丈夫见到了,丈夫问她,她就说口渴。

一切她所想到的方法都没有能够使她与自己不欢喜的东西分开。大肚子只有丈夫一人知道,他却不敢告这件事给父母晓得。因为时间长久,年龄不同,丈夫有些时候对于萧萧的怕同爱,比对于父母还深切。

她还记得花狗赌咒那一天里的事情,如同记着其他事情一样。到秋天,屋前屋后毛毛虫都结茧,成了各种好看的蝶蛾,丈夫象故意折磨她一样,常常提起几个月前被毛毛虫螫手的旧话,使萧萧心里难过。她因此极恨毛毛虫,见了那小虫就想用脚去踹。

有一天,又听人说有好些女学生过路,听过这话的萧萧,睁了眼做过一阵梦,愣愣地对日头出处痴了半天。

萧萧步花狗后尘,也想逃走,收拾一点东西预备跟了女学生走的那条路上城。但没有动身,就被家里人发觉了。这种打算照乡下人说来是一件大事,于是把她两手捆了起来,丢在灶屋边,饿了一天。

家中追究这逃走的根源，才明白这个十年后预备给小丈夫生儿子继香火的萧萧肚子，已被别人抢先下了种。这在一家人生活中真是了不得的一件大事！一家人的平静生活，为这件新事全弄乱了。生气的生气，流泪的流泪，骂人的骂人，各按本分乱下去。悬梁、投水、吃毒药，被禁困的萧萧，诸事漫无边际的全想到了，究竟年纪太小，舍不得死，却不曾做。于是祖父从现实出发，想出了个聪明主意，把萧萧关在房里，派人好好看守着，请萧萧本族的人来说话，看是"沉潭"还是"发卖"？萧萧家中人要面子，就沉潭淹死了她，舍不得死就发卖。萧萧只有一个伯父，在近处庄子里为人种田，去请他时先还以为是吃酒，到了才知道是这样丢脸事情，弄得这老实忠厚的家长手足无措。

大肚子作证，什么也没有可说。照习惯，沉潭多是读过"子曰"的族长爱面子才做出的蠢事。伯父不读"子曰"，伯父不忍把萧萧当牺牲，萧萧当然应当嫁人作"二路亲"了。

这也是一种处罚，好像极其自然，照习惯受损失的是丈夫家里，然而却可以在发卖上收回一笔钱，当作为损失赔偿。那伯父把这事告给了萧萧，就要走路。萧萧拉着伯父衣角不放，只是幽幽地哭。伯父摇了一会头，一句话不说，仍然走了。

一时没有相当的人家来要萧萧，送到远处去也得有人，因此暂时就仍然在丈夫家中住下。这件事情既已经说明白，照乡下规矩，倒又像不甚么要紧，只等待处分，大家反而释然了。先是小丈夫不能再同萧萧在一处，到后又仍然如月前情形，姊弟一般有说有笑地过日子了。

丈夫知道了萧萧肚子中有儿子的事情，又知道因为这样萧萧才应当嫁到远处去。但是丈夫并不愿意萧萧去，萧萧自己也不愿意去。大家全莫名其妙，只是照规矩象逼到要这样做，不得不做。究竟是谁定的规矩，周公还是周婆。也没有人说得清楚。

在等候主顾来看人，等到十二月，还没有人来，萧萧只好在这人家过年。

萧萧次年二月间，十月满足，坐草生了一个儿子，团头大眼，声响洪壮。大家把母子二人照料得好好的，照规矩吃蒸鸡同江米酒补血，烧纸谢神。一家人都欢喜那儿子。

生下的既是儿子，萧萧不嫁别处了。

到萧萧正式同丈夫拜堂圆房时，儿子已经年纪十岁，有了半劳动力，能看牛割草，成为家中生产者一员了。平时喊萧萧丈夫做大叔，大叔也答应，从不生气。

这儿子名叫牛儿。牛儿十二岁时也接了亲，媳妇年长六岁。媳妇年纪大，才能诸事做帮手，对家中有帮助。唢呐吹到门前时，新娘在轿中呜呜地哭着，忙坏了那个祖父、曾祖父。

这一天，萧萧抱了自己新生的毛毛，在屋前榆蜡树篱笆间看热闹，同十年前抱丈夫一个样子。

【注释】

[1] 花狗大：因花狗比萧萧大九岁，萧萧称他"花狗大"，就是"花狗哥"的意思。

【讲解】

《萧萧》是沈从文于1929年创作的一篇短篇小说，它以第三者的口吻向读者讲述了萧萧一生的命运并绘声绘色地描绘了"乡下人"的形象，既赞美他们独有的德行品性，又表现他们不能把握自己人生命运的痛苦和忧伤。作者行文中不带任何强烈的感情色彩，文章中既没有对封建礼法的控诉，也没有对童养媳习俗的批判。表面上看，这篇小说像是一出平淡而质朴的农村生活剧，而实际上作者赋予了它深刻的社会意义。它通过描写农村生活的一隅，再现了二十世纪二三十年代中国农村社会的状况。

这篇小说主要通过萧萧命运发展的三个阶段及其中影响萧萧命运发展的人性与制度的矛盾冲突，颂扬了生命及优美的人性。小说以一句"乡下人吹唢呐接媳妇，到了十二月是成天会有的事情"开篇，从萧萧出嫁作童养媳写起。萧萧十二岁那年由婆婆娶进门来看护仅三岁大的小丈夫,并且肩负照管家务事的工作,快乐地生活着。接着第二部分写长大成人的萧萧十五岁时,被家中雇工花狗用山歌和花言巧语诱骗,春心萌动,"变成个妇人",怀上了他的孩子。继而写乡下人对萧萧失身的反应,将整篇小说推向高潮。这里穿插了湘西当地解决问题的办法:要么"沉潭",要么"发卖"。在决定如何处置萧萧的问题上,萧萧的伯父选择了"发卖",这样既可以收回一笔钱,"当作赔偿损失的数目",又可以保住萧萧的性命。十二岁做童养媳,十五岁被花狗诱骗,被"发卖",这对于萧萧无疑是个悲剧。随之,作者偏偏以萧萧发卖不成、喜降儿子为转折点,写其命运出现转机。因为萧萧生了儿子,夫家有承接香火之人,萧萧在家中的地位也发生了巨大的变化。大家把他们母子二人照料得很好,还照规矩给她"吃蒸鸡同江米酒补血、烧纸谢神"。虽然萧萧生下的不是丈夫的孩子,但是萧萧家乡人并不介意,萧萧全家人也充满喜悦之情。最后,小说写萧萧儿子阿牛又迎娶童养媳,这种代代生存状态的循环发人深思。

除了萧萧之外,文中的重要人物还有小丈夫,他也是贯穿全文的人物之一,是一个能带来温馨与快乐的形象。他和萧萧的和平相处,给原本死板而悲哀的生活增添了情调。他天真无邪的性格与花狗自私的面孔形成鲜明对比。故事中他和萧萧虽然以夫妻身份出场,但向人们展示得更多的则是一种浓郁的姐弟之情,反映了农村人自然淳朴的人性。另外,"女学生"是小说中虚化的"自由"的化身,她的出现无疑升华了文章的内涵:一方面,祖父、花狗一类人对"女学生"的嘲笑,反衬出他们的迂腐、愚昧;另一方面,萧萧对"女学生"的向往,体现了她对自由的向往和追求自由的愿望。

《萧萧》的艺术特色在于,其着重点不在于冲突、矛盾以及高潮,它描写人性,态度宽和,笔致从容,情节舒缓,细节丰富而入微。作者善于突破某种固有的思想的藩篱,而带给人新的启示。整篇小说的调子虽然也有沉痛与疑问,但总体却是明朗的、优美的。尤其是在语言上富有浓重的湘西地方特色:"拳头""蓖麻""梦""乌梢蛇""鹌鹑尾巴""剪子"等都是湘西底层人民("乡下人")习以为常的事物,这些语句采用了湘西人就地取譬的传统方式。再比如"汽车"这一现代交通工具,在乡下人言语中变身为"大匣子";"电影院"被置换为"大庙",对"电影票",他们只能用"小方纸片"来表示;"结婚"等神圣事体被说成"随意同那男子睡觉"。更有韵味的是,"女学生"大手大脚花钱,"乡下人"最为心痛,于是不时用"一年用的钱可以买十六只水牛""那洋钱在乡下可买五只母鸡"等话语来表达他们认定的"岂有此理"。地地道道的乡言村语,略带几分滑稽的乡村语调,扑面而来的浓郁湘地色彩和生活气息,以及湘西民间特有的活力用语,使得这篇小说充满了乡土气息和地方风情。

【思考与练习】

一、选择题

1.《萧萧》是一篇(　　)题材的小说。
    A. 农村　　　　　　B. 乡土　　　　　　C. 少数民族　　　　D. 情感
2. 下列属于沈从文的主要著作有(　　)。
    A.《湘西》　　　　B.《沉沦》　　　　　C.《湘行散记》　　　D.《骆驼祥子》
    E.《边城》
3.《萧萧》创作于(　　)年。
    A. 1919　　　　　　B. 1929　　　　　　C. 1939　　　　　　D. 1949
4. (　　)的开头如此写道:"乡下人吹唢呐接媳妇,到了十二月是成天会有的事情。"
    A.《边城》　　　　B.《萧萧》　　　　　C.《风波》　　　　　D.《离婚》

二、简答题

1. 简述《萧萧》的艺术风格。
2. 你认为沈从文对萧萧的命运持何态度?作者赋予这一形象什么意义?
3. 从《萧萧》看沈从文所表现的湘西世界之美。

三、实践题

推荐一篇你最喜欢的小说。

王 蒙

王蒙(1934—),河北南皮人,生于北平。上中学时参加中共领导的城市地下工作。1950年从事青年团的区委会工作。1956年发表短篇小说《组织部新来的年轻人》,由此被错划为右派。1958年后在京郊劳动改造。1962年调北京师范学院任教。1963年起赴新疆生活、工作了十多年。1978年调北京市作协工作。后任《人民文学》主编、中国作协副主席、中共中央委员、文化部部长、国际笔会中心中国分会副会长等职。

王蒙小说创作在当代独树一帜。1953年创作长篇小说《青春万岁》。新时期著有长篇小说《活动变人形》《暗杀——3322》《季节三部曲》(《恋爱的季节》《失态的季节》《踌躇的季节》),中篇小说《布礼》《蝴蝶》《杂色》《相见时难》《名医梁有志传奇》《在伊犁》系列小说。《春之声》是王蒙借鉴"意识流"创作手法的代表作,被誉为新时期中国意识流小说的开山之作。

春之声

咣的一声,黑夜就到来了。一个昏黄的、方方的大月亮出现在对面墙上。岳之峰的心紧缩了一下,又舒张开了。车身在轻轻地颤抖。人们在轻轻地摇摆。多么甜蜜的童年的摇篮啊!夏天的时候,把衣服放在大柳树下,脱光了屁股的小伙伴们一跃跳进故乡的清凉的小河里,一个猛子扎出十几米,谁知道谁在哪里露出头来呢?谁知道被他慌乱中吞下的一口水里,包含着多少条蛤蟆蝌蚪呢?闭上眼睛,熟睡在闪耀着阳光和树影的涟漪之上,不也是这样轻轻地、轻轻地摇晃着的吗?失去了的和没有失去的童年和故乡,责备我么?欢迎我么?母亲的坟墓和正在走向坟墓的父亲!

方方的月亮在移动,消失,又重新诞生。唯一的小方窗里透进了光束,是落日的余晖还是站台的灯?为什么连另外三个方窗也遮严了呢?黑咕隆咚,好像紧接着下午便是深夜。门咣地一关,就和外界隔开了。那愈来愈响的声音是下起了冰雹吗?是铁锤砸在铁砧上?在黄土高原的乡下,到处还靠人打铁,我们祖国的胳膊有多么发达的肌肉!呵,当然,那只是车轮撞击铁轨的噪音,来自这一节铁轨与那一节铁轨之间的缝隙。目前不是正在流行一支轻柔的歌曲吗,叫作什么来着——《泉水叮咚响》。如果火车也叮咚叮咚地响起来呢?广州人可真会生活,不像这西北高原上,人的脸上和房屋的窗玻璃上到处都蒙着一层厚厚的黄土。广州人的凉棚下面,垂挂着许许多多三角形的瓷板,它们伴随着清风,发出叮叮咚咚的清音,愉悦着心灵。美国的抽象派音乐却叫人发狂。真不知道基辛格听我们的杨子荣咏叹调时有什么样的感受。京剧锣鼓里有噪音,所有的噪音都是令人不快的吗?反正火车开动以后的铁轮声给人以鼓舞和希望。下一站,或者下一站的下一站,或者许多许多的下一站以后的下一站,你所寻找的生活就在那里,母亲或者孩子,友人或者妻子,温热的澡盆或者丰盛的饮食正在那里等待着你。都是回家过年的。过春节,我们的古老的民族的最美好的节日,谢天谢地,现在全国人民都可以快快乐乐地过年了。再不会用"革命化"的名义取消春节了。

还真有趣。在出国考察三个月回来之后,在北京的高级宾馆里住了一阵——总结啦,汇报啦,接见啦,报告啦……之后,岳之峰接到了八十多岁的刚刚摘掉地主帽子的父亲的信。他决定回一趟阔别二十多年的家乡。这是不是个错误呢?他怎么也没想到要坐两个小时零四十七分钟的闷罐子车呀。三个小时以前,他还坐在从北京开往X城的三叉戟客机的宽敞、舒适的座位上。两个月以前,他还坐在驶向汉堡的易北河客轮上。现在呢,他和那些风尘仆仆的,在黑暗中看不清面容的旅客们挤在一起,就像沙丁鱼挤在罐头盒子里。其至于他辨别不出火车到底是在向哪个方向行走。眼前只有那月亮似的光斑在飞速移动,火车的行驶究竟是和光斑方向相同抑或相反呢?他这个工程物理学家竟为这个连小学生都答得上来的、根本算不上是几何光学的问题伤了半天脑筋。

他已经有二十多年没有回过家乡了。谁让他错投了胎?地主,地主!一九五六年他回过一次家,一次就够用了——回家呆了四天,却检讨了二十二年!而伟人的一句话,也够人们学习贯彻一百年。使他惶惑的是,难道人生一世就是为了做检讨?难道他生在中华,就是为了作一辈子的检讨的么?好在这一切都过去了。斯图加特的奔驰汽车工厂的装配线在不停地转动,车间洁净敞亮,没有多少噪音。西门子公司规模巨大,具有一百三十年的历史。我们才刚刚起步。赶上,赶上!不管有多么艰难。哞,哞,哞,快点开,快点开,快开,快开,快,快,快,车轮的声音从低沉的三拍一小节变成两拍一小节,最后变成高亢的呼号了。闷罐子车也罢,正在快开。何况天上还有三叉戟?

尘土和纸烟的雾气中出现了旱烟叶发出的辣味,像是在给气管和肺作针灸。梅花针大概扎在肺叶上了。汗味就柔和得多了。方言的浓度在旱烟与汗味之间,既刺激,又亲切。还有南瓜的香味哩!谁在吃南瓜?X城火车站前的广场上,没有见卖熟南瓜的呀。别的小吃和土特产倒是都有。花生、核桃、葵花籽、柿饼、醉枣、绿豆糕、山药、蕨麻……全有卖的。就像变戏法,举起一块红布,向左指上两指,这些东西就全没了,连火柴、电池、肥皂都跟着短缺。现在呢,一下子又都变了出来,也许伸手再抓两抓,还能抓出更多的财富。柿饼和枣朴质无华,却叫人甜到心里。岳之峰咬了一口上火车前买的柿饼,细细地咀嚼着儿时的甜香。辣味总是一下子就能尝到,甜味却埋得很深很深。要有耐心,要有善意,要有经验,要知觉灵敏。透过辛辣的烟草和热烘烘的汗味儿,岳之峰闻到了乡亲们携带的绿豆香。绿豆苗是可爱的,灰兔子也是可爱的,但是灰色的野兔常常要毁坏绿豆。为了追赶野兔,他和小柱子一口气跑了三里,跑得连树木带田垅都摇来摆去。在中秋的月夜,他亲眼见过一只银灰色的狐狸,走路悄无声息,像仙人,像梦。

车声小了,车声息了。人声大了,人声沸了。咣——哧,铁门打开了,女列车员—— 一个高个子,大骨架的姑娘正洒利地用家乡方言指挥下车和上车的乘客。"没有地方了,没有地方了。到别的车厢去吧,"已经在车上获得了自己的位置的人发出了这种无效的,也是自私的呼吁。上车的乘客正在拥上来,熙熙攘攘。到哪里都是熙熙攘攘。与我们的王府井相比,汉堡的街道上可以说是看不见人,而且市区的人口还在减少。岳之峰从飞机场来到X城火车站的时候吓了一跳——黑压压的人头,压迫得白雪不白,冬青也不绿了。难道是出了什么事情?一九四六年学生运动,人们集合在车站广场,准备拦车去南京请愿,也没有这么多人!岳之峰上大学的时候在北平,有一次他去逛故宫博物院,刚刚下午四点就看不见人影了,阴森的大殿使他的后脊背冒凉气。他小跑着离开了故宫,上了拥挤的有轨电车才放心了一点。如果跑慢了,说不定珍妃会从井里钻出来把他拉下去哩!

但是现在,故宫南门和北门前买入场券的人排着长队。而且不是星期天。X城火车站前的人群令人晕眩。好像全中国有一半人要在春节前夕坐火车。到处都是团聚,相会,团圆饺子,团圆元宵,对于旧谊,对于别情,对于天伦之乐,对于故乡和童年的追寻。卖刚出屉的肉馅包子的,盖包子的白色棉褥子上尽是油污。卖烧饼、锅盔、油条、大饼的。卖整盒整盒的点心的。卖面包和饼干的。X车站和X城饮食服务公司倾全力到车站前露天售货。为了买两个烧饼也要挤出一身汗。岳之峰出了多少汗啊!他混饱了(环境和物质条件的急骤改变已使他分辨不出饥和饱了)肚子,又买到了去家乡的短途客车的票。找给钱的时候使他一怔,写的是一块二,怎么只收了六角呢?莫非是自己没有报清站名?他想再问一问,但是排在他后面的人已经占据了售票窗口前的有利阵地,他挤不回去了。

他快快地看着手中的火车票。火车票上黑体铅字印的是1.20元,但是又用双虚线勾上了两个占满票面的大字:陆角。这使他百思不得其解,简直像是一种生物学上的密码。"这是怎么回事?为什么我买一块二角的票她却给了我六角钱的?"他自言自语。他问别人。没有人回答他。等待上车的人大多是一些忙碌得可以原谅的利己主义者。

各种信息在他的头脑里撞击。黑压压的人群。遮盖热气腾腾的肉包子的油污的棉被。候车室里张贴着的大字通告:关于春节期间增添新车次的情况,和临时增添的新车次的时刻表。男女厕所门前排着等待小便的人的长队。陆角的双钩虚线。大包袱和小包袱,大篮筐和小篮筐,大提兜和小提兜……他得出了这最后一段行程会是艰难的结论。他有了思想准备。终于他从旅客们的闲谈中听到了"闷罐子车"这个词儿,他恍然了。人脑毕竟比电脑聪明得多。

上到列车上的时候,他有点垂头丧气。在二十世纪八十年代的第一个春节即将来临之时,正在梦寐以求地渴望实现四个现代化的人们,却还要坐瓦特和史蒂文森时代的闷罐子车!事实如此。事实就像宇宙,就像地球,华山和黄河,水和土,氢和氧,钛和铀。既不像想像那样温柔,也不像想象那么冷酷。不是么,闷罐子车里坐满了人,而且还在一个两个,十个二十个地往人与人的缝隙,分子与分子,原子与原子的空隙之中嵌进。奇迹般地难以思议,已经坐满了人的车厢里又增加了那么多人。没有人叫苦。

有人叫苦了:"这个箱子不能压。"一个包着头巾的抱着孩子的妇女试探着能不能坐到一只箱子上。"您到这边来,您到这边来。"岳之峰连忙站起身,把自己的靠边的位置让了出来。坐在靠边的地方,身子就能倚在车壁上,这就是最优越的"雅座"了。那女人有点不好意思。但终于抱着小孩子挪动了过来。她要费好大的力气才能不踩着别人。"谢谢您!"妇女用流利的北京话说。她抬起头。岳之峰好像看到一幅炭笔素描。题目应该叫《微笑》。

叮铃叮铃的铃声响了,铁门又咣的一声关上了,是更深沉的黑夜。车外的暮色也正在浓重起来嘛。大骨架的女列车员点起了一支白蜡,把蜡烛放到了一个方形的玻璃罩子里。为什么不点油灯呢?大概是怕煤油摇洒出来。偌大车厢,就靠这一盏蜡烛照亮。些微的亮光,照得乘客变成了一个又一个的影子。车身又摇晃了,对面车壁上的方形的光斑又在迅速移动了。离家乡又近一些了。摘了帽子,又见到了儿子,父亲该可以瞑目了吧?不论是他的罪恶或者忏悔,不论是他的眼泪还是感激,也不论是他的狰狞丑恶还是老实善良,这一切都快要随着他的消失而云消雾散了。老一辈人正在一个又一个地走向河的那边。咚咚咚,噌噌噌,嘭嘭嘭,是在过桥了吗?联结着过去和未来,中国和外国,城市和乡村,此岸和彼岸的桥啊!

靠得很近的蜡灯把黑白分明的光辉和阴影印制在女列车员的脸上。女列车员像是一尊全身的神像。"旅客同志们,春节期间,客运拥挤,我们的票车(票车:铁路人员一般称客车为票车。)去支援长途……提高警惕……"她说得挺带劲,每吐出一个字就像拧紧了一个螺母。她有一种信心十足,指挥若定的气概,以小小的年纪,靠一支蜡烛的光亮,领导着一车的乌合之众。但是她的声音也淹没在轰轰轰,嗡嗡嗡,隆隆隆,不仅是七嘴八舌,而且是七十嘴八十舌的喧嚣里了。

自由市场。百货公司。香港电子石英表。豫剧片《卷席筒》。羊肉泡馍。醪糟蛋花。三接头皮鞋。三片瓦帽子。包产到组。收购大葱。中医治癌。差额选举。结婚筵席……在这些温暖的闲言碎语之中,岳之峰轮流把体重从左腿转移到右腿,再从右腿转移到左腿。幸好人有两条腿,要不然,无依无靠地站立在人和物的密集之中,可真不好受。立锥之地,岳之峰现在对于这句成语才有了形象的理解。莫非古代也有这种拥挤的、没有座位和灯光的旅行车辆吗？但他给一个女同志让了"座位"。不，没有座，只有位。想不到她讲一口北京话。这使岳之峰兴致似乎高了一些。"谢谢"，"对不起"，在国外到处是这种礼貌的用语。虽然有一个装着坚硬的铁器的麻袋正在挤压他右腿的小腿肚子。而另一个席地而坐的人的脊背干脆靠到了他的酸麻难忍的左腿上。

简直是神奇。不仅在慕尼黑的剧院里观看演出的时候；而且在北京，在研究所、部里和宾馆里，在二十三平方米的住房和一三和三三二路公共汽车上；他也想不到人们还要坐闷罐子车。这不是运货和运牲畜的车吗？倒霉！可又有什么倒霉的呢？咒骂是最容易不过的。咒骂闷罐子车比起制造新的美丽舒适的客运列车来，既省力又出风头。无所事事而又怨气冲天的人的口水，正在淹没着忍辱负重、埋头苦干的人的劳动。人们时而用高调，时而又用低调冲击着、替代着那些一件又一件，一天又一天，一年又一年地坚韧不拔的工作。

"给这种车坐，可真缺德！"

"你凑合着吧。过去，还没有铁路哩！"

"运兵都是用闷罐子车，要不，就暴露了。"

"要赶上拉肚子的就麻烦了，这种车上没有厕所。"

"并没有一个人拉到裤子里么。"

"有什么办法呢？每逢春节，有一亿多人要坐火车……"

黑暗中听到了这样一些交谈。岳之峰的心平静下来了。是的，这里曾经没有铁路，没有公路，连自行车走的路也没有。阔人骑毛驴，穷人靠两只脚。农民挑着一千五百个鸡蛋，从早晨天不亮出发，越过无数的丘陵和河谷，黄昏时候才能赶到 X 城。我亲爱的美丽而又贫瘠的土地！你也该富饶起来了吧？过往的记忆，已经像烟一样，雾一样地淡薄了，但总不会被彻底地忘却吧？历史，历史；现实，现实；理想，理想；哞——哞——咣气咣气……喀郎喀郎……沿着莱茵河的高速公路。山坡上的葡萄。暗绿色的河流。飞速旋转。

这不就是法兰克福的孩子们吗？男孩子和女孩子，黄眼睛和蓝眼睛，追逐着的，奔跑着的，跳跃着的，欢呼着的。喂食小鸟的，捧着鲜花的，吹响铜号的，扬起旗帜的。那欢乐的生命的声音。那友爱的动人的呐喊。那红的、粉的和白的玫瑰。那紫罗兰和蓝蓝的毋忘我。

不。那不是法兰克福。那是西北高原的故乡。一株巨大的白丁香把花开在了屋顶的灰色的瓦瓴上。如雪，如玉，如飞溅的浪花。摘下一条碧绿的柳叶，卷成一个小筒，仰望着蓝天白云，吹一声尖厉的哨子。惊得两个小小的黄鹂飞起。挎上小篮，跟着大姐姐，去采撷灰灰菜。去掷石块，去追逐野兔，去捡鹌鹑的斑斓的彩蛋。连每一条小狗，每一只小猫，每一头牛犊和驴驹都在嬉戏。连每一根小草都在跳舞。

不，那不是西北高原。那是解放前的北平。华北局城工部（它的部长是刘仁同志）所属的学委组织了平津学生大联欢。营火晚会。"太阳下山明朝依旧爬上来……我的青春小鸟一样不回来"，"山上的荒地是什么人来开？地上的鲜花是什么人来栽？"一支又一支的歌曲激荡着年轻人的心。最后，大家发出了使国民党特务胆寒的强音："团结就是力量……让一切不民主的制度死亡！"信念和幸福永远不能分离。

不，那不是逝去了的，遥远的北平。那是解放了的，飘扬着五星红旗的首都。那是他青年时代的初恋，是第一次吹动他心扉的和煦的风。春节刚过，忽然，他觉察到了，风已经不那么冰冷，不那么严厉了。二月的风就带来了和暖的希望，带来了早春的消息。他跑到北海，冰还没有化哩。还没有什么游人哩。他摘下帽子，他解开上衣领下的第一个扣子。还是冬天吗？当然,还是冬天。然而是已经联结着春天的冬天,是冬与春的桥。有风为证,风已经不冷!风会愈来愈和煦,如醉,如酥……他欢迎着承受着别人仍然觉得凛冽,但是他已经为之雀跃的"春"风,小声叫着他悄悄地爱着的女孩子的名字。

那,那……那究竟是什么呢?是金鱼和田螺吗?是荸荠和草莓吗?是孵蛋的芦花鸡吗?是山泉,榆钱,返了青的麦苗和成双的燕子吗?他定了定神。那是春天,是生命,是青年时代。在我们的生活里,在我们每个人的心房里,在猎户星座和仙后星座里,在每一颗原子核,每一个质子、中子、介子里,不都包含着春天的力量,春天的声音吗?

他定了定神,揉了揉眼睛。分明是法兰克福的儿童在歌唱,当然,是德语。在欢快的童声合唱旁边,有一个顽强的、低哑的女声伴随着。

他再定了定神,再揉了揉眼睛,分明是在从 X 城到 N 地的闷罐子车上。在昏暗和喧嚣当中,他听到了德语的童声合唱,和低哑的,不熟练的,相当吃力的女声伴唱。

什么?一台录音机。在这个地方听起了录音。一支歌以后又是一支歌,然后是一个成人的歌。三支歌放完了。是啪啦啪啦的揿动键钮的声音,然后三支歌重新开始。顽强的,低哑的,不熟练的女声也重新开始。这声音盖过了一切喧嚣。

火车悠长的鸣笛。对面车壁上的移动着的方形光斑减慢了速度,加大了亮度。在昏暗中变成了一个个的影子的乘客们逐渐显出了立体化的形状和轮廓。车身一个大晃,又一个大晃,大概是通过了岔道。又到站了。咣——哧,铁门打开了,站台的聚光灯的强光照进了车厢。岳之峰看清楚了,录音机就放在那个抱小孩的妇女的膝头。开始下人和上人。录音机接受了女主人的指令,"啪"的一声,不唱了。

"这是……什么牌子的?"岳之峰问。

"三洋牌。这里人们开玩笑地叫它作'小山羊'"。妇女抬起头来,大大方方地回答。岳之峰仿佛看到了她的经历过风霜的,却仍然是年轻而又清秀的脸。

"从北京买的么?"岳之峰又问,不知为什么这么有兴趣。本来,他并不是一个饶舌的人。

"不,就从这里。"

这里?不知是指 X 城还是火车正在驶向的某一个更小的县镇。他盯着"三洋"商标。

"你在学外国歌吗?"岳之峰又问。

妇女不好意思地笑了,"不,我在学外国语。"她的笑容既谦逊,又高贵。

"德语吗?"

"噢,是的。我还没学好。"

"这都是些什么歌儿呀?"一个坐在岳之峰脚下的青年问。岳之峰的连续提问吸引了更多的人。

"它们是……《小鸟,你回来了》《五月的轮转舞》和《第一株烟草花》"女同志说,"欣梅尔——天空,福格尔——鸟儿,布鲁米——花朵……",她低声自语。

他们的话没有再继续下去。车厢里充满了的照旧是"别挤!""这个箱子不能坐!""别踩着孩子!""这边没有地方了!"……之类的喊叫。

"大家注意啦!"一个穿着民警服装的人上了车,手里拿着半导体扬声喇叭,一边喘着气一边宣布道:"刚才,前一节车厢里上去了两个坏蛋,浑水摸鱼,流氓扒窃。有少数坏痞,专门到闷罐子车上偷东西。那两个坏蛋我们已经抓住了。希望各位旅客提高警惕,密切配合,向刑事犯罪分子作坚决的斗争。大家听清楚了没有?"

"听清楚了!"车上的乘客像小学生一样地齐声回答。

乘务警察满意地,匆匆地跳了下去,手提扩音喇叭,大概又到别的车厢做宣传去了。

岳之峰不由得也摸了摸自己携带的两个旅行包,摸了摸上衣的四个和裤子的三个口袋。一切都健在无恙。

车开了。经过了短暂的混乱之后,人们又已经各得其所,各就其位。各人说着各人的闲话,各人打着各人的瞌睡,各人嗑着各人的瓜子,各人抽着各人的烟。"小山羊"又响起来了,仍然是《小鸟,你回来了》《五月的轮转舞》和《第一株烟草花》。她仍然在学着德语,仍然低声地歌唱着欣梅尔——天空,福格尔——鸟儿,和布鲁米——花朵。

她是谁?她年轻吗?抱着的是她的孩子吗?她在哪里工作?她是搞科学技术的吗?是夜大学的新学员吗?是"老三届"的毕业生吗?她为什么学德语学得这样起劲?她在追赶那失去了的时间吗?她做到了一分钟也不耽搁了吗?她有机会见到德国朋友或者到德国去或者已经到德国去过了吗?她是北京人还是本地人呢?她常常坐火车吗?有许多个问题想问啊。

"您听音乐吧。"她说。好像是在对他说。是的,三支歌曲以后,她没有揿键钮。在《第一株烟草花》后面,是约翰·施特劳斯的《春之声圆舞曲》,闷罐子车正随着这春天的旋律而轻轻地摇摆着,熏熏地陶醉着,袅袅地前行着。

车到了岳之峰的家乡。小站,停车一分钟。响过了到站的铃,又立刻响起了发车的铃。岳之峰提着两个旅行包下了车。小站没有站台,闷罐子车又没有阶梯。每节车厢放着一个普通木梯,临时支上。岳之峰从这个简陋的木梯上终于下得地来,他长出了一口气。他向那位女同志道了再见。那位女同志也回答了他的再见。他有点依依不舍。他刚下车,还没等着验票出站,列车就开动了。他看到闷罐子车的破烂寒碜的外表:有的地方已经掉了漆,灯光下显得白一块、花一块的。但是,下车以后他才注意到,火车头是蛮好的,火车头是崭新的、清洁的、轻便的内燃机车。内燃机车绿而显蓝,瓦特时代毕竟没有内燃机车。内燃机车拖着一长列闷罐子车向前奔驶。天上升起了月亮。车站四周是薄薄的一层白雪。天与雪都泛着连成一片的青光。可以看到远处墓地上的黑黑的、永远长不大的松树。有一点风。他走在了坑坑洼洼的故乡土地上。他转过头,想再多看一眼那一节装有小鸟、五月、烟草花和约翰·施特劳斯的神妙的春之声的临时代用的闷罐子车。他好像从来还没有听过这么动人的歌。他觉得如今每个角落的生活都在出现转机,都是有趣的,有希望的和永远不应该忘怀的。春天的旋律,生活的密码,这是非常珍贵的。

【讲解】

这篇小说以意识流的放射结构形式,通过主人公岳之峰由在闷罐子车里的见闻引起的丰富联想,在主人公的意识流动中把历史和现实、中国和外国、城市和乡村、新与旧、先进与落后交织在一起,展示了新时期生活状态的全景,让人们聆听到一个新的时代正大步迈来的铿锵脚步声。

小说写工程师岳之峰访德归来,春节前夕搭乘闷罐子车回乡探亲途中的思绪。列车启动"咣"的声响,是主人公驰骋联想的起点,这使他想到甜蜜的童年,写出了他对故乡的怀念和对双亲的爱。列车运行"那愈来愈响的声音",使他想到"下起了冰雹""铁锤砸在铁砧上""在黄土高原的乡下,到处还有人打铁";想到歌曲《泉水叮咚响》;联想到"广州人凉棚下面垂挂的许多三角形瓷板,它们伴随着清风,发出叮叮咚咚的清音,愉悦着心灵";再想到"美国抽象派音乐却叫人发狂"等。自然灾害的音响和落后生产方式的音响象征着落后;点缀生活的美好音响则表达了人们对现代化生活的向往和追求。通过这些描写,流露出岳之峰对祖国落后的忧虑和对祖国繁荣的渴望。车厢里"旱烟叶发出的辣味"和"汗味",刺激岳之峰的大脑产生各种关于气味的联想:由南瓜的香味想到火车站前各种小吃和土特产。联想流露出他内心的满足和幸福,使他感到物质越来越丰富,人民的生活正越来越好。乘闷罐子车的拥挤使岳之峰产生了人多人少的对比联想:由"王府井的人流"想到"汉堡的街道上可以说看不到人"；由"火车站黑压压的人头"，想到中华人民共和国成立前学生去南京请愿"也没这么多人"。这些联想表现出他对这种热闹既感欣慰又感不满，因为这是繁荣，也是落后。车厢里人们轻松惬意的交谈使岳之峰感到温暖，感到党的政策顺天应人，感到春的信息、生活的转机。他深受鼓舞，浮想联翩，一个又一个春天的美好图景就在脑海中涌现了。岳之峰的遐想是被车厢中突然响起的德语童声合唱打断的。闷罐子车厢里竟有先进的录音机，录音机的主人是一个学外语的妇女，表明人们都在为振兴祖国而发愤学习。这使他感到"闷罐子车正随着这春天的旋律而轻松地摇摆着，熏熏地陶醉着，袅袅地前行着"。在这种春天的感受中，他回到了家乡。看到家乡的风光，综合一路的感受，小说的主旨便水到渠成："觉得如今每个角落的生活都在出现转机，都是有趣的、有希望的和永远不应该忘怀的。春天的旋律，生活的密码，这是非常珍贵的。"

通观全篇，文章的主旋律是春天的声音，这一主旋律是在人们意识的层次上开掘出来并得到抒发加深的，是外景在人物心灵上的升华。而春的声音又是一个总体象征，用自然界的春天象征朝气蓬勃的社会生机，改革开放给国家、人民生活带来的转机。除总体象征外，那"崭新的、清洁的、轻便的内燃机火车头，拖着破烂寒碜的车厢奔驰"，"落后、破旧、令人不适的闷罐子车里，却有先进精巧的进口录音机在播放音乐"，又构成了局部象征。这两个图景，虽都象征着现实生活的矛盾、不协调，也象征着希望，象征着旧的还在、新的已经产生，同时还象征着二十世纪八十年代初期，我国改革开放事业既有沉重的负担，又有光明的前景。这些象征为我们勾勒了一幅万象更新的春景图。观赏这幅图画，使我们感受到改革开放后，我们祖国无论是人们的思想状况、言论，还是物质财富的创造，都呈现出令人兴奋的转机，伟大祖国迎来了重新振兴的春天。

在艺术表现上，这篇小说打破了以人物、情节、环境为主要要素的传统小说创作模式，成功借鉴意识流的创作手法，采用放射性结构，借助人物周围诸如声响、晃动、味道、乐曲等信息刺激，让主人公意识流动，产生丰富的联想，进而把那生生不息、不可扼杀、浩浩荡荡的生活之流，通过人物心理的旋转得到全景式、对照式的反映。这种手法的运用，突破了时空界限，揭示了主人公的心灵奥秘及时代氛围。此外，意味深远的象征，寓情于景、情景交融的描述，也是其艺术上的显著特色。

【思考与练习】

一、选择题

1. 1956年，王蒙创作的引起全国注意的作品是（　　）。
A.《青春万岁》　　　　　　　　　　B.《蝴蝶》
C.《春之声》　　　　　　　　　　　D.《组织部新来的年轻人》

2. 王蒙的《春之声》在新时期小说流派中属于（　　）。
A. 意识流小说　　　　　　　　　　B. 新写实小说
C. 寻根小说　　　　　　　　　　　D. 魔幻现实主义小说

3.《春之声》反映的是（　　）年春节的事。
A. 1979　　　　B. 1978　　　　C. 1980　　　　D. 1977

二、简答题

1. 王蒙在《春之声》中塑造的岳之峰这一形象有什么独特之处？
2. 简述王蒙《春之声》在艺术上的创造性。

三、解析题

1. 阅读下面一段文字，回答问题：

咣的一声，黑夜就到来了。一个昏黄的、方方的大月亮出现在对面墙上。岳之峰的心紧缩了一下，又舒张开了。车身在轻轻地颤抖。人们在轻轻地摇摆。多么甜蜜的童年的摇篮啊！夏天的时候，把衣服放在大柳树下，脱光了屁股的小伙伴们一跃跳进故乡的清凉的小河里，一个猛子扎出十几米，谁知道谁在哪里露出头来呢？谁知道被他慌乱中吞下的一口水里，包含着多少条蛤蟆蝌蚪呢？闭上眼睛，熟睡在闪耀着阳光和树影的涟漪之上，不也是这样轻轻地、轻轻地摇晃着的吗？失去了的和没有失去的童年和故乡，责备我吗？欢迎我吗？母亲的坟墓和正在走向坟墓的父亲！

(1)"咣的一声，黑夜就到来了"说的是什么？

(2)作者是怎么把思路从车厢延伸到童年时代的?
(3)作者为什么说"失去了的和没有失去的童年和故乡,责备我么?欢迎我么?"
2. 阅读下面一段文字,回答问题:

尘土和纸烟的雾气中出现了旱烟叶发出的辣味,像是在给气管和肺作针灸。梅花针大概扎在肺叶上了。汗味就柔和得多了。方言的浓度在旱烟与汗味之间,既刺激,又亲切。还有南瓜的香味哩!谁在吃南瓜?X城火车站前的广场上,没有见卖熟南瓜的呀。别的小吃和土特产倒是都有。花生、核桃、葵花籽、柿饼、醉枣、绿豆糕、山药、蕨麻……全有卖的。就像变戏法,举起一块红布,向左指上两指,这些东西就全没了,连火柴、电池、肥皂都跟着短缺。现在呢,一下子又都变了出来,也许伸手再抓两抓,还能抓出更多的财富。柿饼和枣朴质无华,却叫人甜到心里。岳之峰咬了一口上火车前买的柿饼,细细地咀嚼着儿时的甜香。辣味总是一下子就能尝到,甜味却埋得很深很深。要有耐心,要有善意,要有经验,要知觉灵敏。透过辛辣的烟草和热烘烘的汗味儿,岳之峰闻到了乡亲们携带的绿豆香。绿豆苗是可爱的,灰兔子也是可爱的,但是灰色的野兔常常要毁坏绿豆。为了追赶野兔,他和小柱子一口气跑了三里,跑得连树木带田垅都摇来摆去。在中秋的月夜,他亲眼见过一只银灰色的狐狸,走路悄无声息,像仙人,像梦。

(1)这段文字是顺着什么感觉展开的?
(2)罗列多种小吃和土特产是为了什么?
(3)"就像变戏法,举起一块红布,向左指上两指,这些东西就全没了……"说的是什么?
(4)该段最后写小时候"在中秋的月夜,他亲眼见过一只银灰色的狐狸,走路悄无声息,像仙人,像梦",表达了什么?

四、实践题

查阅资料,概括意识流小说的特点,介绍世界意识流小说的代表作。

三、拓展阅读

作品阅读

永远的门
邵宝健

江南古镇。普通的有一口古井的小杂院。院里住了八九户普通人家。一式古老屋,格局多年未变,可房内的现代化摆设是愈来愈见多了。

这八九户人家中,有两户的常住人口各自为一人。单身汉郑若奎和老姑娘潘雪娥。

郑若奎就住在潘雪娥隔壁。

"你早。"他向她致意。

"出去啊?"她回话,擦身而过,脚步并不为之放慢。

多少次了,只要有人有幸看到他和她在院子里相遇,听到的就是这么几句。这种简单的缺乏温情的重复,真使邻居们泄气。

潘雪娥大概过了四十了吧。苗条得有点单薄的身材,瓜子脸,肤色白皙,五官端正。衣饰素雅又不失时髦,风韵犹存。她在西街那家出售鲜花的商店工作。邻居们不清楚,这位端丽的女人为什么要独居,只知道她有权利得到爱情却确确实实没有结过婚。

郑若奎在五年前步潘雪娥之后,迁居于此。他是一家电影院的美工,据说是一个缺乏天才的工作负责而又拘谨的画师。四十五六的人,倒像个老头儿了。头发黄焦焦、乱蓬蓬的,可想而知,梳理次数极少。背有点驼了。瘦削的脸庞,瘦削的肩胛,瘦削的手。只是那双大大的眼睛,总烁着年轻的光,烁着他的渴望。

他回家的时候,常常带回来一束鲜花,玫瑰、蔷薇、海棠、蜡梅,应有尽有,四季不断。他总是把鲜花插在一只蓝得透明的高脚花瓶里。

他没有串门的习惯,下班回家后,便久久地待在屋内。有时他也到井边洗衣服,洗碗,洗那只透明的蓝色的高脚花瓶。洗罢花瓶,他总是斟上明净的井水,噘着嘴,极小心地捧回到屋子里。

一道厚厚的墙把他和潘雪娥的卧室隔开。

一只陈旧的一人高的花竹书架紧贴墙壁置在床旁。这只书架的右上端,便是这只花瓶永久性的位置。

除此以外,室内或是悬挂,或是傍靠着一些中国的、外国的、别人的和他自己的画作。

从家具的布局和蒙受灰尘的程度可以看得出,这屋里缺少女人,缺少只有女人才能制造得出的那种温馨的气息。

可是,那只花瓶总是被主人拭擦得一尘不染,瓶里的水总是清清冽冽,瓶上的花总是鲜艳的、盛开着的。

同院的邻居们,曾是那么热切地盼望着,他捧回来的鲜花,能够有一天在他的隔壁——潘雪娥的房里出现。当然,这个奇迹就从来没有出现过。

于是,人们自然对郑若奎产生深深的遗憾和绵绵的同情。

秋季的一个雨濛濛的清晨。

郑若奎撑着伞依旧向她致意:"你早。"

潘雪娥撑着伞依旧回答他:"出去啊?"

傍晚,雨止了,她下班回来了,却不见他回家来。

即刻有消息传来:郑若奎在单位的工作室作画时,心脏脉搏异常,猝然倒地,刚送进医院,就永远地睡去了。

这普通的院子里就有了哭泣。

那位潘雪娥没有哭。眼睛委实是红红的。

花圈。一只又一只。那只大大的缀满各式鲜花的没有挽联的花圈,是她献给他的。

这个普通的院子里,一下子少了一个普通的生活里没有爱情的单身汉,真是莫大的缺憾。

没几天,潘雪娥搬走了,走得匆忙又唐然。

人们在整理画师的遗物的时候,不得不表示惊讶了。他的屋子里尽管灰蒙蒙的,但花瓶却像不久前被人拭擦过似的,明晃晃,蓝晶晶,并且,那瓶里的一束白菊花,没有枯萎。

当搬开那只老式竹书架的时候,在场者的眼睛都瞪圆了。

门!墙上分明有一扇紫红色的精巧的门,门拉手是黄铜的。

人们的心悬了起来又沉了下去,原来如此!邻居们闹闹嚷嚷起来。几天前对这位单身汉的哀情和敬意,顿时化为乌有。变成了一种不能言状的甚至不能言明的愤懑。

不过,当有人伸手想去拉开这扇门的时候,哇地喊出声来——黄铜拉手是平面的,门和门框滑如壁。

一扇画在墙上的门!

【点评】

江南古镇,平民大院,人们永远这样生活着。引人注目的是一个单身画家,一个老姑娘,比邻而居,隔着厚厚的墙。人们期待着,最终失望了。画家去世了,似乎小说走到了平淡的终点。画家的墙上有一扇门,原来如此!可是,门是画上去的!永远只是心中的门。

文体常识

小说与故事

小说和故事的区别有:

第一,小说讲细节,小说可对某一个人物进行心理刻画或某一些特定事件做详细描述,可以是一个故事的截面,没有结局;故事讲情节,情节要完整,要有人物。

第二,小说可以禁得起最苛刻的读者不断重读,故事只堪读一次或几次。故事是小说的皮,小说弱化故事,写作难度增加。

第三,小说在语言、结构、人物、立意方面更具有艺术性。

小说的语言更精致,更新鲜,更值得咀嚼。"利安头上冒汗了",这是故事的语言;"汗从利安光秃秃的脑门上跳起来",这是小说的语言。小说的语言常是多重角度的叙述,对一件物的描述是从上到下、从左到右、从表面到内在,而且作者本人的心理感受也常会加入其中呐喊助威;而故事的语言只着眼于交代清小说的前因后果。

小说的结构迥环往复,是覆盖森林的交响乐;故事相对简单,一般呈线性,顺时间的河床蜿蜒,不大关心空间。

小说的人物可以上升到符号,在说明一种抽象的理念、态度的同时,往往还是立体的,善与恶在里面按不同比例混合着;故事里的人物常为满足情节而服务,扁平化、脸谱化,或忠或奸,很少走中间道路。

小说的立意比故事要困难,它得从大量的故事中萃取最典型的。

总之,小说是故事的高级形式。看故事记住的是情节,只有情感的暂时满足。看小说记住的是细节,或者人物或者某一个有意思的句子,往往引起我们更深入的思考。

如下文,是余华《活着》开头的一个层次。

我比现在年轻十岁的时候,获得了一个游手好闲的职业,去乡间收集民间歌谣。那一年的整个夏天,我如同一只乱飞的麻雀,游荡在知了和阳光充斥的村舍田野。我喜欢喝农民那种带有苦味的茶水,他们的茶桶就放在田埂的树下,我毫无顾忌地拿起漆满茶垢的茶碗舀水喝,还把自己的水壶灌满,与田里干活的男人说上几句废话,在姑娘因我而起的窃窃私笑里扬长而去。我曾经和一位守着瓜田的老人聊了整整一个下午,这是我有生以来瓜吃得最多的一次,当我站起来告辞时,突然发现自己像个孕妇一样步履艰难了。然后我与一位当上了祖母的女人坐在门槛上,她编着草鞋为我唱了一支《十月怀胎》。我最喜欢的是傍晚来到时,坐在农民的屋前,看着他们将提上的井水泼在地上,压住蒸腾的尘土,夕阳的光芒在树梢上照射下来,拿一把他们递过来的扇子,尝尝他们和盐一样咸的咸菜,看看几个年轻女人,和男人们说着话。

我头戴宽边草帽,脚上穿着拖鞋,一条毛巾挂在身后的皮带上,让它像尾巴似的拍打着我的屁股。我整日张大嘴巴打着呵欠,散漫地走在田间小道上,我的拖鞋吧嗒吧嗒,把那些小道弄得尘土飞扬,仿佛是车轮滚滚而过时的情景。

我到处游荡,已经弄不清楚哪些村庄我曾经去过,哪些我没有去过。我走近一个村子时,常会听到孩子的喊叫:

"那个老打呵欠的人又来啦。"

上文是小说的写法。下面是故事的写法。

我比现在年轻十岁的时候,获得去乡间收集民间歌谣的职业。那一年的整个夏天,我都在村舍田野生活。我喝过农民的苦茶水,与田里干活的男人聊天,在守着瓜田的老人的瓜田里吃了有生以来最多的瓜,听一位当上了祖母的女人编着草鞋唱了一支《十月怀胎》。我往往打着呵欠走在田间小道上,常会听到孩子的喊叫:

"那个老打呵欠的人又来啦。"

第十四讲

欧美文学

一、文学史讲述

在人类五千年的文明史上,世界各族人民都创造了自己辉煌灿烂的文学,文史家一般根据文化渊源与区域间文学发展的联系,将中国之外的世界文学划分为欧美文学和亚非文学两个平行部分。

欧美文学指的是欧洲各国与美国的文学。从古希腊文学开始,欧美文学至今已有近三千年的历史。按其发展演变的过程,分为古代文学、近代文学、现代文学三个时期。

(一)古代文学

欧美古代文学分为上古文学和中古文学。

1. 上古文学

上古文学是欧洲原始社会和奴隶社会的文学,时间是从公元前12世纪至公元前5世纪,主要以古希腊文学和古罗马文学为代表。

古希腊是人类社会童年时代孕育得最完美的地方,在这里产生了欧洲最早的文学。古希腊文学是以神话揭开大幕的。古希腊神话包括神的故事和英雄传说。神的故事记载了天地的开辟、神的产生、神的谱系、人类的起源和神的日常活动的故事;英雄传说则使我们从那些半神半人的英雄身上,看到初民在历史最初的曙光中,怎样为幸福美好的生活理想而奋斗。古希腊神话以它朴素的唯物主义精神、丰富深刻的思想内容和鲜明浓厚的浪漫主义色彩,成为希腊艺术的"武库"和"土壤"。古希腊的诗歌、悲剧、喜剧都从神话传说中汲取题材,同时古希腊神话也为后世欧美文学奠定了基础。

荷马史诗是欧美文学史上最早的长篇叙事诗,相传是一位名叫荷马的盲诗人所作,包括《伊利昂记》和《奥德修记》两部。荷马史诗是人类童年时代尤其是希腊"英雄时代"的百科全书。在艺术上,史诗将现实生活与神话传说交织在一起,构思雄伟,剪裁技艺高超,细节描写精细而意味深长,并运用了夸张、拟人、比喻、重叠等多种表现手法,为后世文学做出了光辉的榜样。荷马史诗代表了古希腊文学的最高成就,两千年来一直被看作是欧洲叙事诗的典范。

古希腊的民间还流传许多以动物生活为主要内容的小寓言。《伊索寓言》共收集了三四百个小故事,表现了下层平民和奴隶的思想感情,是他们的生活教训和斗争经验的总结。其中一些故事如《农夫与蛇》《狼和小羊》《狐狸和葡萄》等成为文学典故并被后人广泛引用。

古希腊戏剧分为悲剧和喜剧，悲剧成就尤高。

古希腊悲剧大多取材于神话传说，在内容上表现了古希腊人的命运观，着重描写人与命运的抗争，塑造崇高的英雄人物，有鲜明的政治倾向性和深刻的思想性，风格上具有严肃、悲壮、崇高的特征。当时出现了三大悲剧家，埃斯库罗斯(前525—前456)被称为"悲剧之父"，相传他创作了七十部悲剧，流传至今的有七部。代表作《被缚的普罗米修斯》采用神话题材，通过普罗米修斯与众神的斗争，影射了当时希腊社会的民主派与贵族派之间的斗争，反映了人民对专制的反抗和对民主的向往。索福克勒斯(约前496—前406)被称为"戏剧艺术的荷马"。代表作《俄狄浦斯王》被亚里士多德称为"十全十美的悲剧"，生动地表现了人与命运的冲突，显示了人不畏命、运勇于抗争的精神。欧里庇德斯(约485—前406)的悲剧更接近现实生活，且长于表现女性心理，被称为"现实的心理的剧作家"。代表作《美狄亚》是一部谴责社会的罪恶，同情妇女的不幸命运，肯定反抗行为的悲剧。美狄亚也成为西方文学史上第一个富有反抗精神的妇女形象。

古希腊喜剧出现在悲剧之后，大多是社会问题剧和政治讽刺剧。它大胆地抨击时政，讽刺社会的丑陋面，情节荒诞，对话、动作夸张。古希腊喜剧经历了旧喜剧和新喜剧两个发展阶段。阿里斯托芬(约前448—约前380)被称为"喜剧之父"，代表作有《阿卡奈人》和《鸟》。前者以闹剧的方式表达了和平优于战争的反战主题，后者是西方文学史上最早用幻想的方式描绘理想社会的作品。

古希腊的散文主要是一些哲学、历史著作和演说辞，最出名的哲学家和演说家有苏格拉底、柏拉图和亚里士多德。柏拉图的《理想国》和亚里士多德的《诗学》奠定了欧洲文艺理论的基础。

古罗马文学既带有浓重的古希腊色彩，又注入了拉丁民族的理性和务实精神。艺术上趋于文雅和精致。古罗马文学有神话、戏剧、散文、小说，但成就最大的是诗歌。

古罗马诗歌的杰出代表是维吉尔、贺拉斯、奥维得。维吉尔(前70—前19)是古罗马最伟大的诗人，他的《埃涅阿斯记》是欧洲第一部文人史诗。它追述了罗马帝国悠久而光荣的历史，歌颂了罗马祖先的赫赫武功和帝国神圣的命运，充满了自觉的政治意识和理性观念。其风格不像荷马史诗那样活泼明快，而呈现出严肃、哀婉、朦胧的风格。这部史诗使古代史诗在人物、结构、诗律方面进一步获得了定型。贺拉斯(前65—前8)是奥古斯都时期杰出的抒情诗人、讽刺诗人和文艺评论家。《歌集》是其抒情诗的代表作，歌颂了友谊、爱情和美好的品德。《诗艺》是其文艺批评的代表作，提出了"寓教于乐"的原则，要求文学作品必须具有"统一和谐调的美"，这一主张对后来的古典主义理论产生了很大影响。奥维德(前43—前18)的《变形记》把上古西方世界的神话传说围绕着"变形"而串联起来，成为后代诗人选取创作题材的"神话辞典"。

古罗马在散文和小说方面的成就超过了古希腊。西塞罗(前106—前43)是古罗马的散文大师，他的散文主要是演说辞和书信。他将古代的雄辩术发展到高峰，重视形式与技巧，讲究排比和句法，善用辞藻，抑扬顿挫，荡气回肠，世称"西塞罗句法"，对后世欧洲文学产生了巨大的影响。阿普列尤斯(约124—约175)被称为"小说之父"。其主要作品《金驴记》是古罗马文学中最重要、最完整的一部长篇小说。小说中一个好奇的青年被女巫的女仆错变为一头驴子，结果他经历了被抢劫、被变卖等苦难。小说以讽刺的笔法揭露了当时社会的丑陋面。

2. 中古文学

欧洲中古文学是欧洲封建社会的文学，时间是从公元五世纪西罗马帝国灭亡至公元十四世纪。欧洲的中古被称为"黑暗的中世纪",基督教在思想文化领域占有绝对的统治地位,成为欧洲封建社会的精神支柱。教会把希腊罗马文化视为异端邪说,使其在相当长的时间里几乎被埋没。中古文学发展缓慢,成就前不及古代,后不如近代。

中古文学主要有教会文学(又称僧侣文学)和世俗文学两类。

在中古欧洲文坛上,教会文学占统治地位。教会文学主要指当时的教士和修士写的文学作品,其创作意旨是以《圣经》作为出发点和逻辑归宿。文学艺术是神学的奴仆,是为宗教服务的。作诗是为了撰写圣歌和祈祷词,作曲是为了谱圣歌乐谱,修辞学是为了提高说教和讲道的技巧,散文是为写圣徒传,戏剧是为搬演圣经故事和圣徒行迹等。《圣经》的主导思想是博爱主义,其中包括一些有价值的史料和文艺作品。教会文学常常使用的梦幻形式、寓意象征的表现手法,给世俗文学以直接的影响。

世俗文学包括骑士文学、英雄史诗和城市文学。骑士文学虽浸透着封建主意识和基督教精神,但其中一些行侠故事曲折地反映了当时的社会状况和人民意愿,其爱情故事有破坏封建婚姻关系和背离禁欲主义的意义。骑士文学中的浪漫主义因素为后世许多欧洲作家所继承,其中的骑士传奇可看作近代欧洲长篇小说的滥觞。

代表中古文学最高成就的是意大利诗人但丁(1265—1321)的创作。但丁是意大利民族文学的奠基人,他的创作反映了从中世纪向资本主义时代的过渡。因此恩格斯称他"是中世纪最后一位诗人,同时又是新时代的最初一位诗人"。其长诗《神曲》通过一个梦游地狱、炼狱、天堂三界的虚幻故事,广泛反映了中世纪末期意大利的社会现实和政治斗争,给欧洲的中古文化以艺术性的概括和总结,同时又显现出文艺复兴时代最初的人文主义思想的曙光。在艺术上,《神曲》既具备中世纪文学的一般特色——采用中古流行的梦幻形式、象征手法,结构与宗教思想有密切联系;但又表现出一些近代文学的因素,即文艺复兴时期现实主义创作方法的萌芽。

(二)近代文学

文艺复兴(十四世纪至十七世纪)至第一次世界大战期间的文学被称为欧美近代文学,这是欧美资产阶级的文学。在约六百年的近代文学发展过程中,先后出现了五大文学思潮。

1. 人文主义文学

人文主义文学是产生在文艺复兴运动中,以人文主义思想为核心的新文学。文艺复兴是十四至十七世纪初在欧洲出现的、资产阶级以复兴古代文化为旗号反封建、反教会的思想文化解放运动。作为文艺复兴运动一个组成部分的人文主义文学,其重要特征是提倡人性、人道,反对神性、神道;提倡现实享乐,反对禁欲主义;提倡科学、理性,反对蒙昧主义;主张自由平等,反对等级观念;拥护中央集权,反对封建割据。

意大利是人文主义文学的发源地,人文主义思想在但丁的作品中就初露端倪,继之而起的是桂冠诗人彼特拉克和小说家薄伽丘。彼特拉克(1304—1374)被誉为"第一个近代人",其《歌集》中的爱情诗最早冲破中世纪禁欲主义和神学观念的桎梏,他所描写的爱是一种冲破了中世纪禁欲主义、追求世俗幸福的近代式的爱。薄伽丘(1313—1375)的代表作《十日谈》以比彼特拉克更猛烈的方式向中世纪文化挑战,他用故事中套故事的方法,叙述了一百个短篇故事。小说以尖锐泼辣的笔法描绘出了一幅圣徒不圣、修士不修、神父昏庸、教会腐败的真实图画;小说还通过很多爱情故事,以人欲的天然合理性为武器,反对禁欲主义。《十日谈》开创了欧洲短篇小说这一文学样式,又是近代欧洲第一部现实主义小说。

法国作家拉伯雷(约1495—1553)开欧洲长篇小说之先河。其长篇小说《巨人传》共分五部,前两部写巨人国王卡冈都亚和他的巨人儿子庞大固埃的出生、教育、游学和他们的文治武功;后三部写庞大固埃和他的朋友巴汝奇探讨婚姻问题,以及他们为寻找神瓶而游历各地的见闻。小说看似荒诞离奇,却比较全面地表现了人文主义思想——以夸张的手法对教会进行了批判,赞美了知识巨人的力量,批判了封建国家的黑暗和罪恶,描绘了希望中的理想世界。艺术上的夸张、讽刺及语言运用上的独特性,使它成为人文主义文学中的一朵奇葩。虽然小说结构上显得拖沓、松散,但它是欧洲散文体长篇小说的开端。

西班牙作家塞万提斯(1547—1616)的长篇小说《堂吉诃德》不但代表着西班牙人文主义文学的最高成就,也是欧洲现实主义长篇小说的里程碑。小说摹仿骑士传奇的写法,描写堂吉诃德和他的侍从桑丘·潘沙的"游侠史"。主人公堂吉诃德完全失去对现实的正确判断而陷入漫无边际的幻想中,唯心地对待一切,处理一切,一路上闯了许多祸,吃了很多亏,闹了很多笑话。这一人物被公认为西方文学中的三大典型之一,早已成为脱离实际、耽于幻想、主观主义的代名词。

英国天才戏剧诗人莎士比亚(1564—1616)是欧洲人文主义文学的巨擘。他一生创作有悲剧、喜剧、传奇剧,还有大量十四行诗。尤以悲剧成就最高。《奥赛罗》《麦克白》《哈姆莱特》《李尔王》被认为是莎士比亚四大悲剧。在其代表作《哈姆莱特》中,他为人类大唱赞歌:"人类是一件多么了不起的杰作!多么高贵的理性!多么伟大的力量!多么优美的仪表!多么文雅的举动!在行动上多么像天使!在智慧上多么像天神!宇宙之精华,万物之灵长。"其喜剧的代表作是《威尼斯商人》,通过威尼斯商人安东尼奥与高利贷者夏洛克之间为一磅肉而展开的矛盾冲突,表现了正义、仁慈、慷慨、无私对贪婪、残暴、自私、狠毒展开斗争并取得胜利的喜剧。它歌颂了青年男女之间深厚的友谊、真挚的爱情和以仁爱为本的人道精神,抨击了高利贷者的冷酷、自私与贪婪。莎士比亚剧善于通过广阔的背景、生动丰富的情节、鲜明的人物形象和生动传神的个性化语言,将作者的观念自然而然地流露出来,因此,马克思提倡文学创作要"莎士比亚化"。

2. 古典主义文学

产生于十七世纪的古典主义文学是欧洲资产阶级与封建王权相联合、相妥协的产物。它以古典文学为典范,崇尚理性,要求克制个人情欲;拥护封建王权,歌颂贤明君主;艺术上恪守"三一"律(指戏剧创作中时间、地点、情节三者的完整统一,即剧本的剧情发生在一个地点,时间在一天之内,情节服从一个主题)。古典主义文学的主要成就在于戏剧。高乃依(1606—1684)是古典主义悲剧的奠基人,其代表作《熙德》的基本冲突是义务与情感之间的矛盾,最后在国家利益高于一切、国王的权力高于一切的原则下解决了矛盾,既肯定了理性的胜利,也满足了个人的幸福。拉辛(1639—1699)是法国古典主义悲剧的后起之秀。他的风格与高乃依不同,高乃依描写意志坚强的理想人物,拉辛写有缺点的人物。他的悲剧《安德洛玛克》被认为是一部"标准的古典主义悲剧"。剧本谴责了受情欲支配而自私残暴的贵族人物,歌颂了安德洛玛克忠于国家、忠于丈夫,既保贞节,又保子嗣的行为。莫里哀(1622—1673)是古典主义全盛时期杰出的喜剧作家。他的讽刺喜剧《伪君子》以夸张手法刻画了一个集贪婪、狡诈、狠毒于一身,而以伪善为最大特征的宗教骗子答尔丢夫的形象,对宗教的虚伪性和欺骗性给予深刻的揭露与批判。另一部名剧《吝啬鬼》的主人翁阿巴公被文学史家认为是西方文学中三大吝啬鬼之一。由于莫里哀对人物形象塑造得成功,其人物形象已经进入西方人的日常生活,"答尔丢夫"和"阿巴公"分别成了"伪君子"和"吝啬鬼"的代名词。

3. 启蒙主义文学

启蒙文学是十八世纪欧洲启蒙运动的一个重要的方面军。其特征是具有鲜明的政治倾向性和强烈的战斗性,深厚的哲理性和深刻的分析性;以资产阶级平民作为主人翁;用现实主义的创作方法创造了多种文学样式。

英国启蒙主义文学的主要成就是现实主义的长篇小说。笛福(1660—1731)是英国现实主义长篇小说的开创者。他的《鲁滨孙漂流记》是一首资产阶级英雄主义的颂歌,主人翁鲁滨孙是西方文学中第一个资产阶级的正面形象,他身上那种不懈的进取心和冒险精神,强烈的功利主义和殖民思想,概括了上升时期资产阶级的进步性和剥削阶级的本质。法国作家孟德斯鸠(1689—1755)的《波斯人信札》首开书信体小说之先河。伏尔泰(1694—1778)的《老实人》首开哲理小说先河。通过主人公老实人与他的老师邦葛罗斯的遭遇,把德国哲学家莱布尼茨的所谓"现存世界是一切可能有的世界中最完美的世界"的理论驳得体无完肤,并由此启迪人们必须改变现状。卢梭作品表现自我、侧重抒情、注重描绘大自然等特点,直接影响了后起的浪漫主义文学,所以歌德说卢梭"开辟了一个新时代"。德国启蒙文学以歌德和席勒为代表。席勒(1759—1805)的市民悲剧《阴谋与爱情》反映了德国市民即资产阶级与封建统治者之间的矛盾。歌德(1749—1832)是启蒙文学最杰出的作家。《少年维特之烦恼》用书信的形式和极其细腻的笔触描写了主人公维特的遭遇和情感世界,表达了青年一代既憎恶社会又找不到出路的苦闷彷徨情绪,掀起一股世界性的"维特热"。其代表作大型诗剧《浮士德》通过对主人翁精神探索的几个阶段的描绘,总结了文艺复兴到十九世纪初三百年间欧洲资产阶级知识分子思想探索的全部历程——走出书斋投入社会,追求个人幸福,为统治阶级服务,追求古典艺术,最后在改造自然中找到真理。这是一部灵魂的发展史,一部时代精神的发展史。

4. 浪漫主义文学

产生于十九世纪初的浪漫主义文学具有如下特点:描写理想,抒发强烈的个人感情;赞美自然,以大自然之美衬托现实社会之丑;重视民间文学,从中汲取题材、手法和语言;喜欢通过丰富的想象、奇特的情节、大胆的夸张、鲜明的对比、非凡的人物、华丽的辞藻等,来追求强烈的艺术效果。

浪漫主义文学最初产生于德国,早期的主要代表是诺瓦利斯(1772—1801),其诗集《夜的赞歌》歌颂黑夜和死亡。后期的主要代表是霍夫曼(1776—1822)和海涅(1797—1856)。霍夫曼的创作善于用荒诞离奇的现象和情节来揭露和讽刺社会的黑暗,小说中恐怖的、病态的幻想与庸俗丑恶的现实交织在一起。他的创作对后来的很多作家如大仲马、巴尔扎克、爱伦坡、果戈理等都有影响。海涅的政治抒情长诗《德国——一个冬天的童话》利用梦境、幻想、童话与传说,对德国的封建反动制度进行了揭露、讽刺与鞭挞。

英国浪漫主义诗人雪莱(1792—1822)和拜伦(1788—1824)被称为十九世纪英国诗坛的"双星座"。雪莱的自然抒情诗如《西风颂》等脍炙人口。拜伦在他的作品中塑造了一系列清高孤傲的个人反抗者"拜伦式英雄"。诗体小说《唐璜》揭露和讽刺了充斥于整个欧洲的种种败行劣迹,表现了反封建专制和同情民族独立斗争的思想。长诗内容的丰富性、艺术手法的多样性和语言的生动性,使它成为拜伦创作的桂冠。

法国浪漫主义作家雨果(1802—1885)是世界文学史上第一流的文学巨匠。长篇小说《悲惨世界》以主人公冉阿让的一生为情节主干,深刻地反映了穷苦人民的不幸遭遇,宣扬了仁慈、博爱的人道主义思想。《巴黎圣母院》被誉为欧洲浪漫主义文学的范本。小说以传奇性的人物和情节,对教会的黑暗、僧侣的虚伪、封建统治者的残酷进行了鞭辟入里的揭露与批判。小说对女主人公艾丝美拉尔达和丑怪人扎西莫多的描写,反映了作者对美与丑的审美理解。

另外，俄国诗人普希金(1799—1837)、美国诗人惠特曼(1819—1892)也都写了大量积极浪漫主义的诗篇。

5. 批判现实主义文学

十九世纪三四十年代，西方文坛出现了一大批以现实主义创作方法反映新的生活和矛盾，揭露资本主义世界的黑暗与丑恶的作品，这即是批判现实主义文学。批判现实主义重视细节描写和心理描写，重视典型环境中的典型性格的塑造。这是资产阶级进步文学史上最为繁荣的阶段。

司汤达(1783—1842)是法国及西欧批判现实主义文学的奠基人，其长篇小说《红与黑》是欧洲第一部批判现实主义的杰作。小说通过主人公于连个人奋斗的经历，表现了王政复辟时期法国社会的黑暗，揭示了当时尖锐的阶级关系与紧张的政治空气，真实地反映了十九世纪二十年代末期法国社会的特征，表现了反封建的政治主题。巴尔扎克(1799—1850)以他一生的创作汇成了世界文学史上罕见的文学巨厦《人间喜剧》，"在这篇中心图画的周围，他汇集了法国社会的全部历史"(恩格斯)。其中《高老头》《欧也妮·葛朗台》《纽沁根银行》《古物陈列室》等作品最为优秀。《高老头》主要写高老头的悲剧和拉斯蒂涅走向堕落的故事，形象地反映了资本主义社会代替封建社会的历史真相，揭示出金钱腐蚀人的灵魂、毁灭人的天然情感、破坏人的一切正常关系的严峻事实。《人间喜剧》既描绘了封建贵族的衰亡史，也描绘了资产阶级的肮脏的发迹史，写尽了"隐藏在金银珠宝底下的罪恶"(巴尔扎克)。莫泊桑(1850—1893)的短篇小说以小见大地反映生活，构思新颖独特，描摹人情世态生动逼真，人物形象栩栩如生，使作家获得"短篇小说之王"的美称。

法国的批判现实主义还衍生出另一文学流派——自然主义。左拉(1840—1902)作为法国自然主义的理论家和代表作家，背弃了现实主义典型化原则，强调真实性，要求作家纯客观的记录真实。其代表作《卢贡—马卡尔家族》把遗传看成研究人和社会的头等重要法则，虽不无偏颇，但开拓了文学描写人的生理性的新领域，突破了古希腊以来积淀深厚的将人神化的传统，对现代小说观念的形成和现代非理性文化的出现都造成了深远影响。

英国批判现实主义的代表狄更斯(1812—1870)是一位人道主义作家。自传体小说《大卫·科波菲尔》以叙述个人奋斗的成功而深得青年读者的喜爱。代表作《双城记》是一部以法国大革命为背景的"殷鉴式的小说"，其中运用象征及漫画式的夸张手法，深刻揭示了法国大革命爆发的历史必然性，借法国大革命的爆发警告英国统治者收敛暴政。幽默和讽刺是狄更斯创作最主要的特色，《双城记》中冷峻、夸张而尖锐的讽刺，有些可视为"黑色幽默"。另外，夏洛蒂·勃朗台和艾米莉·勃朗台分别以其小说《简·爱》和《呼啸山庄》而留名青史。

美国批判现实主义作家欧·亨利(1862—1910)的短篇小说以情节引人入胜、结尾出人意料为特征，被称为"欧·亨利手法"。杰克·伦敦(1876—1916)的代表作《马丁·伊登》控诉了资产阶级的冷酷、虚伪和金钱至上的势利习气对人类高尚情感与聪明才智的摧残。马克·吐温(1835—1910)的《哈利贝利·费恩历险记》不仅是批判现实主义的杰作，也是世界儿童文学宝库中的珍品。

挪威戏剧家易卜生(1828—1906)首创"社会问题剧"。代表作《玩偶之家》塑造了"精神反叛"的典型——娜拉的形象，提出了妇女解放这一重大的社会问题。

俄国批判现实主义文学虽较西欧出现晚，却取得了令世人瞩目的成就。普希金既是俄国积极浪漫主义文学的代表，又是俄国批判现实主义文学的奠基人。诗体小说《叶甫盖尼·奥涅金》塑造了俄国文学史上第一个"多余人"形象。果戈理(1809—1852)是俄国"自然派"(即批判现实主义)的盟主。长篇小说《死魂灵》被称为"地主形象的画廊",通过对一群行尸走肉般的地主形象的描绘,宣告了俄国农奴制不可避免的灭亡。列夫·托尔斯泰(1828—1910)的创作是"俄国革命的一面镜子"。《安娜·卡列尼娜》深刻反映了时代的巨变。《战争与和平》是一部爱国主义的英雄史诗。《复活》既表现出"最清醒的现实主义与撕毁一切假面具的特点",又表现出"勿以暴力抗恶"、道德自我完善的一面。陀思妥耶夫斯基(1821—1881)是一个"残酷的天才""人的灵魂的伟大审问者"。他的创作不仅体现了现实主义的基本特点,而且对二十世纪现代派文学产生了广泛而深刻的影响。代表作《罪与罚》是一部让人类感到"伟大的隐痛"的书。契诃夫(1860—1904)是著名短篇小说家。他的创作致力于"小人物"题材,体现出幽默、讽刺、简洁、凝练的独特风格。

(三)现代文学

欧美现代文学即二十世纪文学。二十世纪世界文坛呈现出多元化和复杂性:西方的现实主义文学与俄罗斯的现实主义文学创作方法相近但思想内容不同;现代主义文学与后现代主义文学有联系又有区别。

1. 西方现实主义文学

兴盛于十九世纪的批判现实主义文学在新的历史条件下继续发展。从十九世纪过渡而来的老一代作家雄风犹在。罗曼·罗兰(1866—1944)是二十世纪法国最重要的作家,他在二十世纪初完成了十卷长篇小说《约翰·克利斯朵夫》,继而又完成了《欣悦的灵魂》。这两部"长河式小说"的杰出成就,使他赢得"两个世纪文化的一座桥梁"的盛誉。亨利·巴比塞(1873—1935)是法国革命作家,代表作《火线》以冷峻的现实主义的客观态度来反映战争,使小说成为一部战争的实录。"英国现代戏剧奠基人"萧伯纳(1856—1950)十九世纪就写出了《鳏夫的房产》《华伦夫人的职业》等优秀剧本,二十世纪又创作了《伤心之家》《苹果车》等影响巨大的作品。高尔斯华绥(1869—1933)因在《福尔赛世家》《现代喜剧》等作品中"描述的卓越艺术"而获得1932年的诺贝尔文学奖。亨利希·曼(1871—1950)和托马斯·曼(1875—1955)兄弟是二十世纪德国现实主义文学的代表作家。亨利希·曼的《帝国三部曲》中的第一部《臣仆》也是德国现实主义的代表作品。托马斯·曼(1875—1955)是1929年诺贝尔文学奖获得者,其代表作《布登勃洛克一家》和《魔山》堪称世界文学史上的经典之作。杰克·伦敦(1876—1919)和德莱赛(1871—1945)是二十世纪上半叶美国最重要的现实主义作家。前者的代表作《马丁·伊登》是一部个人奋斗成功后理想幻灭而自杀的历史;后者的《美国的悲剧》等创作真实地反映了美国社会冷酷的现实,击碎了成千上万小人物的"美国梦"。

新一代现实主义新秀不断崛起。法国的莫里亚克(1885—1970)因"小说中刻画了人类生活的戏剧时所展示的精神洞察力和艺术激情",而在1952年被授予诺贝尔文学奖,被戴高乐总统称为"嵌在法国王冠上最美的一颗珍珠"。其重要作品是中篇小说《爱的荒漠》《蝮蛇结》。后者可作为他的代表作,书名比拟资产阶级家庭及社会中人与人之间的关系,小说从个人、家庭、社会三个互为因果的层面批判了以金钱为轴心的社会罪恶。英国的毛姆(1874—1965)被誉为"莎士比亚以来的第一人",代表作《刀锋》反映了第一次世界大战后西方资本主义社会所笼罩的迷惘、忧郁和恐惧。亨利希·伯尔(1917—1985)是当代德国最负盛名的现实主义作家,长篇小说《莱尼和他们》被誉为当时的"欧洲之书"。美国作家索尔·贝娄(1915—2005)获1976年诺贝尔文学奖,其代表作《洪堡的礼物》描绘了两个艺术家洪堡和西特林的悲惨遭遇。

现代现实主义作家与十九世纪批判现实主义大师们一样,站在民主主义、人道主义立场上，把目光投向资本主义世界的阴暗面，艺术上在继承传统方法的前提下，又融合吸收众家之长，改造、消化其他流派的表现方法和技巧，尤其是现代派文学的意识流、象征、意象等手法。

2. 俄罗斯现实主义文学

由于社会主义在苏联及东欧一些国家的胜利，无产阶级社会主义文学便成为西方20世纪现实主义文学的重要一支。无产阶级文学以"社会主义现实主义"为创作方法。高尔基(1868—1936)以《母亲》《海燕》等作品中塑造的无产阶级革命家形象和充沛的革命浪漫主义激情成为无产阶级在文学上的第一个代言人。马雅科夫斯基(1893—1930)是"苏维埃时代最优秀、最有才华的诗人"（斯大林），长诗《列宁》成功地塑造了革命领袖的伟大形象。肖洛霍夫(1905—1984)的《静静的顿河》以宏伟的结构、众多的人物、壮阔的场面，描绘出一幅秀丽奇特的哥萨克风俗生活的画面。描写社会主义新人培养和教育的作品如奥斯特罗夫斯基(1904—1936)的《钢铁是怎样炼成的》，主人公保尔·柯察金成为英雄主义和道德纯洁的象征。在苏联卫国战争中，法捷耶夫(1901—1956)的长篇《青年近卫军》、特瓦尔多夫斯基(1910—1971)的长诗《瓦西里·焦尔金》等反映了俄罗斯军队和人民的反法西斯斗争。

1953年斯大林去世，赫鲁晓夫上台后，苏俄社会处于全面解冻时期，因爱伦堡(1891—1967)的小说《解冻》而得名的"解冻文学"竭力清算过去，积极干预生活。肖洛霍夫的《一个人的遭遇》第一次直陈战争灾难，以普通人甚至战俘为主人公"挖掘人性的魅力"。帕斯捷尔纳克(1890—1960)在国外发表的长篇小说《日瓦戈医生》(1956)因"在当代抒情诗和伟大的俄罗斯叙事文学传统领域所取得的重大成就"而获1958年诺贝尔文学奖。索尔仁尼琴(1918—2008)描写斯大林时期监狱的短篇小说《伊凡·杰尼索维奇的一天》导致"集中营文学"作品相继出现。1970年他被授予诺贝尔文学奖。瓦西里耶夫(1924—2013)的《这里的黎明静悄悄》(1972)、贝科夫(1924—2003)的《第三颗信号弹》(1962)和《方尖碑》(1972)等作品，不仅描写了战壕真实，而且有对战争本质的挖掘。艾特玛托夫(1928—2008)是赢得世界声誉的苏联当代作家。1970年发表的《白轮船》指责现实生活中人对大自然的掠夺消费关系。1980年发表长篇小说《一日长于百年》被誉为苏联文学创作的"指路牌"和"方向标"。

3. 现代主义文学

现代主义文学又称现代派文学，是西方现代文坛上出现的一大批反传统的文学流派的总称，主要有象征主义、未来主义、表现主义、意识流小说、超现实主义、存在主义等。创作内容主要是表现西方二十世纪的混乱生活和西方现代人的精神危机，艺术上摒弃传统的描写法而采用表现法。现代派文学强调文艺以表现作家的主观意识为根本任务，着力于内心开掘、"思想直觉化"、自由联想，甚至导向梦和无意识。

象征主义在文学上的主要成就是诗歌。他们强调以象征暗示的方法表现内心"最高的真实"，后期象征主义还从简单象征发展为意象象征，从个别象征发展为普遍象征。英国象征主义诗人艾略特(1888—1965)的长诗《荒原》(1922)在欧美现代诗歌发展史上竖起了一块里程碑。它用一系列的生活意象，刻画出二十世纪初西方荒芜社会的现实图景，表现一代人的迷惘幻灭心理，即"现代意识"。诗中的象征含义具有复杂性、多样性、多义性，全诗充满了浓厚的神秘主义和宗教色彩。

未来主义是20世纪从意大利流行到欧洲各国的现代主义文学流派，有明显的文化虚无主义倾向，主张彻底抛弃艺术遗产和传统文化；歌颂机械文明和都市混乱，赞美力量和"速度美"；主张打破旧有的形式规范，用自由不羁的语句随心所欲地进行艺术创造。意大利未来主义的创始人马里奈蒂(1876—1944)的剧本《他们来了》，全剧无情节、无人物、无高潮，总共才几百个字,三四句台词。法国诗人阿波利奈尔(1880—1918)的代表作《烧酒集》(1913)努力摆脱传统诗律的束缚,重视诗歌内容的节奏和旋律。

意识流小说不重视描摹客观世界,而是着力于表现人的内心真实,特别着力于表现人的意识流程,从而打破了传统小说的叙事模式和结构方法,用心理逻辑去组织故事。英国小说家乔伊斯(1882—1965)以其长篇意识流小说《尤利西斯》(1922)而成为意识流小说的奠基人。《尤利西斯》没有真正意义上的故事,没有真实的冒险或浪漫主义的旨趣,传统的主题、情节、人物形象都淡化了,所展示的只是现代都市的幻象。作者通过对布卢姆、斯蒂芬、莫莉三个人物的潜意识活动的表现,概括了他们全部的精神生活和经历,反映出整整一个时代所面临的问题和危机。法国作家普鲁斯特(1871—1922)的《追忆似水年华》侧重表现幻觉,表现内心的"最高真实"。

表现主义善于透过事物的外层表象展现内在的本质,从人的外在行为揭示内在的灵魂,善于直接表现人物的心灵体验,展现内在的生命冲动。奥地利作家卡夫卡(1883—1924)的创作是表现主义在小说领域的杰出代表,代表作《变形记》(1912)写的是人变成虫的荒诞离奇故事。《城堡》(1922)写的是主人公K踏雪来到城堡附近的村子,千方百计想进入城堡,但始终没有成功。卡夫卡以一种与荒诞内容相一致的荒诞形式,表现了二十世纪西方现代人内心焦虑的精神危机和人的严重异化。美国的尤金·奥尼尔(1888—1953)和瑞典的斯特林堡(1849—1912)是表现主义戏剧的代表作家,奥尼尔的《毛猿》(1921)探讨了现代人的归属与命运问题;斯特林堡的《鬼魂奏鸣曲》(1907)以荒诞的情节、离奇的舞台形象,揭示现代西方人与人之间的巨大隔阂和欺骗性。

超现实主义文学强调表现超理性、超现实的无意识世界和梦幻世界,广泛使用自动写作法和梦幻记录法进行创作。法国作家布勒东(1896—1966)的代表作《娜佳》(1928)中没有连贯的情节、鲜明的形象,充满了意象与文字的自由组合,思绪跳跃,集中体现了"自动写作"的特色。

存在主义文学肯定人的存在先于本质,揭示世界的荒谬和人生的痛苦,主张人的自由选择。法国存在主义作家萨特(1905—1980)的长篇小说《恶心》(1938)没有什么要紧的故事情节,真正的线索是主人公洛根丁对存在的感受,表现人对自己的存在感到眩晕式的恶心。长篇多卷小说《自由之路》(1945—1949)通过几对恋人之间的纠葛告诉读者:人是自由的,但无法改变不幸和荒诞的处境。加缪(1913—1960)的《局外人》(1942)描写主人公莫尔索对一切都无所谓,甚至对死刑都等闲视之的生活经历,以他的冷漠、局外人的生活态度,表现世界存在的荒谬性,及其人物对世界秩序的精神不安与绝望心理。其顶峰之作《鼠疫》(1947)通过鼠疫流行中人们的不同态度,表现重大的人生哲理,展示世界存在的荒谬与罪恶,说明人类充满危机和无尽的灾难,只有选择正义,才是人类生存的唯一出路。

4. 后现代主义文学

后现代主义是二十世纪五十年代以后在欧美各国出现的各种文化潮流的总称。后现代主义文学是指第二次世界大战以来,对现代主义文学继承发展,同时又背离和超越的文学现象。在二十世纪七十至八十年代达到高潮。后现代主义文学的主要流派有:荒诞派戏剧、新小说派、垮掉的一代、黑色幽默、魔幻现实主义等。

荒诞派戏剧是存在主义在戏剧舞台上的形象变体。它一反传统戏剧的规律、特点,又被称成为"反戏剧派"。荒诞派戏剧注重揭示世界、人的处境和人自身生存状态的荒诞性。法国的尤奈斯库(1909—1994)是荒诞派戏剧的开创者和主将。他的代表作《秃头歌女》(1950)以马丁夫妇和史密斯夫妇莫名其妙的交谈、荒诞不经的故事情节,表演了一出现代社会生活寓言。贝克特(1906—1989)以代表作《等待戈多》(1952)奠定了作为荒诞派戏剧领袖的地位。两个老流浪汉于绝望之中，苦苦地等待戈多的到来，戈多始终没有出现，结果总是幻灭，以此揭示了"人类在一个荒诞宇宙中的尴尬处境"。

新小说派反对虚构生活故事情节，主张冷眼视察社会现实，淡化情节，轻视逻辑，不塑造典型环境、典型人物、典型细节，直接展示外部生活流，注重对物件进行反复细致的描写。罗伯·格里耶(1922—2008)的代表作《橡皮》(1953)和《窥视》(1955)都注重视觉效果，热衷于对"物"的细致描绘，大胆进行语言革新。在娜塔丽·萨洛特(1900—1999)的代表作《无名的肖像》(1948)中，主人公像一个暗探，窥视人物思想和行为的全过程。

"垮掉的一代"是第二次世界大战后在美国出现的一个文学流派。文学创作中热衷于表现色情、暴力、堕落、吸毒和犯罪等颓废生活，塑造的是"诗人、浪子、毒鬼"三位一体的现代青年典型。艺术表现上全盘否定高雅文学，主张在"神志恍惚的瞬间"和"思想疯狂的时刻"去狂写乱涂，提倡"自动写作"。艾伦·金斯堡(1926—1997)在长诗《嚎叫》(1955)中，以怒气冲天的哀号表达"我这一代精英"的痛苦以及放荡不羁、自暴自弃，发泄一代青年人的焦躁痛苦、厌恶绝望的情绪。杰克·凯鲁亚克(1922—1969)的小说《在路上》(1957)描写了一群"彻底垮掉而又满怀信心的流浪汉和无业游民"，在主人公狄恩带领下，驱车在各地流浪，无拘无束，为所欲为，是第二次世界大战后处于精神危机的美国一代知识青年的典型。

黑色幽默是二十世纪六七十年代流行于美国的文学流派，他们用病态的甚至荒诞变形的手法表现幽默，即以喜剧的形式表现悲剧的内容，因而又被称为"绞刑架下的幽默"、"大难临头的幽默"。人物形象多为玩世不恭、性格乖僻的"反英雄"，情节结构无逻辑、非理性，将真实细节与幻想虚构融为一体。约瑟夫·海勒(1923—1999)的代表作《第二十二条军规》(1961)中的主人公尤索林面对荒谬的世界，由一位正直勇敢的上尉轰炸手，变成了贪生怕死的厌战者。他想方设法要逃避飞行，但无论是提出正当要求，还是装病装疯，都无法摆脱"第二十二条军规"的制约。海勒的另一部小说《出了毛病》(1974)中的主人公整天忧心忡忡，害怕一切，总觉得什么地方出了毛病。海勒的创作以象征手法揭示现代人的灾难感、恐惧感，以荒诞不经、玩世不恭的幽默，表现人物内心的辛酸悲痛与忧郁绝望。结构散乱，情节断续，时序颠倒。另外，约翰·巴思的《烟草经纪人》(1960)、克特·小伏尼格的《第五号屠宰场》(1969)、托马斯·品钦的《万有引力之虹》(1973)都是黑色幽默的重要作品。

魔幻现实主义是拉丁美洲20世纪重要的文学流派，是拉美本地文学与西方文学相结合的产物。魔幻现实主义文学以小说创作为主，把神奇魔幻的神话传说和拉丁美洲现实生活描写结成一体，产生一种人鬼难分、魔幻现实混淆的艺术效果，在反映现实的同时，融入神奇怪诞的人物、故事和各种超自然现象，变现实为魔幻而又不失其真。作品具有强烈的拉丁美洲民族意识，关心祖国和民族的命运，反映拉美社会特有的社会、历史、文化、地理和人生。艺术上吸收西方现代派文学的技巧技法，大量运用象征、意识流和荒诞手法，通过夸张、怪诞、变形、神秘化等艺术手段，表现出对神奇美的追求。危地马拉作家阿斯图利亚斯(1899—1974)的《总统先生》(1936)被认为是第一部魔幻现实主义作品。墨西哥作家胡安·鲁尔福(1918—1980)在他的代表作《佩德罗·帕拉姆》(1955)中，借鬼魂胡安向另一个死人叙述的故事，展现了地主帕拉姆罪恶的一生。哥伦比亚的加西亚·马尔克斯是魔幻现实主义的主要代表作家，也是1982年诺贝尔文学奖的获得者。代表作《百年孤独》通过布恩地亚家族七代人的坎坷经历和马孔多小镇从兴建、发展到繁荣、最后毁灭的描写，展示了哥伦比亚乃至整个拉丁美洲的历史演变和社会现实。作品所描写的内容真假难分，鬼魂常与人搅在一起，其中"汇集了不可思议的奇迹和最纯粹的现实生活"。

二、作品选讲

莎士比亚

威廉·莎士比亚(1564—1616)是英国文艺复兴时期最伟大的诗人和剧作家。他以生花妙笔饱蘸心血,纵情描述世态人情。他的作品,尤其是戏剧,深刻而生动地反映了英国封建社会解体、资本主义兴起时代的社会生活,多方面地表达了人文主义理想,集中地代表了整个欧洲人文主义文学的最高成就,是欧洲文艺复兴时期时代精神的绝唱。

莎士比亚有很多优美的十四行诗传世,但他的主要成就是戏剧,作品有喜剧、悲剧、历史剧、传奇剧。在他的十部历史剧中,《亨利四世》成就最高;十三部喜剧以《威尼斯商人》为代表;晚期创作的传奇剧以《暴风雨》为代表;悲剧代表了莎士比亚的最高成就,《哈姆莱特》《奥瑟罗》《麦克白》《李尔王》被称为莎士比亚"四大悲剧"。《哈姆莱特》为其代表作。

哈姆莱特(节选)

朱生豪 译

第三幕·第一场[1](节选)

哈姆莱特:生存还是毁灭,这是一个值得考虑的问题;默然忍受命运的暴虐的毒箭,或是挺身反抗人世的无涯的苦难,通过斗争把它们扫清,这两种行为,哪一种更高贵?死了;睡着了;什么都完了;要是在这一种睡眠之中,我们心头的创痛,以及其他无数血肉之躯所不能避免的打击,都可以从此消失,那正是我们求之不得的结局。死了;睡着了;睡着了也许还会做梦;嗯,阻碍就在这儿:因为当我们摆脱了这一具朽腐的皮囊以后,在那死的睡眠里,究竟将要做些什么梦,那不能不使我们踌躇顾虑。人们甘心久困于患难之中,也就是为了这个缘故;谁愿意忍受人世的鞭挞和讥嘲、压迫者的凌辱、傲慢者的冷眼、被轻蔑的爱情的惨痛、法律的迁延、官吏的横暴和费尽辛勤所换来的小人的鄙视,要是他只要用一柄小小的刀子,就可以清算他自己的一生?谁愿意负着这样的重担,在烦劳的生命的压迫下呻吟流汗,倘不是因为惧怕不可知的死后,惧怕那从来不曾有一个旅人回来过的神秘之国,是它迷惑了我们的意志,使我们宁愿忍受目前的折磨,不敢向我们所不知道的痛苦飞去?这样,重重的顾虑使我们全变成了懦夫,决心的赤热的光彩,被审慎的思维盖上了一层灰色,伟大的事业在这一种考虑之下,也会逆流而退,失去了行动的意义。且慢!美丽的奥菲利娅!——女神,在你的祈祷之中,不要忘记替我忏悔我的罪孽。

第四幕·第四场[2](节选)

哈姆莱特:……我所见到、听到的一切,都好像在对我谴责,鞭策我赶快进行我的蹉跎未就的复仇大愿!一个人要是把生活的幸福和目的,只看作吃吃睡睡,他还算是个什么东西?简直不过是一头畜生！上帝造下我们来，使我们能够这样高谈阔论，瞻前顾后，当然要我们利用他所赋予我们的这一种能力和灵明的理智，不让它们白白废掉。现在我明明有理由、有决心、有力量、有方法，可以动手干我所要干的事，可是我还是在大言不惭地说："这件事需要做。"可是始终不曾在行动上表现出来；我不知道这是因为像鹿豕一般的健忘呢，还是因为三分懦怯一分智慧的过于审慎的顾虑。像大地一样显明的榜样都在鼓励我；瞧这一支勇猛的大军，领队的是一个娇养的少年王子，勃勃的雄心振起了他的精神，使他蔑视不可知的结果，为了区区弹丸大小的一块不毛之地，拼着血肉之躯，去向命运、死亡和危险挑战。真正的伟大不是轻举妄动，而是在荣誉遭遇危险的时候，即使为了一根稻秆之微，也要慷慨力争。可是我的父亲给人惨杀，我的母亲给人污辱，我的理智和感情都被这种不共戴天的大仇所激动，我却因循隐忍，一切听其自然，看着这二万个人为了博取一个空虚的名声，视死如归地走下他们的坟墓里去，目的只是争夺一方还不够给他们作战场或者埋骨之所的土地，相形之下，我将何地自容呢？啊！从这一刻起，让我屏除一切的疑虑妄念，把流血的思想充满在我的脑际！

【注释】

[1]御前大臣波洛涅斯给新国王克罗迪斯献计，用女儿奥菲利娅做引诱，让哈姆莱特和奥菲利娅见面。然后国王、王后和波洛涅斯藏起来偷听他们的对话，从而窥探王子装疯的原因。哈姆莱特面对着该不该复仇的困惑发出了这段独白。

[2]哈姆莱特与母亲发生争执，误杀了躲在帏幕后偷听的首相。新国王克罗迪斯以首相的儿子要复仇为由，要将哈姆莱特送往英国，准备借英王之手除掉哈姆莱特。这是哈姆莱特在丹麦原野上的独白。

【讲解】

俄罗斯思想家、文学评论家别林斯基认为，《哈姆莱特》是"全人类所加冕的戏剧诗人之王的灿烂王冠上的一颗最光辉的金刚钻"，这出悲剧写的是丹麦王子为父报仇的故事，反映了文艺复兴时期人文主义者同社会恶势力之间的斗争。在这部悲剧中，作者精心塑造了哈姆雷特这个艺术形象。他身上的种种特质，如敏锐的洞察力，对广大被压迫者的真挚同情，以重整乾坤为己任的博大胸怀，在与社会邪恶势力的斗争中表现出来的毫不妥协的战斗精神，都显示出文艺复兴时期人文主义者的高贵理想和磅礴正气。而他那忧郁、思索、延宕的性格特征，具有经久不衰的艺术魅力，给每一个观众和读者以巨大的审美享受。

丹麦王子哈姆莱特本是一个热爱生活，有崇高理想的青年。正在人文主义思想中心——德国的威登堡大学读书。这时的他是一个缺乏生活阅历，只看到生活光明面的"快乐的王子"。随着父王暴毙，母亲速嫁给新王——父王的弟弟克罗迪斯这一系列变故的发生，他的精神遭到沉重打击。原来被他看得那么高贵的人，这时在他看来不过是尘土而已；原来眼中阳光普照的光明世界，一下子变成了恶行败德普遍流行的荒场，崇高的理想破灭了，"快乐的王子"变成了"忧郁的王子"。父亲的鬼魂出现，告诉哈姆莱特自己是如何在花园睡午觉时被克罗迪斯用毒药灌入耳中毒死的，并要他报仇。为了证实鬼魂的话，他导演了"戏中戏"，结果真相大白。他本可以在当晚奸王祈祷时将他杀死，但为了寻找正义的手段，他放过了这个机会，他不断地思考、反省，由宫廷中的种种丑恶现实，想到整个"丹麦是一所牢狱"，世界也是"一所很大的牢狱"。在第三幕第一场中，他想到了"人世的鞭挞和讥讽、压迫者的凌辱、傲慢者的冷眼、被轻蔑的爱情的惨痛、法律的延宕、官吏的横暴和俊杰大才费尽辛勤所换来的得势小人的鄙视"。他一再拖延行动，"忧郁的王子"变成了"迁延的王子"。他似疯似傻，本来与御前大臣波洛涅斯的女儿奥菲莉娅相爱，这时他故意说些难辨的疯话，使她心神不定而痛苦。她把哈姆莱特的情况告诉父亲，御前大臣随即报告新王。新王为摸清底细，让母后召哈姆雷特谈话，派波洛涅斯在幕后偷听，哈姆莱特发现帷幕后有人，以为是新王，便一剑刺去，杀死了波洛涅斯。新王借机打发哈姆莱特出使英国，想借英王手除掉他。他半路识破阴谋而返，归来以后正遇上奥菲利娅的葬礼，原来她经不起恋人疯、父亲亡的打击，精神失常，落水而死。新王乘机挑动奥菲利娅的哥哥雷欧提斯与哈姆莱特比剑。比剑中，王后误饮了克罗迪斯为哈姆莱特准备的毒酒而身亡，比剑双方也都被克罗迪斯交给雷欧提斯的毒剑所刺中。雷欧提斯临死前说出了克罗迪斯的阴谋,此时的哈姆雷特成了"愤怒的王子",他抽刀一击,除掉了奸王。

这里节选的第三幕第一场表现了哈姆莱特处于迁延阶段的心理矛盾,"生存还是毁灭","这两种行为,哪一种更高贵?"因恐惧身后之事而使他犹豫不前。第四幕第四场中的一段独白则是他反复思考后的自我谴责,是深思熟虑之后的决定,是采取复仇行动之前的自我激励:"现在我明明有理由,有决心,有力量,有方法,可以动手干我所干的事",他决心"拼着血肉之躯去向命运、死神与危险挑战"。"从这一刻起,让我屏除一切的疑虑妄念,把流血的思想充满在我的脑际!"

另外,剧本语言的生动、丰富而有力,富于哲理,于这两段中可见一斑。

【思考与练习】

一、选择题

1. 下列作品不属于莎士比亚四大悲剧的是( )。
   A.《亨利四世》　　B.《奥瑟罗》　　C.《麦克白》　　D.《李尔王》
2. 莎士比亚是( )。
   A. 浪漫主义作家　　B. 现实主义作家　　C. 人文主义作家　　D. 启蒙主义作家
3. 莎士比亚的代表作《哈姆雷特》是( )。
   A. 喜剧　　B. 传奇剧　　C. 悲剧　　D. 历史剧
4. 下面的表述不中正确的一项是( )。
   A. 哈姆雷特是文艺复兴时期人文主义者的代表
   B. 哈姆雷特是一个处于理想与现实矛盾中的人文主义者的形象
   C. 哈姆雷特这一艺术形象体现了文艺复兴时期人文主义者的进步性和局限性
   D.《哈姆雷特》这一剧本细致而有层次地剖析了主人公一步一步走向罪恶的全过程
5. 马克思将莎士比亚戏剧艺术的总的特点称为"莎士比亚化",其具体内容包括( )。
   A. 社会背景描写的广度与深度　　B. 情节的生动性和丰富性
   C. 人物形象典型、鲜明　　D. 语言丰富多彩

二、简答题

1. 人文主义文学具有哪些基本特征?
2. 这两段哈姆雷特的独白表现了他的什么性格特征?可以看出他具有哪些新思想?

三、实践题

简介莎士比亚四大悲剧的内容。

雪　莱

波西·彼希·雪莱(1792—1822),英国积极浪漫主义诗人。出生于一个古老而保守的贵族家庭。少年就读皇家的伊顿公学,1810年入牛津大学学习。1811年,因写作哲学论文宣传无神论被学校开除。1822年7月8日,诗人出海航行遭遇暴风雨,溺水而亡。他的一生是猛烈反对暴政、抨击宗教迷信的一生,是热情歌颂自由民主的一生。马克思称他是"真正的革命家"。雪莱诗作的体裁多样,有长篇叙事诗,如《仙后麦布》(1813);有诗剧,如《解放了的普罗米修斯》(1819);数量最多的是抒情诗。雪莱的抒情诗可分为政治抒情、自然抒情诗、爱情抒情诗三类,其中最精彩的是自然抒情诗。《西风颂》是他的自然抒情诗的代表作。

西风颂

江枫 译

一

哦,犷野的西风哦,哦,秋的气息!
由于你无形无影的出现,万木萧疏,
似鬼魅逃避驱魔巫师,蔫黄,骏黑,

苍白,潮红,疫疠摧残的落叶无数,
四散飘舞;哦,你又把有翅的种子
凌空运送到他们黑暗的越冬床圃;

仿佛是一具具僵卧在坟墓里的尸体,
他们将分别蛰伏,冷落,而又凄凉,
直到阳春你蔚蓝的姐妹向梦中的大地

吹响她嘹亮的号角(如同牧放群羊,
驱送香甜的花蕾到空气中觅食就饮)
给高山平原注满生命的色彩和芬芳。
不羁的精灵,你啊,你到处运行,
你破坏,你也保存,听,哦,听!

二

在你的川流上,在骚动的高空,
纷乱的乌云,那雨和电的天使,
正像大地凋零枯败的落叶无穷,

挣脱天空和海洋交错缠接的柯枝,
漂流奔泻;在你清虚的波涛表面,
似酒神女祭司头上扬起的蓬勃青丝,

从那茫茫地平线阴暗的边缘
直到苍穹的绝顶,到处散布着
迫近的暴风雨飘摇翻腾的发卷。

你啊,垂死残年的挽歌,四合的夜幕
在你聚集的全部水汽威力的支撑下,
将构成他那庞大墓穴的拱形顶部。

从你那雄浑磅礴的氛围,将迸发
黑色的雨、火、冰雹;哦,听啊!

三

　　你，哦，是你把蓝色的地中海
　　从梦中唤醒，他在一整个夏天
　　都酣睡在巴亚湾一座浮石岛外，

　　被澄澈的流水喧哗声催送入眠，
　　梦见了古代的楼台、塔堡和宫闱，
　　在强烈汹涌的波光里不住地抖颤，

　　全都长满了蔚蓝色苔藓和花卉，
　　馨香馥郁，如醉的知觉难以描摹。
　　哦，为了给你让路，大西洋水

　　豁然开裂，而在浩渺波澜深处，
　　海底花藻和枝叶无汁的淤泥丛林，
　　哦，由于把你的呼啸声辨认出，

　　　一时都惨然变色，胆怵而心惊，
　　　战栗着自行凋落；听，哦，听！

四

　　我若是一朵轻捷的浮云能和你同飞，
　　我若是一片落叶，你所能提携，
　　我若是一头波浪能喘息于你的神威，

　　分享你雄强的脉搏，自由不羁，
　　仅次于，哦，仅次于不可控制的你；
　　我若能像在少年时，作为伴侣，

　　随你同游天际，因为在那时节，
　　似乎超越你天界的神速也不为奇迹；
　　我也就不至于像现在这样急切，

　　向你苦苦祈求。哦，快把我来扬起，
　　就像你扬起波浪、浮云、落叶！
　　我倾覆于人生的荆棘！我在流血！

　　岁月的重负压制着的这一个[1]太像你，
　　像你一样，骄傲，不驯，而且敏捷。

五

像你以森林演奏，请也以我为琴，
哪怕我的叶片也像森林的一样凋谢！
你那非凡和谐的慷慨激越之情，

定能从森林和我同奏出深沉的秋乐，
悲怆却又甘洌。但愿你勇猛的精神
竟是我的魂魄，我能成为剽悍的你！

请把我枯萎的思绪向全宇宙播送，
就像你驱遣落叶催促新的生命，
请凭借我这单调有如咒语的韵文，

就像从未灭的余烬扬出炉灰和火星，
把我的话语传遍天地间万户千家，
通过我的嘴唇，向沉睡未醒的人境，

让预言的号角奏鸣！哦，风啊，
如果冬天来了，春天还会远吗？

1819年秋

【注释】

[1]诗人自指。

【讲解】

　　1819年一个秋日的午后，雪莱在意大利佛罗伦萨近郊的树林里漫步。突然狂风大作，乌云翻滚。到了傍晚，暴风雨夹带着冰雹雷电倾盆而下，荡涤着大地，震撼着人间。大自然威武雄壮的交响乐，触发了诗人的灵感，他奋笔疾书，谱写了不朽的抒情短诗《西风颂》。

　　雪莱是一个革命诗人。当时，欧洲各国的工人运动和革命运动风起云涌。为了争取自身的生存权利，英国曼彻斯特八万工人举行声势浩大的游行示威，反动当局竟出动军队野蛮镇压。法国自拿破仑帝制崩溃、波旁王朝复辟以后，阶级矛盾异常尖锐，广大人民正酝酿着反对封建复辟势力的革命斗争。西班牙人民掀起反对异族压迫和封建专制的革命运动。在意大利和希腊，民族解放运动也方兴未艾。面对着欧洲山雨欲来风满楼的革命形势，雪莱胸中沸腾着炽热的革命激情。这时，在一场暴风骤雨的自然景象的触发下，这种难以抑制的革命激情立刻冲出胸膛，一泻千里，化作激昂慷慨的歌唱。

　　《西风颂》是雪莱自然抒情诗中的登峰造极之作，无论就思想内容还是艺术价值来说，都可堪称世界诗歌宝库中的明珠。诗歌气势磅礴，正如一场摇撼树林、横扫落叶的秋风。诗人把西风比作扯碎大地、搅寒九天的恶魔，又把西风比作吹送种子、催新万物、带来希望的天使。歌颂西风横扫秋之落叶的破坏威力和吹送种子的建设作用，是贯彻全诗矛盾统一的主题。

　　雪莱在歌唱西风，同时也在歌唱席卷整个欧洲的革命风暴。他歌唱革命运动正以排山倒海之势、雷霆万钧之力，横扫旧世界一切黑暗反动势力。革命运动风起云涌，一顶顶皇冠随风落地，一群群妖魔鬼怪望风逃遁，这正是当时欧洲革命形势的生动写照。

雪莱在歌唱西风,但他不是冷眼旁观的歌者。他强烈地热爱西风,向往西风,他以西风自喻,西风是他的灵魂,他的肉体;诗人和西风合而为一。雪莱是一个热情的浪漫主义诗人,同时又是一个勇敢的革命战士。他以诗歌做武器,积极投身革命运动,经受过失败和挫折,但始终保持着高昂的战斗精神。在《西风颂》里,熔铸着雪莱坎坷的人生道路,倾注着雪莱对反动统治者的满腔愤恨,洋溢着雪莱不屈不挠的战斗精神,表达了雪莱献身革命的强烈愿望。

作为社会主义思想的先驱,雪莱对革命前途和人类命运始终保持着乐观主义的坚定信念,他坚信正义必定战胜邪恶,光明必定代替黑暗。从总的倾向来看,《西风颂》的旋律又是猛烈、刚强的。诗人以"天才的预言家"的姿态向全世界大声宣告:"如果冬天来了,春天还会远吗?"

在艺术上,《西风颂》结构严谨,层次清晰,主题集中。全诗共五节,由五首十四行诗组成。从形式上看,五个小节格律完整,可以独立成篇。从内容来看,它们又融为一体,贯穿着一个中心思想。第一节描写西风扫除林中残叶,吹送生命的种子。第二节描写西风搅动天上的浓云密雾,呼唤着暴雨雷电的到来。第三节描写西风掀起大海的汹涌波涛,摧毁海底花藻和枝叶无汁的淤泥丛林。三节诗,三个意境,诗人幻想的翅膀飞翔在树林、天空和大海之间,飞翔在现实和理想之间,形象鲜明,想象丰富,但中心思想只有一个,就是歌唱西风扫除腐朽、鼓舞新生的强大威力。从第四节开始,由写景转向抒情,由描写西风的气势转向直抒诗人的胸臆,抒发诗人对西风的热爱和向往,达到情景交融的境界,而中心思想仍然是歌唱西风。

其次,《西风颂》采用了象征手法。整首诗从头至尾环绕着秋天的西风做文章,无论是写景还是抒情,都没有脱离这个特定的描写对象,没有使用过一句政治术语和革命口号。然而读了这首诗以后,我们却深深感受到雪莱在歌唱西风,又不完全是歌唱西风,诗人实质上是通过歌唱西风来歌唱革命。诗中的西风、残叶、种子、流云、暴雨雷电、大海波涛、海底花藻等,都不过是象征性的东西,它们包含着深刻的寓意,大自然风云激荡的动人景色,乃是人间蓬勃发展的革命斗争的象征性反映。从这个意义上说,《西风颂》不是风景诗,而是政治抒情诗。尤其是结尾脍炙人口的诗句,既概括了自然现象,也深刻地揭示了人类社会的历史规律,指出了革命斗争经过艰难曲折走向胜利的光明前景,寓意深远,余味无穷,一百多年来成了人们广泛传诵的名言警句。

【思考与练习】

一、选择题

1. 雪莱是( )。
   A. 批判现实主义诗人   B. 积极浪漫主义诗人
   C. 现代主义诗人   D. 无产阶级诗人

2.《西风颂》所采用的主要表现方法是( )。
   A. 比喻   B. 铺垫   C. 对比   D. 象征

3.《西风颂》在形式上是采用( )。
   A. 革命诗篇   B. 歌行体诗   C. 十四行诗   D. 自由体诗

4. 下列抒情诗不属于雪莱抒情诗类型的是( )。
   A. 政治抒情诗   B. 革命抒情诗   C. 自然抒情诗   D. 爱情抒情诗

5. 雪莱和( )被称为英国十九世纪诗坛的"双子星座"。
   A. 叶芝   B. 拜伦   C. 华兹华斯   D. 济慈

6.《西风颂》的思想内容包括( )。
   A. 歌颂西风横扫秋之落叶的破坏威力
   B. 洋溢着雪莱诗人不屈不挠的战斗精神,表达了他献身革命的强烈愿望
   C. 歌颂西风吹送种子的建设作用
   D. 表达正义必定战胜邪恶,光明必定代替黑暗的坚定信念

二、简答题

1.《西风颂》歌颂西风横扫秋之落叶的破坏威力象征着什么?
2. 这首诗在艺术上有什么特色?

三、实践题

下面是英国诗人拜伦的《好吧,我们不再一起漫游》,阅读后请写一篇赏析。

好吧,我们不再一起漫游,
消磨这幽深的夜晚,
尽管这颗心仍旧迷恋,
尽管月光还那么灿烂。

因为利剑能够磨破剑鞘,
灵魂也把胸膛磨得够受,
这颗心呵,它得停下来呼吸,
爱情也得有歇息的时候。

虽然夜晚为爱情而降临,
很快的,很快又是白昼,
但是在这月光的世界,
我们已不再一起漫游。

契诃夫

安东·巴甫洛维奇·契诃夫(1860—1904),俄国杰出的批判现实主义大师,著名小说家、戏剧家。契诃夫出身于小商人家庭,少年时代一边上学一边在父亲的杂货店里帮忙,接触了大量下层社会的"小人物",他了解他们的痛苦,也深知他们性格上的弱点,这为他以后的小说创作积累了丰富的社会经验。早期创作大多数是为适应当时一些资产阶级报纸和市民趣味的读者而作,内容平庸,但也有一些名篇,如《变色龙》(1884)、《苦恼》(1886)、《万卡》(1886)、《渴睡》(1888)。1890年以后,他思想剧变,锐意反映人生,描摹世态,创作风格渐趋成熟,写出了许多脍炙人口的短篇小说,如《跳来跳去的女人》(1892)、《套中人》(1898)、《农民》(1897)、《关于爱情》(1898)等。中篇小说有《第六病室》(1892)等。

反庸俗、反保守、反愚昧是契诃夫小说的三大主题。在艺术上,契诃夫的小说言简意赅,冷峻客观,独树一帜。他与莫泊桑齐名,被认为是世界上最有影响的短篇小说家之一。契诃夫的戏剧名作有《三姊妹》(1900)和《樱桃园》(1903)等。

苦恼

汝龙 译

——我拿我的烦恼向谁去诉说?……[1]

暮色晦暗。大片的湿雪绕着刚点亮的街灯懒洋洋地飘飞,落在房顶、马背、肩膀、帽子上,积成又软又薄的一层。车夫姚纳·波达波夫周身白色,像个幽灵。他坐在车座上一动也不动,身子往前伛着,伛到了活人的身子所能伛到的最大限度。哪怕有一大堆雪落在他身上,仿佛他也会觉得用不着抖掉似的……他的小母马也一身白,也一动不动。它那呆呆不动的姿势、它那瘦骨嶙峋的身架、它那棍子一样笔直的四条腿,使得它活像拿一个小钱就可以买到的马形蜜糖饼。它大概在想心事吧。不管是谁,只要被人从犁头上硬拉开,从熟悉的灰色景致里硬拉开,硬给丢到这个充满古怪的亮光、不断的喧哗、熙攘的行人的漩涡里,那他就不会不想心事……

姚纳和他的小马有好久没动了。还是在午饭以前,他俩就走出了院子,至今还没拉到一趟生意。可是现在黄昏的暗影笼罩全城了。街灯的黯淡的光已经变得明亮生动,街上的杂乱也热闹多了。

"车夫,到维堡[2]区去!"姚纳听见有人喊车。"车夫!"

姚纳猛地哆嗦一下,从粘着雪的睫毛望出去,看见一个军人,穿一件军大衣,头戴一顶兜囊。

"到维堡区去!"军人又说一遍,"你是睡着了还是怎么的?拉到维堡区去!"

为了表示同意,姚纳抖了抖缰绳;这样一来,一片片的雪就从马背上和他的肩膀上纷纷掉下来……军人坐上了雪橇。车夫嘬起嘴唇,对那匹马发出喷的一响[3],跟天鹅那样伸出脖子,在车座上微微挺起身子,与其说是由于需要还不如说是出于习惯地扬起鞭子。那小母马也伸出脖子,弯一弯像棍子一样笔直的腿,迟迟疑疑地走动了……

"你往哪儿闯啊,鬼东西?"姚纳立刻听见黑暗里有人嚷起来,一团团黑影在他眼前游过来游过去,"你到底是往哪儿走啊?靠右!"

"你不会赶车!靠右走!"军人生气地说。

一个赶四轮轿车的车夫朝他咒骂;一个行人穿过马路,肩膀刚好擦着马鼻子,就狠狠地瞪他一眼,抖掉袖子上的雪。姚纳坐在车座上局促不安,仿佛坐在针尖上似的。他向两旁撑开胳臂肘儿,眼珠乱转,就跟有鬼附了体一样,仿佛他不知道自己在哪儿,也不知道为什么在那儿似的。

"这些家伙真是混蛋!"军人打趣地说,"他们简直是极力跑来撞你,或者扑到马蹄底下去。他们这是预先商量好的。"

姚纳回头瞧着他的乘客,张开嘴唇……他分明想要说话,可是喉咙里没吐出一个字来,只是哼了一声。

"什么?"军人问。

姚纳咧开苦笑的嘴,嗓子里用一下劲,这才干哑地说出来:

"老爷,我的……嗯……我的儿子在这个星期死了。"

"哦!……他害什么病死的?"

姚纳掉转整个身子朝着乘客说:

"谁说得清呢?多半是热病吧……他在医院里躺了三天就死了……上帝的意旨哟。"

"拐弯呀,鬼东西!"黑暗里有人喊,"瞎了眼还是怎么的,老狗?用眼睛瞧着!"

"赶车吧,赶车吧……"乘客说,"照这样走下去,明天也到不了啦。快点赶车吧!"

车夫又伸出脖子,微微挺起身子,笨重而优雅地挥动他的鞭子。他有好几回转过身去看军官,可是军官闭着眼睛,分明不愿意再听了。姚纳把车赶到维堡区,让乘客下车,再把车子赶到一个饭馆的左边停下来,坐在车座上伛下腰,又不动了……湿雪又把他和他的马涂得挺白。一个钟头过去了,又一个钟头过去了……

三个青年沿着人行道走过来,两个又高又瘦,一个挺矮,驼背;他们互相谩骂,他们的雨鞋踩出一片响声。

"车夫,上巡警桥去!"驼背用破锣似的声音喊道,"我们三个人……二十个戈比!"

姚纳抖动缰绳,把嘴唇嘬得喷喷地响。二十个戈比是不公道的,可是他顾不得讲价了。现在,一个卢布也好,五个戈比也好,在他全是一样,只要有人坐车就行……青年们互相推挤着,骂着下流话,拥上雪橇,三个人想一齐坐下来。这就有了需要解决的问题:该哪两个坐着?该哪一个站着呢?经过很久的吵骂、变卦、责难,他们总算得出了结论:该驼背站着,因为他顶矮。

"好啦,赶车吧!"驼背站稳,用破锣样的声音说,他的呼吸吹着姚纳的后脑壳,"快走!你戴的这是什么帽子呀,老兄!走遍彼得堡,再也找不到比这更糟的了……"

"嘻嘻!……嘻嘻!……"姚纳笑,"这帽子本来不行啦!"

"得了,本来不行了,你啊,赶车吧!你就打算一路上都照这样子赶车吗?啊?要我给你一个脖儿拐吗?……"

"我的脑袋要炸开了……"一个高个子说,"昨天在杜科玛索夫家里,华斯卡和我两个人一共喝了四瓶白兰地。"

"我真不懂你为什么要胡说!"另一个高个子生气地说,"你跟下流人似的胡说八道。"

"要是我胡说,让上帝惩罚我!我说的是实在的情形嘛!……"

"要是这实在,跳蚤咳嗽就也实在。"

"嘻嘻!"姚纳笑了,"好有兴致的几位老爷!"

"呸!滚你的!……"驼背愤愤地喊叫,"你到底肯不肯快点走啊,你这老不死的?难道就这样赶车?给它一鞭子!他妈的!快走!结结实实地抽它一鞭子!"

姚纳感到了背后那驼背的扭动的身子和颤抖的声音。他听着骂他的话,看着这几个人,孤单的感觉就渐渐从他的胸中消散了。驼背一股劲儿地骂他,诌出一长串稀奇古怪的骂人话,直说得透不过气来,连连咳嗽。那两个高个子开始讲到一个名叫娜节日达·彼得罗芙娜的女人。姚纳不住地回头看他们。等到他们的谈话有了一个短短的停顿,他又回过头去,叽叽咕咕地说:

"这个星期我……嗯……我的儿子死了!"

"大家都要死的……"驼背咳了一阵,擦擦嘴唇,叹口气说,"算了,赶车吧!赶车吧!诸位先生啊,车子照这么爬,我简直受不得啦!什么时候他才会把我们拉到啊?"

"那么,你给他一点小小的鼓励也好……给他一个脖儿拐!"

"你听见没有,你这老不死的?我要给你一个脖儿拐啦!要是跟你们这班人讲客气,那还不如索性走路的好!……听见没有,你这条老龙[4]?莫非我们说的话你不在心上吗?"

于是姚纳,与其说是觉得,不如说是听见脖子后面啪的一响。

"嘻嘻!……"他笑,"好有兴致的几位老爷……求上帝保佑你们!"

"赶车的,你结过婚没有?"一个高个子问。

"我?嘻嘻!……好有兴致的老爷!现在我那个老婆成了烂泥地……嘻嘻嘻!……那就是,在坟里头啦!这会儿,我儿子也死了,我却活着……真是怪事,死神认错了门啦……它没来找我,却去找了我的儿子……"

姚纳回转身去,想说一说他儿子是怎么死的,可是这当儿驼背轻松地吁一口气,说是谢天谢地,他们总算到了。姚纳收下二十个戈比,对着那几个玩乐的客人的后影瞧了好半天,他们走进一个漆黑的门口,不见了。他又孤单了,寂静又向他侵袭过来……苦恼,刚淡忘了不久,现在又回来了,更为有力地撕扯他的胸膛。姚纳的眼睛焦灼而痛苦地打量大街两边川流不息的人群:难道在那成千上万的人当中,连一个愿意听他讲话的人都找不到吗?人群匆匆地来去,没人理会他和他的苦恼……那苦恼是浩大的,无边无际。要是姚纳的胸裂开,苦恼滚滚地流出来的话,那苦恼仿佛会淹没全世界似的,可是话虽如此,那苦恼偏偏没人看见。那份苦恼竟包藏在这么一个渺小的躯壳里,哪怕在大白天举着火把去找也找不到……

姚纳看见一个看门人提着一个袋子,就下决心跟他攀谈一下。

"现在什么时候啦,朋友?"他问。

"快到十点了……你停在这儿做什么?把车子赶开!"

姚纳把雪橇赶到几步以外,伛下腰,任凭苦恼来折磨他……他觉得向别人诉说也没有用了。可是还没过上五分钟,他就挺起腰板,摇着头,仿佛感到一阵剧烈的疼痛似的;他拉了拉缰绳……他受不住了。

"回院子里去!"他想,"回院子里去!"

他那小母马仿佛领会了他的想头似的,踩着小快步跑起来。过了一个半钟头,姚纳已经坐在一个又大又脏的火炉旁边了。炉台上、地板上、凳子上,全睡得有人,正在打鼾。空气又臭又闷……姚纳看一看那些睡熟的人,搔一搔自己的身子,后悔回来得太早了……

"其实我连买燕麦的钱还没挣到呢,"他想,"这就是为什么我会这么苦恼的缘故了。一个人,要是会料理自己的事……让自己吃得饱饱的,自己的马也吃得饱饱的,那他就会永远心平气和……"

墙角上,有一个年轻的车夫爬起来,睡意蒙眬地嗽了嗽喉咙,走到水桶那儿去。

"想喝水啦?"姚纳问他。

"是啊,想喝水!"

"那就喝吧。……喝点水,身体好……可是,老弟,我的儿子死啦……听见没有?这个星期在医院里死的……真是怪事!"

姚纳看一看他的话生了什么影响,可是什么影响也没看见。那年轻小伙子已经盖上被子蒙着头,睡着了。老头儿叹口气,搔搔自己的身子……如同那青年想喝水似的,他想说话。他儿子去世快满一个星期了,他却至今还没跟别人好好地谈过这件事……应当有条有理、有声有色地讲一讲……应当讲一讲他儿子怎样得的病,怎样受苦,临死以前说过些什么话,怎样去世的……他要描摹一下儿子怎样下葬,后来他怎样上医院里去取死人的衣服。他还有个女儿阿尼霞住在乡下……他也想谈一谈她……他现在可以讲的话还会少吗?听讲的人应该哀伤,叹息,惋惜……倒还是跟娘们儿谈一谈的好。她们虽是些蠢东西,不过听不上两句话就会呜呜地哭起来。

"出去看看马吧,"姚纳想,"有的是工夫睡觉……总归睡得够的,不用担心……"

他穿上大衣,走进马棚,他的马在那儿站着。他想到燕麦,想到干草,想到天气……他孤单单一个人的时候,不敢想儿子……对别人谈一谈儿子倒还可以,至于想他,描出他的模样,那是会可怕得叫人受不了的……

"你在嚼草吗?"姚纳问他的马,看见它亮晶晶的眼睛,"好的,嚼吧,嚼吧……我们挣的钱既然不够吃燕麦,那就吃干草吧……对了……我呢,岁数大了,赶车不行啦……应当由我儿子来赶车才对,不该由我来赶了……他可是个地道的马车夫……要是他活着才好……"

姚纳沉默一会儿,接着说:

"是这么回事,小母马……库司玛·姚尼奇去世了……他跟我说了再会……他一下子就无缘无故死了……哪,打个比方,你生了个小崽子,你就是那小崽子的亲妈了……突然间,比方说,那小崽子跟你告别,死了……你不是要伤心吗?……"

小母马嚼着干草,听着,闻闻主人的手……

姚纳讲得有了劲,就把心里的话统统讲给它听了……

一八八六年

【注释】

[1]俄文本编者注引自宗教诗《约瑟夫的哭泣和往事》。
[2]彼得堡的一个区的名字。
[3]这是叫马往前走的表示。
[4]"老龙"原文是"高里尼奇龙",神话中的一条怪龙的名字,住在深山里。这里用作骂人的话。

【讲解】

《苦恼》的主人公是一位在大雪纷飞的夜晚出来找活的老车夫姚纳,因为儿子刚死,老人极想找人倾诉一下自己丧子的痛苦。在他拉着客人的时候,总想在客人面前提及儿子死了这件事。每次他都用最卑微的声音引起他的话题;但是,那些乘客们根本就不想听,他们哪有心思去关心老人儿子的生死呢?他们只会因为嫌马车跑得慢而大声呵斥"老不死的"快点,然后再在老人后脑勺上加上一个"脖儿拐"!所以,虽然老人一再地想对客人讲起他儿子的死,可他毫无例外地受到了辱骂和戏弄,不管是军人还是那三个寻消遣的小伙子,不管是看门人还是和老车夫同住一处的年轻车夫,他们都没理会他,也根本不关心他的失子之痛。最后,姚纳只好向陪伴他的那匹马诉说。小说的结尾接着道:"小母马嚼着草,听着,闻闻主人的手……姚纳讲得有了劲,便把心里的话统统讲给它听了……"老车夫的忠实听众竟然是一匹马,这真是对那个人情冷漠的环境的极大讽刺!冷漠而麻木的人不如一匹马!

小说用以小见大的手法反映社会现实。这是一件发生在社会底层的微不足道的小事,作者借此表现出社会下层小人物悲惨无援的处境和苦恼孤寂的心态,强烈地渲染出沙皇俄国的世态炎凉,反映出当时社会的黑暗和人与人关系的自私、冷漠。

小说善于通过对话表现人物性格和心态。姚纳与军人、三个年轻人的对话,不仅简洁生动,而且符合特定环境和场合下人物的身份、地位和性格特征,能恰当地映射出人物此时此地的内在心理活动,具有很强的表现力。

作者还运用将人与马相对应、相类比的暗示手法,使人由马的处境、神态和遭遇联想到车夫姚纳,暗示出社会下层人民牛马一般的生活境况,充分暴露了当时社会的黑暗。

【思考与练习】

一、选择题

1. 车夫姚纳苦恼的具体内容有(   )。
   A. 妻子、儿子都相继去世
   B. 自己找不到工作。
   C. 生活贫困、孤苦无助
   D. 他想向别人倾诉心中的痛苦,然而偌大一个彼得堡竟找不到一个能听他说话的人,最后他只好对着自己的小母马诉说

2. 契诃夫的下列作品中不是短篇的是(   )。
   A.《万卡》   B.《套中人》   C.《渴睡》   D.《第六病室》

3. 契诃夫是一位(   )。
   A. 俄国小说家   B. 法国剧作家
   C. 德国批判现实主义作家   D. 美国著名诗人

4. 在《苦恼》中,人与马的对比体现在(   )。
   A. 人像"幽灵",马像"蜜糖饼"   B. 姚纳挨"脖儿拐",马挨鞭子
   C. 姚纳死了儿子,马死了崽儿   D. 没有人听姚纳诉说,马却听

5.《苦恼》中写马儿挨了鞭子、姚纳挨了脖儿拐,这种表现方法是(   )。
   A. 对比   B. 类比   C. 铺垫   D. 象征

6. 小说《苦恼》中车夫姚纳的真正苦恼在于(   )。

A. 儿子死了　　　　B. 年老多病　　　　C. 生意清淡　　　　D. 苦恼无处诉说

二、简答题

1. 小说所表现的"苦恼"揭示了怎样的主题？
2. 试分析本文总体上的以小见大特色。
3. 从《苦恼》和读过的契诃夫其他小说中，你感受到一种怎样的艺术风格？

三、解析题

1. 阅读下面一段文字，回答问题：

暮色晦暗。大片的湿雪绕着刚点亮的街灯懒洋洋地飘飞，落在房顶、马背、肩膀、帽子上，积成又软又薄的一层。车夫姚纳·波达波夫周身白色，像个幽灵。他坐在车座上一动也不动，身子向前伛偻，伛到了活人的身子所能伛到的最大限度。哪怕有一大堆雪落在他身上，仿佛他也会觉得用不着抖掉似的……

(1) 本段中的景物描写渲染了怎样的气氛？
(2) 在这里，作者对马车夫采用了什么描写方法？
(3) 这里运用了哪几种修辞手法？

2. 阅读下面一段课文，回答问题：

"呸！滚你的！……"驼背愤愤地喊叫，"你到底肯不肯快点走啊，你这老不死的？难道就这样赶车？给它一鞭子！他妈的！快走！结结实实地抽它一鞭子！"

姚纳感到了背后那驼背的扭动的身子和颤抖的声音。他听着骂他的话，看着这几个人，孤单的感觉就渐渐从他的胸中消散了。驼背一股劲儿地骂他，诌出一长串稀奇古怪的骂人话，直说得透不过气来，连连咳嗽。那两个高个子开始讲到一个名叫娜节日达·彼得罗芙娜的女人。姚纳不住地回头看他们。等到他们的谈话有了一个短短的停顿，他又回过头去，叽叽咕咕地说：

"这个星期我……嗯……我的儿子死了！"

"大家都要死的……"驼背咳了一阵，擦擦嘴唇，叹口气说，"算了，赶车吧！赶车吧！诸位先生啊，车子照这么爬，我简直受不得啦！什么时候他才会把我们拉到啊？"

"那么，你给他一点小小的鼓励也好……给他一个脖儿拐！"

"你听见没有，你这老不死的？我要给你一个脖儿拐啦！要是跟你们这班人讲客气，那还不如索性走路的好！……听见没有，你这条老龙，莫非我们说的话你不在心上吗？"

于是姚纳与其说是觉得，不如说是听见脖子后面啪的一响。

(1) 这里描写人物运用了什么方法？
(2) 这里表现了什么样的社会现实？

四、实践题

阅读一篇契诃夫的小说，并进行评析。

欧·亨利

欧·亨利(1862—1910)，世界三大短篇小说家之一(美国欧·亨利、法国莫泊桑、俄国契诃夫)，美国重要的批判现实主义作家。少年时贫困，当过歌手、戏剧演员、药剂师、绘图员、记者和出纳员等。他的短篇小说构思精巧，风格独特，以表现美国中下层人民的生活、语言幽默、结局出人意料(即"欧·亨利式结尾")而闻名于世。是世界三大短篇小说巨匠之一。有"美国的契诃夫"这一称号。一生写有三百多篇短篇小说，唯一的一部长篇《白菜与皇帝》(1904)实际上也是由许多独立的短篇组成。他的短篇中著名的有《麦琪的礼物》《警察与赞美诗》《最后一片叶子》等。

最后一片叶子

文美惠 译

在华盛顿广场西边的一个小区里,街道都横七竖八地伸展开去,又分裂成一小条一小条的"胡同"。这些"胡同"稀奇古怪地拐着弯子。一条街有时自己本身就交叉了不止一次。有一回一个画家发现这条街有一种优越性:要是有个收账的跑到这条街上,来催要颜料、纸张和画布的钱,他就会突然发现自己两手空空,原路返回,一文钱的账也没有要到!

所以,不久之后不少画家就摸索到这个古色古香的老格林尼治村来,寻求朝北的窗户、十八世纪的尖顶山墙、荷兰式的阁楼,以及低廉的房租。然后,他们又从第六街买来一些蜡酒杯和一两只火锅,这里便成了"艺术区"。

苏和琼西的画室设在一所又宽又矮的三层楼砖房的顶楼上。"琼西"是琼娜的爱称。她俩一个来自缅因州,一个是加利福尼亚人。她们是在第八街的"台尔蒙尼歌之家"吃份饭时碰到的,她们发现彼此对艺术、生菜色拉和时装的爱好非常一致,便合租了那间画室。

那是五月里的事。到了十一月,一个冷酷的、肉眼看不见的、医生们叫作"肺炎"的不速之客,在艺术区里悄悄地游荡,用他冰冷的手指头这里碰一下那里碰一下。在广场东头,这个破坏者明目张胆地踏着大步,一下子就击倒几十个受害者,可是在迷宫一样、狭窄而铺满青苔的"胡同"里,他的步伐就慢了下来。

肺炎先生不是一个你们心目中行侠仗义的老的绅士。一个身子单薄、被加利福尼亚州的西风刮得没有血色的弱女子,本来不应该是这个有着红拳头的、呼吸急促的老家伙打击的对象。然而,琼西却遭到了打击。她躺在一张油漆过的铁床上,一动也不动,凝望着小小的荷兰式玻璃窗外对面砖房的空墙。

一天早晨,那个忙碌的医生扬了扬他那毛茸茸的灰白色眉毛,把苏叫到外边的走廊上。

"我看,她的病只有十分之一的恢复希望,"他一面把体温表里的水银柱甩下去,一面说,"这一分希望就是她想要活下去的念头。有些人好像不愿意活下去,喜欢照顾殡仪馆的生意,简直让整个医药界都无能为力。你的朋友断定自己是不会痊愈的了。她是不是有什么心事呢?"

"她——她希望有一天能够去画那不勒斯的海湾。"苏说。

"画画?——真是瞎扯!她脑子里有没有什么值得她想了又想的事——比如说,一个男人?"

"男人?"苏像吹口琴似的扯着嗓子说,"男人难道值得——不,医生,没有这样的事。"

"哦,那么就是她病得太衰弱了,"医生说,"我一定尽我的努力用科学所能达到的全部力量去治疗她。可要是我的病人开始算计会有多少辆马车送她出丧,我就得把治疗的效果减掉百分之五十。只要你能想法让她对冬季大衣袖子的时新式样感兴趣而提出一两个问题,那我可以向你保证把医好她的机会从十分之一提高到五分之一。"

医生走后,苏走进工作室里,把一条日本餐巾哭成一团湿。后来她手里拿着画板,装作精神抖擞的样子走进琼西的屋子,嘴里吹着爵士音乐调子。

琼西躺着,脸朝着窗口,被子底下的身体纹丝不动。苏以为她睡着了,赶忙停止吹口哨。

她架好画板,开始给杂志里的故事画一张钢笔插图。年轻的画家为了铺平通向艺术的道路,不得不给杂志里的故事画插图,而这些故事又是年轻的作家为了铺平通向文学的道路而不得不写的。

苏正在给故事主人公,一个爱达荷州牧人的身上画上一条马匹展览会穿的时髦马裤和一片单眼镜时,忽然听到一个重复了几次的低微的声音。她快步走到床边。

琼西的眼睛睁得很大。她望着窗外,数着……倒过来数。

"十二,"她数道,歇了一会又说,"十一,"然后是"十"和"九",接着几乎同时数着"八"和"七"。

苏关切地看了看窗外。那儿有什么可数的呢?只见一个空荡阴暗的院子,二十英尺以外还有一所砖房的空墙。一棵老极了的长春藤,枯萎的根纠结在一块,枝干攀在砖墙的半腰上。秋天的寒风把藤上的叶子差不多全都吹掉了,几乎只有光秃的枝条还缠附在剥落的砖块上。

"什么呀,亲爱的?"苏问道。

"六",琼西几乎用耳语低声说道,"它们现在越落越快了。三天前还有差不多一百片。我数得头都疼了。但是现在好数了。又掉了一片。只剩下五片了。"

"五片什么呀,亲爱的。告诉你的苏娣吧。"

"叶子。长春藤上的。等到最后一片叶子掉下来,我也就该去了。这件事我三天前就知道了。难道医生没有告诉你?"

"哼,我从来没听过这种傻话,"苏十分不以为然地说,"那些破长春藤叶子和你的病好不好有什么关系?你以前不是很喜欢这棵树吗?你这个淘气孩子。不要说傻话了。瞧,医生今天早晨还告诉我,说你迅速痊愈的机会是,——让我一字不改地照他的话说吧——他说有九成把握。噢,那简直和我们在纽约坐电车或者走过一座新楼房的把握一样大。喝点汤吧,让苏娣去画她的画,好把它卖给编辑先生,换了钱来给她的病孩子买点红葡萄酒,再给她自己买点猪排解解馋。"

"你不用买酒了,"琼西的眼睛直盯着窗外说道,"又落了一片。不,我不想喝汤。只剩下四片了。我想在天黑以前等着看那最后一片叶子掉下去。然后我也要去了。"

"琼西,亲爱的,"苏俯着身子对她说,"你答应我闭上眼睛,不要瞧窗外,等我画完,行吗?明天我非得交出这些插图。我需要光线,否则我就拉下窗帘了。"

"你不能到那间屋子里去画吗?"琼西冷冷地问道。

"我愿意呆在你跟前,"苏说,"再说,我也不想让你老看着那些讨厌的长春藤叶子。"

"你一画完就叫我,"琼西说着,便闭上了眼睛。她脸色苍白,一动不动地躺在床上,就像是座横倒在地上的雕像。"因为我想看那最后一片叶子掉下来,我等得不耐烦了,也想得不耐烦了。我想摆脱一切,飘下去,飘下去,像一片可怜的疲倦了的叶子那样。"

"你睡一会吧,"苏说道,"我得下楼把贝尔门叫上来,给我当那个隐居的老矿工的模特儿。我一会儿就回来的。不要动,等我回来。"

老贝尔门是住在她们这座楼房底层的一个画家。他年过六十,有一把像米开朗琪罗的摩西雕像那样的大胡子,这胡子长在一个像半人半兽的森林之神的头颅上,又鬈曲地飘拂在小鬼似的身躯上。贝尔门是个失败的画家。他操了四十年的画笔,还远没有摸着艺术女神的衣裙。他老是说就要画他的那幅杰作了,可是直到现在他还没有动笔。几年来,他除了偶尔画点商业广告之类的玩意儿以外,什么也没有画过。他给艺术区里穷得雇不起职业模特儿的年轻画家们当模特儿,挣一点钱。他喝酒毫无节制,还时常提起他要画的那幅杰作。除此以外,他是一个火气十足的小老头子,十分瞧不起别人的温情,却认为自己是专门保护楼上画室里那两个年轻女画家的一只看家狗。

苏在楼下他那间光线黯淡的斗室里找到了嘴里酒气扑鼻的贝尔门。一幅空白的画布绷在个画架上,摆在屋角里,等待那幅杰作已经二十五年了,可是连一根线条还没等着。苏把琼西的胡思乱想告诉了他，还说她害怕琼西自个儿瘦小柔弱得像一片叶子一样，对这个世界的留恋越来越微弱，恐怕真会离世飘走了。

老贝尔门两只发红的眼睛显然在迎风流泪，他十分轻蔑地嗤笑这种傻呆的胡思乱想。

"什么，"他喊道，"世界上真会有人蠢到因为那些该死的长春藤叶子落掉就想死？我从来没有听说过这种怪事。不，我才不给你那隐居的矿工糊涂虫当模特儿呢。你干吗让她胡思乱想？唉，可怜的琼西小姐。"

"她病得很厉害很虚弱，"苏说，"发高烧发得她神经昏乱，满脑子都是古怪想法。好，贝尔门先生，你不愿意给我当模特儿，就拉倒，我看你是个讨厌的老——老啰唆鬼。"

"你简直太婆婆妈妈了！"贝尔门喊道，"谁说我不愿意当模特儿？走，我和你一块去。我不是讲了半天愿意给你当模特儿吗？老天爷，琼西小姐这么好的姑娘真不应该躺在这种地方生病。总有一天我要画一幅杰作，我们就可以都搬出去了。一定的！"

他们上楼以后，琼西正睡着觉。苏把窗帘拉下，一直遮住窗台，做手势叫贝尔门到隔壁屋子里去。他们在那里提心吊胆地瞅着窗外那棵长春藤。后来他们默默无言，彼此对望了一会。寒冷的雨夹杂着雪花不停地下着。贝尔门穿着他的旧的蓝衬衣，坐在一把翻过来充当岩石的铁壶上，扮作隐居的矿工。

第二天早晨，苏只睡了一个小时的觉，醒来了，她看见琼西无神的眼睛睁得大大地注视拉下的绿窗帘。

"把窗帘拉起来，我要看看。"她低声地命令道。

苏疲倦地照办了。

然而，看呀！经过了漫长一夜的风吹雨打，在砖墙上还挂着一片藤叶。它是长春藤上最后的一片叶子了。靠近茎部仍然是深绿色，可是锯齿形的叶子边缘已经枯萎发黄，它傲然挂在一根离地二十多英尺的藤枝上。

"这是最后一片叶子。"琼西说道，"我以为它昨晚一定会落掉的。我听见风声。今天它一定会落掉，我也会死的。"

"哎呀，哎呀，"苏把疲乏的脸庞挨近枕头边上对她说，"你不肯为自己着想，也得为我想想啊。我可怎么办呢？"

可是琼西不回答。当一个灵魂正在准备走上那神秘的、遥远的死亡之途时，她是世界上最寂寞的人了。那些把她和友谊极大地联结起来的关系逐渐消失以后，她那个狂想越来越强烈了。

白天总算过去了，甚至在暮色中她们还能看见那片孤零零的藤叶仍紧紧地依附在靠墙的枝上。后来，夜的来临带来了呼啸的北风，雨点不停地拍打着窗子，雨水从低垂的荷兰式屋檐上流泻下来。

天刚蒙蒙亮，琼西就毫不留情地吩咐拉起窗帘来。

那片藤叶仍然在那里。

琼西躺着对它看了许久。然后她招呼正在煤气炉上给她煮鸡汤的苏。

"我是一个坏女孩子，苏娣，"琼西说，"天意让那片最后的藤叶留在那里，证明我是多么坏。想死是有罪过的。你现在就给我拿点鸡汤来，再拿点掺葡萄酒的牛奶来，再——不，先给我一面小镜子，再把枕头垫垫高，我要坐起来看你做饭。"

过了一个钟头，她说道："苏娣，我希望有一天能去画那不勒斯的海湾。"

下午医生来了，他走的时候，苏找了个借口跑到走廊上。

"有五成希望。"医生一面说,一面把苏细瘦的颤抖的手握在自己的手里,"好好护理你会成功的。现在我得去看楼下另一个病人。他的名字叫贝尔门——听说也是个画家。也是肺炎。他年纪太大,身体又弱,病势很重。他是治不好的了;今天要把他送到医院里,让他更舒服一点。"

第二天,医生对苏说:"她已经脱离危险,你成功了。现在只剩下营养和护理了。"

下午苏跑到琼西的床前,琼西正躺着,安详地编织着一条毫无用处的深蓝色毛线披肩。苏用一只胳臂连枕头带人一把抱住了她。

"我有件事要告诉你,小家伙,"她说,"贝尔门先生今天在医院里患肺炎去世了。他只病了两天。头一天早晨,门房发现他在楼下自己那间房里痛得动弹不了。他的鞋子和衣服全都湿透了,冰凉冰凉的。他们搞不清楚在那个凄风苦雨的夜晚,他究竟到哪里去了。后来他们发现了一盏没有熄灭的灯笼,一把挪动过地方的梯子,几支扔得满地的画笔,还有一块调色板,上面涂抹着绿色和黄色的颜料,还有——亲爱的,瞧瞧窗子外面,瞧瞧墙上那最后一片藤叶。难道你没有想过,为什么风刮得那样厉害,它却从来不摇一摇、动一动呢?唉,亲爱的,这片叶子才是贝尔门的杰作——就是在最后一片叶子掉下来的晚上,他把它画在那里的。"

【讲解】

欧·亨利的小说情节如山涧溪水曲折前行,当读者被溪水流程带到目的地——结尾时,溪水却朝着相反的方向急速一转,来个意想不到的归宿。这种出人意料的结尾往往使读者目瞪口呆,但在惊奇之余,马上会使我们对前面情节所发生的一切恍然大悟,发现这出人意料的结局却又在情理之中。这种特征被人称为欧·亨利手法。《最后一片叶子》充分体现了"欧·亨利手法"的这一特征。

小说描述两位居住在纽约"艺术区"中贫困交加的年轻女画家苏和琼西。琼西被严重的肺炎缠身,在病中,她每天呆望着窗外一株飘摇在萧瑟秋风中的长青藤,数着它的叶子。经过一夜凄风苦雨的吹打,常春藤上只剩下了一片叶子。她忧郁悲哀地感到:最后的那片叶子凋落之时,便是她生命结束之日。琼西的想法通过苏的传达被一生不得意的老画家贝尔门知晓,他不禁嘲笑她的鬼念头。琼西把这最后一片叶子作为自己生命的征兆,作为最后一丝与世界的微弱牵连,作为放弃生命的理由。在寒秋风雨中,藤叶越掉越少,但没想到最后一片叶子历经了一天一夜风雨仍傲然挂在墙上。琼西恢复了生的信念,脱离了危险,最后的一片常春藤叶子竟然挽救了一个年轻而又几乎失去希望的生命。这究竟是怎样一片叶子呢?原来是贝尔门在最后一片藤叶飘落的那个晚上,不顾年迈体弱冒着凄风苦雨爬到常春藤高高的枝头,在常春藤下的墙上画了一片藤叶,用自己的生命绘出了一片永不凋落的藤叶。

文中对这一结局有四处做了伏笔。第一处是"夜的来临带来了呼啸的北风,雨点不停地拍打着窗子,雨水从低垂的荷兰式屋檐上流泻下来"。第二处是"你不是觉得纳闷,它为什么在风中不飘动吗"?第三处是"他的鞋子和衣服都湿透了,冰凉冰凉的。他们搞不清楚在那个凄风苦雨的夜晚,他究竟到哪里去了"。第四处是"后来他们发现了一盏没有熄灭的灯笼,一把挪动过地方的梯子,几支扔得满地的画笔,还有一块调色板,上面涂抹着绿色和黄色的颜料"。

作者对小说主人公贝尔门的描写采用了欲扬先抑的表现方法。刚出现时,作者通过外貌描写告诉我们,他是一个性格暴躁、酗酒成性、牢骚满腹、郁郁不得志的老画家。当他得知琼西的病情和白痴般的想法后,讽刺地咆哮了一阵子,这是通过语言描写,表现他的善良和同情心。再见贝尔门时,他已经身体虚弱,病了两天就去世了。他的崇高爱心、自我牺牲精神却由此得到了展现。我们看到了贝尔门平凡的,甚至有点讨厌的外表下有着一颗火热的爱心,虽然穷困潦倒,却无私关怀、帮助他人,甚至不惜付出生命的代价。因此,最后的一片叶子是贝尔门的杰作,不仅是因为这片叶子画得逼真,更因为这片叶子给了了病人"生"的希望和信念,表现了普通人之间的无私情意,闪烁着人性美的光辉。

小说的细节描写生动而丰富,如琼西"倒数藤叶"这一悲剧细节,以忧郁惆怅的笔调描绘琼西在病中的孤寂与绝望,同时也反衬出贝尔门杰作之伟大。

【思考与练习】
一、选择题
1. 欧·亨利的代表作有(　　)。
A.《麦琪的礼物》　　　　　　　　　　B.《警察与赞美诗》
C.《白菜与皇帝》　　　　　　　　　　D.《最后一片叶子》
2. 欧·亨利手法指的是(　　)。
A. 结局出人意料又在情理之中　　　　B. 含泪的笑
C. 以小见大　　　　　　　　　　　　D. 幽默讽刺
3. 作者描写贝尔门这个人物形象采用的表现方法是(　　)。
A. 对比　　　　　B. 烘托　　　　　C. 暗示　　　　　D. 欲扬先抑

二、简答题
1. 什么叫欧·亨利手法?
2.《最后一片叶子》表现了什么主题?

三、实践题
阅读一篇欧·亨利的短篇小说,并进行评析。

卡夫卡

　　弗朗茨·卡夫卡(1883—1924),奥地利作家,表现主义小说创作的杰出代表,被认为是西方现代派文学的鼻祖之一。出生犹太商人家庭,十八岁入布拉格大学,初习化学、文学,后习法律,获博士学位。毕业后在保险公司任职。多次与人订婚却终生未娶,四十一岁时死于肺痨。

　　卡夫卡的创作体裁多样,质高量多。他有三部长篇小说:《美国》(1912—1914)、《审判》(1914—1918)和《城堡》(1922)。七十八部中、短篇小说,主要收在《判决》(1912)、《变形记》(1912)、《乡村医生》(1917)、《在流放地》(1914)、《饥饿艺术家》(1922)、《地洞》(1923—1924)等几个集子里。他的几乎所有的创作都企图规避现实表面,而将笔触指向心灵痛苦的挖掘,通过"变形"手法,表现十九世纪西方现代文明掩盖的种种弊端给人们带来的种种心灵创痛,表现众多个体的异化状态。美国诗人奥登评价卡夫卡时说:"卡夫卡对我们至关重要,因为他的困境就是现代人的困境。"中篇小说《变形记》为其代表作。

变形记(节选)

李文俊　译

　　格里高尔所受的重创使他有一个月不能行动——那个苹果还一直留在他的身上,没人敢去取下来,仿佛这是一个公开的纪念品似的——他的受伤好像使父亲也想起了他是家庭的一员,尽管他现在很不幸,外形使人看了恶心,但是也不应该把他看成是敌人。相反,家庭的责任正需要大家把厌恶的心情压下去,而用耐心来对待,只能是耐心,别的都无济于事。

　　虽然他的创伤损害了,而且也许是永久的损害了他行动的能力,目前,他从房间的一端爬到另一端也得花好多好多分钟,活像个老弱的病人——说到上墙在目前更是谈也不用谈——可是,在他自己看来,他的受伤还是得到了足够的补偿,因为每到晚上——他早在一两个小时以前就一心一意等待着这个时刻了——起居室的门总是大大地打开,这样他就可以躺在自己房间的暗处,家里人看不见他,他却可以看到三个人坐在点上灯的桌子旁边,可以听到他们的谈话,这大概是他们全都同意的。比起早先的偷听,这可要强多了。

……

在这个操劳过度疲倦不堪的家庭里,除了做绝对必需的事情以外,谁还有时间替格里高尔操心呢?家计日益窘迫;使女也给辞退了;一个蓬着满头白发高大瘦削的老妈子一早一晚来替他们做些粗活;其他的一切家务事就落在格里高尔母亲的身上。此外,她还得做一大堆一大堆的针线活。连母亲和妹妹以往每逢参加晚会和喜庆日子总要骄傲地戴上的那些首饰,也不得不变卖了。一天晚上,家里人都在讨论卖得的价钱,格里高尔才发现了这件事。可是最使他们悲哀的就是没法从与目前的景况不相称的住所里迁出去,因为他们想不出有什么法子搬动格里高尔。可是格里高尔很明白,对他的考虑并不是妨碍搬家的主要原因,因为他们满可以把他装在一只大小合适的盒子里,只要留几个通气的孔眼就行了。他们彻底绝望了,还相信他们是注定了要交上这种所有亲友都没交过的厄运,这才是使他们没有迁往他处的真正原因。世界上要求穷人的一切他们都已尽力做了:父亲在银行里给小职员卖早点,母亲把自己的精力耗费在替陌生人缝内衣上,妹妹听顾客的命令在柜台后面急急地跑来跑去,超过这个界限就是他们力所不及的了。把父亲送上了床,母亲和妹妹就重新回进房间,他们总是放下手头的工作,靠得紧紧地坐着,脸挨着脸,接着母亲指指格里高尔的房门说:"把这扇门关上吧,葛蕾特。"于是他重新被关入黑暗中,而隔壁的两个女人就涕泗交流起来,或是眼眶干枯地瞪着桌子;逢到这样的时候,格里高尔背上的创伤总要又一次地使他感到疼痛难忍。

……

格里高尔的妹妹开始拉琴了;在她两边的父亲和母亲用心地瞧着她双手的动作。格里高尔受到吸引,也大胆地向前爬了几步,他的头实际上都已探进了起居室。他对自己越来越不为别人着想几乎已经习以为常了;有一度他是很以自己的知趣而自豪的。这样的时候他实在更应该把自己藏起来才是,因为他房间里灰尘积得老厚,稍稍一动就会飞扬起来,所以他身上也蒙满灰尘,背部和两侧都沾满了绒毛、发丝和食物的渣脚,走到哪里就带到哪里;他现在对一切都无动于衷,已经不屑于像过去有个时期那样,一天翻过身来在地毯上擦上几次了。尽管现在这么邋遢,他却老着脸皮地走前几步,来到起居室一尘不染的地板上。

显然,谁也没有注意到他。家里人完全沉浸在小提琴的音乐声中;房客们呢,他们起先双手插在口袋里,站得离乐谱那么近,以致都能看清乐谱了,这显然对他妹妹是有所妨碍的,可是过不了多久他们就退到窗子旁边,低着头窃窃私语起来,使父亲向他们投来不安的眼光。的确,他们表示得不能再露骨了,他们对于原以为是优美悦耳的小提琴演奏已经失望,他们已经听够了,只是出于礼貌才让自己的宁静受到打扰。从他们不断把烟从鼻子和嘴里喷向空中的模样,就可以看出他们的不耐烦。可是格里高尔的妹妹琴拉得真美。她的脸侧向一边,眼睛专注而悲哀地追循着乐谱上的音符。格里高尔又向前爬了几步,而且把头低垂到地板上,希望自己的眼光也许能遇上妹妹的视线。音乐对他有这么大的魔力,难道因为他是动物吗?他觉得自己一直渴望着某种营养,而现在他已经找到这种营养了。他决心再往前爬,一直来到妹妹的跟前,好拉拉她的裙子让她知道,她应该带了小提琴到他房间里去,因为这儿谁也不像他那样欣赏她的演奏。他永远也不让她离开他的房间,至少,只要他还活着;他那可怕的形状将第一次对自己有用;他要同时守望着房间里所有的门,谁闯进来就啐谁一口;他妹妹当然不受任何约束,她愿不愿和他待在一起那要随她的便;她将和他并排坐在沙发上,俯下头来听他吐露他早就下定的要送她进音乐学院的决心,要不是他遭到不幸,去年圣诞节——圣诞节准是早就过了吧?——他就要向所有人宣布了,而且他是完全不容许任何反对意见的。在听了这样的倾诉以后,妹妹一定会感动得热泪纵横,这时格里高尔就要爬上她的肩膀去吻她的脖子,由于出去做事,她脖子上现在已经不系丝带,也没有高领子。

"萨姆沙先生!"当中的那个房客向格里高尔的父亲喊道,一面不多说一句话地指着正在慢慢往前爬的格里高尔。小提琴声戛然而止,当中的那个房客先是摇着头对他的朋友笑了笑,接着又瞧起格里高尔来。父亲并没有来赶格里高尔,却认为更要紧的是安慰房客,虽然他们根本没有激动,而且显然觉得格里高尔比小提琴演奏更为有趣。他急忙向他们走去,张开胳膊,想劝他们回到自己房间去,同时也是挡住他们,不让他们看见格里高尔。他们现在倒真的有点儿恼火了,也说不上来到底是因为老人的行为呢还是因为他们如今才发现住在他们隔壁的竟是格里高尔这样的邻居。他们要求父亲解释清楚,也跟他一样挥动着胳膊,不安地拉着自己的胡子,万般不情愿地向自己的房间退去。格里高尔的妹妹从演奏突然给打断后就呆若木鸡,她拿了小提琴和弓垂着手不安地站着,眼睛瞪着乐谱,这时也清醒了过来。她立刻打起精神,把小提琴往坐在椅子上喘得透不过气来的母亲的怀里一塞,就冲进了房客们房间,这时,父亲像赶羊似的把他们赶得更急了。可以看见被褥和枕头在她熟练的手底下在床上飞来飞去,不一会儿就铺得整整齐齐。三个房客尚未进门她就铺好了床溜出来了。

老人好像又一次让自己犟脾气占了上风,竟完全忘了对房客应该尊敬。他不断地赶他们,最后来到卧室门口,那个当中的房客都用脚重重地顿地板了,这才使他停下来。那个房客举起一只手,一边也对格里高尔的母亲和妹妹扫了一眼,他说:"我要求宣布,由于这个住所和这家人家的可憎的状况。"——说到这里他斩钉截铁地往地上啐了一口——"我当场通知退租。我住进来这些天的房钱当然一个也不给;不但如此,我还打算向您提出对您不利的控告,所依据的理由——请您放心好了——也是证据确凿的。"他停了下来,瞪着前面,仿佛在等待什么似的。这时他的两个朋友也就立刻冲上来助威,说道:"我们也当场通知退租。"说完为首的那个就抓住把手砰的一声带上了门。格里高尔的父亲用双手摸索着跟跟跄跄地往前走了几步,跌进了他的椅子;看上去仿佛打算摊开身子像平时晚间那样打个瞌睡,可是他的头分明在颤抖,好像自己也控制不了,这证明他根本没有睡着。在这些事情发生前后,格里高尔还是一直安静地待在房客发现他的原处。计划失败带来的失望,也许还有极度饥饿造成的衰弱,使他无法动弹。他很害怕,心里算准这样极度紧张的局势随时都会导致对他发起总攻击,于是他就躺在那儿等待着。就连听到小提琴从母亲膝上、从颤抖的手指里掉到地上,发出了共鸣的声音,他还是毫无反应。

"亲爱的爸爸妈妈,"妹妹说话了,一面用手在桌子上拍了拍,算是引子,"事情不能再这样拖下去了。你们也许不明白,我可明白。对这个怪物,我没法开口叫他哥哥,所以我的意思是:我们一定得把他弄走。我们照顾过他,对他也算是仁至义尽了,我想谁也不能责怪我们有半分不是了。"

"她说得对极了。"格里高尔的父亲自言自语地说。母亲仍旧因为喘不过气来憋得难受,这时候又一手捂着嘴干咳起来,眼睛里露出疯狂的神色。

他妹妹奔到母亲跟前,抱住了她的头。父亲的头脑似乎因为葛蕾特的话而茫然不知所从了;他直挺挺地坐着,手指抚弄着他那顶放在房客吃过饭还未撤下去的盆碟之间的制帽,还不时看看格里高尔一动不动的身影。

"我们一定要把他弄走,"妹妹又一次明确地对父亲说,因为母亲正咳得厉害,根本连一个字也听不见,"他会把你们拖垮的,我知道准会这样。咱们三个人都已经拼了命工作,再也受不了家里这样的折磨了。至少我是再也无法忍受了。"说到这里她痛哭起来,眼泪都落在母亲脸上,于是她又机械地替母亲把泪水擦干。

"我的孩子,"老人同情地说,心里显然非常明白,"不过我们该怎么办呢?"

格里高尔的妹妹只是耸耸肩膀,表示虽然她刚才很有自信心,可是哭过一场以后,又觉得无可奈何了。

"如果他能懂得我们的意思。"父亲半带疑问地说。还在哭泣的葛蕾特猛烈地挥了一下手,表示这是不可思议的。

"如果他能懂得我们的意思,"老人重复说,一面闭上眼睛,考虑女儿的反面意见,"我们倒也许可以和他谈妥。不过事实上——"

"他一定得走,"格里高尔的妹妹喊道,"这是唯一的办法,父亲。你们一定要抛开这个念头,认为这就是格里高尔。我们好久以来都这样相信,这就是我们一切不幸的根源。这怎么会是格里高尔呢?如果这是格里高尔,他早就会明白人是不能跟这样的动物一起生活的,他就会自动地走开。这样,我虽然没有了哥哥,可是我们就能生活下去,并且会尊敬地纪念着他。可现在呢,这个东西把我们害得好苦,赶走我们的房客,显然想独霸所有的房间,让我们都睡到沟壑里去。瞧呀,父亲,"她立刻又尖声叫起来,"他又来了!"在格里高尔所不能理解的惊慌失措中她竟抛弃了自己的母亲,事实上她还把母亲坐着的椅子往外推了推,仿佛是为了离格里高尔远些,她情愿牺牲母亲似的。接着她又跑到父亲背后,父亲被她的激动弄得不知如何是好,也站了起来张开手臂仿佛要保护她似的。

可是格里高尔根本没有想吓唬任何人,更不要说自己的妹妹了。他只不过是开始转身,好爬回自己的房间去,不过他的动作瞧着一定很可怕,因为在身体不灵活的情况下,他只有昂起头来一次又一次地支着地板,才能完成困难的向后转的动作。他的良好的意图似乎给看出来了;他们的惊慌只是暂时性的。现在他们都阴郁而默不作声地望着他。母亲躺在椅子里,两条腿僵僵地伸直着,并紧在一起,她的眼睛因为疲惫已经几乎全闭上了;父亲和妹妹彼此紧靠地坐着,妹妹的胳膊还围在父亲的脖子上。

也许我现在又有气力转过身去了吧,格里高尔想,又开始使劲起来。他不得不时停下来喘口气。谁也没有催他;他们完全听任他自己活动。一等他调转了身子,他马上就径直爬回去。房间和他之间的距离使他惊讶不已,他不明白自己身体这么衰弱,刚才是怎么不知不觉就爬过来的。他一心一意地拼命快爬,几乎没有注意家里人连一句话或是一下喊声都没有发出,以免妨碍他的前进。只是在爬到门口时他才扭过头来,也没有完全扭过来,因为他颈部的肌肉越来越发僵了,可是也足以看到谁也没有动,只有妹妹站了起来。他最后的一瞥是落在母亲身上的,她已经完全睡着了。

还不等他完全进入房间,门就给仓促地推上,闩了起来,还上了锁。后面突如其来的响声使他大吃一惊,身子下面那些细小的腿都吓得发软了。这么急急忙忙的是他的妹妹。她早已站起身来等着,而且还轻快地往前跳了几步,格里高尔甚至都没有听见她走近的声音,她拧了拧钥匙把门锁上以后就对父母亲喊道:"总算锁上了!"

"现在又该怎么办呢?"格里高尔自言自语地说,向四周围的黑暗扫了一眼。他很快就发现自己已经完全不能动弹了。这并没有使他吃惊,相反,他依靠这些又细又弱的腿爬了这么多路,这倒真是不可思议。其它也没有什么不舒服的地方了。的确,他整个身子都觉得酸疼,不过也好像正在减轻,以后一定会完全不疼的。他背上的烂苹果和周围发炎的地方都蒙上了柔软的尘土,早就不太难过了。他怀着温柔和爱意想着自己的一家人。他消灭自己的决心比妹妹还强烈呢,只要这件事真能办得到。他陷在这样空虚而安谧的沉思中,一直到钟楼上打响了半夜三点。从窗外的世界透进来的第一道光线又一次地唤醒了他的知觉。接着他的头无力地颓然垂下,他的鼻孔里也呼出了最后一丝摇曳不定的气息。

……

【讲解】

这是一个令人心悸的荒诞的故事:推销员格里高尔为了养家糊口,终日奔波在外,被公司看作安分守己、稳当可靠的雇员。他渴望有一天能摆脱这种苦役,但一天早上从噩梦中醒来,他却变成了一只大甲虫。他虽为虫躯,却仍有人的思维。怕耽误了上班没法挣钱养家,他就拼命使劲翻身滚下床,忍痛用牙齿扭开门钮。当他出现在众人面前时,母亲吓得当场晕倒,前来查询的公司里的秘书主任慌忙夺门逃走,父亲则举起手杖将他赶回房。这里节选的是第二部分,写格里高尔变形后的遭遇。家人把他关在房里,开始时对他有点同情心的妹妹还来照顾他,给他送取食物,清扫房间。由于格里高尔的变形,家境每况愈下,父母和妹妹都出去干活糊口。为了增加点收入,家里几个人不得不挤在一起,腾出房子租给三个顾客。但有一天,房客偶然发现这怪物爬出来,便纷纷退租。妹妹也对他厌恶至极,叫着"一定得把他弄走"。这时,格里高尔消灭自己的决心比妹妹还强烈,他早已不进食,最后悄然死去。做粗活的临时工老妈子发现了他那已经干瘪的尸体,全家都感到了解脱。

《变形记》之所以重要,是因为它第一次深刻地表现了现代社会普遍存在的"异化"这一主题。首先,小说表现了人的异化。西方工业文明的到来导致"人"生存环境、生存状态的"异化",人蜕化为"非人",成了"物"的奴隶。人类的精神与信仰、追求与理想逐渐丧失,人类心理退化到了动物心理。被关在房子里的格里高尔总是没完没了地担心可怕的事情就要发生。解雇的威胁,债务的压力,人情的冷暖,忧郁的累积,甚至一切无从猜测的灾祸随时都可能落在自己的头上。这种危机感、孤独感、压抑感、灾难感,形象地反应出现代西方人的精神危机。其次,小说表现了人际关系的异化。当推销员格里高尔凭自己的诚实劳动养活全家时,家人表现出感激热情。而当他丧失这一作用时,家人唯恐避之不及,母亲晕倒,妹妹也逐渐由最初的同情变成厌恶以至憎恨,反复提出要摆脱这个"负担"。"父亲恶狠狠地捏紧拳头,仿佛要将格里高尔打回房间里去似的",并且"无情地驱赶并发出嘘嘘声"赶他回房间,他被父亲推倒在房内跌得"血流如注"。他孤独的心多么需要交流与慰藉,哪怕他成了一只甲虫,也渴望得到他人的关怀和爱心。可当他走出房门时,父亲把碗橱上盘子里的水果装满了衣袋,一只接一只地向他砸去,其中一只正好打中了格里高尔的背并且陷了进去,这致命的一击最终结束了他的生命。依然"怀着温柔和爱意想着自己的一家人"的格里高尔·萨姆沙的死去,使家人如释重负,他们到郊外去的旅途中感受到了"充满温暖的阳光"的爱抚。家人尚且如此,更何况他人!第三,小说表现了人的软弱和不可摆脱的悲剧命运。现实对人压抑和束缚的力量是如此巨大,甚至让格里高尔变成了一只可怜的甲虫,"比起偌大的身躯来,他那许多只腿真是细得可怜,都在他眼前无可奈何地舞动着",即使是这些小腿,"自己却完全无法控制","无论怎样用力向右转,他仍旧滚了回来,肚子朝天"。人最大的悲哀莫过于不能主宰自我。尽管格里高尔还一心想为父亲还债,还想送妹妹进音乐学院,但公司秘书主任的催促、逼迫和离去,宣告了格里高尔作为人的正常生活的终结,宣告了他梦想的破灭。格里高尔变为甲虫,不得不呆在卧室中,最终难逃一死,仿佛在冥冥之中有神秘力量主宰、约束着他。他的命运,就是芸芸众生的悲剧命运。总之,《变形记》中格里高尔的遭遇就是资本主义社会众多小人物的遭遇,小说中所反映的冷暖人情、炎凉世态和人被外部挤压的现象,无不是资本主义社会现实的真实再现。

什么原因使荒诞的《变形记》具有真实性呢?首先,是由于运用了象征手法。在《变形记》中,卡夫卡以变形的手段,给世人描绘一个匪夷所思的荒诞世界,这个世界正是现实的象征、折射。变形只是一种方式和手段,暴露和表现才是目的。从这个意义上讲,《变形记》是怪异却真实的,它怪异却真实地表现了社会对人的挤压和扭曲。其次,是由于做到了细节真实。小说荒诞而不荒谬,充满真实性的细节描写。如"有一天,他花了两个小时的劳动,用背把一张被单拖到沙发上,铺得使他可以完全遮住自己的身体,这样,即使他弯下身子也不会看到他了。"为了使家人不因为自己的外形而受到惊吓,格里高尔想得实在周到。这些细节真实地反映了作为"非人"的主人公所固有的亲情,也反衬出家人和世人的寡情。再如母亲"看到了太阳花墙纸上一大团棕色的东西"后晕倒在沙发上,妹妹"对他又是挥拳又是瞪眼"。这些细节反映了母亲的恐惧无奈和妹妹对兄长的厌恶,从而真实地反映了资本主义社会人被完全扭曲和冷酷无情的现实。

总之,《变形记》作为表现主义流派中颇有代表性的佳作,通篇采用荒诞变形、象征暗示的手法,反映出资本主义社会"非人"的现象,表现人被挤压的生存状态和苦闷彷徨无奈的心理状态,是西方精神荒原状态下人们反叛传统、寻求艺术突围的一种成功尝试。

【思考与练习】
一、选择题
1.《变形记》主要是表现(　　)。
　A. 西方现代社会的异化现象　　　　B. 家庭关系的异化
　C. 西方人苦闷彷徨的心理状态　　　D. 人变为虫之后的悲哀
2. 卡夫卡的三部长篇小说包括(　　)
　A.《美国》　　　B.《审判》　　　C.《地洞》　　　D.《城堡》
3. 卡夫卡在《变形记》中塑造的推销员格里高尔属于(　　)。
　A. 硬汉形象　　　B. 拜伦式的英雄　　　C. 软弱的小人物　　　D. 破落贵族

二、简答题
1. 什么是表现主义?它有哪些主要特征?
2. 为什么说《变形记》具有真实性?
3. 简谈《变形记》在当代社会的现实意义。

三、实践题
中国古代哲学家庄子的著作多用寓言写成,其中有很多将人变形为其他生物的情景。试分析庄子寓言和卡夫卡寓言体小说《变形记》的区别。

三、拓展阅读

作品阅读

床塌的那天夜里

〔美〕詹姆斯·瑟伯　孙仲旭　译

我在俄亥俄州哥伦布市度过青少年时期,那段时间里,我想最难忘的就是我爸爸的床榻了的那天夜里。关于那天夜里,再讲一遍要好过写上一篇(除非就像我的几个朋友所说,在有人已经听过五六遍时),因为几乎需要扔家具、摇晃门和学狗叫,才能为一个确实多少有点不可思议的故事(然而真的发生过)营造出适当的氛围和逼真的感觉。

当时我爸爸刚好决定要在阁楼上睡一晚上,去到一个他可以想事情的地方。我妈妈很反对这个主意,因为她说里面那张旧木头床不安全:它摇摇晃晃,塌掉的话,沉重的床头板会砸到我爸爸头上把他砸死。但怎样都劝不住他,十点一刻,他进去后关上通往阁楼的门,开始沿着盘旋的窄楼梯往上走。我们后来听到他爬上床时传来的不祥的吱吱嘎嘎声。爷爷跟我们住的时候,通常睡阁楼里的那张床,几天前不知道他去哪儿了。(这种时候,他通常一走就是六到八天,然后发着牢骚、气冲冲地回来了,带回的新闻是北部联盟的领导是群笨蛋,波托马克部队完全没希望打胜仗。)

当时我有一位精神紧张的表哥在我们家做客,名叫布里格斯·比尔,他觉得自己很可能会在睡觉时呼吸停止,觉得如果夜里每隔一个钟头不把他叫醒一次,也许他就会窒息而死。之前他习惯定好一架闹钟,隔段时间响一次,直到早上,可是我说服他不用那样做。他在我的房间里睡觉,我跟他说我睡觉很浅,要是同一个房间里有人不呼吸了,我马上就会醒来。第一天晚上他就测试了我一次——我就怀疑他会——我匀称的呼吸让他相信我睡着了,他屏住呼吸。但是我没睡着,就叫他。这好像让他稍微没那么害怕,可是他以防万一,还是在床头小桌子上放了杯樟脑精。他说万一直到他快没命了我还没有叫醒他,他会闻到樟脑,那是种有劲儿的清醒剂。在他们家,有怪念头的不只是布里格斯。梅利莎?比尔姨妈(她能像男的一样,把两个手指放到嘴里扯呼哨)有种不祥的预感,那就是她命中注定会死在南大街,因为她出生在南大街,结婚在南大街。还有萨拉?绍夫舅妈,她天天晚上睡觉时,都害怕有贼进屋,用管子从门下面吹氯仿进来。为避免发生这种不幸之事——因为和家里的财产受损失比起来,她更害怕麻醉药——她总是把她的钱、银餐具和其他值钱东西整整齐齐地摆在她的卧室门口,还附了张纸条:"我只有这么多东西,请拿走吧,别吹氯仿,因为我就这么多东西。"格雷丝?绍夫舅妈也怕夜贼,但是她更富于斗争精神。有四十年时间,每天夜里,她总是确信有贼正在闯进屋。她从来没丢过什么东西这一事实,根本不能成为推翻这一点的证据,她总是声称他们还没来得及偷走什么东西,她就把他们吓走了,办法是把鞋往走廊上扔。她睡觉前,把家里所有的鞋子都堆到顺手的地方。她关灯五分钟后,会在床上坐起来说:"听!"她丈夫早在从一九零三年起,就学会了对整个情况充耳不闻,这时要么睡得很沉,要么装作睡得很沉,这两种情况下,她又拉又扯,他都没反应。所以没过多久,她会起床,踮着脚尖走到门口,把门打开一点点,往走廊这边扔一只鞋,然后把这双鞋的另一只往那边扔。有些夜里她把鞋子全扔了出去,有些夜里只扔两三双。

不过我扯远了,本来是想讲讲我爸爸床塌的那天夜里发生的事,很不一般。到了半夜,我们都躺在床上。为了理解后来所发生的事,重要的是对各个房间的布局和住在里面的人所在位置有个概念。楼上靠前面那个房间(在我爸爸所住的阁楼卧室正下方)住的是我妈妈和我弟弟赫曼,他有时睡着了还唱歌,通常是《行军穿过乔治亚州》或者《基督战士向前进》。我和布里格斯?比尔在隔壁住,我哥哥罗伊的房间跟我们隔着走廊。我们家那头牛头梗在走廊上睡。

我睡的是一张军用帆布床,要想在那种床上睡得舒服,够宽,只能把两边撑得和中间一样高,那两边像活动翻板桌子的两边一样,通常垂在那儿。两边撑起来后,往边上滚得太远就危险了,因为这时帆布床很可能会完全翻倒,让整张床咚的一声巨响,倒到你身上。事实上,半夜两点钟时,正是发生了这样的事。(我妈妈后来回忆那一幕时,是她最早称那天夜里为"你爸爸床塌的那天夜里"。)

我一向睡得很沉,难以叫醒(我骗了布里格斯),那张铁架帆布床把我翻到地上并盖到我身上时,一开始,我并没有意识到发生了什么事,我还是暖暖和和地给裹着,没受伤,因为那张床像顶帐篷一样架在我身上。我没醒,只是到了快要清醒的边缘,然后又睡过去了。但是这声响动,马上把隔壁的我妈妈吵醒了,她立刻认准她最担心的事发生变成了现实:我爸爸睡的楼上那张木头大床塌了。所以她尖叫起来:"我们去看看你可怜的爸爸!"这一声喊,而不是我的帆布床倒下来发出的声音,把跟她同住一个房间的赫曼吵醒了,他觉得妈妈无缘无故变得歇斯底里。"你没事,妈妈!"他喊着想让她平静下来。他们喊来喊去可能有十秒钟:"我们去看看你可怜的爸爸!"和"你没事的!"布里格斯给吵醒了。到这时,我模模糊糊意识到发生了什么事,但是没弄清楚我是在床下面,而不是上面。布里格斯在一片害怕和担心的喊叫中,很快认准自己正在窒息而死，我们都在努力"让他苏醒"。他低低呻吟了一声，一把抓过床头那杯樟脑精，不是去闻，而是给自己浇了一身，整个房间里全是很浓的樟脑味。"啊夫，啊夫，"布里格斯像个溺水的人一样呛住了，因为他身上洒的那种刺鼻的醋剂，差点真的让自己出不上气。他一下子跳下床，摸索着去找那扇打开的窗户，可是摸到的那扇窗户是关着的。他用手打破玻璃，我能听到玻璃碎了，声音清脆地掉在后面的巷道上。在此关头，我想起身时，不可思议地感觉到床压在我身上！我睡得糊里糊涂，这时轮到我怀疑整个那番闹腾，全是在狂乱地想把我从肯定是前所未有的危险中解救出来。"把我弄出来！"我大叫起来，"把我弄出来！"我想我当时有种噩梦似的看法，那就是我被埋到矿井里。"嘎夫。"布里格斯喘着气，身上洒着樟脑在挣扎。

到这时，我妈妈还在喊叫，赫曼在后面追，也在喊叫，她正在努力打开通往阁楼的那扇门，想上去从塌架的床下边把我爸爸弄出来。但是那扇门卡住了，怎么也弄不开。她发狂似地拉门，却只是让一片咚咚响和乱糟糟的情形乱上加乱。这时罗伊和那条狗都醒了，一个在喊着问是怎么回事，另一个在吠叫。

我爸爸睡的地方最远，而且在所有人中睡得最沉，这时给砸门的声音吵醒，他认准是房子失火了。"我来了，我来了！"他用低沉而带着睡意的声音哀叫，过了好几分钟，他才完全清醒。我妈妈还以为他被困在床下边，从他说的"我来了！"中，听出听天由命的凄惨调子，就像一个准备去见造物主的人一样。"他快死了！"她喊道。

"我没事！"布里格斯嚷了一声让她放心，"我没事！"他还以为我妈妈操心的是他差点没命。最后我终于摸到房间里的电灯开关，并打开了门。那条狗一直不喜欢布里格斯，这时向他扑去——它以为不管这都是在干吗，布里格斯是罪魁祸首——罗伊只得把雷克斯弄倒在地上并按住它。我们能听到我爸爸爬下楼上的那张床。罗伊把通往阁楼的那扇门猛地拉开，爸爸滚下楼梯，带着睡意，容易发怒，不过安然无恙。我妈妈看到他就哭了起来，雷克斯开始高声吠叫。

"天哪，这是怎么回事？"我爸爸问。

最后整个情况就像巨大的拼图游戏一样弄清楚了。因为赤着脚走来走去，我爸爸着凉了，别的恶果倒是没有。我妈妈总是往好的一面看，她说："我挺高兴你爷爷不在家。"

【点评】

詹姆斯·瑟伯斯(1894—1961)，美国作家和漫画家，作品普遍受到人们的喜爱。最成功的要数他那些冷面滑稽的讽刺小说，擅长刻画大都市中的小人物，笔法简练新奇，荒唐之中有真实，幽默之中有苦涩，被人们称作"在墓地里吹口哨的人"。

文化常识

欧美节日

情人节(Valentine's Day)

2月14日是西方传统情人节，又叫圣瓦伦丁节。男女在这一天互送礼物用以表达爱意或友好。

公元三世纪：古罗马暴君为了征召更多士兵，禁止婚礼，一名叫瓦伦丁(Valentine)的神父不理禁令，秘密替人主持婚礼，结果被收监。在狱中他治愈了典狱长女儿失明的双眼。暴君将瓦伦丁斩首示众。在行刑的那一天早晨，瓦伦丁给典狱长的女儿写了一封情意绵绵的告别信，落款是：From your Valentine(寄自你的瓦伦丁)。当天，盲女在他墓前种了一棵开红花的杏树,以寄托自己的情思,这一天就是2月14日。

复活节(Easter)

复活节是为纪念耶稣基督于公元30到33年间被钉死在十字架之后第三天复活的日子。西方教会规定在每年春分月圆之后第一个星期日为复活节;东方教会则规定,如果满月恰逢星期日,则复活节再推迟一周。因此,复活节大致在3月22日至4月25日。

复活节象征着重生与希望,一般要举行盛大的宗教游行,人们按照传统习俗把鸡蛋煮熟后涂上红色,用彩蛋做游戏。鸡蛋是复活节的象征,因为它预示着新生命的降临,另一象征是小兔子,原因是它具有极强的繁殖能力。

愚人节(April Fool's Day)

四月一日是西方的民间传统节日愚人节,也称万愚节。人们以多种方式开周围的人的玩笑,上当者当被告知是愚人节时,才恍然大悟。

"愚人节"是公元十五世纪宗教革命之后始出现的一个说谎节日。当时西班牙王腓力二世曾建立一个"异端裁判所",只要不是天主教徒就被视为异端,在每年四月一日处以死刑。臣民感到非常恐怖,于是每天以说谎取笑为乐,来冲淡对统治者之恐惧与憎恨。其后,沿用日久,演变为今日的"愚人节"。

万圣节(Halloween)

万圣节是诸圣节(All Saints' Day)的俗称,本是天主教等基督宗教的宗教节日,时间是11月1日。天主教把诸圣节定为弥撒日,每到这一天,除非有不可抗拒的理由,否则所有信徒都要到教堂参加弥撒,缅怀已逝并升入天国的所有圣人,特别是那些天主教历史上的著名圣人。紧随诸圣节之后的是11月2日的诸灵节(All Souls' Day),这一天缅怀的则是已逝但还未升入天国的灵魂。

万圣节前夜(10月31日),人们戴着各种面具,打扮成动物或鬼怪,目的是为了赶走在他们四周游荡的妖魔。小孩们会穿上化妆服,戴上面具,提着南瓜雕成的"杰克灯"挨家挨户收集糖果,号称:"不给糖,就捣蛋"(trick or treat)。

感恩节(Thanksgiving Day)

感恩节是美国独创的一个古老节日,也是美国人合家欢聚的节日。1941年,美国国会正式将每年11月第四个星期四定为"感恩节"。感恩节假期一般会从星期四持续到星期天。

美国的感恩节中,基督徒按照习俗前往教堂做感恩祈祷,城市乡镇到处都有化装游行、戏剧表演或体育比赛等。分别了一年的亲人们也会从天南海北归来,一家人团圆,品尝以"火鸡"为主的感恩节美食。美国当地最著名的庆典则是从1924年开始的梅西百货感恩节游行(Macy's Thanksgiving Day Parade)。

除了美国,现在还有加拿大、埃及、希腊等国家有自己独特的感恩节。

圣诞节(Christmas Day)

圣诞节是12月25日,是被当作耶稣诞辰来庆祝的宗教节日,也是西方世界以及其他很多地区的公共假日。

十九世纪,圣诞卡的流行、圣诞老人的出现,使圣诞节开始渐渐流行起来。圣诞庆祝习俗在北欧流行后,结合着北半球冬季的圣诞装饰也出现了。十九世纪初发展至中叶,整个欧洲、美洲开始过起了圣诞节。并衍生了相应的圣诞文化。圣诞节传播到亚洲是在十九世纪中叶,日本、韩国、中国等都受到了圣诞文化的影响。

12月24日平安夜开始人们装饰圣诞树,制作圣诞马槽,烘烤圣诞蛋糕和姜饼,点燃圣诞蜡烛,给亲友送礼,唱圣诞颂歌,共享圣诞大餐。孩子们在床头挂好圣诞袜,早早入睡,第二天清晨查看圣诞老人的礼物。

圣诞大餐吃火鸡的习俗始于 1620 年。这种风俗盛于美国。英国人的圣诞大餐是烤鹅。奥地利人爱在平安夜里,全家老小约上亲友成群结队地到餐馆去吃一顿圣诞大餐,其中,火鸡、腊鸡、烧牛仔肉和猪腿必不可少。

第十五讲
亚非文学

一、文学史讲述

亚非地区是人类文明的发祥地。亚非文学是世界文学的重要组成部分。

(一)古代文学

以埃及、巴比伦、希伯来、印度和中国为代表的亚非古代文学,是世界重要的文学宝库之一。亚非古代文学反映了人类从氏族社会向奴隶社会过渡以及奴隶制盛衰时期的历史和社会生活。古老的历史、源头的多重性人民口头创作和宗教的密切结合,是上古亚非文学的重要特征。

古埃及文学是人类最早的文学之一,它包括神话、歌谣、宗教诗、故事和箴言。诗歌总集《亡灵书》是古埃及保存的人类最早的书面文学,反映了古埃及人的宗教信仰、风俗习惯和征服自然的思想观念。古代巴比伦的《吉尔伽美什》是人类现存的最早史诗。古希伯来人的《圣经·旧约》不仅是宗教经典,也是古希伯来文学的汇集,具有很高的文学价值。印度最古老的诗歌总集《吠陀本集》集中体现了以瑜伽哲学为中心的印度民族精神。古代印度的两大史诗《摩诃婆罗多》与《罗摩衍那》同古希腊荷马史诗一样,并立于世界古代文化群山之巅。迦梨陀娑(约350—472)是享有世界声誉的古代印度最著名的诗人和剧作家,其七幕诗剧《沙恭达罗》以青年男女爱情为主题,歌颂忠贞不渝的爱情。

(二)中古文学

中古亚非文学是中古封建社会的文学。阿拉伯的《古兰经》是一部宗教经典,同时也被认为是阿拉伯书面文学的典范和开山之作。其中的历史故事、宗教传说和典故,成为后世阿拉伯作家的创作素材,它的风格也被后世作家、诗人所模仿。民间故事集《一千零一夜》以广阔的题材,生动地描绘了一幅中古阿拉伯帝国社会生活的画卷。艺术上浪漫主义的表现手法、故事套故事的框形结构、诗文并茂的语言,不仅对亚非文学,而且对欧洲文学也产生了影响。古波斯被称为"诗国",出现了鲁达基、菲尔多西、萨迪等著名诗人。萨迪(1208—1292)的训诲体故事诗集《蔷薇园》内容丰富,骈散结合,且含有大量充满人生哲理、发人深省的警句。日本的《万叶集》是一部相当于中国的《诗经》的诗歌总集。女作家紫式部(约978—1015)的长篇小说《源氏物语》是世界文学中最早的长篇小说,这部作品细腻的心理描写、自然景物的衬托、人物性格的塑造,历来为文学史家所称道。越南诗人阮攸(1765—1820)的长篇叙事诗《金云翘传》是整个越南中古文学的最高成就。朝鲜的民间创作《春香传》是有名的说唱体小说,也在世界文学史上占有一席之地。

中古东方文学以其伟大成就雄踞当时世界文学的顶峰位置。而此时的西方经历了黑暗的中世纪,到文艺复兴才进入蓬勃发展的新时期。

(三)近代文学

近代文学是指十九世纪至二十世纪初期的文学。就整个东方地区而言,这是一个痛苦而警醒、沉沦而崛起的时代。西方殖民主义者凭借坚船利炮,打开了东方诸国关闭已久的国门,中国、印度、埃及等相继沦为殖民地、半殖民地国家,民族文化受到极大摧残。但从十九世纪末开始,随着民族独立、人民解放运动的兴起,在西方进步文化影响下,东方文学获得了新的发展。在近代东方,印度的泰戈尔、日本的夏目漱石、芥川龙之介、中国的鲁迅等都是跻身世界的大作家。近代东方文学的主要思想倾向是反帝反封建。

印度诗人泰戈尔(1861—1941)是第一个获诺贝尔文学奖的东方作家。他的创作为东西方文化的相互理解、沟通、融合找到了完美的艺术形式。其诗集《吉檀迦利》表现了诗人对理想境界的追求,出版后震动了西方文坛,曾掀起了一股"泰戈尔热"。其长篇小说《戈拉》塑造了印度爱国知识分子的形象,充满爱国主义情感和对殖民主义的批判。另外,印度的巴鲁迪(1838—1904)、伊朗的巴哈尔(1886—1951)也都是这一时期的重要文学家。

夏目漱石(1867—1915)的长篇小说《我是猫》以苦沙弥家养的一只猫的观感和议论来描写、评判现实生活,揭露抨击了明治时期日本社会的黑暗及资产阶级的丑恶,描写了知识分子的善良正直及其软弱可怜。小说构思新颖,语言幽默,讽刺巧妙,韵味深长,是日本讽刺文学的典范之作。芥川龙之介(1892—1927)是日本"新思潮派"的代表。这派作家代表了小资产阶级的思想意识和要求,代表作品是芥川龙之介的短篇小说《罗生门》。

(四)现当代文学

现当代文学即二十世纪文学。随着世界一体化进程的发展,现代东方文学涌现了一批文化融合性的世界性作家。

这一时期日本文学成就巨大。小林多喜二(1903—1933)是战前日本无产阶级文学的杰出代表。长篇小说《为党生活》反映三十年代日本社会的尖锐矛盾,揭露军国主义对华侵略的本质,描绘工人的英勇斗争和国际主义精神,具有感人至深的艺术力量。"新感觉派"是日本第一个现代主义文学流派,是在西方象征主义、表现主义、意识流等各种现代主义文学思潮的综合影响下产生的。这派作家以反传统的姿态出现,大胆追求文学创作的新感觉和新方法,开拓了日本文学新的表现形式。横光利一(1898—1947)的《苍蝇》是"新感觉派"的奠基作。川端康成(1899—1972)是继泰戈尔之后第二个获诺贝尔奖的东方作家,是日本"新感觉派"的主将。他的长篇小说《雪国》将日本文学的传统美与西方现代主义手法相结合,创造出独特的艺术美。

当代日本文坛相继出现了"战后派""无赖派""存在主义""内向派""都市小说"等文学流派。三岛由纪夫(1925—1970)的长篇小说《金阁寺》用描写变态的人物、变态的心理来对抗日本战后的现实。"无赖派"作家对一切权威抱着强烈的不信任感和反抗意识以自嘲自谑的态度来表现战后人们心灵的创伤、市民社会的伪善,带有颓废倾向。太宰治(1909—1948)的短篇小说《维荣的妻子》和中篇小说《斜阳》是"无赖派"的代表作。大江健三郎(1935—)是日本存在主义小说家。由于他在作品中"以诗的力量创造了一个想象的世界",描绘了"一副当今人类在困境中惶惑不安的图画",于1994年成为日本第二位诺贝尔文学奖获得者。有《饲育》《个人的体验》《广岛札记》《万延元年的足球队》等重要作品,其中长篇小说《万延元年的足球队》是顶峰之作。作者运用极其丰富的想象力,通过小说主人公鹰四反对《日美安全保障条约》受挫后到了美国,然后又回到自己的家乡,离群索居在覆盖着茂密森林的山谷里,效仿一百年前曾祖父领导农民暴动的办法组织了一支足球队,鼓动"现代的暴动"的故事,巧妙地将现实与虚构、现在与过去、城市与山村、东方文化与西方文化交织在一起,描画出一幅幅离奇多彩的画面,以此探索人类如何走出象征恐怖和不安的"森林"。作品倾注了作家对人类命运的深刻关注和对人生问题的积极思考,显露了作家深厚的艺术功底和独特的艺术风格。

塔哈·侯赛因(1889—1973)是埃及现代著名文学家、批评家,也是一位思想家,被称为"阿拉伯文学之柱"。其自传体小说《日子》通过主人翁童年和青年时代的回忆,表现了20世纪初埃及具有新思想的知识分子同伊斯兰教经院教学的代表者之间的斗争。当代埃及著名作家马哈福兹(1911—2006)的代表作是三部曲:《宫间街》《思宫街》《甘露街》。小说描写开罗一个中产阶级家庭几代人的生活经历,反映了近现代埃及社会生活的变迁。因其作品"形成了一种适用于全人类的阿拉伯叙事艺术",他于1988年获诺贝尔文学奖。

印度普列姆昌德(1880—1936)的长篇小说《戈丹》是30年代印度社会的一面镜子。作品讲述了农民何利悲惨的一生,展现了印度农村尖锐的阶级对立的画面,揭示了农民悲惨命运的历史根源和社会根源。钱达尔(1914—1977)在印度当代文学史上占有重要的地位,被称为"短篇小说之王"。他的短篇小说反映了广阔的社会生活,并有较高的艺术成就。

黎巴嫩著名诗人纪伯伦(1883—1931)的散文诗集《先知》以优美的语言讲哲学和真理,被认为是世界经典名著。

伊朗现代著名作家赫达亚特(1903—1951)的中篇小说《哈吉老爷》刻画了一个亦官亦商的哈吉老爷的形象,深刻揭露了伊朗反动统治集团的代表人物的丑恶嘴脸。

尼日利亚作家索因卡(1934—)是撒哈拉沙漠以南的非洲现代文学的代表,他创作多样,诗歌、小说、戏剧都有佳作,但成果最大的还是戏剧,《森林之舞》是其代表作。他在创作上把西方现代主义与撒哈拉沙漠以南的非洲文化传统有机结合在一起,他是撒哈拉沙漠以南的非洲成熟化、东西方化的现代主义文学的最好代表,于1986年获诺贝尔文学奖。

朝鲜赵基天(1913—1951)的《白头山》,尼日利亚作家索因卡的长篇小说《解释者》、哲理剧《路》等,也是现代亚非文学中的名篇。

二、作品选讲

泰戈尔

罗宾德拉纳特·泰戈尔(1861—1941),印度近现代诗人、作家、哲学家,出生于加尔各答一个富有的贵族家庭,属婆罗门种姓。其父是当时著名的哲学家和诗人,家庭成员中有不少思想进步、学有成就的爱国者。因为出生在东西方文化和谐交融的书香门第,他的文学活动开始得极早,十四岁即开始了文学创作。十七岁随兄赴英国学习,两年后回国专事文学创作。

泰戈尔以诗歌创作著称,在长达六十年的文学生涯中创作出《吉檀迦利》等五十多部诗集,被称为"诗圣";他又是著名的小说家、剧作家,出版短、中、长篇小说一百二十多部,剧本二十多种;另外,他还写了大量文学、哲学、政治论文,创作了大量歌曲。1913年泰戈尔获得了诺贝尔文学奖,成为东方文坛获此殊荣的第一人。泰戈尔作品的思想内容一是表现"梵我一体",二是表现爱国主义、人道主义。艺术上取法西方的形式技巧,反映印度的生活内容;并将情节的偶然性与细节的真实性巧妙结合。

生辰集(第十首)[1]

石真 译

对于这包罗万象的世界我实在缺乏了解。
我不知道各个国家有多少城镇都市,
多少山川、河流、海洋、沙漠,
我不知道人类创造出多少奇迹,
我叫不出许多动物、植物的名字。
世界是广阔的,而我的心只能
缩在它十分贫乏的一个角落,
是那遗憾的心情驱使我读书、旅行,
永不疲倦地去搜集图画般绚烂的诗歌,
用这寻求到的财富填补我知识的贫乏。
我是世界的诗人,每当它发出声音
立刻在我竹笛上唤起回响;
但是仍然有许多次它的号召
并未得到我的响应。
有多少回在沉默中我的心灵里充满了
这伟大的世界交响乐的谐和的曲调。
我的灵魂曾经一次次得到
那在难以攀登的雪山高峰上
无边静寂的苍穹下无声歌曲的邀请。

南方天际不知名的星辰
在静夜里调弄弦索,
它清澈、奇异的光亮
曾从我深夜不寐凝注的眼睛里劫走睡眠。
遥远洪水似的瀑布飞流的乐声
曾注入我心灵洞窟的深处。
在世界大合唱的洪流里
有多少诗人从各方面倾注他们的诗歌,
我有幸和他们一起荣获
音乐女神的祝福,
分享宇宙音乐盛会的欢乐。

最难到达的是人们的心灵深处，
它不能以时间和空间来衡量。
这最深奥的秘密
只能通过心灵与心灵的接近才能了解。
我还不曾找到走进人们心灵的门路，
我的生活的藩篱限制了我。
农民在田间挥锄，
纺织工人在纺织机上织布，
渔民在撒网……
他们形形色色的劳动散布在四方，
是他们推动整个世界在前进。
从我上等社会地位的祭坛上，
从我荣誉的永久流放所的窄小窗口
我并不能全部看到他们。
有时我也曾走近他们住所的围墙，
却没有那种勇气跨进他们的院子。
如果一位诗人不能走进他们的生活，
他的诗歌的篮子里装的全是无用的假货。
因此，我必须羞愧地接受这种责难……
我的诗歌的旋律有着缺陷。
我知道，我的诗歌，
虽然传布四方，却没有深入每个角落。

因此，我在等待着一位诗人……
他是农民生活中的同伴，
他是他们工作、谈话中的亲人，
他和土地更加亲近。
在文学的盛宴中
让他来供献我不能奉献的一切。
让他不要只用空虚的形式来欺骗人们的眼睛，
只盗窃文学的荣誉而不偿还以真正的价值是要不得的。

来吧，诗人！你普通人的，
沉默的心的诗人！
来解放他们内心的痛苦吧，
用你音乐的甘露
洒遍这没有活力，没有歌声的死乡，
这被污辱的烈焰烧干了无欢乐的沙漠之国。
打开他们隐藏在心灵深处的泉源吧，

让那些无论在欢乐或悲哀中哑默无声的,
让那些在世界面前垂头站立的,
让那些被社会摈弃的……重新发出声音!
在文学大合唱的盛会上
让他们的单弦同样受到尊重。
呵,你有才华的诗人,
成为他们的亲人吧!
让他们在你的荣誉里找到他们的荣誉,
我将是第一个
一再向你敬礼,对你衷心欢迎。

【注释】

[1]《生辰集》:发表于1941年。本文所选的第十首被认为是泰戈尔一生创作的纪念碑,诗人提出了他和劳动人民关系的问题,并以此为标准评价自己一生的创作。

【讲解】

在泰戈尔早期诗的世界里,有清新绚丽、变幻多姿的自然景观,有美妙神奇的彼岸世界的玄想;有对美好爱情的表达和歌颂,也有对理想王国的憧憬与描绘;既有人世的欢乐与悲哀,又具圣徒的虔诚与高洁,更不乏凡人的亲情爱心。在他的后期诗歌创作中,政治性、战斗性越来越突出,这首诗就是诗人写于晚年的一首政治抒情诗。

诗歌采用生动、朴素而富有韵律的语言,歌颂劳动人民的历史作用,表现了诗人民主平等的观点和进步的历史观。在诗歌开头,诗人表达出强烈的社会使命感:"我是世界的诗人,每当它发出声音/立刻在我竹笛上唤起回响。"诗人自己反省:"但是仍然有许多次它的号召/并未得到我的响应。"这是因为"我还不曾找到走进人们心灵的门路/我的生活的藩篱限制了我。"他认识到:"农民在田间挥锄/纺织工人在纺织机上织布/渔民在撒网……/他们形形色色的劳动散布在四方/是他们推动整个世界向前进。"这里充分肯定了劳动人民创造历史的伟大作用,并提出"如果一位诗人不能走进他们的生活/他的诗歌的篮子里装的全是无用的假货。"他清醒地认识到:"我的诗歌的旋律有着缺陷/我知道,我的诗歌/虽然传布四方,却没有深入每个角落。"他热情呼唤所有的诗人,也是在要求自己,做"农民生活中的同伴""他们工作、谈话中的亲人""和土地更加亲近",用诗歌为劳动者歌唱,为被侮辱、被损害、被社会摈弃的人解除痛苦,表达他们的喜怒哀乐,做他们的代言人。

本诗语言生动、朴素,读起来亲切、活泼;诗中感情充沛,风格清新健康。

【思考与练习】

一、选择题

1. 被视为泰戈尔一生创作中的纪念碑的诗是(　　)。
A.《新月集》(第一首)　　　　　　　　B.《飞鸟集》(第三首)
C.《边缘集》(第五首)　　　　　　　　D.《生辰集》(第十首)
2. 泰戈尔获得诺贝尔文学奖的诗集是(　　)。
A.《吉檀迦利》　　B.《飞鸟集》　　C.《边缘集》　　D.《生辰集》

二、简答题

1.《生辰集》(第十首)表现了诗人怎样的思想感情?
2. 泰戈尔在《生辰集》(第十首)中提出的中心问题是什么?
3. 分析《生辰集》(第十首)的艺术特色。

三、实践题

下面是郑振铎翻译的泰戈尔《飞鸟集》第82首《生如夏花》，阅读后请谈谈感受。

一

我听见回声，来自山谷和心间/以寂寞的镰刀收割空旷的灵魂/不断地重复决绝，又重复幸福/终有绿洲摇曳在沙漠。

我相信自己/生来如同璀璨的夏日之花/不凋不败，妖冶如火/承受心跳的负荷和呼吸的累赘/乐此不疲。

二

我听见音乐，来自月光和胴体/辅极端的诱饵捕获飘渺的唯美/一生充盈着激烈，又充盈着纯然/总有回忆贯穿于世间。

我相信自己/死时如同静美的秋日落叶/不盛不乱，姿态如烟/即便枯萎也保留丰肌清骨的傲然/玄之又玄。

三

我听见爱情，我相信爱情/爱情是一潭挣扎的蓝藻/如同一阵凄微的风/穿过我失血的静脉/驻守岁月的信念。

四

我相信一切能够听见/甚至预见离散，遇见另一个自己/而有些瞬间无法把握/任凭东走西顾，逝去的必然不返/请看我头置簪花，一路走来一路盛开/频频遗漏一些，又深陷风霜雨雪的感动。

五

般若波罗蜜，一声一声/生如夏花，死如秋叶/还在乎拥有什么。

川端康成

川端康成(1899—1972)，日本现代文学大师，"新感觉派"的主将。1924年毕业于东京大学，1948年至1965年间连任日本笔会会长，从1958年起任国际笔会副会长。1968年《雪国》一书因其"以敏锐的感受及高超的叙事技巧，表现了日本人的内心精华"而获得诺贝尔文学奖。他是第一位获此殊荣的日本人，也是第二位荣膺此奖的亚洲人。

川端一生中创作了大量的小说和散文，其中尤以《雪国》《伊豆的舞女》《千纸鹤》《睡美人》《古都》等最富盛誉。他的小说以纤细的心理刻画、缠绵的情意渲染、自由灵活的联想、快速跳跃的节奏、意在言外的象征、简约含蓄的语言描画出一幅幅意境朦胧、绚丽多彩的日本浮世图，在虚幻、哀愁和颓废的基调上，以病态、诗意、孤独、衰老、死亡来反映空虚的心理、细腻的感情和忧郁的生活，追求一种颓废的至美，达到一种空灵虚无的艺术至境。

雪国（节选）

叶渭南　译

穿过县界长长的隧道，便是雪国。夜空下一片白茫茫。火车在信号所前停了下来。

一位姑娘从对面座位上站起身子，把岛村座位前的玻璃窗打开。一股冷空气卷袭进来。姑娘将身子探出窗外，仿佛向远方呼唤似地喊道：

"站长先生，站长先生！"

一个把围巾缠到鼻子上、帽耳罩拉在耳朵边的男子，手拎提灯，踏着雪缓步走了过来。

岛村心想：已经这么冷了吗？他向窗外望去，只见铁路人员当作临时宿舍的木板房，星星点点地散落在山脚下，给人一种冷寂的感觉。那边的白雪，早已被黑暗吞噬了。

"站长先生，是我。您好啊！"

"哟，这不是叶子姑娘吗！回家呀？又是大冷天了。"

"听说我弟弟到这里来工作，我要谢谢您的照顾。"

"在这种地方，早晚会寂寞得难受的。年纪轻轻，怪可怜的！"

"他还是个孩子，请站长先生常指点他，拜托您了。"

"行啊。他干得很带劲，往后会忙起来的。去年也下了大雪，常常闹雪崩，火车一抛锚，村里人就忙着给旅客送水送饭。"

"站长先生好像穿得很多，我弟弟来信说，他还没穿西服背心呢。"

"我都穿四件啦！小伙子们遇上大冷天就一个劲儿地喝酒，现在一个个都得了感冒，东歪西倒地躺在那儿啦。"站长向宿舍那边晃了晃手上的提灯。

"我弟弟也喝酒了吗？"

"这倒没有。"

"站长先生这就回家了？"

"我受了伤，每天都去看医生。"

"啊，这可太糟糕了。"

和服上罩着外套的站长，在大冷天里，仿佛想赶快结束闲谈似地转过身来说："好吧，路上请多保重。"

"站长先生，我弟弟还没出来吗？"叶子用目光在雪地上搜索，"请您多多照顾我弟弟，拜托啦。"

她的话声优美而又近乎悲戚。那嘹亮的声音久久地在雪夜里回荡。

火车开动了，她还没把上身从窗口缩回来。一直等火车追上走在铁路边上的站长，她又喊道：

"站长先生，请您告诉我弟弟，叫他下次休假时回家一趟！"

"行啊！"站长大声答应。

叶子关上车窗，用双手捂住冻红了的脸颊。

这是县界的山，山下备有三辆扫雪车，供下雪天使用。隧道南北，架设了电力控制的雪崩报警线，部署了五千名扫雪工和二千名消防队的青年队员。

这个叶子姑娘的弟弟，从今冬起就在这个将要被大雪覆盖的铁路信号所工作。岛村知道这一情况以后，对她越发感兴趣了。

但是，这里说的"姑娘"，只是岛村这么认为罢了。她身边那个男人究竟是她的什么人，岛村自然不晓得。两人的举动很像夫妻，男的显然有病。陪伴病人，无形中就容易忽略男女间的界限，侍候得越殷勤，看起来就越像夫妻。一个女人像慈母般地照顾比自己岁数大的男子，老远看去，免不了会被人看作是夫妻。

岛村是把她一个人单独来看的，凭她那种举止就推断她可能是个姑娘。也许是因为他用过分好奇的目光盯住这个姑娘，所以增添了自己不少的感伤。

已经是三个钟头以前的事了。岛村感到百无聊赖，发呆地凝望着不停活动的左手的食指。

因为只有这个手指,才能使他清楚地感到就要去会见的那个女人。奇怪的是,越是急于想把她清楚地回忆起来,印象就越模糊。在这扑朔迷离的记忆中,也只有这手指所留下的几许感触,把他带到远方的女人身边。他想着想着,不由地把手指送到鼻子边闻了闻。当他无意识地用这个手指在窗玻璃上划道时,不知怎的,上面竟清晰地映出一只女人的眼睛。他大吃一惊,几乎喊出声来。大概是他的心飞向了远方的缘故。他定神看时,什么也没有。映在玻璃窗上的,是对座那个女人的形象。外面昏暗下来,车厢里的灯亮了。这样,窗玻璃就成了一面镜子。然而,由于放了暖气,玻璃上蒙了一层水蒸气,在他用手指揩亮玻璃之前,那面镜子其实并不存在。

玻璃上只映出姑娘一只眼睛,她反而显得更加美了。

岛村把脸贴近车窗,装出一副带着旅愁观赏黄昏景色的模样,用手掌揩了揩窗玻璃。

姑娘上身微倾,全神贯注地俯视着躺在面前的男人。她那小心翼翼的动作,一眨也不眨的严肃目光,都表现出她的真挚感情。男人头靠窗边躺着,把弯着的腿搁在姑娘身边。这是三等车厢。他们的座位不是在岛村的正对面,而是在斜对面。所以在窗玻璃上只映出侧身躺着的那个男人的半边脸。

姑娘正好坐在斜对面,岛村本是可以直接看到她的,可是他们刚上车时,她那种迷人的美,使他感到吃惊,不由得垂下了目光。就在这一瞬间,岛村看见那个男人蜡黄的手紧紧攥住姑娘的手,也就不好意思再向对面望去了。

镜中的男人,只有望着姑娘胸脯的时候,脸上才显得安详而平静。瘦弱的身体,尽管很衰弱,却带着一种安乐的和谐气氛。男人把围巾枕在头下,绕过鼻子,严严实实地盖住了嘴巴,然后再往上包住脸颊。这像是一种保护脸部的方法。但围巾有时会松落下来,有时又会盖住鼻子。就在男人眼睛要动而未动的瞬间,姑娘就用温柔的动作,把围巾重新围好。两人天真地重复着同样的动作,使岛村看着都有些焦灼。另外,裹着男人双脚的外套下摆,不时松开耷拉下来。姑娘也马上发现了这一点,给他重新裹好。这一切都显得非常自然。那种姿态几乎使人认为他俩就这样忘记了所谓距离,走向了漫无边际的远方。正因为这样,岛村看见这种悲愁,没有觉得辛酸,就像是在梦中看见了幻影一样。大概这些都是在虚幻的镜中幻化出来的缘故。

黄昏的景色在镜后移动着。也就是说,镜面映现的虚像与镜后的实物好像电影里的叠影一样在晃动。出场人物和背景没有任何联系。而且人物是一种透明的幻象,景物则是在夜霭中的朦胧暗流,两者消融在一起,描绘出一个超脱人世的象征的世界。特别是当山野里的灯火映照在姑娘的脸上时,那种无法形容的美,使岛村的心都几乎为之颤动。

在遥远的山巅上空,还淡淡地残留着晚霞的余晖。透过车窗玻璃看见的景物轮廓,退到远方,却没有消逝,但已经黯然失色了。尽管火车继续往前奔驰,在他看来,山野那平凡的姿态越是显得更加平凡了。由于什么东西都不十分惹他注目,他内心反而好像隐隐地存在着一股巨大的感情激流。这自然是由于镜中浮现出姑娘的脸的缘故。只有身影映在窗玻璃上的部分,遮住了窗外的暮景,然而,景色却在姑娘的轮廓周围不断地移动,使人觉得姑娘的脸也像是透明的。是不是真的透明呢?这是一种错觉。因为从姑娘面影后面不停地掠过的暮景,仿佛是从她脸的前面流过。定睛一看,却又扑朔迷离。车厢里也不太明亮。窗玻璃上的映像不像真的镜子那样清晰了。反光没有了。这使岛村看入了神,他渐渐地忘却了镜子的存在,只觉得姑娘好像漂浮在流逝的暮景之中。

这当儿,姑娘的脸上闪现着灯光。镜中映像的清晰度并没有减弱窗外的灯火。灯火也没有把映像抹去。灯火就这样从她的脸上闪过,但并没有把她的脸照亮。这是一束从远方投来的寒光,模模糊糊地照亮了她眼睛的周围。她的眼睛同灯火重叠的那一瞬间,就像在夕阳的余晖里飞舞的妖艳而美丽的夜光虫。

叶子自然没留意别人这样观察她。她的心全用在病人身上,就是把脸转向岛村那边,她也不会看见自己映在窗玻璃上的身影,更不会去注意那个眺望着窗外的男人。

岛村长时间地偷看叶子,却没有想到这样做会对她有什么不礼貌,他大概是被镜中暮景那种虚幻的力量吸引住了。也许岛村在看到她呼唤站长时表现出有点过分严肃,从那时候起就对她产生了一种不寻常的兴趣。

火车通过信号所时,窗外已经黑沉沉的了。在窗玻璃上流动的景色一消失,镜子也就完全失去了吸引力,尽管叶子那张美丽的脸依然映在窗上,而且表情还是那么温柔,但岛村在她身上却发现她对别人似乎特别冷漠,他也就不想去揩拭那面变得模糊不清的镜子了。

约莫过了半小时,没想到叶子他们也和岛村在同一个车站下了车,这使他觉得好像还会发生什么同自己有关的事似的,所以他把头转了过去。从站台上迎面扑来一阵寒气,他立即对自己在火车上那种非礼行为感到羞愧,就头也不回地从火车头前面走了过去。

男人攥住叶子的肩膀,正要越过路轨的时候,站务员从对面扬手加以制止。

转眼间从黑暗中出现一列长长的货车,挡住了他俩的身影。

前来招徕顾客的客栈掌柜,穿上一身严严实实的冬装,包住两只耳朵,蹬着长筒胶靴,活像火场上的消防队员。一个女子站在候车室窗旁,眺望着路轨那边,她披着蓝色斗篷,蒙上了头巾。

由于车上带下来的暖气尚未完全从岛村身上消散,岛村还没有感受到外面的真正寒冷。他是第一次遇上这雪国的冬天,一上来就被当地人的打扮吓住了。

"真冷得要穿这身衣服吗?"

"嗯,已经完全是过冬的装束了。雪后放晴的头一晚特别冷。今天晚上可能降到零下哩。"

"已经到零下了么?"

岛村望着屋檐前招人喜欢的冰柱,同客栈掌柜一起上了汽车。在雪天夜色的笼罩下,家家户户低矮的屋顶显得越发低矮,仿佛整个村子都静悄悄地沉浸在无底的深渊之中。

"难怪罗,手无论触到什么东西,都觉得特别的冷啊。"

"去年最冷是零下二十多度哩。"

"雪呢?"

"雪嘛,平时七八尺厚,下大了恐怕有一丈二三尺吧。"

"大雪还在后头罗?"

"是啊,是在后头呢。这场雪是前几天下的,只有尺把厚,已经融化得差不多了。"

"能融化掉吗?"

"说不定什么时候还会再来一场大的呢。"

已经是十二月上旬了。

岛村感冒总不见好,这会儿让冷空气从不通气的鼻孔一下子冲到了脑门心,清鼻涕簌簌地流个不停,好像把脏东西都给冲了出来。

"老师傅家的姑娘还在吗?"

"嗯,还在,还在。在车站上您没看见?披着深蓝色斗篷的就是。"

"就是她?……回头可以请她来吗?"

"今天晚上?"

"是今天晚上。"

"说是老师傅的少爷坐末班车回来,她接车去了。"

在暮景镜中看到叶子照拂的那个病人,原来就是岛村来会晤的这个女子的师傅的儿子。

一了解到这点,岛村感到仿佛有什么东西掠过自己的心头。但他对这种奇妙的因缘,并不觉得怎么奇怪,倒是对自己不觉得奇怪而感到奇怪。

岛村不知怎的,内心深处仿佛感到:凭着指头的感触而记住的女人,与眼睛里灯火闪映的女人,她们之间会有什么联系,可能会发生什么事情。这大概是还没有从暮景的镜中清醒过来的缘故吧。他无端地喃喃自语:那些暮景的流逝,难道就是时光流逝的象征吗?

滑雪季节前的温泉客栈,是顾客最少的时候,岛村从室内温泉上来,已是万籁俱寂了。他在破旧的走廊上,每踏一步,都震得玻璃门微微作响。在长廊尽头账房的拐角处,亭亭玉立地站着一个女子,她的衣服下摆铺展在乌亮的地板上,使人有一种冷冰冰的感觉。

看到衣服下摆,岛村不由得一惊:她到底还是当艺妓了么!可是她没有向这边走来,也没有动动身子做出迎客的娇态。从老远望去,她那亭亭玉立的姿势,使他感受到一种真挚的感情。他连忙走了过去,默默地站在女子身边。女子也想绽开她那浓施粉黛的脸,结果适得其反,变成了一副哭丧的脸。两人就那么默然无言地向房间走去。

虽然发生过那种事情,但他没有来信,也没有约会,更没有信守诺言送来舞蹈造型的书。在女子看来,准以为是他一笑了之,把自己忘了。按理说,岛村是应该首先向她赔礼道歉或解释一番的,但岛村连瞧也没瞧她,一直往前走。他觉察到她不仅没有责备自己的意思,反而在一心倾慕自己。这就使他越发觉得此时自己无论说什么,都只会被认为是不真挚的。他被她慑服了,沉浸在美妙的喜悦之中,一直到了楼梯口,他才突然把左拳伸到女子的眼前,竖起食指说:

"它最记得你呢。"

"是吗?"

女子一把攥住他的指头,没有松开,手牵手地登上楼去。在被炉[1]前,她把他的手松开时,一下子连脖子根都涨红了。为了掩饰这点,她慌慌张张地又抓住了他的手说:

"你是说它还记得我吗?"

他从女子的掌心里抽出右手,伸进被炉里,然后再伸出左拳说:

"不是右手,是这个啊!"

"嗯,我知道。"

她装作若无其事的样子,一边抿着嘴笑起来,一边掰开他的拳头,把自己的脸贴了上去。

"你是说它还记得我吗?"

"噢,真冷啊!我头一回摸到这么冰凉的头发。"

"东京还没下雪吗?"

"虽然那时候你是那样说了,但我总觉得那是违心的话。要不然,年终岁末,谁还会到这样寒冷的地方来呢?"

那个时候——已经过了雪崩危险期,到处一片嫩绿,是登山的季节了。

过不多久,饭桌上就将看不见新鲜的通草果了。

岛村无所事事,要唤回对自然和自己容易失去的真挚感情,最好是爬山。于是他常常独自去爬山。他在县界区的山里呆了七天,那天晚上一到温泉浴场,就让人去给他叫艺妓。但是女佣回话说:那天刚好庆祝新铁路落成,村里的茧房和戏棚也都用作了宴会场地,异常热闹,十二三个艺妓人手已经不够,怎么可能叫来呢?不过,老师傅家的姑娘即便去宴会上帮忙,顶多表演两三个节目就可以回来,也许她会应召前来吧。岛村再仔细地问了问,女佣做了这样简短的说明:三弦琴、舞蹈师傅家里的那位姑娘虽不是艺妓,可有时也应召参加一些大型宴会什么的。这里没有年轻的,中年的倒很多,却不愿跳舞。这么一来,姑娘就更显得可贵了。虽然她不常一个人去客栈旅客的房间,但也不能说是个无瑕的良家闺秀了。

岛村认为这话不可靠,根本没有把它放在心上。约莫过了一个钟头,女佣把女子领来,岛村不禁一愣,正了正坐姿。女子拉住站起来就要走的女佣的袖子,让她依旧坐下。

女子给人的印象洁净得出奇,甚至令人想到她的脚趾弯里大概也是干净的。岛村不禁怀疑起自己的眼睛,是不是由于刚看过初夏群山的缘故。

她的衣着虽带几分艺妓的打扮,可是衣服下摆并没有拖在地上,而且只穿一件合身的柔软的单衣。唯有腰带很不相称,显得很昂贵。这副样子,看起来反而使人觉得有点可怜。

女佣趁他们俩谈起山里的事,站起来就走了。然而就连从这个村子也可以望见的几座山的名字,那女子也说不齐全。岛村提不起酒兴,女子却意外坦率地谈起自己也是生长在这个雪国,在东京的酒馆当女侍时被人赎身出来,本打算将来做个日本舞蹈师傅用以维持生计,可是刚刚过了一年半,她的恩主就与世长辞了。也许从那人死后到今天的这段经历,才是她的真正身世吧。这些她是不想马上坦白出来的。她说是十九岁。果真如此,这十九岁的人看起来倒像有二十一二岁了。岛村这才得到一点宽慰,开始谈起歌舞伎之类的事来。她比他更了解演员的艺术风格和逸事。也许她正渴望着有这样一个话伴吧,所以津津乐道。谈着谈着,露出了烟花巷出身的女人的坦率天性。她似乎很能掌握男人的心理。尽管如此,岛村一开头就把她看作是良家闺秀。加上他快一个星期没跟别人好好闲谈了,内心自然热情洋溢,首先对她流露出一种依恋之情。他从山上带来的感伤,也浸染到了女子的身上。

翌日下午,女子把浴具放在过道里,顺便跑到他的房间去玩。

她正要坐下,岛村突然叫她帮忙找个艺妓来。

"你说是帮忙?"

"还用问吗?"

"真讨厌!我做梦也没想到你会托我干这种事!"

她漠然地站在窗前,眺望着县界上的重山叠峦,不觉脸颊绯红了。

"这里可没有那种人。"

"说谎。"

"这是真的嘛。"说着,她突然转过身子,坐在窗台上,

"这可绝对不能强迫命令啊。一切得听随艺妓的方便。说真的,我们这个客栈一概不帮这种忙。你不信,找人直接问问就知道了。"

"你替我找找看吧。"

"我为什么一定要帮你干这种事呢?"

"因为我把你当作朋友嘛。以朋友相待,不向你求欢。"

"这就叫作朋友?"女子终于被激出这句带稚气的话来。接着又冒了一句:"你真了不起,居然托我办这种事。"

"这有什么关系呢?在山上身体是好起来了。可脑子还是迷迷糊糊,就是同你说话吧,心情也还不是那么痛快。"

女子垂下眼睛,默不作声。这么一来,岛村干脆露出男人那副无耻相来。她对此大概已经

养成了一种通情达理、百依百顺的习惯。由于睫眉深黛,她那双垂下的眼睛,显得更加温顺,更加娇艳了。岛村望着望着,女子的脸向左右微微地摇了摇,又泛起了一抹红晕。

【注释】

[1]日本的取暖设备。在炭炉上放个木架,罩上棉被而成。

【讲解】

"新感觉派"是日本二十世纪二十年代初出现的一个文学流派,他们接受西方现代派文学的影响,反对传统的现实主义,主张不再通过视觉进入知觉,把握客观规律认识世界,而是通过变形的主观来反映客观世界,描写超现实的幻想和心理变态;强调艺术至上,认为现实中没有艺术,没有美,因而在幻想的世界中追求虚幻的美。他们常常用刹那的感觉、象征暗示的手法,表现人的生存意义。

《雪国》讲述的故事是围绕主人公岛村三次去雪国的经历而展开的。岛村是一个有着妻室儿女的中年男子,坐食祖产,无所事事,偶尔通过照片和文字资料研究并评论西洋舞蹈。由于感觉到工作的非现实性所带来的不安,他企图借助旅行来接近自然,以此振作自己的精神,于是来到雪国的一个温泉,在这里邂逅了被其视为自然象征的艺妓驹子,并被她的清丽和纯洁所吸引,甚至觉得"她的每个脚趾弯处都是很干净的",他一年三次与驹子幽聚。这里自然有男女之间的性恋关系,但作者并不注重这种人物的现实关联,他表现的是基于现实关系之上的特殊感觉与心理,并通过某种虚幻性的探究或追求,展现其特有的美学理想。故事中充溢着岛村的意识流,他对驹子的触觉美的感应,渗透着一种自然与人性的完美结合。这是一部古典与现代交织的作品,其中包含着种种作者的深思,以及对人性、对美、对爱情的深刻感受。在充满诗意的抒情当中,作者细致而准确地呈现了一幅如同桃花源般的偏僻温泉山谷里如梦幻般的画面,我们在这种亦真亦幻的景致中,仿佛听到了辽远的山谷中传来了阵阵悲戚而绝望的余韵。

这里节选的一段,叙述了岛村翌年再度前往雪国与驹子相会,在前往雪国的火车上,以车窗玻璃为镜子沿途窥视一位悉心照料病中青年的美丽姑娘叶子的情景,以及到雪国之后与驹子的相聚。

《雪国》将日本文学的传统美与西方现代派手法相结合,鲜明地体现了"新感觉派"所主张的以纯粹的个人官能感觉作为出发点,依靠直觉来把握事物的特点。《雪国》中的叶子完全是一个象征性的人物,作者写这个人物就是为了强化"虚幻即美"的主观认识。对这个人物的描写,多是依靠直觉完成的,比如写飞驰的火车的玻璃上,少女的映像与窗外流动景物叠印,给岛村刹那间的印象所引产生的幻觉;写灯光照射的姑娘的眼睛"像在夕阳的余晖里飞舞的娇艳而美丽的萤火虫"。从艺术效果来看,这种描写使叶子这个非现实美的幻影在作者的直觉中得到最后完成。

【思考与练习】

一、选择题

1. 川端康成是继泰戈尔后又一位获得诺贝尔文学奖的东方作家,他的获奖作品是( )。

A.《雪国》　　　　　　　　　　B.《伊豆的舞女》
C.《古都》　　　　　　　　　　D.《千纸鹤》
E.《睡美人》

2. 川端康成的《雪国》描写了社会下层人物驹子的悲惨境遇。小说选取的主要角度是( )。

A. 从日常生活表现和对待命运态度两方面进行描绘
B. 从政治生活表现和对待命运态度两方面进行描绘
C. 从日常生活表现和对待爱情态度两方面进行描绘
D. 从政治生活表现和对待爱情态度两方面进行描绘

二、简答题

1. 日本"新感觉派"有哪些特征?

2. 找出小说中描写主人公刹那间的感觉的语句,分析其表达效果。
3. 试论川端康成的《雪国》既美且悲、抒情性强的写作风格。

三、实践题
阅读川端康成的作品并查阅作家的生平,谈谈川端康成的写作倾向。

三、拓展阅读

作品阅读

吉檀迦利(第二十首)
〔印度〕泰戈尔 冰心 译

莲花开放的那天,唉,我不自觉地在心魂飘荡。我的花篮空着,花儿我也没有去理睬。

不时地有一段的忧愁来袭击我,我从梦中惊起,觉得南风里有一阵奇香的芳踪。

这迷茫的温馨,使我想望得心痛,我觉得这仿佛是夏天渴望的气息,寻求圆满。

我那时不晓得它离我是那么近,而且是我的,这完美的温馨,还是在我自己心灵的深处开放。

【点评】

《吉檀迦利》是宗教抒情诗,是泰戈尔奉献给神的生命之歌。全篇103首,单看均可独立成篇。第1—7首为序曲,说明作歌缘由,表现神与人的亲密关系,以及诗人对人神结合境界的向往和追求;第8—35首为第一乐章,主题是对神的思念与渴慕;第36—56首为第二乐章,主题是与神的会见;第57—85首为第三乐章,主题是欢乐颂,歌颂神给世界带来的欢乐和光明;第86—100首是第四乐章,主题是死亡颂。诗人渴望通过死亡获得永生,真正达到人与神合一的境界。最后3首是尾声,概括诗集的内容和意义。

罗生门
〔日〕芥川龙之介 楼适夷 译

某日傍晚,有一家将,在罗生门下避雨。

宽广的门下,除他以外,没有别人,只在朱漆斑驳的大圆柱上,蹲着一只蟋蟀。罗生门正当朱雀大路,本该有不少戴女笠和乌软帽的男女行人,到这儿来避雨,可是现在却只有他一个。

这是为什么呢,因为这数年来,接连遭了地震、台风、大火、饥饿等几次灾难,京城已格外荒凉了。照那时留下来的记载,还有把佛像、供具打碎,将带有朱漆和飞金的木头堆在路边当柴卖的。京城里的情况如此,像修理罗生门那样的事,当然也无人来管了。在这种荒凉景象中,便有狐狸和强盗来乘机做窝。甚至最后变成了一种习惯,把无主的尸体,扔到门里来了。所以一到夕阳西下,气象阴森,谁也不上这里来了。

倒是不知从哪里,飞来了许多乌鸦。白昼,这些乌鸦成群地在高高的门楼顶空飞翔啼叫,特别到夕阳通红时,黑魆魆的好似在天空撒了黑芝麻,看得分外清楚。当然,它们是到门楼上来啄死人肉的——今天因为时间已晚,一只也见不到,但在倒塌了砖石缝里长着长草的台阶上,还可以看到点点白色的鸟粪。这家将穿着洗旧了的宝蓝袄,一屁股坐在共有七级的最高一层的台阶上,手护着右颊上一个大肿疮,茫然地等雨停下来。

说是这家将在避雨,可是雨停之后,他也想不出要上哪里去。照说应当回主人家去,可是主人在四五天前已把他辞退了。上边提到,当时京城市面正是一片萧条,现在这家将被多年老主人辞退出来,也不外是这萧条的一个小小的余波。所以家将的避雨,说正确一点,便是"被雨淋湿的家将,正在无路可走"。而且今天的天气也影响了这位平安朝家将的忧郁的心情。从申末下起的雨,到酉时还没停下来。家将一边不断地在想明天的日子怎样过——也就是从无办法中求办法,一边耳朵里似听非听地听着朱雀大路上的雨声。

而包围着罗生门从远处飒飒地打过来,黄昏渐渐压到头顶,抬头望望门楼顶上斜出的飞檐上正挑起一朵沉重的暗云。

要从无办法中找办法,便只好不择手段。要择手段便只有饿死在街头的垃圾堆里,然后像狗一样,被人拖到这门上扔掉。倘若不择手段哩——家将反复想了多次,最后便跑到这儿来了。可是这"倘若",想来想去结果还是一个"倘若"。原来家将既决定不择手段,又加上了一个"倘若",对于以后要去干的"走当强盗的路",当然是提不起积极肯定的勇气了。

家将打了一个大喷嚏,又大模大样地站起来,夜间的京城已冷得需要烤火了,风同夜暗毫不客气地吹进门柱间。蹲在朱漆圆柱上的蟋蟀已经不见了。

家将缩着脖子,耸起里面衬黄小衫的宝蓝袄子的肩头,向门内四处张望,如有一个地方,既可以避风雨,又可以不给人看到能安安静静睡觉,就想在这儿过夜了。这时候,他发现了通门楼的宽大的、也漆朱漆的楼梯。楼上即使有人,也不过是些死人。他便留意着腰间的刀,别让脱出鞘来,举起穿草鞋的脚,跨上楼梯最下面的一级。

过了一会,在罗生门门楼宽广的楼梯中段,便有一个人,像猫儿似的缩着身体,憋着呼吸在窥探上面的光景。楼上漏下火光,隐约照见这人的右脸,短胡子中长着一个红肿化脓的面疱。当初,他估量这上头只有死人,可是上了几级楼梯,看见还有人点着火。这火光又这儿那儿地在移动,模糊的黄色的火光,在屋顶挂满蛛网的天花板下摇晃。他心里明白,在这儿点着火的,绝不是一个寻常的人。

家将壁虎似的忍着脚声,好不容易才爬到这险陡的楼梯上最高的一级,尽量伏倒身体,伸长脖子,小心翼翼地向楼房望去。

果然,正如传闻所说,楼里胡乱扔着几具尸体。火光照到的地方挺小,看不出到底有多少具。能见到的,有光腚的,也有穿着衣服的,当然,有男也有女。这些尸体全不像曾经活过的人,而像泥塑的,张着嘴,摊开胳臂,横七竖八躺在楼板上。只有肩膀胸口略高的部分,照在朦胧的火光里;低的部分,黑漆漆地看不分明,只是哑巴似的沉默着。

一股腐烂的尸臭,家将连忙掩住鼻子,可是一刹那,他忘记掩鼻子了,有一种强烈的感情,夺去了他的嗅觉。

这时家将发现尸首堆里蹲着一个人,是穿棕色衣服、又矮又瘦像只猴子似的老婆子。这老婆子右手擎着一片点燃的松明,正在窥探一具尸体的脸,那尸体头发秀长,量情是一个女人。

家将带着六分恐怖四分好奇的心理,一阵激动,连呼吸也忘了。照旧记的作者的说法,就是"毛骨悚然"了。老婆子把松明插在楼板上,两手在那尸体的脑袋上,跟母猴替小猴捉虱子一般,一根一根地拔着头发,头发似乎也随手拔下来了。

看着头发一根根拔下来,家将的恐怖也一点点消失了,同时对这老婆子的怒气,却一点点升上来了——不,对这老婆子,也许有语病,应该说是对一切罪恶引起的反感,愈来愈强烈了。此时如有人向这家将重提刚才他在门下想的是饿死还是当强盗的那个问题,大概他将毫不犹豫地选择饿死。他的恶恶之心,正如老婆子插在楼板上的松明,烘烘地冒出火来。

他当然还不明白老婆子为什么要拔死人头发,不能公平判断这是好事还是坏事,不过他觉得在雨夜罗生门上拔死人头发,单单这一点,已是不可饶恕的罪恶。当然他已忘记刚才自己还打算当强盗呢。

于是,家将两腿一蹬,一个箭步跳上了楼板,一手抓住刀柄,大步走到老婆子跟前。不消说,老婆子大吃一惊,并像弹弓似的跳了起来。

"吠,哪里走!"

家将挡住了在尸体中跌跌撞撞地跑着、慌忙逃走的老婆子,大声吆喝。老婆子还想把他推开,赶快逃跑,家将不让她逃,一把拉了回来,俩人便在尸堆里扭结起来。胜败当然早已注定,家将终于揪住老婆子的胳臂,把她按倒在地。那胳臂瘦嶙嶙地皮包骨头,同鸡脚骨一样。

"你在干吗,老实说,不说就宰了你!"

家将摔开老婆子,拔刀出鞘,举起来晃了一晃。可是老婆子不作声,两手发着抖,气喘吁吁地耸动着双肩,睁圆大眼,眼珠子几乎从眼眶里蹦出来,像哑巴似的顽固地沉默着。家将意识到老婆子的死活已全操在自己手上,刚才火似的怒气,便渐渐冷却了,只想搞明白究竟是怎么一回事,便低头看着老婆子放缓了口气说:"我不是巡捕厅的差人,是经过这门下的行路人,不会拿绳子捆你的。只消告诉我,你为什么在这个时候在门楼上,到底干什么?"

于是,老婆子眼睛睁得更大,用眼眶红烂的肉食鸟一般矍铄的眼光盯住家将的脸,然后把发皱的同鼻子挤在一起的嘴,像吃食似的动着,牵动了细脖子的喉尖,从喉头发出乌鸦似的嗓音,一边喘气,一边传到家将的耳朵里。

"拔了这头发,拔了这头发,是做假发的。"

一听老婆子的回答,竟是意外的平凡,一阵失望,刚才那怒气又同冷酷的轻蔑一起兜上了心头。老婆子看出他的神气,一手还捏着一把刚拔下的死人头发,又像蛤蟆似的动着嘴巴,做了这样的说明。

"拔死人头发,是不对,不过这儿这些死人,活着时也都是干这类营生的。这位我拔了她头发的女人,活着时就是把蛇肉切成一段段,晒干了当干鱼到兵营去卖的。要不是害瘟病死了,这会还在卖呢。她卖的干鱼味道很鲜,兵营的人买去做菜还缺少不得呢。她干那营生也不坏,要不干就得饿死,反正是没有法干吗。你当我干这坏事,我不干就得饿死,也是没有法子呀!我跟她一样都没法子,大概她也会原谅我的。"

老婆子大致讲了这些话。

家将把刀插进鞘里,左手按着刀柄,冷淡地听着,右手又去摸摸脸上的肿疮,听着听着,他的勇气就鼓起来了。这是他刚在门下所缺乏的勇气,而且同刚上楼来逮老婆子的是另外的一种勇气。他不但不再为着饿死还是当强盗的问题烦恼,现在他已把饿死的念头完全逐到意识之外去了。

"确实是这样吗?"

老婆子的话刚说完,他讥笑地说了一声,便下定了决心,立刻跨前一步,右手离开肿包,抓住老婆子的大襟,狠狠地说:"那么,我剥你的衣服,你也不要怪我,我不这样,我也得饿死嘛。"

家将一下子把老婆子剥光,把缠住他大腿的老婆子一脚踢到尸体上,只跨了五大步便到了楼梯口,腋下夹着剥下的棕色衣服,一溜烟走下楼梯,消失在夜色中了。

没多一会儿,死去似的老婆子从尸堆里爬起光赤的身子,嘴里哼哼哈哈地、借着还在燃烧的松明的光,爬到楼梯口,然后披散着短短的白发,向门下张望。外边是一片沉沉的黑夜。

谁也不知这家将到哪里去了。

【点评】

"罗生门"本来在日文汉字写成"罗城门",最原始意义是指设在"罗城"(城的外郭)的门,即"京城门"之意。由于古代日本常年战乱,尸横遍野,许多无名死尸被拖到城楼丢弃,待年久失修、颓败之后,城楼处就显得荒凉阴森。年积月久,在人们心中便产生了阴森恐怖、鬼魅聚居的印象,故而有了"罗生门"是通向地狱之门这一鬼谈幻象之说。

文化常识

中国传统节日

春节

春节,是农历正月初一,俗称"过年"。这是我国民间最重要的一个传统节日。春节源于殷商时期年头岁尾的祭神祭祖活动。按照我国农历,正月初一古称元日、元辰、元正、元朔、元旦等,到了民国时期,改用公历,公历的一月一日称为元旦,把农历的一月一日叫春节。

民间传统意义上的春节是指从腊月初八的腊祭或腊月二十三或二十四的祭灶,一直到正月十五元宵节。

腊八。农历十二月初八俗称"腊八"。从先秦起,腊八节都是用来祭祀祖先和神灵,祈求丰收和吉祥,并驱逐疫病。在中国,有腊八节喝腊八粥、吃腊八面(不产米的地区)、泡腊八蒜的习俗。

腊八以后,各家开始准备过年食品,腌制腊味、制作应时点心、备零食、储备蔬菜。

祭灶。祭灶又称"小年",祭灶日期旧时有"官三""民四""邓家五"(水上人家)的说法。供品一般有三牲、麦芽糖等。贡品中总有又甜又黏的东西,希望让灶神嘴甜,在天上说好话;同时也希望黏住灶神的嘴巴,让他难开口说坏话。祭灶仅限男子。

除夕。除夕是农历一年最后一天的晚上。除夕是民间最重要的节日,离家在外的游子都要不远千里万里赶回家来,人们贴年画、贴春联、贴福字、吃团圆饭(年夜饭),团圆饭前燃放鞭炮,称为"关门炮"。有的地区饭前要祭祖。年夜饭后,长辈给儿孙压岁钱。除夕晚上要守岁。

元日。元日是农历正月初一,古代亦称元旦。从除夕到初一,踏入了新的一年,民间俗称"过年"。

初一早晨,燃放爆竹,叫作"开门炮",预示开门大吉。爆竹声后,碎红满地,称为"满堂红"。

初一开始要拜年,拜年一般从家里开始。先向长辈拜年,祝福长辈健康长寿,万事如意。平辈互相祝福,外出相遇熟人时要笑容满面地恭贺新年,互道吉祥话语。

初三俗称"赤狗日",谐音"赤口",传统认为容易发生口角纷争,不宜外出或宴客,必须早点熄灯睡觉。这个风俗已逐渐消失。

初四(或初五)是迎神的日子,迎灶神民间有"送神早接神迟"之说。

初五称"破五",在过了初五之后,新年的禁忌即告解除。人们要清除垃圾,称为"送穷"。传说初五是财神的生日,此日要迎接东南西北中五路财神。

初六商家开市交易,人们出行祈福。

初七为人日,亦称"人胜节""人庆节""人口日""人七日"等。民间吃春饼卷,并以七种蔬菜,煮成七菜羹,期望来年大丰收。

正月十五是元宵节,又称上元节、小正月、元夕或灯节。

元宵节的习俗有赏月、赏花灯、猜灯谜、吃元宵等。此外,不少地方还有舞龙灯、舞狮子、踩高跷、划旱船、扭秧歌、打太平鼓等传统民俗。

二月初二

在农历二月以后,冬季的少雨现象结束,降雨量将逐渐增多起来,有利于耕种,民间有"二月二,龙抬头"的说法。二月二又称为"春龙节",北方大部分地区家家户户在这天早晨挑水。家家户户还要吃面条、炸油糕、爆玉米花,比喻为"挑龙头""吃龙胆"。

二月二,民间有剃头的习俗,称之为"剃龙头"。由于正月有不剃头的习俗,二月二是理发师最忙的一天。

三月初三

相传三月三是黄帝的诞辰,古称上巳(sì)节,民间有"二月二,龙抬头;三月三,生轩辕"的说法。魏晋以后,上巳节改称为三月三,后代沿袭,人们水边饮宴、郊外游春、祓禊(fú xì,临河洗浴,以祈福消灾)。不少青年男女借节日在郊外相会。

寒食节、清明节

寒食在清明前一日,此日禁烟、吃冷食,应来源于远古对火的崇拜,后转化为纪念春秋时晋国介子推。在两千年的发展中增加了祭扫、踏青、秋千、蹴鞠、牵勾(拔河)、斗鸡等风俗,寒食节曾被称为民间第一大祭日,也是汉族传统节日中唯一以饮食习俗来命名的节日。

清明最早只是一种节气的名称,变成纪念祖先的节日与寒食节有关。在唐代,不论士人还是平民,都将寒食节扫墓视为返本追宗的仪节,由于清明距寒食节很近,人们还常常将扫墓延至清明。民国时期,清明节这天,除了原有的扫墓、踏青等习俗,植树也被确定为常规项目。

立夏节

立夏是夏天的第一个节气,"夏"是"大"的意思,表述春天播种的植物已经直立长大了。江南立夏时称人、吃蛋。

五月初五 端午节

端午节,也是一个驱恶辟邪的节日。五月刚进入夏季,百虫蠢动,疾疫流行,于是产生了端午节的种种禳袚风俗,如插艾叶、悬菖蒲、系五色丝、饮雄黄酒、贴五毒符、吃益智粽、龙舟竞渡、采兰沐浴等等。

六月初六 天贶节

宋真宗赵恒在某年的六月六声称上天赐给他一部天书,乃定这天为天贶节。一说唐代高僧玄奘从西天(印度)取佛经回国,过海时,经文被海水浸湿,于六月初六将经文取出晒干,后此日变成吉利的日子。开始,皇宫内于此日为皇帝晒龙袍,以后又从宫中传向民间,佛寺、道观乃至民间家家户户都于此日在大门前曝晒衣服、器具、书籍。妇女在此日多洗头,把小狗、小猫等宠物轰下水洗澡。

七月初七 七夕节

农历七月初七被称为七夕,相传牛郎织女鹊桥相会的日子。这是个女性的节日,妇女们在七月初七的夜晚要进行的各种乞巧活动,如穿针引线验巧,做些小物品赛巧,摆上些瓜果乞巧,各个地区的乞巧的方式不尽相同。

现代七夕仍是一个富有浪漫色彩传统节日。但不少习俗活动已弱化或消失,唯有象征忠贞爱情的牛郎织女的传说一直流传民间,人们称之为中国的情人节。

七月十五 中元节

农历七月十五日道教是中元节,部分在七月十四日。民间按例要祀祖,或上坟扫墓,用新米等祭供,向祖先报告秋成。

佛教称七月十五为盂兰盆节(简称盂兰节),民间俗称鬼节、七月半。相传那一天地狱大门打开,阴间的鬼魂会放出来。有子孙、后人祭祀的鬼魂回家去接受香火供养;无主孤魂就到处游荡。所以人们纷纷在七月十五设食祭祀、诵经作法等,以普遍超度孤魂野鬼,防止它们为祸人间,又或祈求鬼魂帮助去除疫病和保佑家宅平安。因此某些地区在这一天会有普渡的习俗,称为"中元普渡",后来发展为盛大的祭典,称为"盂兰盛会"。

七月三十 地藏节

相传唐开元(713—742)末年,新罗国高僧金乔觉来九华山开辟地藏道场,苦行禅修七十五载,于农历七月三十日这天圆寂,终年九十九岁。遗体置缸三年后,全身不坏,容貌如生,因而弟子们视其为地藏王菩萨转世,尊其为金地藏,遂在神光岭建肉身塔供奉。每年农历七月三十日,四方信徒、香客云集九华朝山进香、拜塔、朝拜。

八月十五 中秋节

农历八月十五,因恰值三秋之半,故名中秋。中秋节始于唐朝初年,盛行于宋朝,至明清时,已成为与春节齐名的中国主要节日之一。

中秋节的主要活动都是围绕"月"进行的,人们祭拜月神、设宴赏月、分食月饼。对月的敬仰和传说反映了先人们对自然的向往,圆圆的月饼正好取了团圆的"圆"的象征意思。

九月初九 重阳节

农历九月初九日是重阳节,又称"踏秋",重阳节与除夕、清明、盂兰盆会是中国传统节日里祭祖的四大节日。庆祝重阳节一般会包括出游赏景、登高远眺、观赏菊花、遍插茱萸、吃重阳糕、饮菊花酒等活动。重阳节早在战国时期就已经形成,此后历朝历代沿袭至今。重阳的"踏秋"与三月初三日"踏春"皆是家族倾室而出之日。

传统观念中,双九寓意生命长久、健康长寿,故重阳节有求寿之意。2012年12月28日,法律明确每年农历九月初九为老年节。

十月十五 下元节

农历十月十五,是古老的"下元节"。百姓祭祖先,祭天、地、水三官,工匠祭炉神(太上老君),道观做道场。这个节日在现代已逐渐没落。

冬至节

冬至是二十四节气之一,俗称"冬节""长至节""亚岁"等。在周朝曾定为元旦。《汉书》有云:"冬至阳气起,君道长,故贺……"也就是说,人们最初过冬至节是为了庆祝新的一年的到来。古人认为自冬至起,天地阳气开始兴作渐强,代表下一个循环开始,是大吉之日。因此,后来一般春节期间的祭祖、家庭聚餐等习俗,也出现在冬至,冬至又被称为"小年"。

现代依然有很多地区冬至保留了祭祀的习俗。有需要冬令进补的习惯从这一天开始。有亲人去世的家庭会在这天为逝者落葬或立碑。中国北方大部分地区在这一天吃饺子,南方某些地区有吃汤圆的习俗。

附 录

文章写作基本常识

一、常用修辞手法

修辞方法又称修辞格。修辞就是修饰词句的意思,是根据表达需要,运用有效的语言手段来提高语言的表达效果,使语言表达具有准确性、鲜明性和生动性的语言运用方式。据专家研究,汉语修辞格可达七十种之多,常见的有十多种。

(一)比喻

比喻是用某一具体的、浅显、熟悉的事物或情境来说明另一种抽象、深奥、生疏的事物或情境的一种修辞方法。其作用是使语言形象生动,增加语言色彩。比喻分明喻、暗喻、借喻三种形式。

明喻的形式可简缩为:甲(本体)如(喻词:像、似、若、犹、好像、仿佛)乙(喻体)。如"人死,则曰:'非我也,岁也。'是何异于刺人而杀之,曰'非我也,兵也。'"(孟子《寡人之于国也》)

暗喻的形式可简缩为:甲(本体)是(其他喻词:成、变成、成为、当作、化作)乙(喻体)。如写火车开动的声音:"那愈来愈响的声音是下起了冰雹吗?是铁锤砸在铁砧上?"(王蒙《春之声》)

明喻在形式上是相似关系,暗喻则是相合关系。

借喻则是只出现喻体,本体与比喻词都不出现,如"虎兕出于柙,龟玉毁于椟中,是谁之过与?"(《论语·季氏将伐颛臾》)

(二)比拟

比拟把人当物写或把物当人写的一种修辞方法,把人当物写或把甲物当乙物写称之为拟物,把物当人写称之为拟人。其作用是使所写的"人"或"物"色彩鲜明,描绘形象,表意丰富。"咱老实,才有恶霸,咱们敢动刀,恶霸就得夹着尾巴跑。"(老舍《龙须沟》)拟物,把人当物写。

"还有一问,是'公理',几块钱一斤?"(鲁迅《而已集》)拟物,把甲物当乙物写。

"蜡炬成灰泪始干。"(李商隐《无题》)拟人。

比拟是摹拟,是把拟体的特性强加给本体,重在"拟";本体和拟体彼此交融,浑然一体,本体必须出现,拟体一般不出现;比喻是打比方,重在"喻",通过相似点使本体同喻体联系起来,喻体必须出现。

(三)借代

借代指不直接说出要说的人或事物,而是借用与这一人或事物有密切关系的名称来替代,如以部分代全体、用具体代抽象、用特征代本体、用专名代通称等。

"何以解忧?唯有杜康。"(曹操《短歌行》)用传说中酒的发明人"杜康"代喝酒,以部分代全体。

"不要大锅饭。""大锅饭"代抽象的"平均主义"。

"铁衣远戍辛勤久"(高适《短歌行》)用战士特有的"铁衣"代战士,以特征代本体。

"千万个雷锋活跃在祖国大地上。""雷锋"以具体的形象代抽象的共产主义思想。

(四)对偶

对偶是指用结构相同或相近、字数相等的一对短语或句子对称排列起来,表达相对或相近的意思。其作用是使语言形式工整,具有整齐美;便于吟诵,具有音乐美;表意凝练,抒情酣畅。

"满招损,谦受益。"(《尚书》)

"非秦者去,为客者逐。"(李斯《谏逐客书》)

以上都是严对,还有宽对。如"有吃烧烤的身价不资的阔人,也有饿得垂死的每斤八文的孩子。所谓中国的文明者,其实不过是安排给阔人享用的人肉的筵宴;所谓中国者,其实不过是安排这人肉的筵宴的厨房"(鲁迅《灯下漫笔》)。

诗词创作和对联写作时有一种特殊表现形式叫对仗,它要求在对偶的基础上,上下句同一结构位置的词语必须词性一致,平仄相对,并力避上下句同一结构位置上重复使用同一词语,以增强节奏感和音乐美,如"万里悲秋常作客,百年多病独登台"(杜甫《登高》)。

(五)夸张

夸张是对事物的形象、特征、作用、程度等做扩大或缩小描绘的一种修辞方法,作用是突出某一事物或强调某一感受。

"旌蔽日兮敌若云。"(屈原《国殇》)"旌蔽日"为扩大夸张。

"芝麻粒儿大的事,不必放在心上。""芝麻粒儿"是缩小夸张。

"太阳刚一出来,地上已经像下了火。"把前一事物"出来"与后一事物"下火"夸张到几乎是同时出现,有人称此种夸张方式为超前夸张。

(六)排比

排比是把三个或三个以上内容相关、结构相同或相似、语气一致的短语或句子连用,以增文势、广文义、加强表达效果的一种修辞手法。

"因此我们在目前,还可以亲见各式各样的筵宴,有烧烤,有翅席,有便饭,有西餐。但茅檐

下也有淡饭,路傍也有残羹,野上也有饿莩……"(鲁迅《灯下漫笔》)

(七)反复

根据表达需要,使同一个词语或句子一再出现的方法即反复。反复可以是连续的,也可以间隔出现。

"冒着敌人的炮火,前进!前进!前进!"(田汉《义勇军进行曲》)

"雪落在中国的土地上,寒冷在封锁着中国呀……"(艾青《雪落在中国的土地上》)两句在诗中反复出现,回旋往复,鲜明地表达了主题。

(八)反语

即通常所说的"说反话"——实际要表达的意思与字面意思是相反的。

"赵七爷是邻村茂源酒店的主人,又是这三十里方圆以内的唯一的出色人物兼学问家……"(鲁迅《灯下漫笔》)

(九)反诘

反诘是用疑问的形式来表达确定的意思,因此不需要回答,起强调作用,增强肯定(否定)语气,比直接说更有感情、更有力量。

"孔子曰:'求!无乃尔是过与?夫颛臾,昔者先王以为东蒙主,且在邦域之中矣,是社稷之臣也。何以伐为?'"(《论语·季氏将伐颛臾》)这里用了两个反问句,批评弟子失职,谴责季氏攻打颛臾的行为。

(十)设问

为了突出所说的内容,把它用问话的形式表示出来,即设问,其作用是引起读者注意、思考。如"问君何能尔?心远地自偏"(陶渊明《饮酒》)。

(十一)用典

用典是指诗文中引用古籍中的故事或词句,可起到丰富而含蓄地表达内容和思想的作用。如曹操的《短歌行》中"山不厌高,水不厌深",是从《管子·形势解》"海不辞水,故能成其大;山不辞石,故能成其高;明主不厌人,故能成其众"几句化出,虽只用两句,实际上也把后面"明主不厌人"一层的意思包括在内了。"周公吐哺"的典故,则贴切地表达了要礼遇天下贤士、让他们帮助自己统一天下的意愿。典故的运用十分自然贴切地表现了诗的主旨,且使诗显得蕴藉典雅。

(十二)引用

这种修辞方式在议论文、说明文中运用较多,引用的可以是几个字、一句话、一段话,也可以是几段话。引用的内容可以是名人名言、格言警句,也可以是谚语、俗语、歇后语,还可以是错误言论。引用的作用是增强说服力,使文章内容丰富生动。

(十三)层递

层递是指三项或三项以上内容,不受语言格式的限制,而在意义上有等次性,或递升,或递降。作用是层层推进,逻辑性强。如梁启超的《论毅力》:"其在智力薄弱之士,始固曰吾欲云云,吾欲云云,其意以为天下事固易易也,及骤尝焉而阻力猝来,颓然丧矣;其次弱者,乘一时之意气,透过此第一关,遇再挫而退;稍强者,遇三四挫而退;更稍强者,遇五六挫而退。其事愈大者,其遇挫愈多,其不退也愈难,非至强之人,未有能善于其终者也。"文章分析五种不同类型的人对待阻力、逆境的不同态度和结果,论证毅力的重要性,就是采用层递的修辞手法。

(十四)双关

双方是指在一定的语言环境中,利用词的多义和同音条件,有意使语句具有双重意义,达到"言在此而意在彼"效果的一种修辞方式。双关一般可分为谐音双关和语意双关两种。谐音双关是指利用一个词义同或音近而兼顾两种不同事物,言此指彼的修辞手法。如李商隐《无题》"春蚕到死丝方尽,蜡炬成灰泪始干"中"丝"即"思",以此来表达男女之间的爱情。《红楼梦》第五回有判词:"可叹停机德,堪怜咏絮才。玉带林中挂,金簪雪里埋。"诗中的"林"中挂的"玉带","雪"中埋金簪,加上前面两句诗,暗示了林黛玉、薛宝钗的命运。语意双关是一种根据词的多义条件而故意导致言在此而意在彼的修辞方式。这种修辞在歇后语中经常出现,如"茶壶里煮饺子——有嘴倒不出","老太太抹口红——给你点颜色瞧瞧"。

此外,出现较多的修辞方法还有顶针、呼告、叠字、警策、通感、讳饰等。

二、常用表现手法

表现手法和修辞手法是一对容易混淆的概念。二者都能增强文章的表达效果,但表现手法是增强文章的整体或某一部分的表达效果,是从宏观角度表现文章的;而修辞手法主要是增强文章中句子的表达效果,是从微观角度表现文章的,它更直接作用于语言。常用的表现方法有对比、烘托、铺垫、暗示、比兴、象征、白描、扬抑、夹叙夹议、托物言志等。

(一)对比

是把两个相对或相反的事物或一个事物的两个不同方面并举出来,相对比较的一种表现方法。通过把对立的事物,或景、或境、或人、或情前后相叙,加以比照,使人从中有所感有所悟,更加强烈而清晰地传达出作者所要表达的意旨。

"战士军前半死生,美人帐下犹歌舞。"(高适《燕歌行》)这是将相反的事物并举。

"铁衣远戍辛勤久,玉箸应啼别离后。少妇城南欲断肠,征人蓟北空回首。"(高适《燕歌行》)一个事物的两个不同方面并举。

再如《李将军列传》,多次运用对比手法。一是将李广与匈奴射雕者对比,匈奴射雕者射技高超,伤中贵人,杀其骑将尽;李广亲自射匈奴射雕者,杀其二人,活捉一人。通过对比,表现了李广的善于骑射。二是与部下的对比,李广射杀匈奴射雕者后,突然遭遇数千匈奴骑兵,敌我双方力量悬殊。部下见匈奴人多而且离得很近,就想赶快逃跑;李广命部下解鞍不走,使匈奴错以为李广等人是汉军的诱饵,于是不敢击。赞扬了李广临危不惧、胆略过人、处变不惊的英雄本色。三是与程不识的对比,二者都是名将,程治军严谨,李治军简易,士兵多乐于跟随李广而苦于跟随程不识,匈奴也更惧怕李广。通过这一对比,刻画了李广爱护士卒、宽缓不苛的高大形象。

(二)烘托

烘托本是绘画术语,是用水墨或淡彩在物象的外轮廓渲染衬托,使其明显突出,如烘云托月,用在写作上就是侧面描写。如柳宗元的《始得西山宴游记》对西山的高峻不作正面描绘,而是描写站在西山之上所看到的众山的情景,以众山与西山的高下对比来表现西山的非凡气势。再如《左传·郑伯克段于鄢》,通过郑庄公与大臣的对话和一些侧面描写让读者感受到了庄公的心计。这些都是采用烘托法。

(三)铺垫

这是为主要人物出场、主要事件发生、主要景物出现创造条件而着重描述渲染的技法。如柳宗元的《始得西山宴游记》本来是写西山,但开篇并不切入正题,而是先写平日游览众山的情景,用这种铺垫手法来反衬发现和宴游西山的经过,以及在游览中获得的精神感悟。《左传·郑伯克段于鄢》一开始就写郑庄公因出生时难产使其母亲对其厌恶,为后来的兄弟母子失和做了铺垫。

(四)暗示

象征也是一种暗示,但不是所有的暗示都是象征。如鲁迅的《灯下漫笔》中写道:"至于罗素在西湖见轿夫含笑便赞美中国人,则也许别有意思吧。但是轿夫如果能对坐轿的人不含笑,中国也早不是现在似的中国了。"这里就暗示中国的被压迫者如果敢于反抗压迫者,中国社会就不会是当时的半封建半殖民地社会了。

(五)比兴

比兴是中国诗歌的一种传统表现手法。宋代朱熹比较准确地说明了"比""兴"作为表现手法的基本特征:"比者,以彼物比此物也","兴者,先言他物以引起所咏之词也。"通俗地讲,比就是譬喻,是对人或物加以形象的比喻,使其特征更加鲜明突出。比兴手法最早出现于《诗经》。《关雎》首章就有"关关雎鸠,在河之洲。窈窕淑女,君子好逑"的句子,以河洲上和鸣的鸟兴起淑女是君子的好配偶的意思,而二者之间多少有一些意义、气氛上的关联处,又接近于比;又如《蒹葭》以蒹葭起兴,展现一幅河上苍凉秋景,衬托出主人公苍凉的心境。对诗中所抒写的执着追求、可望难即的爱情,起到气氛渲染和心境烘托作用。《氓》第三章以传统的比兴开头,"桑之未落,其叶沃若",先以葱茏的茂盛的桑树写照自己的青春,继而又以诱人的桑葚比喻令人沉醉的爱情,把恋爱中的少女比作贪食而快乐的小鸟,谆谆告诫之:不能沉溺于爱情,否则结局悲惨,悔之晚矣。

(六)象征

象征是"用具体的形象的事物暗示特定的事理,以表达真挚的感情和深刻的寓意"(崔锡臣著《修辞方法辨析》)。象征即是"以物征事",简称象征。象征是暗示,要让读者通过作者对选定对象的刻画,自然想到它的深层意义。可以用来做象征的事物有两种情况:其一,人们公认的具有某种深层内涵的事物,如梅、兰、竹、菊等,诗文的作者在咏叹它们时,自然就赋予了它们一定的象征意义;其二,本是普通的事物,但是放在一定的语言环境和背景中,经过暗示,便产生了更为深刻的含义。古诗十九首中的《迢迢牵牛星》用天上牵牛星、河汉女被分于银河两岸不能团聚的传说,象征了人间的相思别离之苦。高尔基的《海燕》全文用象征手法,文中没有一字明说海燕象征着革命者,暴风雨象征革命,但结合背景和文中的描写,是不难得出这个结论的。

象征是表现手法,其本体和象征体不一定有相似之处,但要有相关之处,能使人产生联想。如用鸽子象征和平。比喻是一种修辞手法,是用具体的、浅显的、熟知的事物去说明抽象的、深奥的、陌生的事物,本体与喻体之间一定要有相似之处。

(七)扬抑法

扬抑法又称抑扬生变法,是指在文章中对所写之物,或欲扬先抑,或欲抑先扬,陡然一转,或褒扬抬高,或贬低否定的一种艺术手法。运用这种方法来构思写作,往往可以使文章波澜陡起,摇曳多姿。如梁实秋的《我的一位国文老师》,欲扬先抑,写国文先生的恐怖绰号、吸鼻涕的习惯、对作者的大骂,转而写自己如何在徐先生的指导下受益匪浅,让读者感受到了一个有学问、有教养的国文老师,不禁与作者一起"怅惘敬慕"。再如鲁迅的《阿长与山海经》,首先写阿长种种让人"讨厌"甚至"憎恶"的行为,"抑"至极点。随后便写到了阿长的好处,尤其是给"我"买来了"我"念念不忘的带图的《山海经》,"别人不肯做,或不能做的事,她却能做得很成功","这又使我发生了新的敬意了",对她的怨恨,也"从此完全消灭了"。这种先抑后扬的写法,既符合对一个人的认识过程,又使对阿长的追忆显得真实可信,从而使阿长这个普通人的形象更加丰满。在具体写作中,运用此法要从整体上着眼,安排好轻重、主次、详略。不论欲扬先抑,还是欲抑先扬,所"欲"都是目的,所"先"都是手段。

(八)夹叙夹议

此手法的特点是叙事和议论穿插进行,写法上灵活多变,作者可以自由自在表情达意。如巴金的《爱尔克的灯光》全篇融叙述、议论、抒情为一体,在叙述了旧家庭的衰落和姐姐的悲剧后,作者议论道:"十九年,似乎一切全变了,又似乎都没有改变。死了许多人,毁了许多家。许多可爱的生命葬入黄土。接着又有许多新的人继续扮演不必要的悲剧。浪费,浪费,还是那许多不必要的浪费——生命,精力,感情,财富,甚至欢笑和眼泪。我去的时候是这样,回来时看见的还是一样的情形。关在这个小圈子里,我禁不住几次问我自己:难道这十八年全是白费?难道在这许多年中间所改变的就只是装束和名词?我痛苦地搓自己的手,不敢给一个回答。"这段议论画龙点睛地表现了文章的主题。采用夹叙夹议的方法写作要注意叙事的连贯性,议论插入要自然。

(九)托物言志法

此手法特点是用某一物品来比拟或象征某种精神、品格、思想、感情等。例如陆游的《卜算子·咏梅》,上阕集中写了梅花的困难处境,下阕就是托梅寄志。又如"松、竹、梅"岁寒三友,常用于表示高洁的志向;"泥土"常用于抒发谦逊的情怀;"蜡烛"常用于颂扬无私奉献的精神。"托"即假托的意思,所托之物常常是某些具体植物、动物、物品等,作者常常采用象征、委婉、曲折、含蓄的写法,去体现深刻的哲理,寄寓长远的旨意。这种技法可以用于全篇文章的构思,也可以用于局部构思。

三、常用表达方式

（一）叙述

把人物的经历、行为或事情的发生、发展、变化表述出来，就是叙述。叙述的主要方式有顺叙、倒叙、插叙、平叙等几种。

1. 顺叙

顺叙是按时间的先后顺序来叙述事情，这和事情发生发展的实际情况相一致，所以易于把文章写得条理清楚，脉络分明。如《郑伯克段于鄢》。

运用顺叙，要注意剪裁得当，重点突出；否则容易出现罗列现象，犯平铺直叙的毛病，像一本流水账，使人读了索然无味。

2. 倒叙

倒叙并不是把整个事件都倒过来叙述，而是除了把某个部分提前外，其他仍是顺叙的方法。采用倒叙的情况一般有三种：一是为了表现文章中心思想的需要，把最能表现中心思想的部分提到前面，加以突出；二是为了使文章结构富于变化，避免平铺直叙；三是为了表现效果的需要，使文章曲折有致，造成悬念，引人入胜。倒叙时要交代清楚起点。倒叙与顺叙的转换处，要有明显的界限，还要有必要的文字过渡，做到自然衔接。如梁实秋《我的一位国文老师》。

3. 插叙

插叙是指在叙述进行中暂停一下，插入另外一件事，然后再把原叙述进行下去。插叙有追怀往事、补足有关情况等作用。如在巴金的《爱尔克的灯光》中，作者先写自己回到阔别十八年的故乡时的所见所想，接着却追记了十八年中姐姐的死亡和自己对姐姐的思念，然后又回到十八年后的今天继续往下写，这就是一种追忆性的插叙。

使用插叙一定要服从表达中心思想的需要，做到不节外生枝，不喧宾夺主。在插入叙述的时候，还要注意文章的过渡、照应和衔接，不能有断裂的痕迹。

4. 平叙

在一篇文章中，记述两件或多件同时发生的事情，是平叙，也叫分叙。作用是把头绪纷繁、错综复杂的事情，写得眉目清楚，有条不紊。平叙可以先叙一件，再叙另一件，也可以几件事情进行交叉叙述。

采用平叙时要根据文章内容和表达中心思想的需要确立叙述的线索，还要交代清楚每一事件发生和发展的时间。小说《水浒传》《林海雪原》都是成功采用平叙的作品。

（二）抒情

文学作品要以情动人，因而感情的表现和抒发既是内容，又是手段。抒情的方法是多种多样的，归纳起来，不外乎两种基本方法。

1. 直接抒情

作者或作品中的人物在文章中直接公开地表白自己的喜怒哀憎的感情，就是直接抒情。直接抒情可以使感情表达得朴实真切，震动人心，它一般适用于抒发强烈而紧张的感情。如汉乐府《上邪》开篇即直抒胸臆："上邪！我欲与君相知，长命无绝衰"，表达了一个女子对爱情的热烈追求和执着坚定。

2. 间接抒情

间接抒情是指将感情渗透在写景、叙事、说理之中,融情、景、事、理于一炉,一般可以通过叙述抒情,作者在叙述时加上自己主观感情色彩,根据感情的流动来叙述,使读者在叙述的过程中感受作者的思想感情;也可以通过议论抒情,作者在议论中,表达强烈的爱憎、褒贬之情,这种记叙中的议论一般是利用判断来进行;还可以通过描写来抒情,作者在描写的过程中,渗透自己的情感。间接抒情的特点是抒情含蓄婉转,富有韵味,感染力强。如:

"十五从军征,八十始得归。"(《汉乐府·十五从军征》)采用叙事抒情。

"把吴钩看了,栏杆拍遍,无人会,登临意。"(辛弃疾《水龙吟·登健康赏心亭》)采用典型动作抒情。

(三)描写

1. 白描与细描

白描原是中国画的一种技巧,这种画法不用色彩的烘染,只用黑线勾描物象。借用在文学创作上,白描指不加渲染、烘托,不用华丽辞藻,而以最经济、最省俭的笔墨,勾勒出鲜明生动的形象。其特点是抓住被描写对象的主要特征,寥寥几笔,形神逼肖。如陶渊明的《归园田居》(其三):"种豆南山下,草盛豆苗稀。晨兴理荒秽,带月荷锄归。"这几句纯用白描手法,寥寥几笔就为我们勾勒出了田园生活图景,表现了诗人对田园生活的热爱。鲁迅小说和散文中描写人物大多采用白描,如在《范爱农》中对主人公肖像的描写,就非常简练、传神:"这是一个高大身材,长头发,眼球白多黑少的人,看人总像在渺视。"采用白描手法,关键是要抓住特征,只求神似,不求逼真。用朴实的文字简略地写出来,不宜用过多的形容词、过多的比喻。其次要简练传神,通过寥寥几笔勾勒出人物大致形象。

细描即工笔细描法,对描写的事物进行逼真的、细致入微地精雕细刻,不能只描绘大致的轮廓。采用工笔细描法描写人物肖像,也要抓住人物外貌的主要特征,突出重点,以形传神,不能面面俱到。在描写人物外貌的主要特征时,要多角度、多侧面地进行描写,反映出人物的思想、品格、性格的特点。采用工笔细描法描写人物肖像,要对人物外貌进行细腻、具体的刻画,能使读者在头脑中浮现出一幅人物的彩色照片。如契诃夫在《苦恼》开头对姚纳在雪夜中一动不动的形象的描写就是采用细描。

2. 人物描写

(1)肖像描写,又叫外貌描写,是指对人物的外貌、情态、姿态、服饰等的描写。外貌描写不是每一篇文章都要有,这要根据文章的内容的需要来决定。好的外貌描写必须有利于反映主题思想,有利于表现人物的特点,只有这样才能收到良好的效果。

(2)行动描写,是指具体描述人物具有典型意义的动作和行为,以此来刻画人物性格的一种方法。

(3)对话描写,或称"语言描写",是指用人物之间的交流对话来表现人物思想感情、塑造人物形象的一种方法,包括独白、对话、潜台词。

(4)心理描写,是指刻画人物内在精神世界,描述人物思想感情和思想斗争历程的一种写人方法,是揭示人物的内在心灵世界,塑造人物形象,表达主题思想的主要手段。包括感觉、联想、想象、梦境等。

(5)细节描写,是指作品中对一些富有艺术表现力的细小事物、人物的某些细微的举止行动以及景物片断等的具体细腻的描写。没有细节就不可能有艺术作品,作品的题材无论多有意义,主题思想多正确,如果没有真实感人的细节,就无法给人以强烈的艺术感受,可以说,细节描写是人物形象的强心剂、壮骨丹。运用细节表现法刻画人物,首先要找到真实的细节。细节不真实,人物就不真实,作品就必然失败。其次还要注意细节的选择,要选择那些最具有特征的、最能表现作品主题的细节,否则,就应该毫不吝惜地舍弃。

人物描写要注意:一是要善于以形写神,二是要抓特征,三是要善于描摹富于表现力的细节。

3. 环境描写

环境描写是指对人物所处的具体的社会环境和自然环境的描写。其中社会环境是指能反映社会、时代特征的建筑、场所、陈设等景物以及民俗民风等。自然环境是指自然界的景物,如季节变化、风霜雨雪、山川湖海、森林原野等。

环境描写主要作用有:一是交代故事的时代背景,二是渲染气氛,三是烘托人物性格。此外,还可推动故事情节的发展,映衬人物的心情,抒发作者的思想感情等。

运用环境描写要做到三点:(1)目的明确——为表达中心思想服务;(2)具体生动——给人身临其境之感;(3)抓住特征——写出独具特色的景物。

(四)议论

议论是一种评析、论理的表述法,它要求论点明确、论据充分、论证周密。这也是文学创作的一种表现手法。一段完整的议论,通常由论点、论据和论证三要素组成,论点是灵魂,论据是血肉,论证是骨骼。论点是解决"要证明什么"的问题,论据是解决"用什么来证明"的问题,论证是解决"怎样进行证明"的问题。三者紧密联系,就能构成一个完整的论证过程。

1. 论点

论点就是文章所要议论、阐述的观点,是作者要表达的看法和主张。阅读议论文,首要的就是寻找、提取和理解文章的论点。

一篇文章的论点,可以是一个,也可以不止一个。如果论点不止一个,那就需要明确中心论点。这几个论点可以是并列的,也可以是递进的,但它们都应该服从全文的中心论点,是用来证明中心论点的。

论点可以用明确的语句表达出来,也可以让读者自己去提取和概括。关于论点的提出和确立,需要注意以下几点:

(1)正确性。论点的说服力根植于对客观事物的正确反映,而这又取决于作者的立场、观点、态度、方法是否正确,如果论点本身不正确,甚至是荒谬的,再怎么论证也不能说服人。因此,论点正确是议论文的最起码的要求。

(2)鲜明性。赞成什么,反对什么,要非常鲜明,而不能模棱两可,含混不清。

(3)新颖性。论点应该尽可能新颖、深刻,能超出他人的见解,不是重复他人的老生常谈,也不是无关痛痒,流于一般的泛泛而谈,应该尽可能独到、新颖。

2. 论据

论据就是证明论点的材料、依据。

论据的类型有:

(1)事实论据。作为论据的事实材料,可以是具体的事例,也可以是概括的事实,可以是统计数字,也可以是亲身经历和感受。

(2)理论论据。作为论据的理论材料,可以是前人的经典论断,可以是格言警句,可以是民间的谚语和俗语,也可以是科学上的公理和规律等。

使用论据的要求:

(1)确凿性。我们必须选择那些确凿的、典型的事实,在引用经过实践检验的理论材料作为论据时,还必须注意所引理论本身的精确含义。

(2)典型性。引用的事例应该具有广泛的代表性,能代表这一类事物的普遍特点和一般性质。

(3)论据与论点统一。论据是为了证明论点的,因此,两者应该联系紧密、一致。

3. 论证

论证就是用论据来证明论点的过程。论证一般可分为立论与驳论两大类型。

论证的目的在于揭示论点与论据之间的内在逻辑关系。常见的论证方法有以下几种:

(1)归纳法。归纳法是一种由个别到一般的论证方法。它通过许多个别的事例,归纳出他们所共有的特性,从而得出一个一般性的结论。如李斯《谏逐客书》中的一段:"昔缪公求士,西取由余于戎,东得百里奚于宛,迎蹇叔于宋,来丕豹、公孙支于晋。此五子者,不产于秦,而缪公用之,并国二十,遂霸西戎。孝公用商鞅之法,移风易俗,民以殷盛,国以富强,百姓乐用,诸侯亲服,获楚、魏之师,举地千里,至今治强。惠王用张仪之计,拔三川之地,西并巴、蜀,北收上郡,南取汉中,包九夷,制鄢、郢,东据成皋之险,割膏腴之壤,遂散六国之从,使之西面事秦,功施到今。昭王得范雎,废穰侯,逐华阳,强公室,杜私门,蚕食诸侯,使秦成帝业。此四君者,皆以客之功。由此观之,客何负于秦哉?"由秦国历史上的四位国君重用客卿而取得重大成就的事实,归纳出"此四君者,皆以客之功。由此观之,客何负于秦哉?"即得出客卿没有什么对不起秦国,驱逐客卿是错误的这样的结论。

(2)演绎法。演绎法是一种由一般到个别的论证方法,即从一般性知识引出个别性知识,从一般性前提得出特殊性结论的过程。演绎推理的前提与结论之间要存在必然联系,只要推理的前提正确,推理的形式合乎逻辑,则推出的结论也必然正确。如庄子《秋水》中的演绎法:"号物之数谓之万,人处一焉;人卒九州,谷食之所生,舟车之所通,人处一焉;此其比万物也,不似毫末之在于马体乎?五帝之所连,三王之所争,仁人之所忧,任士之所劳,尽此矣!"个人和万物相比如马身上的毫毛尖般微不足道,这是一般性前提,"五帝""三王"虽然受千古尊崇,但与万物相比,也如马身上的毫毛尖般微不足道,这是特殊性结论。

(3)比较法。比较法是一种由个别到个别的论证方法,可分为类比论证与对比论证两种。

类比法是把性质、特点相同或相近的事物放在一起加以比较从而证明论点的方法(包括比喻论证)。对比法是把正反两方面的论点和论据加以剖析对照,达到否定错误观点,树立正确论点的目的。如孟子《寡人之于国也》:"……人死,则曰:'非我也,岁也。'是何异于刺人而杀之,曰'非我也,兵也。'王无罪岁,斯天下之民至焉。"这个层次中,使用比喻的部分为类比法,"王无罪岁,斯天下之民至焉"和前面部分形成对比法。

当然,以上所概括的这几种论证方法,仅仅使用其中的一种,有时论述也会过于单薄。为强化说服力,许多议论文兼用多种论证方法。不过,使用多种论证方法一定要注意突出其中的一种,才会给人留下深刻的印象。